동아시아 서원 아카이브와 지식 네트워크

이 저서는 2019년 대한민국 교육부와 한국연구재단의 지원을 받아
수행된 연구임(NRF-2019S1A5C2A02082813).

동아시아 서원 아카이브와 지식 네트워크

영남대학교 민족문화연구소 편

도서출판 온샘

책을 펴내며

영남대학교 민족문화연구소는 한국연구재단의 2019년 인문사회연구소 지원 사업에 선정되어, 『동아시아 서원 문화와 글로컬리즘』이란 주제로 연구를 진행하고 있다. 본 연구는 유교 문화를 대표하는 서원에 주목하여, 동아시아 유교 문화권에서 각국 서원의 변천과 지역성을 파악하고, 한국 서원이 가지는 보편성과 특수성을 확인하여 현대적 활용 방안을 모색하는 것이 목적이다. 이 목적을 달성하기 위해 각국 서원에 대한 자료를 수집·정리하는 것을 기반으로 각국의 역사·교육·문학·서지·철학·건축 등의 각 분야 연구자들이 공동으로 연차별 주제를 진행하고 있다.

이번에 소개하는 《동아시아 서원 아카이브와 지식 네트워크》(민족문화연구총서 47)는 2차년도 연구주제의 성과물이다. 동아시아 서원은 선현 제향과 유생 강학이라는 양대 기능을 바탕으로, 이를 보조하는 다양한 활동을 전개해왔다. 이 가운데 유생 강학이라는 교육활동은 그것을 뒷받침하기 위한 경제적 기반을 바탕으로, 우수한 스승과 장서의 구비를 통해 완성될 수 있었다. 서원의 교육은 거재(居齋), 거접(居接), 강회(講會) 등 다양한 형태로 진행되었다. 여기에는 서원의 원생뿐만 아니라 인근지역의 유생들이 참여하기도 했다. 이러한 강학활동의 원활한 시행과 지식의 함양에 필수적인 기반이 서원 장서였다.

동아시아 서원은 건립이래로 교육활동을 보조하기 위하여 장서를 구비하기 위해 노력하였다. 장서의 구축 방법으로는 기증·구매·교환 등의 방법이 일반적이었지만 필요할 경우 직접 서적을 출판하기도 했다. 서원에 구비된 장서는 해당 지역 지식인들의 출입을 촉진하면서, 그들의 의식 함양과 지식 전파에 중요한 역할을 하였다. 특히 서원에서 출판된 서적들은 해당 서원의 교육적 지향점과 사상적 특징을 확인할 수도 있다. 또한 출판 서적의 저자가 가지는 학술사상의 지위에 따라서 그 전파 범위가 동아시아 전체를 아우르거나 한 국가 내지 하나의 도(道)로 국한되기도 했다.

연구기간 중 발생한 코로나의 확산으로 인해 현지 조사를 진행할 수 없었고, 외국 연구자들과의 학술적 교류가 어려워 부득이 국내 서원에 연구를 집중할 수밖에 없었다. 그럼에도 중국 서원의 지식 확산과 아카이브 운영의 실례를 파악하고, 국내에서 연구가 부족했던 일본 서원에 대한 실증적 접근을 시도했다는 점에서 의의가 크다. 또한 국내 서원의 지식 네트워크 구축 과정과 실례를 구체적으로 파악한 점은 큰 성과로 볼 수 있다.

본 총서가 간행되기까지 많은 분들의 노고가 있었다. 우선, 이 연구가 처음 시작되었던 2019년부터 2022년 2월 정년퇴임 전까지 연구를 이끌어 오신 이수환 교수님께 감사를 드린다. 국내외의 연구자들과 소통하며, 연구가 원활히 진행될 수 있었던 것은 모두 교수님 덕분이다. 그리고 공동연구원으로서 활발한 연구와 자상한 조언을 아끼지 않으신 정병석·정순우·배현숙·류준형·이우진 교수님들과 연구와 실무를 담당해 온 이병훈·채광수·이광우 선생님들께도 감사드린다. 마지막으로 본 연구에 참여해주신 국내외의 연구자들에게 감사의 인사를 전하며, 방대한 분량의 원고를 깔끔하게 제작해주신 도서출판 온샘의 신학태 사장님에게도 감사드린다.

2022년 5월

연구책임자 조 명 근

차 례

책을 펴내며

제1부 동아시아 서원의 아카이브 구축과 운영

한국 서원 장서의 구축과 관리 제도의 변화 ▣ 이병훈 ······3
Ⅰ. 머리말 ······ 3
Ⅱ. 한국 서원의 장서 구축 ······ 8
Ⅲ. 한국 서원의 장서 관리 ······ 42
Ⅳ. 맺음말 ······ 53

도산서원 각판(刻板)활동 연구 ▣ 배현숙 ······59
Ⅰ. 서언 ······ 59
Ⅱ. 도산서원 각판 서적 ······ 62
Ⅲ. 도산서원 각판 과정의 기록 ······ 110
Ⅳ. 도산서원 책판의 특징과 의의 ······ 131
Ⅴ. 결언 ······ 138

청말 서원 장서 제도 연구 ▣ 등홍파(鄧洪波)·장효신(張曉新) ······145
Ⅰ. 청말 서원 장서 제도의 보급 :
"비필비(非必備)"로부터 전체(全體)에 이르는 경동성(傾同性) ······ 148
Ⅱ. 청말 서원 장서의 개방화와 사회화 ······ 153
Ⅲ. 청말 서원 장서 관리의 내부 규범화 ······ 161
Ⅳ. 서학화(西學化) 영향 아래 청말 서원의 장서 제도 ······ 175
Ⅴ. 결론 ······ 185

중국 서적의 동아시아 도서(圖書) 형성 및 구조에 대한 영향 일고(一考)
–서원본(書院本)을 중심으로 ▣ 나금(羅琴) ······189
Ⅰ. 들어가는 말 ······ 189

Ⅱ. 중국본의 동아시아 도서 형성 구조에 대한 영향
－서원본을 중심으로 ………………………………………………… 191
Ⅲ. 결론 ……………………………………………………………… 204

일본서원의 장서구축－이토 진사이(伊藤仁齋) 가문과 고의당문고(古義堂文庫)－
▣ 야규 마코토(柳生眞) ……………………………………………209
Ⅰ. 머리말 …………………………………………………………… 209
Ⅱ. 고의당 창립자 이토 진사이(伊藤仁齋) ……………………… 211
Ⅲ. 덴리도서관(天理圖書館)과 고의당문고(古義堂文庫) ………… 218
Ⅳ. 맺음말 …………………………………………………………… 223

제2부 조선시대 서원의 지식 네트워크 구축과 특징

조선시대 학파의 '도통' 의식과 서원의 확산
－16세기 후반~17세기 전반 퇴계학파를 중심으로－ ▣ 이광우 ……………231
Ⅰ. 머리말 …………………………………………………………… 231
Ⅱ. 퇴계학파의 성립과 서원 ……………………………………… 234
Ⅲ. 퇴계학파의 분기와 서원의 확산 ……………………………… 243
Ⅵ. 17세기 전반 서애학파(西厓學派)의 '도통' 의식과 서원 설립 ………… 256
Ⅴ. 17세기 전반 한강학파(寒岡學派)의 성립과 서원 확산 ……………… 265
Ⅵ. 맺음말 …………………………………………………………… 279

16세기 서원지의 출현과 지식의 전개 ▣ 임근실 ……………………………287
Ⅰ. 서론 ……………………………………………………………… 287
Ⅱ. 서원의 설립 ……………………………………………………… 289
Ⅲ. 서원지의 출현 …………………………………………………… 295
Ⅳ. 서원 지식의 전개 ……………………………………………… 309
Ⅴ. 결론 ……………………………………………………………… 316

차 례

조선시대 서원 학규의 시기별 경향–16세기~18세기를 중심으로–
▣ 한재훈 ………… 323
Ⅰ. 여는 말 ………… 323
Ⅱ. 16세기 학규의 경향 ………… 325
Ⅲ. 17세기 학규의 경향 ………… 331
Ⅳ. 18세기 학규의 경향 ………… 337
Ⅴ. 맺는 말 ………… 344

조선시대 근기지역 서원의 강규와 강학 ▣ 이경동 ………… 349
Ⅰ. 머리말 ………… 349
Ⅱ. 16세기 후반 이이의 서원 강규와 강학
–거재 유생과 정기 강회의 도입 ………… 352
Ⅲ. 17세기 후반 박세채의 서원 강규와 강학
–강학 교재와 강회 절차의 규정 ………… 360
Ⅳ. 18세기 노론·낙론계의 서원 강규과 강학
–평가방식의 도입과 강학의례의 세분화 ………… 366
Ⅴ. 맺음말 ………… 382

19세기말 서원강회와 학파의 분화과정–주리론을 중심으로–
▣ 정순우 ………… 387
Ⅰ. 서언 ………… 387
Ⅱ. 산천재(山天齋) 강회와 제 학파의 만남 ………… 388
Ⅲ. 선석사(禪石寺) 강회와 주리론의 분화 ………… 393
Ⅵ. 오천강회(浯川講會), 도산 주리론의 대응 ………… 397
Ⅴ. 화서학파의 장담강회(長潭講會), 주리론적 척사론(斥邪論) ………… 400
Ⅵ. 결어 ………… 406

차 례

第3부 한국 서원의 지식 네트워크 활동 사례

신산서원의 강학전통 ▣ 정석태 ····· 411

Ⅰ. 머리말 ····· 411
Ⅱ. 신산서원의 설립과 변화과정 ····· 414
Ⅲ. 신산서원의 초기 강학정신 ····· 422
Ⅳ. 신산서원 강학정신의 변모와 계승 양상 ····· 435
Ⅴ. 맺음말 ····· 471

16세기 호남사림 정염(丁焰)의 학맥과 지금서사(知今書舍) 강학 ▣ 이선아 ·· 479

Ⅰ. 머리말 ····· 479
Ⅱ. 정염의 학맥과 교유관계 ····· 480
Ⅲ. 知今書舍 강학과 남원의 三溪講舍 ····· 491
Ⅳ. 맺음말 ····· 500

조선시대 호계서원 강학 연구 ▣ 김자운 ····· 505

Ⅰ. 머리말 ····· 505
Ⅱ. 설립 초기 호계서원의 위상과 관학적 성격 ····· 508
Ⅲ. 18~19세기 강회의 특징과 대산학의 계승 ····· 521
Ⅳ. 1765년『大學』강회의 형식과 내용 ····· 533
Ⅴ. 맺음말 ····· 559

서원의 지식 네트워크 활동의 실제
–상주 도남서원(道南書院)의 시회(詩會)를 중심으로– ▣ 채광수 ····· 565

Ⅰ. 머리말 ····· 565
Ⅱ. 도남서원 주도 세력 네트워크의 성격 ····· 566
Ⅲ. 도남서원 지식 네트워크 활동의 실제 ····· 579
Ⅳ. 맺음말 ····· 599

차 례

대전 도산서원(道山書院)의 강학 관련 자료와 시사점 ▣ 최광만 ·················605

Ⅰ. 머리말 ································ 605
Ⅱ. 「이택재중대소사해식」과 「일과정업」 ································ 608
Ⅲ. 「원규」 ································ 618
Ⅳ. 「강회입규」 ································ 624
Ⅴ. 맺음말 ································ 634

제1부

동아시아 서원의 아카이브 구축과 운영

이병훈 ▣ 한국 서원 장서의 구축과 관리 제도의 변화

배현숙 ▣ 도산서원 각판(刻板) 활동 연구

등홍파 ▣ 청말 서원 장서 제도 연구

나 금 ▣ 중국 서적의 동아시아 도서(圖書) 형성 구조에 대한 영향 일고찰(一考)

야규 마코토 ▣ 일본 서원의 장서 구축

한국 서원 장서의 구축과 관리 제도의 변화

이 병 훈

Ⅰ. 머리말

전통시대에 학교는 '교화를 펼치는 근원이며, 도덕적 모범을 보이는 곳'이라는 말처럼 신민에 대해 교화를 하고, 인재를 길러내는 교육기구였다.[1] 이런 학교는 설립과 운영주체에 따라서 관학(官學)과 사학(私學)으로 나뉜다. 국가가 세우고 운영하는 관학에는 중앙의 성균관과 사학(四學) 및 지방의 향교(鄕校)가 있다. 사학에는 향촌자제들의 초등교육을 맡은 학당이나 서당 혹은 이름 있는 학자가 제자들과 학문을 강론하는 서재(書齋), 유생의 강학과 장수(藏修)를 기본으로 하는 서원(書院)이 있다.[2]

서원은 중국의 당대(唐代)에 장서(藏書)와 독서처(讀書處)로서 등장하여, 송대(宋代)에 들어서 경전을 가르치고 배우는 학교로 발전하고, 남송(南宋)대에 들어서는 성리학을 연구하며 토론하는 학술 기구적 면모를 더했다. 성리학에 대한 이해와 해석은 학자마다 달랐다. 그래서 이들 학자의 학설을 사제 간에 수수(授受)하는 학파(學派)가 형성되고, 선사(先師)의 학설을 계승하고 발전시킬 거점으로서 서원 건립을 촉발시켰다. 또한 그 학파의 개조(開祖)를 현양(顯揚)하기 위해서 그를 제향하는 사묘(祠廟)를 서원 경내

1) 李滉, 『退溪先生文集』 卷41, 雜著, 「諭四學師生文」, "學校 風化之原 首善之地 而士子 禮義之宗 元氣之寓也. 國家設學而養士 其意甚隆 士子入學以自養 寧可苟爲是淺鱗哉."
2) 이병훈, 「16세기 한국 서원의 출현과 정비」, 『한국서원학보』 9, 한국서원학회, 2020.

에 부설하였다. 이때부터 별개의 것으로 여겨졌던 강학처로서의 서원과 제향처로서의 사당 또는 사묘가 통합되어, 강학공간과 제향공간으로 구성되는 서원 제도가 확립되었다.[3)]

남송대 서원의 이러한 변화는 퇴계와 그 문인들에게도 그대로 받아들여졌다. 서원이 강학과 장수를 위한 기구임을 강조한 퇴계는 유생들의 교육을 위한 장서의 확보를 위해 백운동서원(白雲洞書院)의 사액(賜額)을 청원하면서, 서적도 함께 요청하였다.[4)] 조선시대 서원은 교육기관으로서 그 정신적인 가치와 교육적 기능을 강조했지만 그에 못지않게 많은 서책과 유물을 소장하고 있는 지식창고로도 기능했다. 특히 교육활동을 보조하고, 해당 지역사회의 지식창고 역할을 한 것은 장서(藏書)제도였다. 책의 보급과 열람이 어려웠던 시대에 서원의 장서제도와 출판문화는 지식 확산과 문화의 형성에 큰 기여를 하였다. 실제로도 서원의 장서는 조선시대 서적문화의 중요한 축을 형성하고 있다. 이는 단순히 간행되거나 소장된 서적을 확인하는 것뿐만 이니라 지역 사회진반의 문화, 역사에 대해서도 알 수 있는 실마리를 제공해주기 때문이다.[5)]

조선시대 유교문화의 성장과 확산에 기여한 서원은 17세기 이래로 정치·사회적 기능이 확대되면서 사림의 강학·장수처라는 초기의 설립 취지는 많이 쇠퇴하였다. 그렇지만 성리학의 지방 확산과 정착이라는 점에서 서원의 교육적 역할은 지대하였다. 이것은 서원이 가지는 출판·도서관적 기능이 있었기에 가능한 것이었다. 서원의 교육적 기능은 시대의 진전에 따라 약화되어 갔지만, 사액서원을 중심으로 한 서원의 출판·도서관적 기

3) 정만조, 「서원, 조선 지식의 힘」, 『도산서원과 지식의 탄생』, 글항아리, 2012, 41~42쪽.

4) 이황, 앞의 책, 권9, 書, 「上沈方伯(通源 己酉)」, "… 則欲請依宋朝故事 頒降書籍 宣賜扁額 兼之給土田臧獲 …"

5) 옥영정, 「한국 서원의 장서와 출판문화」, 『한국의 서원문화1』, 한국서원연합회, 2013.

능은 강화되는 측면도 나타났다. 이것은 18세기 중반이후 양반지배체제가 해체되는 과정에서 사액서원을 중심으로 유학 교육을 강화하여, 대민 교화를 통한 신분질서 확립을 기대했기 때문이다.

사액서원은 일향(一鄕)을 영도할 정도의 위상과 경제적 기반을 가진 각 고을의 대표적인 서원이었다. 하지만 다수의 장서를 구비하고, 제향인의 학덕을 기리기 위한 문집과 저서의 출판에는 많은 비용이 필요하였다. 그렇기에 장판각(藏板閣), 장서각(藏書閣) 등 별도의 장서 및 책판을 보관하는 건물을 가진 곳들은 문묘종사 대현을 제향하는 사액서원이 대부분이다. 서적의 수집과 출판에 있어서 많은 비용이 소용되기에 그만한 경제적 기반을 갖추어야 했으며, 제향인의 위상에 따라 국가와 수령, 문중, 개인들의 부조가 달랐기 때문이다.

주지하다시피 대원군의 원사 훼철령 당시에도 존치했던 47개 서원·사우는 문묘종사 대현과 충절인을 제향하는 대표적인 원사였다. 특히 27개소의 서원은 해당 지역뿐만 아니라 일도(一道)를 대표하는 서원으로서 조야(朝野)의 주목을 받아왔다.[6] 이 서원들은 해당 지역 사림들의 여론을 결집하고, 중앙의 정치에 적극 개입함으로써 그 정치적 입지도 신장해왔다.

---

6) 『고종실록』 권8, 고종 8년 3월 9일(기해), 3월 18일(무신), 3월 20일(경술). 미훼철된 27개소의 서원은 경기도(8) : 개성 崇陽書院(鄭夢周), 용인 深谷書院(趙光祖), 파주 坡山書院(成渾), 김포 牛渚書院(趙憲), 포천 龍淵書院(李德馨), 과천 四忠書院(金昌集·李頤命·李健命·趙泰采), 양성 德峰書院(吳斗寅), 과천 鷺江書院(朴泰輔), 충청도(2) : 연산 遯巖書院(金長生), 노성 魯岡書院(尹煌), 전라도(2) : 태인 武城書院(崔致遠), 장성 筆巖書院(金麟厚), 경상도(10) : 경주 西岳書院(薛聰), 선산 金烏書院(吉再), 함양 藍溪書院(鄭汝昌), 예안 陶山書院(李滉), 상주 玉洞書院(黃喜), 안동 屛山書院(柳成龍), 순흥 紹修書院(安珦), 현풍 道東書院(金宏弼), 경주 玉山書院(李彦迪), 상주 興巖書院(宋浚吉), 강원도(2) : 영월 彰節書院(死六臣), 금화 忠烈書院(洪命耈), 황해도(2) : 배천 文會書院(李珥), 장연 鳳陽書院(朴世采), 함경도(1) : 북청 老德書院(李恒福) 등이다. 노론을 대표하는 송시열은 華陽書院이 대표적 제향처였지만 萬東廟와 함께 우선 훼철되면서, 여주 江漢祠가 존치되었다. 이외에도 金尙容의 강화 忠烈祠, 金尙憲의 광주 顯節祠도 대표적 제향처로 존치되었다.

문화사적으로는 향촌사회에서의 성리학 보급과 정착에 큰 기여를 하였다. 이러한 지식확산과 보급은 건립 이래로 크게 성장해온 서원의 사회적 위상과 더불어 수많은 서원 장서와 목판 인쇄로 대표되는 출판의 중심처였기에 가능하였다.[7)]

그러나 서원의 출판·도서관적 기능의 중요성에도 불구하고 이에 대한 연구는 서지학 분야에서 일부 언급할 뿐이며, 역사학에서는 별다른 연구 성과가 없다.[8)] 그러나 2000년 이래로 개별 서원에 소장된 전적과 고문서, 목판 등에 대한 조사가 진행되면서 이를 활용한 연구가 진행되었지만 도산·옥산·도동·병산서원 등 일부의 다량 소장처에 국한되었다.[9)] 이것은

---

7) 남권희, 「조선시대 경주 간행의 서적」, 『신라문화』 33, 2009.

8) 서원 장서와 관련하여 이춘희의 선구적 연구 이래로 오랫동안 별다른 진전이 없었다(李春熙, 「李朝書院文庫目錄考」, 『李朝書院文庫目錄』, 국회도서관, 1969). 그러나 서지학에서는 90년대 이래로 지속적인 자료 수집과 연구가 진행되어왔다(박현규, 「병산서원서책목록의 분석과 그 특징」, 『季刊 서지학보』 94, 한국서지학회, 1994 ; 전라남도·전남대 문헌정보연구소, 『전남 서원의 목판』, 1998). 역사학에서는 윤희면의 연구가 2005년에 처음 진행되었다(윤희면, 「조선시대 서원의 도서관 기능 연구」, 『역사학보』 986, 역사학회, 2005).

9) 2003년 이래로 문화재청과 지방자치단체가 함께 「일반동산문화재 다량소장처 실태조사」를 실시하면서 많은 서원 관련 자료가 소개되었다. 또한 한국국학진흥원, 한국학중앙연구원을 비롯한 국학연구기관을 중심으로 활발한 자료 수집과 정리가 이뤄지면서 이를 활용한 연구가 활발히 진행되었다. 특히 서지학 분야에서 두드러졌다(朴章承, 「慶州소재 書院·祠에서 간행한 典籍考」, 『신라문화』 99, 동국대학교 신라문화연구소, 2001 ; 배현숙, 「소수서원 收藏과 刊行 書籍考」, 『書誌學硏究』 31, 2005 ; 김윤식, 「조선조 서원 문고에 관한 일고찰」, 『서지학연구』 41, 한국서지학회, 2008 ; 김종석, 「도산서원 고전적의 형성과 관리」, 『古典籍』 4, 2008 ; 남권희, 「조선시대 경주 간행의 서적」, 『신라문화』 33, 동국대학교 신라문화연구소, 2009 ; 윤동원, 「옥산서원 소장 고전적 서목 비교 고찰」, 『경주문화』 97, 경주문화원, 2011 ; 옥영정, 「한국서원의 장서와 출판문화」, 『한국의 서원문화1』, 한국서원연합회, 2013 ; 윤상기, 「조선조 경남지방의 서원판본」, 『서지학연구』 60, 한국서지학회, 2014 ; 배현숙, 「영남지방 서원 장서의 연원과 성격」, 『대동한문학』 46, 대동한문학회, 2016 ; 최우경, 『도산서원 광명실 장서의 변천과 서지적 분석』, 경북대학교 문헌정보학과 박사학위논문, 2019). 역사학에

관련 자료가 부족한 것이 가장 큰 원인이다. 조선시대 모든 서원이 출판·도서관적 기능을 가졌던 것이 아니었으며, 그런 기능을 가졌다고 해도 대원군의 원사 훼철 당시 대부분 망실하였던 것이다. 미훼철 서원이라 하더라도 한국전쟁과 근대화 과정에서 소실 및 도난을 당하였다. 그 결과 현전하는 장서와 책판 등은 전란을 피해 철저한 관리를 이어온 소수의 서원에 국한되며, 그 외 서원은 관련된 인물의 문집이나 가문에 일부가 산재되어 있다.

본고는 한국 서원의 장서 구축 경위와 그 관리 실태를 고찰하는 것이 목적이다. 이를 위해 기존의 연구 성과와 현전하는 관련 자료들을 통해 확인해 본다. 앞서 언급했듯이 관련 자료들이 특정 지역의 일부 서원에 집중되어 있기에 본 연구도 이들 서원을 중심으로 진행되는 한계를 가지고 있다. 그러나 해당 서원들은 한국 서원의 역사와 궤를 같이하며, 높은 위상을 유지했던 곳으로서 대표성을 가지고 있다. 그런 점에서 이들 서원을 통해 한국 서원이 가진 출판과 도서관적 기능의 실제와 특성을 확인할 수 있을 것으로 기대한다.

서는 2005년의 윤희면이 서원의 도서관 기능을 연구한 이래로 우정임·이병훈·임근실·김정운 등에 의해 사례연구가 진행되었다(우정임, 「퇴계 이황과 그의 문도들의 서적 간행과 서원의 기능」, 『지역과 역사』 22, 부경역사연구소, 2008 ; 이병훈, 「경주 옥산서원의 장서 수집 및 관리 실태를 통해 본 도서관적 기능」, 『한국민족문화』 58, 부산대학교 한국민족문화연구소, 2016 ; 임근실, 「16세기 서원의 藏書 연구」, 『한국서원학보』 4, 한국서원학회, 2017 ; 김정운, 「18세기 도동서원의 지식체계구축과 공유」, 『한국서원학보』 7, 한국서원학회, 2018). 한편 자료의 수집과 정리가 본격화되면서 서원 장서와 목판에 대한 학제간 연구도 진행되었다. 서원 장서는 안동 도산서원을 대상으로 진행되었다(한국국학진흥원 편, 『도산서원과 지식의 탄생』, 글항아리, 2012). 이후 영남지역 목판을 중심으로 학제간 연구가 진행되면서, 서원에서 제작한 책판에 대해서도 다루었다(한국국학진흥원 편, 『목판의 행간에서 조선의 지식문화를 읽다』, 글항아리, 2014).

Ⅱ. 한국 서원의 장서 구축

서원의 장서제도는 오늘날 도서관 역할을 수행한 것으로 볼 수 있다. 도서관의 기본 기능이 서적의 수집과 정리, 열람을 통해 사회 공공기관으로서 역할을 수행하는 것이므로 서원의 장서 제도 역시 전통사회에서 도서관적 기능을 갖춘 것으로 볼 수 있다.[10] 지방에 근거지를 두고 있던 유생들은 그들이 필요한 서적을 구입할 때 교서관(校書館)이나 서울의 서사(書肆)를 이용하기란 쉽지 않았다. 대부분 개인적인 친분을 통하거나 혹은 빌려서 보았다. 그런 면에서 많은 장서를 보유하고 있으며 도서를 간행하는 서원은 유생들이 자주 찾는 도서관이었을 것이다.

〈표 1〉 각 서원 강학 교재

구 분	내 용	전 거
伊山書院院規 (1558)	四書五經, 小學, 家禮, 史書, 子書, 文集	이황, 『퇴계집』 권41
學校模範 (1582)	소학, 大學, 近思錄, 논어·맹자·중용, 五經, 史書, 性理書	이이, 『율곡전서』 권15
隱屛精舍學規 (1578)	性理書	이이, 『율곡전서』 권15
魯岡書院齋規 (1675)	소학, 가례, 근사록, 四書六經, 子書, 程朱書	윤증, 『명재유고』 권30
道東書院院規 (17C 초)	사서오경, 성리서, 史書, 子集	정구, 『한강속집』 권4
文會書院院規 (1673)	사서오경, 소학, 가례, 경서[周禮·儀禮·孝經], 성리서[근사록, 心經, 性理大全], 史書[春秋三傳, 資治通鑑綱目], 정주서[二程全書, 朱子大全, 朱子語類]	박세채, 『남계속집』 권19

10) 옥영정, 「한국서원의 장서와 출판문화」, 『한국의 서원문화1』, 한국서원연합회, 2013, 345~346쪽.

紫雲書院院規(1693)	사서오경, 소학, 가례, 심경, 근사록, 朱子書節要, 聖學輯要, 性理大全, 程朱書, 先儒文集, 史書	박세채, 『남계속집』 권19
老江書院講規規目(1766)	소학, 사서, 오경, 가례, 심경, 근사록, 주자서절요(퇴계), 성학집요(율곡)	윤봉구, 『병계집』 권34

서원의 주된 기능은 선현 향사와 교학이었다. 따라서 서원에서 장서를 마련하는 것은 교학기능을 원활히 수행하기 위한 수단이며, 수집되는 도서의 주제는 서원의 교육목표 및 내용과 관련성이 깊었다. 서원의 장서는 국왕에게 내사(內賜)받거나 지방관, 개인(문중), 교원(校院)의 기증(寄贈) 내지 직접 구입(購入), 출판하는 방식으로 수집되었다. 이들 장서는 주로 경전(經典)과 성리학의 기본 서적 및 중국의 역사서가 많았다. 이는 서원 장서가 강학을 위한 교재나 당시의 사상서로 활용되었기 때문이다.

서원 교육의 대강을 제시한 원규들을 보면 지역에 따라 조금씩 교육 순서를 달리할 뿐 공통 필수과목으로 『소학』과 『사서오경』을 두고, 기타 『가례(家禮)』, 『심경(心經)』, 『근사록(近思錄)』 등의 성리서 및 사장(詞章), 제사(諸史) 등을 강의 내용으로 하고 있다.

퇴계가 제정한 「이산서원 원규」[11]는 도산서원과 옥산서원 등 그 후 건립되는 서원 강학의 모범이 되었다. 특히 영남지역 서원들은 대부분 이산원규에 따라 강학을 진행하였다. 정구가 제정한 「도동서원 원규」 역시 '이산원규'를 토대로 좀 더 구체적으로 교육 방법을 제시하고 있다는 차이뿐이다.[12] 율곡이 제정한 「은병정사 학규」와 「학교모범」은 16세기 말 이래

11) 李滉, 『退溪先生文集』 卷41, 雜著, 「伊山院規」, "一. 諸生讀書 以四書五經爲本原 小學家禮爲門戶 遵國家作養之方 守聖賢親切之訓 知萬善本具於我 信古道可踐於今 皆務爲躬行心得明體適用之學 其諸史子集 文章科擧之業 亦不可不爲之旁務博通."

12) 도동서원 원규에서는 "겨울과 봄에는 五經과 四書 및 伊洛의 여러 성리서를 읽고, 여름과 가을에는 역사서, 자서, 문집을 대상으로 하여 마음을 내키는 대로 읽도록 한다. … (양몽재 제생에 대해서는) 『소학』을 읽어서 익힐 것을 명하되, 그 과정을 엄격히 세워 훈계한다. 莊子, 列子, 老子, 釋氏의 서책은 모두 서원으로

로 서인계 서원들의 모범이 되었다. 조선시대 서원들은 퇴계와 율곡의 학규를 계승하여, 답습만 한 것이 아니었다. 기본적으로 주자학적 정통론에 충실한 교육과정을 운영하면서, 17세기 이후 조선 학자들의 자찬 성리서와 강학 교재들을 교육과정에 정식으로 편입시켜 그 위상을 높여나갔다.[13)]

한편 서원이 존현을 통해 도학(道學)을 수학하는 것을 목표로 삼았지만, 과거를 도외시하고 순수한 위기지학(爲己之學)만을 위한 서원으로 존재하였다면 서원제도의 정착은 어려웠을 것이다. 그래서 서원들은 건립 이래로 경학을 중심으로 수기를 위한 성리학에 중심을 두었지만 과거시험을 위한 사장이나 역사 등의 교육에도 소홀하지 않았다. 그러한 사정이 퇴계의 이산원규에 나타난다. 반면, 율곡은 서원에서 과거 공부를 배제하는 입장을 견지하였다. 그의 이러한 입장은 서인계 서원들에게 그대로 이어졌다. 하지만 화양서원(華陽書院)과 같이 제술시험을 정규과정에 포함시켜서 과거공부를 적극적으로 긍정하는 학규도 있었다.[14)]

이상과 같이 조선시대 서원은 색목을 불문하고 교육 과정에 있어서는 기본방향은 같았지만, 과거공부에 있어서는 퇴계와 율곡의 입장이 달랐던 만큼 영남의 남인계 서원과 기호의 서인계 서원에서도 차이가 났다. 즉 정주성리학의 독서법에 입각하여 『소학』을 기초로 사서오경의 경서로 나아

들여오지 못한다."고 규정하고 있다(정구, 『寒岡續集』 권4, 雜著, 院規). 반면, 용인 深谷書院(趙光祖)에서는 "小學을 먼저 읽고 다음 『대학』, 『논어』, 『맹자』, 『중용』, 『시경』, 『서경』, 『역경』 순으로 읽고, 『심경』, 『근사록』, 『가례』 등의 諸書는 혹 먼저 읽기도 하고 혹은 뒤에 읽기도 하여 번갈아 읽는다"(『深谷書院誌』, 本院學規)고 하여 경학과 성리학만을 중점적으로 교육하고, 사장에 대한 항목이 없는 경우도 있다.

13) 박종배, 「學規에 나타난 조선시대 서원교육의 이념과 실제」, 『한국학논총』 33, 국민대학교 한국학연구소, 2010, 68쪽.

14) 金元行의 石室書院·武城書院 院規, 박세채의 文會書院·紫雲書院 院規, 李縡의 深谷書院·道基書院·忠烈書院의 학규와 考巖書院 講規 등에서도 율곡의 은병정사 학규를 계승하여, 서원 내에서의 과거 공부를 철저히 배제하고 있다(박종배, 앞의 논문, 2010).

가고, 여기에 역사서와 성리서를 추가적으로 학습하였다.[15] 이러한 표준 교육과정을 토대로 보다 구체화하거나, 실정에 맞게 변용하는 노력이 있었다. 그리고 17세기 후반부터는 『주자서절요』, 『성학집요』와 같이 조선 성리학의 성과를 서원의 교육 과정에 반영하는 움직임이 나타났다. 이처럼 서원에서는 건립과 동시에 기본적으로 원규에서 정한 교육목표를 실행하기 위해 그에 맞는 도서를 갖춰 나갔다. 여기에 시대의 진전에 따라서 조선 유학자들의 성과인 문집과 저술들이 포함되어 갔던 것이다. 특히 유현(儒賢)을 제향하는 서원에서는 해당 인물의 문집과 저술들을 출판하여 배포하고, 서원에서도 교육 교재로 활용하였다.

1. 서적 구입을 통한 장서 구축

서원이 강학기능을 수행하기 위해서는 장서의 학보가 우선이었다. 서적의 구입은 서원에서 필요한 장서를 구축하는 방법 중 가장 일반적이지만 서적을 판매하는 곳이 제한적이고, 가격이 비쌌기에 경제적 부담이 컸다. 그래서 지방관과 사림들의 서적 기증은 서원의 장서 형성과 재정에 큰 기여를 하였다. 하지만 기증본만으로 서원 강학에 필요한 서적을 모두 갖추는 것은 어려웠다. 그래서 사액유무와 위상과는 무관하게 서적 구입에 필요한 비용을 마련하여 장서를 갖추는 것이 일반적이었다.

실제 한국 최초의 서원인 백운동서원은 숙수사지에서 나온 동기(銅器) 300여 근을 팔아서 서적의 구입비용을 마련했으며, 그것으로 서울에서 경

15) 이재는 심곡서원·도기서원 학규에는 소학을 먼저 읽고, 다음으로 사서오경 즉 대학과 대학혹문을 겸하며, 논어·맹자·중용·시경·서경·역경을 읽고, 심경·근사록·가례 등은 먼저 읽기도 하고, 혹은 뒤에 읽기도 하여 번갈아 읽도록 했다(李縡, 『陶菴集』 卷25, 雜著, 「深谷書院學規」, "一. 讀書次第 先小學次大學兼或問 次論語次孟子次中庸次詩經次書經次易經 而心經近思錄家禮 諸書或先或後 循環讀過" ; 「道基書院學規」, "一. 每月朔 朔日有故則望 諸生齊會 相講所讀之書 先小學次四書五經 間以家禮心經近思錄").

서와 정주서 등 500여 권을 구입하여 서원의 장서로 삼았다.[16] 영천의 임고서원도 건립 초기에 사림들이 출자한 자금으로 서울에 올라가 서적을 구매했으며,[17] 함양의 남계서원에서도 1565년(명종 20) 원장 강익(姜翼)이 노관(盧祼)과 양홍택(梁弘澤)에게 재곡을 맡겨 100여 권의 서적을 마련하도록 했다.[18] 이들 서원은 이후 사액이 되면서 국가와 지방관, 향인들의 서적 기증이 이어졌지만, 초창기의 장서 수집 방법은 직접 구매하는 것이었다.

17세기 들어오면서 서원 장서는 구매를 통해 구비하는 것이 보편적이었다. 임란으로 인한 국가 경제의 파탄과 조정에 보관되어있던 서적들의 소실[19] 등으로 조정에서도 이를 충원하기 위한 노력을 경주하였다. 그 과정에서 전란의 피해를 입지 않았던 옥산서원에서는 왕명으로 경전 23권을 홍문관에 진상하기도 하였다.[20] 서적이 부족한 상황은 중국에서의 구입과 사가(私家)에서의 입수 및 교서관을 통한 인출로 완화되어 갔다.[21] 하지만

---

16) 『중종실록』 권95, 중종 3년 5월 22일(丁未) 및 『雲院雜錄』 「白雲院創建識」(金仲文). 주세붕이 서원 건립 직후에 설립 경위와 유래를 알릴 목적으로 편찬한 『竹溪志』에는 44종 500권에 달하는 도서목록이 기록되어 있다(『죽계지』 권2, 「順興白雲洞書院藏書錄」 참조).

17) 趙稜, 『慕庵先生文集』 권3, 「通列邑書院文(道南洞主時)」. 永川의 사림들이 포은 선생의 서원을 건립할 때 서울에 와서 서적을 널리 구하였는데, 퇴계가 그 뜻을 가상히 여겨 內賜받은 『性理群書』 1질을 기증하였다고 한다.

18) 姜翼, 『介庵集』, 「年譜」, "院中學徒 交集講學 而書籍無存 財穀不多 先生大懼無以養育人材 以盧徒庵祼 掌備書之任 以梁竹庵弘澤 典裒寶之責 終始協心 克有成就 書秩凡百餘卷 …".

19) 『선조실록』 권116, 선조 32년 8월 11일(정해) ; 권117, 선조 32년 9월 25일(신미) ; 권134, 선조 34년 2월 24일(계사) ; 권212, 선조 40년 6월 16일(정미).

20) 『열읍원우사적』 경상도 옥산서원 고적.

21) 『광해군일기』 권19, 광해군 1년 8월 24일(임신) ; 권27, 광해군 2년 윤3월 20일(을축) ; 권27, 광해군 2년 윤3월 22일 ; 권35, 광해군 2년 11월 20일(신유), 22일(계해) ; 권54, 광해군 4년 6월 3일(병인) ; 권106, 광해군 8년 8월 4일(임인) ; 권113, 광해군 9년 3월 19일(갑신) ; 『인조실록』 권21, 인조 7년 8월 17일(기사) ; 『효종실록』 권14, 효종6년 3월 8일(계사) ; 『숙종실록』 권40, 숙종 30년 10월 13일(경진) ; 『영조실록』 권39, 영조 10년 12월 20일(신유) ; 권51, 영조 16년 6월

사액서원의 증설로 모든 사액서원에 대한 서적 반질 요구를 조정으로서도 수용하기 힘들었다.[22] 그 결과 영조대부터 문묘종사 대현을 모신 서원만 간혹 서적을 내려주는 경우가 나타났다.[23] 지방관 및 개별문중과 서원에서의 서적 기증도 서원의 수가 증가하면서, 직접적인 연고가 있거나 기증을 통한 효과가 큰 거점 서원에만 이뤄졌다. 이처럼 중앙정부, 지방관 및 서원, 문중 등의 기증에 의한 서적 입수가 줄어들자 구매가 늘어갔다.

또한 기증된 서적들도 개인 문집의 비율이 높았다. 그래서 강학에 필요한 서적은 구매나 등서[필사(筆寫)], 인출, 교환 등의 방법을 통해 마련하였다. 일례로 경주 서악서원의 경우 1623년(인조 1) 사액되었지만 『고왕록』(1614~1639)에는 '매장(買藏)', '인장(印藏)', '사장(寫藏)' 등의 방법으로 서적을 구매하고 있음을 확인할 수 있다.[24] 특히 경전의 구매 비율이 높은 것으로 보아서 사액 당시 사서오경과 성리서 등을 하사하던 이전의 특전이 없었기에 강학에 필요한 이들 서적을 연차적으로 갖춰나간 것으로 보인다.

예안 역동서원 역시 17세기 들어와서 『대학연의』, 『주자어록류요(朱子語錄類要)』, 『회재집』, 『회재연보』, 『황명명신언행록』, 『문헌통고(文獻通考)』, 『주자대전』, 『회암어록(晦庵語錄)』, 『고문진보(古文眞寶)』(1707), 『포은집』(1733) 등을 매득(買得), 무득(貿得) 하였다. 이외에도 1781년(정조 5)에는 『여씨향약』, 『육선생유고』, 『사략(史略)』, 사서언해 등 7종 19책을 새로 갖추었다고 전한다. 별다른 기록은 없지만 당시 언해본은 도산서원의 사례와 같이 구매를 통해 갖춘 것으로 추정된다.[25] 모두 도학 연원의 인물 및 그들의 저서와 초학자들이 익히는 서적이었다. 즉 유생과 동몽의 교육을

3일(임신) ; 권97, 영조 37년 3월 23일(임술)

22) 윤희면, 앞의 논문, 2005, 9~10쪽.

23) 김윤식, 「조선조 서원문고에 관한 일고찰」, 『서지학연구』 41, 한국서지학회, 2008, 303~304쪽.

24) 「西岳書院考往錄謄草」(영남대학교 민족문화연구소 편, 『옥산서원지』, 영남대학교 출판부, 1993)

25) 『易東書院記』, 「書册條」(한국국학진흥원 소장).

위해 구입한 것임을 알 수 있다.

한편 도산서원과 옥산서원은 퇴계와 회재가 1610년(광해군 2) 문묘에 종사되면서 그 위상이 더욱 높아졌다. 그래서 주로 기증과 간행에 의한 장서 구비가 이어졌기에 구매에 의한 사례는 잘 확인되지 않는다.[26] 그러나 도산서원의 경우 17세기 이래로 1627년(인조 5)『전한서(前漢書)』를, 1631년(인조 9)에는『시경언해』,『서경언해』, 1632년(인조 10)에『오선생예설분류(五先生禮說分類)』,『여문정선(儷文程選)』, 1633년(인조 11)의『분류두공부시(分類杜工部詩)』, 1636년(인조 14)의『서애선생문집』, 1642년(인조 20)의『주역본의계몽익전(周易本義啓蒙翼傳)』, 1754년(영조 30)의『자치통감강목집람전오(資治通鑑綱目集覽鐫誤)』 등의 구매가 확인된다. 또한『자치통감강목』(150책)은 책지(冊紙)를 보내어 인쇄해 왔으며,『익재난고』,『효행록』,『역옹패설』도 경주부에 종이를 보내어 인출하였다.『삼강행실도』와『이륜행실도』는 1730년(영조 6) 경상감영에서 간행한 것으로서 감영의 관눈을 받고서 종이를 보내어 인출해왔다. 1833년(순조 33)에는 권환(權寏)의 문집인『이우당선생문집(二愚堂先生文集)』을 필사하여 구비했다.[27] 직접 판목이 있는 곳에 종이를 보내어 인출하는 것은 비용과 시간을 줄일 수 있는 방법으로 선호되는 방식이었음을 짐작할 수 있다.

옥산서원의 경우에도 17세기 말 제작된『역학도설』이 필사본이고, 1755년(영조 31)에『맹자』를, 1756년(영조 32)『사기평림』을, 1757년(영조 33)에『포은집』을 추가 구입하였다. 또한 1757년 겨울에는『예기』를 종이값과 등서비, 인쇄에 필요한 먹값을 주고 등서하였다. 표지를 꾸미는 장황가

---

26) 도산서원『書冊秩』(1649, 인조 27)에 의거하면, 수록된 181종 1,507책 가운데 구입한 서책은 37종 479책이다. 내사본 16종 318책을 제외하면 기증에 의한 장서 구비가 대부분이다(최우경,『도산서원 광명실 장서의 변천과 서지적 분석』, 경북대학교 대학원 박사학위논문, 2019, 54~59쪽). 구입한 서적은 역동서원과 비슷하며, 영천과 경주일대에서 간행된 서적의 구매가 많았다.

27) 최우경, 앞의 논문, 2019, 108~113쪽.

(裝黃價)가 없는 것으로 보아 옥산서원에서 필사본을 직접 제본한 것으로 추정된다. 이때 『학봉집』과 『언행통록』도 종이 값만 지불하여 인출 하였다. 1762년(영조 38)에는 이항복이 편찬한 『노사영언』을 등사한 것을 구입하였다. 이처럼 책을 구비하는 방법으로 인출 외에도 등서(필사)의 방법을 썼음을 알 수 있다.

이외에 1782년(정조 6)에도 당판본 『예기』를 구매하였다. 당시 옥산서원 교육에서 『예기』가 필수였음을 알 수 있다. 옥산서원 「완의」를 보면,[28] 재주있는 학생을 선발하여 중용·대학·소학·예기를 고강(考講)한 후 이름을 유적(儒籍)에 붙인다고 되어 있다. 19세기 초반의 옥산서원 강안(講案)에도 중용·대학·소학·가례 등 4과목을 평가하고 있었다. 그렇기 때문에 이 4종의 서적이 교육의 기본교재로서 옥산서원에서 가장 많이 읽혔으며 그만큼 훼손과 유실이 심하여 구입도 많았을 것이다. 『예기』는 그런 측면에서 자주 구매되었던 것으로 보인다.

이외에도 드물지만 상호 교환을 통해 필요한 서적을 구비하기도 했다. 옥산서원은 1734년에 『가례』 2권(1질)과 『근사록』 4권(1질)을 교환하고,[29] 1745년에는 『초사략(抄史略)』 2권과 『역대첩록(歷代捷錄)』 2권을 교환하였다.[30] 역동서원에서도 1725년(영조 1)에 『대학연의』(7권)를 『여문정선』(6책)으로 교환하였다. 필요할 경우 여분이 있는 장서와 교환하여 비용을 절약한 것이다. 한편, 서적의 기증이 많았던 양 서원에서 경서와 사서, 성리서 등에 대한 구매가 많았다는 것은 꾸준한 강학 활동으로 해당 서적의 수요가 많았다는 점과 기증된 서적들이 주로 문집이었기에 때문이다. 즉 한국 서원의 서적 구입 목적은 유생 교육에 있었음을 알 수 있다.

---

28) 「完議 乙亥2月13日」(영남대학교 민족문화연구소 편, 『옥산서원지』, 영남대학교 출판부, 1993, 225쪽).

29) 『전여기』 갑인(1734) 2월.

30) 『전여기』 을축(1745) 12월 25일.

2. 서원의 격을 높인 내사본(內賜本)

서원 장서는 기본적으로 구매를 통해 구비하였다. 그러나 초창기 서원의 경우 지방관, 후손, 문인 및 향인들에 의한 서적 기증이 많았다. 초창기 서원에 제향된 인물들이 도학의 발전에 큰 공헌을 한 인물들이었고, 사액제도가 시행되면서 서원의 격이 한층 높아졌기 때문이다. 특히 사액제도의 시행은 서원이 유생 교육기관으로서 국가의 공인을 받는다는 것을 의미했다. 그러한 국가의 은전(恩典)을 직접적으로 드러내는 것이 현판과 서적의 하사(下賜) 및 치제(致祭)였다. 일반적으로 현판은 1차례 내려지는 것이지만 서적과 치제는 해당 서원에 대한 국왕의 관심 정도에 따라서 수차례 내려졌다. 그런만큼 지방관과 향인들의 관심도 컸으며, 그것은 해당 서원의 위상에도 직접적인 영향을 주었다.

1547년(명종 2) 백운동서원의 「사문입의(斯文立議)」를 보면 주세붕 당시 구매한 서적 525권과 순흥부에서 보내온 서적 49권[31]이 있었다. 뒤이어 풍기군수로 부임한 이황의 요청에 따라 백운동서원은 1550년(명종 5) '소수서원(紹修書院)'으로 사액됨에 따라 편액과 서적을 받았다. 이때 하사받은 서적은 사서오경과 『성리대전』 등이었고,[32] 이후에도 국가에서 서적을 계속 반질(頒秩)하였다. 즉 1552년(명종 7)에는 『강목(綱目)』과 『사문유취(事文類聚)』를 내려주고, 그 이후에도 『속강목(續綱目)』, 『주자대전』, 『정충록(精忠錄)』, 『주자어류(朱子語類)』, 사서언해가 내사되었다.[33] 주세붕의

---

31) 순흥부에서는 1547년 2월 22일에 유생들이 읽을 책을 보내왔는데, 『大學』(1책), 『論語』(7책), 『中庸』(1책), 『孟子』(7책), 『詩傳』(10책), 『書傳』(9책), 『春秋』(8책), 『童蒙先習』(1책), 『童蒙須知』(1책), 『入學圖說』(1책), 『天運紹統』(2책), 『朝鮮賦』(1책), 『張東海大法貼』(1검) 등 13종 50책이었다(『紹修書院謄錄』, 「分定行移謄錄」 가정 26년 2월 22일 在書院).

32) 『紹修書院謄錄』, 가정 29년(1550) 3월 24일.

33) 『紹修書院書冊置簿』(1602). 이 치부책은 소장된 책들을 〈內賜〉와 〈道上院備〉로 구분하고 있다. 내사란 국가에서 내려준 책이란 의미이고, 도상원비는 감영과 고

아들 주박(周博)은 영천(榮川)군수로 재직하던 1581년(선조 14) 주세붕의 문집인 『무릉잡고(武陵雜稿)』(8권)를 기부하였으며, 원장 황인(黃訒)과 유사 등이 『주자서절요』(19권)를 기부하는 등 사림들도 서원도서 마련에 도움을 주었다.[34] 그 결과 1602년(선조 35)에 작성된 『소수서원서책치부(紹修書院書册置簿)』에는 모두 107종 1,678권이 수록되어 있어서 건립 당시와 비교하여 3배가량 증가하였다.

1550년(명종 5) 백운동서원이 사액된 이래로 각 지역에서는 서원이 활발하게 건립되었다. 신설된 서원은 서적을 구입하거나, 서원을 세운 수령과 사림들이 자신의 책을 기증하기도 했다. 그리고 서원 건립에 찬성했던 사람들도 서적을 기증했다. 1550년(명종 5) 해주의 수양서원을 세운 주세붕은 자신의 책을 내어 서고를 채웠고, 1555년(명종 10) 사액되면서 현판과 서적을 하사 받았다.[35] 1554년(명종 9) 영천(永川)의 임고서원은 설립 직후 사액을 받으며, 소수서원의 사례에 따라서 사서오경 1질을 교서관의 서고인 문무루(文武樓)에 소장하고 있던 것으로 내려 보내고, 『강목』 및 『사문유취』는 여분이 없어서 교서관이 사온 책 가운데 『소미통감(少微通鑑)』과 『통감속집(通鑑續編)』을 1질씩 보내었다. 당시 책마다 첫째 권에 연월일과 '내사임고서원(內賜臨皐書院)'이라고 써서 장려하는 뜻을 보이고, 편액은 '임고서원' 4글자를 큰 글자로 쓰되 아래쪽에 연월일과 '선사(宣賜)' 등의 글자를 함께 새겨서 보내었다.[36] 이때부터 내사기(內賜記)와 편액의

을 관아로부터 기증 받은 것과 서원 스스로 마련한 것이라는 의미이다. 즉, 기증[내사]과 구입이라는 장서 구비 방법을 확인시켜준다.

34) 이수환, 『조선후기 서원연구』, 일조각, 2001, 208쪽.

35) 『명종실록』 권18, 명종 10년 2월 25일(경인). "傳曰 扁額書籍等事 一依臨皐書院例 … 越明年庚戌 移而闢之于州庠之西 以安其靈 下建書院 以爲諸生肄業之所 乃出家藏書帙以實之 置田民立廚庫 …"

36) 『명종실록』 권17, 명종 9년 11월 2일(기해), "書册 依紹修書院例 四書五經各一件 以文武樓所藏帙賜送 而綱目及事文類聚 則餘在只一件 賜給爲難 以外 校書館貿易册內 少微通鑑通鑑續編各一件賜送 每書初卷 題其年月日 內賜臨皐書院 以示敦奬之意"

서식이 정해졌다.

임고서원 이후 사액된 수양서원, 함양 남계서원,[37] 영천 이산서원[38]에도 모두 서적이 함께 내려졌다. 경주 옥산서원도 1577년(선조 10)에 사서육경 각 2질, 『주자대전』, 『주자어류』, 『유선록(儒先錄)』 각 1질을 받았으며, 조정으로부터 부족한 교재의 지원 방안으로 1583년(선조 16)에 『언해소학』 1질, 1585년(선조 18)에 『사서언해』 각 1질을 선사 받았다.[39] 예안의 도산서원은 1575년(선조 8) 준공하여, 1576년(선조 9) 위패를 봉안하였다. 그러나 1575년에 이미 사액을 받은 상태였기에 도산서원 역시 현판과 서적, 전답, 노비 등의 은전이 이어졌다.

도산서원은 16종 318책의 내사본을 하사 받았다. 즉 1575년(선조 8) 사액 당시 『주자대전』(95책), 『주자어류』(75책), 『성리대전』(26책), 『논어』(2건 14책), 『춘추』(2건 16책), 『시전』(2건 18책), 『예기』(2건 32책), 『대학(2건 2책), 『중용』(2건 2책), 『서전』(2건 18책) 등 경전과 성리서 10종 298책을 하사 받았다. 그 후 1585년(선조 18) 『정충록』(3책)을, 1588년(선조 21)에 『소학언해』(4책), 1590년(선조 23)에 『맹자언해』(7책), 『논어언해』(4책), 『중용언해』(1책), 『대학언해』(1책) 등 사서언해를 하사 받았다.[40]

이처럼 사액을 내릴 때 교육을 권장하는 뜻에서 서적을 함께 내리는 것이 소수서원 이래로 관례가 되었다. 이들 서적은 책 첫면에 내려준 연도와 날짜 및 '내사'를 표기하여, 국가에서 특별히 배려했음을 표시하였다. 내사본은 서원 장서 중에서도 특별히 관리를 하여, 별도로 마련한 함에 넣어서 보관하였다. 또한 서원에 따라서 어서각(御書閣) 등의 별도 건물을 지어서 보관했

37) 『명종실록』 권33, 명종 21년 6월 15일(갑술).

38) 趙纘韓, 『玄洲集』 卷15, 「伊山書院興廢記」, "萬曆甲戌 特賜扁額 額以伊山者 以其里郎山伊故 因里名而別之也. 丁丑秋 賜書 冬又賜書 己卯庚辰連賜書 書凡十七帙也."

39) 『列邑院宇事蹟』, 慶尙道 玉山書院.

40) 최우경, 『도산서원 광명실 장서의 변천과 서지적 분석』, 경북대학교 대학원 박사학위논문, 2019, 54~55쪽.

으며, 열람할 때에는 반드시 재배(再拜)하는 엄숙한 의식을 행하였다.[41]

왕조 국가에서 국왕과 관련된 것은 가장 존엄한 것이었다. 서원의 사액은 왕명에 의해 편액 하사와 치제가 진행되면서 공식적으로 국학에 준하는 권위를 공인 받았다. 한번 진행되는 사액과는 별개로 치제와 서적 하사는 왕명으로 거듭 내려지기도 했으며, 서원의 위상을 제고하는 효과가 있었다. 서원의 위상이 높을수록 장서의 구비에도 긍정적으로 작용하였다. 즉 지방관아에서 간행된 서적이나 서원·문중 등 민간에서 간행된 서적들의 기증과 지방관 및 관련 인사들의 개인적인 서적 기부에도 영향을 주었다.

임진왜란 이후 조정에서는 왕명으로 서적의 간행을 서둘렀다. 그러나 국가의 재정이 어려웠기에 간행하는 서적은 제한적이었다. 17세기 이래로 서원의 건립과 사액은 증가했으나 관례대로 모든 사액서원에 서적을 하사할 여력이 없었다. 그래서 사액을 하더라도 서적을 하사하지 않는 것이 새로운 관행으로 되었다. 대신 국가에서 서적을 간행할 때면 문묘종사대현을 제향한 서원이나, 충절사우에 서적을 하사하는 일이 간혹 있었다.[42] 하지만 정치적 목적에 의한 서적 하사였기에 옥산서원을 비롯한 영남지역 서원들은 숙종 이래로 이전에 비하여 큰 주목을 받지 못하였다. 영·정조대에 비로소 퇴계와 회재의 학문이 다시 주목받으면서 서적의 반질과 치제가 이어졌다.

실제 도산서원에서는 1794년(정조 18)에 사서삼경 7종과 『어정주서백선(御定朱書百選)』이 내사되고,[43] 같은 해 옥산서원에는 『어정주서백선』과 『어제속대학혹문(御題續大學或問)』이 내사되었다.[44] 이어서 두 서원에는 1796년(정조 20)에 『어정규장전운(御定奎章全韻)』,[45] 1797년(정조 21)에 『향

41) 이춘희, 「李朝書院文庫目錄考」, 『李朝書院文庫目錄』, 국회도서관, 1969, 11쪽.
42) 『영조실록』 권127, 부록 「영조대왕행장」.
43) 『정조실록』 권39, 정조 18년 1월 24일(임자).
44) 『정조실록』 권41, 정조 18년 12월 25일(무인) ; 권40, 정조 18년 8월 30일(갑신).
45) 『정조실록』 권45, 정조 20년 8월 11일(계미).

례합편(鄕禮合編)』,[46] 1798년(정조 22) 『어정오경백편(御定五經百篇)』, 『춘추좌씨전(春秋左氏傳)』,[47] 1799년(정조 23) 『어제아송(御製雅誦)』[48] 등이 거듭 내려왔다. 이처럼 두 서원은 치제와 함께 수차례 서적을 받으면서 18세기 후반부터 영남을 대표하는 수원(首院)으로서 위상을 정립할 수 있었다.[49]

3. 서원 장서의 초석을 만든 기증본

서원 제도가 도입된 16세기에 건립된 서원들은 백세에 사표가 되는 도학자를 제향인으로 선정하고, 조정의 교학진흥책으로 인해 조야의 관심 속에서 서적의 기증(寄贈)이 많았다. 그러나 임진왜란으로 많은 서적이 소실되고, 조정의 재원 마련이 어려워지면서 서적의 품귀 현상이 심화되었다. 그로 인해 조정의 서적 반사(頒賜)와 지방관의 서적 기증은 16세기에 비하여 양적으로 줄었으며, 부족한 서적은 서원 스스로 마련해야 했다. 나아가 17세기 말 이래로 문중서원의 수가 폭발적으로 증가하자, 서적 기증은 교육적·정치적 효과를 극대화하거나 직·간접적인 연고가 있는 일부의 사액서원에 한정하여 이뤄졌다. 반면 신설된 문중서원에서는 제향인의 문집이나 저술을 출판하여 연고가 있는 서원·문중 등에 반질(頒秩)하였다. 그 결과 18세기 이래로 서원 장서 가운데 문집이 가장 큰 비율을 차지하게 되었다.

46) 『정조실록』 권46, 정조 21년 6월 2일(신미) ; 권47, 정조 21년 7월 20일(정해).
47) 『정조실록』 권45, 정조 20년 9월 3일(을사) ; 『승정원일기』 1792책, 정조 22년 5월 22일(을유) ; 1795책, 정조 22년 8월 7일(무술) 및 옥산서원 소장본 內賜記.
48) 옥산서원 소장본 內賜記.
49) 정조는 자신이 편집에 관여했던 서적들은 인쇄하여, 전국의 향교와 사액 서원에 이를 배포하였다(『승정원일기』 1766책, 정조 20년 8월 11일(계미) ; 1777책, 정조 21년 6월 2일(신미) ; 1816책, 정조 23년 12월 8일(신묘) ; 1820책, 정조 24년 4월 13일(을미)).

〈표 2〉 도산서원의 시기별 장서 분류

구분	16세기	17세기	18세기	19세기
경부(經部)	40종 385책	13종 46책	14종 75책	6종 46책
사부(史部)	22종 426책	13종 116책	16종 117책	27종 73책
자부(子部)	23종 186책	15종 39책	14종 42책	7종 19책
집부(集部)	17종 231책	37종 193책	89종 425책	182종 634책
계	102종 1,228책	80종 469책	133종 659책	223종 775책

〈표 2〉의 도산서원 사례를 보면, 16세기에는 경서와 사서, 유가(儒家)의 서적이 대부분이었다. 이는 서원을 건립한 초창기였기에 유생 교육에 필요한 서적들을 다수 구비한 결과로 보인다. 또한 교육도 정주학 중심으로 진행되었음을 알 수 있다. 그러나 17세기 이후부터는 집부의 문집류가 계속해서 증가하는 반면, 경서·사서·유가서 등은 크게 늘지 않았다. 문집류와 달리 새로운 내용의 서적이 나오기 어렵다는 특성이 반영된 것이다. 다만 꾸준히 새로 구비를 하는 것은 망실·훼손되거나, 수요 급증으로 인한 결과로 보인다. 한편 18~19세기에 집부의 수량이 급증하는 것이 확인된다. 집부는 대부분 문집들로서 해당 인물의 문중과 그를 제향한 서원에서 현양(顯揚) 사업의 일환으로 간행한 것이다. 이처럼 문집 기증이 많은 것은 영남과 퇴계학을 대표하는 도산서원에 문집을 기증하여, 장서로 구비함으로써 퇴계학파의 일원이라는 것을 드러내는 효과도 있었기 때문이다.

이들 장서는 내사와 기증, 구매, 출판 등의 방법으로 수집되었다. 특히 도산서원은 퇴계를 제향하는 대표적인 서원으로서 건립 당시부터 조야의 관심이 컸다. 그래서 도산서원 장서는 기증을 통한 수집이 많았다. 이러한 서적 기증은 건립 당시부터 계속 이어졌다. 퇴계의 높은 위상만큼 서적을 기증하는 곳도 전국적으로 분포하고 있다.[50] 도산서원의 초창기 장서 가운데 내사본 16종 318책 외에 퇴계가 소장하고 있던 3종 62책, 지방관 기증

50) 최우경, 앞의 논문, 2019, 83~108쪽.

본 44종 154책, 사가기증본 4종 4책이 확인된다.[51] 이 가운데 퇴계의 수택본(手澤本)은 내사본과 더불어 도산서원에서 가장 중요한 서적으로 관리되었다. 도산서원에 기증된 퇴계 수택본은 도산서당의 서적과 본가에 소장되었던 서적의 일부로 추정된다. 『의례경전통해(儀禮經傳通解)』는 1570년(선조 3) 퇴계에게 하사된 것이 도산서원에 기증된 것이며, 『의례집전』(20책)과 『의례경전통해속』(32책)도 퇴계의 수택본으로 '계상(溪上)'이라 주기되어 있다. 이관된 수택본은 이보다 더 많았을 것으로 추정되지만 현재 확인이 불가능하다.

초창기 지방관 기증본은 호서감사 구봉령, 호남감사 심의겸, 영천(永川) 군수 주박, 영남감사 윤근수, 현감 류몽정, 의흥현감 이준(李寯), 영남감사 류성용, 나주목사 김성일, 인동현감 류운용, 경상감사 김수, 대구부사 권문해, 황해감사 최흥원 등 13명이 확인된다. 이들 외에도 19세기까지 영남감사 이시발·김지남·홍방·이명·이만·박문수 외에 안동·대구·영해·성주·봉화·양산·인동·榮川·예안의 수령을 시냈넌 고용후·홍유형·심장세·이위·홍우원·송요보·이우주·이태순 등 퇴계의 문인 내지 후학들이 지방관으로 부임하여 재임지에서 간행하거나 비축하고 있던 서적을 보내왔다. 지방관들이 보내온 서적들은 대부분 사서삼경과 성리서 등이었다. 그러나 『무릉잡고』(주세붕), 『수헌집』(권오복), 『정기록』·『제봉집』(고경명) 등과 같이 수령 자신의 선조 문집을 보내온 사례도 있다. 이것은 비록 현직에 있으면서 기증한 것이지만 개인 기증으로도 볼 수 있다. 이외에도 개인 기증본으로 정랑 심대(沈岱), 전현감 김부륜, 목천유생 김유성, 좌상 기자헌, 별좌 정헌세, 전현감 조원붕, 참의 허전, 승지 이인복, 예관 이익운 등 중앙관료로 재직하거나, 퇴임 후 서적을 보내오기도 했다. 주로 퇴계와 관련된 서적이거나 문집이 대부분이었다.[52]

---

51) 배현숙, 「영남지방 서원장서의 연원과 성격」, 『대동한문학』 46, 대동한문학회, 2016, 307~308쪽.

52) 최우경, 앞의 논문, 2019, 93~94쪽. 〈표 20〉의 도산서원의 개인기증 서책을 참고

도산서원 기증본의 다른 한축은 서원에서 보내온 기증본이다. 현재 총 81종이 확인되는데, 17세기에 간행된 것이 24종, 18세기에 간행된 것이 40종, 19세기에 간행된 것이 15종, 기타 2종이다. 모두 제향인의 문집과 저술들이며, 시비와 관련하여 해당 서원의 입장을 기술한 변무록(辨誣錄)도 있다.[53] 이외에도 현재 도산서원 장서 가운데 한 축을 담당하고 있는 것이 역동서원 장서이다. 역동서원은 건립이후 퇴계가 기증한 서적들을 가장 중요한 장서로서 특별히 관리해왔다. 그래서 1871년(고종 8) 훼철이후 모든 장서가 도산서원으로 이관되자, 도산서원에서도 별도의 목록을 만들어 관리를 하였다. 이처럼 역동서원에 퇴계의 기증본이 많은 것은 퇴계와 그의 제자들이 건립을 주관했기 때문이다.

또한 퇴계는 역동서원 초기 장서를 마련하는 데 적극적으로 관여했다. 그가 1570년(선조 3) 교서관 제조로 임명되었을 때 무역(貿易)하여, 사서오경과 『좌전』, 『통감』, 『송감』, 『성리대전』, 『운부군옥(韻府群玉)』, 『운회(韻會)』 등의 경서·사서·성리서·총집류 등 16종 195책을 보내왔으며, 이후 『연평문답(延平答問)』(2책), 『주자연보』(2책), 『성학십도』(1책), 『소학집성』(6책), 『근사록』(4책) 등 5종 15책을 추가로 보내었다.[54] 그러자 지방관

하였다.

53) 문집을 보내온 서원은 영천 이산서원·우계서원·욱양서원·우곡서원·삼봉서원·의산서원·구강서원·구호서원, 안동 병산서원·여강[호계]서원·삼계서원·주계서원·노림서원·경광서원·사빈서원·임천서원, 경주 구강서원·옥산서원·용산서원·운곡서원, 永川 송곡서원·도잠서원·매곡서원, 산청 덕천서원·서계서원·배산서원, 성주 회연서원·청천서원, 선산 송산서원·낙봉서원, 함안 송정서원·덕연서원, 상주 우산서원·옥동서원, 인동 현암서원·동락서원, 예천 도정서원, 의성 장대서원, 문경 근암서원, 청도 자계서원, 안음 용문서원, 사천 구계서원, 대구 청호서원, 거창 병암서원, 밀양 덕남서원 등이다. 반면, 경주 옥산서원에서 『태극문변』 논쟁과 관련해 성주 회연서원과 시비가 발생하자, 이를 해명한 『태극서찬집변무록』을 1726년(영조 2) 간행하였다. 또한 인동 동락서원에서 한려시비와 관련하여 정구의 언행록의 오류를 지적한 『한강선생언행록류조변파록』을 1827년(순조 27) 간행하여 보내왔다(최우경, 앞의 논문, 2019, 101~104쪽의 〈표 21·22〉를 참조함).

54) 『易東書院記』, 「書册條」 (한국국학진흥원 소장). 퇴계가 교서관 제조로 임명되어

으로 부임했던 퇴계 문인들의 기증도 이어졌다. 청주목사 류중영은 『가례의절(家禮儀節)』(4책), 성주목사 김극일은 『계몽익전(啓蒙翼傳)』(3책), 대구부사 권문해는 『수헌집(睡軒集)』(2책)을, 감사 이만(李曼)은 『소학』(8책 2건), 좌상 기자헌은 『덕양유고(德陽遺稿)』를 보내왔다. 이외에도 인동 오산서원에서 『삼인록(三仁錄)』(1668), 영천(榮川) 우계서원에서 『간재집(艮齋集)』(1766), 봉화 삼계서원에서 『충재집(冲齋集)』(1671) 등을 보내왔다. 유생들의 교육을 위한 서적 외에도 현조를 현양하기 위한 문집의 기증이 나타나기 시작했다.

경주 옥산서원도 도산서원과 비슷한 사례이다. 지방관과 후손, 향인들에 의한 기증이 초창기 장서의 근간을 이루었던 것이다. 정확한 입수 경위는 알 수 없지만 '주여강이(主驪江李) ... 가장(家藏)', '독락당(獨樂堂)', '회재(晦齋)'등의 주기가 있는 것은 회재 후손가에서 기증한 것으로 보이며, 일부는 구매한 것으로 판단된다. 이처럼 회재가 가장하고 있던 내사본과 수필고본(手筆稿本), 수택본(手澤本)은 옥산서원 상서 중 내사본과 함께 가장 중요하게 다루어졌다. 이외에도 회재의 동생 이언괄(李彦适) 가장본은 그 후손들이 기증한 것으로 보이며, 문인 권사의(權士毅)가 『송조명신록(宋朝名臣錄)』을 기부하였다. 경주부에서는 『공자통기(孔子通紀)』를 비롯한 서원 건립 이전까지 간행되었던 성리서와 역사서, 문집 등을 보내왔는데, '옥산서원상(玉山書院上)'이라 묵기(墨記)되어 있다.

1574년(선조 7)에는 경주부윤 이제민이 경상감사 노진(盧禛)에게 건의하여 국가의 지원을 받아 『회재집』을 간행하였으며, 그의 저술들도 뒤이어 간행하였다.[55] 1575년(선조 8)에는 경주부에서 『회재선생집』, 『양산묵

무역한 서적들은 『대학』(2책, 2건)·『대학혹문』(2책, 2건)·『중용』(2책, 2건)·『중용혹문』(2책, 2건)·『논어』(14책,2건)·『맹자』(14책, 2건)·『詩傳』(9책)·『書傳』(9책)·『性理大全』(24책)·『春秋胡傳』(8책)·『좌전』(11책)·『주역』(12책)·『예기』(15책)·『宋鑑』(15책)·『韻府群玉』(10책)·『韻會』(10책) 등이다.

55) 『선조실록』 권8, 선조7년 9월 27일(무술) ; 선조7년 11월 4일(갑술). 이언적의 『九

담』, 『대학장구보유』 및 부록 『속대학혹문』을 간행하였다. 당시 『회재집』 간행에 관찰사 노진과 경주부윤 이제민의 적극적인 부조가 있었는데,[56] 여타 서적들의 간행도 마찬가지였을 것으로 보인다. 즉 옥산서원은 건립 당시 경주부에서 간행한 서적들을 기증받음으로써 서원 장서의 초석을 이루었던 것이다.

경주부는 1561년(명종 16) 부윤 이정(李楨, 1512~1571, 재임: 1560.9~1563.1)이 주도하여 김유신을 제향하는 서악서원을 건립하고, 스승인 퇴계의 자문을 받아서 『공자통기』(1562), 『이락연원록(伊洛淵源錄)·속록(續錄)』(1561), 『이정수어(二程粹語)』(1562), 『황명이학명신언행록(皇明理學名臣言行錄)』(1562), 『당감(唐鑑)』(1562), 『용학지남(庸學指南)』(1562), 『황극내편(皇極內篇)』(1562) 등의 서적들을 간행함으로써 경주일대 문풍(文風)을 진작시키는데 크게 기여하였다.[57] 그 외에도 경주부에서 1512년(중종 7) 경주부윤 이계복(李繼福)이 『삼국사기』와 『삼국유사』를 중간하거나, 1543년(중종 38)에 『춘추호씨전(春秋胡氏傳)』, 『서전(書傳)』, 『자경편(自警編)』을 소수서원으로 인송(印送)한 사실이 확인되는데,[58] 이들 서적들도 옥산서원 건립 이후 경주부로부터 기증받은 것으로 확인된다.

17세기 들어 옥산서원 장서는 자체 간행과 기증에 의해 충당되었다. 구

經衍義』는 유희춘이 인출할 것을 아뢰고, 옥당에서 이를 교정하였는데, 이후 1583년(선조 16) 경주부에서 初刊되었다.

56) 『晦齋先生集』, 柳希春 跋 "… 願見全集者久矣 今鷄林尹李侯齊民請於方伯盧公禛鳩材募工開板 …"

57) 李楨은 순천부사 재임시에 『程氏遺書·外傳』(1564), 『(胡敬齋)居業錄』(1564), 『景賢錄』(1564), 『性理遺編·補遺』, 『朱子年譜』(1565), 『濂洛風雅』(1565) 등을 저술하고, 1564년에는 김굉필을 제향하는 玉川書院을 건립하는 한편, 함양 남계서원에 『通鑑』(17권)과 『程氏遺書』(8권)을 기증하였다(우정임, 「퇴계 이황과 그의 문도들의 서적간행과 서원의 기능」, 『지역과 역사』 22, 부경역사연구소, 2008, 217~220쪽 ; 안현주, 「구암 이정의 도서간행에 대한 연구」, 『한국도서관·정보학회지』 42(1), 한국도서관·정보학회, 2011, 363쪽).

58) 남권희, 「조선시대 경주 간행의 서적」, 『신라문화』 33, 2009, 7~9쪽.

매도 있었지만 그 수는 제한적이었다. 경주부에서 간행한 서적들의 기증은 17세기에 집중적으로 나타난다. 대부분 경전들로 구성되어 있었다. 전란 이후 국가 주도로 각 감영에 서적 간행을 명하면서 경주부에서의 간행도 늘어난 것으로 보인다. 감영에서는 직접 간행한 경전 및 『통감절요』와 같은 역사서를 보내오거나 감사들의 개인적 기증이 있었다. 일례로 1701년에 감사 최석항은 『광국지경록(光國志慶錄)』을 보내왔으며, 1748년에는 『탄옹집(炭翁集)』과 『시수(詩藪)』, 1755년에는 감사 이이장(李彝章)이 『음애집(陰崖集)』, 1838년에는 순사 박기수(朴岐壽)가 『금석집(錦石集)』를 보내왔다.

17세기 중반 이래로 서원의 건립이 증가하면서 서원에서 간행한 서적들의 기증도 이어졌다. 1631년 청도 자계서원에서 『탁영집』을 기증한 이래로 19세기 중반까지 문집의 기증이 계속 확인된다.[59] 특히 18세기 중반 이후 문중서원의 증가와 함께 서원 간행본의 기증은 꾸준히 증가하고 있었다. 이와 궤를 같이하여 문중에서의 서적 반질도 이어졌다. 1606년 기준(奇遵)의 『덕양유고』가 나주의 행주기씨 가문에서 보내져왔다. 1683년에는 조광조의 후예인 조위수가 『정암집』을 보내왔으며, 내시교관을 지낸 맹만택(孟萬澤)이 회재가 직접 점주(點朱)한 『대학연의』를 보내었다. 1703~1709년 사이에는 한음의 후예인 하양현감 이복인이 『한음선생수필』을, 1713년에는 대전 안동권씨 집안에서 권득기의 문집인 『만회집』를 보

---

59) 다른 서원에서 옥산서원으로 기증한 서적은 다음과 같다. 1642년 서악서원의 『서악지』, 1709년 예림서원의 『점필재집』, 1722년 호계서원의 『학봉집』, 1733년 도산서원의 『퇴계언행록』, 1739·1756년 용산서원의 『정무공실기』, 1739~ 1740년 의성 장대서원의 『경정집』·『송은집·『오봉집』, 1748년 공주 도산서원(道山書院)의 『탄옹집』, 1756년 동강서원의 『우재실기』, 영주 오계서원의 『간재집』, 영해 인산서원의 『존재집』, 1801년 경주 장산서원의 『효경』, 1817년 영천 용계서원의 『경은유사』, 안동 구담서당의 『소산집』, 1819년 군위 송현사의 『송오집』, 1820년 영해 구봉서원의 『관감록』, 1828년 함창 임호서원의 『동계실기』, 광산사의 『전암실기』, 1842년 현풍 도동서원의 『경현록』, 1847년 청도 덕남서원의 『송은집』 등이 확인된다.

내왔다. 1755년에는 경주부윤 홍삼익이 그의 부친의 문집 『내재집』을 보내왔다. 이처럼 기증에 의한 것은 사적·공적인 관계가 전제되어 있었다.

건립이래로 높은 위상을 유지하며 경주지역을 대표하였던 옥산서원은 18세기 중반이후 도산서원과 더불어 영남을 대표하는 서원으로 공인되었다. 이러한 위상에 비례하여 기증되는 서적들도 계속 증가하였다. 『서책기』, 『서책전여도록』에 수록된 서적수를 보면 시대가 내려올수록 장서의 수가 증가하는 추세였다. 1758년 184종 1,618책에서 1801년에는 253종 1,905책으로 증가하였다. 19세기 중반에는 310종 2,076책으로, 19세기말에는 370종 2,121책으로 급격히 늘어나고 있다. 19세기 들어와서 문중서원·사우와 개별 가문 등에서 현조를 현창하는 사업의 일환으로 문집과 유고의 간행이 증가한 것이 주된 원인이었다.

이상에서 초창기 서원들은 장서 구비에 지방관의 도움이 컸음을 알 수 있다. 또한 서원 건립에 참여했던 향촌 유생들을 중심으로 자발적 기증이 있기도 했으나, 서원이 해당 지역의 대표적 교육기관으로서 면모와 권위를 갖추는 데는 사액과 함께 국왕으로부터 서적을 하사받으면서 가능하였다. 서원의 건립 초기에는 서원 운영에 필요한 경제적 기반을 유지, 확대할 필요가 있던 시기였기에 서적의 구매에 소용되는 비용을 줄이는 것은 그만큼 서원 재정에도 큰 도움이 되었다. 그리하여 서원의 지위를 격상하고, 경제적 보조를 받기 위해 서원의 건립과 동시에 사액을 청원하는 것이 일반화되어갔다.

한편 조정에서는 교육을 권장한다는 의미에서 소수서원 이래로 사액과 동시에 서책을 하사하는 것이 관례였고, 이처럼 서로의 이해가 맞으면서 초창기 서원들은 사액시에 서책을 하사받아 서원 장서를 늘려갔던 것이다. 이러한 내사본은 책 첫 면에 내려준 연도와 날짜 및 내사기를 표기하여 나라에서 특별히 하사했음을 드러냈다. 또한 서원 장서 중에서도 특별히 관리를 하여 별도의 궤에 넣어 두었고, 서원에 따라 어서각 등의 별도 건물을 지어 보관하기도 했으며, 열람시에는 반드시 재배를 하는 의식을 행하였다. 그러나 기증과 내사에 의한 장서의 증가에도 불구하고 교육 수요의 증가와 장서의 분실 등으로 인해 서원에서는 필요한 서적을 구매하기도 하였다. 특히 미사액 서원의 경우에는 내사본도 없고, 서적의 기증도 드물었기에 자체 구매를 통한 장서 구비가 일반적이었나.

4. 출판을 통한 장서 구비

서적은 간행 주체에 따라 관판(官板)과 사판(私板)으로 구분하는데, 관판은 간행 주체를 중앙과 지방으로 구별하여 중앙판과 지방판으로 나눌 수 있고, 사판은 사찰판(寺刹板), 서원판(書院板), 사가판(私家板)으로 분류된다. 중국에서 수입하거나 국내에서 저술된 문헌의 보급을 위해서는 서책의 간행이 필수적이었다.[60] 조선전기에는 국가 정체성의 확립과 유교문화의 확산이라는 측면에서 국가 주도의 관판이 출판문화의 중심을 이루었지만, 17세기 중반이래로 문중 의식의 고취와 서원의 증가 등에 힘입어 출판문화의 중심이 사판 그 중에서도 서원판과 사가판으로 이동되어 갔다.

도서를 간행하는 일은 구입하는 것보다 비용이 많이 소요되기에 경제적 기반이 미약한 서원에서는 추진이 어려웠다. 그래서 초기 서원에서 간행된 판목은 평안도 중화의 청량서원(淸凉書院)에서 1566년(명종 21)에 『근사록집해』, 『한서전초(漢書傳抄)』와 1568년(선조 1)에 『고사통략(古史通略)』을 간행하였고, 1574년(선조 7)에는 성주 천곡서원에서 『설문청공독서록요해』와 『주자서절요』를, 1581년(선조 14) 서천 명곡서원에서는 『표제구해공자가어』, 『신간소왕사기』 등을 간행한 것이 확인된다.[61] 이후 서원의 확산과 국가의 지원이 이어지면서 서원제도가 확립되었듯이 서원에서의 간행 비율도 함께 높아졌다. 이것은 1796년(정조 20) 서유구의 『누판고(鏤板考)』에 수록된 '서원판본'을 통해서도 확인된다.

---

60) 박장승, 「경주 소재 서원·사에서 간행한 전적고」, 『신라문화』 99, 2001.
61) 천혜봉, 『한국서지학』, 민음사, 2006, 240쪽.

〈표 3〉『누판고』 소재 서원 책판 목록

지역	소장처	제향인	책판명	비고
예안	陶山書院	李滉·趙穆	嶠南賓興錄	1권, 1792(정조 16), 경상감영
			經書釋義	8권, 李滉 撰
			啓蒙傳疑	1권, 이황 찬
			退溪言行錄	6권, 李滉門人 찬[초판 權斗經]
			理學通錄·外集	통록 11권, 李滉 撰 / 외집 1권 趙穆 跋, 成渾 點批
			古鏡重磨方	1권, 李滉 編
			朱子書節要	20권, 李滉 編
			松齋集	2권, 李堣 撰
			聾巖集	5권, 李賢輔 撰
			雲巖逸稿	2권, 金綠 撰
			溫溪逸稿	5권, 李瀣 撰
			退溪自省錄	1권, 이황 찬
			退溪集·續集·年譜	문집 51권, 속집 8권, 연보 3권, 이황 찬, 원집·연보- 류성용 편, 속집- 後孫 李守淵 편
			耻齋遺稿·附錄	유고 3권, 부록 1권, 洪仁祐 撰
			月川集	6권, 趙穆 撰
			近始齋集	4권, 金垓 撰
			溪巖集	6권, 金坽 撰
청도	紫溪書院	金馹孫	陽村入學圖說	1권, 權近 撰
			濯纓文集	5권, 金馹孫 撰
			滄溪集	27권, 林泳 撰
	仙巖書院	金大有·朴河淡	禮部韻略·玉篇	운략 4권, 옥편 1권
경주	玉山書院	李彦迪	奉先雜儀	2권, 李彦迪 찬
			大學章句補遺·續或問	보유 1권, 속혹문 1권, 이언적 찬
			近思錄	14권
			中庸九經衍義	29권, 이언적 찬
			求仁錄	4권, 이언적 찬
			太極問辨	2권, 鄭逑 編
			晦齋集·年譜·附錄	문집 13권, 연보 1권, 부록 1권, 李彦迪 撰, 李滉 編

	西岳書院	薛聰·金庾信·崔致遠	帝王歷年通攷	1권, 鄭克後 찬
			西岳志	1권, 정극후 찬
	龜岡書院	李齊賢	孝行錄	1권, 李齊賢 찬, 權近 註
			櫟翁稗說	4권, 이제현 찬
			益齋亂藁	10권, 이제현 찬
	東江書院	孫仲暾	愚齋實記·補遺	실기 2권, 孫汝斗 輯, 보유 1권 孫鼎九 編
	龍山書院	崔震立	貞武公實記	4권, 후손 편
안동	屛山書院	柳成龍·柳袗	懲毖錄	16권, 柳成龍 찬
			西厓集·別集·年譜	본집 21권, 별집 4권, 연보 3권
			梧里集·附錄·續集·別集·附錄	본집 6권, 부록 4권, 속집 2권, 별집 2권, 부록 2권, 李元翼 撰
	虎溪書院	李滉·柳成龍·金誠一	朱書講錄刊補	6권, 李栽 刊補
			鶴峯集·行狀·續集	문집 8권, 행장 1권, 속집 5권, 金誠一 撰
	三溪書院	權橃	冲齋集	9권, 權橃 撰
	魯林書院	南致利	賁趾集	4권, 南致利 撰
	鏡光書院	裵尙志·李宗準·張興孝	敬堂集	2권, 張興孝 撰
	周溪書院	具鳳齡·權春蘭	晦谷進學圖	4권, 權春蘭 撰
			栢潭集	4권, 具鳳齡 撰
			晦谷集	2권, 權春蘭 撰
	默溪書院	玉沽·金係行	凝溪實記	2권, 玉世寶 輯 [옥고]
			寶白堂實紀	2권, 金承鈺 輯, [김계행]
			雲川集	6권, 金涌 撰
	柞溪書堂		麗澤齋遺稿	6권, 權在運 撰
新寧	龜川書院	權應銖	白雲齋實紀	4권, 權弘運 輯, [權應銖]
풍기	郁陽書院	李滉·黃俊良	錦溪集·外集	문집 4권, 외집 8권, 黃俊良 撰, 李滉 校訂, 외집 -鄭逑 編
	愚谷書院	柳雲龍·黃暹·李埈·金光曄	息菴集·年譜	본집 5권, 연보 1권, 黃暹 撰
榮川	龜江書院	金淡·朴承任·金玏·金榮祖	嘯皐集·續集·附錄	본집 4권, 속집 4권, 부록 2권, 朴承任 撰
	迂溪書院	李德弘	艮齋集	14권, 李德弘 撰
	三峰書院	金爾音·金蓋國·金隆	勿巖集·年譜·附錄	본집 4권, 연보 1권, 부록 1권, 金隆 撰
			晩翠集	4권, 金蓋國 撰

	義山書院	李介立·金應祖	省吾堂集	4권, 李介立 撰
			鶴沙集·外集·年譜·附錄	본집 9권, 외집 1권, 연보 1권, 부록 1권, 金應祖 撰
성주	檜淵書院	鄭逑	大河圖	1권
			小河圖	1권
			五先生禮說(前後)集	전집 8권, 후집 12권, 鄭逑 찬
			五服沿革圖	1권, 정구 찬
			心經發揮	4권, 鄭逑 撰
			太極問辨	2권, 정구 편
			寒岡集·續集·別集·年譜	본집 15권, 속집 6권, 별집 1권, 연보 1권
	安峯影堂[川谷書院]	李億年·李兆年·李仁復·李崇仁·李稷	亨齋集	4권, 李稷 撰 [京山李氏 世德祠]
	晴川書院	金宇顒·金聃壽·朴而章	東岡集	19집, 金宇顒 撰
	柳溪書院	鄭崑壽·朴燦·李淳	柏谷集·年譜	본집 4권, 연보 1권, 鄭崑壽 撰
인동	東洛書院	張顯光	易學圖說	9권, 張顯光 찬
			旅軒年譜	3권, 문인 張㮨 편
			性理說	8권, 장현광 찬
			旅軒集	11권, 장현광 찬
永川	道岑書院	曺好益	家禮考證	7권, 曺好益 찬
			大學童子問答	1권, 조호익 및 문인 金鉉 찬
			心經質疑考誤	1권, 조호익 찬
			芝山集	11권, 조호익 찬
	環邱世德祠	鄭世雅·鄭宜藩	湖叟實紀	8권, 鄭一鑽 輯 [鄭世雅·鄭宜藩]
	臨皐書院	鄭夢周·張顯光·皇甫仁	圃隱集·續集	본집 4권, 속집 3권
	梅谷書堂		涵溪集	6권, 鄭碩達 撰
			梅山集	12권, 鄭重器 撰
밀양	禮林書院	金宗直·朴漢柱·申季誠	彛尊錄	2권, 金宗直 찬金叔滋
			佔畢齋詩集·文集	시집 23권, 문집 2권, 金宗直 撰
산청	西溪書院	吳健	德溪集	8권, 吳健 撰

사천	龜溪書院	李禎	龜巖集	2권, 李禎 撰 - 원집 1권 -許穆 편, 속집 1권-魚有成 편
진주(산청)	新塘書院	趙之瑞	知足堂忠烈記	1권, 趙瑮 집[趙之瑞, 조지서 처 鄭氏]
			丹圃集	1권, 趙希進 撰
			槽巖集	4권, 趙昌期 撰
	德川書院	曺植·崔永慶	南冥集·別集	본집 5권, 별집 9권, 曺植 撰
	臨川書院	李俊民·姜應台·成汝信·河澄·韓夢參	浮査集	8권, 成汝信 撰
	大覺書院	河沆·孫天佑·金大鳴·河應圖·李瀞·柳宗智·河受一	覺齋集	3권, 河沆 撰
			松亭集	6권, 河受一 撰
상주	近嵒紹賢祠(近嵒書院)	洪彦忠·李德馨·金弘敏·洪汝河·李榘·李萬敷·權相一	通國通鑑提綱	14권, 洪汝河 찬
			寓菴文集	4권, 洪彦忠 撰
			漢陰集	12권, 李德馨 撰
	西山書院	金尙容·金尙憲	仙源年譜·淸陰年譜	선원 1권, 후손 편, 청음 2권, 宋時烈 편
			仙源遺稿	5권, 金尙容 撰
	玉成書院	金得培·申潛·金範·李埈·李㙉	后溪集	2권, 金範 撰
			月礀集·부록·兄弟急難圖	본집 3권, 부록 1권, 급란도 1권, 李㙉 撰
			蒼石集	18권, 李埈 撰
	淵嶽書院	朴彦誠·金彦健·康應哲·趙光璧·康用良	南溪集	1권康應哲 撰
	興巖書院	宋浚吉	同春堂集·別集	본집 24권, 별집 9권, 宋浚吉 撰
			洞虛齋集	1권, 成獻徵 撰
	道南書院	東方五賢·盧守愼·柳成龍·鄭經世·李埈	蘇齋集·續集·附錄	본집 10권, 속집 8권, 부록 1권, 盧守愼 撰
			愚伏集	21권, 鄭經世 撰
			頤齋集	2권, 曺友仁 찬
함안	西山書院	趙旅·元昊·金時習·李孟專·成聃壽·南孝溫	趙氏十忠實錄	1권, 趙希孟 편, 후손 趙輝晉 重訂[趙旅·趙埗·趙鵬·趙宗道·趙俊男·趙信道·趙敏道·趙毅道·趙益道·趙善道·趙繼先]

			漁溪集	2권, 趙旅 撰
			損菴集	9권, 趙根 撰
	德巖書院	趙純·朴漢柱·趙宗道	大笑軒集	3권, 趙宗道 撰
	松汀書院	趙任道	澗松堂集	7권, 趙任道 撰
의성	藏待書院	申之悌·李民宬·申元祿·金光粹	松隱集	2권, 金光粹 撰
			悔堂集	2권, 申元祿 撰
			梧峯集	8권, 申之悌 撰
			敬亭集	12권, 李民宬 撰
함양(안의)	龍門書院	鄭汝昌·林薰·林芸·鄭蘊	葛川集	4권, 林薰 撰
			瞻慕堂集	3권, 林芸 撰
			桐溪集·附錄	본집 4권, 부록 2권, 鄭蘊 撰
善山	金烏書院	吉再·金宗直·鄭鵬·朴英·張顯光	三仁錄	1권, 善山諸儒 찬[金澍, 河緯地, 李孟專]
			冶隱言行拾遺	3권, 吉興先 編
			兩賢淵源錄	1권, 朴熀·金濡 等編, [鄭鵬·朴英]
	洛峯書院	金叔滋·金就成·朴雲·金就文·高應陟	龍巖集	4권, 朴雲 撰
			眞樂堂集	2권, 金就成 撰
			久菴集	4권, 金就文 撰
			喚醒堂逸稿	3권, 朴演 撰
			健齋逸稿	2권, 朴遂一 撰
	松山書院	金應箕·金振宗·崔應龍·康惟善·崔晛·盧景任	敬菴集	7권, 盧景任 撰
			認齋集·別集·年譜·附錄·續集	본집 13권, 별집 2권, 연보 1권, 부록 1권, 속집 7권, 崔晛 撰
논산(尼城, 礪山)	魯岡書院	尹煌·尹文擧·尹拯·尹宣擧	明齋疑禮問答	8권, 尹拯 門人 편
			三韻通考補遺	5권, 朴斗世 찬
			明齋言行錄	5권, 傍孫 尹光紹 編.
			明齋年譜	6권, 傍孫 尹光紹 撰.
			牛溪續集	6권, 成渾 撰
			八松封事·附錄	봉사 1권, 부록 2권, 尹煌 撰
			魯西遺稿·附錄	유고 20권, 부록 2권, 尹宣擧 撰
	竹林書院	李珥·成渾·金長生·趙光祖·李滉·宋時烈	伸寃牛栗兩賢疏	1권

부여(林川)	七山書院	俞棨	家禮源流·往復書	원류 16권, 왕복서 1권, 俞棨 찬
			市南集·附錄·年譜	본집 23권, 부록 3권, 연보 1권, 俞棨 撰
連山	遯巖書院	金長生·金集·宋浚吉·宋時烈	家禮輯覽	11권, 金長生 撰
			喪禮備要	2권, 김장생 찬, 申義慶 修
			沙溪年譜	1권, 後孫 金熹 편
			沙溪遺稿	14권, 김장생 찬
			愼獨齋遺稿	15권, 金集 찬
청주	華陽書院	宋時烈	程書分類	30권, 宋時烈 編
			宋子大全·附錄	본집 217권, 부록 19권
보은	象賢書院	金淨·成運·成悌元·趙憲·宋時烈	冲庵集	5권, 金淨 撰
			大谷集	3권, 成運 撰
서천(한산)	文獻書院	李穀·李穡·李鍾學·李塏·李耔	稼亭集·雜錄	가정집 20권, 李穀 찬, 李穡 편 / 잡록 1권, 이색 편, 후손 李泰淵 編
			牧隱集·附錄·年譜	본집 58권, 부록 1권, 연보 1권, 李穡 찬
			麟齋集	1권, 李鍾學 撰
文義	黔潭書院	宋浚吉	同春堂集·別集	본집 24권, 별집 9권
錦山	從容祠	趙憲	重峰集·附錄	본집 5권, 부록 1권, 趙憲 撰
光州	褒忠祠	高敬命·高從厚·高因厚·柳彭老·安瑛	霽峰遊瑞石錄	1권, 高敬命 撰
			霽峯集·遺集·續集	본집 5권, 유집 1권, 속집 1권
			正氣錄	1권
			白麓集	3권, 辛應時 撰
			晴沙集	1권, 高用厚 찬
장성	筆巖書院	金麟厚·梁子徵	河西集·別集	본집 14권, 별집 9권, 金麟厚 撰
나주	眉泉書院	許穆	記言·別集	기언 67권, 별집 26권
고부	道溪書院	李希孟·崔安·金齊閔·金地粹·金齊顔	鰲峯集	5권, 金齊閔 撰
			苔川集	2권, 金地粹 撰
장흥	淵谷書院	閔鼎重·閔維重	老峯集·附錄	본집 10권, 별집 2권, 閔鼎重 撰
능주	竹樹書院	趙光祖·梁彭孫	靜菴集	8권, 趙光祖 撰

영암	鹿洞書院	崔德之·崔忠成·金壽恒·金昌協	烟村事蹟	2권, 崔挻 輯
전주	石溪書院	金東準	喪禮備要	2권, 김장생 찬
			疑禮問解·續解	문해 4권, 속해 1권, 金集 編, 속해 尹宣擧 編
순천	玉川書院	金宏弼	景賢錄	2권, 李禎 편, [金宏弼]
			擊蒙要訣	2권, 이이 찬
	忠愍祠	金贇吉·林慶業	忠武公家乘	6권, 신령현감 李弘毅 輯, [李舜臣]
	芝峯書院	李睟光	昇平志	2권, 李睟光 撰
鏡城	彰烈祠	鄭文孚	彰烈祠志·續志	불분권, 李端夏 찬
平山	雲峰祠	申崇謙	壯節公遺蹟	불분권, 朴世采 찬
	九峯書院	朴世采	南溪年譜	4권
北靑	老德書院	李恒福·金德成·鄭弘翼·閔鼎重·吳斗寅·李尙眞·李世華·李光佐(黜享)	北遷日錄	1권, 鄭忠信 撰, [李恒福]
해주	紹賢書院	朱子·趙光祖·李滉·李珥·成渾·金長生·宋時烈	近思錄釋疑	14권, 金長生 撰
			聖學輯要	13권, 李珥 撰
			擊蒙要訣	2권, 이이 찬
			桑榆集	2권, 柳思規 撰
			栗谷集·續集·外集·年譜	본집10권, 속집3권, 외집1권, 연보2권
개성	崧陽書院	鄭夢周·徐敬德·金尙憲·金堉·趙翼·禹玄寶	圃隱集·續集	본집 4권, 속집 3권, 鄭夢周 撰
	花谷書院	徐敬德·朴淳·閔純·許曄	花潭集	3권, 徐敬德 撰
용강	鰲山書院	金安國·金正國	慕齋集	15권, 金安國 撰
			思齋集	4권, 金正國 撰
연안	顯忠祠	李廷馣·申恪·金大鼎·宋德潤·張應祺·趙光庭	四留齋集	12권, 李廷馣 撰

『누판고』에서 확인되는 서원 책판은 경상도 53개처 128종, 충청도 9개처 24종, 전라도 11개처 18종, 기타 9개처 14종 등 82개처 184종이다. 이 중 도산서원이 17종으로 가장 많고, 다음으로 경주 옥산서원·성주 회연서원·논산 노강서원(魯岡書院)으로 각 7종, 선산 낙봉서원·연산 돈암서원·광주 포충사·해주 소현서원이 각 5종, 인동 동락서원·영천 도잠서원·의성 장대서원 등이 각 4종씩이 수록되어 있다. 경상도에서의 책판 제작이 압도적으로 다수를 차지한다.

이것은 재지사족의 분포와 그들의 활동과도 관련이 깊다. 조선 건국 이래로 경상도 지역은 재지사족이 가장 많이 분포하고 있었다. 이들은 16세기 이래로 퇴계와 남명을 영수로 하는 영남학파를 형성하고, 사림파의 집권이후 정치적으로 동인의 입장에서 인조반정이전까지 정국을 주도하였다. 그러나 인조반정과 예송논쟁, 숙종대의 환국을 거치면서 정치권에서 완전히 밀려나게 되었다. 이후 경상도의 사족들은 사회적 지위와 향촌내 기득권을 유지하기 위하여 현조 현양사업을 활발히 추진하였나. 그것은 서원 건립과 선조의 문집 간행 등으로 나타났다.

주지하다시피 서원 건립과 문집 간행은 기본적으로 많은 자금이 필요한 일이었다. 그렇기에 한 고을을 대표하는 서원에서 추진할 수 있는 사업이었다. 실제 『누판고』에 수록된 서원들은 바로 해당 고을을 대표하는 서원이라고 할 수 있다. 다수의 서원이 기재된 곳은 안동 8개소, 상주 6개소, 경주 5개소, 영천(榮川)·성주·영천(永川)·진주 각 4개소, 함안·선산·순천 각 3개소씩이다. 이들 고을은 대부분 경상도에 소재하고 있으며, 대읍이자 재지사족의 수가 많은 곳을 중심으로 다수의 서원에서 서적 간행이 있었다. 그만큼 재지사족의 활동이 활발했으며, 향촌 내에서 가문 간 기득권 경쟁이 치열했음을 의미한다.

주목되는 점은 예안의 도산서원이다. 퇴계학의 본산으로 인식된 도산서원은 제향자인 퇴계의 문집과 저술을 주로 간행하였다. 생전에 많은 저술을 남겼던 퇴계는 그가 사망하자, 문인들에 의해 저술과 문집 편찬 작업이 활발히 진행되었다. 도산서원에서 처음 간행된 것은『송계원명이학통록·외집』이다. 이 책은 퇴계가 주자를 비롯한 송원명의 성리학자들의 행장·전기·어록 등을 서술한 책이다. 외집에는 비정통 주자학파를 수록하고 있는데, 1575년(선조 8) 안동부에서 간행하고, 1576년(선조 9)에는 조목 등의 문인들이 도산서원에서 간행하였다.

이후 예안과 안동의 문인들은 조목과 류성용을 중심으로 문집과 연보를 편찬하는 사업을 추진하였다. 그 결과 도산서원에서 1600년(선조 33)『퇴계집·연보』가 처음 간행되었다. 그 후 1724년(경종 4)과 1843년(헌종 9)에 중간하였으며, 1817년(순조 17)에 보각(補刻)이 있었다.『퇴계속집』은 1600년에 문집을 간행할 때 수록하지 못한 유고(遺稿)를 수습하여, 1746년(영조 22)에 간행하였다. 또한『계몽전의』는 주자가 지은『역학계몽』의 주해서로서, 퇴계가 1557년(명종 12)에 저술한 것이다. 이를 도산서원에서 1600년에 문집과 함께 간행하였다. 또한『경서석의』는 퇴계가 사서삼경을 주석한 책으로 1608년(선조 41) 경상도 관찰사 최관(崔瓘)의 지원으로 후학들이 소장하고 있던 전사본(傳寫本)을 구하여, 문인 금응훈(琴應壎) 등이 수정·보완하여 1609년(광해군 1) 간행하였다.『퇴계언행록』은 권두경이 편찬한『퇴계선생언행통록』을 이수연(李守淵, 1693~1748)이 대폭 수정하여, 1733년(영조 9) 간행하였다.

이처럼 도산서원에서 처음 간행한 서적들이 있는 반면, 다른 곳에서 먼저 간행된 후 도산서원에서 간행한 사례도 보인다.『주자서절요』와『퇴계언행록』이 대표적이다.『주자서절요』는 퇴계가『주자대전』의 서간문 중에서 중요한 부분만을 선별하여 편집한 책이다. 1561년(명종 16) 황준량이 성주에서 처음 간행한 이래로 류중영·김덕룡·김성일·정경세 등이 지방관으로 부임하여 간행·배포하였다. 도산서원에서는 1743년(영조 19) 간행하였다.『퇴계자성록』은 이황의 서간 가운데 수양과 성찰에 도움이 되는 22편을 선별하여 엮은 책이다. 1585년(선조 18) 나주목사로 재직 중이던 김성일이 처음 간행하였다가, 1793년(정조 17) 도산서원에 중간하였다.

이외에도 다른 곳에서 간행된 퇴계의 저술 판목이 후대에 도산서원으로 이관된 사례도 확인된다. 『고경중마방』은 퇴계가 중국의 성현 23인의 잠명(箴銘) 중에서 수양이 될 만한 76편을 선별하여 엮은 책으로 안동부사 정구(鄭逑)가 1607년(선조 40) 간행하였다. 그 후 안동부에서 도산서원으로 판목을 이관하여 보관했던 것으로 보인다.

문제는 소현인 예안의 사족들만으로는 많은 비용이 필요한 퇴계의 문집과 저술을 간행하는 것이 어려웠다는 점이다. 그래서 다른 고을에 위치한 교원사(校院祠)와 문중 등의 협조를 받아서 간행하는 것이 일반적이었다. 간행에 협조한 곳에서는 퇴계학파의 일원으로서 인정되었고, 이를 통해 도산서원과의 교류도 강화하는 효과가 있었다. 한편 도산서원에서도 퇴계의 문집과 저술을 간행하면서 퇴계학파의 결속을 강화하고, 그의 학문을 계승·확산하는 데 활용하였다.

이외에도 『송재집』(이우), 『온계일고』(이해) 등의 진성이씨 가문 인사들의 문집과 『계암집』(김령), 『근시재집』(김해), 『운암집』(김록), 『월천집』(조목), 『농암집』(이현보), 『치재유고』(홍인우) 등 광산김·횡성조·영천이·남양홍씨 가문 인사들의 문집 및 『교남빈흥록』 등이 확인된다. 그러나 이들 문집이 도산서원에서 간행된 것인지는 확인이 어렵다. 일례로 홍인우의 『치재집』은 1639년(인조 17) 안동통판 홍유형(洪有炯)이 인쇄하여 보낸다는 주기가 현존본에서 확인되고 있다. 홍유형은 1636~1641년까지 안동판관을 역임하였다. 그렇기에 홍인우의 문집은 안동부에서 간행한 후 책판은 도산서원에 보관해 온 것으로 보인다.[62)]

예안에서는 1667년(현종 8) 이식·이우·이해를 제향하는 청계서원(淸溪書院)이 건립되고, 1700년(숙종 26)에 이현보를 제향하는 분강서원(汾江書院), 1702년(숙종 28)에 이계양·김효로를 제향하는 향현사(鄕賢祠)가 건립되었다. 이처럼 예안을 대표하는 가문들의 문중원사가 건립되었지만 18세

62) 최우경, 앞의 논문, 2019, 117쪽.

기 말에도 도산서원에서 이들 가문의 선조 책판을 보관한 것은 별도의 책판 보관시설이 이곳에만 있었기 때문이며, 서원 운영에서도 중요한 가문이었음을 의미한다. 그러나 문집 간행에는 많은 비용이 필요하기에 도산서원에서도 직접적인 연고가 없는 인물의 문집을 간행하는 것은 어려웠다.

그런 점에서 조목은 도산서원에 종향되었기에 그의 문집은 예안현감 이석관(李碩寬)의 협조를 받아서, 도산서원에서 간행한 후 책판을 보관해 왔을 개연성이 높다. 이현보의 문집은 분강서원 건립 이전인 1665년(현종 6) 그의 외손 김계광(金啓光)이 간행하였다. 김계광은 당시 도산서원 원장을 역임했던 인물이다. 당시 도산서원은 인조반정이후 향촌사회에서의 영향력이 크게 약화되어 있었다. 그래서 예안의 대표적 가문이었던 영천이씨의 협조를 강화하기 위하여, 퇴계가 향선배로 존경하였던 이현보의 문집 간행을 주관하고, 그 후 책판을 보관해온 것으로 볼 수 있다.

진성이씨는 청계서원이 건립되어 있었지만 도산서원에서 운영을 함께 하고 있었다. 그래서 이우의 문집은 외종손 오운(吳澐)이 1584년(선조 17) 충주목사 재직시 간행했던 책판을 도산서원에 옮겨와 보관해 온 것으로 보인다. 이해의 문집은 1772년(영조 48) 간행되었다. 한편 도산서원 원장을 역임했던 김령의 문집도 같은 해 도산서원에서 간행되었다. 18세기 이래로 광산김씨와 진성이씨는 향현사에 선대의 위패를 함께 제향 해왔고, 도산서원 운영에서도 두 가문의 역할이 압도적으로 증가하였다. 그렇기에 이해의 문집도 김령과 마찬가지로 도산서원에서 간행된 것으로 추정된다. 그러나 1783년(정조 7)에 간행된 김록과 김해의 문집은 광산김씨 가문에서 간행한 후 책판만 도산서원에서 보관해온 것으로 보인다.

이상과 같이 17세기 중반 이래로 도산서원은 예안을 대표하는 가문들인 횡성조·영천이·진성이·광산김씨의 협조를 강화하기 위해 이들 선조의 책판을 도산서원에서 관리해왔다. 한편으로는 일찍부터 퇴계의 저서를 간행하면서 책판의 보관과 수리를 위한 별도의 시설인 장판각(藏板閣)을 갖추고 있었기 때문이다. 또한 해당 가문에서도 책판을 매개로 도산서원과의 직접적인 관계를 유지하면서 자신들의 이해를 대변하는 데 이용하려는 목적도 있었다.

도산서원뿐만 아니라 각 지역의 서점 서원은 해당 고을의 시식 보급과 생산의 기지로서 역할 하였다. 경주 일대에서는 옥산서원이 그 중심에 있었다. 옥산서원에서는 자체 간행한 책판 외에도 인근 서원과 경주부에서 간행한 책판도 보관하거나, 이를 수리한 것이 확인된다.[63] 이를 위해 장판고, 장판각 등의 별도의 시설을 갖추기도 했는데, 옥산서원은 인근의 속사였던 정혜사에 책판의 수리와 보관을 맡겼다.

옥산서원에서 간행된 서적은 『전여기』와 『동경잡기(東京雜記)』(1670), 『누판고』(1796), 『금오승람(金鰲勝覽)』(1936)을 통해서도 그 대강을 확인할 수 있다.[64] 옥산서원에서는 서적을 출판하기 위해 별도의 '간소(刊所)'를 속사인 정혜사에 두고 운영하였는데, 인출에 사용할 책판도 정혜사에서 보관하였다.[65]

1670년(현종 11) 『농경잡기』를 보면 당시 정혜사에는 『구경연의(九經衍義)』, 『구인록(求仁錄)』, 『김남창소서원조오잠급태극문변(金南窓所書元朝五箴及太極問辨)』, 『대학보유(大學補遺)』, 『매월당사유록(梅月堂四遊錄)』, 『봉선잡의(奉先雜儀)』, 『역옹패설(櫟翁稗說)』, 『익재집(益齋集)』, 『초한서(抄漢書)』, 『태극도설(太極圖說)』, 『한호소서적벽부(韓濩所書赤壁賦)』, 『회재문집

---

63) '구인당' 현판은 1711년 이전에 改刊하고, 原板은 經閣에 보관하였으며, 1748년 이후 대소'병풍'판도 경주부 판목들과 함께 보이지 않는다. 청하 '해월루' 현판은 중수시에 청하 현감 鄭岐胤(재위:1692~1702) 推去해 갔다(『전여기』, 신유(1711)).

64) 옥산서원 간행 판본과 책판 등은 이병훈, 「경주 옥산서원의 장서 수집 및 관리 실태를 통해 본 도서관적 기능」, 『한국민족문화』 58, 부산대학교 한국민족문화연구소, 2016에 상세히 서술되어 있다. 이하 옥산서원 관련 서술은 이를 참고하여 정리했다.

65) 정혜사는 1572년 옥산서원 창건과 동시에 속사로 정속되어, 1834년 11월 화재로 소실될 때까지 옥산서원의 서적 간행 및 책판보관, 유생 공궤 등 인적·물적으로 큰 기여를 하였다. 또한 서원에서 刊役을 시행할 때는 간소를 사찰 내에 두어 운영하였다(『文集刊役記事』, 1744)

(晦齋文集)』, 『회재소제퇴계소서십육영급원조오잠(晦齋所製退溪所書十六詠及元朝五箴)』, 『효행록(孝行錄)』 등 14종의 책판이 있었다. 이중 경주부에서 간행한 『매월당사유록』, 『역옹패설』, 『적벽부』, 『효행록』, 『익재집』 등을 제외한 나머지가 옥산서원에서 간행한 것이다.

1711년(숙종 37)부터 1793년(정조 17)까지 작성된 『전여기』를 보면 책판의 종류가 31종에서 12종까지 다양하게 나타난다. 하지만 1748년(영조 24)을 기점으로 옥산서원 판본만을 기록하고 있다. 이 중 『효행록』·『심경』·『익재집』·『역옹패설』·『익재화상』·『동경지』 등은 경주부에서 판각한 것으로 개판을 위하여 잠시 옥산서원에 보관했던 것이다.

1796년의 『누판고』에는 옥산서원에 소장된 책판으로 『구인록』, 『근사록』, 『대학장구보유』, 『봉선잡의』, 『중용구경연의』, 『태극문변』, 『회재집』 등 7종이 확인된다. 1936년 『금오승람』에서는 1670년(현종 11) 정혜사 소장 책판 14종 외에 『동사찬요(東史纂要)』, 『회재별집』 등이 새로 확인된다. 이중 『동사찬요』는 1609년(광해군 1) 경주부에서 간행한 관판본이며, 『회재별집』은 필사본으로 전해오던 것을 1934년 옥산서원에서 간행한 것이다. 『금오승람』에는 정혜사 소장 책판이 옥산서원으로 옮겨졌다고 기록되어 있는데, 이는 1834년(순조 34) 정혜사가 화재로 전소되었기 때문으로 보인다.

옥산서원에 소장된 『전여기』 등에 보이는 책판을 모두 망라하면 『구경연의』, 『회재선생문집(구)』, 『회재선생문집(신)』, 『대학장구보유』, 『근사록』, 『구인록』, 『봉선잡의』, 『대원조오잠』, 『십육영』, 『태극문변』, 『개정대학(改正大學)』, 『원조오잠(구)』, 『수심양성풍송한죽(收心良性風松寒竹)』 등 회재와 그의 저술이 중심을 이루고 있으며, 이외에도 『동경지(東京誌)』, 『익재집』, 『역옹패설』, 『익재화상』, 『효행록』, 『심경』, 『대병풍(大屛風)』, 『소병풍(小屛風)』, 「구인당」 현판, 「해월루」 현판 등이 있었다.

『동경지』는 1669년(현종 10) 경주부사 민주면(閔周冕)이 진사 이채(李埰) 등과 함께 편찬한 『동경잡기』를 1711년(숙종 37) 경주부윤 남지훈이 재간행하면서 인출을 옥산서원 측에 의뢰한 것으로 보인다. 『개정대학』은

1602년 옥산서원에서 간행한 것이었는데, 앞선 기록들에서 누락되었던 것으로 보인다.

요컨대 옥산서원에서 간행된 목판은 옥산서원 경각과 정혜사 별고에 분장(分藏)하고 있었으며, 인쇄내지 책판을 수리하기 위하여 수시로 옮겨졌다. 경주부에서 간행한 일부 책판도 이 두 곳에 보관되기도 했는데, 1748년을 전후한 시기에 익재와 관련된 책판은 그를 제향한 구강서원(龜岡書院)으로 옮겨지고 옥산서원에는 회재와 관련된 책판만이 남게 되었다.[66] 이처럼 조선시대 서원 가운데 서적을 출판한 곳은 제한적이었다. 한편으로는 서적을 간행하더라도 책판을 보관하는 시설을 갖추지 못한 곳도 있었다. 책판 제작과 수리 관리 등에 많은 비용이 들었기 때문이다. 그럼에도 불구하고 제향인의 문집과 저서의 출판은 해당 서원의 외부적 관계를 유지·확대하고, 제향인의 학문을 계승·확산한다는 점에서 서원 운영 및 위상에 큰 영향을 주었다. 한편으로는 이렇게 마련된 책판과 수집된 장서를 관리하기 위해서 원임의 노력과 제도적 보완이 필요하였다.

Ⅲ. 한국 서원의 장서 관리

한국의 서원 중 옥산·도산·병산서원은 현재까지도 많은 전적을 보유하고 있는 대표적인 서원이다.[67] 이것은 건립 이래로 철저히 도서를 관리해

66) 성삼문의 『梅竹軒集』 책판은 辛亥年에 강원도 감영에서 영월 彰節書院으로 옮겨와서 西庫에 보관하였으며, 『牛溪集』의 刊記에는 성혼이 사망한 후 212년 후인 기사년에 7대손이 밀양에서 중간하여 창녕 물계서원에 책판을 보관하였다. 이외에도 河溍의 『台溪集』을 진주의 하씨 집안에서 만들어 家藏하다가 하진을 제향한 진주 宗川書院에 보관하였고, 홍여하의 『木齋集』을 함창의 홍씨 문중에서 만들었다가 함창 栗谷書院에 보관하기도 했다. 『六先生遺稿』는 신해년에 순흥 백운동서원에서부터 창절서원 西庫에 보관하기도 했다(윤희면, 앞의 논문, 2005, 20쪽).

67) 이수환, 「서원 기록자료 정리의 현황과 과제」, 『민족문화논총』 52, 영남대학교

왔기에 가능했다. 이들 서원에는 원임의 인수인계시나 포쇄시에 작성한 『서책목록(書册目錄)』, 『전여기』, 『서책기(書册記)』, 『서책도록(書册都錄)』 등의 자료가 남아있어서 서적 관리의 실태를 확인할 수 있다.

〈표 4〉 국가 지정 사적 9개 서원의 장서 등 현황

구분	고서	고문서	책판
영주 소수서원	30종 145책	110점	4종 428장
안동 도산서원	1,026종 4,605책	2,128점	28종 3,928장
안동 병산서원	1,071종 3,030책	1,439점	25종 1,907장
경주 옥산서원	943종 3,977책	1,156점	19종 1,121장
현풍 도동서원	10종 26책	214점	1종 71장
함양 남계서원	147종	717점	377장
논산 돈암서원	-	10점	11종 1,841장
정읍 무성서원	8종	49점	기타 51장
장성 필암서원	132종	64점	701장

현전하는 상기 서원들은 대원군의 훼철 당시에도 존치되었던 곳들이다. 특히 도산서원과 옥산서원은 임진왜란 당시에도 장서를 온전히 보존하면서, 수적·질적인 면에서 다른 서원을 상회한다. 한국 서원은 장서의 관리를 원규로 제정하여, 원임의 중요한 업무로 지정하였다. 실제 최초의 서원이었던 소수서원의 원규는 근사(謹祀), 예현(禮賢), 수우(修宇), 비름(備廩), 점서(點書)의 5가지를 기본 조목으로 하고 있다.[68] 주세붕은 원규를 통해 서책의 점검을 강조하며, 수령과 그 자제의 무단 반출을 엄히 금하였다. 이후 건

민족문화연구소, 2012.

68) 周世鵬, 『竹溪志』, 雜錄後, 「院規」, "一曰謹祀 二曰禮賢 三曰修宇 四曰備廩 五曰點書. 夫不謹則祀不享 不禮則賢不至 宇不修則必壞 廩不備則必匱 書不點則必散 五者 不可以廢一也. … 致齋日 獻官點曬藏書 … 邑宰子弟 不得擅便書册. 擅便則必有因緣偷竊之弊 子弟之心 父兄豈盡知之. 若携出院門 或致遺失 則人必曰偷竊也. 其貽愧 當與竹溪同其流也 爲父兄者可不警哉 爲子弟者可不懼哉 某故不令子弟寓于此 欲防其源也 然有大志而無書册 積誠來學之君子 則亦不可一切拘於此例也"

립된 모든 서원에서 이를 차용하여 장서의 이용과 열람은 서원 내에서만 허락되었다. 현전하는 소수서원 장서의 표지 이면에는 서원에서 청하여 책을 읽고, 서원의 문밖으로는 가지고 나가지 못하도록(求讀院中 勿出院門) 글을 적어서 원규를 환기시키고 있다. 이와 관련하여 퇴계 역시 이산서원 원규를 제정하면서 일체 서원 밖으로 서책을 반출하지 못하도록 규정했다.[69)]

도산서원과 옥산서원에서도 같은 내용이 원규로 채택되었다. 영천의 임고서원은 소수서원의 원규를 기본적으로 준수하면서, 「서원규범(書院規範)」을 별도로 제정하여 '서적 점검'에 대해 기증을 받거나, 매득(買得)하면 서책의 많고 적음과 전후로 다른 게 있는지 점검하고, 습기에 젖은 서적을 그냥 두면 좀 벌레가 생기므로 포쇄(曝曬)를 하도록 규정하였다.[70)] 이처럼 16세기에 건립되었던 초창기 서원들이 원규로 제정하여 공통적으로 준수하였던 장서의 점검이라는 전통은 이후 건립되는 모든 서원에서 공통적으로 준수되었다. 장서 점검의 목적이 서적의 분실을 확인하고, 책을 포쇄하여 습기와 좀 벌레를 방지하여 오랫동안 사용하는데 있었기 때문이다.

서원의 장서는 원임이 관리하였다. 유생들이 장서를 보고자 한다면 서고에 직접 가서 꺼내주도록 하였다.[71)] 그리고 원임의 교체시에는 장부의 장서 목록과 실제 장서를 점검하여 인수인계를 하였다. 이외에도 장서의 점검은 정기적으로 시행되었다. 소수서원에서는 매년 재일(齋日)에 헌관이 점검하여 포쇄도 진행하도록 규정하고 있었다. 장서가 증가하면서 각 서원에서는 목록을 작성하였다. 목록은 장서의 이용보다는 점검을 위한 것이었

---

69) 李滉, 『退溪先生文集』 卷41, 雜著, 「伊山院規」, "一. 書不得出門 色不得入門 酒不得釀 刑不得用. 書出易失 色入易汚 釀非學舍宜 刑非儒冠事 …."

70) 臨皐書院, 『書院規範』, 「點書」. (1628년 8월 19일) "一. 書冊雖始入院門 終無還出之理 或有仁者之賜 或有院中之備 數之多寡 前後必異 且當霾雨應致蠹敗 必須釐以正之 且點且曬 毋令有汚有損(川谷院規)". 이 규정은 성주의 川谷書院에서는 제정한 것을 빌려온 것이다.

71) 「1862년 장성 필암서원 절목」. "敬藏閣의 開金은 執綱이 次知하고, 살펴보아야 할 책이 있다면 친히 가서 열어줄 것".

다. 「장서목록」은 일반적으로 책자 방식으로 만들어서 서명, 권책(卷册)수를 기본적으로 기재하였다. 필요에 따라서 구비한 내역을 적기도 했는데, 〈내사(內賜)〉, 〈원비(院備)〉 등으로 구분했으며, 이외에도 특이사항이 있을 경우 해당 서적명의 아래에 주기했다. 일반적으로 궤(櫃)나 책갑(册匣)의 유무, 기증된 서적일 경우 보내온 곳을 적기도 했으며, 원칙적으로 대여가 불가했지만 부득이 대여를 했을 경우 대여자와 대여일, 반납 유무를 적고 있다.[72] 목록에 기재하는 순서는 내사본을 먼저 적고 그 다음은 책이 놓인 위치를 밝히고, 대체로 서가(書架)에 놓인 순서대로 기재하였다.

책을 점검하다가 책이 훼손되었으면 개장(改粧)하여 오랫동안 읽을 수 있도록 하였다.[73] 서책을 분실한 것이 확인되면 매득하거나, 책판이 있는 곳에 종이를 보내어 인출해 와서 보충하였다.[74] 책판도 점검하여 분실하거나 훼손된 것을 발견하면 판각을 하여 복구하였다. 이렇게 관리를 철저히 해도 화재로 인한 손실이 발생하여 큰 피해를 보기도 했다. 상주 도남서원에서는 1660년(현종 1) 강당에 화재가 발생하여 장서 약 1천권이 소실되었다.[75] 건물 중건에 필요한 비용 부담이 컸던 도남서원 유생들은 감영에 책을 인출해 주길 호소하거나, 여러 고을에 통문을 돌려 같은 책이 여러 권 있으면 나눠달라고 요청하였다.[76]

---

72) 이병훈, 「경주 옥산서원의 장서 수집 및 관리 실태를 통해 본 도서관적 기능」, 『한국민족문화』 58, 부산대학교 한국민족문화연구소, 2016.

73) 「臨皐書院 考往錄」. "庚寅年 봄에 좀먹은 서책 100여 권을 改粧", "경인년 7월 15일에 좀먹은 서책 30여 권을 개장".

74) 「임고서원 고왕록」. "무자년 10월 본원이 소장한 포은집을 잃어버렸다. 본소에서 紙本을 마련하여 인출하고 비치하였다" ; 『고문서집성』 51, 406쪽. "갑술(1814) 정월 소장한 서책을 考閱하니, 『史漢一統』이 없어 거접때 가장 중요한 부분한 뽑은 16권을 인출하여 경각에 보관하였다."

75) 『道南書院事實(下)』, 「道院古事」, "顯宗庚子 講堂火燒 藏書六百八十一卷 而見回祿則 今見在若干卷 極嘉慨歎."

76) 趙稜, 『慕庵先生文集』 권3, 「通列邑書院文」(道南洞主時). ; 『豊城世稿』 권2, 慕菴公稿 雜著, 「通列邑書院文」.

서원에서는 책을 구입하거나, 내사 받고 기증받으면 책의 첫 장에 들어오게 된 내력을 적고, 『고왕록(考往錄)』 등에 날짜와 사연을 기록하였다. 그리고 책의 목록을 작성하여, 한 군데 모아서 보관하였다. 보관 장소는 강당에 모아두기도 했으나 대개는 따로 건물을 짓고 그 안에 서가를 만들어 관리하였다. 내사본이나 국왕의 글 등은 어서각, 어필각 등의 현판을 달은 건물에 보관하였고, 일반 서적들은 장서각, 경각(經閣)[옥산서원], 존경각(尊經閣)[성균관] 등으로 이름한 건물에 두었다. 책판은 옥산서원과 같이 속사에 두거나 장소가 여의치 않으면 영천(榮川) 의산서원과 같이 관아에 두기도 했다. 그러나 일반적으로 장판각, 경장각(敬藏閣)[필암서원]이라 명명한 건물에 서가를 만들어 보관하였다.

일례로 도산서원은 건립 당시 강당인 전교당(典敎堂)에 위치한 원장 집무실인 한존재(閑存齋)의 벽장에 장서를 보관하였다. 그러나 권질이 많아지자 벽장의 공간이 좁고, 여름에는 습기가 배이고, 겨울에는 굴뚝에 붙어 있어서 그을음과 화재의 위험이 높았다. 이에 1775년(영조 51) 정당의 동쪽에 1칸의 서고를 짓고, 역동서원의 광명실(光明室) 편액을 모사하여 걸고 '광명실'이라 하였다.[77] 그러나 새로 지은 광명실은 화재의 위험은 없지만 햇볕이 들지 않아 습기로 인한 피해가 우려되었다. 이에 매월 삭망 때마다 문을 열어 점검해서 습기와 해충의 피해를 예방하고, 포쇄는 1년에 5~6차례를 하더라도 자주하라고 당부했다.[78]

---

77) 『乙未五月十五日 書冊置簿』, "本院書籍 舊藏于上齋夾室 卷帙浩穰 盈溢度架 烟煤濕透 又不能無戒于火 乙未春 始造一間於正堂東頭 摸來易東書院光明室三字以扁之 卽先師手筆 而以其藏書 則同也 迺以五月十五日 移藏書冊及古蹟 別錄卷帙 于此云爾" (도산서원 고문서, 유교넷 참고)

78) 『乙未五月十五日 書冊置簿』, "戊戌(1778, 정조2)六月日 書冊曝曬時 一一照檢 則從前外衣匣朽敗者二匣 其外亦有幾許卷傷損者 且以新造書閣言之 旣非煙火氣相通處 又非向陽引風之地 一遭封鎖 或累月不開 數千卷堆積中 雖非雨水滲漏 自然潤濕致傷 勢所必然 須因朔望時 時開視勘檢然後 可免腐蠹之患 則雖一年五六次爲之無妨 …".

하지만 도산서원 서고는 원임의 교체나 포쇄라 하더라도 1~2인원이 개폐할 수 없었다. 반드시 삼임(三任)이 모두 참석하거나, 당회(堂會)시에만 개폐가 가능하고, 만약 부득이한 일이 있을 때에는 유사가 시임(時任)과 원임(原任)에게 품의하여 처리하도록 했다.[79] 원임의 인수인계를 할 때는 별도의 장서목록을 작성하였다. 그러나 삼임이 모이지 않았다면 서고를 열어서 확인하지 못하므로 장부의 목록만을 대조하였다. 대신 당회나 포쇄를 할 때를 기다렸다가 장서목록과 원본을 하나씩 비교하도록 했다.[80] 서적의 구입·기증으로 인한 장서 보관 절차도 마찬가지로 포쇄나 당회시에 서고를 열 때 입고(入庫)할 수 있었다.[81]

수천 권의 장서를 보관하고 있던 도산서원에서 해충과 습기를 예방하기 위해 실시하는 포쇄는 중대한 사안이었다.[82] 중요한 서적을 원속(院屬)에게 맡길 수도 없었기에 모든 작업은 원생들의 몫이었다. 그래서 포쇄가 결정되면 대규모 당회를 개최한다는 글을 보내어서 해당 업무를 맡았는지를 막론하고 모두 들어와서 성실히 힘쓰도록 했다.[83]

경주 옥산서원의 사례도 도산서원과 비슷하였다. 옥산서원은 별도의 장서목록인 『서책기』와 『서책전여도록』을 작성하였다. 그러나 이 목록에는

---

79) 「陶山書院儀節草」 總則 光明室開閉, "必三任具位或堂會時 一二人不得 若有不得已之事 則有司稟于時原任句管"

80) 「陶山書院儀節草」 傳掌, "… 書册別置一簿 而光明室一二人不得開閉 故只以目錄考閱 署名着啣 待曝曬或堂會時 一一考準 …".

81) 『傳掌記』(己酉, 도산서원) "古溪亭實記一册 琴湖世稿二册 譜草辨證一册 五月曝曬時入于光明室 前上有司前縣監丁大植 前都事李昇九 齋有司李震鎬 李中悳"

82) 『庚寅六月二十六日 光明室傳掌記』. 이 전장기는 1890년(고종 27)의 포쇄시에 작성한 것이다. 여기에는 광명실에 東卓과 西卓을 두고서, 서탁에는 내사본과 퇴계 수택본 등의 중요 서적을 두고, 동탁에는 기타 서적을 보관하였다. 전임 3인과 시임 2인 및 회원 5인의 명단과 당시 포쇄하면서 확인한 서적 2,991책의 목록을 작성하였다.

83) 「도산서원의절초」 堂會, "… 光明室曝曬 與重大事項 發文大堂會 則勿論榜外榜內咸入敎事." 1900년의 『전장기』에는 6월 7일의 포쇄시에 77인이 참석했다.

장서각인 '경각' 내에 소장된 서책만을 대상으로 하고 있으며, 서원 운영 과정에서 생성된 문서들은 서적과 함께 존치하는 것이 경각의 설립 취지에 맞지 않다고 보아서 제외하였다.[84] 그러나 『전여기』에는 서책 이외에도 책판과 각종 집기들을 기록하고 있다. 이를 보면 서적을 선사질(宣賜秩)과 원비질(院備秩)로 나누고, 서적 간행시 조성된 책판은 책판질(冊板秩)에 기록하고 있다. 또한 서원 운영상에 생성된 각종 문서와 필사본을 대궤질(大櫃秩), 중궤질(中櫃秩), 잡문질(雜文秩)로 나누고 있다.

문서의 경우 모든 기록이 일률적이지는 않지만, 대체로 대궤에는 『정서등록』과 노비·토지매매문서, 통문, 전답안, 노비추쇄안, 정혜사 및 각 점소(店所) 관련 문서 등 서원의 재정(경제) 및 사회활동과 관련된 대외 문건을 보관하고, 중궤에는 집사기(執事記), 홀기(笏記), 입원록(入院錄), 전여기 등 서원 제향 및 임원, 인수인계와 관련한 원내 문건을 보관하였다. 그 외의 명문, 완문, 관문, 통문, 추수기, 관문, 각종 회계록 등은 잡문서로 묶어 보관하였다.

서적은 책장에 보관하였는데 『심원록』, 『서책기』, 『고왕록』도 같이 관리하였으며, 내사본은 별도의 포갑(袍匣)에 보관하였다. 이외에도 『晦齋附錄草冊』과 『1513년 先生司馬榜目』, 『鄕案謄草』, 『先賢書疏』와 같이 옥산서원에서 중요하다고 판단하는 서적은 『유안(儒案)』을 보관하던 궤에 함께 보관하기도 했다. 대궤와 중궤 등은 경각[어서각(御書閣)]에 보관하고, 책판은 속사인 정혜사에서 보관했다. 그러나 1834년(순조 34) 정혜사가 화재로 전소되면서, 그곳에 보관 중이던 책판은 1835년(헌종 1) 옥산서원 경내에 문집판각(文集板閣)을 건립하여 모두 이관(移管)하였다.

한편, 임진왜란 이전에 건립된 한국의 서원 가운데 전란에도 불구하고 서적을 온전히 보존한 곳은 도산서원과 옥산서원이었다. 임진왜란 당시에도 피해를 입지 않았던 옥산서원은 오히려 전쟁의 피해를 입은 홍문관의

84) 『서책전여도록』, "傳與時隨改置簿 恐有匱失之患 曾成一册以爲点墨 而渾置雜文書中 亦非尊閣之意 故更爲此簿 此後則勿爲改書囊以下 只記有無 而墨之之幸甚".

요청으로 1599년(선조 32)에 사서오경, 『주자대전』, 『국조유선록』, 『소학언해』, 사서언해본 등의 내사본을 대여해 주기도 했다.[85] 이후에 부임하는 경주부윤들은 옥산서원으로부터 이들 내사본을 대여하여 열람하는 것이 하나의 통과의례처럼 이루어졌다. 지방관의 관심은 서원 운영에 긍정적인 면도 있지만, 서적의 대여는 망실의 위험을 가지고 있었고 원규에도 어긋나는 일이었다. 실제 옥산서원에서는 18세기 중반 다량의 서적을 분실하였고, 그 원인으로 지방관의 서적 대여가 지목되었다. 그래서 옥산서원에서는 그때부터 경주부윤의 완문과 당중 완의, 국왕(정조)의 경연시 장서 보존에 대한 의견 등을 내세워서 지방관과 원유들의 장서 대여를 막고자 했다.[86]

1752년(영조 28) 작성된 것으로 추정되는 「임신년 부윤 완문(壬申年 府尹 完文)」은 옥산서원의 서책 편낭(編囊)이 많고 또 선사(宣賜)된 것도 많은 것은 서원을 건립할 초기에 '불출원문(不出院門)'하는 절목을 정하여 지금에 이르기까지 수백 년 동안 1권도 잃어버리는 폐단이 없었기 때문이라고 하였다. 그런데 10여 년부터 관가로부터 혹 책자를 살펴볼 것이 있다고 서원에 하첩(下帖)하여 매번 왕래하는 사이에 편질이 훼손되거나 혹 오랫동안 추심(推尋)하지 않아서 잃어버리기에 이르렀다고 당시의 사정을 말하고 있다. 이에 부윤은 관장(官長) 또한 인편으로 책을 빌려보는 것이 불가하다고 완문에 명시하였다.[87] 이처럼 옥산서원은 수백 년 동안 1권의 서적도 잃어버리지 않고 보존해 왔지만 10여 년 전부터 관가에 의해 서적을 잃어버리거나 훼손되는 일이 나타나고 있었다. 이것은 옥산서원 『전여기』의 서적 대여 및 분실 내역을 통해서도 확인된다.

---

85) 『열읍원우사적』, 경상도 옥산서원, 「고적」; 『선조실록』 권116, 선조 32년 8월 11일(정해).

86) 옥산서원에 현전하는 3책의 『서책(전여)도록』에는 서적 관리에 대한 원칙을 적은 「임신년 9월 부윤 완문」과 「임자년 치제시 예관문」, 「임술 5월 1일 당중 완의」가 있다.

87) 『書冊傳與都錄』 「壬申9월일 府尹完文」.

〈표 5〉 18세기 중반 이후 옥산서원 『전여기』내 서적 대여 및 분실 내역

연도	내 역
1753	선사 : 全失-주역(26권), 시전(9권),서전(18권), 춘추(8권), 失 - 孟子(1권), 중용(2권내 1권), 예기(31권내4권)
	院備 : 全失-書傳(10권), 禮記(15권), 魯史零言(14권), 大學補遺(1권), 楚辭(4권), 圃隱集(2권), 退溪言行錄(6권), 鶴峯集(5권) / 失 - 周易(11권내5권), 詩傳(17권내1권), 選賦抄評(4권내2권)
1755	선사 : 맹자(7권1질)-官入
	원비 : 詩傳(17권내 7권)-官入, 詩傳諺解(14권내7권-官入), 退溪言行錄 - 7권내 4권(1질) 在堤澄
1764	원비 :西岳誌-前任不傳
1765	선사 : 入府 - 논어(7권1질), 맹자(7권1질), 중용(1질), 대학(1질)
	원비 : 入府 - 주역(13권), 주역언해(5권), 서전(10권),시 전(10권1질), 시전언해(7권1질), 맹자언해(7권), 논어언해(4권), 대학언해(1권), 서전언해(5권), 중용언해(1권)
1775	선사 : 入府- 논어(7권),맹자(7권),대학(1권),중용(1권)
	원비 : 入府(潤月11日出來) - 周易(12권), 주역언해(5권), 서전(10권), 서전언해(5권), 시전(7권), 시전언해(7권), 맹자언해(7권), 논어언해(4권), 대학언해(1권), 중용언해(1권), 史略(7권), 통감(14권), 三韻通考(1권)
1779	求仁錄(2권), 九經衍義(27권3질) 代次還江界
1783	선사 : 孟子(7권1질)-入府
	원비 : 詩傳(7권1질), 詩傳諺解(7권1질)-入府
1792	원비 : 奉先雜儀 - 6권내 1권 忠淸道 柳生員求請送, 1권 無忝堂 還去, 1권 龍宮 茂村 李參議宅送去 還去[1790(庚戌)2월 堂中傳與時] 太極問辨(本院新刊本)-李佐郎持去前任時
1793	원비 :奉先雜儀(6권)내 1권 迎日官求請送, 1권 忠淸道 柳生員求請送, 1권 無忝堂 還去, 1권 龍宮 茂村 李參議宅送去 還去 / 奎華名選(1794(甲寅) 正月自本府來)
1798	선사 : 孟子 2卷 戊午(1798)失

〈표 5〉는 옥산서원 『전여기』를 정리한 것으로 경전과 성리서 및 문집 등이 경주부로 반출되고 있음을 '관입(官入)', '입부(入府)'로 표기하고 있다. 1753년(영조 29)에는 전년에 잃어버린 서적들을 기록하였다. 내사본

가운데 『주역』, 『시전』, 『서전』, 『춘추』 등은 61권이 전부 사라졌으며, 『맹자』, 『중용』, 『예기』 등은 일부인 6권이 사라졌다. 아울러 서원에서 구비하였던 『서전』, 『예기』, 『노사영언』, 『대학보유』, 『포은집』, 『퇴계언행록』, 『학봉집』 등은 57권이 전부 사라지고, 『주역』, 『시전』, 『선부초평』 등은 일부인 8권이 사라졌다. 당시 서적들이 어디에서 빌려갔는지 기록은 없지만 망실된 서적들이 내사본과 서원 초창기에 입수된 서적들이라는 점에서 관리가 매우 엄격했음을 짐작할 수 있다. 그러한 서적들을 대여했다는 것은 서원에 큰 영향력을 가진 경주부윤일 개연성이 높다.

한편 경주부윤의 완문이 있었음에도 경주부의 서적 대출은 계속 되었다. 서원 운영에 필수적인 원속, 전답, 노비 등에 대한 면역, 면세 등의 각종 혜택이 수령의 재량에 달려있었기에 부윤의 요구를 거부하기는 현실적으로 어려웠을 것이다. 또한 전임 부윤의 명령을 후임 부윤들이 반드시 이행해야 한다는 강제도 없었다. 그래서 1752년(영조 28)의 경주부윤 완문은 사족들에게만 영향력을 주었던 것으로 보인다. 실제로도 현전하는 각종 자료에서 19세기 이전에 사사로이 서적을 빌려간 기록은 보이지 않는다. 서적이 필요할 경우 서원에 공식 요청을 하면 당중(堂中)에서 회의하여 서적을 보내거나 인출하였다. 즉 서적의 반출에 그만큼 엄격했음을 알 수 있다.

완문에도 불구하고 부윤의 서적 반출 요구가 계속되자 옥산서원 측은 1792년(임자) 치제시에 예관[이만수(李晩秀)]이 전달한 경연(經筵)에서의 국왕[정조]의 말을 부기하여 관에 의한 서적 반출을 엄금하였다.[88] 즉 옥산서원에 '서원의 서책은 원문을 나갈 수 없다'는 원규가 이미 있으니 국왕이 책을 보고자 한다면 명을 내려 책을 가져오게 하면 되지만, 이는 원규를 어기는 것이 되기에 합당치 않다는 것이다. 옥산서원은 이러한 왕의 말을 「전여도록」에 부기하여 관아를 비롯한 유력자들의 서적 반출을 막고자 했던 것이

88) 『서책전여도록』, "壬子 致祭時 仕臣領 筵教云玉山書院書册不出院門已爲成規良庸嘉爲然 予欲見之則必當與之以此傳諭于士子處如有可觀 册子卽爲齎來"

다. 실제 1792년(정조 16) 이래로 경주부로의 반출은 확인되지 않는다.

이렇게 서적을 보관하기 위해 노력을 기울였음에도 불구하고 서적의 서실(闕失)과 훼손은 심해지고 있었다. 1836년(헌종 2) 1월 15일 전여(傳與)할 당시에 당중[89]에서 서적을 점검해보니 권질(卷帙)이 중간에 서실된 것이 많음에도 이전의 전여시에 제대로 기록하지 않아서, 기록에는 있으나 뒤로 전수할 때는 없어서 새로운 신·구임 간에 많은 다툼이 생긴다고 하였다.[90] 이후 서적의 반출을 금지하고, 그것의 근거를 드러내기 위하여 1840년(헌종 6) 경각의 문미에 '서원서책 불출원문(書院書册 不出院門)' 현판을 걸었다.[91]

하지만 이런 조처에도 불구하고 서적의 반출은 계속되었다. 이것은 1862년(철종 13) 5월 1일 당중 「완의」[92]에서도 확인된다. 완의를 보면, 근래에 책은 많으나 관리하는 사람은 적어서 혹 빌려간 것을 잊거나 오래되어 돌려받지 못하고 산실(散失)한 것이 허다하다고 하였다. 이에 서적을 일일이 점검하여 현전하는 실제 수량을 파악해서 다시 도록(都錄)을 작성하였다. 아울러 서적을 보고자 하는 자는 훼손될 수 있으므로 반드시 임사(任司)를 경유하여 날짜와 사람, 책명을 기록한 후 열람을 하고, 열람이 끝나면 바로 반환하도록 했다. 혹 즉시 반환하지 않는 자가 있으면 임사가 따

---

89) 『書册傳與都錄』(經閣所藏書册) 「丙申 正月十五日 傳與時 堂中」.

90) 1836년 전여 당시에 확인된 잃어버린 서적목록은 다음과 같다. "宣賜 『孟子』(6卷前無), 『儀禮經傳圖解』(14卷內1卷前無), 『儀禮圖』(9권내1권전무), 『程氏臥書』(2권내1권전무), 『孔子通紀』(2권내1권전무), 『馬史』(3권내1권전무), 『註唐詩』(10권내1권전무), 『選賦抄評』(6권내4권전무), 『小學講譜』(2권내1권전무), 『奉先雜儀』(5권내3권전무), 『九經衍義』(3질내1질전무), 『武陵集』(8권내1권전무), 『孤松集』(2권 전무), 『瓶窩集』(9권내1권전무), 『修庵集』(3권내1권전무), 『省吾堂集』(2권내1권전무), 『孝經』(1권 전무), 『太極問辨』(新備1권전무)"(『서책전여도록』, 「書册傳與記中 前無來抄出」)

91) 옥산서원에 전하는 「書院書册 不出院門」 현판에는 1840년(庚子) 2월(仲春)에 의견을 수렴하여 적었다고 주기하고 있다. 주요 내용은 서적 관리에 대한 서원 원규와 퇴계의 말, 1792년(임자)에 정조가 경연석 상에서 한 이야기를 판각한 것이다.

92) 『書册現在都錄』, 1862(壬戌) 5월 1일. '完議謄附'

로 더욱 독려하고, 원임 교체 시에는 점을 찍어가며 책수를 도록에 의거하여 확인하되, 책을 잃어버리면 임사가 반드시 다른 것을 구하여 돌려놓도록 하였다.

이 완의는 서적의 관리에 있어서 임사의 책임을 보다 분명히 명시한 것이 특징인데 인수인계시에 잃어버린 서적의 책임소재로 분란이 많았기 때문이다. 주목되는 것은 서적의 열람을 원할 시 임사를 경유하여 날짜와 대여자, 책명을 기록하면 된다는 것이다. 원칙적으로 서적의 반출이 금지되어 있지만 실제 서원 운영에 유력한 가문들의 요구를 거절하기 어려웠던 점에서 나온 고육책이었다. 이런 목적으로 작성된 것이 옥산서원 「서책차거질(書册借去秩)」이다. 여기서 확인되는 점은 서적의 주요 대출자들은 서원 인근에 거주하는 사족들로서 회재의 후손들이 중심을 이루고 있다는 것이다. 또한 옥산서원이 인근 사족들의 지식문화 보급소로서 도서관적 기능을 했음을 확인시켜준다.

이상과 같이 장서와 책판을 소장한 서원에서는 별도의 건물을 지어서 이를 보관해왔다. 또한 별도의 규정을 두고서 철저히 관리했다. 하지만 서원 운영이 어려워지면서 장서 관리도 부실해져서 장서의 망실이 증가하였다. 서원에서는 서고의 개폐 규정과 원임의 관리 책임도 강화하여, 훼손·망실된 서적은 해당 원임이 보상하도록 했다. 한편으로는 시대적 변화를 적용하여 서적의 대여를 공식화·체계화하였다. 이처럼 한국 서원은 철저하고도 능동적인 장서 관리를 통해서 향촌사회의 지식 보급과 저장소로서의 역할을 충실히 수행해왔다.

Ⅳ. 맺음말

한국 서원 장서는 기증, 구매, 출판 등의 방법에 의해 구축되었다. 서원별·시기별로 차이는 나지만 장서의 토대를 형성한 것은 국가에서 내려준 내사본과 지방관, 후손, 문인들의 기증본이었다. 초창기 서원 운영과 관련하여 이들 서적의 기증은 서원 재정을 크게 경감시켜 주었다. 또한 당시 기증[내사]된 도서는 원규에 명시된 대로 유생들의 교육에 필수적인 경진과 사서, 성리서 등이 대부분이었다. 내사본은 사액과 함께 내려진 것 외에도 임란 이전까지 수차례 하사되었지만 전란 이후 국가 재정의 파탄과 당쟁의 영향 등으로 단절되었다. 이후 영·정조대에 도산·옥산서원과 같이 문묘종사 대현을 제향하는 서원은 왕명으로 내사본이 거듭 하사되었다.

17세기 중반이후부터 국가에 의한 반질보다는 지방관 개인내지 여타 서원·문중에서의 서적 기증이 증가하였다. 이것은 17세기 중반이래로 문중의 발달과 서원·사우의 증가와 궤를 같이하였다. 이외에도 상호교환 내지 등서(필사)를 통한 서적 구비도 보인다. 한편 구매를 통한 서적 구입은 초창기 서원 이래로 서원 장서를 구성하는 가장 일반적인 방법이었다. 또한 각 서원에서 필요로 하는 서적을 갖출 수 있다는 점에서 꾸준히 활용되었다. 실제 대부분의 서원들은 건립 이래로 장서를 직접 갖춰야 했다. 기증과 내사를 통한 장서 구비는 특수한 일부 서원에 해당하는 것이다. 하지만 서적의 구입은 구매처의 제한과 비용 부담으로 인해 대량 구매는 어려웠으며, 원하는 서적을 구매하지 못하기도 했다. 그래서 비용 부담이 적은 인출이나 필사, 교환을 통한 방법도 선호되었다. 하지만 18세기 이후 대부분의 서원에서 재정의 악화로 교육적 기능을 상실하면서, 장서도 갖추지 못한 서원이 많았다.

출판을 통한 장서 구비는 제향인의 위상과 서원의 경제력에 따라 차이가 났다. 그래서 서원에서의 출판은 각 지역의 거점 서원을 중심으로 진행되었다. 서원에서의 서적 출판은 제향인의 문집과 저서들이 대부분이다. 하지만 옥산서원의 『한사열전초』, 『근사록』과 같이 교육 목적으로 제작된 것도 있다. 18세기 이후에는 제향인의 후손과 문인의 문집을 서원에서 간행함으로써 혈연적, 사회적 네트워크를 강화하여 서원의 사회적 위상을 유지하고자 했다.

이렇게 수집된 장서와 제작된 책판들을 관리하는 것도 서원의 주요 업무 중 하나였다. 사액서원은 서적을 내사와 원비로 구분하여 책갑을 씌워 장서각·어서각 등에 보관하였다. 그 외에 서원 운영 과정에서 생성되는 필사본과 문서들은 그 성격에 따라 구분하여 보관하였다. 이중에서 서원에서도 특별히 중요하게 여기는 책들은 별도의 상자에 보관하였다. 책판은 속사에 보관하거나, 장판각 등을 건립하여 보관하였다.

수많은 장서는 서원 교육뿐만 아니라 서원의 위상을 알리는데도 주요했다. 대부분의 서원은 원규로서 정기적 점검과 서책의 반출을 금지하였다. 하지만 18세기 이래로 서원의 재정이 어려워지고 많은 원사가 건립되면서 서원 운영에 직접적 영향을 주는 지방관과 후손가 및 일부 유력 가문들의 서적대여 요청을 들어주지 않을 수 없었다. 이에 완문과 완의 등을 제정하여 서적대여를 단속하고, 관리를 강화했지만 별다른 효과를 거두지 못하였다. 그래서 서적 반출을 막기 어렵다는 현실을 반영하여 서적을 대여하는 규정을 개정하되, 서적의 분실·훼손에 대한 책임을 명확히 하였다.

이처럼 한국의 서원은 16세기 이래로 오랜 세월에 걸쳐 다양한 방법으로 장서를 축적해 왔으며, 향촌의 지식인들은 서원을 이용하면서 지식을 습득·보급해 나갔다. 이러한 도서관적 역할 외에도 제향인의 저서를 간행·보급함으로써 그의 학문을 전승·확산시켰다. 책판 제작과 서적 보급 과정에서 서원은 사회적 연결망을 구축·확대하는 한편, 그것을 통해 해당 지역을 대표하는 교육기관이자, 공론 형성기관으로 자리매김할 수 있었다.

【참고문헌】

이수건 외, 『조선시대 영남서원자료』, 국사편찬위원회, 1999.
영남대학교 민족문화연구소 편, 『玉山書院誌』, 영남대학교 출판부, 1992.
영남대학교 민족문화연구소 편, 『道東書院誌』, 영남대학교 출판부, 1997.
한국국학진흥원 편, 『도산서원과 지식의 탄생』, 글항아리, 2012.
한국국학진흥원 편, 『조선서원을 움직인 사람들』, 글항아리, 2013.
한국국학진흥원 편, 『도산서원을 통해본 조선후기 사회사』, 새물결, 2014.
한국국학진흥원 편, 『목판의 행간에서 조선의 지식문화를 읽다』, 글항아리, 2014.

李春熙, 「李朝書院文庫目錄考」, 『李朝書院文庫目錄』, 국회도서관, 1969.
박현규, 「병산서원서책목록의 분석과 그 특징」, 『季刊 서지학보』 94, 한국서지학회, 1994.
배현숙, 「퇴계 장서의 집산고:개인문고의 서원문고화의 일례로서」, 『서지학연구』 90, 한국서지학회, 1994.
이수건 외, 「조선후기 경주지역 재지사족의 향촌지배」, 『민족문화논총』 95, 영남대학교 민족문화연구소, 1994.
이수환, 「회재 이언적과 옥산서원」, 『경주사학』 96, 동국대학교 사학회, 1997.
이수환, 「18~19세기 경주 옥산서원 원임직 소통을 둘러싼 적서간의 향전」, 『고문서연구』 96·17, 한국고문서학회, 2000.
박장승, 「경주소재 서원·사에서 간행한 전적고」, 『신라문화』 99, 동국대학교 신라문화연구소, 2001.
배현숙, 「소수서원 수장과 간행 서적고」, 『서지학연구』 31, 한국서지학회, 2005.
설석규, 「조선시대 유교 목판 제작배경과 그 의미」, 『국학연구』 6, 한국국학진흥원, 2005.
윤희면, 「조선시대 서원의 도서관 기능 연구」, 『역사학보』 986, 역사학회, 2005.
김윤식, 「조선조 서원 문고에 관한 일고찰」, 『서지학연구』 41, 한국서지학회, 2008.
김종석, 「도산서원 고전적의 형성과 관리」, 『고전적』 4, 한국고전적보존협의회, 2008.
우정임, 「퇴계 이황과 그의 문도들의 서적 간행과 서원의 기능」, 『지역과 역사』 22,

부경역사연구소, 2008.
남권희, 「조선시대 경주 간행의 서적」, 『신라문화』 33, 동국대학교 신라문화연구소, 2009.
윤동원, 「옥산서원 소장 고전적 서목 비교 고찰」, 『경주문화』 97, 경주문화원, 2011.
이수환, 「영남지역 퇴계 문인의 서원 건립과 교육활동」, 『국학연구』 98, 한국국학진흥원, 2011.
이수환, 「서원 기록자료 정리의 현황과 과제」, 『민족문화논총』 52, 영남대학교 민족문화연구소, 2012.
옥영정, 「한국 서원의 장서와 출판문화」, 『한국의 서원문화1』, 한국서원연합회, 2013.
윤상기, 「조선조 경남지방의 서원판본」, 『서지학연구』 60, 한국서지학회, 2014.
육수화, 「조선시대 서적의 보급과 교육기관의 장서관리 –관 주도의 도서간행을 중심으로」, 『교육사학연구』 25(1), 교육사학회, 2015.
배현숙, 「영남지방 서원장서의 연원과 성격」, 『대동한문학』 46, 대동한문학회, 2016.
이병훈, 「경주 옥산서원의 장서 수집 및 관리 실태를 통해 본 도서관적 기능」, 『한국민족문화』 58, 부산대학교 한국민족문화연구소, 2016.
임근실, 「16세기 서원의 藏書 연구」, 『한국서원학보』 4, 한국서원학회, 2017.
김정운, 「18세기 도동서원의 지식체계 구축과 공유」, 『한국서원학보』 7, 한국서원학회, 2018.
최우경, 『도산서원 광명실 장서의 변천과 서지적 분석』, 경북대학교 문헌정보학과 박사학위논문, 2019.

한국학자료센터 (http://kostma.aks.ac.kr)
한국국학진흥원 유교넷 (https://www.ugyo.net)
한국국학진흥원 소장자료검색 (https://search.koreastudy.or.kr)
(재)한국의 서원 통합보존관리단 디지털 아카이브 (http://k-seowon.or.kr)

도산서원 각판(刻板)활동 연구

배 현 숙

Ⅰ. 서언

조선 최초의 서원은 중종 38(1543)년 풍기군수 주세붕이 건립한 백운동서원이라고 알려졌다. 그러나 조선 서원의 비조(鼻祖)는 이보다 훨씬 앞서 있었다. 세종 즉위(1418)년 11월에 사사로이 서원을 설치하여 생도를 가르치면 포상할 것이라는 유시를 반포하자, 사재로 서원을 설치하고 생도를 교육하는 서원이 생겨났다. 세종 2(1420)년 1월 김제(金堤)에서 전 교수관(教授官) 정곤(鄭坤), 광주(光州)의 생원 최보민(崔保民), 9월에는 평안도에서 생원 강우량(姜友諒)이 서원을 설립하고 생도를 교수하였다.[1] 이로서 조선 최초로 서원이 설립된 것은 국왕 세종의 방침이었다는 것을 알 수 있다. 그러나 당시의 서원에서 강학한 내용과 자세한 활동상황을 알 수 없을 뿐만 아니라, 후대에 계승되지 못하였으므로 백운동서원을 우리나라 최초의 서원으로 보고 있는 것이다.

서원과 유사한 성격의 기관으로 사우(祠宇)를 들 수 있다. 사우는 여말 정몽주(鄭夢周) 등이 제창하여 설치한 가묘(家廟)에서 발전하였고, 이후 조선 건국 후 충의를 다한 공신과 명현들을 적극 추존한 것이 전국 각지의 사우 건립에 큰 영향을 미치게 되었다. 이후 별묘(別廟)·세덕사(世德祠)·영

1) 『世宗實錄』 권2. 즉위(1418)년 11월3일 기유 ; 권7. 2(1420)년 1월21일 庚申 ; 권9. 2(1420)년 9월24일 己丑.
邓洪波·赵偉, 「조선왕조 서원제도 수용에 관한 몇 가지 문제」, 『한국서원학보』 9, 2019, 210쪽.

당(影堂)·이사(里祠)·유애사(遺愛祠)·향사(鄕祠)·향현사(鄕賢祠) 등의 형태로 전개되었다. 사우를 설치한 목적은 공이 많은 공신과 명현에 대한 예우와 사현(祀賢)을 통해 향촌민을 교화하는 것이었다.

향촌민을 교화한다는 점에서 서원과 사우는 동일선상에 있으나, 사우는 공신과 명현을 봉사(奉祀)하는 기능이 위주였다. 그러나 서원은 선현제향(先賢祭享)의 기능 외에 강학(講學)과 장수(藏修)의 기능도 중시되었다. 따라서 서원은 선현과 선사를 봉사하는 사(祠)와 강학과 장수하는 재(齋)가 결합된 형태이다. 이 점에 있어 서원은 존립 목적과 기능에 있어 사우와 구별된다고 할 수 있다. 그러나 조선후기에 서원을 건립하기 위한 전 단계로 사우를 건립한 후 서원으로 승격시키기도 하여 점차 두 개념은 혼용되고, 여러 문제를 야기하기에 이르렀다.

서원은 강학과 장수하는데 있어 타고난 본성을 밝히는 인격 도야가 핵심이었다. 대개의 서원은 과거시험 대비를 위한 교육을 한 것이 아니라, 참다운 학문인 위기지학(爲己之學)을 중시한 교육을 하였다. 서원의 교육은 개별학습인 독서(讀書)와 공동학습인 강회(講會)를 병행시켰다. 독서, 강학과 장수에 있어 불가결의 요소가 서적이다.

서원은 지역사회 학술활동의 중심기구로서 강학·출판·장서를 통해 성리학을 발전시켰으며, 지역사회에 지식 확산과 문화 형성에 크게 기여하였다. 서원 설립 초기에는 기증이나 구매로 서적을 마련하다가, 점차 서원에서 직접 서책을 간행하기도 하였다. 이는 서원이 향촌 내 교육기관으로서 출판문화를 발전시켰고, 나아가 이를 수장하여 교육문고로서의 기능도 하였기 때문이다. 서원은 장서의 중요성을 인식하고 있었으므로 장서목록도 비치하고, 서책을 서원 밖으로 유출시키지 못하게 하는 규정을 정하는 등 엄격하게 관리했다.

임진왜란을 지나면서 서원은 급속도로 파급되어 전국 도처에 서원이 없는 지역이 없을 정도로 확산되었다. 철종연간까지 무려 900여 서원이 건립되었고, 그 중 265여 서원이 사액되었다. 서원이 보급되면서 임진왜란 이

전에 이미 서적을 각판하는 서원도 생겨났다. 종래 최초의 서원판은 중화(中和)의 청량서원판(淸凉書院板)으로 알려졌으나,[2] 실은 서원장판본(書院藏板本)이었다. 명실상부한 서원판의 효시는 성주의 천곡서원판(川谷書院板)이라 하겠다. 천곡서원의 원장 정구(鄭逑, 1543~1620)가 선조 7(1574)년 간행한 『설문청공독서록(요어)(薛文淸公讀書錄(要語)』이 최초의 서원판이고, 선조 8(1575)년 간행한 『숙흥야매잠(夙興夜寐箴)』과 『주자서절요(朱子書節要)』가 뒤를 이었다.[3]

이후 수많은 서원이 건립되고 자체에서 필요한 서적을 많이 간행했으리라 짐작할 수 있다. 정조 20(1796)년 서유구(徐有榘)가 편찬한 『누판고(鏤板考)』에 수록된 서원장판은 84개 서원의 184종인 것으로 조사되었는바, 설립된 서원수에 비해 활발하게 서적을 간행하지 않은 것으로 보인다. 그러나 최근의 연구에 따르면 실제로는 이보다 훨씬 많은 서적이 서원에서 간행된 것으로 보인다. 윤상기는 경남지방의 서원에서 각판한 서적에 대해 전체적으로 조망한 논문[4]을 위시하여, 산청·진주·함안·함양의 서원 간본과 예림서원(禮林書院)·덕천서원(德川書院)의 간본에 대해 집중적으로 발표[5]한 바 있다. 동시에 여러 학자들이 옥산서원 각판의 서적에 대해서도 여러 편 발표하였고,[6] 소수서원에서 각판한 서적에 대한 논문도 발표[7]된

---

2) 金斗鍾, 『韓國古印刷技術史』, 탐구당, 1974, 273쪽 ; 千惠鳳, 『韓國典籍印刷史』, 범우사, 1990, 180쪽.

3) 裵賢淑, 「書院 板刻本의 淵源 硏究」, 『韓國書院學報』 11, 2020, 219~250쪽.

4) 윤상기, 「鏤板考에 수록된 경남지역 서원 藏板」, 『書誌學硏究』 50, 2011, 187~230쪽 ; 윤상기, 「조선조 경남지방의 서원판본」, 『書誌學硏究』 60, 2014, 5~35쪽.

5) 윤상기, 「경남 산청의 서원판본」, 『書誌學硏究』 52, 2012, 101~136쪽 ; 윤상기, 「경남 진주의 서원판본」, 『書誌學硏究』 40, 2008, 295~322쪽 ; 윤상기, 「경남 함안의 서원판본」, 『書誌學硏究』 44, 2009, 301~330쪽 ; 윤상기, 「경남 함양군의 서원판본」, 『書誌學硏究』 32, 2005, 237~271쪽 ; 윤상기, 「密陽 禮林書院 版本考」, 『문화콘텐츠연구(동의대)』 9-2, 2004, 1~20쪽 ; 윤상기, 「山淸 德川書院 版本考」, 『東義論集;인문사회Ⅰ』 40, 2004, 423~443쪽.

6) 朴章承, 「慶州 소재 書院·祠에서 刊行한 典籍考」, 『신라사학』 19, 2001, 227~

바 있다. 이들 논문에는 『누판고』에 누락된 서적도 상당수 포함되어 있다.

우리나라 대표적인 서원에서 빠질 수 없는 서원이 도산서원(陶山書院)이다. 그 서원의 주향자인 퇴계 이황은 도학을 통해 두각을 나타내었고, 퇴계의 학맥은 영남학파를 이루면서 신유학을 중흥시켰다. 이 영향으로 서원문화를 발달시켜 유교문화의 중심이 되었다. 도산서원에서 각판한 서적의 개별 연구는 얼마간 이루어졌지만,[8] 각판한 서적에 대해서 전반적으로 다룬 연구는 극히 드물어[9] 활발하게 진행되지 못한 실정이었다. 이에 본고에서는 도산서원에서 각판하거나 장판한 서적에 대해 개략적으로나마 그 성격을 살펴서 후속 연구의 불쏘시개가 되고자 한다.

Ⅱ. 도산서원 각판 서적

조선시대 예안은 그리 크지 않은 지방이지만, 건립된 서원은 4곳이나

268쪽 ; 윤상기, 「慶州 玉山書院版本에 관한 연구」, 『東義論集;인문·사회과학편』 38, 2003, 77~95쪽 ; 南權熙, 「朝鮮時代 慶州 刊行의 書籍」, 『新羅文化』 33, 2009, 1~58쪽 ; 이병훈, 「경주 옥산서원의 장서 수집 및 관리 실태를 통해본 도서관적 기능」, 『한국민족문화』 58, 2016, 423~480쪽.

7) 裵賢淑, 「紹修書院 收藏과 刊行 書籍考」, 『書誌學硏究』 31, 2005, 263~296쪽.

8) 金鍾錫, 「陶山及門諸賢錄의 集成과 刊行에 관하여」, 『韓國의 哲學』 28, 2000, 1~20쪽 ; 徐廷文, 「退溪集의 初刊과 月川·西厓 是非」, 『北岳史論』 3, 1993, 215~265쪽 ; 沈慶昊, 「錦城開刊 溪山雜詠과 庚子本 退溪文集의 刊行 經緯에 대한 일고찰」, 『季刊書誌學報』 19, 1997, 65~98쪽 ; 呂增東, 「退溪先生自省錄 初刊羅州本 解題」, 『退溪學報』 61, 1989, 65~72쪽 ; 鄭錫胎, 「退溪集의 編刊 經緯와 그 體裁」, 『退溪學論集』 2, 2008, 157~326쪽 ; 崔彩基, 『退溪 李滉의 朱子書節要 編纂과 刊行에 관한 硏究』, 博士論文(성균관대), 2013.

9) 이병훈, 「도산서원의 자료정리, 성과·현황·과제」, 『서원 기록문화 정리, 보존관리 현황과 과제』(한국의 서원 세계유산 등재 추진단, 2012), 125~137쪽. http://k-seowon.or.kr/?act=board&bbs_code=sub6_2&page=5&bbs_mode=view&bbs_seq=210 2021.05.10. 15:25.

알려져 있다. 『조두록(俎豆錄)』에는 역동서원(易東書院)과 도산서원만 수록되어 있으나,[10] 『동국문헌원우록(東國文獻院宇錄)』[11]·『증보문헌비고(增補文獻備考)』[12]·『경상도지(慶尙道誌)』[13]·『교남지(嶠南誌)』[14]·『동유서원총록(東儒書院總錄)』[15]에는 두 서원 외에 청계서원(淸溪書院)과 분강서원(汾江書院)도 수록되어 있다. 이외에도 마곡서원(磨谷書院, 1602)과 동계서원(東溪書院, 1699)도 대원군의 훼철령으로 훼철된 서원으로 알려지고 있다. 4곳 서원 가운데 고종 5(1868)년 흥선대원군의 서원 철폐 당시에 훼철되지 않고 존속된 서원은 도산서원이다. 선현 배향과 지방교육의 일익을 담당하는 동시에 영남유림의 정신적 중추 구실을 하였기 때문에 가능하였다. 또한 4곳 서원 중 서적을 간행한 증거를 찾을 수 있는 서원은 도산서원뿐이었다.

도산서원의 판목은 정조연간 편찬된 『누판고』에 17종이 수록되어 있다.[16] 헌종 13(1846)년에 편찬된 『예안현읍지(禮安縣邑誌)』에는 완결(刓缺)된 판목이지만 31종의 판목이 현내에 수장되어 있는데, 이중 관에 수장되어 있는 것은 『소학언해(小學諺解)』 뿐이고, 나머지 30종은 도산서원에 수장되어 있다[17]고 하였다. 읍지에는 『경서석의(經書釋義)』가 『삼경석의(三經釋

---

10) 『俎豆錄』, 木版本, [刊年未詳], 張22.

11) 金性漵, 『東國文獻院宇錄』, 木板本 [刊寫地未詳], 張26.

12) 朴容大 等, 『增補文獻備考』, 鉛活字本, 隆熙 2(1908), 卷213 禮安, 張18.

13) 李鉉式, 『慶尙道誌』, 鉛活字本, 金海: 具翰會方, 1936, 卷9 祠院一覽, 張60.

14) 鄭源鎬, 『嶠南誌』, 鉛活字本, 大邱: 李根泳房, 1940, 卷12 禮安郡, 張4.

15) 『東儒書院總錄』, 筆寫本, [刊寫地未詳], 慶尙道 禮安, 張39.

16) 徐有榘, 『鏤板考』, 京城: 大同出版社, 1941.
『經書釋義』, 『啓蒙傳疑』, 『溪巖文集』, 『古鏡重磨方』, 『嶠南賓興錄』, 『近始齋文集』, 『聾巖文集』, 『宋季元明理學通錄』, 『松齋集』, 『溫溪逸稿』, 『雲巖逸稿』, 『月川文集』, 『朱子書節要』, 『耻齋遺稿』, 『退溪先生文集』, 『退溪先生言行錄』, 『退溪自省錄』의 17종이다.

17) 『禮安縣邑誌』, 寫本, [憲宗 13(1846)], 張36.
『嶺南邑誌』, 寫本, [高宗 8(1871)], 冊10, 禮安縣, 冊板, 張34-35.
두 읍지에는 『啓蒙傳疑』, 『溪巖文集』, 『古鏡重磨方』, 『近始齋文集』, 『聾巖文集』, 『梅花詩·大寶箴』, 『四書釋義』, 『三經釋義』, 『宋季元明理學通錄』, 『松齋集』, 『溫

義)』와 『사서석의(四書釋義)』로 나누어져 있고, 『누판고』에 수록되어 있는 『교남빈흥록(嶠南賓興錄)』은 누락되어 있다. 그 30종 가운데 『퇴계유묵(退溪遺墨)[매화시(梅花詩)·대보잠(大寶箴)·도산기(陶山記)·사물잠(四勿箴)·병명(屛銘)·사시음(四時吟)·단사팔영(丹砂八詠)]』, 『원조오잠(元朝五箴)』, 『성성재팔영(惺惺齋八詠)』, 『임거십팔영(林居十八詠)』, 『어부사(漁父辭)』는 문학작품과 잠명으로서 서책으로 보기는 어려운 경우라 하겠다. 이들을 모두 인출해서 하나의 책자로 장책한 것은 별개이다. 이에 본고에서는 도산서원을 중심으로 판각한 서적과 관련 사항에 대해서만 살펴보기로 한다.

도산서원에서 편성한 『장판각서책목록(藏板閣册板目錄) ; 임오칠월십이일(壬午七月十二日)』이 전래되고 있다. 여기에는 도산서원에서 판각하고 서원에서 보관하고 있는 16종 판목이 수록되어 있다. 1924년에 간행된 『오가산지(吾家山志)』까지 수록되어 있고, 임오년 작성한 것으로 미루어 이 목록은 1942년에 작성된 것으로 추정할 수 있다. 특이한 점은 "문현록(門賢錄) 2권97판"이라 기록되어 있는데, 이는 『도산급문제현록(陶山及門諸賢錄)』으로 추정된다. 『계산세고(溪山世稿)』, 『계암선생문집(溪巖先生文集)』, 『근시재문집(近始齋文集)』, 『농암선생문집(聾巖先生文集)』, 『무서변파록(誣書辨破錄)』, 『문순공퇴도이선생묘갈명(文純公退陶李先生墓碣銘)』, 『진성이씨족보(眞城李氏族譜)』, 『후계집(後溪集)』, 『운암일고(雲巖逸稿)』는 책판목록에 수록되지 않았으며, 현전의 판수와 동일하게 기록된 책판은 『고경중마방(古鏡重磨方)』, 『매화시·대보잠』, 『몽재선생문집(蒙齋先生文集)』, 『송재선생집(松齋先生集)』, 『역학계몽전의(易學啓蒙傳疑)』, 『오가산지』, 『퇴계선생연보』이다. 한편 현전 책판수보다 적게 기록된 경우는 『교남빈흥록』,

---

溪逸稿』, 『雲巖逸稿』, 『月川文集』, 『朱子書節要』, 『耻齋遺稿』, 『退溪先生文集』, 『退溪先生文集續集』, 『退溪先生言行錄』, 『退溪先生年譜』, 『退溪自省錄』과 陶山記, 四勿箴, 屛銘, 四時吟, 丹砂八詠, 元朝五箴, 惺惺齋八詠, 林居十八詠의 退溪遺墨과 漁父辭도 수록되어 있다. 다만 『嶠南賓興錄』, 『陶山及門諸賢錄』, 『誣書辨破錄』는 누락된 상태이다.

『도산급문제현록』, 『온계선생일고(溫溪先生逸稿)』, 『월천선생문집(月川先生文集)』, 『주자서절요』, 『퇴계선생문집속집(退溪先生文集續集)』, 『퇴계선생언행록(退溪先生言行錄)』, 『퇴계선생자성록(退溪先生自省錄)』이다. 그러나 『송계원명이학통록(宋季元明理學通錄)』, 『치재선생유고(耻齋先生遺稿)』, 『퇴계선생문집』은 현전 책판수보다 많이 기록되어 있다.

현대에 들어와 도산서원에서 각판한 책판의 목록을 작성한 것은 비교적 최근의 일이라 하겠다. 2006년도에 발간된 목록에 의하면 도산서원에서 한국국학진흥원에 기탁한 판목은 59종 4,014판이다.[18] 이는 책판, 시판, 서판, 현판을 망라한 것이다. 이 가운데 책판은 28종 3,928점으로 가장 많다. 그러나 기탁된 책판에는 『누판고』에 수록되어 있던 『경서석의』·『계암문집』·『근시재문집』·『농암문집』이 누락되었고, 『계산세고』·『도산급문제현록』·『매화시판』·『몽재선생유고(蒙齋先生遺稿)』·『무서변파록』·『오가산지』·『후계집』이 더 수록되어 있다.

한편 순조 19(1819)년 2월 청송향교에서 도산서원에 보낸 통문에 따르면, 청송향교 인사들은 퇴계의 위패가 모셔진 도산서원에서 『심경(心經)』을 각판할 예정이란 소식을 듣고 축하하면서 재정적 지원을 아끼지 않겠다고 한 문서가 남아있는데,[19] 다른 기록이나 판목을 확인하지 못해 『심경』의 각판은 확신할 수 없는 형편이다. 『누판고』, 『예안현읍지』, 『전장기(傳掌記)』, 『장판각책판목록(藏板閣冊板目錄)』, 『도산서원 고전적(陶山書院 古典籍)』 등에 수록된 책판과 현전하는 판목을 망라하면 〈표 1〉과 같다.[20]

---

18) 『陶山書院 古典籍』, 한국국학진흥원, 2006, 303~306쪽 ; 이수환, 「서원 기록자료의 정리의 현황과 과제」, 『민족문화논총』 52, 2012, 426쪽.

19) [1819년 徐沽 등 15명이 도산서원으로 心經 판본의 간행사업의 축하를 알린 통문] 필사본. 한국국학진흥원. 도산서원고문서. 書簡·通告類. 通文.

20) 〈표 1〉의 冊板은 현재 한국국학진흥원에 기탁되어 있는 책판을 의미하며, 藏板閣은 『藏板閣冊板目錄』에 수록된 수량, 現傳板은 그 기탁된 판목의 수량이며, 傳來本은 그 인본을 의미한다. 現傳板에서 굵은 글씨는 완판이 전래되는 경우이다.

〈표 1〉 도산서원 각판 또는 장치한 책판과 전래본

	書名	鏤板考	邑誌	藏板閣	現板	傳本	備考
01	經書釋義	●	●			●	四書釋義, 三經釋義. 識記
02	溪山世稿				56	●	
03	溪巖先生文集	●	●		106	●	藏書記, 光山金氏 雪月堂宗家
04	古鏡重磨方	●	●	26	26	●	
05	嶠南賓興錄	●		23	**24**	●	
06	近始齋文集	●	●		**72**	●	光山金氏 後彫堂宗家
07	聾巖先生文集	●	●		**83**	●	汾川李氏 聾巖宗家
08	丹陽禹氏族譜					●	陶山書院 傳掌記
09	陶山及門諸賢錄			97	**102**	●	增補版. 刊記
10	梅花詩·大寶箴		●	24	24	●	退溪遺墨.[21] 刊記
11	蒙齋先生文集			49	**49**		刊記, 石印本
12	誣書辨破錄				1	●	刊記
13	文純公退陶李先生 墓碣銘				**2**	●	刊記
14	宋季元明理學通錄	●	●	305	**300**	●	重刊. 刊記
15	松齋先生詩集	●	●		**55**	●	藏板
	松齋先生續集			116	**21**	●	
	松齋先生別集				40	●	
16	易學啓蒙傳疑	●	●	42	**42**	●	重刊.
17	吾家山誌			37	**37**	●	
18	溫溪先生逸稿	●	●	116	119	●	
19	雲巖逸稿	●	●		**36**	●	光山金氏 後彫堂宗家
20	月川先生文集	●	●	98	109	●	
21	朱子書節要	●	●	450	462	●	重刊.
22	眞城李氏族譜				10	●	
23	耻齋先生遺稿,附錄	●	●	72	70	●	

24	退溪先生文集(庚子)	●			737	●	邑誌에는 版次의 구별 없음
	退溪先生文集(甲辰)					●	重刊. 癸卯本과 결합
	退溪先生文集(癸卯)		●	1,144	1,143	●	三刊.
	退溪先生年譜	●		67	66	●	
	退溪先生文集續集	●	●	148	**150**	●	
25	退溪先生言行錄	●	●		102	●	
	退溪先生言行錄			98	100	●	重刊
26	退溪先生自省錄	●	●	20	**42**	●	
27	後溪集				2	●	

『누판고』, 『영남읍지(嶺南邑誌)』, 『전장기』, 『도산서원 고전적』에 수록된 도산서원에서 각판한 판목을 종합하여 그 성격을 살펴보고자 한다. 그러나 『어부사』는 『누판고』에도 저록(著錄)되지 않았고, 판목도 전래되지 않는다. 명칭만으로는 『농암선생문집』의 일부로 볼 수도 있으므로 다루지 않기로 한다. 따라서 도산서원에서 각판한 것으로 추정되는 서적은 27종이다. 해당 서적의 책판 전부가 다 전래되지 않고 일부 남아 있거나 판각된 기록으로 증명할 수 있는 경우에도 그 존재를 증명할 수 있으면 대상으로 하였다. 편의상 한글 자모순으로 판목마다의 성격을 살펴보기로 한다.

1. 『경서석의(經書釋義)』

금응훈(琴應壎, 1540~1616)이 퇴계의 『경서석의』를 수정하고 보완하여 광해군 원(1609)년에 간행한 유학 경서의 주석서이다. 퇴계는 평소 삼경과 사서에서 어려운 구절을 뽑아 선학의 주석을 종합하고, 제자와 토론한 내용도 정리해두었었다. 퇴계는 사망할 때까지 계속 수정하고 있었다. 이 원

21) 『嶺南邑誌』에는 退溪遺墨은 大寶箴, 陶山記, 四勿箴, 屛銘, 四時吟, 丹砂八詠, 梅花詩, 元朝五箴, 惺惺齋八詠, 林居十八詠이다.

고를 제자들이 필사해서 돌려 읽었는데, 퇴계의 권유로 이산서원을 건립한 인연이 있는 중화군수(中和郡守) 안상(安瑺)이 그 원고를 입수했고, 이 가운데 『대학(大學)』과 『중용(中庸)』 부분을 각판하였다. 퇴계는 중화군에서 『용학석의(庸學釋義)』를 간행했다는 소식을 듣고, 원접사의 막료로서 관서를 지나는 기대승(奇大升)에게 이 책판을 거두어 불살라 줄 것을 부탁하였다. 이렇게 『경서석의』 중 『용학석의』 초간본의 판목은 불살라졌고,[22] 중화판의 인본의 전래도 확인되지 않았다. 또한 퇴계가 수장하고 있던 원고도 임진왜란으로 불타버렸다고 한다.

전란의 상처가 어느 정도 아물자 제자들이 각자 수장하고 있던 전사본을 찾아내어 비교하고 교정한 뒤 간행하려고 시도하였다. 제자들이 수장하고 있던 전사본을 수습해 교정하는 과정을 거쳤기 때문에 "『경서석의』는 이황이 편찬한 것이 아니라, 금응훈이 편찬했다"고 보는 견해[23]도 있다. 어쨌든 퇴계의 초편이었던 것은 틀림없다고 하겠다.

마침 선조 41(1608)년 겨울 경상감사 최관(崔瓘)이 도산서원에 와서 참배하고, 『경서석의』의 간행비를 담당할 것을 약속하였다. 이로서 각판에 박차를 가하게 되어 광해군 원(1609)년 윤3월에 간행되었다. 따라서 감사의 지원을 받고 도산서원에서 각판 실무를 담당한 것으로 볼 수 있다. 『전장기(傳掌記)[自丙申(1596)至甲戌(1634)]』로 제책된 광해군 1(1609)년 기유 6월의 전장(傳掌)에 『사서삼경석의(四書三經釋義)』 53판의 책판을 제작하는 비용으로 각수(刻手) 식량 쌀 17섬과 각수 수공으로 무명 90필이 기록되어 있다. 이때 구임(舊任) 상유사(上有司)는 전현감(前縣監) 금응훈(琴應壎)이고, 하유사(下有司)는 김광재(金光裁)였고, 신임(新任) 상유사는 전봉사(前奉事) 금경(琴憬), 하유사는 이사순(李士純)이었다.[24]

---

22) 李滉, 『退溪先生文集』, 木板本, [刊年未詳], 卷17, 與奇明彦 丁卯, 張32-33.
裵賢淑, 「書院 板刻本의 淵源 硏究」, 『韓國書院學報』 11, 2020.12, 234~235쪽.
23) 전재동, 「퇴계학파 經傳註釋의 전승과 論語釋義」, 『국학연구』 25, 2014, 177쪽.
24) 한국국학진흥원. 정보마당. 문화콘텐츠. 소장자료검색, 도산서원, 고문서.

금응훈의 발문에는 서명이 "경서석의"라 표현되어 있고, 『누판고』에도 『경서석의』라 기록되어 있다. 따라서 도산서원에서 각판했던 것은 의심할 여지가 없을 것으로 보인다. 『예안현읍지』에는 『삼경석의』와 『사서석의』로 나누어 기록되어 있다. 어떤 연유가 있는지 『경서석의』의 판목은 한국국학진흥원에 기탁되지 않았다. 혹 경상감영에서 각판했을 가능성을 고려해 규장각에 이관된 영영장판(嶺營藏板)의 목록을 조사해도 순조 연간의 판목[25]만 확인할 수 있다. 교서관과 경상감영에서 사서와 삼경의 언해를 간행한 후 수요가 없어 관리가 되지 않았을 수도 있고, 유학의 교과서 성격의 서적이었으므로 너무 많이 인출해서 마멸되어 폐기되었을 수도 있다.

전래본 가운데 삼경과 사서가 합질된 경우도 있고, 분질된 경우도 있다. 초간 후 부분적으로 보각된 것으로 추정된다. 『사서석의』는 대체로 비슷한 모습을 보이지만, 『삼경석의』는 서울대 수장본이 가장 이른 판본으로 보인다.[26] 양자를 다 수장한 기관은 국립중앙도서관, 계명대, 고려대, 서울대, 영남대, 한국학중앙연구원 등이다.

2. 『계산세고(溪山世稿)』

퇴계 후손 3인의 시문집이다. 권1·2는 『몽재일고(蒙齋逸稿)』, 권3·4는 『청벽일고(靑壁逸稿)』 권5·6은 『만호일고(晩湖逸稿)』이다. 이이순(李頤淳, 1754~1832)은 발문에서 퇴계의 가학이 이안도(李安道), 이수연(李守淵), 이세정(李世靖)에 이르렀으나, 그들의 유문(遺文)이 산일(散逸)되기에 이르러 그 글을 모아 『계산세고』를 편찬했다고 하였다.

『몽재일고』는 퇴계의 장손 이안도(1541~1584)의 문집이다. 자는 봉원(逢原), 호는 몽재(蒙齋)이다. 조부에게 학문을 배워 성리학에 깊은 조예가

[傳掌記 自丙申(1596)至甲戌(1634)]. 寫本. 쪽27-28.

25) 김남기, 「규장각 소장 嶺營藏板의 현황과 성격」, 『嶺南學』 61, 2017, 7~33쪽.

26) 서종학, 「경서석의의 서지 및 국어학적 고찰」, 『人文硏究』 17, 1989, 23쪽.

있었다. 명종 16(1561)년 생원시에 합격하고, 선조 7(1574)년 음서로 관직에 나가 목청전참봉(穆淸殿參奉)·저창부봉사(儲倉副奉事)·상서원부직장(尙書院副直長)·사온서직장(司醞署直長)을 지냈다. 예안의 동계서원(東溪書院)에 제향되었다. 『청벽일고』는 퇴계의 6세손 이수연(1693~1748)의 문집이다. 자는 희안(希顔), 호는 청벽(靑壁)이다. 가학을 이어 경종 3(1723)년 생원시에 합격하여, 영조 3(1727)년 음직으로 후릉참봉(厚陵參奉)을 제수받았고, 이어 동몽교관(童蒙敎官)을 지냈다. 예학(禮學)과 이기설(理氣說)에 밝았으며, 시문에도 능하였다. 사후 『국조명신록(國朝名臣錄)』에 저록되었다. 그는 『퇴계선생속집』, 『도산급문제현록』, 『도산지(陶山誌)』 등을 편집하였다. 『만호일고』는 이수연의 아들인 이세정(1730~1767)의 문집이다. 자는 경미(敬美), 호는 만호(晩湖)이다.

16~18세기에 걸치는 한 집안 주요 인물의 글을 모아 가학의 전승을 한눈에 볼 수 있도록 편집한 시문집이다. 이 책은 헌종 1(1835)년경 각판되었을 것으로 추정되고 있다. 한편 을미년 이중응(李中應)이 쓴 지문으로 미루어보면 오히려 고종 32(1895)년 판각되었을 것으로 볼 수 있다. 조선말에 각판되었으므로 정조연간에 편찬된 『누판고』에 실릴 수 없다. 도산서원에서 간행했다는 명확한 간기는 없다. 판목은 한국국학진흥원에 기탁되어 있다. 간본은 국립중앙도서관, 계명대, 고려대, 연세대, 영남대, 한국국학진흥원 등 여러 기관에 수장되어 있다.

3. 『계암선생문집(溪巖先生文集)』

조선 중기의 문신 겸 학자인 김령(金坽, 1577~1641)의 문집이다. 광산 김씨이며, 자는 자준(子峻), 호는 계암(溪巖)이다. 김령은 광해군 4(1612)년 문과에 급제하여 권지승문정자(權知承文正字)가 되고, 광해군 7(1615)년 승정원주서(承政院注書)로 승진했으나 대북이 집권하자 즉시 낙향하였다. 광해군 10(1618)년 인목대비가 폐위된 후 17~18년을 병폐인(病廢人)을 자처하여 불사이군의 절개를 지켰다고 한다. 숙종 15(1689)년 도승지에 추증되었다. 김령은 조부 김수(金綏, 1491~1555)가 중종 때 저술한 한문 필사본 음식조리서인 『수운잡방(需雲雜方)』을 이어 작성하였었다.

필사본으로 전해오던 유고를 영조 48(1772)년 현손 김굉(金紘) 등이 편집해서 도산서원에서 간행하였다. 권두에 이상정(李象靖)의 서문, 권말에 이세택(李世澤)과 김굉의 발문이 있다. 『누판고』에 수록되어 있으나, 당해 서적에는 간기가 없다. 봉화 충재종가(冲齋宗家) 수장본에 '임진칠월일 자도산서원인송우청암정(壬辰(1772)七月日自陶山書院印送于靑巖亭)'이란 장서기[27]가 있어, 도산서원에서 영조 48(1772)년 간행했음을 알 수 있다. 간본은 국립중앙도서관, 고려대, 서울대, 성균관대, 한국학중앙연구원 등에 수장되어 있다. 판목은 광산김씨 설월당종가(雪月堂宗家)에서 한국국학진흥원에 기탁한 판목이 있다.[28]

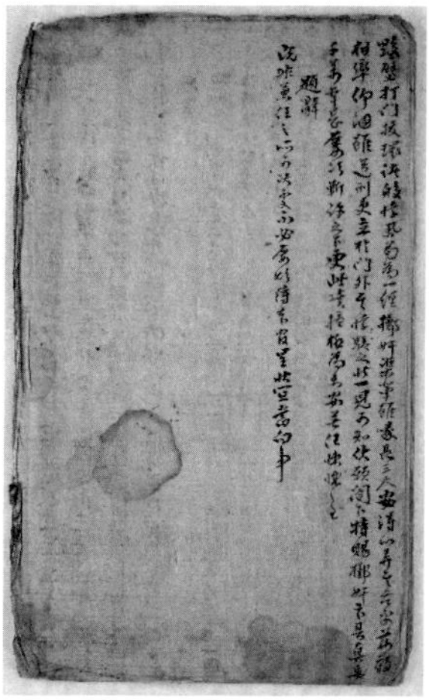

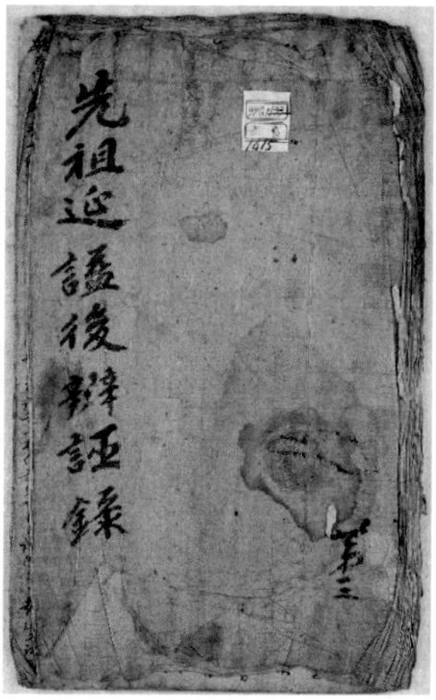

『선조연시후변무록(先祖延謚後辨誣錄)』, 한국국학진흥원 제공

27) 『2005년 일반도산문화재 다량소장처 실태조사 보고서(2)』, 문화재청·경상북도. 2006, 충재종가(봉화).
28) 『경북지역의 목판자료 (1)』, 한국국학진흥원, 2005, 307~309쪽.

도산서원에서 각판한 판목을 서원에서 기탁하지 않고, 종가에서 기탁한 것은 운암(雲巖) 김연(金緣)의 아들인 후조당(後彫堂) 김부필(金富弼)의 시호(諡號)와 관련이 있을 것으로 보인다.

순조 25(1825)년 후조당 김부필에게 이조판서가 추증되고, '문순(文純)'의 시호가 내려졌다. 김부필은 운암 김연의 아들이며, 근시재 김해의 백부이다. 조정에서 후조당의 시호를 퇴계와 같은 '문순'으로 내린 데 대해 퇴계의 후손 측에서 '사문동시(師門同諡)'라 하여 불만을 표하였고, 도산서원을 중심으로 향리·도내·한양의 태학을 통해 후조당의 개시(改諡) 내지 파시(破諡)를 도모하였다.[29] 그러나 개시 내지 파시를 하지 못하였고, 그 와중에 후손들이 도산서원에 있는 조상의 문집 책판을 구해 내온 것이다.

4. 『고경중마방(古鏡重磨方)』

'고경중마'란 '옛 거울을 다시 닦다'는 의미로 옛 성현들의 가르침을 화두로 수양한다는 뜻이다. 퇴계가 기원전 11세기 은(殷)나라 탕왕(湯王)의 '반명(盤銘)', 주(周)나라 무왕(武王)의 '석사단명(席四端銘)'부터 14세기 원나라 오징(吳澄)에 이르기까지 모두 25명 78편의 명과 잠을 뽑아 편찬한 것이다. 선조 40(1607)년 간행한 9행14자 도산서원 초간본은 안동대도호

29) 『後凋堂家狀辨破錄』, 木活字本, [刊年未詳], 한국국학진흥원 광산김씨후조당종가 기탁본 ; 『後彫堂先生延諡後卞誣錄』, 筆寫本, 한국국학진흥원 광산김씨후조당종가 기탁본 ; 『先祖延諡後辨誣錄』, 筆寫本, 한국국학진흥원 광산김씨후조당종가 기탁본.
순조 26(1826)년 기록인 先祖延諡後辨誣錄은 烏川答李氏單子(7월), 烏川牌旨(8월20일), 烏川與鄕員單子(9월), 鄕員答烏川單子(10월23일), 烏川呈陶山單子(10월30일), 烏川答鄕員單子(11월), 鄕員與鄕中單子, 鄕員與烏川單子, 李氏通洛川文, 烏川呈陶山單子, 洛川呈英陽兼官初狀(12월4일), 題辭, 再呈兼官狀(12월7일), 題辭, 三呈兼官狀(12월17일), 題辭로 구성되어 있다. 제사에는 겸임이 처결할 일이 아니므로 본관을 기다려 소장을 내는 것이 마땅하다고 처분되어 있다.

부사(安東大都護府使)로 재직 중이던 한강(寒岡) 정구(鄭逑)를 중심으로 문인들이 각판한 것으로 본 견해가 있다.[30]

그러나 『전장기(傳掌記)[自丙申(1596)至甲戌(1634)]』로 제책된 선조 35(1602)년 전장의 책판에는 [역학(易學)]계몽전의판(啓蒙傳疑板), 고경중마방, 퇴계선생문집판(별집,외집,연보)이 기록되어 있다.[31] 이 기록에 의하면 판각한 시기는 선조 34(1601)년 이전으로 보인다. 이 판목은 『장판각책판목록』에도 수록되어 있고,[32] 『누판고』에도 저록되어 있다. 이후 숙종 11(1685)년 10행20자 영변부(寧邊府) 간본, 영조 20(1744)년 8행16자의 교서관(校書館) 간본, 고종 8(1904)년 10행20자 밀양(密陽)의 노곡(蘆谷) 간본 등 여러 차례 간행되었다.[33]

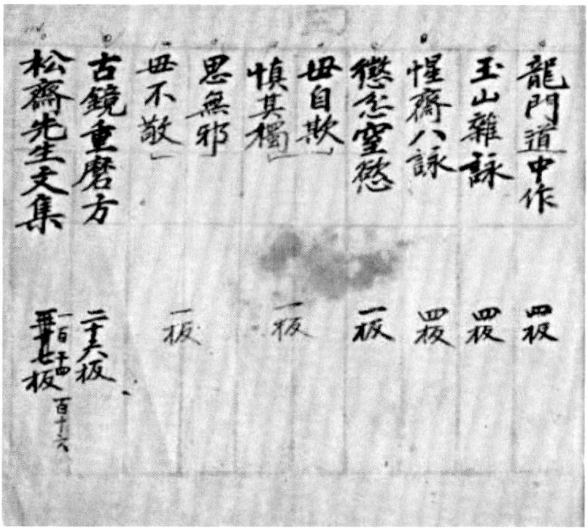

『서책질(書册秩)』, 한국국학진흥원 제공.

30) 崔宇景, 『陶山書院 光明室 장서의 변천과 서지적 분석』, 경북대학교 博士學位論文, 2020, 29~31쪽.

31) [傳掌記 自丙申(1596)至甲戌(1634)]. 寫本. [陶山書院, 仁祖 12(1634)] 15·18~20쪽.

32) 陶山書院, 『藏板閣册板目錄 ; 壬午七月十二日』. 筆寫本. [1942]. 張4.

33) 임기영, 「'古鏡重磨方'의 간행과 판본」, 『書誌學研究』 56, 2013, 213~247쪽.

후쇄본에는 형태·크기·어미가 다른 인면이 있는데, 보각판(補刻板)이 섞인 것으로 보인다. 도산서원에서 보관해오던 초각판은 한국국학진흥원에 기탁되었다. 국립중앙도서관, 계명대, 고려내 등에 초간본에 가까운 판본이 수장되어 있으나, 각각 일부 보각본 또는 보사가 있다.

5. 『교남빈흥록(嶠南賓興錄)』

정조는 윤지충의 진산사건에 대한 대책으로 사학(邪學)을 금지하고 정학(正學)을 우대하는 정책을 시행했는데, 경상도와 황해도가 사학에 물들지 않은 이유는 선정(先正)인 퇴계·회재·율곡의 유풍이 남아있기 때문이라고 보았다. 이에 정학을 진작시키기 위해 옥산서원과 도산서원에서 제사를 지내고, 도산서원에서는 영남 유생을 대상으로 별시를 시행하게 하였다.[34) 이후 관동, 탐라, 풍패, 관북, 관서에서도 유생을 대상으로 별시를 행하고 빈흥록도 간행하였다.

『교남빈흥록』에는 규장각신 이만수(李晩秀)가 왕명으로 도산서원에서 영남지방의 유생들을 대상으로 도산별과(陶山別科)를 시행한 기록과 그때 제출한 작품 가운데 우수한 과작(科作)이 수록되어 있다. 정조 16(1792)년 경상감영이 주관해 각판하고, 책판은 도산서원에 장치하였다. 이 책판은 『누판고』에 저록되어 있고, 『군서표기(群書標記)』에도 '간인이진장기판우도산/임자(1792)편(刊印以進藏其板于陶山/壬子編)'이라 기록되어 있다.[35) 또한 『장판각책판목록』에도 수록되어 있다.[36) 간본은 계명대, 고려대, 서울대, 연세대 등에 수장되어 있다.

정조 20(1796)년에는 퇴계를 성균관에서 치제(致祭)한 때의 전말을 담

34) 奎章閣·李忠鎬 編, 『嶠南賓興錄』, 木板本, 陶山書院, 1922, 卷1 傳教, 張1-2.
35) 正祖, 『弘齋全書』, 整理字本, [純祖 14(1814)], 卷184 羣書標記, 張4-5.
36) 陶山書院, 『藏板閣冊板目錄 ; 壬午七月十二日』. 筆寫本. [1942]. 張3.

은 「반촌치제시일기(頖村致祭時日記)」를 증보해 초각판에 합쳐 간행하였다. 이 판본도 계명대와 서울대에 수장되어 있다. 1922년 도산서원에서 중각했는데, 이 판본은 각급 도서관에 많이 수장되어 있다. 정조 16년 각판한 판목과 1922년 보각판도 한국국학진흥원에 기탁되어 있다.

6. 『근시재문집(近始齋文集)』

김해(金垓, 1555~1593)의 시가와 산문을 엮어 숙종 34(1708)년 그의 증손 김석윤(金錫胤)이 편집했고, 정조 7(1783)년에 간행하였다. 김해의 자는 달원(達遠), 호는 근시재·시재(始齋)이다. 선조 21(1588)년 사직서참봉(社稷署參奉)으로 사마시에 합격하였고, 선조 22(1589)년 연은전참봉(延恩殿參奉)으로 증광문과에 을과로 급제해서 승문원정자를 지냈고, 한림(翰林)에 선발되어 예문관검열에 제수되었다. 그해 10월 정여립(鄭汝立)의 모반사건이 일어나고, 정여립의 생질로서 모반에 참여한 이진길(李震吉)이 11월 사초(史草)를 태운 사건에 연루되어 면직되었다. 임진왜란이 일어나자 향리 예안에서 영남 의병대장으로 추대되어 안동·군위·상주에서 큰 전과를 거두었으며, 5월에는 양산을 거쳐 경주에서 이광휘(李光輝)와 합세하여 싸우다가 진중에서 병사하였다. 고종 30(1893)년 이조판서에 추증되었다.

당해 서적에서는 간행지를 확인할 수 없으나, 『누판고』에는 도산서원 각판이라 저록되어 있다.[37] 간본은 국립중앙도서관, 고려대, 서울대, 연세대 등에 수장되어 있다. 책판은 안동 군자마을의 광산김씨 후조당 종가에서 한국국학진흥원에 기탁하였다.[38] 순조연간 후기에 후조당의 시호와 관련한 문제로 종가에서 책판을 반출했으므로, 누락 없는 72판이 광산김씨 가문에 전래되고 있다.

---

37) 鄭亨愚·尹炳泰, 『韓國의 冊板目錄 下』, 保景文化社, 1995, 「鏤板考」, 1125쪽.
38) 『경북지역의 목판자료 (1)』, 한국국학진흥원, 2005, 310~311쪽.

7. 『농암선생문집(聾巖先生文集)』

농암(聾巖) 이현보(李賢輔, 1467~1555)의 시문집이다. 영천[분천]이씨(永川[汾川]李氏)이며, 이현보의 자는 비중(棐仲), 호는 농암 또는 설빈옹(雪鬢翁)이다. 시호는 효절(孝節)이다. 허백당(虛白堂) 홍귀달(洪貴達)에게 수학하였다. 연산군 4(1498)년 문과에 급제하였고, 벼슬은 동부승지·부제학·대구부윤·경상관찰사·형조참판에 이르렀다. 부모의 봉양을 위해 대체로 외직을 선호하였으며, 중종 37(1542)년 치사하였다. 연하의 퇴계와도 각별하게 교유하였다. 예안에 퇴거하여 귀거래도(歸去來圖)를 벽에 붙이고, 부모의 봉양과 시문의 창작에 힘썼다. 늘 자연과 교감하며 소박하게 자연을 노래한 시와 시조를 많이 남겼다.

문집의 초간은 현종 6(1665)년 외손 김계광(金啓光)이 중심이 되어 간행한 5권본이다. 현종 4(1663)년 겨울부터 전란으로 산란된 원고를 수습하고, 김계광이 편차를 고증하고, 6대손 이언필(李彦弼)이 등새본을 선사하고, 퇴계가 지은 행장과 용주(龍洲) 조경(趙絅)의 서문을 붙여 간행하였다. 1911년에는 속집을 간행하였다. 『누판고』에는 도산서원에 『농암선생문집』의 책판이 있다고 기록되어 있다.

현종 6(1665)년 초간본의 책판, 1911년 속집의 책판, 보각판이 한국국학진흥원에 기탁되어 있다. 이 판목은 도산서원에서 기탁한 것이 아니고, 분천이씨(汾川李氏) 농암종가(聾巖宗家)에서 기탁한 것이다. 이는 1931년 퇴계와 농암의 학문적 전수관계를 두고 진성이씨와 영천이씨 사이에 심각한 분쟁이 있었기 때문이다. 농암의 후손들이 『농암속집(聾巖續集)』을 간행하면서 「수수록(授受錄)」에서 '퇴계이선생(退溪李先生)'이라고 한 대목을 '퇴계이황(退溪李滉)'이라 고친 것에 대해 퇴계의 후손이 '휘(諱)'해야 한다면서 반발하였다. 이와 관련하여 퇴계의 후손이 영남의 서원·문중·향교·서당 등지로 보낸 통문과 입장을 밝힌 답서를 받고, 도산서원에서 재회를 열고 분천이씨를 도산서원 유안(儒案)에서 영구히 삭제[39]시킨 일로 해서 판목을 가져간 것으로 보인다. 같은 이유로 「어부사」의 판목도 농암종가에서 가져갔을 것으로 보인다. 『농암선생문집』의 간본은 고려대, 서울대, 연세대 등에 수장되어 있다.

8. 『단양우씨족보(丹陽禹氏族譜)』

평소 우탁(禹倬, 1263~1342)을 존모하던 퇴계가 선생의 학문과 덕행을 추모하기 위해 선조 3(1570)년 역동서원을 건립하고 위패를 봉안했다. 우탁의 자는 천장(天章), 탁보(卓甫), 호는 백운(白雲), 단암(丹巖)이며, 또 역동선생(易東先生)으로도 불렸다. 관직은 영해사록(寧海司錄), 감찰규정(監察糾正), 성균좨주(成均祭酒) 등을 지냈다. 우탁은 합리적이고 사변적인 학자로서, 후학들이 유학의 학술과 학문적 기본소양을 갖추게 하는 데 큰 역할을 했다. 예안에 은거하면서 당시 원나라를 통해 전래된 정이(程頤)가 주석한 『주역(周易)』의 정전(程傳)을 터득해 후진 교육에 전념하였으므로 후학들이 그를 종사(宗師)로 삼았다. 이에 퇴계는 자료를 수집해 단양우씨의 족보를 편찬하였다. 그러나 이 족보는 퇴계 생전에는 간행되지 못하고 사후에 간행되었다.

영조 30(1754)년 대구(大邱)의 덕동강재(德洞講齋)에서 간행한 목활자본(木活字本) 『단양우씨족보』의 서문에 퇴계가 친히 단양우씨의 족보를 필사하여 역동서원에 수장시켰으나, 임진왜란으로 소실되어 다시 수문수록(隨聞隨錄)하여 예안에서 1권본을 간행한 바 있다[40]는 기록이 있다. 또 도산

39) 『汾李誣錄事變日記』, 寫本, [1931], 張1.
한국국학진흥원. 정보마당. 문화콘텐츠. 선인의 일상생활 일기. 변무일기
이수환, 「경북지역 서원의 사회적 특성과 교육활동」, 『慶北書院誌』, 개정판, 대구: 경상북도, 2009, 56쪽.

40) 『丹陽禹氏族譜』, 木活字本, [大邱: 德洞講齋, 英祖 30(1754)年], 叙文([禹]命構,宋明欽,李瀷) 張4-6.

서원의 『전장기』[自丙申(1596)至甲戌(1634)]에 광해군 10(1618)년 10월 기록에 『우씨족보』 외에 『고경중마방』, 『사서삼경석의』, 『계몽전의』, 『이씨족보』, 『퇴계신생문집(목록, 문집, 별집, 언보, 외집)』의 판목을 인수인계한 것으로 기록되어 있다.[41]

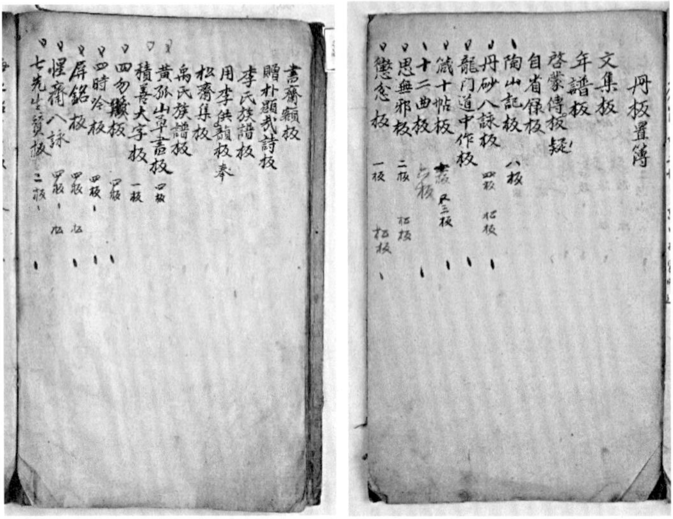

서책질(書册秩), 한국국학진흥원 제공.

단양우씨 문희공파 종친회(丹陽禹氏文僖公派宗親會)에서 한국국학진흥원에 기탁한 단양우씨족보(자료ID 33040)의 장서기(藏書記)에 "만력경자(1600)하 득어도산서원 동고(萬曆庚子夏得於陶山書院東皐)"와 "개간어도산장어역동(開刊於陶山藏於易東)"이라 기록되어 있다. 이로서 선조 30(1600)년 이전에 판각된 것으로 보인다. 또 17세기 중기에서 18세기 중기에 작성되었을 것으로 추정되는 도산서원의 장서목록인 『서책질(書册秩)』의 권말

41) [傳掌記 自丙申(1596)至甲戌(1634)]. 寫本. 쪽51.
崔宇景, 『陶山書院 光明室 장서의 변천과 서지적 분석』, 博士論文(경북대), 2020, 29~31쪽.

에 부기된 「책판치부(冊板置簿)」에 『우씨족보판』이 수록되어 있다.[42] 이를 통해서 단양우씨의 족보는 도산서원에서 판각해 역동서원에 장치한 것으로 보이는데, 역동서원 훼철 이후의 사정은 알기 어렵다.

9. 『도산급문제현록(陶山及門諸賢錄)』

퇴계와 그의 문인들에 대한 사적을 모은 5권본 문인록이다. 퇴계선생의 제자 창설재(蒼雪齋) 권두경(權斗經, 1654~1726)이 약 260여 명의 문인을 추려 『계문제자록(溪門諸子錄)』을 편찬하였다. 이후 퇴계의 후손 청벽 이수연(1693~1748)이 60여 명을 추록해 『도산급문제현록』을 편찬하였고, 이후 산후재(山後齋) 이수항(李守恒, 1695~1768)이 10여 인을 추록하였고, 광뢰(廣瀨) 이야순(李野淳, 1755~1831)이 다시 10여 인을 첨부하면서 체제를 개편하고 내용을 수정하고 보완해 완성하였다. 이수항이 추가한 문인의 수는 적었지만, 『이학통록(理學通錄)』의 체제를 적용한 것이어서 각판할 등재본의 편집 기준이 되었다. 초간본의 권1-4까지는 본집이고, 권5는 속록이다. 수록된 인물은 총 309명이다. 인명마다 성명, 자호(字號), 생몰년, 본관, 거주지, 퇴계와의 관계, 관력(官歷), 사제관계를 뒷받침할 증빙자료 등이 수록되어 있다.

초각은 1913년 4월말 역원을 정한 후 간역에 들어가 1914년 완성하였다. 초각시 역원의 명단이 「도산제자록간역시파록(陶山諸子錄刊役時爬錄)」이다. 도도감은 유학 김기락(金基洛)이며 도감은 이병연(李昺淵) 등 8인이며, 교정도감·교정유사·사본·판교도감·감각도감·감인도감·도판(都辦)·시도(時到)·직일(直日)을 두었으며, 마지막에 "계축사월이십사일(癸丑四月二十四日)"이라 기록되어있다.

초각 후 서애 후손들이 서애 류성룡과 그의 형인 겸암 류운룡의 서술에

---

42) [陶山書院書冊目錄(청구기호 71614)]. [17-18세기] 寫本. 張13.

여러 문제가 있다고 비판하였다. 그 내용은 사림의 공론보다는 퇴계의 몇몇 후손들이 좌지우지해서 공론에 부합되지 않고, 『이학통록』의 체제를 따른다고 했지만 맞지 않고, 『공자가어』나 『이학통록』의 체제와도 멀어졌으며, 배열순서·교정상의 오류·용어와 호칭에 일관성이 없다는 점을 비판하였고, 수정한 후에도 문인의 수록 범위 또는 문인들의 행적 기술과 관련하여 여러 문제가 있다고 제기하였다. 아울러 류성룡과 류운룡의 행적에 대한 기술에도 강한 불만도 제기하였다.[43)]

이를 반영해 1916년 개정하였다. 그 개정판 권말에는 "갑인(1914)오월일 도산서원 간행"이란 간기가 수록되어 있다. 이 간기는 초간본에 없었는데, 오히려 개정판에 수록되어 있다. 도산서원에서 보관하던 책판은 한국국학진흥원에 기탁되어 있다. 1916년 개정판 간본은 국립중앙도서관, 영남대, 전남대, 충남대 등에 수장되어 있다.

결국 1919년 병산서원에서 다시 수정해 간행한 바, 이 간본은 계명대에 수장되어 있다. 또 『도산급문제현록변정(陶山及門諸賢錄辨訂)』도 간행했는데, 국립도서관·계명대·영남대에 수장되어 있다. 『도산급문제현록』은 20세기에 판각한 서적이라 조선시대의 책판목록에 수록될 수 없었으나, 『장판각책판목록』에만 수록되어 있다.[44)]

10. 『매화시(梅花詩)·대보잠(大寶箴)』

「매화시」는 퇴계가 지은 매화에 관한 시와 글을 목판으로 새겨 인쇄한 것이다. 퇴계는 매화를 끔찍이도 사랑해 매화를 노래한 시가 100수가 넘는

43) 『單子(安東 眞城李氏 宗家 慶流亭 수장)』, 筆寫本, [1914], (한중연 기탁 MF No.35-007488 單子3)
金鍾錫, 「陶山及門諸賢錄의 集成과 刊行에 관하여」, 『韓國의 哲學』 28, 2000, 16쪽.

44) 陶山書院, 『藏板閣冊板目錄 ; 壬午七月十二日』. 筆寫本. [1942]. 張3.

다. 그 가운데 중종 37(1542)년부터 선조 3(1570)년까지 28년 동안 지은 매화시 62수를 모은 것이다. '무인(?)동 도산서원간(戊寅冬陶山書院刊)'이란 간기가 있으나, 연도를 특정하기에 어려운 점이 있다. 『서책질』(도산서원서책목록. 청구기호 71614)의 말미에 있는 「책판치부」에는 퇴계선생문집판, 퇴계선생연보판, 계몽전의판, 퇴계선생자성록판(退溪先生自省錄板), 이씨족보판(李氏族譜板), 송재집판, 우씨족보판과 함께 매화첩판(梅花貼板), 대보잠판(大寶箴板) 등의 책판이 기록되어 있다.[45] 죽유 오운이 판각한 『송재시집』은 선조 17(1584)년 4월 퇴계의 필사본을 등재본으로 죽유가 충주에서 판각해 이장한 것이므로, 여기서의 무인은 인조 16(1638)년으로 추정할 수 있다. 이 시판 13점은 한국국학진흥원에 기탁되어 있다. 간본은 임동면(臨東面) 류종준(柳鍾駿),[46] 성균관대, 한국학중앙연구원에 수장되어 있다.

'대보'는 천자의 자리이며, '잠'은 문체의 하나로서 풍자하고 훈계하는 내용의 글이다. 이 대보잠은 장온고(張蘊古)가 즉위한 지 얼마 되지 않은 당 태종에게 올린 글이다. 태종은 이것을 보고 기뻐하여 비단 300필을 하사하고, 그를 대리시승(大理寺丞)으로 임명하였다. 퇴계가 성균관 대사성으로 있던 명종 9(1554)년 10월 「대보잠」을 써서 왕에게 올렸다고 한다. 이 서판에도 간기가 없어 연도를 특정하기에 어렵다. 다만 헌종 13(1846)년에 편찬된 『예안현읍지』에 수록되어 있는 것으로 미루어 순조연간에 각판되었을 가능성이 있다. 이 서판 11점도 한국국학진흥원에 기탁되어 있다. 간본은 성균관대, 충남대 등에 수장되어 있다.

이 두 판목은 『누판고』에는 수록되지 않았으나, 고종 8(1871)년 『영남읍지』에 수록되어 있고, 『장판각책판목록』에도 수록되어 있다.[47] 이 시판과 서판이 합철된 서적은 울진의 황수석(黃壽錫)가에 수장되어 있다.[48] 이

45) 『書册秩』(陶山書院書册目錄. 청구기호 71614)』, 筆寫本, [17-18세기], 張13.
46) 『韓國典籍綜合調査目錄』 5집, 문화재관리국, 1996, 1026쪽.
47) 陶山書院, 『藏板閣册板目錄 ; 壬午七月十二日』. 筆寫本. [1942]. 張3.
48) 『韓國典籍綜合調査目錄 1 ; 大邱, 慶北』, 文化財管理局, 1986, 692쪽.

외 도산기, 병명, 사물잠, 사시음, 성성재팔영, 심잠(心箴)의 서판도 한국국학진흥원 기탁 판목에서 확인할 수 있다.

11. 『몽재선생문집(蒙齋先生文集)』

퇴계의 손자인 이안도(李安道, 1541~1584)의 유고집 3권이다. 그의 자는 봉원(逢原), 호는 몽재이다. 조부에게 학문을 배워 성리학에 깊은 조예가 있었으며, 퇴계 문하의 여러 학자들과 교유하였다. 명종 16(1561)년 생원시에 합격하고, 선조 7(1574)년 음서로 관직에 나가 목청전참봉·풍저창부봉사·상서원부직장·사온서직장을 지냈다. 예안의 동계서원에 제향되었다. 조선말에 간행되어 『누판고』에 수록될 수 없다.

『계산세고』에 포함된 『몽재일고』와는 편차가 달라 동일판은 아니다. 당해 문집에는 간기가 수록되지 않았으나, 융희 3(1909)년 이전 도산서원에서 각판한 것으로 추정된다. 이 책판은 『장판각책판목록』에 수록되어 있다.[49] 책판도 도산서원에서 한국국학진흥원에 기탁한 완판이 전래되고 있다. 판목의 권두서명은 『몽재선생일고(蒙齋先生遺稿)』인데, 전래하는 목판본은 보이지 않는다. 융희 3(1909)년 도산서원에서 간행한 『몽재선생문집』 석판본이 국립중앙도서관·도산서원·의성 김창회·청도 김형수·구미 노진환댁에 전래되고 있으나, 목판본은 확인되지 않고 있다. 심지어 한국국학진흥원에 기탁된 도서도 모두 석판본이다. 판목이 전래되는데도 목판본의 유통이 확인되지 않는 것은 의아하다 하겠다.

12. 『무서변파록(誣書辨破錄)』

회재(晦齋) 이언적(李彦迪)이 강계에서 7년간 유배생활을 할 때 그의 아

---

49) 陶山書院, 『藏板閣册板目錄 ; 壬午七月十二日』. 筆寫本. [1942]. 張4.

들 이전인(李全仁)이 시봉하면서 아버지와 주고받은 어록과 학문에 대한 문답을 수록한 『관서문답록(關西問答錄)』을 현종 6(1665)년 이전인의 손자 이홍기(李弘炁)가 간행하였다. 이후 회재 후손간에 갈등이 생겨 적파(嫡派)가 초각판을 숙종 23(1697)년 훼판하였다. 재기를 노린 옥산파(玉山派)에서 숙종 46(1720)년 이홍기의 손자 이후담(李後聃)과 이학년(李鶴年)이 경주부의 지원을 받아 중각하고, 훼판을 방지하기 위해 그 판목은 경주부에 보관시켰다. 이후 순조 11(1811)년 이학년의 손자 이욱(李昱)이 삼간하였다.

후손 간의 갈등과는 별도로 『관서문답록』 부록에 수록되어 있는 편지 가운데 퇴계를 언급한 부분을 문제 삼아 영조 43(1767)년 도산서원에서 반발하였다. 도산서원 측에서는 이도현(李道顯, 1726~1776)을 중심으로 『관서문답록』의 훼판을 주장하면서, 『무서변파록』을 영조 44(1768)년 간행하였다. 도산서원에서 『관서문답록』의 훼판을 주장한 이유의 첫째는 퇴계가 이전인에게 '잠계(潛溪)'란 호를 준 적이 없다는 점, 둘째는 이언적의 신원(伸冤)과 복관(復官)은 이전인의 노력이 아니라 선조초 이준경(李浚慶) 등 대신들의 계청으로 이루어졌다는 점, 셋째는 『관서문답록』 부록에 수록되어 있는 노수신(盧守愼)에게 보낸 이준(李浚) 형제의 편지에서 허위로 날조한 내용으로 퇴계를 무함했다는 점이다. 전국 각지의 서원에 통문을 보냈음은 물론 조정에까지 보고하였으나, 결국 도산서원은 『관서문답록』을 훼판시키지 못하였고, 옥산파도 『무서변파록』을 훼판시키지 못하였다.[50)]

『누판고』에 『관서문답록』은 경주부 수장이라고 수록되었으나, 『무서변파록』에 관한 언급은 보이지 않는다. 판목 26장 가운데 도산서원에서 한국국학진흥원에 기탁한 1판만 전래되고 있다. 간본은 계명대, 연세대, 일본 경도대 등에 수장되어 있다. 정조 16(1792)년 간본인 연세대 수장본 『교남빈흥록』에는 『무서변파록』이 합철되어 있다.

50) 金建佑, 「이언적 관서문답록 훼판시비」, 『藏書閣』 14, 2005, 23쪽.

13. 「문순공퇴도이선생묘갈명(文純公退陶李先生墓碣銘)」

고봉(高峯) 기대승(奇大升, 1527~1572)이 쓴 퇴계의 묘갈명이다. 기대승은 32세부터 12년 동안 퇴계와 서한을 주고받았다. 그 가운데 8년 동안 사단칠정(四端七情)을 주제로 주고받은 편지는 유학사상 지대한 영향을 끼친 것으로 평가된다. 『문순공퇴도이선생묘갈명』은 『고봉집(高峯集)』 권2에 「퇴도선생묘갈명선생자명병서(退陶先生墓碣銘先生自銘幷書)」로도 수록되어 있다. 이 묘갈명은 『퇴계선생문집』과 『진성이씨족보』에도 수록되어 있다. 도산서원 간행의 두 서적은 10행 20자인 점은 동일하지만, 피휘에 있어 개행하거나 대두한 곳과 공격을 둔 곳에 상이한 점이 있다.[51] 도산서원에서 1916년 간행한 개정판 『도산급문제현록』과 판식이 매우 흡사하여 동시에 각판된 것으로 볼 수 있는데, 실제 『도산급문제현록』에 이 묘갈명이 수록되어 있다. 한국국학진흥원에는 별도의 판목으로 2판이 기탁되어 있다. 전체는 4판이다. 별도로 묘갈명만으로 장책한 경우는 확인되지 않았다. 묘갈명이 수록된 『도산급문제현록』의 수장처는 국립중앙도서관, 안동대, 영남대 등이다.

14. 『송계원명이학통록(宋季元明理學通錄)』

대개 『이학통록(理學通錄)』으로 약칭되고 있다. 이 책은 주희(朱熹) 문인들의 계보를 정리하고, 도학의 요체를 규명하며, 주자의 학문을 현창한 이들을 기려 도통 계승을 확립한 책이다. 퇴계는 명종 19(1564)년 『이락연원록(伊洛淵源錄)』의 체제를 따라 주희와 그 문인 및 사숙제자(私淑諸子) 등 송·명대의 정통 주자학파만을 가려 뽑아 본집 『송원록(宋元錄)』을 완성하였다. 그리고 비정통 주자학파를 수록할 외집을 준비하다가 완성하지 못한 채 사망하였다. 월천 등 문인들이 정리하여 선조 8(1575)년 안동부에서

---

51) 李詠道, 『眞城李氏族譜』, 木版本, [陶山書院, 宣祖 33(1600)], 墓碣銘.

『송계원명이학통록』으로 개명해 간행하였다.[52] 이 초판본에는 '을해(1575) 간각우안동부(乙亥刊刻于安東府)'란 간기가 있다. 원광대에 수장되어 있다.

그러나 편집과 교정에 대한 논의가 일어나 수정한 후 선조 9(1576)년 도산서원에서 다시 간행한 것이 도산서원 중각본이다. 이 중각본에 대한 수정 논의도 지속된 것으로 보인다.[53] 이런 이유로 안동부 간본과 도산서원 중각본의 통행본은 보기 어려운 것으로 보인다. 결국 영조 19(1743)년 도산서원에서 삼간하였는데, '상지십구년계해(1743)동도산서원중간(上之十九年癸亥冬陶山書院重刊)'이란 간기가 있다. 여기에 수록된 월천의 발문에 저간의 사정이 밝혀져 있다. 이후 마멸된 책판이 있어 보각한 것으로 보인다. 이 책판은 『누판고』에 수록되어 있고, 『장판각책판목록』에도 수록되어 있다.[54] 판목은 한국국학진흥원에 기탁되어 있다. 삼간본은 국립중앙도서관, 동국대, 성균관대, 안동대, 영남대, 충남대 등 공사의 기관에 많이 수장되어 있다.

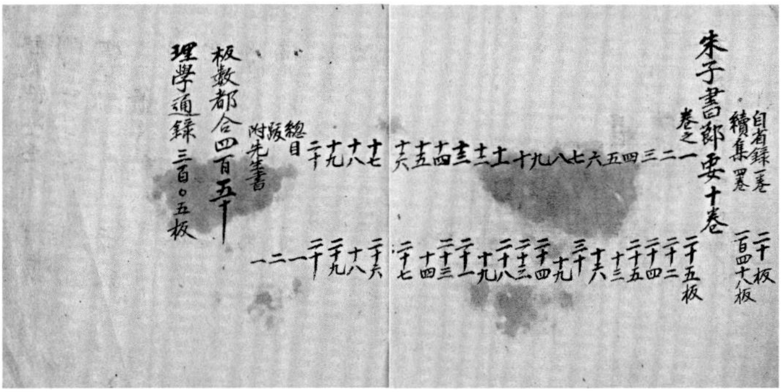

『장판각책판목록(藏板閣冊板目錄)』, 한국국학진흥원 제공

52) 李楨 等, 『宋季元明理學通錄』, 木版本, [陶山書院, 英祖 19(1743)], 跋(趙穆).
53) 강경현, 「宋季元明理學通錄의 구성과 의의」, 『한국학연구』 32, 2014.2, 496~498쪽.
54) 陶山書院, 『藏板閣冊板目錄 ; 壬午七月十二日』. 寫本. [1942] 張3.

15. 『송재선생문집(松齋先生文集)』

퇴계의 숙부 송재(松齋) 이우(李堣, 1469~1517)의 시문집이다. 자는 명중(明仲)이며, 호는 송재이다. 송재는 연산군 4(1498)년에 문과에 급제한 후 사간원정언, 이조좌랑, 사헌부헌납 등을 역임하였다. 연산군 12(1506)년 동부승지로 입직하는 날에 중종반정이 일어나자 이에 협력하여 정국공신(靖國功臣) 4등에 녹훈, 청해군(靑海君)에 봉해지고 우부승지가 되었다. 중종 9(1514)년에 입직 승지로서 신하의 도리에 어긋나게 행동했다는 비난을 받아 삭훈 되었다가, 이듬해 안동부사로 서용되었다.

송재 사후 조카인 퇴계가 편집해 시집 3권과 습유를 직접 필사해 가지고 있었는데, 송재의 외증손 죽유(竹牖) 오운(吳澐)이 충주목사로 있던 선조 17(1584)년 4월 퇴계의 필사본을 등재본으로 해서 간행했다.[55] 죽유는 선조 30(1597)년 정유재란이 일어나자 합천 부근의 왜적을 물리쳐 그 공으로 통정대부에 올랐으며, 명나라 장수 진린(陳璘)의 접반사가 되었다. 그뒤 의흥위사과·첨지중추부사·장례원판결사 등을 역임했으며, 선조 34(1601)년 벼슬을 사퇴하고 영주로 돌아와 저술활동에 전념했다.

『서책질』(도산서원서책목록. 청구기호 71614)의 말미에 있는 「책판치부」에는 퇴계선생문집판, 퇴계선생연보판, 계몽전의판, 퇴계선생자성록판, 이씨족보판, 송재집판, 우씨족보판, 매화첩판, 대보잠판 등의 책판이 기록되어 있다.[56] "만력경자(1600)하득어도산서원 동고"와 "개간어도산장어역동"이라 기록된 단양우씨족보(청구기호 33040)와 『전장기』[自丙申(1596)至甲戌(1634)]에 광해군 10(1618)년 10월 기록에 『우씨족보』, 『계몽전의』, 『이씨족보』, 『퇴계선생문집』의 판목과 함께 기록된 것으로 미루어 죽유가

55) 李堣, 『松齋先生文集』, 木版本, [1937], 跋 ; 吳澐, 李元魯, 識 : 李中麟.
김순희, 「李堣의 松齋先生文集에 관한 연구」, 『書誌學硏究』 45, 2010, 215~233쪽.

56) 『書册秩』(陶山書院書册目錄. 청구기호 71614)』, 筆寫本, [年紀未詳], 張13.

판각한 『송재시집』 판목은 선조 33(1600)년 이전에 이장한 것으로 추정할 수 있다. 죽유는 각판한 그해 겨울 충주를 떠났으므로, 이르면 선조 17(1584)년 겨울에 이관된 것으로 보인다. 이후 『송재시집』의 판목을 도산서원으로 옮겨 장치해두었으므로, 도산서원 각판본이 아니고 장판본이라 하겠다. 『누판고』에는 도산서원 장판으로 기록되어 있는 것으로 미루어, 정조 20(1796)년 이전에는 이판된 것이다. 이 책판은 『장판각책판목록』에도 수록되어 있다.[57] 간본은 연세대와 한국국학진흥원에 수장되어 있다.

이후 광무 4(1900)년 송재의 12대손 이중린(李中麟)과 이원로(李元魯)가 속집과 부록을 간행하였다. 간본은 계명대, 단국대, 전남대에 수장되어 있다. 1937년 이원로의 손자 이종수(李鍾洙)가 별집을 간행하였다. 간본은 국립중앙도서관, 경기대, 고려대, 전남대 등에 수장되어 있다. 국립중앙도서관 간본을 보면 원집과 속집·별집의 판식은 유사한 형태이지만 필체가 다른데, 원집은 퇴필(退筆)을 등재본으로 한 초각판을 활용한 것이다. 진성이씨 송당파(松堂派) 송재종가(松齋宗家)에서 한국국학진흥원에 기탁한 『선조송재선생문집중간시기사(先祖松齋先生文集重刊時記事)』가 그 관련기록이다.[58] 이 책판은 도산서원에서 한국국학진흥원에 기탁한 것이다.

16. 『역학계몽전의(易學啓蒙傳疑)』

명종 12(1557)년 퇴계가 주자의 『역학계몽』에 명대 한방기(韓邦奇, 1479~1556)의 『역학계몽의견(易學啓蒙意見)』의 해석에서 요점을 뽑고, 자기 의견을 덧붙여 편찬한 『역학계몽』의 대표적인 주석서이다. 이 책을 편찬한 이유는 후대 주석에 의견이 서로 일치되지 않아 후학들이 이해하기 어렵고, 인용문의 출처도 알 수 없다고 생각했기 때문이다. 특히 주자가 다룬

57) 陶山書院, 『藏板閣冊板目錄 ; 壬午七月十二日』. 筆寫本. [1942]. 張4.
58) 『先祖松齋先生文集重刊時記事』, 筆寫本, [年紀未詳], 1冊.

주제와 후대 주석에서 쟁점이 된 문제를 종합적으로 검토한 후, 자신의 의견을 제시하여 주자의 심오한 이치를 드러내고자 하였다.[59] 이 『역학계몽전의』는 조선의 『역학계몽』 관련 저작 가운데 최초의 본격적 저술이어서 후대 퇴계학파의 연구에 지대한 영향을 미치게 된다.

내용은 하도낙서(河圖洛書)의 수리(數理), 팔괘(八卦)의 구성 원리, 점서(占書)와 관련된 수리, 팔괘를 중심으로 점(占)의 변동을 설명한 4개의 장(章)으로 구성되어 있다. 주자의 『역학계몽』을 본받아 점서로 보아 술수를 중시하는 상수역학(象數易學)과 철학서로 보아 사상적 의미를 중시하는 의리역학(義理易學)을 동일선상에 놓고, 상수역학에 관해 초학자들이 모르는 것이 있기 때문에 저술한 것이다. 그 이론을 체계적으로 정리하여 초학자들도 쉽게 역학에 입문할 수 있는 길을 제시한 것이다.

도산서원의 문서인 『전장기』[自丙申(1596)至甲戌(1634)]로 제책된 선조 35(1602)년 전장에는 [역학]계몽전의판, 고경중마방, 퇴계선생문집판(별집, 외집, 연보)이 기록되어 있다.[60] 따라서 선조 35(1602)년 이전에 판각한 것으로 볼 수 있다. 『누판고』와 『장판각책판목록』에도 수록되어 있다.[61] 충남대에 수장된 간본 중 한 판본이 초간본의 후쇄본으로 보인다.

고종 31(1894)년 3월에 도산서원에서 작성한 『퇴계선생연보중간시파임부 계몽전의 중간(退溪先生年譜重刊時爬任 附 啓蒙傳疑 重刊)』이 전래되고 있어,[62] 고종 31(1894)년에도 간행한 것으로 볼 수 있다. 도감은 류인목(柳寅睦)이었는데, 그는 당시 도산서원 원장이었으며 상주에 거주하고 있었다. 그러나 다른 명확한 기록과 인본이 보이지 않는 것으로 미루어 이때

59) 李滉, 『啓蒙傳疑』, 木版本, 重刊, [陶山書院, 1915], 序 張1.
60) [傳掌記 自丙申(1596)至甲戌(1634)]. 寫本. [陶山書院, 仁祖 12(1634)] 15,18~20쪽.
61) 陶山書院, 『藏板閣册板目錄 ; 壬午七月十二日』. 筆寫本. [1942]. 張3.
62) 『退溪先生年譜重刊時爬任 附 啓蒙傳疑 重刊』, 筆寫本, [陶山書院, 1894], 도산서원 기탁본.
『甲午退溪先生年譜重刊時爬任』, 筆寫本, [陶山書院, 1894], 70986, 座目0012.

중각했다기보다는 전에 각판해둔 판목을 이용해 인출한 것으로 보인다. 인출하면서 부분적으로 매목하거나 보각했을 것이다. 1915년 중간한 판본에는 '을묘(1915)유월 도산서원중간(乙卯六月陶山書院重刊)'이란 간기가 있다. 중각본의 판목은 도산서원에서 한국국학진흥원에 기탁한 것이다. 중간본은 계명대, 전남대, 충남대 등에 수장되어 있다.

17. 『오가산지(吾家山誌)』

일명 『청량산지(淸凉山誌)』라고도 한다. 여기서의 오가산 즉 '우리 산'은 봉화군 명호면·재산면과 안동시 도산면·예안면에 위치한 청량산을 말한다. 집에서 가까워 퇴계는 제자들과 자주 청량산을 왕래하면서 많은 시문을 남겼고, 청량산 산수에 대한 사랑이 유별나 '오가산' 즉 '우리 산'이라 불렀다고 한다. 범례에도 발문에 퇴계가 오가산이라 한 바, 이를 서명으로 삼은 것[63]이라 하였다.

청량산을 읊은 퇴계의 시문을 모아 퇴계의 11세손인 봉강(鳳岡) 이만여(李晩輿, 1861~1904)가 주자가 편찬한 『무이지(武夷誌)』의 편차를 모방하여 편집한 것이다. 1924년에 목판으로 간행한 2권본이다. 20세기에 각판되었으므로 『누판고』에 수록될 수 없다. 도산서원에서 한국국학진흥원에 기탁한 판목이 있다. 인본은 국립중앙도서관, 계명대, 고려대, 대구가톨릭대, 영남대, 한국국학진흥원 등에 수장되어 있다.

18. 『온계선생일고(溫溪先生逸稿)』

조선 중기의 학자이며 관료인 온계(溫溪) 이해(李瀣, 1496~1550)의 유고 4권본이다. 퇴계의 형인 이해의 자는 경명(景明), 호는 온계이고, 시호

63) 李滉, 『吾家山誌』, 木版本, [陶山書院, 1924], 凡例, 卷1 張36.

는 정민(貞愍)이다. 숙부 이우(李堣)에게 글을 배워 중종 23(1528)년 문과에 급제하였다. 좌승지·도승지·대사헌·대사간·예조참판 등을 역임하였고, 명종이 즉위한 후 강원도관찰사·황해도관찰사·청홍도관찰사·한성부우윤 등을 지내다가 이기(李芑)의 심복인 이무강(李無疆)의 탄핵으로 갑산(甲山)으로 귀양가다가 양주(楊州)에서 병으로 사망하였다. 숙종 17(1691)년 이조판서에 추증되었고, 정조 8(1784)년 '정민(貞愍)'이라는 시호를 받았다. 영주의 삼봉서원(三峰書院)과 예안의 청계서원(淸溪書院)에 제향되었다.

문집은 6세손 이현룡(李見龍)과 7세손 이세택(李世澤) 등이 편집하고, 7세손 이급(李級)의 후지(後識)와 영조 48(1772)년 이상정(李象靖)의 서문을 받아, 도산서원에서 각판하였다.[64] 『누판고』에도 수록되어 있다. 책판은 도산서원에서 한국국학진흥원에 기탁하였다. 간본은 국립중앙도서관, 계명대, 고려대, 연세대 등에 수장되어 있다.

19. 『운암일고(雲巖逸稿)』

조선 중기 관료이며 학자인 운암(雲巖) 김연(金緣, 1487~1544)의 2권본 시문집이다. 자는 자유(子裕)이며, 호는 운암이다. 중종 14(1519)년 식년 문과에 급제하였다. 중종 19(1524)년 사간원정언으로 재직할 때 권신 김안로(金安老)의 비행을 논박하여 파직시켰다. 중종 26(1531)년 김안로가 다시 실권을 잡자 경성통판(鏡城通判)으로 좌천되었고, 중종 32(1537)년 김안로가 주살된 후 사간원사간으로 다시 발탁되었다. 이후 동부승지·우부승지·강원도관찰사를 역임하였고, 중종 39(1544)년 경주부윤으로 임지에서 사망하였다.

문집은 정조 7(1783)년에 8대손 김영(金瑩)이 편집하여 간행하였다.[65]

---

64) 李瀣, 『溫溪先生逸稿』, 木版本, [陶山書院, 英祖 48(1772)], 跋文(李世澤).
65) 金緣, 『雲巖逸稿』, 木版本, [陶山書院, 正祖7(1783)], 序(蔡濟恭),跋(丁範祖).

간본은 국립중앙도서관, 고려대, 동국대, 서울대, 성균관대 등에 수장되어 있다. 『누판고』에는 판목이 도산서원에 수장되어 있다고 수록되어 있다. 도산서원에서 판목 6판을 한국국학진흥원에 기탁하였고, 더 많은 30판을 광산김씨 가문에서 기탁하였다.[66] 책판이 두 곳에 분산된 것은 『근시재문집』에서 언급한 바와 같이 운암의 아들인 후조당의 시호와 관련이 있을 것으로 보인다. 종가에서 밤중에 판목을 급히 수습하다 보니 다 수습하지 못했던 것으로 보인다.

20. 『월천선생문집(月川先生文集)』

퇴계의 문인인 월천(月川) 조목(趙穆, 1524~1606)의 시문집 6권본이다. 자는 사경(士敬)이고, 호는 월천이다. 15세에 퇴계의 문하에 들어간 적전제자(嫡傳弟子)이다. 명종 7(1552)년 생원시에 합격하여 성균관에 입학하였으나, 곧 과거 공부가 도학(道學)이 아니라 하여 포기하고 학문에만 정진하였다. 명종 21(1566)년 이후 수차례 관직에 제수되었으나 부임하지 않았고, 부임하더라도 곧 사퇴하였다. 선조 40(1607)년 세상을 떠난 뒤 광해군 6(1614)년 11월 퇴계 제자 중 유일하게 도산서원의 상덕사에 모셔졌다. 다음해 예천의 정산서원(鼎山書院)·봉화의 창해서원(昌海書院)에 배향되었다.[67] 도산서원 종향이 성사되었으나 문집은 즉각 간행되지 못하였다. 현종 3(1662)년 예안현감 이석관(李碩寬)의 도움을 받고 월천의 아들 조석붕(趙錫朋)의 주도로 간행할 수 있었다. 이 초간본은 도산서원에 수장되어 있다.[68] 이 초간본에는 허목(許穆)의 서문만 수록되어 있다.

월천의 문인 김택룡(金澤龍)이 지은 「월천언행록(月川言行錄)」에 언급된

---

66) 『경북지역의 목판자료 (1)』, 한국국학진흥원, 2005, 312-313쪽.
67) 趙穆, 『月川先生文集』, 木版本, [陶山書院, 顯宗 3(1662)], 卷1. 年譜, 張17.
68) 薛錫圭, 「한국국학진흥원 소장 필사본 月川先生文集」, 『국학연구』 5, 2004, 253~254쪽.

선조 30(1597)년 월천이 서애에게 보낸 편지와 생질인 금난수(琴蘭秀)의 아들인 만수재(晩修齋) 금업(琴㸁)이 지은 「행장」으로 인해 현종 6(1665)년 서애계가 빈발하였다. 문제를 제기했던 서애계 김응조의 발문이 수록된 점으로 미루어, 현종 7(1666)년 간본은 월천계가 양보하는 과정을 거친 다음 간행한 개간본으로 보인다. 실제로는 김응조의 발문을 추가하고 문제가 되는 부분을 매목으로 수정했을 가능성이 있다. 김응조의 발문이 수록된 개간본은 계명대에 수장되어 있다. 국립도서관 수장본도 개간본 계열이나 낙장이 많아 보사된 부분이 많다. 이 판목은 『누판고』에 수록되어 있고, 도산서원에서는 보존해오던 책판은 한국국학진흥원에 기탁되어 있다.

중간본의 간행연대는 정확하게 알지 못한다. 연보를 목차 앞으로 옮겼을 뿐만 아니라 부록에는 초간본에는 제외시켰던 전기류가 포함되어 있다. 또한 개간본의 「연보」에 월천은 정산서원과 창해서원에 배향되었다고 했으나, 중간본에는 정산서원과 문암서원(文巖書院)에 배향되었다고 수록되어 있다.[69] 창해서원은 광해군 3(1611)년 건립되어, 숙종 20(1694)년 문암서원으로 사액되었다.[70] 따라서 중간본은 숙종 20년 이후 판각된 것으로 볼 수 있다. 중간본은 서울대, 고려대, 연세대, 전남대 등에 수장되어 있다. 중간본도 부분적으로 개각하거나 보각한 것으로 보인다.

21. 『주자서절요(朱子書節要)』

퇴계가 처음 14권으로 편집한 초기 서명은 『회암서절요(晦菴書節要)』였다. 퇴계는 중종 말년부터 주자학에 심취하여, 『주자대전(朱子大全)』을 중시하였다. 퇴계는 『주자대전』, 특히 서찰에 감동한 바가 많아서, 서간 1,700여 편 가운데 학문과 관계되는 1,008편을 발췌하고 목록과 주해를 달아 입문

---

69) 趙穆, 『月川先生文集』, 木板本(改刊本), [刊年未詳], 卷1 年譜, 張17.
70) 朴容大 等, 『增補文獻備考』, 鉛活字本, 隆熙 2(1908), 卷213 奉化, 張22.

서로 편찬하였다.[71] 『심경』에는 심학(心學)의 공부법과 경(敬)의 공부론이 완비되어 있지만, 실제 적용하는데 사람마다 다른 자질과 병통에 따른 처방은 기대할 수 없었다. 퇴계는 그 문제 해결의 열쇠가 되는 것이 주자의 서간이라고 보았기 때문이다. 이후 『주자서절요』는 남인계 서원은 물론이고, 서인계 서원인 자운서원(紫雲書院)과 노강서원(老江書院) 등에서도 과업(科業)이 아닌 도학과 위기지학의 교재로서 활용하였었다.

황준량(黃俊良, 1517~1563)이 명종 11(1556)년 신령현감(新寧縣監, 1551~1556)으로 있을 때 간행한 판본[72]이 초간본으로 보인다. 여기에 잘못된 곳이 있어 개정해 명종 16(1561)년 성주목사(1560~1563) 황준량이 임고서원의 목활자를 빌려 간행한 중간본의 서명은 『회암서절요』이고, 15권본이었다. 고려대 만송문고와 계명대에 잔본이 수장되어 있다. 이후 명종 20(1565)년경 해주에서 류중영(柳仲郢)이 15권본을 목활자로 간행했고, 명종 21(1566)년경 평양에서는 정종영(鄭宗榮)의 주도로 간행하였다.[73] 도산서원에는 『회암서절요』 완질본 목활자본이 수장되어 있는데, 정확한 간행지, 즉 성주판 또는 해주판 여부를 확인할 필요가 있다.

해주에서 『회암서절요』를 간행한 바 있는 류중영이 명종 23(1567)년 정주목사(定州牧使)로 부임한 후 난해한 문구를 해설하고, 목록 1권·지기·문인의 성명·사실을 수록하여 다시 간행하였다. 이 정주본은 목판으로 간행

---

71) 朱熹著,李滉編, 『朱子書節要』, 古活字本(丁酉字), [陶山書院, 正祖年間], 識(奇大升).
우정임, 「退溪 門徒 서적간행과 書院의 기능」, 『지역과 역사』 22, 2003, 246쪽.
72) 李滉編, 『退溪先生文集 續集』, 木版本, [正祖年間], 卷4 書, 答黃仲擧,與黃仲擧, 張4-9.
권차별로 인출되는 대로 장황할 것 없이 보내주면 오자를 고쳐 인출하면 된다고 함. 따라서 이때 소량일지라도 인출된 것으로 볼 수 있다.
우정임, 「退溪 門徒 서적간행과 書院의 기능」, 『지역과 역사』 22, 2003, 246쪽.
73) 崔彩基, 『退溪 李滉의 朱子書節要 編纂과 刊行에 관한 硏究』, 博士論文(성균관대), 2013, 173~176쪽.

했으며, 이때부터 서명은『주자서절요』로 바뀌었다. 선조 8(1575)년 정구(鄭逑)가 천곡서원에서 20권본을 목판으로 간행하였는데, 후대의 판본은 이 체제를 답습하게 된다. 이 판본에는 퇴계의 서문이 첨가되어 있다. 선조 19(1586)년 김성일이 나주목에서 간행했고,[74] 광해군 3(1611)년에는 전라도 관찰사 정경세(鄭經世)가 전주부에서 간행했는데, 간기는 "만력삼십구(1611)년중추중간우전주부(萬曆三十九年仲秋重刊于全州府)"이다. 간본은 고려대에 수장되어 있다. 정주본을 저본으로 영조 19(1743)년에 도산서원에서 다시 각판하였다.[75] 구간본(九刊本)인 도산서원에서 간행한『주자서절요』 20권본에는 "상지십구년계해(1743)추도산서원간(上之十九年癸亥秋陶山書院刊)"이란 간기가 있으며, 국립중앙도서관·동국대·서울대·안동대·성균관대 등에 수장되어 있다. 이 판목만『누판고』에 수록되어 있다. 영조말 이후 교서관에서 무신자로도 간행하였다.

광무 8(1904)년에는 마멸되거나 훼손된 판목을 보각하여 간행하였다. 이때는 묵계(默溪)의 13명 각수를 동원해 각판하기로 했는데, 마침 남도(南道)에서도『주자어류(朱子語類)』를 간행하게 되어 각수 확보에 어려움이 있어 각수를 원활하게 확보하기 위해 재임(齋任) 이만시(李晩始) 등이 안동군에 보낸 11월 29일자 문서가 있다.[76] 이 판본에는 "원릉계해(1743)후 백육십이년 금상사십일년갑진(1904)동 도산서원 중간(元陵癸亥後百六十二年今上四十一年甲辰冬陶山書院重刊)"이란 간기가 있다. 판목은 도산서원에서 기탁하여 한국국학진흥원에 수장되어 있다. 간본은 국립중앙도서관, 동국대, 안동대, 성균관대, 충남대 등에 수장되어 있다.

---

74) 金誠一,『鶴峯先生文集』, 木版本, [純祖 3(1803)], 附錄 권2, 張15.

75) 崔彩基,『退溪 李滉의 朱子書節要 編纂과 刊行에 관한 硏究』, 성균관대학교 博士學位論文, 2013, 164~192쪽.

76) [갑진년 이만시와 이용호 등이 겸성주에게 올린 서책 간행건에 대해 내린 제음] 한국국학진흥원. 도산서원고문서. 牒·關·通報類. 牒呈. 牒報. 17.

22. 『진성이씨족보(眞城李氏族譜)』

진성이씨 최초의 족보는 선조 33(1600)년에 발간한 3권본 『진성이씨족보』이다. 이는 퇴계가 손수 기록한 보계(譜系)에 그 손자 몽재(蒙齋) 이안도(李安道)가 속찬한 보략(譜略)을 토대로 종중의 이정회(李庭檜)와 이형남(李亨男) 등이 자료를 보완하고 교정해 간행한 것이다. 정자와 주자의 「세보원류도(世譜源流圖)」를 모방해서 탐방과 검증을 거쳐 편집하고, 퇴계 문인 김륵(金玏)과 오운(吳澐)의 서문을 수록하였다. 간기는 없지만 오운의 서문을 통해 도산서원에서 간행[77]한 것으로 추정할 수 있다. 『퇴계선생문집』 간행을 주관했던 월천과 퇴계의 손자 동암(東巖) 이영도(李詠道)가 중심이 되어 문집각판에 동원되었던 각수와 남은 자재를 활용하여 선조 33(1600)년 발간하였다. 일명 '진성이씨 도산보(眞城李氏 陶山譜)' 또는 '진성이씨 경자보(眞城李氏 庚子譜)'라 한다. 이 초간본은 한국국학진흥원, 계명대와 (구)성암박물관에 수장된 것으로 알려지고 있다.

도산서원의 『전장기』[自丙申(1596)至甲戌(1634)]에 광해군 10(1618)년 10월 기록에 『이씨족보』 외에 『고경중마방』, 『사서삼경석의』, 『계몽전의』, 『우씨족보』, 『퇴계선생문집(목록, 문집, 별집, 연보, 외집)』의 판목을 인수인계한 것으로 기록되어 있다.[78] 이 판목의 일부는 한국국학진흥원에 기탁되어 있다.[79]

쪽 표기는 천자문 순서인 '천지현황 우주홍황(天地玄黃 宇宙洪荒)'의 순으로 '솔빈귀왕 봉명재수(率濱歸王 鳴鳳在樹)'의 '명(鳴)'까지 수록되어 있다. 대수(代數)는 일대(一代), 이대(二代)로 표기되어 있다. 보도(譜圖)는 매

77) 李詠道, 『眞城李氏族譜』, 木版本, [陶山書院, 宣祖 33(1600)], 序(吳澐).
78) [傳掌記 自丙申(1596)至甲戌(1634)]. 寫本. 쪽51.
崔宇景, 『陶山書院 光明室 장서의 변천과 서지적 분석』, 博士論文(경북대), 2020, 29~31쪽.
79) 『경북지역의 목판자료 (1)』, 한국국학진흥원, 2005, 368~369쪽.

면 5층의 횡간에 시조 이석(李碩)으로부터 12대손까지 각 세대마다 출생순으로 수록되어 있고, 자와 여(사위) 및 그 내외손의 계보를 남녀구별 없이 같은 비중으로 수록한 족보이다.[80] 조선후기에 발간된 족보에 비해 내용이 풍부하고 자세한 것이 특징이다.

이후 숙종 14(1688)년 『진성이씨세보』 무진보(戊辰譜)를 중간했고, 영조 23(1747)년에 이윤(李允)이 가창재사(可倉齋舍)에서 『진성이씨족보』를 간행했다. 정조 23(1798)년 무오보(戊午譜)를 간행했고, 철종 11(1860)년 『진보이씨세보(眞寶李氏世譜)』인 경신보(庚申譜)를 간행했다. 진성이씨는 진보이씨(眞寶李氏)라고도 하는데, 이는 진보현이라는 지명에서 온 말이다. 1912년에 임자보(壬子譜)를 간행했다. 이후는 대동보를 간행하지 못하고, 파보만 간행해왔다. 1913년에 이충호(李忠鎬) 등이 간행한 상계파(上溪派) 세보인 『진보이씨상계파세보(眞寶李氏上溪派世譜)』에는 '세 계축(1913)유월 도산서원간(歲癸丑六月陶山書院刊)'이란 인장이 권말에 검인되어 있다. 이 세보는 목활자로 간행되었으므로 판목은 없다.

23. 『치재선생유고(耻齋先生遺稿)』

치재(耻齋) 홍인우(洪仁祐, 1515~1554)의 시문집 3권본이다. 홍인우의 자는 응길(應吉)이며, 호는 치재이다. 중종 32(1537)년 사마시에 합격한 후 대과에 응시하기보다는 학문에 전념하였다. 부친이 병환일 때 직접 연구하여 약을 처방할 정도로 의약에도 조예가 깊었다. 치재는 서경덕(徐敬德)의 제자인 허엽(許曄), 박순(朴淳) 등과 교유하여 서경덕의 제자로 알려졌다. 그러나 38세에 처음 퇴계를 만난 이후 서로 방문하고 편지를 주고받으며 학문을 토론한 인연으로 『도산급문제현록』에 문인으로 저록되어 있다. 도산서원에서 그의 문집을 각판한 것도 이런 인연 때문으로 보인다. 기천서

---

80) 李東厚, 「眞城李氏 族譜의 槪略」, 『東洋禮學』 12, 2004, 104~110쪽.

원(沂川書院)에 배향되었으며, 아들 홍진(洪進, 1541~1616)의 공으로 영의정에 추증되었다. 홍진은 임진왜란 때 호종한 공으로 호성공신(扈聖功臣) 2등에 책록되었으며, 당흥부원군(唐興府院君)에 봉해졌다

퇴계로 시작하여 율곡으로 끝나는 유일한 책으로 더 유명한 치재의 문집은 두 차례 간행되었다. 초간본은 아들 홍진이 관직을 사직한 후에 본격적으로 준비하고 허성(許筬)의 서문을 받아 선조 40(1607)년 간행하였다. 9행19자 초간본은 고려대에 잔본이 수장되어 있다. 중간본은 인조 17(1639)년 안동판관인 증손 홍유형(洪有炯)이 부록과 시 2제, 잠 1편, 서 6편을 증보하여 도산서원에서 간행한 3권본이다. 중간본은 『누판고』에 저록되어 있다. 중각판이 한국국학진흥원에 기탁되어 있다. 중간본은 계명대, 고려대, 단국대, 연세대, 안동대 등에 수장되어 있다.

24. 『퇴계선생문집(退溪先生文集)』

이황(1501~1570)의 시문집인데, 원집(原集)·외집(外集)·별집(別集)·세계지도(世系之圖)·속집(續集)·연보(年譜)를 총칭한 것이다. 도산서원에서 각판한 서적 가운데 가장 중요한 거질의 서적이다. 『퇴계선생문집』은 우리나라에서의 문집 편성에서 도학적 전환을 보여주는 대표적인 사례로 꼽힌다. 퇴계가 직접 정리해둔 시고(詩藁)와 문고(文藁)를 적절하게 증산해서 간행했다면 별 문제가 없었겠는데, 퇴계의 글을 수집, 정리, 편차하는 과정에 여러 문제가 발생하였다.

제자들은 시고와 문고 외에 퇴계가 등한시했던 서간(書簡)이 시문과 비교해도 손색이 없는 작품이고, 정치적·학술적인 내용이 담긴 중요한 작품이라 생각하였다. 이는 주자의 서간을 중시한 퇴계의 영향으로 보인다. 그러나 방대한 편수에다 여러 차례 수집과 편차를 거치게 됨으로써 판종은 복잡하게 되어 갈피를 잡기 어려운 지경이 되었다. 전래하는 기록과 서적을 중심으로 분류하면 문집은 판본에 따라 크게 사본과 목판본으로 나눌

수 있다.

사본은 7차례 정리되었다. 퇴계 자신이 정리한 친필고본(親筆稿本), 초본(初本)이라고 하는 『퇴도선생집(退陶先生集)』, 중본(中本)으로 불리는 『퇴계선생집(退溪先生集)』, 중본의 중교본(重校本), 중초본(中草本), 정고본(定稿本)인 『퇴계선생집』, 전서본(全書本)인 『퇴계선생전서(退溪先生全書)』이다.[81]

친필고본(親筆稿本) : 퇴계는 자신의 시문을 산정하고 분류해서 시고와 문고로 나누어 보관했다. 현재는 『문고』 2책이 전래되고,[82] 『시고』는 일실되었다.

초본(初本) : 퇴계 사후 최초로 정리한 원고로서 서명은 『퇴도선생집』이다. 퇴계의 손자 이안도와 문도인 조목과 우성전 등이 퇴계 사후 이듬해인 선조 4(1571)년부터 유문을 정리하여 선조 12(1579)년경 완료하였다. 서애와 미암(眉巖) 류희춘(柳希春)의 건의로 선조 6(1573)년 9월 퇴계의 문집을 교서관에서 인출하란 명이 있었다. 이에 따라 선조 11(1578)년에 이안도가 어느 정도 정리된 초고를 가지고 서울로 갔었다. 월천이 정리한 초고는 퇴계의 모든 저작을 망라하고자 하여, 원집에 덧붙여 심지어 퇴계가 제외한 시까지 모아 별집·외집으로 편집하고, 서간도 수집한 것이었다. 교서관에서 인출하라는 선조의 명이 있은 후, 이안도가 집록한 원고를 수습해 가지고 선조 11(1578)년 상경했을 때는 집록이 어느 정도 마무리된 것으로 볼 수 있다.

---

81) 沈慶昊, 「錦城開刊 溪山雜詠과 庚子本 退溪文集의 刊行 經緯에 대한 일 고찰」, 『季刊書誌學報』 19, 1997, 65~98쪽 ; 문석윤, 「退溪文集의 정본 편성 과정에 대한 일 고찰」, 『退溪學論集』 17, 2015.12, 9~48쪽 ; 鄭錫胎, 「退溪集의 編刊 經緯와 그 體裁」, 『退溪學論集』 2, 2008, 157~326쪽 ; 鄭錫胎, 「書簡 중심의 문집 출현과 退溪集 ; 退溪集 諸 異本에 대한 한 고찰」, 『退溪學論集』 17, 2015.12, 141~178쪽.

82) 鄭錫胎 外, 『退溪李滉圖版解說 ; 韓國書藝史特別展 21』, 修訂版, 예술의 전당, 2001, 42쪽.

재인용함. 각급 도서관에 수장된 서적은 초판본인데, 수정판과 다른 점이 있다.

그러나 내용에서 퇴계가 정유일(鄭惟一)에게 보낸 편지로 해서 갈등이 유발되었다. 앞서 신진사림이 이기(李芑)·임백령(林百齡) 등 을사사화의 주모자를 삭훈해야 한다고 주장했으나, 이에 대해 퇴계가 부정적인 견해를 표출한 별지(別紙) 2폭이 문제가 되었다. 재경문도(在京門徒)들은 닥쳐올 정치적 파장을 우려해 서애를 중심으로 을람(乙覽)을 위해 보내온 초고를 편집·교정·정서하였으나, 여러 가지 이유로 완성하지도 못하였을 뿐만 아니라 을람 계획도 무산되었다. 서애와 재경문도들은 대폭 산거해서 퇴계 학문의 정수만 선별해 간행하자고 주장하였고, 월천과 향촌의 문도들은 퇴계의 전체 원고를 수록해야 한다고 주장하였다. 이 원고는 일반 문집체제로 편집된 것은 아니며, 중복과 누락이 많은 상태였다.

전체는 100여 책에 이를 것으로 추정되지만, 현재 도산서원에 20책이 전래되고 있다. 표지의 책차는 천자문순으로 기록되어 있고, 면지에 사순교(士純校)·안도교(安道校)·이현교(而見校) 등 교정자명이 기록되어 있고, 서미(書眉) 또는 부전지에 교정하고 산절한 내용이 기록되어 있다. 서간문에는 작성연대도 기록되어 있다.[83)]

중본(中本) : 퇴계의 시문 전체를 수록할 목표로 만든 문집 초고본이다. 이안도가 주관하여 『퇴도선생집』을 저본으로 선조 13(1580)년부터 일반 문집 체재의 원고로 작성하다가, 선조 17(1584)년 이안도가 사망하였다. 월천이 뒤를 이어 편집을 담당해 선조 19(1586)년 완성한 원고가 중본(中本) 『퇴계선생집』이다. 내집 시권 2책과 별집 1책은 이미 초본 편집시 완료되었기 때문에 이를 제외한 중본은 목록을 포함해 51책으로 편집되었다. 현재는 목록 3책과 중교 대상이 된 37책을 합한 40책이 전래되고 있다.[84)] 퇴계 친필본을 제외하고 가장 원형에 가깝다는 평이 있다.

---

83) 鄭錫胎 外, 「陶山書院 光明室 및 上溪 光明室 所藏資料 撮影 結果 解題」, 『退溪學報』 114, 2003, 243쪽.

84) 鄭錫胎, 「書簡 중심의 문집 출현과 退溪集 諸 異本」, 『退溪學論集』 17, 2015, 149쪽.

중본(中本)의 중교본(重校本) : 중본『퇴계선생집』51책을『주자대전』의 체재를 따라 편차하고 중교한 원고이다. 월천과 서애의 편집방침이 달라 선조 19(1586)년 산절을 주장한 서애와 이를 반대하는 월천의 대립에서 학봉이 중재하여 산절하기로 결정을 보았다. 이에 선조 20(1587)년 여강서원에서 서애와 학봉의 주도로 교정하기 시작해 선조 21(1588)년 초까지 산절해 재차 교정하였고, 그 해 6월에 병산서원에서 교정 및 편집을 위한 모임을 가졌다. 중본『퇴계선생집』40책 가운데 목록 3책을 제외한 37책이 중교본이다. 면지의 교정자명을 통해 이안도, 김성일, 류운룡, 류성룡, 금봉서(琴鳳瑞), 김해(金垓), 김윤안(金允安) 등이 교정한 것을 볼 수 있다. 서미 또는 부전지에 교정하고 산절한 내용이 기록되어 있다.

중초본(中草本) : 선생의 편언척자(片言隻字)라도 빼지 않고 전부 수록해야 한다는 원칙을 견지한 월천과 추연(秋淵) 우성전(禹性傳)을 위시한 제자들이 선조 21(1588)년 중교가 끝난 후 다시 수정하고 보완해 선조 22(1589)년 가을 정서를 마치고 교정한 원고가 중초본『퇴계선생문집』이다. 중교본(重校本)을 정서하고 여기에 내집 시권 3책을 더한 원고이다. 이 과정에서 서간을 분류하는 기준을 마련하였고, 체제와 편차가 정해졌다. 선조 25(1592)년 월천이 주관해서 여강서원에서 목활자로 간행하려고 했으나, 임진왜란으로 중단되었다. 선조 25년 문집의 간행이 추진된 것으로 보아, 정리가 어느 정도 완료된 것으로 보인다. 이 원고를 재활용하여 정고본(定稿本)을 작성하였다. 정고본으로 유추하면 48권 규모였을 것으로 추정된다.[85]

정고본(定稿本) : 정유재란이 끝난 선조 31(1598)년 월천의 주도로 도산서원에서 본격적으로 작업을 시작하여, 선조 32(1599)년 완료하였다. 초간한 경자본『퇴계선생문집』등재본의 저본이다. 전쟁 후라 경제적인 어려움이

85) 鄭錫胎,「書簡 중심의 문집 출현과 退溪集 諸 異本」,『退溪學論集』17, 2015, 150쪽.

있었으므로 중초본을 그대로 활용한 것이었다. 정고본은 내집 27책, 별집 1책, 외집 1책과 후에 서애가 편집한 연보 1책을 합한 30책이었지만, 번남본 필사 이후 3책 정도 유실된 듯하며 현재는 내집 27책만 전래되고 있다.[86)]

전서본(全書本) : 『퇴계선생전서(退溪先生全書)』인데 줄여서 전서본(全書本)이라 한다. 『퇴계선생문집』은 선조 33(1600)년 초간한 이후, 헌종 9(1843)년에 이르기까지 수차례 중간되었다. 후손 치옹(痴翁) 이휘부(李彙溥, 1809~1869)가 주도하여 퇴계의 모든 저작을 집대성하고자, 고종 6(1869)년 40여 명이 도산서원에 모여 『주자대전』의 체제를 따라 광명실에 수장된 문집 초본을 바탕으로 전존 모든 시문을 정리한 것이다. 이때는 문집의 범위를 넘어 퇴계의 저작과 관련한 자료 전체를 모은 전서를 편성한 것이다. 전체는 내집 66권, 별집 2권, 외집 1권, 속집 8권, 유집 내편 10권, 외편 15권으로 모두 102권으로 편찬했으나 공간하지는 못하였다.

이 『퇴계선생전서』는 번남본(樊南本)·상계본(上溪本)·하계본(下溪本)의 3종 필사본이 있다. 번남본은 이휘부가 자신의 번남가숙(樊南家塾)에 수장한 97권의 원고본이다. 상계본은 1910년 이후에 후손들이 번남본을 저본으로 유집을 보충하고 재정리한 것이며, 상계의 종가에 보관했기 때문에 상계본이라고 한다. 목록 1권과 원집 66권, 속집 8권, 별집 1권, 외집 1권, 유집 20권을 합한 96권이다. 1950년 6·25전쟁 때 몇 책이 유실되었다. 하계본은 아직 일반에게 공개되지 않았다.[87)]

목판본은 세 차례 각판되었다. 선조 33(1600)년 간행한 경자초간본(庚子初刊本), 영조 즉위(1724)년의 갑진중간본(甲辰重刊本), 헌종 9(1843)년의 계묘삼간본(癸卯三刊本)이 있다. 초간본은 물론 중간본과 삼간본에도 보각이 있다.[88)]

86) 鄭錫胎, 「書簡 중심의 문집 출현과 退溪集 諸 異本」, 『退溪學論集』 17, 2015, 150쪽.
87) 鄭錫胎 外, 『陶山書院 光明室 및 上溪 光明室 所藏資料 撮影 結果 解題』, 『退溪學報』 114, 2003, 254~257쪽.

경자초간본(庚子初刊本) : 임진왜란이 끝난 선조 32(1599)년 월천의 주도로 도산서원에서 퇴계의 문집간행에 대한 논의가 이루어졌고, 선조 33(1600)년 월천은 서애가 산절한 중본의 중교본을 무시하고 산절되지 않은 정고본으로 도산서원에서 『퇴계선생문집』을 간행하였다. 당시 북인이 서애가 국왕을 위하여 원수를 갚아야 하는데도 도리어 '화(和)'자로서 국가의 대사를 그르쳤으니[오국(誤國)], 이는 송나라의 진회(秦檜)보다 더한 간신이며, 특히 산림에 있는 정인홍(鄭仁弘)과 조목과 같은 인재의 등용을 막고 있다고 탄핵하였으므로, 결국 서애는 선조 31(1598)년 삭탈관작 되었다. 이로서 서애는 퇴계의 문집 간행에 전혀 관여할 수 없었던 것으로 보인다.

이때 각판된 문집은 원집 49권, 별집 1권, 외집 1권 등 모두 51권본이다. 초간본에는 당시까지 수집된 퇴계 이황의 모든 저작이 수록되었다. 원집은 퇴계가 직접 편집한 작품을 수록한 것이고, 별집은 퇴계가 제외시킨 시를 모아 수록한 것이다. 초간본은 옥산서원 5책과 계명대 잔본 25책이 전래되고 있는데, 이를 합하면 완질이 된다. 단국대에도 잔본의 일부가 있다. 한국국학진흥원에 기탁되어 있는 초각판은 보물 1895호로 지정되어 있다. 이 경자본 책판에는 보각판도 포함되어 있다.

경자본(庚子本)에서 발견된 오류를 교정해 개각한 판본이 경자본보각판(庚子本補刻版)이다. 이들 보각판을 의경자본(擬庚子本) 또는 경자본복각본(庚子本覆刻本)이라고도 한다. 경자본 간행 직후 서애를 중심으로 개간이 논의되었다. 개간의 이유는 처음 합의한 것과 같이 원고를 산절하지 않고 문집을 간행했다는 것과, 경자본에서 오류가 발견되었기 때문이다. 이에 서애의 제자 정경세 등이 교정하였지만, 전면적인 개각에는 이르지는 못하

---

88) 李謙魯, 「退溪先生文集 重刊時日記 解說」, 『奎章閣』 2, 1978, 102~129쪽 ; 李源周, 『退溪先生文集 硏究』, 『嶠南漢文學』 1, 1988, 1~108쪽 ; 李源周, 「退溪先生文集과 退溪先生全書」, 『退溪學報』 62, 1989, 63~72쪽 ; 鄭錫胎, 「退溪集의 編刊經緯와 그 體裁」, 『退溪學論集』 2, 2008, 157~326쪽.

였다. 다만 오류만 개각했고, 류성룡이 편찬한 연보 3권과 부록 1권·세계도를 경자본에 추가시킨 것이다. 이외에도 여러 차례 부분적으로 개각과 보각이 이루어진 것으로 보인다. 간본은 국립중앙도서관, 경희대, 단국대, 도산서원, 서울대, 영남대, 한국학중앙연구원 등에 수장되어 있다.

갑진중간본(甲辰重刊本) : 전체를 다시 각판한 중간본은 영조 즉위(1724)년의 갑진중간본이다. 이는 삼가공(三嘉公)[89]이 중심이 되어 각판한 것이다. 갑진중간본은 초간본의 체계를 그대로 유지시킨 것이며, 교감기록을 서미(書眉)에 첨각한 것이다. 갑진중간본은 외집과 별집을 포함해 51권이다. 초간본 경자본의 체계가 그대로 유지되었으며, 차이점은 교감기록인 두주가 첨각되었다는 점이다. 이때는 등재본을 새로 써서 간행했다기보다 상당부분 보각한 것으로 보인다. 현재 전래본의 상당수는 갑진중간본이다. 중간본은 경북대, 계명대, 고려대, 도산서원, 동국대, 서울대, 영남대 등에 수장되어 있다.

중각 이후 속집을 간행하였다. 속집은 6세손 청벽 이수연(1693-1748)이 경자본에 수록되지 못한 습유를 수집해 영조 22(1746)년 8권으로 편찬한 것이다. 완정한 판본을 만들기 위해 중초본을 바탕으로 일고를 수집하고 교정하는 등 많은 노력을 경주한 결과 내용이 완비되었음은 물론, 판식이 전체적으로 엄격하고 자체도 해정한 편이다. 저본이 된 필사본도 전래되고 있다. 간본 발문에 '상지삼십일년병인 중춘상한 육대손 수연 근발(上之三十一年丙寅仲春上澣六代孫守淵謹跋)'이란 문구가 있는데,[90] 사후에 글을 쓸 수 없으므로 아마도 영조 31년이 아닌 영조 22년 병인년의 오각으로 보인다. 『누판고』에는 이 속집이 『퇴계선생문집』에 부기되어 있다.

속집까지 언급된 것으로 보아 『누판고』에 수록된 『퇴계집』은 갑진중간

89) 三嘉公은 퇴계의 5대손 李集(1672~1747)이다. 자는 伯生, 호는 洗心齋이다. 음관으로 의금부도사, 삼가현감 등을 지냈다. 저서는 『從心錄』, 『禮論』과 문집 『洗心齋集』이 있다.

90) 李滉著·李守淵編, 『退溪先生續集』, 木板本, [陶山書院, 1922], 跋(李守淵), 張2.

본으로 보인다. 정조 12(1788)년에 편찬된 『퇴계선생문집고증(退溪先生文集攷證)』에 속집이 포함되어 있고, 정조 20(1796)년 편찬된 『누판고』에도 수록되었으므로, 정조 12(1788)년 이전에 간행된 것이다. 판목은 한국국학진흥원에 기탁되어 있다. 간본은 서울대, 숙명여대, 연세대, 영남대, 전북대 등에 수장되어 있다.

갑진중간본도 부분적으로 보수한 것이며, 순조 17(1817)년 정축년 대대적으로 보각하였다. 이 판본을 갑진중간정축보각본(甲辰重刊丁丑補刻本)이라 한다. 이때 보각한 전말은 『선생문집개간일기(先生文集改刊日記)』[91]에 수록되어 있다. 이는 어람용을 인쇄해 보내라는 감영에서 전달한 홍문관의 관문을 받은 후 판목에 마멸이 너무 많은 것을 발견하고, 이이순(李頤淳, 1754~1832)이 중심이 되어 보각한 것이다. 이 일기에는 보각한 배경, 진행과정, 비용과 재원 마련 방안까지 꼼꼼하게 기록되어 있다. 이때 광뢰(廣瀨) 이야순(李野淳, 1755~1831)의 차의(箚疑) 100여 조를 기존의 책판에 두주로 첨각하였고, 10분의 1에 달하는 극히 불량한 200판 정도를 보각하였다. 이 책판에는 판면이나 마구리 등에 '정축개간(丁丑改刊)'이란 각서 또는 묵서가 있다. 간본은 고려대, 성균관대, 영남대, 한국학중앙연구원 등에 수장되어 있다. 판목 서미에 두주를 새겨 붙이려고 철판 조각을 덧대어도 견고하지 못한 폐단이 있었다고 하므로, 두주 탈락 정도로 정축보각본의 후인본을 식별할 수 있을 것으로 보인다.

계묘삼간본(癸卯三刊本) : 정축보각 이후 26년 만인 헌종 9(1843)년에 전면적으로 새로 각판한 것이 계묘삼간본이다. 이태순(李泰淳), 류상조(柳相祚)와 류이좌(柳台佐) 등이 주동이 되어 『퇴계선생문집』을 간행하였다. 계묘교정중간본(癸卯校正重刊本)이라고도 불리는데, 갑진본처럼 두주가 첨각되어 있다. 판식이 엄격하게 10행18자의 형식과 통일된 판심이고 자체도 해정한 편이다. 당시 간행 경위는 헌종 9(1843)년 작성한 『퇴계선생문

91) 『先生文集改刊日記』, 筆寫本, [1817].

집 중간시일기(退溪先生文集重刊時日記)』에 상세하게 기록되어 있다. 각판 장소는 봉정사(鳳停寺)였으며, 그 판목은 도산서원에 장치하였다. 보각판을 포함하여 한국국학진흥원에 기탁되어 있다. 이 계묘삼간본은 원집 49권, 별집, 외집, 연보 4권으로 구성되었는데, 연보에는 헌종 5(1839)년에 내린 치제문까지 수록되었다. 경북대, 고려대, 서울대, 성균관대, 영남대 등에 수장되어 있다.

25. 『퇴계선생언행록(退溪先生言行錄)』

창설재(蒼雪齋) 권두경(權斗經, 1654~1726)이 숙종 33(1707)년에 『퇴계선생언행통록(退陶先生言行通錄)』 8권본을 편찬하였다. 퇴계의 언행을 학문(學問)·행실(行實)·출처(出處)·의론(議論)·잡기(雜記)·고종기(考終記)의 6류(類)로 구분하고, 25문목(門目)으로 세분하였다. 창설재는 초고를 가지고 스승인 이현일(李玄逸, 1657~1730)과 상의하였고, 이현일의 아들 이재(李栽, 1657~1730)의 발문을 받아두었으나 창설재 생전에는 출간하지 못하였다. 사후 경상도관찰사 조현명(趙顯命, 1690~1752)의 도움으로 영조 8(1732)년 안동에서 간행하였다. 세칭 화산본(花山本)이라 하는 초간본이다. 계명대, 단국대, 동국대, 부산대 등에 수장되어 있다.

이 책이 출간되자 안동과 예안의 선비 사회에는 적지 않은 물의가 있었다. 『화산본』에 수록된 퇴계가 물암(勿菴) 김륭(金隆)에게 강의한 '고문전집강해(古文前集講解)' 18조목은 공맹정주의 정맥을 이은 학자로서의 위상을 드러내는데 전혀 도움이 되지 않는다는 점, 심통성정에 대한 명종의 물음에 대해 퇴계가 답한 『당후일기(堂后日記)』에서 멋대로 21자를 삭제하여 문맥이 통하지 않게 했다는 점, 명종 22(1567)년에 명나라 사신 허국(許國)과 위시량(魏時亮)이 왔을 때 퇴계가 접반관(接伴官)으로서 한 활동을 기록한 『회시천사록(回示天使錄)』에서 퇴계는 의도적으로 윤상(尹祥, 1373~1455)을 생몰연대와 다르게 뒤에 배치했는데, 창설재가 멋대로 연대순으로 고쳤고,

자신의 서문도 실어 퇴계 후손들의 심기를 불편케 한 점 등등이다.

마침 영조가 치제관 정형복(鄭亨復)을 도산으로 보내어 사제의식을 거행하였는데, 이때 예안의 선비들이 『회산본』을 대워달라는 연명 정문을 올렸다. 하지만 영조는 이 문제에 관해 관에서 개입할 일이 아니라 사림에서 알아서 처리토록 해야 할 것이라는 내용의 전교를 내렸다. 『청벽집(青壁集)』에 수록된 '안사김상성계사(按使金尙星啓辭)'를 통해 저간의 사정을 볼 수 있다.[92]

이후 개간본은 3차례 간행되었다. 먼저 퇴계의 6세손 청벽 이수연이 중심이 되어 화산본을 대폭 수정하고 도산서원에서 간행하였다. 이 중간본이 영조 8(1732)년 도산서원에서 개간한 『퇴계선생언행록』 6권본이다. 권1에서 권5까지는 32문목으로 나눈 유편(類編)이며, 권6은 김성일이 지은 실기, 정유일이 지은 『언행통술(言行通述)』 등이 수록된 부록이다. 근래의 연구에 의하면 김성일의 전언이 가장 많이 채택되었고, 조목이나 류성룡 등은 현저하게 약화되거나 배제되었다는 한계가 있다[93]고 보고 있다. 여기에는 "영묘팔년임자(1732) 도산서원 개간(英廟八年壬子陶山書院開刊)"이란 간기가 있다. 이 중각판은 『누판고』에 수록되었으며, 판목은 한국국학진흥원에 기탁되어 있다. 이 중간본은 성균관대와 전남대 등에 수장되어 있다.

고종 4(1867)년의 삼간본에는 "영묘팔년임자 도산서원 개간, 금상사년정묘 중간(英廟八年壬子陶山書院開刊, 今上四年丁卯重刊)"이란 간기가 있다. 간본은 고려대, 동국대, 서울대 등에 수장되어 있다. 광무 9(1905)년 사간본에는 "영묘팔년임자 도산서원 개간, 금상사년정묘 중간, 사십이년을사 중간(英廟八年壬子陶山書院開刊, 今上四年丁卯重刊, 四十二年乙巳重刊)"이란 간기가 있다. 간본은 국립중앙도서관, 경상대, 동국대, 부산대, 안동대

---

92) 李守淵, 『青壁集』, 木活字本, [刊年未詳], 卷3 按使金尙星啓辭, 張11.
金彦鍾, 「退溪先生言行錄 小考」, 『淵民學志』 4, 1996, 69~98쪽.

93) 성우락, 「퇴계언행록의 형성과정과 제자들의 '퇴계' 인식」, 『퇴계학논집』 17, 2015, 215쪽.

등에 수장되어 있다. 삼각본의 판목을 활용하고 일부 보각한 것으로 보이는 사각본의 판목이 한국국학진흥원에 기탁되어 있다.

26. 『퇴계선생자성록(退溪先生自省錄)』

퇴계가 스스로 성찰하기 위해 명종 10(1555)년부터 명종 15(1560)년까지 문인들에게 보낸 서한 가운데에서 수양과 성찰에 도움이 되는 서한 22통을 직접 선택해 엮은 것이다. 『주자서절요』가 완성된 후 명종 13(1558)년 5월 남언경(南彦經), 정유일, 권호문(權好文), 김부륜(金富倫), 이이(李珥), 황준량, 기대승, 노수신 등 8명에게 보낸 편지를 선별해 편찬하였다. 내용에 약간의 차이를 보이지만 『퇴계선생문집』에도 전부 수록되어 있다. 학문과 관련된 내용과 스스로 반성하는 마음 등을 담은 글인데, 초학자들의 병통에 대한 진단과 처방, 학문하는 자세, 학문하는 요체인 거경궁리의 방법, 기세도명(欺世盜名)의 경계란 4주제로 분류할 수 있다.

이 편지를 통해 퇴계는 미발 시 존양, 이발 시 성찰을 가장 기본적인 공부법으로 제시했던 정자나 주자의 공부론을 계승하면서, 한 발 더 나아가 敬의 의미를 '엄격한 도덕성'이나 '자기통제'를 넘어 '예술과 자연에의 감응의 유연성'으로 확대해석한 경의 공부론을 확립한 것이다.[94]

선조 18(1585)년 가을 학봉이 나주목사 재임시 간행한 초판본에는 "만력십삼년을유(1585)동 나주목 개간(萬曆十三年乙酉冬羅州牧開刊)"이란 간기가 있다. 초판본은 도산서원에 수장되어 있었고,[95] 국립도서관, 계명대,

---

94) 柳鐸一, 「朱子書節要의 編纂 流通과 朴光前의 位置」, 『退溪學과 韓國文化』 32, 2003, 97~134쪽.

95) 李春熙, 『朝鮮朝의 敎育文庫에 관한 硏究』, 景仁文化社, 1984, 「現存書院藏書目錄」, 101쪽. 이 목록에 의하면 간기와 "陶山書院上"이란 기증기가 있다.
『陶山書院 古典籍』, 한국국학진흥원, 2006, 193·305쪽. 이 목록에는 서적은 수록되지 않았고, 木板類에는 『退溪先生自省錄』 42점이 수록되어 있다.

고려대, 단국대, 전남대에 수장되어 있다. 이들의 서명은『퇴도선생자성록』이고, 판심서명은 "자성록"인데, 후쇄본으로 보일 정도로 마멸이 심한 판본도 있다.

나주판의 판목에 대해 두 가지 견해가 있다. 하나는 나주목 초각판을 도산서원으로 옮겨 장치했다[96]는 것이다. 다른 하나는 학봉이 나주목에서 각판은 마쳤으나 인출은 하지 못한 상태였는데 임진왜란 때 판목을 약탈당했으며, 이후 일본에서 3차례 복각했고, 일본의 인본이 전해져 정조 17(1793)년에 각판했다[97]고 하는 것이다.

학봉은 선조 15(1582)년 8월에 나주목사로 부임하였고, 선조 19(1585)년 12월 면직되었다. 면직되기 전 가을과 겨울에 걸쳐『주자서절요』와『퇴계선생자성록』을 간행하였다.[98] 또한 나주목 간행의 간기와 함께 난외에 "도산서원상(陶山書院上)"이란 기증기가 있는 서적이 도산서원에 수장되어 있다.[99] "도산서원상"이란 기증기는 나주목에서 인출해서 도산서원에 기증할 책이란 의미로 나주목에서 기록한 것이다. 따라서 각판 후 임진년까지 7년간이란 시간이 있었고, 학봉이 각판 후 곧 체임되었으므로 체임시에 판목을 도산서원으로 옮겨 장치했을 수도 있다.

한편 도산서원의『전장기』[自丙申(1596)至甲戌(1634)]에 인조 2(1624)년 기록에『퇴계선생자성록』을 개간하는데 각각 곡(穀) 4섬 10말, 대소미(大小米) 11말 3되, 목면(木綿) 5필을 공급했다고 기록하고,『서책치부』1책을『자성록(自省錄)』을 다시 개간하기 위해 역동서원에 보냈다고 기록하고 있으며,[100] 인조 9(1631)년 기록에『자성록』39판 가운데 1판을 역동서

96) 한국국학진흥원. 정보마당. 문화콘텐츠. 목판아카이브. 목판명. 退溪先生自省錄.

97) 呂增東,「退溪先生自省錄 初刊羅州本 解題」,『退溪學報』61, 1989, 68,72쪽. 나주에서는 각판한 후 인출하지 못하였는데, 임진왜란 후 왜군이 환국할 때 나주본 각판을 짊어지고 갔다고 추정했는데, 나주에서 각판 후 6년간 인출하지 않았다는 것은 납득하기 어려워 보인다.

98) 金誠一,『鶴峯先生文集』, 木版本, [純祖 3(1803)], 附錄, 卷1 年譜, 張15.

99) 李春熙,『朝鮮朝의 敎育文庫에 관한 硏究』, 景仁文化社, 1984, 101쪽.

원에서 잃어버렸다고 기록[101]하고 있다. 여기에는 가장 많은 비용이 드는 각수 공임의 언급이 없다. 이는 역동서원에서 『자성록』을 인출하기 위해 도산서원의 책판을 빌려갔다가 망실한 것으로 보인다.

또한 선조 18(1585)년본 『고사촬요』 나주목에 『자성록』이 수록되어 있고, 영조 16(1740)년경 편집된 『책판치부책(冊板置簿冊)』과 정조 20(1796)년 편찬한 『누판고』에는 예안의 도산서원 장판으로 『퇴계자성록』이 수록되어 있다.[102] 따라서 학봉이 체직되었을 때 도산서원으로 이판되었다고 볼 수 있다. 일본에는 나주목 인본이 임진왜란 중 전래되었고, 나주판을 저본으로 각판한 것이다. 도산서원에서 보관하던 책판은 한국국학진흥원에 기탁되어 있다.

27. 『후계집(後溪集)』

퇴계의 9세손 후계(後溪) 이이순(李頤淳, 1754~1832)의 10권본 문집이다. 자는 치양(穉養), 초자는 비언(斐彦), 호는 후계·만와(晩窩)·긍재(兢齋)·육우당(六友堂)·육우헌(六友軒)·기은(杞隱) 등을 썼다. 정조 3(1779)년 생원시에 합격하였고, 이듬해 성균관에 입학하였다. 정조 23(1799)년 이후 효릉참봉, 선공감봉사, 군자감직장, 의금부도사, 군자감주부, 은진현감 등을 역임하였다. 은진현감 재직 때 죽림서원(竹林書院)의 유생 중 군역을 기피

100) [傳掌記 自丙申(1596)至甲戌(1634)]. 寫本. 쪽78.

101) [傳掌記 自丙申(1596)至甲戌(1634)]. 寫本. 쪽109.

102) 魚叔權, 『攷事撮要』, 木版本, [宣祖 18(1585)], 羅州牧, 103쪽.
徐有榘, 『鏤板考』, 大同出版社, 1941, 189쪽.
『鏤板考』는 정조 2(1778)년 국왕의 諭示로 중앙관서와 8도의 관아를 비롯해 서원·사찰·私家에서 올린 판본을 규장각이 그 존일의 여부를 조사하고, 分門條例해서 정조 20(1796)년 완성하였다.
鄭亨愚·尹炳泰, 『韓國의 冊板目錄 上』, 保景文化社, 1995, 『冊板置簿冊』, [(1740)年頃], 369쪽.

하려는 양민을 정리하려다가 오히려 문책을 받아 9개월 만에 물러났다. 순조 11(1811)년에 후계서당(後溪書堂)을 짓고 독서와 예서 공부에 몰두하며 제자들을 가르쳤다.

아들 이휘병(李彙炳)과 종질(宗姪) 이휘녕(李彙寧) 등이 후계의 초고를 정리하고, 종손(從孫) 이만숙(李晩淑)이 지은 유사와 강필효(姜必孝, 1764~1848)의 묘갈명을 받아 증보하고 편차도 개편한 6권본을 철종 12(1861)년경 목활자로 간행하였다. 이 목활자 초간본은 국립중앙도서관, 계명대, 단국대, 연세대 등에 수장되어 있다. 그 후 저자의 아들 이휘병이 초간본에서 빠진 내용을 증보하고, 부록도 추가하고 편차도 재편하여 철종말 또는 고종초에 목판으로 10권본을 간행하였다. 이 중간본은 서울대에 수장되어 있다.

융희 3(1909)년 간행한 판본이 삼간본이다. 융희 3(1909)년 도산서원에서 판각하면서 쓴 『선조문집 간역시 일기(先祖文集刊役時日記)』가 있어 그 사정을 알 수 있다.[103] 이 일기는 진성이씨 하계파에서 한국국학진흥원에 기탁한 것이다. 이 판목은 정조 사후 각판되었으므로 『누판고』에 실릴 수 없다. 10권본의 256판목 가운데 극히 일부인 2판만이 한국국학진흥원에 기탁되어 있다.

Ⅲ. 도산서원 각판 과정의 기록

도산서원에서 각판한 책판의 종수에 있어서 기록마다 얼마간의 차이가 있다. 이는 조사한 시기의 차이, 책판의 범위 설정에 있어 차이가 있기 때문에 생긴 것이다. 예로 문집의 경우 원집·외집·별집·연보·속집·부록이 동시에 간행되지 않았을 경우 각각 셈할 수 있고, 원각판에 보각판을 더한

103) 『先祖文集刊役時日記 ; 隆熙己酉正月 日』, 筆寫本, [1909], 先祖文集刊役時日記.

경우 차이가 있게 마련이다. 이도 일률적으로 셈하기에 어려운 점이 있다.

도산서원에서 각판한 서적은 앞에서 살펴본 바와 같이 서명상 각판본(刻板本)은 27종에 달한다. 이는 조선시대 서원에서 간행한 서적으로서는 가장 많은 종수의 서적을 간행한 것이다. 각판본 27종 가운데 각판 전말을 알 수 있는 서적은 5종이다. 즉 순조 17(1817)년 『퇴계선생문집』을 대대적으로 보각한 갑진중간정축보각본(甲辰重刊丁丑補刻本)의 각판 전말을 기록한 『선생문집 개간일기(先生文集改刊日記)』, 헌종 9(1843)년 계묘삼간본을 각판할 때의 전말을 기록한 『퇴계선생문집 중간시 일기(退溪先生文集重刊時日記)』, 『도산급문제현록』 간행 전말을 기록한 『급문록 영간시 일기(及門錄營刊時日記)』, 광무 4(1900)년 『송재선생문집(松齋先生文集)』 보각시 기록된 것으로 추정되는 『선조송재선생문집 중간시 기사(先祖松齋先生文集重刊時記事)』, 융희 3(1909)년 『후계집』 간행시의 일기인 『선조문집 간역시 일기(先祖文集刊役時日記)』이다.

이들 서적을 판각할 때 사용된 도구는 각수를 위시한 장인들이 모두 지참한 것만은 아닌 것으로 보인다. 도산서원에서는 내구재로서 서적 판각, 인출, 장책 등에 소요되는 도구인 벼루[硯], 먹[墨], 황필(黃筆), 백필(白筆), 팽판대부(烹板大釜), 유철(鍮鐵), 동철(銅鐵), 작도(斫刀), 능화판(菱花版), 공인찰판(空印札板), 병서판(屏書板), 대자판(大字板), 책도(冊刀), 책추(冊錐), 전칠(全漆), 책상(冊床), 결책편철(結冊片鐵), 책사(冊絲), 큰톱[大鉅] 등을 구비하고 있었다.[104] 그러나 이들 5종의 기록에는 도구에 관한 언급은 보이지 않은 듯하다.

이들 5종 자료는 각판의 논의 과정·인적 구성·원고 교정·경비 규모와 마련·결산·판재마련·장인 동원·각판, 인출, 장황·간본의 반질 등에 대해 알 수 있다는 점에서 가치가 높다. 이에 5종 자료를 통해 도산서원에서 서적을 각판한 과정에 대해 일별해보기로 한다.

---

104) [傳掌記 自丙申(1596)至甲戌(1634)]. 寫本. 18~20.

1. 『선생문집개간일기(先生文集改刊日記) 정축(丁丑)』

이 일기는 순조 17(1817)년 『퇴계선생문집』의 갑진(1724)중간정축(1817) 보각본 각판시의 일기이다. 일기에는 순조 17년 1월 5일부터 8월 13일까지 보각한 전말이 기록되어 있다. 권말에 '제문집개간일기후(題文集改刊日記後)'가 수록되어 있는데, 이 제후(題後)는 약간 변형된 형태로 이이순(1754~1832)의 『후계집』 권7에도 수록되어 있다. 일기에서 1월 5일, 5월 22일, 6월 17일, 18일, 22일자 등에 산장(山長) 이이순을 언급한 것으로 미루어, 작성자는 이이순은 아닌 것으로 보인다. 이 일기는 도산서원에서 2003년 한국국학진흥원에 기탁하였다.

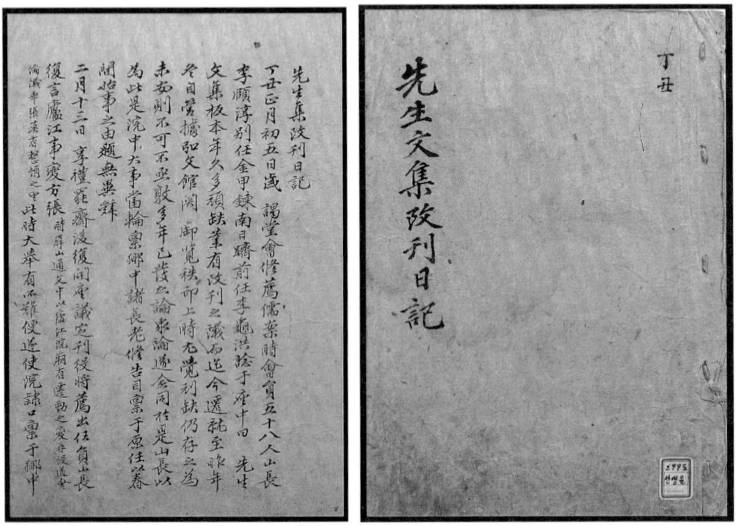

『선생문집개간일기(先生文集改刊日記)』, 한국국학진흥원제공.

순조 16(1816)년 겨울 국왕이 『퇴계집』을 열람하고자 하였으나 홍문관에 수장되어 있지 않아, 도산서원에 상송할 것을 명한 것이 각판의 직접적인 계기가 되었다. 궁내에 『퇴계집』이 없었던지 국왕의 명을 받은 홍문관에서는 경상감영에 『퇴계집』을 인출해 올리라는 관문을 보낸 것이다. 막상 도산서원에서 『퇴계집』을 인출하려고 책판을 점검해 보니 마모되고 훼손된 판목이 많아 그대로 인출할 수 없는 형편이었다. 이에 몇 차례 논의를 거쳐 2월 13일 개각을 결정한 후, 6월 30일 고유제를 하였고, 8월 13일 완료하였다.

1) 간행논의와 도감선출

순조 17(1817)년 1월 5일 신년을 맞아 세배를 하는 당회(堂會)에서 『퇴계선생문집』을 인출해 상송해야 하는데 판목에 완결(刓缺)이 많아, 다시 각판하기로 논의하였다. 당시 도산서원의 원장 이이순[105]은 2월 13일 향례 후 간역을 결정하였고, 20일 서원의 부속건물인 농운정사(隴雲精舍)에 모여 책판 제작의 실무책임자로 도도감[전 참의 이귀운(李龜雲)]과 도도감을 보좌하여 책판 제작의 실무를 지휘하는 도감[김성유(金星儒), 이귀항(李龜恒)]을 선출하였다. 전체를 개각할 물력을 감당할 수 없어 마멸이 심한 판목만 각판하기로 정하였다.[106]

2) 마모책판 조사와 등재본 필사

3월 5일부터 원장, 별임 2명, 재임이 간본을 살펴 가장 마멸이 심한 책장을 뽑아내었다. 6일부터는 간본에서 자획이 바르고 깨끗한 부분을 잘라

---

105) 우인수, 「조선후기 도산서원 원장의 구성과 그 특징」, 『退溪學과 儒教文化』 53, 2013, 117쪽.
〈19세기 도산서원 원장의 연도별 명단〉에 의하면 1816년의 상유사는 李頤淳이었고, 1817년은 金熙周였다. 연도만 밝혀져 있는데, 아마도 각판이 끝난 후 바뀌었을 것으로 보인다.

106) 『先生文集改刊日記』, 筆寫本, [1817], 2月 20日, 張1.

내 붙이고, 획에 작은 결함 있는 곳은 획만 보충하고, 심한 결함이 있는 책장은 새로 필사해서 등재본을 마련하였다. 즉 영조 즉위(1724)년의 갑진중간본의 판목에서 온전한 인면은 지면을 잘 배치하고, 마멸이나 훼손된 부분이 극소수이면 [매목(埋木)해] 보충하고, 많이 손상된 책판은 등재본을 다시 작성한 것이다. 이 일은 이휘녕과 이만수(李晩受)가 주관하였다. 4월 29일 많이 마모된 책판을 찾아내니 모두 100여 판이었다. 5월 1일에는 책판을 직접 자세하게 조사해 또 70판을 더 찾아내었다. 전후 모두 180여 판이고, 연보와 부록에도 여러 판을 개각해야 할 형편이었다. 인본에서 자획만 떼어내고 새겨 붙여 매목한 것은 자획의 모양을 잃어버려 조화가 되지 않아 등재본을 다시 쓰기로 정하니, 양이 많아 김영헌(金永獻)도 참여시켰다.[107)]

3) 경비마련과 결산

3월 6일 도도감은 도각수와 각판 품삯을 1판에 1냥 1전으로 결정하였다. 3월 13일 관찰사 김노경(金魯敬)이 지나는 길에 서원에 들렀다가 간역도감망지(刊役都監望紙)를 보고 감영에 알리지 않았음을 지적하자, 서원에서는 마모가 심한 판목만 보각하기 때문에 알리지 않았다고 하였다. 이에 관찰사가 돈 50꿰미와 종이 1동(同)의 부조단자(扶助單子)를 써주고 갔다.[108)] 5월 6일 소요되는 물자는 청안읍(淸安邑)과 지례읍(知禮邑)에서 변통하기로 하고, 판재는 영양 주실[注谷] 조씨문중(趙氏門中)에서 빌리기로 하였다. 21일 청안에서 돈 10꿰미와 두어 근의 담배를 가져왔다. 이어 간행비용을 각처에 분정하였는데, 향교 3냥, 역동서원 5냥, 청계서원 5냥, 분강서원 2냥, 동계서원 10냥, 낙천서원 8냥, 마곡서원 2냥이다. 6월 9일 교

---

107) 『先生文集改刊日記』, 筆寫本, [1817], 5月 1日, 張8.

108) 『先生文集改刊日記』, 筆寫本, [1817], 5月 1日, 張3.
李頤淳, 『後溪集』, 木版本, [刊年未詳], 卷7 題文集改刊日記後, 張6-8.
문집에 수록된 題後에는 돈 五千文과 종이 百束이라고 기록되어 있다.

정이 거의 완료 단계인데, 모금액이 부족하여 땅을 팔기로 결정하였다. 12일 약속한 부조와 종이를 보내달라고 감영에 독촉하였고, 13일 감영에서 50냥을 보내왔다.

6월 21일 각판이 끝나 각수의 공임을 지불하였다. 도각수의 각판공임은 일반적으로 상공임의 2배를 지불하지만, 각판공임에 20냥만 별도로 지급하였다. 교정각수도 상공임을 받는 것이 일반적이지만, 서원에서는 교정일수를 계산해 한 달 치 상공임에 그가 각판한 3판 공임을 합쳐 15냥을 지급하였다. 공임의 합계는 각수 246냥 9전이 되었고, 목수는 15냥 5전, 대장장이는 3냥이었다. 이외에 장인들의 식대, 연초, 기타 경비도 들었을 것이다. 7월 1일 결산에 소요된 경비는 쌀 22섬 10말과 512냥이 소요되었다.[109] 8월 9일 감영에서 종이 100속을 보내왔다. 간역에 가장 큰 부조는 경상감영에서 하였고, 다음은 각지 향교와 서원에 할당해 부조를 받은 것이었다.

4) 장인 동원과 판재 마련

앞서 소암(素巖) 김진동(金鎭東, 1727~1800)이 원장이고 현 원장 이이순의 부친 이귀몽(李龜蒙, 1733~1807)이 별임으로 있을 때,[110] 개간 논의가 있어 판재 100여부(餘部)를 일월산에서 사서 청량사(淸凉寺)에 보관해 둔 바 있었다. 판재를 마련한 것은 정조 23(1799)년이었는데, 이 판재를 가지러 2월 24일 도감 2명이 갔다. 그러나 십년 여 지나서 좀 먹고 썩은 것

---

109) 『先生文集改刊日記』, 筆寫本, [1817], 7月 1日, 張15.

110) 우인수, 「조선후기 도산서원 원장의 구성과 그 특징」, 『退溪學과 儒敎文化』 53, 2013, 111~112쪽 ; 김석하, 「陶山書院 前任案」, 『退溪學研究 2』, 단국대퇴계학연구소, 1988, 217쪽.
우인수의 논문에는 1799년의 원장은 李鎭東이라 오기되어 있으나, 김석하의 논문에는 金鎭東으로 기록되어 있다.

이 많아 48판은 쓸 수 있겠으나, 52판은 새로 마련해야 했다. 도각수 김응준(金應俊)과 목수 남가(南哥)가 일주일 정도 걸려 판재를 도끼로 깎고 소금물에 삶아 각판에 대비하였다. 5월 9일 도각수와 간임(刊任) 이귀항(李龜恒)이 영양 주실 조씨문중에서 판재 100판을 가져왔다.

3월 9일 객사일로 치판목수(治板木手)를 관아에서 붙잡아 가서 판목을 다듬는 일이 중단되었다. 17일에는 산송(山訟)으로 고지기도 갇히게 되어 일에 차질이 생겼다. 목수와 고지기는 21일에야 풀려났고, 이 일로 감영에 소장을 보내고 하느라 간역이 중단되었다가 4월 26일 간역이 재개되었다. 4월 26일 간역을 재개한 후 책판을 점검하니, 치판(治板)하였으나 각판하지 않은 책판과 각판하였으나 미처 마구리를 하지 못한 책판은 갈라진 것이 많았다.

5) 각판과 교정 작업

3월 12일 안동에서 각수 2명이 왔고, 13일에는 영주에서 각수 2명이 왔고, 17일에는 용담사(龍潭寺) 각수승 2명이 왔고, 29일 영주 각수 1명이 왔다. 목수가 잡혀가 각판이 중단되자 돌아갔던 4명의 각수도 4월 26일 돌아왔다. 5월 2일은 광흥사 각수승 1명이 왔는데, 각판에 능한 선각(善刻)이었다. 6일에도 각수 2명이 도착하였다. 5월 28일 기록에 전후 모인 각수는 16명이라 기록되어 있다.[111] 각판이 끝나 6월 11일부터 각수가 돌아가기 시작하였다. 각수의 품삯이 200여 금인데, 당시 80냥밖에 없어 다음 달 초에 지불하기로 약속하였다. 21일에는 도각수와 교정각수도 돌아갔다.

5월 8일 각수 원민(元敏)이 잘못된 각판을 교정하기 시작하였다. 6월 1일 산장 이이순과 이심순(李心淳)이 인출본을 교정하였다. 12일 도각수와 교정각수가 뒷마무리를 하기 시작하였다. 20일 각수가 교정을 완료하였는

111) 『先生文集改刊日記』, 筆寫本, [純祖 17(1817)], 5月 28日, 張11.

데, 책판은 모두 196판이었다. 8월 9일 책판 4장에 착오가 있다는 것을 발견하고, 각수 1명을 불러 구판 2부를 깎아내고 개각하게 하였다.[112)]

이 일기에는 인출작업, 장황, 반질에 대한 기록은 생략되고, 8월 12일 인본 1부를 관찰사에게 보냈다는 것으로 끝나 있다. 관찰사에게 보낸 것은 상송용으로 보낸 것인지, 관찰사가 많은 부조를 했으므로 관찰사에게 기증한 것인지는 분간되지 않는다. 아마 상송용을 먼저 보냈을 것으로 보인다. 당시 인출한 부수를 기록하지 않아 인출 부수도 알 수 없으나, 경비를 부조한 곳에는 더 인출해서 보냈을 것이다.

6) 간역 과정의 어려움

간역 과정에서의 어려움은 여러 가지였던 것으로 보인다. 무엇보다 어려운 점은 공역은 크지만 재력이 미치지 못한 점이라 하겠다. 이는 모든 일에 다 해당되는 점이라 하겠다. 또 목수와 고지기가 구금되어 지체되었고, 관찰사가 행차했을 때 각수에 대한 완문(完文)만 받아놓고, 목수는 언급하지 않아서 객사일로 목수가 잡혀가고, 관에서 나온 하리(下吏)가 행패를 부린 이후 4월 14일까지 간역 사업이 중단된 점이었다.[113)] 또 5월부터 한 달 넘게 장맛비가 쏟아져서 상덕사(尙德祠) 뒤 북쪽 담장이 무너졌고, 광명실(光明室)에는 물이 스며들어 서책이 젖을 정도였다. 이 뒷수습하느라 시간을 허비한 것이다.

또 하나는 권차마다 장차마다 가려 뽑은 것에 따라서 각판하였기 때문에 수미가 이어지지 않고, 상하에 차례가 없으며, 책장을 건별로 기록한 것이 하도 잡다하여 정밀하게 살피고 명심하여 생각하지 않으면 어긋나기 쉬

112) 『先生文集改刊日記』, 筆寫本, [純祖 17(1817)], 8月 9日, 張15.

113) 『先生文集改刊日記』, 筆寫本, [純祖 17(1817)], 文集改刊日記後叙, 張15-16.
李頤淳, 『後溪集』, 木版本, [刊年未詳], 卷7 題文集改刊日記後, 張7.

웠다는 것이다. 이는 인본에서 훼손된 부분을 기록하고, 판목을 조사하여 마모된 부분을 가려내어 두 가지를 통합하여 기록한 후 각판하였기 때문이다.[114] 그러다 보니 권14 장35와 외집 장20은 개각한 것으로 잘못 알고서 빠트렸고, 구판 권33 장19와 장20은 애당초 개각하지 않았다는 사실을 발견하여, 8월 9일 다시 각판하였다. 그러나 이런 일기를 기록해두었기 때문에 오늘날 당시 보각과 인출에 대해서 보다 자세하게 알 수 있는 것이다.

2. 『퇴계선생문집 중간시 일기(退溪先生文集重刊時日記)』

헌종 9(1843)년에 전면적으로 새로 각판한 『퇴계선생문집』의 계묘삼간본 간행의 전말은 통문관 주인이었던 이겸로(李謙魯)의 구장본 『퇴계선생문집 중간시 일기』에서 볼 수 있다. 권말에 박기령(朴箕寧)의 지문이 있다. 당시 『퇴계선생문집』의 판목이 마멸되어 헌종 2(1836)년 10월부터 중각하기 위한 논의를 하였으나, 간행이 완료된 것은 7년이 지난 헌종 9(1843)년 윤 7월이었다.

1) 간행논의와 도감선출

헌종 2(1836)년 10월 이태순(李泰淳, 1759~1840)이 주관하여 본향의 사림과 퇴계의 문집 중간에 대해 논의하였다. 이에 호계서원과 병산서원에서 호응하였으며, 도산별소에 간역소를 설치하기로 하였다. 헌종 3(1837)년 정월에 경향 각지의 관원과 선비들이 자산부사(慈山府使) 이언순(李彦淳)의 집에 모여 구체적으로 논의하여, 도도감(都都監)은 풍안군(豐安君) 류상조(柳相祚)로 정하고 업무를 분담하였다. 아울러 영남 4진영(鎭營)에 통문을

114) 『先生文集改刊日記』, 筆寫本, [純祖 17(1817)], 文集改刊日記後叙, 張15-16. 李頤淳, 『後溪集』, 木版本, [刊年未詳], 卷7 題文集改刊日記後, 張7.

보냈다. 9월에는 본부 향교에서 도회(道會)한 후 열읍에 통문을 보냈고, 10월에는 배전(排錢)의 기일이 지체되어 열읍에 다시 통문을 보냈다. 11월 도감 박기령과 각각의 소임을 정하였다. 헌종 5(1839)년 풍안군이 작고하여 도도감을 류철조(柳喆祚)로 바꾸었다. 그러나 일은 지지부진하였던 것으로 보인다.

헌종 9(1843)년 4월 5일 도소(都所)인 봉정사에서 도회하여 부서와 임원을 선임하면서 본격적으로 간행작업을 시작하였다. 도도감은 이언순(李彦淳), 도감은 박광석(朴光錫)을 위시한 8명, 교정도감은 정상진(鄭象晉)을 위시한 18명, 교정유사는 이재숭(李在嵩)을 위시한 88명, 도청에는 류하조(柳厦祚)를 위시한 4명, 운판(運板)은 김도수(金道壽)를 위시해 7명, 출판(出板)은 박담령(朴聃寧)을 위시해 8명, 감사(監寫)는 조희룡(趙熙龍)을 위시한 34명, 감각(監刻)은 김영헌(金永獻)을 위시한 89명, 감역(監役)은 권규도(權奎度)를 위시해 52명, 감인(監印)은 최운석(崔雲錫)을 위시한 86명, 직일(直日)은 정창덕(鄭昌德)을 위시한 30명을 정하였다.[115] 도합 425명이 동원되었다.

2) 원고 교정과 등재본 필사

헌종 7(1841)년 3월에는 이가순(李家淳)과 김영헌(金永獻) 등이 역락재(亦樂齋)에서 한 달간 교정하였다.[116] 헌종 8(1842)년 12월에도 이가순 등이 도산서원과 각자의 집에서 간본을 고교(考校)하였다. 헌종 9(1843)년 2월 3일 간본과 구본 6책을 도산서원에서 보내왔으며,[117] 이휘녕 등이 간본을 교정하였고, 사본 곧 등재본이 거칠어 개사하였다. 3월에 목수 2명이 왔고, 거도장(鉅刀匠)이 장두목(粧頭木)을 만들었고, 3일에는 각판 작업을

115) 『退溪先生文集重刊時日記』, 筆寫本, [憲宗 9(1843)], 憲宗 9年 4月 5日, 張9-12.
116) 『退溪先生文集重刊時日記』, 筆寫本, [憲宗 9(1843)], 憲宗 7年 3月, 張3.
117) 『退溪先生文集重刊時日記』, 筆寫本, [憲宗 9(1843)], 憲宗 9年 3月 3日, 張5.

시작하였다. 4월에 초교본을 인출했다. 도산서원에 수장되었던 문집 초본 42책, 속집 간본 4책, 하회 양진당 수장의 겸암(류운룡)의 수사본 5책이 왔다. 5월에 교본을 인출했다. 7월 오자와 탈자가 많아 구본에 근거해 여러 차례 교정하였다. 22일 초교를 마치고, 23일 재교 인출을 시작하고, 26일 교정을 마치고 정본을 인출하기 시작하였다.

3) 경비마련과 결산

헌종 3(1837)년 읍마다 분정할 금전 액수를 논의하였다. 9월에는 향교에서 가진 도회에서 배정한 액수에 관한 통문을 읍마다 보냈다. 10월이 되어도 배정한 금액이 모이지 않자 다시 통문을 보내고 임원에게 독려하게 하였다. 이즈음 수전도도청(收錢都都廳)을 두고 자금 확보에 주력하였다. 곧 이어 청성(淸城) 등지에서 돈을 보내왔고, 11월 후손인 개성유수로 전임된 이언순(李彦淳) 등이 부조를 보내왔다. 12월 하회 문중에서 돈을 보내왔다. 헌종 5(1839)년에는 안동향교 등 각지에서 기부금이 도착하였다. 헌종 6(1840)년 3월 구담(九潭) 광산김씨 문중에서 기부금 보내왔다. 헌종 7(1841)년 각지 문중전과 조전(助錢)이 도착하였는데, 관찰사 윤성대(尹聲大)의 조전도 도착하였다. 헌종 8(1842)년 11월에는 간전(刊錢) 1,259냥이 마련되었다. 12월 각읍에서 보낸 배전(排錢) 700냥도 도착하였다. 헌종 9(1843)년 5월에 본손인 영해부사(寧海府使) 이효순(李孝淳)이 돈과 해산물 보내왔고, 예안의 윤낙신(尹樂莘)과 김재선(金載璿)이 문조전(門助錢)을 보내왔다. 7월 도도감 계남공(溪南公)이 각수용 별공전(別供錢)을 보내왔다. 교정유사 이사연(李師延)이 삼백당조전(三栢堂助錢)을 가지고 왔다. 윤7월 25일 비용을 계산하니 편식(便息)과 배입금(排入金) 도합 3,940냥 7전 8푼이고, 출판(出板)·팽판(烹板)·운판(運板)에 462냥 7전 5푼 지불했고, 간역과 인출에 3,220냥 3푼이 들고, 잔금은 258냥이었다. 남은 판목 매각대금 150냥은 봉정사에 맡겨 이식을 늘려 이후 간행할 때 그 비용으로 사용하기로 하였다.

잔금 258냥은 여강서원(廬江書院)과 병산서원에 나누어 보내 다른 서적 인출용으로 남겨두었다.[118] 결국 각판 경비는 각처 서원에 할당해 염출하고, 퇴계 후손·각 문중·감영·군현의 협조로 마련되었다.

4) 판재 마련과 각판 작업

헌종 3(1837)년 10월 도각수 2명을 차출하였고, 11월 도각수가 적성(赤城)에서 출판(出板)하였다. 헌종 4(1838)년 봄에 팽판유사(烹板有司) 김행원(金行源)과 이휘선(李彙璿)이 판목을 점검하고 용문사(龍門寺)와 천주사(天柱寺)에 보관하였다. 헌종 6(1840)년 4월 구판을 가져와 봉정사에 장치하고, 등재본을 필사하기 시작하였고, 헌종 9(1843)년 5월 각수 4명이 왔고, 교본을 인출하였다. 6월 말경 연보의 사본과 구본이 왔다. 7월 1일 연보의 초본을 돌려보냈고, 7월 말에는 사본의 부판(付板)을 끝냈다. 부판했다는 것은 각판하기 위해 등재본을 판목에 부착한 것이다. 이 간본은 헌종 7(1841)년 시작하여 부판이 끝나는 날까지 등사할 때 생긴 많은 오자와 탈자 때문에 구본에 의거하여 여러 차례 고준(考準)하였다. 구본에도 오자가 있어서 도산서원에 있는 초본과 다시 고정하고, 여러 사람의 의견을 모았다. 2,500판을 각판했는데, 속집·습유·언행록도 각판하려 했으나 금전 부족으로 중단하였다.[119]

5) 인출 작업과 장황

헌종 9(1843)년 6월 22일 초교를 마쳤다. 23일 재교 인출을 시작하고, 25일 각판을 완료하였다. 26일 재교를 마치고 정본을 인출하였다. 28일 2

118) 『退溪先生文集重刊時日記』, 筆寫本, [憲宗 9(1843)], 憲宗 9年 윤7월 25일, 張27.

119) 『退溪先生文集重刊時日記』, 筆寫本, [憲宗 9(1843)], 憲宗 9年 7월 16일, 張23.

명의 인출장이 왔고, 윤7월 3일 장황장(裝潢匠) 4명도 왔다. 6일 도산서원 수장본인 초본 44책, 구본 31책, 연보 1책, 속집 간본 4책을 돌려보냈다. 12일에 인출장이 돌아갔다. 23일 장황도 마쳤다.[120] 2명의 인출장이 약 50일 걸려 인출을 완료한 것이다.

6) 반질

경비가 충분하지 않아 11질만 인출하여 도산서원·호계서원·병산서원·계상종가(溪上宗家)에 보내고, 도도감·도청·간사 2명이 나누어 가졌다.[121] 11질만 인출한 최초인본 가운데 나머지 3질에 대한 언급이 없다. 11질은 급한 대로 우선 인출한 부수였을 것이며, 이어 경비를 부조한 곳에 보낼 인본을 인출했을 것이다. 그 기증대상이 되지 못한 경우는 종이와 먹[紙墨]을 가져와 지속적으로 인출했을 것으로 보인다.

헌종 2(1836)년 10월에 임원을 정하고, 도각수도 정하고, 판목을 검사하고, 경비도 모금하고, 등재본을 교정하였다. 헌종 9(1843)년 정월 본격적으로 도감이 가동되어 윤7월 25일 장황을 마치면서 간행이 완료되었다. 그간 연인원 2,000명이 동원되었는데 교정유사(校正有司) 88명, 감인(監印) 86명, 감각(監刻) 88명, 감역(監役) 52명, 교정도감(校正都監) 18명, 감사(監寫) 34명이 동원되었다.[122] 이외 장인으로 각수(각수, 교정각수) 55명, 목수, 거도장(鋸刀匠)[장두목장(粧頭木匠)], 인출장, 장황장이 참여하였다. 유림에서 퇴계의 위상이 높았던 만큼 전도적(全道的)인 협조로 문집을 간행한 것을 볼 수 있다.

---

120) 『退溪先生文集重刊時日記』, 筆寫本, [憲宗 9(1843)], 憲宗 9年 윤7월 23일, 張 27.

121) 『退溪先生文集重刊時日記』, 筆寫本, [憲宗 9(1843)], 憲宗 9年 윤7월 25일, 張 27.

122) 李謙魯, 「退溪先生文集 重刊時日記 解說」, 『奎章閣』 2, 1978, 6쪽.

3. 『급문록영간시일기(及門錄營刊時日記)』

이 일기는 1914년 『도산급문제현록』을 간행한 전말을 기록한 일기이다. 일기는 1913년 4월 17일부터 기록되었으나, 6월 13일까지의 기록이 있고,[123] 뒤는 탈락된 상태이다. 간행사업의 발의에서부터 교감 과정, 이 작업에 주도적으로 참여한 인사들의 면면과 활동, 그리고 이 작업과 관련된 제자와 후손들의 동향 등이 기록되어 있다. 이 일기는 1913년 원장이면서 간행사업을 지휘한 이중철(李中轍)이 작성한 것으로 추정되고 있다.[124]

1) 간행논의와 도감 선출

『도산급문제현록』은 도산서원 또는 퇴계의 후손이 처음 발의해서 간행하기 시작한 것은 아니었다. 18세기 초 창설재가 처음 편집한 이래 3차의 증보와 개정을 거쳤으나, 200년이 될 때까지도 간행할 여건이 마련되지 않았다. 이에 1913년 정월 간재(艮齋) 이덕홍(李德弘)의 후손인 이운연(李運淵)이 발간 의사를 밝힌 것에 자극을 받아 이충호(李忠鎬, 1872~1951)를 비롯해 이인호(李麟鎬)·이두호(李斗鎬) 등 퇴계의 후손들이 나서서 문회(文會)를 열고 서둘러서 간행한 것이다.

1913년 4월 20일 농운정사에 20여 명이 모인 가운데 『급문록』 발간을 위한 당회를 열고, 24일 소임을 분담하고 수록될 인사의 후손가에 통문을 발송하였다. 이때의 「도산제자록 간역시 파록(陶山諸子錄刊役時爬錄)」에 따르면 도도감은 김기락(金基洛), 도감은 이병연(李昺淵)을 위시해 8명, 교정도감은 이진화(李進和)를 위시해 10명, 교정유사 2명, 사본 6명, 판교도

123) 『及門錄營刊時日記』, 筆寫本, [1913].

124) 이헌창·이수환, 「도산서원은 어떻게 책을 만들었는가 ; 조선시대 출판문화의 특질」, 『도산서원과 지식의 탄생』, 글항아리, 2012, 269쪽.

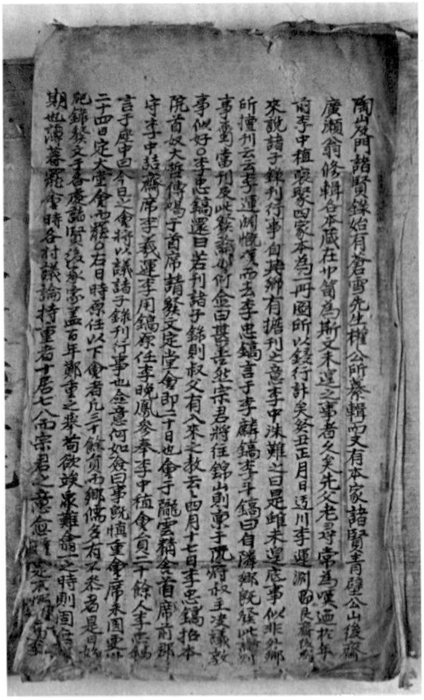

『급문록영간시일기(及門錄營刊時日記)』, 한국국학진흥원 제공.

감(板校都監) 6명, 감각도감(監刻都監) 6명, 감인도감(監印都監) 6명, 도판(都辦) 6명, 시노(時到) 10명, 직일(直日) 9명을 정했다.[125] 한편 『급문록영간시일기(及門錄營刊時日記)』에는 5월 6일에 서원에서 교정을 담당할 인원으로 참봉 이중철(李中[轍]), 이강호(李康鎬), 유학 김노헌(金魯憲), 이중협(李中協), 이선구(李善求), 진사 이중균(李中均)을 정하고, 원임에 이창연(李昌淵), 수석(首席)에 이중철(李中喆), 재석(齋席)에 이용호(李用鎬)를 정하였다.[126] 두 기록에 합치되는 인물은 이중[철], 이강호, 김노헌, 이중협, 이선구, 이중균이고, 5명은 일치되지 않은 것으로 미루어 조정된 것으로 보인다.

업무 분장에 있어 도도감은 대표자, 도감은 사업의 총괄, 교정도감은 교정 실무 담당, 교정유사는 교정 실무를 지원하는 사람, 도판은 경제 책임자, 시도는 방문인 관리자, 직일은 사무 관리와 집행자로 보인다.[127] 교정을 담당하는 부서가 중복되어 보이는데, 교정도감의 인원은 원고에서 오류나 누락이 있는가를 살펴 바로잡는 일을 담당하였고, 판교도감에서는 각판

---

125) 金鍾錫, 「陶山及門諸賢錄 集成과 刊行」, 『韓國의 哲學』 28, 2000, 6쪽.
이헌창·이수환, 「도산서원은 어떻게 책을 만들었는가 ; 조선시대 출판문화의 특질」, 『도산서원과 지식의 탄생』, 글항아리, 2012, 282-283쪽.

126) 『及門錄營刊時日記』, 筆寫本, [1913], 5月 6日, 張1.

127) 이헌창·이수환, 「도산서원은 어떻게 책을 만들었는가 ; 조선시대 출판문화의 특질」, 『도산서원과지식의 탄생』, 글항아리, 2012, 285쪽.

한 후 인출하기 전에 판목의 오자를 교정하는 일을 담당하였다. 사본은 등재본의 필사를 담당하고, 감각도감은 각판사업 감독, 감인도감은 인출을 감독한 것이라 볼 수 있다.

2) 원고 교정과 등재본 필사

5월 7일 교정을 책임진 이중철이 원고를 교감하기 시작하면서 작업이 본격화되었다. 4종 원고 즉 창설재본(蒼雪齋本)[권두경(權斗經)], 청벽본(靑壁本)[이수연(李守淵)], 산후재본(山後齋本)[이수항(李守恒)], 광뢰본(廣瀨本)[이야순(李野淳)]에 상략에 차이가 있고, 『이학통록(理學通錄)』의 범례를 따른 산후재본은 체제가 달라 논란이 생겨 진도가 빠르지 않았다. 처음 사본을 담당할 인원은 이유용(李裕容), 김하진(金夏鎭), 이지연(李智淵), 김동식(金東植), 조병욱(趙炳昱), 이중기(李中器)였다. 그러나 14일자에는 초사유생(抄寫儒生)으로 이양연(李瀁淵), 이만정(李晩靖), 이성호(李性鎬), 이세호(李世鎬)가 언급되어 있다. 베껴 쓰는 일은 19일 끝났고, 교감은 24일 마쳤다. 이후의 교감은 이중직(李中稙), 이중철(李中轍), 이중철(李中喆), 이진화(李進和), 이만규(李晩煃), 이강호(李康鎬), 금대기(琴岱基), 이중협, 이선구, 이두호, 이중균, 이병호(李秉鎬), 김휘진(金輝瑨), 김노헌 등이 모여 축조(逐條)로 교감하였다. 「파록(爬錄)」에 수록되지 않은 이중철(李中喆)과 이두호(李斗鎬)도 조력하였다. 6월 13일 월천의 「언행총록(言行總錄)」과 고봉의 「묘갈명 서문(墓碣銘 序文)」을 『이학통록』의 범례에 따라 권두에 넣을 것을 정하였다.[128] 아울러 「범례」를 제정하였다. 문인들의 약력 등 각종 내용을 수정 또는 보완하는 교감작업을 하였다. 간행 작업은 기초 자료의 교감, 등사, 감사, 판각의 순으로 진행되었다.

---

128) 『及門錄營刊時日記』, 筆寫本, [1913], 6月 13日, 張4.

3) 경비마련과 결산

경비는 각 문중의 부조로 충당하였는데, 그 부조기가 남아 있다. 곧 『계축 급문록 영간시 부조기(癸丑及門錄營刊時扶助記)』이다. 여기에는 부조한 인물의 고을과 택호, 부조 금액, 부조금 수령자가 수록되어 있다. 모두 125곳에서 3,951냥을 부조하였다. 부조한 지역으로 보면 퇴계의 영향력이 절대적인 안동권이 중심이었고, 멀리 경남 밀양, 전남 함평, 보성, 장흥에서도 부조가 있었다.[129)]

이 기록은 대학자 퇴계의 문인록의 간행 과정을 담고 있어 의미가 크다. 이를 통해 퇴계 문인의 범위, 지역, 영향권과 영향력을 알 수 있다. 그러나 이 일기에는 간행의 경비마련과 결산, 판재 마련과 각수 동원, 각판 작업, 인출 작업과 장황, 반질에 대한 언급은 전혀 보이지 않는다. 간행한 때가 일제강점기라 5월 25일에 일본군이 와서 판목을 보여 달라고 하기도 하고, 26일 일본인이 다시 와서 유묵을 인출해 달라고 한 내용도 기록되어 있다.

이와는 별도로 급문록 간행시의 경비내역을 기록한 『도산급문록 간역시하기(陶山及門錄刊役時下記)』가 전래되고 있는데, 여기에는 소요된 액수와 용도가 기록되어 있다. 전체 소요된 경비는 4,898냥 9전 1푼이었다.[130)] 가장 많은 비용이 든 부문은 각수 공임과 종이값이었다. 각수 공임이 23.0%, 종이값 19.2%, 인쇄와 장황 경비가 9.5%였다.[131)] 이들 비용이 51.7%이다. 경비의 절반이 넘는다.

---

129) 『癸丑及門錄營刊時扶助記』, 筆寫本, [1913].
1913년 급문록을 영간할 때 후손들이 낸 발간 기금 내역을 기록한 부조기. 한국국학진흥원. 도산서원. 고문서. 치부기류. 부조기.
이헌창·이수환, 「도산서원은 어떻게 책을 만들었는가: 조선시대 출판문화의 특질」, 『도산서원과 지식의 탄생』, 글항아리, 2012, 318~319쪽.

130) 『陶山及門錄刊役時下記 ; 癸丑五月』, 筆寫本, [1913], 張16.

131) 이헌창·이수환, 「도산서원은 어떻게 책을 만들었는가: 조선시대 출판문화의 특질」, 『도산서원과 지식의 탄생』, 글항아리, 2012, 305~306쪽.

『도산급문제현록』은 한 개인의 문집을 간행한 서적이 아니었고, 과거시험 대비용의 서적은 더더구나 아니었다. 퇴계의 문인록이므로 안동문화권에서 여기에 누락 되었음은 지역사회에서 도태된 것과 같은 의미였을 것이다. 따라서 각 문중에서는 조상과 관련 있는 자료를 보내거나 경비를 부조하였다. 범 안동권의 서적 간행이었던 것이다. 여러 문중의 관심에서 간행된바 작성된 공식적인 통지문인 통문, 협의를 위한 편지와 패지, 간행 일기, 간행 조직을 기록한 파록, 간역소를 방문한 인사의 명단, 경비 부조한 부조기, 지출 경비를 기록한 도기와 하기 등을 기록한 문서도 도산서원에 전래되고 있다. 이를 통해 당시에도 투명하고 공정하게 기록한 것으로 보인다.

4. 『선조송재선생문집중간시기사(先祖松齋先生文集重刊時記事)』

이 자료는 퇴계의 숙부 이우의 문집 『송재선생문집』을 중간할 때의 기록이다. 서원의 중대사로 간행한 서적이 아니었고, 퇴계 후손가의 문집 간행이었다. 광무 4(1900)년 문중에서 역원을 정해 임무를 분담해 판각한 때의 기록이다.

『송재집』의 초간은 외증손 죽유 오운이 선조 17(1584)년 충주목에서 퇴필(退筆)을 등재본으로 간행한 바 있었다. 초각판은 죽유가 체직되면서 도산서원으로 옮겨 장치한 것으로 추정된다. 이후 광무 4(1900)년 벽계(碧溪) 이원로(李元魯)의 발문을 더해 12대손 이중린(李中麟)과 이원로(李元魯)가 속집과 부록을 간행하였고, 1937년 이원로의 손자 이종수(李鍾洙)가 별집을 간행하였다.

『선조송재선생문집중간시기사』의 표지 우상각에 '경자(1900) 삼월일(庚子三月日)'이라 기록되어 있으며, 지정(紙釘)으로 철한 가철본이다. 일차 사용했던 종이의 이면지에 기록했기 때문에 판독하기 곤란한 부분도 있다. 본 자료는 광무 4(1900)년 속집과 부록을 간행할 때의 기록이다.

광무 4(1900)년 봄 중간하자는 논의가 있어 3월 28일 문회를 자기 집에서 가지기로 정했다고 했는데, 이 자료의 필자는 이원로로 추정된다. 역원을 정했는데, 도도감은 전 승지 이만유(李晩由), 교정도감 이중■(李中■) 등을 정하였다. 등재본 서사는 용계(龍溪) 호원(鎬元)과 녹동(鹿洞)의 교탁(教鐸)과 승탁(承鐸)이 수행했고, 영천(榮川) 각수 최치성(崔致成) 등이 각판하였다.[132] 중간하면서 원집도 함께 개간하자는 논의도 있었으나, 도산에 가서 초간본 시집을 점검한 후 퇴필을 후대에 전하는 것도 성사(盛事)이므로 원집은 구본을 인출하기로 하였다. 보관하고 있던 10여 수의 서(序)와 기(記) 각 1편과 선현들의 문집에서 찾아내어 속집을 만들었다. 다만 원집에 수록된 습유와 부록은 저술가의 규례에 맞지 않고, 판각도 조악하여 다시 판각하였고,[133] 원집에 수록되지 않은 목록도 편성해 원집에 보충하였다.

5. 『선조문집간역시일기(先祖文集刊役時日記)』

『선조문집간역시일기』는 진성이씨 하계파 근재문고에서 기탁한 필사본 자료이다. 이 일기에는 융희 3(1909)년 1월 24일부터 8월 30일까지 『후계집』을 삼각(三刻)한 경위와 과정이 날짜별로 기록되어 있다. 서명에 언급된 '선조'는 후계 이이순(1754~1832)이다. 이는 4월 그믐날 "갈명(碣銘)의 고증 때문에 사람이 영천(榮川) 김영동(金寧洞)과 이중린(李中麟, 1838~1917)의 집으로 갔다" 하고, 그 주석에 "선조의 갈문(碣文)은 운산(雲山) 이휘재(李彙載, 1795~1875)가 지었으며, 중린은 그의 주손(胄孫)이다"[134]라고 한 기록을 통해 선조는 퇴계의 9세손 이이순이며, 문집은 『후계집』임을 알 수 있다. 그러나 이 일기의 작성자는 누구인지를 알기 어려우나, 이이순의 후

132) 『先祖松齋先生文集重刊時記事』, 筆寫本, [年紀未詳]. 張2.
133) 김순희, 「李堣의 松齋先生文集에 관한 연구」, 『書誌學研究』 45, 2010.06, 215~233쪽.
134) 『先祖文集刊役時日記』, 筆寫本, [1909], 4月 晦日, 張1.

손일 것이다.

『후계집』의 초간본은 철종 12(1861)년경 간행되었을 것으로 추정되는 6권본 목활자본이고, 이를 증보하고 편차도 개편하여 철종말 또는 고종초에 목판으로 간행한 10권본이 중간본이며, 이를 증보하고 개편해서 융희 3(1909)년에 간행한 판본이 삼간본이다.

1) 간행 준비

『후계집』은 서원의 중대사로 간행한 서적이 아니었고, 퇴계 후손가의 문집 간행이었다. 따라서 특별하게 당회를 열고, 소임을 분담할 필요는 없었던 것으로 보인다. 이에 1월 24일에 연보 및 편차를 수정하였고, 2월 3일 유고를 서울로 보내 판서 김학진(金鶴鎭)에게 발문을 청하였다. 3월 15일 노곡(蘆谷)에서 이매암(李梅巖)의 유고를 찾아 고증하였고, 4월 30일 영천(榮川)[영주] 운산공의 주손인 이중린의 집에 가서 운산공 이휘재가 지은 묘갈명의 고증을 받았다. 6월 7일 상기(相基)가 발문을 받는 일 때문에 자산(紫山)에 갔다가, 산성(山城) 중동(重洞) 묘갈문 첩을 가지고 돌아왔다.

2) 경비마련

5월 5일 추원재(追遠齋)에서 부조 20꿰미, 7월 25일 귀내[龜川] 전보현(全普鉉)이 부조금 2꿰미, 8월 13일 연곡(淵谷) 김진해(金進海)가 부조금 2꿰미, 8월 14일 송창현(宋昌顯)이 부조금 2꿰미, 8월 16일 농수공(聾叟公) 댁에서 부조금 2꿰미, 익원(翼遠)이 부조 5꿰미, 8월 21일 오정락(吳鼎洛)과 오응종(吳應鍾)이 부조금 2꿰미, 동래공(東萊公) 별묘(別廟)에서 부조 3냥, 8월 30일 취암(翠巖)댁에서 부조금 1냥을 보내왔다. 도합 35꿰미이다. 순조 17(1817)년 『선생문집개간일기 정축』의 제후에 돈 50꿰미를 돈 오천문(五千文)이라 표현한 바, 3,500문이 마련된 것이다. 이 액수는 물가상승을 고려하지 않은 단순 비교한 액수이다. 그렇지만 이는 인척들이 보내온 부조이고, 실제 친척과 후손들이 부담한 경비에 대한 기록은 생략된 것으로 보인다.

3) 등재본 필사와 각판작업

3월 1일 원고의 교열을 받기 위해 삼산(三山) 류필영(柳必永)에게 보냈다. 등재본을 필사하면서 동시에 각판에 들어가 4월 6일 각수 최치성(崔致成)과 각판비를 장당 4냥 6전으로 정하였다. 최치성은 광무 4(1900)년 『송재집』을 각판한 바 있다. 순조 17(1817)년 『퇴계선생문집』의 갑진중간정축보각본 각판시의 공임 1냥 1전에 비해 90년 만에 물가가 무척 오른 것을 볼 수 있다. 4월 15일 각수집에 가서 먼저 각판한 것이 잘 되었는지를 살펴본바 체제가 알맞지 않아 4월 20일에는 체제를 고쳐서 등재본을 동열(東烈)에게 쓰게 하였고, 이 일은 6월 8일 마쳤다. 7월 15일 각수 3인과 장정 3명이 새긴 판목을 운반하여 왔다. 각수 최치성은 교정본 한 질을 인출하여 갔다. 7월 26일 각수 두 사람[최치성, 유종렬(劉宗烈)]이 교정을 마치고 돌아갔다.

4) 인출과 장황

4월 8일 종이 2동(同)을 천성(川城) 시장에서 가져왔고, 7월 23일 부포(浮浦)에서, 7월 25일 불정(佛亭)에서 종이를 가져와, 7월 25일 인출을 시작하였다. 8월 3일 인출하는 일을 마쳤다. 처음부터 끝까지 인출을 감독한 사람은 기익(基益)·동열(東烈)·복규(復圭)·석창(錫昌)·용규(龍圭)·상기(相基)·창기(昌基)이다. 7일 장황을 시작해, 13일 장황을 끝마쳤다. 16일 동열(東烈)이 집으로 돌아가는 편에 반질할 문집 10질을 보냈다.

따라서 등재본 필사에 약 50일이 소요되었고, 각판에 약 100일이 소요되었다. 또 인출에는 약 10일, 장황에는 약 7일 걸렸다. 당시 인출한 부수를 알 수 없다. 이 기록에는 판목 마련, 인출 부수와 반질에 관한 내용이 수록되지 않았다. 앞의 3종 서적에 비해 규모가 작고 집약된 영남 사람의 노력이 아닌 퇴계 후손가에서 각판했다 뿐이지 과정은 동일했을 것으로 보인다.

Ⅳ. 도산서원 책판의 특징과 의의

1. 주향자(主享者)와의 관련성

이상으로 도산서원에서 각판하고 장판한 27종의 서적과 관련 기록에 대해 살펴보았다. 서원은 성균관이나 향교와는 달리 제향 대상이 공자와 그의 제자가 아닌 해당 지역과 연고가 있는 선현으로서 후학의 양성이나 학행으로 모범을 보였던 인물의 유서가 깊은 곳이었다. 따라서 서원에 제향된 인물의 인품과 학덕을 선양하고 추앙하고자 하는 세력이 있을 때 서원은 건립되었다. 일반적으로 서원 간본의 중심은 서원 주향자의 저작이고, 부차적으로 배향자의 저작이었다. 그러므로 도산서원의 간본도 퇴계를 중심으로 생각하게 된다.

도산서원의 주향자인 퇴계의 저작은 『경서석의』·『고경중마방』·『매화시』·『송계원명이학통록』·『역학계몽전의』·『오가산지』·『주자서절요』·『진성이씨족보』·『퇴계선생문집』·『퇴계선생자성록』 등 도합 10종이다. 이는 38% 수준으로 많은 비중을 차지하고 있다. 『퇴계집』은 전면적으로 3차례 각판하였으므로 이를 반영한다면 실제는 과반이라 하겠다.

퇴계 일문의 저작은 『계산세고』·『몽재선생문집』·『무서변파록』·『송재선생시집』·『온계선생일고』·『후계집』 등 도합 6종으로 23%이다. 퇴계의 제자와 그 학맥을 이은 영남학파의 저작은 『계암선생문집』·『도산급문제현록』·「문순공퇴도이선생묘갈명」·『월천선생문집』·『치재선생유고』·『퇴계선생언행록』 등 6종 23%이다. 주향자 퇴계와의 관련성이 매우 높은 것을 볼 수 있다. 학파와의 관련성에 있어서는 대다수 퇴계학파와 관련이 있는 저작이다. 다만 『교남빈흥록』·『근시재문집』·『농암선생문집』·『단양우씨족보』·『운암일고』의 5종은 예외라고 하겠다.

대개 당해 서적, 또는 『누판고』와 『읍지』를 통해 도산서원에서 각판 또는 장판했다는 기록을 찾을 수 있다. 그러나 『계산세고』·『계암선생문집』·『몽재선생문집』·『무서변파록』·『오가산지』·『진성이씨족보』·『후계집』의 7종은 간기도 없고, 도산서원에서 간행했다는 직접적인 기록을 발견하지 못하였다. 다만 판목이 남아있어 도산서원에서 한국국학진흥원에 기탁했고, 방증이 있으므로 도산서원 각판으로 인정하는 것이다. 그러나 도산서원에서 간행한 것은 증명되지만, 판목이 전혀 전래되지 않은 경우는 『경서석의』이다.

2. 각판 시기

도산서원에서 최초로 각판한 서적은 선조 9(1576)년 각판한 『송계원명이학통록』이다. 『역학계몽전의』도 16세기에 각판되있고, 장판된 『송새선생문집』은 선조 17(1584)년 충주목에서 각판한 후 옮겨 장치되었고, 『퇴계선생자성록』은 선조 18(1585)년 나주목에서 각판한 후 옮겨진 경우이다. 16세기 각판은 4종이지만, 도산서원 각판은 2종이다.

17세기에는 『경서석의』, 『고경중마방』, 『농암선생문집』, 『매화시·대보잠』, 『월천선생문집』, 『단양우씨족보』, 『진성이씨족보』, 『치재선생유고』, 『퇴계선생문집』의 9종을 각판하였다. 18세기에는 『계암선생문집』, 『교남빈흥록』, 『근시재문집』, 『무서변파록』, 『온계선생일고』, 『운암일고』, 『주자서절요』, 『퇴계선생언행록』의 8종을 각판하였다. 19세기 각판된 것으로 추정되는 책판은 『계산세고』, 『후계집』의 2종이다. 20세기 초에는 『도산급문제현록』, 『몽재선생문집』, 「문순공퇴도이선생묘갈명」, 『오가산지』의 4종을 각판하였다.

퇴계 재세(在世)시에는 각판은 없었으며, 사후 16세기에 2(+2)종, 17세기 9종, 18세기 7(+1)종, 19세기 2종, 20세기 4종을 각판하였다. 조선 후기 학술이 가장 발달했던 17·18세기에 가장 많은 서적을 간행하였으며, 이후 하향곡선을 그리게 된다. 현대에는 오히려 현대 인쇄술로 도산서원을 대상으로 연구하는 서적이 더 많이 간행되고 있다.

한편 도산서원에서 초각한 서적은 『경서석의』, 『계산세고』, 『계암선생문집』, 『고경중마방』, 『근시재문집』, 『농암선생문집』, 『단양우씨족보』, 『매화시·대보잠』, 『몽재선생문집』, 『무서변파록』, 「문순공퇴도이선생묘갈명」, 『오가산지』, 『온계선생일고』, 『운암일고』, 『진성이씨족보』이며, 『퇴계선생속집』까지 합치면 16종이다. 이 가운데 『경서석의』의 『대학』과 『중용』의 석의인 『용학석의(庸學釋義)』는 실제에는 중간본이다. 그러나 퇴계의 뜻에 따라 훼판했으므로, 초각으로 보았다. 도산서원에서 초각과 중각한 서적은 『도산급문제현록』, 『역학계몽전의』와 『월천선생문집』의 3종이며, 초각·중각·삼각을 도산서원에서 한 서적은 『퇴계선생문집』이다.

도산서원에서 중각한 서적은 『교남빈흥록』, 『송재선생문집』, 『치재선생유고』의 3종이다. 도산서원에서 중각하고 삼각한 서적은 『송계원명이학통록』, 『퇴계선생언행록』과 『후계집』의 3종이다. 가장 빈번하게 각판된 서적은 『주자서절요』인데, 도산서원에서 각판한 책판은 구간본(九刊本)의 책판이다. 여러 차례 각판된 만큼 『주자서절요』의 영향력은 지대했다고 볼 수 있다. 『퇴계선생자성록』은 장판했고, 판각한 것은 아니었다.

도산서원에서 초각한 서적은 16종, 초각·중각한 서적은 3종, 초각·중각·삼각한 서적도 1종이다. 도산서원에서 중각한 서적은 3종, 중각·삼각한 서적은 3종이다. 구간본을 각판한 서적은 1종이다. 따라서 도산서원에서 초각한 서적이 중심인 것을 볼 수 있다.

3. 주제

조선의 서원은 송대 서원의 영향을 받아 설립되었다고 할 수 있다. 양송 시대에는 몇 세대의 노력으로 서원의 각판이 국자감본과 어깨를 겨루게 될 정도로 발전하였다. 송대 서원간본의 주제는 유학 원전과 주해서, 주향자의 저작과 문집, 사학(史學) 서적, 과학 서적(의학), 문집과 가학서적(家學書籍)으로 크게 다섯 방면으로 분류한 바 있다.[135] 그러나 도산서원 간본의 주제는 상당히 다르다고 하겠다.

주제로 분류하기에는 난해한 점도 있지만, 우선 경부는 『경서석의』·『역학계몽전의』의 2종, 사부는 『단양우씨족보』·『도산급문제현록』·『무서변파록』·『문순공퇴도이선생묘갈명』·『송계원명이학통록』·『진성이씨족보』의 6종, 자부는 『고경중마방』·『주자서절요』·『퇴계선생언행록』·『퇴계선생자성록』의 4종, 집부에 『계산세고』·『계암선생문집』·『교남빈흥록』·『근시재문집』·『농암선생문집』·『매화시』·『몽재선생문집』·『송재선생집』·『오가산지』·『온계선생일고』·『운암일고』·『월천선생문집』·『치재선생유고』·『퇴계선생문집』·『후계집』의 15종 57%로 볼 수 있다.

집부의 문집류가 가장 많아 과반수가 넘는다. 다음이 사부와 자부 순이다. 자부는 모두 유가 서적이다. 이는 자부 서적이 상대적으로 많이 각판된 중국 송대와는 매우 다른 양상이라 할 수 있다. 중국에서는 과학기술 특히 의학서적도 상당히 간행된 것으로 보이나, 도산서원 각판본은 유가류 서적을 제외하고는 전무한 형편이다. 역사학 서적의 간행도 성행되지 않았다. 당시 조선의 사조가 그대로 반영되어 주자학 교조주의가 여실히 드러난다고 하겠다.

실제 조선시대의 서원간본의 주제를 보면 경남지방은 집부 52%, 사부 43%의 순으로 간행되었다.[136] 따라서 조선의 서원에서는 유가류 서적을 제외하고 자부 서적의 간행은 전무하고, 집부 별집류와 사부 전기류가 주류였다는 점에서는 동일 선상이었음을 볼 수 있다. 한편 경남지방에서는 서원에 제향된 인사 또는 그 후손의 문집 또는 전기류와 관련이 있는 서적들을 많

135) 趙國權, 「'重文'의 시각에서 본 양송시기 서원의 도서간행에 대한 고찰」, 『한국서원학보』 5, 2017, 116~117쪽.

136) 윤상기, 「조선조 경남지방 서원판본」, 『書誌學硏究』 60, 2014, 30~31쪽.

이 간인하였다.[137] 그러므로 경남의 서원에서는 제향의 기능에 치중해 서적을 판각한 것으로 볼 수 있다. 도산서원에서도 주향자의 사상과 학문을 배우도록 하기 위해서는 퇴계의 문집과 저서를 간행하는 것은 필수적이었다.

또한 서원에서 강학에 사용한 주된 교재는 『사서삼경』·『소학』·『가례(家禮)』·『주례(周禮)』·『의례(儀禮)』·『효경(孝經)』·『근사록(近思錄)』·『심경』·『성리대전(性理大全)』·『춘추삼전(春秋三傳)』·『자치강목(資治綱目)』·『이정전서(二程全書)』·『주자대전(朱子大全)』·『주자어류(朱子語類)』·『이학집요(聖學輯要)』[138] 등이었다. 강학과 관련있는 칠서 또는 경서, 예서, 사서류 서적은 유생들이 대개 각자 수장하고 있었을 수 있고, 상당수는 중앙기관과 감영에서 간행한 서적을 기증받은 조상전래본이 있었을 수 있으므로 굳이 각판할 필요가 없었을 것으로 보인다. 이로서 도산서원에서 각판한 서적은 강학과는 직접적으로 관계없는 서적이 주류였음을 볼 수 있다. 그러나 다른 서원에서는 강학과 관련있는 서적의 간행이 거의 없었다고 할 수 있는 정도인데, 도산서원에서 판각한 서적에는 강학과 관련있는 서적도 상당수 있다는 점이다. 바로 『경서석의』·『역학계몽전의』·『송계원명이학통록』·『고경중마방』·『주자서절요』·『퇴계선생언행록』·『퇴계선생자성록』 등을 들 수 있다. 이는 도산서원의 한 특징이라 할 수 있을 것이다.

4. 판종

활자본 간행에는 활자만 마련되어 있으면 그다지 큰 비용은 들지 않는다. 처음 활자를 제작할 때 큰 비용이 들지만, 일단 활자가 제작된 이후에

---

137) 윤상기, 「경남 함양군의 서원판본에 대한 연구」, 『書誌學硏究』 32, 2006, 268쪽 ; 윤상기, 「鏤板考에 수록된 경남지역 서원 藏板」. 『서지학연구』 50, 2011, 226쪽 ; 윤상기, 「경남 산청의 서원판본에 대한 연구」. 『書誌學硏究』 52, 2012, 132쪽.

138) 朴鍾培, 「學規 조선 서원교육의 이념과 실제」, 『한국학논총』 33, 국민대, 2010, 55~56쪽.

는 조판과 인출비용만 부담하면 된다. 그러나 목판본을 각판할 때는 판목 마련, 각판 비용, 인출 비용 등 무척 많은 비용이 들 수밖에 없다. 그러나 일단 각판된 판목을 활용해서 거듭 인출할 때는 활자로 조판해서 인출하는 것보다 비용이 절감되고 판목이 있는 한 얼마든지 인출할 수 있다. 그러므로 각각의 장점이 있다.

따라서 소량다종(小量多種) 간행에는 활자가 적합하고, 다량소종(多量小種) 간행에는 각판이 훨씬 더 장점이 있다고 하겠다. 그런 까닭에 조선후기 조정에서 전국적으로 배포할 서적에는 활자를 많이 이용하였고, 민간에서는 간행할 서적의 종류가 많지 않으면서도 지역에서의 수요가 많으므로 각판이 성행하였다. 따라서 도산서원 간본의 절대다수는 목판으로 간행되었다. 각판된 책판은 도산서원에 장치되었다. 『몽재선생문집』은 각판 외에도 도산서원에서 거의 동시에 석판으로도 간행하였다. 『후계집』은 3차례 간행하였는데, 초간은 목활자를 이용하였고, 중간은 도산서원에서 헌종 6(1840)년에 각판하였고, 융희 3(1909)년 다시 각판하였다.

도산서원에 장치되어 있는 판목은 27종 가운데 21종이다. 도산서원에서 수장하였으나 후에 종가로 반출된 판목은 『계암선생문집』, 『근시재문집』, 『농암선생문집』, 『운암일고』의 4종이고, 역동서원으로 반출된 판목은 『단양우씨족보』 1종이다. 한편 도산서원 장판본은 3종이었다. 『교남빈흥록』은 경상감영이 주관해 각판하고, 책판은 도산서원에 장치하였다. 이때 각판 장소는 감영이었기보다 도산서원 인근이었을 가능성이 있다. 『송재선생문집』은 충주목에서 각판해서 도산서원으로 이판하였고, 『퇴도선생자성록』은 나주목에서 각판해서 도산서원으로 이판한 것이다. 『누판고』와 『영남읍지』에 수록된 판목의 대다수는 전체 판목은 아니더라도 판목의 일부는 확인되었다. 도산서원에 장치되지 않은 나머지 1종은 『경서석의』의 판목인데, 행방을 전혀 알지 못하고 있다.

한편 『영남읍지』에 수록된 퇴계의 유묵판으로 「도산기(陶山記)」·「원조오잠(元朝五箴)」·「임거십팔영(林居十八詠)」·「어부사(漁父辭)」는 확인되지 않았으나, 도산서원에서 한국국학진흥원에 기탁한 책판에서 「도산십이곡(陶山十二曲)」·「병명(屛銘)」·「사물잠(四勿箴)」·「사시음(四時吟)」·「성재팔영(惺齋八詠)」·「퇴계잡영(退溪雜詠)」·「단사팔영(丹砂八詠)」·「회재시판(晦齋詩板)」은 확인할 수 있다. 『누판고』와 『영남읍지』에 수록되지 않았으나, 책판이 전래되는 것은 20세기에 각판된 경우이다.

판목수에 있어서 가장 적은 수량이 전래되고 있는 판은 『무서변파록』 1판, 『후계집』의 2판이며, 가장 많은 수량이 전래된 경우는 『퇴계선생문집』 계묘판 1,143판이다. 낙장 없이 전체 판목이 전래되고 있는 것은 『교남빈흥록』, 『근시재문집』, 『농암선생문집』, 『도산급문제현록』, 『몽재선생문집』, 『문순공퇴도이선생묘갈명』, 『송계원명이학통록』, 『송재선생집』, 『역학계몽전의』, 『오가산지』, 『운암일고』, 『퇴계선생자성록』의 12종이다. 『계암선생문집』, 『고경중마방』, 『온계선생일고』, 『주자서절요』는 1판이 부족하다. 상당수 완판이 전래되고 있어 다행이지만, 문제는 마멸도라고 하겠다.

조선은 중국과 달라 인구수 즉 문인과 학자의 수가 절대적으로 적어 영리를 목적으로 각판하기 어려웠다. 이에 국가나 지방 관청을 제외하고는 여건이 되는 사찰, 서원, 서당, 대가에서 간행해 기증으로 유통시켰었다. 사찰은 신도들의 시주로 성사시킬 수 있었지만, 서원은 당해 서원의 힘으로만 간행하기 버거워 여러 서원과 주향자와 관련 있는 가문의 찬조를 받아야 했다. 문집의 경우 대개 후손의 가문에서 각판하였으나, 드물게는 홍유(鴻儒)가 남긴 거질의 서적을 각판하자면 많은 비용을 한 집안의 형편으로는 감내하기 어려우므로 대개 지역사회가 협조하여 간행하였다. 퇴계의 문집을 간행할 때는 도내 여러 서원 또는 관련 문중과 문인들의 협조로 간행비를 조성하였다.

도산서원의 院規에 크게 영향을 미친 퇴계 선생이 작성한 이산서원(伊山書院)의 원규에 "제생들이 독서하는데 『사서오경』을 본원으로 삼고 『소학』과 『가례』를 문호로 삼으며, … 여러 사적과 자서와 문집, 문장과 과거 공부 또한 널리 힘쓰고 두루 통달하여야 한다."[139]고 하였다. 서원은 교육기관이었으므로 교육의 본원과 문호가 되는 서적을 필수적으로 간행해야 했을 것으로 보인다. 그러나 도산서원에서는 이들 서적은 전혀 간행하지 않았다. 이는 서원에 입원한 제생은 이미 상당히 높은 수준의 교육을 마친 후였으므로, 이들 서적은 모두 기본적으로 갖추고 있었기 때문이라 볼 수 있다. 또한 서원도 이미 수장하고 있었을 것이다. 그러므로 이보다 수준 높은 서적을 간행할 필요성이 있었던 것이다. 따라서 도산서원은 교육과 서적 생산을 통해 조선 지식사회의 지력을 높이는데 큰 역할을 한 것으로 볼 수 있다.

Ⅴ. 결언

도산서원은 조선 수원(首院)으로서 학문과 교육에 있어 단연 조선을 선도하였다. 서적의 각판에 있어서도 다른 서원을 선도하였음은 말할 것도 없다. 『도산급문제현록』의 최종고인 이야순의 증보본에는 경향 각지의 260여 명의 문인이 수록되어 있다. 그만큼 영향력이 전국적이었다. 또 그에 걸맞은 각판 활동도 하여 선조 9(1576)년 각판한 『송계원명이학통록』을 위시하여 1924년 『오가산지』까지 24종의 서적을 각판하고, 외지에서 판각한 책판도 3종을 장치한 것으로 집계되었다.

서원 간본의 중심은 주향자의 저작이다. 도산서원의 주향자인 퇴계의 저작은 10종 38%, 퇴계 일문의 저작은 6종 23%, 영남학파의 저작은 6종 23%, 기타 5종이다. 주향자 퇴계와의 관련성이 매우 높은 것을 볼 수 있다. 학파와의 관련성에 있어서도 대다수 퇴계학파와 관련이 있는 저작이다.

퇴계 재세시 각판은 없었으며, 도산서원에서 최초로 각판한 서적은 선조 9(1576)년 각판한 『송계원명이학통록』이다. 마지막으로 1924년 『오가

139) 李滉, 『退溪先生文集』, 影印本, 學民文化社, 1990, 卷41 伊山院規, 3517~3521쪽.

산지』를 각판하였다. 16세기 도산서원 각판본은 2종이며, 장판본이 2종이 있어 16세기 각판은 4종이다. 17세기 9종, 18세기에는 7종에 장판 1종, 19세기 2종, 20세기 4종이었다. 조선 후기 학술이 가장 발달했던 17~18세기에 가장 많은 서적을 간행하였으며, 이후 하향곡선을 그리게 된다. 서원의 흥성이 조선 문예의 흥성과 궤를 같이 한 것으로 보인다.

도산서원에서 초각한 서적은 16종, 초각·중각한 서적은 3종, 초각·중각·삼각한 서적도 1종이다. 도산서원에서 중각한 서적은 3종, 중각·삼각한 서적도 3종이다. 구(九)간본을 각판한 서적은 『주자서절요』 1종이다. 따라서 도산서원에서 초각한 서적이 중심인 것을 볼 수 있다.

주제에 있어서는 경부 서적 2종, 사부 서적 6종, 자부 서적 4종, 집부 서적 15종 57%이다. 집부 서적이 압도적으로 많았다. 이는 경남지방 서원에서 자부 별집류를 가장 많이 각판해 45%를 간행한 것과 동일 선상이었음을 볼 수 있다. 자부 서적에 있어 중국에서는 과학기술 특히 의학서적도 상당히 간행된 것으로 보이나, 도산서원 각판본은 유가류 서적을 제외하고는 전무한 형편이다. 당시의 사조가 그대로 반영되어 있으며, 주자학 교조주의가 여실히 드러난다고 하겠다.

도산서원에서 각판한 서적은 강학과는 직접적으로 관계없는 서적이 주류였음을 볼 수 있다. 그러나 다른 서원에서는 강학과 관련있는 서적의 간행이 거의 없다할 정도인 반면 도산서원에서 판각한 서적에는 강학과 관련있는 서적도 상당수 판각했다는 점이다. 바로 『경서석의』·『역학계몽전의』·『송계원명이학통록』·『고경중마방』·『주자서절요』·『퇴계선생언행록』·『퇴계선생자성록』 등을 들 수 있다. 이는 도산서원의 한 특징이라 할 수 있을 것이다.

마련해둔 활자가 없는 상태이고 당시 민간에서는 각판하는 것이 일반적이었으므로 27종 모두 목판본이다. 도산서원에서 각판한 판목은 24종이며, 장판(藏板)한 판목도 3종이 있었다. 『교남빈흥록』은 경상감영이 주관해 각판했고, 『송재선생문집』은 충주목에서 각판했으며, 『퇴계선생자성록』은 나주목에서 각판한 것인데, 도산서원으로 이판(移板)한 것이다. 또 도산서원 각판본으로 서원에 수장되어 있던 판목이 후에 종가로 반출된 판목은 『계암선생문집』, 『근시재문집』, 『농암선생문집』, 『운암일고』의 4종이고, 역동서원으로 반출된 판목은 『단양우씨족보』이다. 『경서석의』의 판목은 행방을 알지 못하고 있다. 따라서 도산서원에 장치되어 한국국학진흥원에 기탁된 책판은 21종이다.

당시 도산서원에서 각판한 서적은 『누판고』와 『영남읍지』에서 확인된다. 한편 『영남읍지』에 수록된 퇴계의 유묵판으로 「도산기」·「원조오잠」·「임거십팔영」·「어부사」는 확인되지 않았으나, 도산서원에서 한국국학진흥원에 기탁한 책판에서 「도산십이곡」·「병명」·「사물잠」·「사시음」·「성재팔영」·「퇴계잡영」·「단사팔영」·「회재시판」은 확인할 수 있다.

판목수에 있어서 가장 적은 수량이 전래되고 있는 판은 『무서변파록』 1판, 『후계집』의 2판이며, 가장 많은 수량이 전래된 경우는 『퇴계선생문집』 계묘판 1,143판이다. 낙장 없이 전체 판목이 전래되고 있는 것은 『교남빈흥록』, 『근시재문집』, 『농암선생문집』, 『도산급문제현록』, 『몽재선생문집』, 『문순공퇴도이선생묘갈명』, 『송계원명이학통록』, 『송재선생집』, 『역학계몽전의』, 『오가산지』, 『운암일고』, 『퇴계선생자성록』의 12종이다. 『계암선생문집』, 『고경중마방』, 『온계선생일고』, 『주자서절요』은 1판이 부족하다. 상당수 완판이 전래되고 있어 다행이지만, 문제는 마멸도라고 하겠다. 반면 『경서석의』와 『단양우씨족보』 판목의 행방을 알 수 없다.

또한 간행의 전말을 기록한 일기도 편찬하였는바 『퇴계선생문집』의 보각과 중각시의 간행 과정을 기록한 『선생문집개간일기』와 『퇴계선생문집중간시일기』, 『도산급문제현록』의 간행 과정을 기록한 『급문록영간시일기』, 퇴계의 숙부 이우의 문집 속간시의 『선조송재선생문집중간시기사』, 이이순의 문집 『후계집』의 간행 과정을 기록한 『선조문집간역시일기』의 5종이 확인되고 있다. 이들 5종을 통해 책판의 간행논의 과정·인적인 구성·원고교정·경비의 규모, 마련과 결산·판재 마련·장인 동원·각판, 인출, 장황의 제작 과정·간본의 반질 등에 대해 알 수 있다. 그 간행 과정과 당시의 경제 사정까지 알 수 있는 점에서 가치가 높다.

『퇴계선생문집』과 같은 거질의 서적을 각판하자면 많은 비용이 필요한데, 이 비용을 한 집안의 형편으로는 감내하기 어려우므로 지역사회가 협조하여 간행하였다. 퇴계의 문집은 간소(刊所)를 별도로 설치하여 도내 여러 서원 또는 관련 문중과 문인들의 협조와 특정 유지의 기부금으로 간행비를 조성하였다. 『도산급문제현록』을 판각할 때는 퇴계의 제자들이 모두 대상이 되므로 역시 도감을 구성하고 업무를 분장해서 간행했다. 일기에는 간행의 경비마련과 결산, 판재 마련과 각수 동원, 각판 작업, 인출작업과 장황, 반질에 대한 언급은 보이지 않는다. 다만 경비를 부조한 내용에 대해서는 따로 『부조기(扶助記)』에 기록되어 있고, 지불한 비용에 대해서는 따로 『하기(下記)』에 기록되어 있어 그 내역을 알 수 있다.

이상으로 도산서원에서 간행한 서적을 개략적으로 살펴본바 도산서원에서 간행한 서적의 규모를 짐작할 수 있게 되었다. 더구나 도산서원에는 간행과 관련한 각종 필사본, 간본, 판목과 일기가 남아 있어서 조선시대 서원에서의 서적 간행의 과정과 내용을 거의 정확히 알 수 있다는 점에서 사료적 가치가 높다. 도산서원은 학문적인 면에서도 선도적인 서원으로 기능하였고, 서적 간행에 있어서도 선도적인 기능을 한 것이 증명되었다.

【참고문헌】

1. 원자료

『及門錄營刊時日記』, 筆寫本, [1913].

金性溵, 『東國文獻院宇錄』, 木板本, [刊行地未詳.

陶山書院, 『藏書置簿』, 寫本, [光武 1(1897)].

陶山書院, 『藏板閣冊板目錄 ; 壬午 七月』, 寫本, [1942].

『東儒書院總錄』, 筆寫本, [刊寫地未詳.

『嶺南邑誌』, 寫本, [高宗 8(1871)].

朴容大 等, 『增補文獻備考』, 鉛活字本, [[隆熙 2(1908)].

ㅕ汾李誣錄事變日記』, 寫本, [1931].

徐有榘, 『鏤板考』, 大同出版社, 1941.

『書冊目錄』, 寫本, [純祖 15(1815)].

『先生文集改刊日記』, 筆寫本, [1817].

『先祖文集刊役時日記』, 筆寫本, [1909].

魚叔權, 『攷事撮要』, 木版本, [宣祖 18(1585)].

李鉉式, 『慶尙道誌』, 鉛活字本, 具翰會方, 1936.

鄭源鎬, 『嶠南誌』 鉛活字本, 李根泳房, 1940.

『俎豆錄』, 木版本, [刊年未詳.

『退溪先生文集重刊時日記』, 筆寫本, [憲宗 9(1843)].

2. 문집

李頤淳, 『後溪集』, 木版本, [刊年未詳.

李滉, 『退溪學文獻全集』 啓明漢文學研究會, 1992.

正祖, 『弘齋全書』, 整理字本, [純祖 14(1814)], 卷184 羣書標記.

趙穆, 『月川先生文集』, 木板本(初刊本), [刊年未詳.

3. 단행본

鄭亨愚·尹炳泰, 『韓國의 冊板目錄』, 서울: 保景文化社, 1995.

『경북지역의 목판자료 (1)』, 한국국학진흥원, 2005.

『陶山書院 古典籍』, 안동: 한국국학진흥원, 2006.
정만조 등, 『도산서원과 지식의 탄생』, 파주: 글항아리, 2012.

4. 논문

강경현, 「宋季元明理學通錄의 구성과 의의」, 『한국학연구』 32, 2014.
金建佑, 「이언적 관서문답록 훼판시비」, 『藏書閣』 14, 2005.
김남기, 「규장각 소장 嶺營藏板의 현황과 성격」, 『嶺南學』 61, 2017.
김순석, 「유교사회와 책판 제작의 사회문화사적 의의－『선생문집개간일기』를 중심으로」, 『한국학연구』 32, 2014.
김순희, 「李堣의 松齋先生文集에 관한 연구」, 『書誌學硏究』 45, 2010.
金彦鍾, 「退溪先生言行錄 小考」, 『淵民學志』 4, 1996.
金鍾錫, 「陶山及門諸賢錄의 集成과 刊行에 관하여」, 『韓國의 哲學』 28, 2000.
邓洪波·赵偉, 「조선왕조 서원제도 수용에 관한 몇 가지 문제」, 『韓國書院學報』 9. 2019.
문석윤, 「退溪文集의 정본 편성 과정에 대한 일 고찰」, 『退溪學論集』 17, 2015.
朴鍾培, 「學規에 나타난 조선시대 서원교육의 이념과 실제」, 『한국학논총』(국민대) 33, 2010.
裵賢淑, 「紹修書院 收藏과 刊行 書籍考」, 『書誌學硏究』 31, 2005.
裵賢淑, 「書院 板刻本의 淵源 硏究」, 『韓國書院學報』 11, 2020.
徐廷文, 「退溪集의 初刊과 月川·西厓 是非」, 『北岳史論』 3, 1993.
서종학, 「경서석의 서지 및 국어학적 고찰」, 『人文硏究』 17, 1989.
설석규, 「한국국학진흥원 소장 필사본 月川先生文集」, 『국학연구』 5, 2004.
沈慶昊, 「錦城開刊 溪山雜詠과 庚子本 退溪文集의 刊行 經緯에 대한 일 고찰」, 『季刊書誌學報』 19, 1997.
呂增東, 「退溪先生自省錄 初刊羅州本 解題」, 『退溪學報』 61, 1989.
우인수, 「조선후기 도산서원 원장의 구성과 그 특징」, 『退溪學과 儒敎文化』 53, 2013.
우정임, 「退溪 門徒의 서적간행과 書院의 기능」, 『지역과 역사』 22, 2008.
윤상기, 「密陽 禮林書院版本考」, 『인문학과 문화』(동의대학교), 2004.2.
윤상기, 「山淸 德川書院版本考」, 『東義論集』 40(인문사회과학편 Ⅰ), 2004.
윤상기, 「조선조 경남지방의 서원판본」, 『書誌學硏究』 60, 2014.
李謙魯, 「退溪先生文集 重刊時日記 解說」, 『奎章閣』 2, 1978.

李東厚, 「眞城李氏 族譜의 槪略」, 『東洋禮學』 12, 2004.
이병훈, 「도산서원의 자료정리, 성과·현황·과제」, 『서원 기록문화 정리, 보존관리 현황과 과제』, 한국의 서원 세계유산 등재 추진단, 2012.
이병훈, 「경주 옥산서원의 장서 수집 및 관리 실태를 통해본 도서관적 기능」, 『한국민족문화』 58, 2016.
이수환, 「서원 기록자료 정리의 현황과 과제」, 『민족문화논총』 52, 2012.
이수환, 「영남지역 퇴계문인의 서원건립과 교육활동」, 『국학연구』 18, 2011.
李源周, 「退溪先生文集 硏究」, 『嶠南漢文學』 1, 1988.
李源周, 「退溪先生文集과 退溪先生全書」, 『退溪學報』 62, 1989.
李春熙, 『朝鮮朝의 敎育文庫에 관한 연구』, 景仁文化社, 1984.
임기영, 「古鏡重磨方의 刊行과 版本」, 『書誌學硏究』 56, 2013.
전재동, 「퇴계학파 經傳註釋의 전승과 論語釋義」, 『국학연구』 25, 2014.
鄭錫胎 外, 「陶山書院 光明室 및 上溪 光明室 所藏資料 撮影 結果 解題」, 『退溪學報』 114, 2003.
鄭錫胎, 「書簡 중심의 문집 출현과 退溪集 ; 退溪集 諸 異本에 대한 한 고찰」, 『退溪學論集』 17, 2015.
鄭錫胎, 「退溪集의 編刊 經緯와 그 體裁」, 『退溪學論集』 2, 2008.
鄭羽洛, 「퇴계언행록의 형성과정과 제자들의 '퇴계' 인식」, 『退溪學論集』 17, 2015.
赵国权, 「重文의 시각에서 본 양송시기 서원의 도서간행에 대한 고찰」, 『한국서원학보』 5, 2017.
崔宇景, 『陶山書院 光明室 장서의 변천과 서지적 분석』, 博士論文(경북대), 2020.2.
崔彩基, 『退溪 李滉의 朱子書節要 編纂과 刊行에 관한 硏究』, 博士論文(성균관대), 2013.2.

5. 기타

한국국학진흥원 홈페이지.

청말 서원 장서 제도 연구

등홍파(鄧洪波)·장효신(張曉新)

아편전쟁 이후 중국 사회에서는 거대한 변혁이 발생하였다. 학술 차원에서 국가의 문호가 개방되면서 서학이 점차 유입되었고, 나아가 중국 국학과의 충돌 및 융합이 일어났다. 이에 서원은 학술 및 교육의 주요 거점으로서, 그 발전과 건설에 있어 자연스럽게 시대적 영향을 받게 되었다. 어떤 학자는 지적하기를 두 차례 아편전쟁 이후, 자본주의의 유입에 따라 중국 각지 무역항에서는 새로운 형태의 상인들이 출몰하게 되었는데, 그들은 과거(科擧)보다는 서학에 더욱 깊은 흥미를 보였고, 그들의 서원 창립 이념은 청초, 중기의 염상(鹽商)들의 그것과는 이미 달랐다고 한다.[1)]

비록 이후 서원의 발전 과정에 있어 상인들이 서원 건설을 주도하였는가에 대해서는 논쟁의 여지가 있지만, 청말 서원이 청초, 중기 서원의 발전적 특징과는 분명히 다르다는 점에 대해서는 이견이 없다. 소위 "삼천 년 이래 미증유의 대변혁"이라는 역사적 배경 아래에서, 서원 관리자들은 '경세치용(經世致用)'의 원칙을 계승하였고, 또한 중-서, 신-구의 균열 사이에서 실행 가능한 교육 양식을 모색하였으며, 이에 적합한 인재를 배양해냄으로써 구세안민(救世安民)의 목표를 이루고자 하였다. 특히 동치(同治) 연간부터 청 정부는 '중흥(中興)' 시기를 맞이하게 되었는데, 태평천국운동이 종식되고 양무운동이 점차 발전하기 시작하였으며, 서학동점(西學東漸)이 점차 가속화되었다.

이에 청말 서원은 유례없는 빠른 발전기에 이르게 되었는데,[2)] 교습 내

1) 李國均, 『中國書院史』, 長沙, 湖南教育出版社, 1994年, 第794頁.

용, 장서 구조, 그리고 인사 초빙 등 여러 방면에서 모두 다채로운 국면을 드러내었고, 더욱이 장서 제도의 설치 및 건설 방면에서는 매우 강력한 시대적 특징을 갖추게 되었다. 비록 청 정부는 1901년 서원을 학당(學堂)으로 바꾼다는 조칙을 내리고 인위적으로 서원의 빠른 발전 추세를 단절시켰으나, 제도 개정의 조령(詔令)이 하달된 이후에도 서원의 발전은 어느 정도 지속되었다. 전문가의 통계에 따르면, 청말의 절대다수 서원이 개정된 조령을 즉시 적용하였지만, 또한 극소수의 서원은 민국 초년까지 그것을 미루었다.[3] 이 때문에 본문에서 토론하려는 청말 서원 장서 제도는 위로는 동치 원년(1862)에서 아래로는 선통(宣統) 3년(1911), 즉 신해혁명(辛亥革命) 전까지로 그 기간을 한정할 것이다.

청말 서원 장서 제도에 관한 연구는 대부분 서원의 장서를 전체 사업으로 삼는 토론 가운데 이루어졌으며, 이는 서원 장서 제도에 관한 토론도 겸한다. 등홍파 교수는 이에 관한 많은 공헌을 이루었는데, 그의 역대 서원 장시에 대한 연구는 장서 사업의 전체 상황에 대한 총괄과 장서 관리 체계, 그리고 장서 목록 등 여러 방면에 미치고 있다. 청말 서원 부분에 있어서, 그는 일찍이 동치 2년(1863)에 준공된 잠언서원(箴言書院) 및 장서 목록에 관하여 상세하게 연구하였으며 아울러 그 『원목(院目)』과 『사고총목(四庫總目)』의 목록 범주에 관해서도 비교 연구를 진행하였다. 그는 잠언서원의 장서관리를 긍정적으로 받아들이고 잠언서원의 장서는 분명 어느 정도 이미 대중에 대한 시범적 개방을 이루었을 뿐만 아니라 대단한 진보성을 갖추었다고 지적한 바 있다.[4] 그는 또한 청대 말기의 강소서원(江蘇書院) 장서 사업에 대해서도 일련의 고찰을 한 바 있는데, 이 시기 강소서원의 장서 관리는 이미 제도화와 규범화를 시작하였으며, 비교적 완전한

---

2) 鄧洪波, 『中國書院史』, 武漢, 武漢大學出版社, 2012年, 第245頁.
3) 鄧洪波, 「晩淸書院改制的新觀察」, 『湖南大學學報(社會科學版)』, 2011年 第6期.
4) 鄧洪波, 「箴言書院及其藏書(上下)」, 『圖書館』, 1988年 第6期, 1989年 第2期.

도서 등기, 목록 편찬, 대여, 배상, 보관 등 여러 일환에서의 규장 제도를 형성하였다고 지적한다.[5)]

장근화(張根華)는 청대 복주(福州) 치용서원(致用書院)의 장서 전파 과정을 토론하면서 일부 서원의 장서 제도를 언급한 바 있다.[6)] 장효신(張曉新) 등은 청말 서원 장서 방법과 근대 도서관 장서 방법 간의 계승 및 구현 관계에 관해 연구하였다.[7)] 왕려(王麗)는 청말 하남(河南) 지역 장서루(藏書樓)의 근대화 양상을 토론하면서 소위 치용성(致用性)이 바로 청말 서원 장서루의 중요한 특징이라 생각하였고, 아울러 정의서원(正義書院), 예남서원(豫南書院) 및 대량서원(大梁書院)의 장서 관리 제도에 대한 고찰을 진행하였다.[8)] 추계향(鄒桂香) 등은 청말 서원 장서 이념에는 "단일함에 국한된 것"으로부터 "모든 것을 받아들이는" 전환이 있었으며, 이는 장서 사업의 근대화 경향과 특징을 분명히 드러내는 것이라 말하였다. 아울러 수많은 청말 서원의 장서 목록 및 장서 관리 규장을 열거하면서 서원 장서의 근대화 특징을 논술, 풍부한 관점 모델들을 논증하였다.[9)]

이상과 같이 현재 청말 서원 장서 제도에 관한 연구는 비록 이미 비교적 풍부한 성과가 축적되어 있지만, 그 토론 범위는 주로 서원 장서를 전체 사업으로 삼아 고찰한 것들이며, 서원 장서 제도만을 겨냥한 심도 있는 연구는 없는 실정이다. 본문에서는 관련 선행 연구들을 기초로 삼아 청말 서원 장서 제도에 관한 관련 문헌들을 최대한 수집하여 청말 서원 장서 제

---

5) 鄧洪波, 「簡論晩淸江蘇書院藏書事業的特色與貢獻」, 『江蘇圖書館學報』, 1999年 第4期.

6) 張根華, 「淸代福州致用書院藏書硏究」, 『三明學院學報』, 2016年 第1期.

7) 張曉新·何燕, 「我國早期圖書館章程對近代書院藏書制度之繼承與發揚」, 『圖書館』, 2018年 第7期.

8) 王麗, 「晩淸河南地區藏書樓的近代化轉變」, 『佳木斯大學社會科學學報』, 2020年 第1期.

9) 鄒桂香·高俊寬, 「我國書院藏書事業近代化的曆程、特征與意義」, 『圖書館建設』, 2021年 第3期.

도 전반에 걸친 윤곽을 잡아볼 수 있도록 할 것이다.

Ⅰ. 청말 서원 장서 제도의 보급 : "비필비(非必備)"로부터 전체(全體)에 이르는 경동성(傾同性)

다양한 서원 제도 가운데 장서 제도는 매우 특수한 유형에 속한다. 우선 그것은 필수 제도에 속하지 않는다. 그 까닭은 모든 서원이 장서를 갖추고 있지 않을 뿐만 아니라, 설령 장서를 갖추고 있는 서원이라 할지라도 반드시 장서 제도를 제정하는 것은 아니었기 때문이다. 이 때문에 이 제도는 서원 제도들 가운데 필수 요소에 포함되지 않는 것이다. 다음으로, 서원 제도 가운데 비필수(非必須) 요소로서 장서 제도는 매우 중요하다. 왜냐하면 이 제도는 반드시 필요한 요소가 아님으로써 그 강력한 영향력을 보여주기 때문이다. 근대의 도서관은 청말 서원의 수많은 장서 규칙들을 직접적으로 계승하고 사용하였으니, 그 영향력이 매우 크다고 할 수 있다. 마지막으로, 청말 서원 장서 제도는 특정한 역사적 조건 아래에서 청말 서원의 학술 변혁에 대한 수용, 흡수 정도를 반영할 뿐만 아니라 학술 발전의 맥락에서 서원의 역할을 나타내주기도 한다. 그러므로 서원 장서 제도에 대한 심도 있는 검토가 필요하다.

종합적으로 보면, 청말 서원 장서 제도는 산업적인 규범화 기준이 마련되어 있지 않았고, 각 서원마다 기본적으로 장서 상황을 고려하여 제도를 건립하였다. 이렇게 한편으로는 서원 관리자나 주관자의 이념의 영향을 받고, 다른 한편으로는 각 지역 간의 경제 문화 발전수준에 영향을 받으면서 전체적으로 들쭉날쭉한 특징을 보이고 있다. 예를 들어, 서원 장서 제도는 그 설치의 상세함과 약례가 각기 다른데, 청말 일부 서원은 상세한 장서 제도를 제정한 바 있다. 우선 대량서원을 보면, 여기에서 광서(光緒) 24년(1898)에 제정한 장서 제도는 『대량서원 구서약례(大梁書院購書略例)』(7조),

『대량서원 편차목록약례(大梁書院編次目錄略例)』(9조), 『대량서원 장서 열람규칙(大梁書院藏書閱書規則)』(12조)[10]이라는 세 종류의 다른 제도를 포함한다. 이는 부문별로 분류하여 장서 구입, 정리 및 대여에 관한 프로세스들을 규범화한 것이다.

광서 연간의 혜주(惠州) 풍호서원(豐湖書院)은 모두 56조로 구성된 제도를 제정하였는데, 이는 차서약(借書約), 수서약(守書約), 장서약(藏書約), 연서약(捐書約) 4개 부문으로 나누어 서적의 대여, 보존, 마련 각 방면에서 모두 상세한 규정을 해 두었다. 그러나 또한 상당히 많은 청말 서원들은 별도의 장서 제도를 제정하지 않았으며, 총 서원 규약에 소량의 장서 관리에 관한 조항을 넣음으로써 장서의 사용을 규제하였다. 예컨대 동치 연간의 호주(湖州) 안정서원(安定書院)의 『중정안정서원 장정(重訂安定書院章程)』에는 장서에 관한 단 하나의 조목만이 존재한다.

> 서원의 서적은 배우는 이라면 모두 이를 준수하여 열람한다. 다만 책을 반출하거나 빌려줄 수 없다. 열람 후에는 책장에 되돌려 놓아 유실되지 않게 한다.[11]

광서 23년(1897) 『절강 구시서원 장정(浙江求是書院章程)』에도 다만 하나의 조목에서 장서에 관해 언급한다.

> 아홉, 서적과 기구. 서원에서 높고 시원한 장소를 택하여 선반에 서적과 기구를 둔다. 관청 서기관을 데리고 함께 서원을 살펴볼 때 수시로 문제점을 검사한다. 여름, 겨울에는 분별하여 햇볕에 잘 쪼여서 오래 두도록 한다. 만약 학생들이 서적을 열람하거나 기구를 사용하고자 한다면, 감원에게 별도로 허가를

---

10) 鄧洪波主編, 『中國書院學規集成』, 第二卷, 上海 : 中西書局, 1999年, 第836-838頁.

11) "院中書籍, 凡肄業之人, 均准取閱, 惟不得攜出轉借. 閱後歸櫥, 俾無遺失." : (淸)佚名, 『湖州愛山安定兩書院征信錄』, 淸同治十年楊榮緖序刊本.

받아 규조(規條)에 기입하도록 한다.[12)]

이로부터 볼 수 있듯, 각 서원 간에는 장서 제도의 상세한 정도에 있어 많은 차이가 있었다. 이는 청말 각 서원 간의 발전 불균형에 기인한 것으로서, 장서 제도가 청말 서원의 제도들 가운데 비필수적이었음을 드러내는 것이기도 하다.

비록 각 서원의 장서 제도에 있어 위와 같은 불균형 현상이 존재하였지만, 청말 서원 장서 제도의 전반적인 발전 추세로 보자면 또한 현격한 경동적(傾同的) 특징을 보여준다. 청말 시국이 변화함에 따라, 더욱이 유신(維新) 사상의 영향 아래에서, 청말 서원은 거의 전통과 신식이라는 양대 대립 진영으로 분열되었다. 전자는 수구(守舊)를 대표하며, 새로운 시대를 배경으로 한 옛 사신(士紳) 계층의 완고함을 암시한다. 그리고 후자는 새로운 것을 추구하는 지식계 인사들의 부국강병에 대한 경향을 대표하며, 역사 발전에 있어 주류 방향을 보여준다.

역사 발전의 관점에서 보면, 이러한 이원화 속에서 신식서원은 역사 발전의 중심 궤도를 대표하는 것이며, 전통서원은 점차 그 말로로 치닫고 있었던 것이다. 예컨대 어떤 학자는 말하기를, "청말 신식서원은 대외 교류를 촉진하는 창구가 되었다. 그리고 전통서원은 점차 주류에서 밀려나게 되었다."[13)]고 한다. 그러나 사실 정말 그러했는가? 청말 서원 장서 제도의 건립 현황을 살펴보면, 여기에서는 결코 뚜렷한 신·구 서원의 구분이 존재하지 않는다. 왜냐하면 설령 신식서원의 대표격인 상해 격치서원(格致書院)이라 할지

---

12) "九、書籍儀器. 院中擇一高敞之處, 庋藏書籍儀器, 由監院率同司事, 不時査點,於夏冬時, 分別曝晾, 以期經久, 學生如需取閱書籍, 實驗儀器, 收監院另行妥擬, 附入規條." : 陳元暉, 『中國近代教育史資料彙編.戊戌時期教育』, 上海 : 上海教育出版社, 2007年, 第325頁.

13) 管仲樂, 「晚清公共閱讀空間中的"隱性啟蒙" – 以廈門博聞書院爲中心的考察」, 『圖書館』, 2020年 第1期.

라도, 그 서원 제도의 내용은 다른 서원들과 다를 바가 없었기 때문이다.

청말 서원의 발전은 그 내재적인 일치성을 보여준다. 그리고 장서 제도의 건립으로 말하면, 이는 신·구로 양분하기 어렵다. 가장 유력한 증명으로는 비록 청대 말기에는 전반적으로 전국 서원에 대해 어떤 선도적 영향력을 발휘할 수 있는 장서 제도가 아직 없었으나, 몇몇 서원들 간에 이미 공동으로 사용한, 혹은 장서 제도를 상호 참고했던 정황이 보인다는 점이다.

예컨대 악양서원(嶽陽書院)과 신수서원(愼修書院)은 장서 장정(章程)을 공동으로 사용하였는데, 그 장정의 명칭은 『신정 악양신수 양장서장정(新定嶽陽愼修兩藏書章程)』[14]으로 명명되었다. 무호(蕪湖) 중강서원(中江書院)은 선원서원(仙源書院)의 관례를 모방하였는데, 『중강서원 존경각 모연송서적 병장서규조(中江書院尊經閣募捐送書籍並藏書規條)』 제1조에는 "각 부처 관리들이 서원으로 기부하거나 보낸 서적들은 서적 목록에 보낸 사람의 성명을 기록하니, 선원서원의 관례를 본뜬 것이다."[15]라고 되어있다.

이처럼 장서 제도를 공동 사용하거나 상호 참조할 수 있었다. 이는 청말 서원들 간에 이미 어느 정도 협력과 교류가 전개되었음을 표명한다. 새로운 것을 추구하든, 아니면 옛 것을 고수하든 막론하고, 서원들은 모두 상호 영향을 받지 않을 수 없었다. 또한 점차 상호 참조, 공유했었던 보편적인 제도적 경향성이 출현하였으니, 나는 이것을 간명하게 경동성(傾同性)이라 부른다. 이것이 바로 본고에서 서원 제도를 논의할 때 청말 서원들을 신·구로 강제적으로 구분하지 않고 하나의 전체(整體)로 보고 논의하는 이유이다.

사실 청말 서원 장서 제도는 전체적으로 경동성의 가능성을 보여준다.

---

14) 『新定嶽陽愼修兩藏書章程』, 見鄧洪波主編, 『中國書院學規集成』, 第一卷, 上海 : 中西書局, 1999年, 第1187頁.

15) "各處官紳諸公捐送書籍到院, 卽於書目注明送書人姓名, 仿仙源書院例也." : 『中江書院募捐書籍並藏書規條』, 見鄧洪波主編, 『中國書院學規集成』, 第一卷, 上海 : 中西書局, 1999年, 第459頁.

첫째, 중국 서원 장서는 오랜 기간에 걸친 독특한 관습적인 전승이 있었다. 이 전승은 청말 서원의 장서 제도에도 남김없이 이어졌다. 둘째, 중-서 사조의 격렬한 접촉 교류 국면에 처한 청말 서원은, 이미 그 제도 차원에서 더 이상 단순하게 전통을 지속할 수 없었다. 의식적이었든 아니었든, 그것은 반드시 서학 서적 및 외래이념의 객관성을 수용할 수밖에 없었다.

전자에 대해 말하면, 중국 서원 장서 제도는 오랜 전통을 가지고 있는데, 역대 서원들은 장서의 건설을 중시했고, 동시에 상응하는 장서 제도를 제정하였다. 일찍이 대순(大順) 원년(890) 강소(江蘇) 진씨 의문서원(陳氏義門書院)에서 장서루를 건립하고, 장서 제도를 제정한 기록이 남아 있다.

> 지금 서적을 안치하는 것 외에도 반드시 보태어 설치할 것을 명한다. 서생 가운데 한 사람이 서적을 가지고 출입할 때에는 반드시 관에 알려 유실되지 않도록 해야 한다.[16)]

또 강서(江西) 백록동서원(白鹿洞書院)에서는 일찍이 『장서사의(藏書事宜)』를 편찬, 제정하였는데, 여기에는 장서에 관한 일련의 사무 등을 규정하는 내용이 있다.[17)] 그러므로 시간적인 흐름으로 보면, 청말 서원 장서 제도는 전승의 성질을 띠고 있으며, 그것은 중국 고대 서원 장서 전통의 연속인 것이다. 그리고 공간적으로 보면, 외재적으로 청대 말기라는 이 특수한 시대 배경 속에서, 비록 전국 각 지역 및 성시(城市) 간에는 분명 경제 발전 및 사회 문화 상황이 각기 달랐으나, 모두 다 함께 서방의 강력한 유입 및 그 압박을 받고 있었다. 이 때문에 청말 서원 장서 제도는 공간적인 의미에서의 경동성을 전제로 가진다.

---

16) "除現置書籍外, 須令添置. 於書生中立一人掌書籍, 出入須令照管, 不得遺失." : 『義門陳氏家乘. 陳氏家法三十二條』, 民國丁醜年平江江洲義門聚星堂刊本. 按 『陳氏家法』載於各地陳氏族譜中, 惟文字稍有出入.

17) 鄧洪波, 「明代書院的藏書事業」, 『江蘇圖書館學報』, 1996年 第5期.

청말 서원의 장서 제도는 주로 장서 설치, 목록 제정, 서적 관리, 서적 대여, 열람 등의 내용으로 구성되어 있다. 이러한 업무 내용은 근대 도서관의 핵심 업무들과 이미 매우 가까웠으며, 이들 제도는 서양 근대 도서관 제도의 정식 도입 시기보다 훨씬 이르다.[18] 이는 청말 서원 장서 제도가 특정한 시대적 배경 가운데 중국의 오랜 장서 전통에 의해 자생한 토착 양식의 성격이 강하다는 것을 의미한다.

종합적으로 보면, 청말 서원 장서 제도는 각 서원마다 설치 여부 및 상세함의 정도에 있어 차이가 있다. 그러나 시간, 공간이라는 두 차원에서의 경동성으로 인해, 청말 서원은 장서 제도 설치상에 있어 상당한 일치성을 갖게 되었다. 이는 청말 서원의 장서 이용에 있어서 실용 위주의 이념 의식이 뛰어났다는 점에서 잘 드러난다. 그리고 이는 장서 제도의 다양한 측면의 설치와 그 잠재의식에 있어서 개방화와 사회화에 대한 욕구를 반영한다.

Ⅱ. 청말 서원 장서의 개방화와 사회화

청말 서원은 기본적으로 모두 장서의 실용적 가치를 추구했으며, '경세치용(經世致用)'은 서원 장서의 주요 목적이었다. 이를 위해, 서원 장서 제도 제정자는 통상적으로 장서의 기능과 목적을 밝히고 있었는데, 이는 강령의 성격을 띠는 성명서에 해당한다. 예컨대 광서 연간『선원서원 초의공집 서적장정(仙源書院初議公集書籍章程)』에는 다음과 같이 쓰여 있다.

---

18) 按程煥文等人的研究, 早在洋務運動時期中國知識分子就開始對日本圖書館有所考察, 這個過程一直持續到辛亥革命發生, 在民國之後, 美國圖書館學的傳播才開始成爲主流, 可見晩淸時期, 我國主要受日本圖書館學的影響, 在這個過程中, 尙未見有關日本圖書館制度引入的有關論述. 見程煥文 :『晩淸圖書館學術思想史硏究』, 北京, 北京圖書館出版社, 2004年 ; 潘燕桃,程煥文, 「淸末民初日本圖書館學的傳入和影響」,『中國圖書館學報』, 2014年 第4期 ; 程煥文, 「國際視野下的中國圖書館學術思想發展」,『中國圖書館學報』, 2019年 第5期.

> 서적이 점차 채워지니 급히 독서법을 강구해야만 한다. 책을 힘써 모은 뒤와 아직 책이 쌓이지 않은 때는 상황이 크게 다르다. 문장, 경제에 관련된 책이 보이면 꺼내 두어야 하며, 정신, 복과 혜택에 관련된 책도 꺼내 두어야 하며, 풍속, 인심에 관련된 책을 꺼내어 두면 비로소 장서가 진실로 실용성을 갖출 것이다. 수많은 장서와 두루마리가 이리저리 섞여 부딪치는 모양새를 원하는 것은 학술과 지성이 풍부하도록 보이는 방법이 아니다.[19)]

이러한 이념은 이미 장서가 '쓰임(用)'을 중시하고 있음을 보여주고 있다. 또 『풍호서원 차서약(豐湖書院借書約)』에서는 이렇게 쓰여 있다.

> 지금 소장된 서적은 공공 물품(公物)이지, 한 사람의 사유 재산이 아니다(藏書家와는 다르다). 빌리지 않는 것은 소장하지 않는 것만 못하며, 읽지 않는 것은 빌리지 않는 것만 못하다.[20)]

이는 장서가 이용되어야만 비로소 가장 가치가 있게 된다는 관념을 보여주고 있다. 주의해야 할 점은, 청대 말기에는 서원이 매우 많았으며, 비록 장서 차원에서 모두 '쓰임'을 중시하기는 했지만, 그러나 그 개방도에 있어서 각기 차이가 있었다. 방금 서술한 선원서원과 풍호서원은 비록 서적의 쓰임을 강조하였지만, 그것을 사용할 수 있는 대상은 대체로 서원의 생도(生徒)들이었다. 이는 청말 서원들에게 자주 보이는 모습이다. 광서 18년(1892) 『시산서원 장정(詩山書院章程)』에서는 다음과 같이 말한다.

---

19) "書籍漸充, 急須講求讀書之法, 務令積書之後, 與未積書之先, 氣象大不相同. 要於文章經濟上見出, 於精神福澤上見出, 於風俗人心上見出, 才是藏書眞實作用, 非徒欲汗牛充棟, 萬軸琳琅, 爲誇多鬪靡計也." : 『仙源書院初議公集書籍章程』, 見鄧洪波主編, 『中國書院學規集成』, 第一卷, 上海, 中西書局, 1999年, 第473頁.

20) "今之書藏乃一府之公物,非一人之私有(與藏書家不同),不借不如不藏,不讀不如不借." : 『豐湖書藏四約』, 見鄧洪波主編 : 『中國書院學規集成』 ,第三卷, 上海 : 中西書局, 1999年, 第1348頁.

서원에 새로 배치한 서적은 많은 원중(院中) 선비들이 볼 수 있도록 갖추되, 서원 바깥으로 반출을 불허한다.[21)]

그리고 광서 23년(1897) 『교경서원 서루장정(校經書院書樓章程)』에는 다음과 같은 규정이 있다.

명단에 근거하여 원내, 원외 사람의 이름(字)을 상세히 적어둔다. 무릇 원내 사람이 아니면 모두 책을 휴대하여 아래층으로 내려갈 수 없다. 원내 사람이면 또한 반드시 부서에 상주하는 사람인지 명확히 조사를 거친 뒤에 즉시 책을 가지고 재방(齋房)으로 들어갈 수 있다.[22)]

이러한 규정들은 모두 매우 명확하게 서원 내외의 독자에 대한 구분을 두고 있다. 이는 곧 청말 서원이 비록 장서의 이용을 중시하긴 했지만, 대부분 여전히 개방의 범위에 제한을 두고 있음을 설명한다.

청대 말기 일부 서원은 장서의 사용 범위에 있어서도 원외 독자들까지 함께 고려하여 확장된 부분이 있다. 광서 30년(1887) 단계서원(端溪書院) 규정에 따르면 다음과 같다.

원내 장서 수천 권이 열람을 위해 마련되어 있다. 원내 학습자들은 빌려 읽는 것이 허가된다. 원외 사람들은 내전(內轉)에 직접 와서 읽을 수 있으며, 가지고 나갈 수 없다.[23)]

---

21) "院中新置書籍,備多士在院觀覽,不許攤移院外." : 『詩山書院章程』,見鄧洪波主編 : 『中國書院學規集成』, 第一卷, 上海 : 中西書局, 999年, 第599頁.

22) "憑單分注院內、院外字樣, 凡非院內之人, 皆不准攜書下樓, 卽院內人, 亦須查明確系常住齋者,方准攜書入齋房." : 『校經書院學會章程 附書樓章程』,見鄧洪波主編 : 『中國書院學規集成』, 第二卷, 上海 : 中西書局, 1999年, 第1085頁.

23) "院內藏書數千卷, 略備觀覽. 在院內肄業者, 准其借讀. 院外者准其到內翻閱, 不得攜出. " : 『端溪書院章程』, 見鄧洪波主編 : 『中國書院學規集成』, 第三卷, 上海, 中

그리고 광서 15년(1889) 고순현(高淳縣)의 존경서원(尊經書院)에서 제정한 『존경서원장정(尊經書院 章程)』에 따르면,

> 배우려는 선비가 있거나 여기 책을 빌려 읽고 싶은 이가 있다면, 서원에 현재 깨끗한 방을 설치하여 책상과 의자를 두었으니, 감원(監院)에게 알려 책을 빌려 읽을 수 있다. 매일 열람이 끝나면 점검하여 반납하고, 다음날 다시 와서 읽도록 한다.[24)]

광서 33년(1907) 『상해격치서원 장서루 관서약(上海格致書院藏書樓觀書約)』에서는 독자들을 차별하지 않고 있다.

> 아래층 책상에 붓, 벼루와 책박(册薄)을 갖추어 두었으니 장서루에 와서 책을 읽고 싶은 모든 이들은 먼저 방명록에 성명과 거주지를 등록하고, 한 면에 사사(司事)가 확인하고 연단(聯單)을 작성하도록 한다. (이) 증서를 증빙으로 책을 열람한다. 증서가 없으면 허가하지 않는다.[25)]

격치서원의 서적 열람 규약을 통해 보면, 외부의 사회 인사(人士)들도 모두 와서 책을 열람할 수 있었다. 이는 서원 장서의 사회적 개방에 있어 큰 한 걸음이었다.

이처럼, 청말 서원의 장서는 실용성을 강구했으며, 동시에 이미 점점 개

西書局, 1999年, 第1365頁. 按端溪書院有1877年制定『原定收借書籍規條』, 凡六條, 但未規定院內外學生借書的不同權限. 在其1887年的『端溪書院章程』中, 有兩條涉及藏書的條款, 其中一條規定了院內院外學生的具有不同的藏書借閱權限.

24) “卽有向學之士, 欲借讀此書者, 書院當設一淨室, 安排桌幾, 卽可知會監院, 取書翻閱. 每日閱畢, 卽行點交, 次日再來取閱.” : 『尊經書院章程』, 見鄧洪波主編, 『中國書院學規集成』 第一卷, 上海, 中西書局, 1999年, 第211頁.

25) “樓下桌幾備有筆硯册薄, 凡欲登樓觀書者, 請先將姓名住址及名目登册, 一面由司事照填聯單, 憑單觀書, 無單不准.” : 『上海格致書院藏書樓觀書約』, 見鄧洪波主編 : 『中國書院學規集成』 第一卷, 上海, 中西書局, 1999年, 第130頁.

방적 추세를 띠고 있었다. 이는 분명 당시 사회의 공공 수요의 영향을 받은 것이다. 예를 들면, 광서 24년(1898) 『봉오서원 장서규약(鳳梧書院藏書規約)』에서는

> 서원 장서는 다만 서원에서 상주하는 생도들만 열람할 수 있으며, 원외로 반출할 수 없다. 원 외의 여러분들께서는 각기 이 고충을 헤아려 주시어 요청하지 말아 주시길 바란다.[26)]

라고 하여, 비록 서원 장서를 반출할 수 없다는 규정을 강조하고 있지만, 조항 가운데 외부에서 이 조항에 대해 양해를 바란다는 표현이 보인다. 이로부터 미루어볼 수 있는 점은, 만약 서원 바깥의 사람이 장서 개방을 염원하는 것이 너무 강하지 않았더라면, 봉오서원이 굳이 장서 제도에 이런 조항을 두지 않아도 됐을 것이라는 점이다. 이는 곧 개방, 확대에 대한 사회적 압력을 받은 일부 서원이 이미 규정을 만들어 그 정책을 완화하고 있었으며, 청말 서원의 장서가 점차 개방에 대한 압력을 받을 것임을 예고하는 것으로도 볼 수 있다.

개방화에 부응하여, 청말 서원 장서는 또한 점차 사회화의 특징을 띠게 되었다. 장서 제도는 통상적으로 장서의 출처뿐만 아니라 서적, 기물을 기부받을 수 있다는 희망을 사회적으로 표현한다. 청말 서원 장서는 서적의 출처에 대한 설명을 매우 중시하였다. 예컨대 동치 10년(1871) 『석음서원 차서국 장정(惜陰書院借書局章程)』에서는 다음과 같이 쓰여 있다.

> 동치 10년, 강녕(江寧)을 순시하는 염법도(鹽法道) 손공(孫公)이 도부(都府)에 소청을 올려, 호북(湖北), 절강(浙江), 소주(蘇州), 강녕(江寧) 네 서국(書局)의 신

26) "書院藏書僅供住院肄業生批閱, 不得攜出院外. 若院外諸君, 各宜諒此苦衷, 勿輕啟齒." : 『鳳梧書院藏書規約』, 見鄧洪波主編 : 『中國書院學規集成』, 第一卷, 上海, 中西書局, 1999年, 第427頁.

간 경적(經籍)을 구하여 석음서원에 소장하였으며, 여러 고관 또한 각기 좋은 서적들을 가지고 보태었으니, 이름하여 '권학관서(勸學官書)'라 한다.[27]

광서 10년(1884) 『영덕서원 장정(令德書院章程)』에 따르면,

본원에 공급된 서적은 준문서국(浚文書局)에서 판각하고, 각 성(省)에 가서 구매한 서적들이다. 종류마다 감원관(監院官)이 한 부씩 승인하여 서원에 소장, 여러 생도가 열람하도록 한다. 수시로 감원관의 입회하에 공문을 수발하고, 감원관을 편입하여 교대(交代)한다.[28]

또 광서 14년(1888) 『숭문서원 장정(崇實書院章程)』에 따르면,

서원의 기구와 서적은 기부받아 안치하거나, 경비로 구비한 것들이다. 모두 동사회(董事會)와 감원(監院)이 명확하게 기록한나.[29]

이처럼 장서의 출처를 밝히는 방법은 청말 서원 장서 제도 설치의 특징이다. 그 목적은 바로 이러한 방식을 통해 사회 각계에 서원에 대한 경비, 장서 기부를 격려하는 데 있었으며, 이로써 장서를 확충하고자 하였다.

서원이 서적 기부를 받는 전통은 이미 오래전부터 시작되었다. 일찍이 남

---

27) "同治十年, 分巡江寧鹽法道孫公依言上議都府, 取湖北、浙江、蘇州、江寧四書局新刊經籍, 藏書惜陰書院, 而達官寓公又各出善本益之, 名曰"勸學官書."：『惜陰書院借書局章程,』 見鄧洪波主編：『中國書院學規集成』, 第一卷, 上海, 中西書局, 1999年, 第199頁.

28) "本院所需書籍, 由浚文書局刊刻, 暨由各省購到書籍內, 每種由監院官承領一部, 藏庋於院, 以便諸生閱看, 仍隨時同監院官眼同收發, 列入監院官交代."：『令德書院章程』, 見鄧洪波主編, 『中國書院學規集成』第一卷, 上海, 中西書局, 1999年, 第75頁.

29) "書院中器具書籍, 或經歷任捐存, 或支經費購備, 均由董事會同監院分晰登薄."：『崇實書院章程』, 見鄧洪波主編：『中國書院學規集成』, 第一卷, 上海, 中西書局, 1999年, 第354頁.

송의 주희(朱熹)는 교우들에게 백록동서원(白鹿洞書院)에 서적을 기증해줄 것을 사방으로 요청하였다. 그가 유자(劉子)에게 전해 받은 44통의 『한서(漢書)』가 백록동서원(白鹿洞書院)의 장서에 기증되었다는 것은 이미 자주 회자되는 이야기이다. 이처럼 사회 각계의 서적 기증을 호소하는 것은 중국 고대 장서 건립의 일반적인 방법이었다 할 수 있다. 어떤 학자는 "중국 고대 장서, 특히 서원의 장서는 그 주요 출처가 사회적 원조였다."[30]고 지적한다.

그러나 서원에 기증을 하는 것은 일종의 자발적 행위였지 결코 어떤 제도적 규정이 있어서 그러한 규범을 실행한 것이 아니었다. 청말 이래로 서원 장서는 규모와 수량 모두에 있어서 매우 빠른 발전을 이룩하였다. 이 때문에 어떤 학자는 심지어 서원의 사생(師生)과 사회 인사들의 원조를 획득하는 것은 청대 서원 장서 사업이 과거 왕조들보다 더욱 크게 흥성하게 된 주요 원인이라고 여기기도 한다.[31] 이러한 입장은 비록 고증되기 어렵지만, 청말 서원 장서 제도의 건립에는 관원들에게 책을 기증하도록 권유하는 조항이 다수 포함되어 있을 뿐만 아니라, 이 책들에 대한 접근방법이 규정되어 있다는 점은 청말 사회 인사들의 서원 기증이 일상화되어 있다는 방증임에 분명하다.

광서 20년(1894) 『신정 악양신수 양장서 장정(新定嶽陽愼修兩藏書章程)』의 서문에는 다음과 같이 쓰여 있다.

> 악양, 신수 두 서원에서 수집하고 구매한 자료와 서적은 모두 여러 인사가 기증한 것을 포함한다.[32]

30) 張白影, 「圖書館的社會援助」, 『中國圖書館學報』, 2000年 第1期.

31) 陳穀嘉,鄧洪波主編, 『中國書院制度研究』, 杭州, 浙江教育出版社, 1997年, 第171頁.

32) "嶽陽, 愼修兩院集資購書, 並函致各紳勸捐." : 『新定嶽陽愼修兩藏書章程』,見鄧洪波主編, 『中國書院學規集成』 第一卷, 上海, 中西書局, 1999年, 第1187頁.

또 광서 21년(1895)『중강서원 모연서적 병장서 규조(中江書院募捐書籍並藏書規條)』에는 다음과 같은 말이 있다.

> 여러 관리, 인사들이 하달하여 보내준 서적은 받는 대로 대장에 등록한다. 관(官)에서 받으면 모 성(省)의 '대헌반발(大憲頒發)'이라 기록하거나, 모 성(省) 모 관(官)의 연송(捐送)이라 기록하고, 인사(紳)에게 받으면 모 지역(地)의 모 보(甫) 선생의 연송(捐送)이라 기록한다.[33]

또한, 광서 25년(1899)의『정의서원 구치도서 이비열람유(正義書院購置圖書以備閱覽論)』마지막 조항은 다음과 같다.

> 조항은 다만 이상과 같다. 아직 구매된 서적의 양이 적으니, 읍내의 인사들 가운데 후학을 배양할 뜻이 있다면 힘써 기증하시어 확충해주시길 희망한다.[34]

광서 연간에 혜주(惠州) 풍호서원(豐湖書院)에서 제정된『풍호서원 사약(豐湖書藏四約)』에는『연서약(捐書約)』이 특별히 포함되어 있는데, 총 11조로 구성되어 있다. 이는 도서를 기증하는 데 있어서 요청되는 여러 사항을 상세하게 규정해놓은 것인데, 기증된 서적의 종류, 수량, 등기(謄記) 프로세스 등에 대해 모두 상응 규정으로 규범화해두었다. 특히 서적을 기증한 각 측 인사들에게는 증빙 서류를 발급해주었다.

---

33) "遠近官紳頒發捐送書籍, 隨到隨登薄. 官則注明某省大憲頒發, 或某省某官捐送, 紳則注明某地某甫先生捐送." :『中江書院募捐書籍並藏書規條』, 見鄧洪波主編 :『中國書院學規集成』第一卷, 上海 : 中西書局, 1999年, 第459頁.

34) "款項只有此數, 所購書籍尚少, 仍望邑中紳富有志培養後學者, 量力捐助, 以冀擴充." :『正義書院購置圖書以備閱覽論』, 見鄧洪波主編,『中國書院學規集成』第二卷, 上海, 中西書局, 1999年, 第926頁.

> 모든 기증 서적을 관리하는 이는, 어디에서든 서원으로 책을 받을 때 반드시 영수증을 작성하여 신약(信約)으로 삼아야 한다. 목도장이 보이도록 하며, 책 위에 '모년 모월 모일 모 선생으로부터 몇 종류의 얼마간의 서적을 받음, 풍호를 관리하는 동사(董事), 생도 앞' 양식을 따른다.[35)]

이러한 조치는 서원 관리자가 기증자를 매우 중시했음을 보여준다. 또한 명확한 규장 제도를 통해 기증자의 기증을 기록해두어 후세에 전하는 것이니, 기증자에 대해서도 어느 정도 일종의 심리적 격려를 조성하는 부분이 있었다. 이처럼 청말 서원 장서 제도의 건립자는 이미 서원 장서가 다만 서원만의 일이 아니라 지방 교육 발전에 관계된 공공사업이며, 아울러 지방 관리, 이사[董事]들을 격려하여 서원에 장서를 기증받기 위해 호소력 짙은 서적 기증 조항 및 상세한 관리 규칙들을 제정할 필요가 있음을 명확히 인지하고 있었다. 청말 서원들은 서적 기증 관련 조항들을 장서 제도에 포함하였으며, 서원 장서 설치에 있어 사회적 지원의 중요한 작용을 확립하였다. 이는 서원 장서가 사유 영역에서 공공 영역으로 향하는 시발점이었으며, 또한 청말 서원 장서 사회화의 구현이기도 하다.

Ⅲ. 청말 서원 장서 관리의 내부 규범화

청말 서원 장서의 개방화와 사회화는 외부를 향한 대응책이었다. 그리고 사회 대중들의 신뢰와 지속적인 발전을 이룩하기 위한 중요한 전제이자 기초는 바로 서원 장서 제도의 규범화였다. 즉 서원 장서 내부 관리의 규범화는 시대적 부응이었는데, 나는 이것을 상술한 서원 장서의 개방화 및

---

35) "凡捐書貲者, 無論自他處本處寄院時, 要取收條, 以示信約. 見刻木印, 上書"某年某月某日收到某先生捐書幾種捐貲若幹, 管理豐湖董事、生徒同啟"字樣" : 舒原,餘峰, 「中國書院的圖書征集制度」, 『湖南大學學報』, 1998年 第1期.

사회화와 서로 대조하여 서원 장서 관리의 내부 규범화라고 칭한다.

첫째, 장서 제도는 상세한 관리 과정을 개시, 건립함으로써 장서 관리와 이용의 균형을 보장하였다. 중국의 장서 전통 가운데 시적은 그 타고난 문화적 상징과 더불어 특수한 자산으로 여겨지기 때문에 역대 황실, 사찰, 개인 장서가들이 장서를 마치 보물처럼 여기고 비밀로 여기는 사례가 있었다. 그러나 서원의 장서는 그것이 본래 가지고 있는 교학적(教學的) 기능 때문에 중국 전통 장서 체계 가운데 유달리 개방적인 특징을 갖게 되었다. 서원 장서의 주요 목적은 서원 사생(師生)들의 교학이었으며, 이 때문에 장서 관리 제도의 설치에 있어서도 다른 장서 체계와는 다른 공공적 특징을 갖게 되었다.

서원 장서는 쓰임을 중시하고 소장을 가볍게 여기는 경향을 띤다. 그러나 관리 수단이 미흡한 상황에서 무조건 그 활용만 강조하게 되면 책이 다량으로 유실되게 되고, 또 지나치게 엄격한 관리 제도는 장서 이용에 도움이 되지 않았다. 『대량서원 장서서(大梁書院藏書序)』에서는 이러한 모순에 대해 매우 상세하게 논하고 있다.

> 무릇 서원에서는 장서에 관한 법을 세우는 것이 가장 어렵다. 너무 엄밀하면 열람자들이 번거롭게 되니 필시 고각(高閣)에 얽매이게 된다, 너무 소략하면 산만하여 강기(綱紀)가 없게 되니, 결국 수포로 돌아가게 된다. 이는 소략함과 엄밀함에서 중도(中)를 얻어야 하는 일이다. 여러 서생과의 협력과 유지가 있으면 작은 일들이 번거로워 그만둠으로써 비웃음당하는 것이 거의 없도록 하면 '억오선니(抑吾宣尼)'하는 선생들이 학문을 넓혀 예로 검속할 수 있게 된다.[36]

36) "夫書院藏書一事, 立法最難, 太密則閱者憚煩, 必束之高閣 ; 太疏則散漫無紀, 卒歸於烏有. 是在疏密得中, 與諸生協力維持, 庶不至爲因噎廢食者所竊笑, 抑吾宣尼之教人博文歸於約禮." : 『大梁書院藏書序』, 見陳穀嘉, 鄧洪波主編, 『中國書院史資料』 下册, 杭州, 浙江教育出版社, 1998年, 第2320-2321頁.

이처럼, 장서의 '소장'과 '쓰임' 간의 균형을 이루려면 그 적정한 정도를 잘 파악하여야 했다. 장서 보존 제도에 관한 제한은 너무 엄격하거나 간편해서는 안 되는 것이었다.

장서의 '소장'과 '쓰임'의 균형을 이루기 위해, 청말 서원의 장서 관리와 열람 제도는 두 가지 부분을 비교적 중시했다. 그 하나는 독자에 대한 분류와 관리였다. 다른 하나는 여러 유형의 도서에 대해 다양한 차원의 대여, 열람규칙을 제정하는 것이었다. 서원 장서의 대상 집단은 일반적으로 해당 서원의 사생들이었기에 수많은 서원의 장서 제도 가운데, 열람자의 신분에 대해 명확하게 요구하는 바가 있었다. 이는 앞에서 청말 서원 장서의 개방 정도에 관해 논할 때 이미 언급한 바 있으므로 더 논하지 않을 것이다. 그리고 여러 유형의 도서에 대해 다양한 열람규칙들을 제정한 까닭은 다음과 같다.

(1) 다양한 유형의 서적들은 그 자체로 각기 가치가 다르다는 것을 의미한다. 서원 장서는 다양한 유형의 서적들을 포함한다. 어떤 것은 시장에서 흔히 찾아볼 수 있는 통행본이라 저렴하고 구하기 쉬웠다. 또 어떤 것은 대형 총서(叢書)에 속하여, 매우 비싸고 구매하기도 어려웠다. 그리고 유일본(唯一本)이거나 전승되어 내려온 희귀본이었기에 실로 귀한 것도 있었다. 이 때문에, 서적 열람 제도를 제정할 당시에는 모든 서적을 동일시할 수 없었다.『중강서원 모연서적 병장서 규조(中江書院募捐書籍並藏書規條)』에서는 다음과 같이 규정한다.

> 『사』,『한』,『삼국』 및 각종 서적은 오직 필요한 경우에만 열람을 허가하며 대여 반출은 허가하지 않는다. 사사(四史)의 가격은 더욱 저렴하니 반드시 각각 한 부씩 비치해두도록 한다. 혹 몇몇 사람들이 나누어 구매하여 돌려 보아도 된다. 만약 유본(類本)을 한 번 살펴보는 것으로 충분하다면 굳이 대여할 필요가 없다. 사람들이 수시로 와서 찾아볼 것이 우려되기 때문이다. 고본(孤本), 초본(鈔本)은 더더욱 대여를 허가하지 않는다.[37]

장서의 가치가 다르면 대여, 열람 권한 또한 이에 상응하여 달라졌다. 이는 청말 서원 장서 제도가 상당한 융통성을 취하고 있었음을 설명한다.

(2) 장서 유형에 대한 대여 권한을 설정하면, 도서의 활용도를 극대화할 수 있었다. 단시간에 통독을 마칠 수 없는 대형 전질 형식의 서적의 경우, 대출 건수를 제한해 더 많은 독자가 함께 이용할 수 있도록 했다. 예를 들어 『화양서원 저서규조(華陽書院儲書規條)』에서는

> 여러 서생이 책을 볼 때 볼 책을 모두 반출해서는 안 되며, 다만 먼저 한두 권의 책만 꺼내어 보도록 한다. 다 보고 나면 다시 서가에 가져다 놓도록 한다. 이렇게 한다면 한 권의 책도 여러 사람이 볼 수 있게 된다.[38]

고 했으며, 광서 25년(1899년) 『문정서원 장서범례(文正書院藏書凡例)』의 규정에는 다음과 같이 말했다.

> 권수(卷數)가 많고 적음이 다양하다. 권수가 적은 것은 전질을 꺼내어 가도 되나, 권수가 많은 것은 매번 최대 10권까지만 꺼내어 가도록 하고 차례대로 열람하여야 한다. 열람이 끝나면 즉시 되돌려놓는다.[39]

어쨌든 이 모든 규칙은 장서 이용을 핵심으로 삼는 것이다. 아울러 장

---

37) "『史』、『漢』、『三國』及各種類書, 只准偶爾翻查, 不准借出. 四史局價甚廉, 須各置一部, 或數人分買傳觀亦可. 若類書一查卽了, 不必借出, 且恐常有人來查. 至於孤本, 鈔本, 尤不准借.": 『中江書院募捐書籍並藏書規條』, 見鄧洪波主編, 『中國書院學規集成』 第一卷, 上海, 中西書局, 1999年, 第459到460頁.

38) "諸生看書, 不准將全部攜出, 只准先取一二本, 俟看完再向鄴架調取. 若此, 則一部書可備數人看矣.": 『華陽書院儲書規條』, 見鄧洪波主編, 『中國書院學規集成』, 第一卷, 上海, 中西書局, 1999年, 第228頁.

39) "卷數繁簡不一, 簡單准取全册, 繁者每取十本, 挨次取閱, 閱畢卽還.": 『文正書院藏書凡例』, 見鄧洪波主編, 『中國書院學規集成』 第一卷, 上海, 中西書局, 1999年, 第303頁.

서 활용도의 극대화를 목적으로 두면서도 장서 관리와 이용 사이의 균형을 두루 고려하고 있으니, 이는 청말 서원 장서 제도의 매우 중요한 특징이다.

둘째, 장서 관리에 대하여 서원은 규범화된 인사 제도를 설치하기 시작했다. 장서를 효과적으로 관리하기 위해, 그리고 그 이용을 규범화하기 위해 청말 서원은 전문 인력을 배치하여 장서 관리를 하기 시작했다. 아울러 장서 제도에 있어서 이러한 인력의 직책, 복지 및 권한 범위에 대해 명확하게 규정하였다. 장서 제도의 설치로부터 보면, 비록 청말 서원은 이미 실용성을 강조하고 있었으나, 일종의 진귀한 자원들은 여전히 번잡한 수속절차를 거쳐야만 비로소 열람할 수 있었다. 서원 장서의 증가에 따라, 관리 인원 한 명으로는 점차 일상적인 업무를 감당할 수 없게 되었다. 이에 서적 관리 인원을 점차 늘리게 되었는데, 즉 개인 관리에서 집단 관리로 자연스럽게 변천하게 된 것이다.

청말 서원 장서 제도의 인사 관리 차원에서의 설계는 주로 두 종류의 인원으로 나뉜다. 하나는 관리 유형의 인원이다. 다른 하나는 규장(規藏)제도와 관리자의 지시에 따라 실제 장서 관리에 종사하는 사람들이다. 전자는 산장(山長), 감원(監院), 재장(齋長)을 맡아 서원 장서의 전반적인 업무를 담당한다.[40] 일반적으로 말하면, 산장 혹은 감원은 지위가 높고 권한이 강했으며, 업무 또한 매우 많았다. 보통 장서는 재장에게 위임하고, 재장은 산장이나 감원에게 맡겼다. 예컨대 『문정서원 장서범례(文正書院藏書凡例)』에서는 다음과 같이 말하였다.

> 재장을 세움으로써 고유한 직책이 이루어진다. 소장 서적들의 권엽(卷頁)을 정리하고 삼가 관약(管鑰)을 준수하며, 총괄적으로 관리한다. 일이 없다고 업무에서 이탈해서는 안 되며, 일이 있어서 귀가할 때는 반드시 산장에게 설명하고

40) 鄧洪波教授曾將書院藏書管理劃分爲監院負責制、齋長負責制、董事負責制、山長負責制幾種類型. 見：鄧洪波, 「試論書院藏書的管理體系」, 『圖書館理論與實踐』, 1996年 第3期.

> 사람을 택하여 대신하도록 한다.[41]

또는 산장이 주요 직책을 담당하고, 장서에 관한 일을 감원이 처리하기도 했다. 광서 24년(1898) 『봉오서원 장서규약(鳳梧書院藏書規約)』의 규정에 따르면,

> 평일에는 책장을 잠가둔다. 어떤 책을 읽고자 하는 서생은 반드시 먼저 산장에게 허가를 요청한 이후에야만 감원이 발급해줄 수 있다.[42]

또한, 여러 재장에게 장서(藏書) 사무를 위임하고, 산장이나 감원(監院)에 더 이상 청하지 않기로 합의한 서원도 있었다. 광서 22년(1896) 『속정명도서원 장정 이십조(續定明道書院章程二十條)』에는 "서원의 서적은 두 재장이 공동 관리하며, 증서를 만들어 성명을 등록하도록 한다."[43]고 했다. 그러나 특별한 예도 있었다. 예컨대 광서 원년(1875) 『봉헌서원 학규(鳳巘書院學規)』에 따르면,

> 매년 과정을 이수한 여러 공들 가운데 원숙한 한 사람을 추천하여 사사(司事)로 삼는다. 서원 서생들 가운데 어떤 책이든 열람하고 싶은 이는 반드시 수령서를 가지고 사사에게 주어야 한다. 사사가 검사하여 책을 지급해주면 열람 후 되돌려주어야 하며, 책을 더럽히거나 손상해서는 안 된다.[44]

---

41) "立齋長以專責成. 所藏書籍, 整齊卷頁, 謹守管鑰, 統歸經理. 無事不得擅離, 有事回家, 須稟明山長, 擇人庖代.":『文正書院藏書凡例』, 見鄧洪波主編, 『中國書院學規集成』 第一卷, 上海：中西書局, 1999年, 第303頁.

42) "書廚平日封鎖, 諸生欲取閱某書者, 必先請命於山長許諾, 然後監院給發." :『鳳梧書院藏書規約』, 見鄧洪波主編, 『中國書院學規集成』 第一卷, 上海, 中西書局, 1999年, 第427頁.

43) "院中書籍,歸兩齋長公同管理,立薄登名." :『續定明道書院章程二十條』, 見鄧洪波主編, 『中國書院學規集成』 第二卷, 上海, 中西書局, 1999年, 第846頁.

고 했다. 서원 장서의 관리자는 일정한 규칙이 없어 각 서원의 사정에 맞게 정해져 있었지만, 장서를 전담하는 사람을 두는 것은 통상적인 관례였다.

서적이 증가함에 따라, 청말 서원은 이미 장서 관리를 한 사람 혹은 소수 인원에게 위임하는 방식으로는 그 수요를 충족시킬 수 없음을 의식하고 있었다. 이에 서원 장서 관리자들은 집단 협력의 형태를 띠기 시작했다. 선원서원(仙源書院)에서는 다양한 관리자들에 대한 다양한 직책을 규정하고 있다.

> 서원의 서적은 모두 네 명의 총리(總理)를 둔다. 또한 따로 서원 이수자 혹은 선생 한 사람을 뽑아서 서적 대여를 전문적으로 담당하도록 하여 매년 봉급을 지급한다. 만약 서적이 유실되면 총리가 검출하고 전담자가 배상 업무를 진행한다.[45]

이 조항으로부터 보면, 서원에서는 총리 장서 담당자와 대출 담당자, 도서 분실 및 배상 감사 전담자가 함께 하나의 조를 이루어 활동하였다. 정의서원(正義書院)에도 이와 유사한 규정이 있다.

> 서원 내에는 한 사람의 재장(齋長)이 있다. 이후 서적을 보존함에 비록 서반(書辦)이 일을 담당하고 있기는 하지만 재장이 그 총괄 업무를 담당한다. 만약 (서적) 손실이 있으면 재장 또한 그 책임을 면피할 수 없으며, 감원을 통해 검열 받는다.[46]

---

44) “每年肄業諸公中保擧老成一人, 作爲司事. 齋生欲閱何書, 須具領紙與司事, 司事將書檢給, 閱後送還, 不得塗抹汙損.” : 『鳳巘書院學規』, 見鄧洪波主編, 『中國書院學規集成』 第一卷, 上海, 中西書局, 1999年, 第303頁.

45) “院中書籍, 公擧四人總理. 另擧在院肄業或在院教讀者一人, 專管借書, 每年酌幫薪水. 如有遺失, 總理查出, 專管賠認.” : 『仙源書院初議公集書籍章程』, 見鄧洪波主編, 『中國書院學規集成』 第一卷, 上海, 中西書局, 1999年, 第473頁.

46) “書院內有齋長一人. 此後存儲書籍, 雖有書辦經理, 仍由齋長總理其事. 如有損失, 齋長亦不能辭其責. 統由監院稽查.” : 『正義書院購置圖書以備閱覽諭』, 見鄧洪波主編, 『中國書院學規集成』 第二卷, 上海, 中西書局, 1999年, 第925頁.

여기에서의 '서반'은 분명 구체적인 서적 관리 업무를 담당하는 말단 관리자를 뜻하는 것이다. 주의할 점은 청말 서원은 장서 관리자, 즉 사사(司事) 사시(司書) 외에도 경관인(經官人),[47] 동사(董事),[48] 관서('官書),[49] 상서원(掌書員)[50] 등의 명칭이 있었으며, 그 직책은 주로 장서에 대한 조책(詔册) 등록, 대여금 수발, 협조 대조 장부 등을 포함하고 있으나 정책결정권은 없었다.

그들의 직속상관은 일반적으로는 재장(齋長)이었는데, 만약 서적이 유실되면 재장은 상응하는 책임을 져야만 했다. 이 때문에 어떤 서원은 장서 제도에 있어서 재장의 복지를 보장하는 조항을 설치할 수 있었다. 예컨대 광서 22년『신정 악양신수 양장서 장정(新定嶽陽愼修兩藏書章程)』에는 다음과 같이 쓰여 있다.

> 재장은 장서를 관리하며, 업무가 많고 책임이 중하니 반드시 급여를 지급하여야만 그 책임을 수행하게 할 수 있다.[51]

그런데 최종적으로 서적에 관한 모든 일은 감원이 총책임을 졌다. 이는 현대 도서관에서 실시하고 있는 관장 책임제의 의미를 담고 있다. 이러한 규정들로부터, 청말 서원의 장서 제도는 매우 명확한 인사 관리 의식을 갖추고 있었음을 확인할 수 있다.

셋째, 청말 서원 장서 제도는 이념적으로 매우 독특한 부분이 있을 뿐

---

47) 『洞溪書院章程』, 見鄧洪波主編, 『中國書院學規集成』 第二卷, 上海, 中西書局, 1999年, 第1148頁.
48) 『龍潭書院章程』, 見鄧洪波主編, 『中國書院學規集成』 第二卷, 上海, 中西書局, 1999年, 第1214頁.
49) 『校經書院章程』(“愼重官書”條), 見鄧洪波主編, 『中國書院學規集成』 第二卷, 上海, 中西書局, 1999年, 第1081頁.
50) 『淸心書院章程』, 見鄧洪波主編 : 『中國書院文獻叢刊』 第一輯, 第十八册, 第90頁.
51) “齋長管書, 事繁責重, 必須加給辛資, 乃可專以責成.” : 『新定嶽陽愼修兩藏書章程』, 見鄧洪波主編 : 『中國書院學規集成』 第二卷, 上海, 中西書局, 1999年, 第1187頁.

만 아니라, 관리 수단에 있어서도 선진적인 측면이 있었다. 그 첫째는 등기 장부와 같은 문서관리제도의 도입이다. 서원 장서는 구입, 목차 정리, 차입(借入)등록, 소장보존 등 여러 절차를 거쳤는데, 이는 서원 장서가 일정 규모에 이른 것에 따른 필연적인 결과이며, 완벽한 등기부 등본 및 일련번호 제도는 책의 활용도를 높일 수 있었다. 청말 서원 장서 제도의 등기부에는 서적 목록 장부, 도서대출 장부, 기증 장부 등의 유형이 있다.

광서 5년(1889) 『존경서원 장정(尊經書院章程)』에서는 다음과 같이 말한다.

> 감원은 세 가지 장부를 갖춘다. 먼저 보존하고 있는 서적 목록과 권수를 나열한 장부 한 권은 존서박(存書薄)으로 삼는다. 또 하나의 장부는 서생들이 책을 빌릴 때 스스로 작성하는 서적 목록 일지이다. 이를 취서박(取書薄)이라 한다. 서적 열람 후 책을 반납하면 또한 장부에 일시를 작성하여야 한다. 이것이 환서박(還書薄)이다.[52]

그리고 『신정 악양신수 양장서 장정(新定嶽陽愼修兩藏書章程)』에서는 다음과 같이 말한다.

> 등기 서적 장부 외에, 따로 열람 장부 한 부를 구비해 둔다. 감원의 도장을 사용한다. 모든 원생이 책을 수령할 때나 산장이 빌려볼 때 모두 그 장부를 친필로 쓰도록 한다.[53]

---

52) "監院預設三薄, 先將存書卷目本數開列一薄, 是爲存書薄. 再用一薄, 令諸生取書時自行填明日期書目,爲取書薄. 閱畢繳還, 亦於薄上填明某日繳, 是爲還書薄.":『尊經書院章程』, 見鄧洪波主編, 『中國書院學規集成』 第一卷, 上海, 中西書局, 1999年, 第210頁.

53) 於登記書目薄外, 另行刊備借書薄一本, 蓋用監院鈐記, 凡院生領書, 以及山長借看, 均須令其親筆登薄.":『新定嶽陽愼修兩藏書章程』, 見鄧洪波主編, 『中國書院學規集成』 第二卷, 上海, 中西書局, 1999年, 第1187頁.

즉 악양, 신수서원에서는 장서 목록뿐만 아니라 따로 한 권을 간행해 상호 참증(參證)하는 용도로 쓰기도 했다. 선원서원에서는 다음과 같은 규정이 있다.

> 읍내 사람들이 각 성에서 출사, 벼슬하는 일이 많고, 선비들이 사방으로 유학하는 일 또한 적지 않으니, 마땅히 각기 자본을 모아 서적을 구매하고 서원에 보내어 비치하도록 한다. … 서원에 서적이 도착하면 서적 목록을 모아 책을 보낸 이의 성명을 작성한다. 일단 책이 모여 서적 목록이 완성되면, 수시로 간포(刊布)함으로써 배문중학(培文重學)의 뜻을 잊지 않음을 드러낸다.[54)]

이처럼 기증자의 성명과 기증 행위를 문서로 보존하고, 책 기증자의 기여를 제도적으로 인정해 지속적으로 사회적 지지를 받을 수 있도록 하고 있었다. 이런 규정들은 청말 서원의 서적 관리가 전반적으로 문서화되는 추세를 보여준다. 무엇보다도, 대량서원은 책 구입 약례에 책 구입 대금과 명세서를 반드시 보존하도록 했다. 그 제7조에 따르면 다음과 같다.

> 기부 원계(原啟) 및 각 서적의 구매 명세서는 모두 하나의 장부에 모아서 서원에 보존해두고, 수시로 검사하도록 한다.[55)]

이 규정은 다른 서원 장서 제도에서는 보이지 않는다. 그러나 이것의 출현은 매우 중요한데, 왜냐하면 이러한 조항은 청말 서원의 장서 제도가

---

54) "邑人在各省遊宦者既多, 士人遊學四方者亦複不少, 宜各就所使, 集資商購書籍, 寄置書院. … 書籍到院, 集於書目注明送書姓名. 一俟書目積成卷帙, 隨時刊布, 以示不忘培文重學之意". : 『仙源書院初議公集書籍章程』, 見鄧洪波主編, 『中國書院學規集成』 第一卷, 上 海 : 中西書局, 1999年, 第473頁.

55) "捐款原啟及原購各書價值清單,皆彙存一總薄,存書院內,可隨時檢查." : 『大梁書院購書略例』, 見鄧洪波主編, 『中國書院學規集成』 第二卷, 上海, 中西書局, 1999年, 第837頁.

서적 수집부터 소장에 이르는 전반적인 도서 처리 과정을 형성할 것임을 예시하고 있기 때문이다. 또한, 이는 이론적으로 청말 서원이 장서 제도를 건립하는 데 있어서 완전한 전체 장서 관리절차에 매우 주의를 기울이고 있었음을 암시한다.

둘째는 일련번호(編號) 사용을 중시해 일련번호에 따른 책 관리 제도를 구축한 것이다. 책이 실제로 활용되려면 질서정연한 서적 구성 제도가 필요하다. 중국 장서 전통은 책의 분류목록 설치를 중시하면서도, 표식 기호의 설치나 사용에 신경을 쓰지 않아 실제 서적 소장에서는 책꽂이 정리를 하는 사람이 반드시 도서분류법에 익숙해야 했다.

동시에 장서 이용자도 같은 분류법에 대한 지식을 갖춰야 특정 분류체계로 정비된 책을 이용할 수 있었다. 그 결과 서적의 소장과 이용 사이에 장벽이 발생하였고, 서적의 소장과 이용은 곧 소수 지식 엘리트의 특권이 되고 말았다. 이는 객관적으로 지식의 자유로운 전파를 저해하게 되고 말았다. 청말 서원은 이런 면에서 혁신적이었다.

서원 장서 제도는 책장에 대한 일련번호 관리를 강조하였고, 서적을 일련번호에 의거하여 소장하도록 하는 규정이 강조되었다. 예컨대 봉오서원에서는 다음과 같은 규정이 있다.

> 책장은 몇 지(只)로 한다. 편(編)을 나누어 몇몇 등으로 자호(字號)를 단다. 책들은 몇 권(卷)으로 하고, 제본은 몇 본(本)으로 하고, 몇 자호(字號)의 책장에 소장한다. 서적 목록을 배열하여, 한 권은 서원 산장처(山長處)에 구비, 검속하고, 또 한 권은 필사하여 부본(副本)을 만들어 현서(縣署)에 비치, 검속한다.[56]

> 매년 6, 7월간에는 서적들을 한 차례 건조한다. 건조가 끝나면 서적 목록에

56) "書廚若幹只, 分編某某等字號, 凡某書若幹卷, 裝訂若幹本, 藏某字號廚, 開列書目, 一本存書院山長處備檢, 又照式繕一副本, 存縣署備檢." : 『鳳梧書院藏書規約』,見鄧洪波主編, 『中國書院學規集成』 第一卷, 上海, 中西書局, 1999年, 第427頁.

> 따라 원래 자호(字號)에 비치된 책장으로 되돌려놓아, 평소에 책을 쉽게 찾을 수 있도록 한다.[57)]

이 규정은 도서를 소장할 때 책장 일련번호 방식을 써서 장서를 정리한 것이다. 이렇게 되면 도서분류법에 대해 잘 모르는 사람이라도 일련번호 순서를 통해 책을 정리·활용할 수 있으니, 장서 관리에 있어 큰 발전을 이룩하게 된 것이다.

넷째, 교학에 대한 보장을 지향점으로 삼는 장서 제도의 설계이다. 청말 서원 장서의 목적은 교습, 학습을 보조하기 위한 것이었다. 이를 실현하기 위한 제도적 설계의 핵심은 장서가 흩어지지 않도록 유지하면서 교습에 최대한 힘쓸 수 있도록 하는 것이었다. 광서 17년(1891) 『교경서원 장정(校經書院章程)』의 취지에 따르면 다음과 같다.

> 서원에서 서적을 구매, 비치하는 것은 원래 서생들이 폭넓게 볼 수 있는 자료를 구비해 두려는 것이지 멋진 장관을 조성하거나 벌레들이 (책을) 좀먹게 하려는 것이 아니다. 그러나 책을 대여하고 반납하는 것도 느리거나 제한이 없다면 이 또한 지속할 수 있는 방법이 아니다.[58)]

그러므로 청말 서원은 장서 제도 건립에 있어서 적절한 수단과 방법을 취함으로써 서원의 장서를 교학의 보조수단으로 보장하였다.

청말 서원의 장서 제도는 장서의 교학 업무에 쓰이는 것을 우선으로 삼았다. 그 제도적 설계에 있어서도 이 부분이 구현되었는데, 남정서원(南菁

---

57) "每年六、七月間, 曝書一次. 曝畢, 仍照書目所開某書藏某字號櫥循序歸原, 俾平日取書易檢." 上同.

58) "書院購置書籍, 原以備諸生閱覽之資, 非所以飾壯觀、供蠹飽也. 然借書還書, 漫無限制, 亦非經久之道.":『校經書院章程』, 見鄧洪波主編, 『中國書院學規集成』 第二卷, 上海, 中西書局, 1999年, 第1081頁.

書院)의 『장서루약(藏書樓約)』에서 그 증거를 찾아볼 수 있다.

> 누각에 소장된 각 서적은 서생들이 평소에 순서대로 허가받고 열람할 수 있다. 그러나 시험 기간에는 반드시 시험용으로 사용되어야 한다. 앞에 열람한 모든 사람은 반드시 그 기간에 앞서 책을 반납하여 시험일에 쓰일 수 있게 해야 한다. 지금 시험 기간 하루 전날을 정해놓으니, 번호 장부를 확인하여 안에 열람, 시험용 서적(領閱本課應用之書)이라 되어 있는 것은 사서가 회수하도록 한다.[59)]

이 조항 뒤에는 경학(經學), 사학(史學), 학정(學政), 산학(算學), 격치학(格致學) 등 여러 유형의 도서의 반환기일이 상세히 적혀 있어 수업수요가 장서 대여와 충돌할 때 다른 일보다 우위에 있음을 보여준다. 그리고 광서 25년(1895) 중강서원의 규정은 다음과 같다.

> 책을 대여하는 것은 평시에만 허가한다. 다만 시험 기간 이전에 아직 기한이 10일을 넘지 않았더라도 반드시 반납하여 문제 출제 시기에 반출처(出處)에서 검사할 수 있도록 해두어야 한다. 출제 시기에는 와서 책을 보고 스스로 필묵을 가져와 베끼는 것만 허가되며 대여는 허가되지 않는다.[60)]

이 규정 뒤에는 그 까닭으로 "책은 한 권에 불과한데 열람자는 너무 많기 때문(緣書止一部, 查者衆多也)"이라는 해석이 있다. 서적의 교학 기능을 보호하기 위해 몇몇 청말 서원들은 심지어 지방 관료들의 대여도 사절했

59) "樓藏各書, 諸生平時例可領閱, 但課期之日須備查考, 凡前領閱者, 宜先期歸書於樓, 便課日檢用. 今定課期先一日, 查號薄內有領閱本課應用之書者, 由司書人一概收回.": 『南菁書院藏書樓約十二條』, 『南菁書院改辦學堂章程』, 淸光緒二十八年刊本.

60) "借書但准平時, 若課期前, 卽未逾十日限期, 亦須送繳, 以備出題時查考出處. 出題時但准來查, 自帶筆墨來鈔, 不准借出.": 『中江書院募捐書籍並藏書規條』, 見鄧洪波主編, 『中國書院學規集成』 第二卷, 上海, 中西書局, 1999年, 第199頁.

다. 석음서원의 『차서국 장정(借書局章程)』 규정은 다음과 같다.

> 일체 대소(大小) 문무(文武) 현임(現任), 치임(致仕) 관원(官員) 및 임시 거주 관리(僑寓仕官)들 모두 대여를 불허한다.[61]

서원 장서과는 수시로 교학 업무를 위해 정관에 조문을 만들어 관원 대출까지 사양할 정도였다. 이처럼 청말 서원 장서는 교학 중심의 임무를 견지하고 있었다.

청말 서원은 장서의 교습 촉진작용을 보장하기 위해, 장서 대여의 구체적인 기간을 정하고, 이를 이행할 수 있도록 열람자가 책을 반납하지 않거나 기한을 초과하는 행위에 대해서도 상응하는 처벌조치를 마련하였다. 청말 서원은 도서를 연체하거나 서원 장서규약을 어긴 독자에게 두 가지 벌칙수단을 규정하였는데, 바로 재대출 금지와 경제적 제재였다. 광서 13년(1887) 『관산서원 장서규조(冠山書院藏書規條)』에 따르면, 다음과 같이 열람자격 취소를 처벌 수단으로 삼고 있다.

> 책을 대여한 독자가 한 달 안에 반납하지 않으면 연체하여 내지 않은 것이니 사람을 보내 회수하도록 한다. 이후 재대출을 불허하여 연체 상황을 예방한다.[62]

또 광서 23년(1897) 교경서원(校經書院)의 『서루장정(書樓章程)』에는 이런 구절이 있다.

---

61) "凡一切大小文武現任, 致仕官員, 並僑寓仕官, 概不准借." : 『惜陰書院借書局章程』, 鄧洪波主編, 『中國書院學規集成』 第一卷, 上海, 中西書局, 1999年, 第199頁.

62) "有借書讀者限一月送還, 如過期不交, 卽遣人去取. 以後不許伊再借, 以防延擱." : 『冠山書院藏書規條』, 見鄧洪波主編, 『中國書院學規集成』 第一卷, 上海, 中西書局, 1999年, 第77頁.

> 책을 볼 수 있는 기한은 11일로 제한한다. 기한을 넘기면 관서인(管書人)이 서류에 작성하도록 한다. 세 차례 연체한 이는 명단에서 제외하고, 상부에 보고하여 서적 열람증 재발급을 불허한다.(看書限十日一繳, 過期由管書人於册上注明, 三次逾限者, 卽將憑單扣存, 稟明公紳, 不准再給看書憑單)

이 또한 마찬가지로 열람자격 취소를 처벌 수단으로 삼고 있다. 그러나 교경서원은 연체 차수를 세 차례로 늘렸고, 연체가 세 차례 이상이 되면 비로소 대출 권한을 취소할 것을 고려하고 있다. 이는 그 처벌 강도가 비교적 느슨한 편이다. 광서 26년(1900) 『정의서원 령서조례(正義書院領書條例)』에서 세운 처벌 규정은 다음과 같다.

> 반출된 서적은 여러 사람이 돌려보는 것을 금한다. 위반하는 자는 적발 시 벌금 1천 문(文)을 내야하며, 그러지 않으면 두 배를 물린다.[63]

이는 정의서원이 책 대출 권한 취소가 아니라 일종의 경제적 수단으로 처벌을 시행하였음을 보여준다. 그러므로 대출 권한을 취소하거나 경제적 수단으로 규정 위반자를 제재하는 것은, 청말 서원 관리자의 장서 관리가 이념적으로 다원화된 측면을 반영하고 있다. 그러나 어떤 수단을 쓰든 그 목적은 "장서는 사용 기한이 있다."라는 교육목표에 있었다.

Ⅳ. 서학화(西學化) 영향 아래 청말 서원의 장서 제도

청대 말기 "삼천 년 이래 미증유의 대변혁"에 직면하여, 서원에서도 매

63) "書籍在外, 不准輾轉借看. 違者, 一經査出, 罰錢一千文, 不卽繳者倍罰." : 『正義書院領書條例』, 見洪波主編, 『中國書院學規集成』 第二卷, 上海, 中西書局, 1999年, 第926頁.

우 중요한 변화들이 발생하였다. 그 교육 경향을 살펴보면, 과거 급제는 비록 여전히 독서인들이 추구했던 입신양명의 길이었지만, 경세치용이 이미 청말 서원의 공통 주제가 되어 있었다. 광서 21년(1895) 유광분(劉光蕡)은 다음과 같이 말했다.

> 오늘날 중국은 상업을 정비하는 것을 우선으로 삼는다. 상무(商務), 통상조약 및 각국의 교섭에 관한 서적 등을 만드는 것이 마땅히 시급하다. 서방 상인들이 이익을 획득함에 그 제조(製造)가 정밀하니, 그러므로 조기(造器)에 관한 다양한 서적을 만드는 것이 시급하다. 조기(造器)의 기원은 모두 격치(格致)에서 비롯된 것이므로, 격치에 관한 여러 서적을 만드는 것이 시급하다. 상인들 가운데 병사, 군대가 숨어 있으니 군대, 병기에 관한 서적들을 만드는 것이 시급하다.[64)]

장서 차원에서 청말 서원은 서학을 지향점으로 삼는 추세를 확실히 가지고 있었다. 이는 청밀 서원이 장서 분류법에 대한 개혁을 요구하게 된 주요 전제이다. 청말 서원 장서 제도는 전통을 계승하면서도 서양의 관념과 방법을 많이 수용하여 서학적인 특징을 뚜렷하게 나타내고 있는데, 그 주요한 반영 방식은 다음과 같다.

(1) 기존의 지식 분류체계가 점차 변동하고 있었다. 즉 사부(四部)가 점점 분과(分科)되는 추세가 일어나기 시작했다. 학자들의 통계에 따르면, 청대 말기 실학 혹은 서학 과정을 개설한 신형 서원이 36개소가 있었고, 그 가운데 호남은 9개소, 강소, 광동은 각 4개소, 사천, 강서, 하남은 각 3개소, 절강, 섬서 각 2개소, 호북, 안휘, 복건, 광서, 귀주, 운남 각 1개소로 구성되어 있다.[65)] 그리고 청대 말기에 이미 상당수의 서원이 서학 관련 서

64) "今日中國以整頓商務爲先,宜急刻商務及通商條約、各國交涉等書.西商所以獲利者,制造精也,故宜急刻造器各書.造器之原,均由格致,故宜急刻格致諸書.商賈之中,卽伏兵戎,故宜急刻戰陣軍械等書.":『味經創設時務齋章程』: 見鄧洪波主編, 『中國書院學規集成』 第三卷, 上海, 中西書局, 1999年, 第1677頁.

적을 소장하기 시작했다. 예컨대 한산서원(韓山書院)이 그 전형인데, 광서 28년(1902) 장정에서 다음과 같이 말하고 있다.

> 서원에 일찍이 서적이 없었던 적이 없다. 근래에 과거가 개정된 이후 배움에 반드시 중-서를 겸하여 힘써야만 한다. 그러나 신역(新譯)된 동서(東西) 서적은 가난한 서생들이 구하여 읽을 수가 없으니, 금전을 조달하여 지속적으로 구매, 서원 내에 비치하여 열람할 수 있도록 하여야만 한다.[66]

이는 청말 서원이 학문적으로 중-서 융합뿐만 아니라, 장서에 있어서도 중서를 함께 거두어 정리하는데 치중하게 됨으로써 전통지식체계 개혁의 토대를 정초(定礎)하였음을 보여주고 있다. 그러나 여기에서 새로운 문제가 발생한다. 서원 장서의 구체적인 소장 작업에 있어서, 서양의 학문별 지식 체계가 어떻게 중국 전통 사부(四部)의 틀에 녹아들 수 있었는가하는 점이다.

고힐강(顧頡剛)은 "중국 학문은 줄곧 일존(一尊) 관념만 있었지 분과(分科)라는 관념이 없었다."[67]고 말한다. 중국 전통 사부(四部) 도서 분류는 경(經)부로 분류하여 다른 부류의 도서를 통섭하는 것이 관례였다. 이 체계는 서양 분과 체계의 지식 구조에 비하면 힘이 부친다고 볼 수 있다. 장지동(張之洞)은 일찍이 전통 분류체계에 중-서 서적을 모두 수용하려고 시도했지만, 이후의 역사 발전은 그가 시도한 사부에 기초한 분류의 확충으로는 이 문제를 완전히 해결할 수 없다는 것을 증명하였다.[68]

---

65) 鄒桂香·高俊寬, 「我國書院藏書事業近代化的曆程、特征與意義」, 『圖書館建設』, 網絡首發.

66) "書院向無書籍, 近來科擧改章, 此後學務必中西兼習. 惟新譯東西書籍, 寒士無力購買, 應籌款陸續購置, 庋藏院內, 以供披覽." : 『韓山書院章程』, 見鄧洪波主編, 『中國書院學規集成』 第二卷, 上海, 中西書局, 1999年, 第1383頁.

67) 顧頡剛, 『古史辨自序』, 見 『走在曆史的路上－顧頡剛自述』, 南京, 江蘇教育出版社, 2005年, 第31頁.

청말 서원의 장서 제도에는 서적 분류에 관한 이론적 탐구가 적잖이 존재한다. 『대량서원 편차목록 약례(大梁書院編次目錄略例)』에 따르면,

> 어떤 책은 반드시 어떤 종류에 귀속되어야 하며, 반드시 그 사용처에 가까운 쪽을 따라야만 한다. 예컨대 『경세문편(經世文編)』은 간혹 사부(史部) 소령주의(詔令奏議)류에 들어가 있는데, 실제로 느끼기에는 어울리지 않는다. 이에 정서류(政書類)에 포함한다. 또 각 왕조의 학안(學案)은 사부전기총류(史部傳記總類)에 들어가 있으며 『독사병략(讀史兵略)』은 자부병가(子部兵家)에 들어가 있으니, 모두 그 사용이 편리하게 되어 있는 것이다.[69)]

라고 했다. 대량서원에서는 이미 이러한 변혁, 즉 서적의 분류 원칙이 종류에 따라 상호 호응해야 함을 강조하는 형태가 발생하였다. 이 제도는 비록 여전히 만세(萬世)의 경전으로 추앙받는 경사자집(經史子集)의 프레임을 벗어나지는 못하고 있었지만, 이처럼 실용 위주의 분류 규칙을 강조한 점은 비교적 진보적인 의의가 있다. 청말 서원들은 실제로 서학 서적을 소장하고 있었지만, 장서 목록 설치에 관해서는 대체로 사부(四部)를 따르고 있었다. 그리고 사부에 포함되지 않는 도서들은 최초로 카테고리를 확충하여 수용하려 했다. 대량서원의 1898년과 1904년 두 시기의 소장 목록을 비교하여 보면, 산학(算學), 시무(時務)라는 두 카테고리가 증설되었음을 확인할 수 있다. 이는 새로 구입한 서학 서적을 배치한 것인데, 이러한 수준의 카테고리 조정은 중국 고유의 문사철(文史哲)을 구분하지 않는 '통인지학(通人之學)'에서 서구 근대 '전문지학(專文之學)'으로의 전환임에 자명하다.

---

68) 張之洞, 『書目答問補正』, 範希曾補正, 徐鵬導讀, 上海, 上海古籍出版社, 2001.

69) "某書應歸某類,必從其用之所近,如 『經世文編』, 或有入史部詔令奏議類者, 實覺未協, 茲則歸入政書類. 又如各朝學案入史部傳記總類, 『讀史兵略』 入子部兵家, 皆取其便於用." : 陳穀嘉,鄧洪波主編, 『中國書院制度研究』, 杭州, 浙江敎育出版社, 1997年, 第216頁.

그리고 일부 청말 서원은 이미 새로 나온 목록학 저작이 참고 자료가 될 수 있다는 점에 주의를 기울였다. 예컨대 천악서원(天嶽書院)에서는 광서 24년(1898)에 “무릇 동그란 것(圓圈)은 모두 구매하여야 한다.”[70]며 새로운 서학 서적을 구매하였는데, 이는 양계초의 『서학 서목표(西學書目表)』에 근거하여 구매한 것이다. 이는 사부 분류체계에서 더욱 나아가기 위한 시도로 볼 수 있다.

전체적으로 보면, 청말 서원은 비록 이미 고유한 지식 체계에서 벗어난 바가 있으나, 여전히 그 맹아(萌芽) 단계에 머물러 있었으며 명확한 전환을 시작하지는 못하고 있었다. 어떤 학자의 지적에 따르면, 학문 지식의 수립은 전방위적인 문화 이동에 관련되는 현상이다. "원서입중(援西入中)"의 거대한 흐름 속에서, 중국 사회의 현실 및 사회 이념의 합법성 논증에 관한 사상적 재원들이 점차 전통 중국의 지식 양식에서 벗어나 서양의 현대적 지식 양식을 채택하게 되었는데, 이것이 근대 중국 학술 변천의 중요한 일환을 이루게 되었다.[71] 이 과정은 상당히 오랜 기간을 거쳐야만 비로소 완성될 수 있었다.

좌옥하(左玉河)의 연구에 따르면, 이 지식의 전환은 1860년대부터 시작되어 20세기 초에 그 기초가 마련되었으며, 1920년대 말에 이르러 비로소 완성되었다.[72] 청말 서원은 비록 장서의 카테고리 설치에 있어서 일련의 개량을 시행했지만, 근본적으로 중국의 전통적인 지식 분류체계를 움직일 수는 없었다. 그러나 서학을 적극 도입하고, 서학 서적을 자체 지식 체계에 편입하려는 청말 서원들의 태도는 곧 중국의 지식 체계가 사부에서 분과로

70) “凡有圓圈者, 悉數買取.” : 『致時務學堂梁院長書』, 見鄧洪波主編, 『中國書院學規集成』 第二卷, 上海, 中西書局, 1999年, 第1198頁.

71) 章清, 『晚清中國“閱讀世界”之一瞥』, 見張壽安主編, 『晚清民初的知識轉型與知識傳播』, 北京, 北京師範大學出版社, 2018年, 第254頁.

72) 左玉河, 『從四部之學到七科之學 : 學術分科與近代中國知識系統之創建』, 上海, 上海書店出版社, 2014年, 第5頁.

나아가는 계기가 되었다. 서원 장서의 서학화 양상은 중국 전통지식체계의 근대화를 이루기에는 부족했지만, 서학 사조의 영향 아래 서원 장서 제도 분야의 관리들은 이미 새로운 분위기를 조성하고 있있던 것이다.

(2) 서학의 조류 아래, 서원 장서 제도 가운데 관리와 토호[官紳=지방유지]들의 상호 협력이 더욱 강해졌다. 청말 서원은 지방의 관리 및 토호 계층과 매우 밀접한 관계를 유지하고 있었는데, 관부와 민간의 합작은 청말 서원의 번영에 있어 주요한 추진 동력이었다. 구동조(瞿同祖)의 연구에 따르면, 청대 토호(士紳)들은 다른 사회 계층보다 더욱 우월한 지위를 갖고 있었다. 그들은 일종의 계급의식 혹은 집단 소속감과 같은 것이 있었다. 그들은 서로를 동류라고 인식했고, 아울러 상호 유사한 태도, 흥미 및 가치관[특히 유가(儒家)로서의 가치관]을 갖고 있었다.[73)]

청말 서원에 있어 토호(士紳)들의 깊은 관여는 지방사회에서 중국 전통 토호의 신분적 특권에 의해 결정된 것이다. 이들은 지방의 엘리트로서 자유롭게 관리를 만나 지방관과 대등하게 앉을 수 있었고, 지방의 모범을 위해 지방 업무를 지도하고 참여하였으며, 지방의 이익을 수호하는 책무도 짊어지고 있었다.[74)] 청대 말기의 수많은 서원은 대부분 지방 관원과 토호의 자금 지원을 받았다. 심지어 어떤 서원은 몇몇 토호들이 주도하여 조직적으로 건립되기도 했다. 청말 서원의 장서 제도 가운데 수많은 조항은 지방 토호가 서원 발전에 있어서 매우 중요한 영향력을 행사하였음을 증명한다. 그들은 서원의 구체적 실무에 깊이 참여했을 뿐만 아니라, 중요한 감독 관리 직책을 맡기도 했다. 동치 10년(1871) 『석음서원 차서국 장정(惜陰書院借書局章程)』의 "업무는 관리에게 명을 받고, 장부 출납에 관한 일은 토호가 맡는다."[75)]라는 조문은 관리-토호 합작이 서원 장서 사업에 반영되어

---

73) 瞿同祖, 『淸代地方政府』, 北京, 法律出版社, 2003年, 第293頁.

74) 張仲禮著·李榮昌譯, 『中國紳士－關於其在19世紀中國社會中作用的硏究』, 上海, 上海科學院出版社, 1991年, 第30、48頁.

75) "事領於官, 而薄鑰出納則紳士掌之." : 『惜陰書院借書局章程』, 見鄧洪波主編, 『中

있음을 보여주고 있다.

청말 서원 장서 제도 가운데 지방 정부의 감독직을 빌린 사례가 적지 않다. 광서 24년(1898)『문정서원 장서 범례(文正書院藏書凡例)』규정에는 다음과 같은 조항이 있다.

> 책을 빌려 반출하려면 반드시 신원보증서를 현(縣)에 내야 한다. 현에서 재장에게 증서를 보내면 책을 빌릴 수 있다. 책을 반납할 때에는 재장이 증서를 현으로 보내어 마무리한다.[76]

즉, 서원 장서 대출 수속은 현의 관아를 통해야만 했는데, 그 관부의 주도적 의의는 매우 자명하다. 정의서원(正義書院) 광서 25년(1899)『구치도서 이비열람유(購置圖書以備閱覽諭)』에서는 "서원의 서반(書辦)은 예방(禮房)에서 한 사람을 차출, 서원에 상주하면서 감원의 검속을 받도록 한다."[77] 고 말한다. 정의서원의 서반이라는 직책은 서원의 장서 대출 열람, 반납 독촉, 보관 등의 일을 맡았다. 서반은 서원에 거주하면서 서원 감원의 관할에 속했지만, 지방 정부 파견원이라는 이중 신분을 가지고 있었다. 이는 청말 서원 장서 제도 특유의 관리-토호 합작의 특징을 보여준다. 이 특징은 또한 다른 여러 방면에서도 나타나는데, 예컨대 몇몇 서원들이 저록(著錄)한 장서 등기부는 여러 부로 필사하여, 그 가운데 한 부는 지방 정부에 비치하도록 하였다.

『신정 악음신수 양장서 장정(新定嶽陽愼修兩藏書章程)』에서는 다음과

國書院學規集成』第一卷, 上海, 中西書局, 1999年, 第199頁.

76) "借書出院, 須有保結呈縣, 由縣付條至齋長處取書. 還書時, 憑齋長給條至縣銷結." :『文正書院藏書凡例』, 見鄧洪波主編,『中國書院學規集成』, 第一卷, 上海, 中西書局, 1999年, 第303頁.

77) "書院書辦, 卽由禮房撥出一名, 常川住院, 聽監院約束." :『正義書院購置圖書以備閱覽論』, 見鄧洪波主編 :『中國書院學規集成』第二卷, 上海 : 中西書局, 1999年, 第925頁.

같이 말하고 있다.

> 서원에 소장된 각 서적은 반드시 서적 목록을 세 부 만들어서 한 부는 본부에, 한 부는 감원이, 그리고 한 부는 두 재장이 보관하도록 한다. 구매한 서적이 서원에 도착하면 수시로 각자 등록하도록 한다.[78)]

또 광서 11년(1885) 『보문서원 장정(輔文書院章程)』에서는, "서원의 서적 비치는 수시로 장부를 기재하고 비치하여 조사하도록 한다(書院添置書籍, 隨時記賬備查)"라는 조항 아래 다음과 같이 말하고 있다.

> 이상 각 조항은 본작장군(本爵將軍) 부도통(副都統)이 공동으로 의정한 것이며 임의의 조정을 불허한다. 차후에 만약 조항을 추가해야 할 일이 있다면 반드시 장원협령(掌院協領)이 장군에게 설명, 의견을 조율하고 이어서 쓰도록 한다.[79)]

보문서원은 광서 4년(1878)에 형주주방팔기장군(荊州駐防八旗將軍) 희원(希元)이 총독 이한장(李漢章), 부도통 목극덕포은래(武克德布恩來), 지도부 예문위(藝文威) 등과 회동하여 모금을 통해 건립하였는데, 조항 가운데 장군과 부도통은 희원과 목극덕포은래 등이었다. 이로부터 볼 수 있듯이, 청말 서원의 장정 규약의 제정은 관부와 토호의 상호 합의를 통해 이루어진 것이다.

관부의 주도와 감독 이외에도, 지방 토호 또한 청말 서원의 수많은 업

---

78) "院中所藏各書, 應立書目印薄三本, 一存本府, 一存監院, 一存兩齋長, 遇有購置書籍到院, 隨時分別登記.": 『新定嶽陽愼修兩藏書章程』, 見鄧洪波主編, 『中國書院學規集成』 第二卷, 上海：中西書局, 1999年, 第1187頁.

79) "以上各條, 經本爵將軍、副都統公同議定, 不准率行更張. 嗣後如有應添條款, 須由掌院協領稟明將軍酌妥續刻.": 『輔文書院章程』, 見鄧洪波主編, 『中國書院學規集成』 第二卷, 上海：中西書局, 1999年, 第1023頁.

무 가운데 비교적 중요한 직책들을 맡았다. 그들은 통상적으로 실제 감독 및 중재 역할을 맡았다. 그 전형이 바로 『교경서원 장서루 장정(校經書院藏書樓章程)』에서 규정하고 있는 공신(公紳) 권한이다. 그들은 도서 열람 증빙 서류를 작성할 권리가 있었을 뿐만 아니라, 서적 손실 등을 판정하는 일도 담당해야 했다.

> 책을 보려면 반드시 공신(公紳)에게 증서를 발급받아야 한다. 장서루에 와서 책을 볼 때는 관서인(管書人)이 먼저 누각 아래에서 검수한 뒤 서고 개방이 허가된다. 서적 열람, 반환이 끝난 후에 증서를 제출 반환한다. 만약 어떤 손실이 발생하면 증서를 보존하여 공신에게 보고하여 일을 처리하도록 한다.[80)]

이 장정에서 보이는 공신의 권한은 비교적 크다. 심지어 "원장, 학장이 책을 볼 때도 공신이 먼저 증서를 발송하여 사칭을 방지한다."[81)]라고 쓰고 있다. 어떤 때에는 지방 토호가 담보인의 역할을 맡기도 했다. 예컨대 광서 13년(1887) 『관산서원 장서 규조(冠山書院藏書規條)』에는 "책을 빌리는 선비를 사서인이 알지 못하면 반드시 성(城)의 토호의 보증을 받아야 하며, 보증서를 작성하여 서원에 송부, 보존하여 검사하도록 해야 한다."[82)]고 했다. 이러한 조항들은 청말 지방 토호가 서원의 사무에 깊이 관여하고 있었음을 보여준다.

청말 서원의 교육 개혁에 관하여 말하면, 언제나 전통 '격치학(格致學)'

---

80) "看書需由公紳給予看書憑單, 至樓看書時, 由管書人先在樓下驗收, 方准開櫥付書. 看畢交書後, 將憑單交還. 如有損失等情, 卽將憑單存留, 稟明公紳辦理.":『校經書院書樓章程』, 見鄧洪波主編, 『中國書院學規集成』第二卷, 上海, 中西書局, 1999年, 第1085頁.

81) "院長、學長看書, 亦由公紳先送憑單, 以免冒領." 上同

82) "借書士子如與司書人不認識, 須尋取在城紳士討保, 寫保條付院收存, 俾有稽考.":『冠山書院藏書規條』, 見鄧洪波主編, 『中國書院學規集成』第一卷, 上海, 中西書局, 1999年, 第77頁.

의 영향을 벗어나지 못하고 있었다.[83] 이와 더불어 부국강병에 대한 갈망은 관료와 토호들의 지식 구조 및 그 획득에 있어 근본적이면서도 새로운 수요를 발생시켰다. 이러한 수요는 새로운 서직과 지식의 습득 및 획득 방식을 불러일으켰는데, 서원의 장서 제도 또한 이러한 새로운 갈망과 요구의 유지와 일치되어야만 비로소 그 존재, 발전의 가치를 가질 수 있었다. 양자 간의 일치는 필연적으로 청말 서원 장서 제도의 관리-토호의 합작을 불러일으켰다.

이 때문에 당시 장서 제도는 화해, 공영의 국면을 맞이하게 되었다. 이러한 국면의 형성은 대체로 이 양자의 서학의 충격에 대한 인식과 판단에서 비롯되었다. 어떤 학자는 "청대의 문인과 관원들은 '부강'이라는 목표에 몰두하고 있었다. '부강'은 청 왕조 최후의 수십 년 동안 정치, 경제학의 전용 지칭(指稱)이 되었다."[84]라고 지적한다. 사실 부강은 중국 관원 토호들의 바람일 뿐만 아니라, 당시 일본과 서구 열강의 침입 아래 함께 있었던 동아시아 국가들 또한 그러했다.

예컨대 한국 또한 민족의 독립을 수호해야 하는 막중한 과제를 껴안고 있었다. 대한민국 국회도서관에서 1960년대에 편찬한 『이조서원문고목록(李朝書院文庫目錄)』[85]을 고찰해보면, 여기에 수집된 10여 곳의 한국 서원 장서 목록에서 서학 관련 서적 소장 내용이 보이지 않는다. 그렇다면 청대 말기 한국 서원의 장서 건립 상황은 당시 중국 서원과는 사뭇 달랐던 것인가? 마찬가지로 부국강병이라는 강렬한 염원을 추구하고 있던 상황에서, 한국 서원들은 일찍이 교육 개혁을 시작했는가? 한국의 관원과 토호 계층

83) 晚淸時期, 西方"近代科學"的概念尚很模糊, 有相當部分政府官員和士紳, 將西方"近代科學"概念等同於"格致學", "西人格致之學多來於中國諸子之說"的影響很是廣泛, 這種思想影響下的晚淸書院教育, 仍秉持"西學中源"的觀念, 也在情理之中.

84) (美)本傑明·A·埃爾曼 : 『從前近代中國的"格致學"到近代中國的"科學"』, 見(德)朗宓榭, (德)費南山主編, 『呈現意義 : 晚淸中國新學領域』, 上冊, 天津, 天津人民出版社, 2014年, 第47頁.

85) (韓)李春熙, 『李朝書院文庫目錄』, 大韓民國國會圖書館, 1969年, 第3-184頁.

은 서원 장서 방면에서 또한 중국 관리, 토호들과 마찬가지로 지방 문화 사업에 힘썼는가? 이러한 문제들은 모두 동아시아 서원 연구 영역에 있어서 발굴을 기다리고 있는 중대한 과제들이다. 이에 한 걸음 더 나아가 새로운 사료 발견, 정리, 연구 수행이 시급하다.

Ⅴ. 결론

청대 말기의 중국에서, 중-서의 교류와 융합은 지식계의 피할 수 없는 화두로 떠올랐다. 이 흐름은 서원의 장서 건설에 반영되었는데, 한편으로는 서학 서적 유입으로 이어져 전통적인 지식 분류체계가 더 이상 서적 분류에 적용되지 않았다. 다른 한편으로는 전통서원 교육 체제 아래 '사(士)' 계층이 점차 변화, 융합 및 해체되었는데, 특히 서원이 학당을 개정하고 과거취사(科擧取士)를 폐지한 이후 교육적 개혁은 사회 전반에 매우 중대한 영향을 끼쳤다.

나지전(羅志田)은 다음과 같이 말한다. "교육 개혁은 근대 중국의 사회 구조에 일대 전환을 일으켰다. 하나는 바로 사민지수(四民之首)로서의 '사(士)'라는 오래된 사회 집단이 점차 소실되기 시작했다는 것이다. 또 하나는 사회 속에서 자유롭게 떠올랐던 '지식인'이라는 이 새로운 사회 집단이 출현하게 되었다는 것이다."[86]

그러나 이러한 사대부 계층에서 지식인 계층에 이르는 변혁은 청말 서원 장서 제도의 상황으로부터 보면 여전히 시기상조였다. 그러나 그 교육 변혁의 맹아로 보자면, 청말 서원의 장서 제도는 신·구사상이 서로 어우러지는 특징이 나타난다. 구중유신(舊中有新), 신중유구(新中有舊)라는 시대

86) 羅志田, 『道出於二：過渡時代的新舊之爭』, 北京, 北京師範大學出版社, 2014年, 第17頁.

적 특징이 뚜렷하다는 점은 오늘날 우리가 청말 서원 장서 제도를 검토할 때 중요하게 여겨야 할 부분이다.

【참고문헌】

陳穀嘉,鄧洪波主編, 『中國書院制度研究』, 杭州, 浙江教育出版社, 1997年.

陳穀嘉, 鄧洪波主編, 『中國書院史資料』 下册, 杭州, 浙江教育出版社, 1998年.

鄧洪波主編, 『中國書院學規集成』, 第二卷, 上海：中西書局, 1999年,

(清)佚名, 『湖州愛山安定兩書院征信錄』, 淸同治十年楊榮緒序刊本.

『義門陳氏家乘. 陳氏家法三十二條』, 民國丁醜年平江江洲義門聚星堂刊本.

『南菁書院藏書樓約十二條』, 『南菁書院改辦學堂章程』, 淸光緒二十八年刊本.

鄧洪波, 「箴言書院及其藏書(上,下)」, 『圖書館』, 1988年 第6期, 1989年 第2期.

鄧洪波, 「明代書院的藏書事業」, 『江蘇圖書館學報』, 1996年 第5期.

鄧洪波, 「試論書院藏書的管理體系」, 『圖書館理論與實踐』, 1996年 第3期

舒原,餘峰, 「中國書院的圖書征集制度」, 『湖南大學學報』, 1998年 第1期.

鄧洪波, 「簡論晚淸江蘇書院藏書事業的特色與貢獻」, 『江蘇圖書館學報』, 1999年 第4期.

張白影, 「圖書館的社會援助」, 『中國圖書館學報』, 2000年 第1期.

鄧洪波, 「晚淸書院改制的新觀察」, 『湖南大學學報(社會科學版)』, 2011年 第6期.

潘燕桃,程煥文, 「淸末民初日本圖書館學的傳入和影響」, 『中國圖書館學報』, 2014年 第4期.

張根華, 「淸代福州致用書院藏書研究」, 『三明學院學報』, 2016年 第1期.

張曉新·何燕, 「我國早期圖書館章程對近代書院藏書制度之繼承與發揚」, 『圖書館』, 2018年 第7期.

程煥文, 「國際視野下的中國圖書館學術思想發展」, 『中國圖書館學報』, 2019年 第5期.

管仲樂, 「晚淸公共閱讀空間中的"隱性啟蒙"－以廈門博聞書院爲中心的考察」, 『圖書館』, 2020年 第1期.

王 麗, 「晚淸河南地區藏書樓的近代化轉變」, 『佳木斯大學社會科學學報』, 2020年 第1期.

鄒桂香·高俊寬, 「我國書院藏書事業近代化的曆程、特征與意義」, 『圖書館建設』, 2021年 第3期.

張仲禮著·李榮昌譯, 『中國紳士－關於其在19世紀中國社會中作用的研究』, 上海, 上海

科學院出版社, 1991年.
李國均, 『中國書院史』, 長沙, 湖南教育出版社, 1994年.
張之洞, 『書目答問補正』, 範希曾補正, 徐鵬導讀, 上海, 上海古籍出版社, 2001年.
瞿同祖, 『淸代地方政府』, 北京, 法律出版社, 2003年.
程煥文, 『晚淸圖書館學術思想史研究』, 北京, 北京圖書館出版社, 2004年.
顧頡剛, 『古史辨自序』,見『走在曆史的路上－顧頡剛自述』, 南京, 江蘇教育出版社, 2005年.
陳元暉, 『中國近代教育史資料彙編.戊戌時期教育』, 上海 : 上海教育出版社, 2007年.
鄧洪波, 『中國書院史』, 武漢, 武漢大學出版社, 2012年.
左玉河, 『從四部之學到七科之學 : 學術分科與近代中國知識系統之創建』, 上海, 上海書店出版社, 2014年.
羅志田, 『道出於二 : 過渡時代的新舊之爭』, 北京, 北京師範大學出版社, 2014年.
張壽安主編, 『晚淸民初的知識轉型與知識傳播』, 北京, 北京師範大學出版社, 2018年.
(韓)李春熙, 『李朝書院文庫目錄』, 大韓民國國會圖書館, 1969年.
(美)本傑明·A·埃爾曼 : 『從前近代中國的"格致學"到近代中國的"科學"』. (德)朗宓榭, (德)費南山主編, 『呈現意義 : 晚淸中國新學領域』, 上册, 天津, 天津人民出版社, 2014年.

중국 서적의 동아시아 도서(圖書) 형성 및 구조에 대한 영향 일고(一考)
-서원본(書院本)을 중심으로

나금(羅琴)

Ⅰ. 들어가는 말

중국 서원은 강학, 장서, 제사, 연구, 각서 등의 기능이 있었다. '서원본(書院本)' 또한 그 정교(精校), 정각(精刻), 이행(易行)이라는 삼선(三善) 요소로 인하여, 고염무를 비롯한 독서인들에게 추앙을 받았다. 오국무(吳國武)는 『서림청화(書林淸話)』를 중심으로 서원의 각서(刻書)에 대하여 고찰하며 다음과 같이 말한다.

> 넓은 의미에서의 '서원본'은 '서원'의 이름으로 판각된 서적을 가리킨다. 즉 진정한 강학 서원을 포함하는 것이다. … 그리고 사택(私宅), 가숙(家塾) 형태의 서원도 포함하며 … 이러한 넓은 의미에서의 '서원본'은 '서원'이라는 명칭이 같다는 점 외에는 공통된 판각(版刻)적 특징이 없다. 현존하는 넓은 의미에서의 '서원본' 가운데 사택서방(私宅書坊)의 것이 절반 이상을 차지하고 있는데, 판각과 인쇄가 매우 정교하며, 행격(行格)이 매우 뚜렷한 관각(官刻)의 수량은 비교적 제한적이다.
>
> 좁은 의미에서의 '서원본'은 진정한 강학 서원에서 판각한 서적을 가리키며 '서원'의 이름을 가지고 있는 사택, 서방은 여기에 포함하지 않는다.[1)]

1) 吳國武, 「宋元書院本雜考－以〈書林淸話〉著錄爲中心」, 『湖南大學學報』, 2011年 第6期, 第28頁.

등홍파(鄧洪波) 선생은 서원을 연구하면서 줄곧 넓은 의미에서의 개념을 사용했다. 즉 모든 '서원'이라는 이름을 달고 있는 장소, 예컨대 당대(唐代)의 수서(修書)기관이었던 '집현서원(集賢書院)'이든 청말(淸末)의 교회서원(敎會書院)이든 상관없이 모두 그 연구 범주에 포함하였다.[2] 이 연구는 통계의 편의를 위해, 그리고 정보 부족으로 인한 오류를 피하기 위하여 더 많은 자료를 포함하는 넓은 의미에서의 서원본(書院本)을 주로 삼을 것이다. 중국과 일본, 한국 등 현존하는 서원본의 비교를 통해, 중국 서원본의 동아시아(주로 일본과 조선)에서의 전파 및 영향을 살펴볼 것이다.

『중국고적총목(中國古籍總目)』에 수록된 내용에 근거하면, 중국에 현존하는 비교적 이른 서원본은 송(宋) 가정(嘉定) 17년(1224) 백로주서원(白鷺洲書院)에서 판각한 『한서(漢書)』이다. 송대에는 환계서원(環溪書院), 용산서원(龍山書院), 천향서원(天香書院), 건안서원(建安書院)의 각본이 있었으며, 원대(元代)에는 건안서원(建安書院), 종문서원(宗文書院), 고우서원(古迂書院), 동산서원(東山書院), 원사서원(圓沙書院), 매계서원(梅溪書院), 서호서원(西湖書院), 무계서원(武溪書院), 남산서원(南山書院), 설창서원(雪牕書院), 인강서원(鄞江書院), 일신서원(日新書院), 규산서원(圭山書院), 병산서원(屏山書院), 예장서원(豫章書院) 등의 각본이 전승되었다. 명청(淸淸) 시기에는 훨씬 많은 각본이 있었다.

이상의 서원들은 넓은 의미와 좁은 의미의 서원, 즉 강학 성격을 띠는 서원이나 사택 가숙(私宅家塾) 형태의 서원, 서방(書房) 서원들을 모두 포함한다. 간각(刊刻)된 도서(圖書)는 사부(四部) 모두를 포함하며, 간본(刊本)의 성질은 관각(官刻), 방각(坊刻), 사각(私刻) 등 여러 유형이 있다. 이 때문에 비록 서원본은 표면상 그저 중국각본 가운데 한 작은 유형에 해당하지만, 그러나 판각 유형에 있어서든 시공간의 분포 차원에서든 모두 중국 각본의 한 축소판이며, 중국 각본의 시공간상의 변화적 특징을 대표한다고 할 수 있다.

---

2) 鄧洪波, 『中國書院史』, 台灣大學出版中心, 2005.

동아시아 서적의 교류에 관한 연구는 줄곧 이루어졌다. 그러나 대부분 관련 자료 수집은 구체적인 교류 사건 및 관련 인물, 관련 서적의 내용, 그리고 제도문화 사상 등의 차원에서의 영향에 관한 것이었다. 반면에 실물 판본의 시각에서 중국본의 동아시아 각국 도서의 형성 구조에 대한 영향 연구는 비교적 한정적이다. 이에 관한 선구자로는 진정굉(陳正宏)의 『동아한적판본학초탐(東亞漢籍版本學初探)』과 몇몇 논문이 있다. 그는 중국, 일본, 한국, 베트남의 인본(印本) 비교, 서근자제사(書根字題寫), 베트남본에 보존된 중국 초기 인본의 특징, 조선본과 명청 내부본(內府本)의 관계, 류큐본(琉球本)과 복건본(福建本)의 관계 등을 다루었는데, 주로 그 실물 판본을 통해 동아시아 각국 인본 간의 관계를 토론하였다. 이 연구는 매우 훌륭한 구상을 통해 우리의 연구에 새로운 국면을 제시하였다. 본고는 이를 기초로 삼아 중국본의 도서 형성과 구상의 동아시아 국가 인본에 대한 영향을 다루어볼 것이다.[3]

Ⅱ. 중국본의 동아시아 도서 형성 구조에 대한 영향 －서원본을 중심으로

중국의 동아시아 각국과의 서적 교류의 역사는 오래되었다. 동아시아 한자문화권 또한 매우 역사가 오래되었는데, 오늘날에도 각국에 보존된 한적(漢籍)들에서 수많은 증거를 발견할 수 있다. 서원본을 예로 들면, 사상, 문화, 제도 차원에서 서원본은 그 매개 가운데 하나였다. 중국 사부의 각 도서는 동아시아 각국으로 전파되었는데, 이는 경학가법(經學家法)이나 사료사법(史料史法), 각 가(家)의 사상, 문장의 대의(大義), 여러 학술 학파 등을 포함한다. 예컨대 남송(南宋) 이후 주자학은 나날이 흥성하였다. 이에 『사

3) 陳正宏, 『東亞漢籍版本學初探』, 中西書局, 2014.

서(四書)』의 간각(刊刻)(예를 들어 송용산서원(宋龍山書院)에서 간각한 『논어(論語)』)에서 주자문집(朱子文集)의 간각(刊刻)(송 감순(鹹淳) 원년(元年, 1265)의 건녕(建寧) 건안서원(建安書院)에서 간각한 『회암선생주문공문집(晦庵先生朱文公文集』))에 이르게 되었다.

중국 서원, 특히 명청 시대에는 많은 곳이 주자학의 요충지였다. 이러한 영향을 받아 에도 일본과 동시대 조선 주자학 또한 매우 발달하였는데, 이황(李滉)이나 하야시 라잔(林羅山)과 같은 주자학의 거두들이 출현하였다. 서원의 각서는 특정 학파의 사상이나 지식 체계뿐만 아니라, 제도 차원에서도 동아시아 각국에 대해 어느 정도 영향력을 발휘하였다. 예를 들면 중국의 관료 체계, 과거제도는 조선에 영향을 주었으며, 서원제도가 조선에 전파되면서 조선 서원에서의 강학, 연구, 제사, 장서, 수서(修書) 등 여러 기능 속에 포함되었다. 동아시아 한자문화권 전파 경로의 일환으로서, 서원의 각서는 궁극적으로 동아시아 한자문화권을 형성하는 공헌을 이루었다. 동아시아 각국의 사상문화 제도의 교류는 이미 수없이 연구되었으니 본문에서는 이를 주로 다루지 않을 것이다. 필자는 각서사(刻書史)의 시각에서 중국 서원본을 중심으로 삼아, 중국 각서의 동아시아 도서 형성 구조에 대한 영향을 알아볼 것이다.

(1) 중국 서원본은 동아시아 각국으로 전파되어 각국의 번각, 중편 작업에 저본(底本)을 제공하였다. 『이조서원문고목록(李朝書院文庫目錄)』에 근거하면, 도산서원(陶山書院), 옥산서원(玉山書院), 병산서원(屛山書院), 소수서원(紹修書院) 등에서는 조선 학자들의 한문 저술 – 예컨대 이덕홍(李德弘)의 『간재집(艮齋集)』(영조 42)과 같은 것을 소장하고 있을 뿐만 아니라, 원웅충(元熊忠)의 『고금운회거요(古今韻會擧要)』(중종-인조연간 각본)과 같은 중국 학자의 저술도 소장하고 있다. 아울러 조선의 목각본, 활자본뿐만 아니라, 중국의 각본, 초본(鈔本)도 소장하고 있다.[4] 심지어 중국 본토에서는 이미 소실되거나 초기 판본이 일실(逸失)된 서적이 오늘날 일본이나 한

국에 잘 보존되어 있기도 하다. 청말(淸末)의 양수경(楊守敬), 여서창(黎庶昌) 등의 인물들은 이미 이 점을 의식하여 『고일총서(古逸叢書)』를 간행하였는데, 오늘날 장백위(張伯偉), 진정굉(陳正宏), 김정우(金程宇)와 같은 중국 학자들이 이에 대해 많은 관심을 기울이고 있다.

당시 동아시아 각국으로 전파된 한문 서적의 수량이 매우 많았으며, 이 서적들은 분명히 동아시아 각국의 번각의 저본이 되었다. 방회(方回)가 편찬한 『영규율수(瀛奎律髓)』는 명(明) 성화(成化) 3년(1467) 자양서원(紫陽書院) 각본이 있는데, 본자체(本字體)로 작성되었다. 이후에 일본 간분(寬文) 11년(1671) 교토(京都) 무라카미 헤이라쿠지(村上平楽寺)에서는 성화 3년(1467) 자양서원본을 번각하였는데, 그 내용은 자양서원본을 본떴으며, "성화삼년중춘자양서원간행(成化三年仲春紫陽書院刊行)"이라 표기되어있다. 그러나 그 글자체는 일본 에도시대의 방체자(方體字)로 작성되었다.

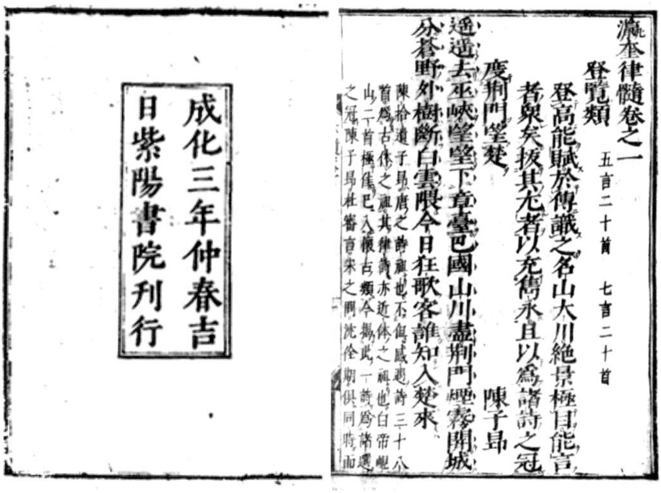
成化三年仲春吉日紫陽書院刊行
瀛奎律髓卷之一
登覽類 五言二十首 七言二十首
登高能賦於傳識之名山大川絶景極目能言者衆矣拔其尤者以充傳永且以爲諸詩之冠
度荊門望楚 陳子昂
遥遥去巫峽望望下章臺巴國山川盡荊門煙霧開城分蒼野外樹斷白雲隈今日狂歌客誰知入楚來
陳拾遺子昂唐之詩祖也不但感遇詩三十八首爲古體之祖其律詩亦近體之祖也白帝峴山二首極佳已入懷古類今搦此一詩爲諸選之冠陳子昂杜審言宋之問沈佺期俱同時而

『瀛奎律髓』 牌記(좌상), 卷一葉一(우상), 日本寬文十一年(1671)
京都村上平樂寺翻刻明成化三年(1467) 紫陽書院本

4) (韓)李春熙, 『李朝書院文庫目錄』, 大韓民國國會圖書館, 1969.

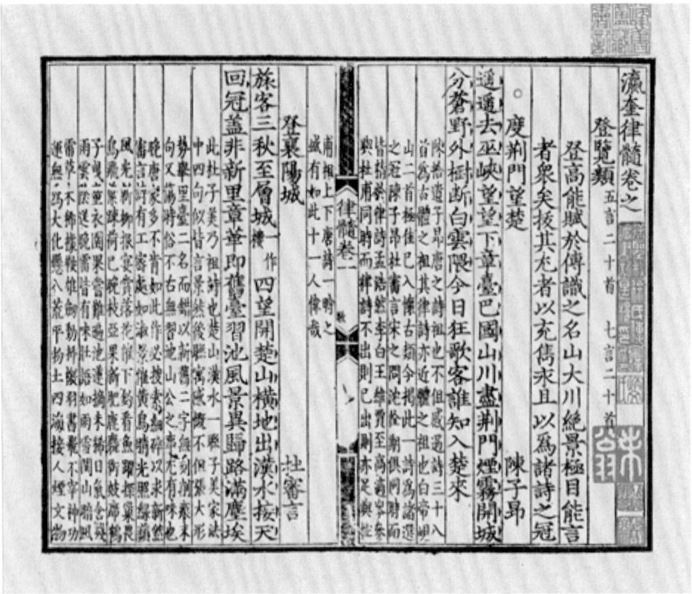
瀛奎律髓卷之一

登覽類 五言二十首 七言二十首

登高能賦於傳識之名山大川絶景極目能言者衆矣拔其尤者以充隽永且以爲諸詩之冠

○度荊門望楚 陳子昂

遥遥去巫峽望望下章臺巴國山川盡荊門煙霧開城分蒼野外樹斷白雲隈今日狂歌客誰知入楚來

登襄陽城 杜審言

旅客三秋至層城四望開楚山横地出漢水接天回冠蓋非新里章華即舊臺習池風景異歸路滿塵埃

『瀛奎律髓』 卷一葉一, 『中華再造善本』 影印明成化三年(1467) 紫陽書院刻本(하)

중국본 원서는 동아시아 각국의 첨삭, 주석 작업의 저본이 되었다. 예컨대 『주자서절요(朱子書節要)』 제20권의 부(附) 『퇴계선생답이중구서(退溪李先生答李仲久書)』는 영조 19년(1743년) 도산서원 각본이다. 이 책은 이황이 주자의 원서를 절록(節錄)하여 만든 것이다. 이황은 서문에서 다음과 같이 말한다.

> 그 편장이 너무 많아서 연구하기가 쉽지 않고 아울러 책에 실려 있는 제자들의 물음이 혹 득실을 면치 못하였다. 나의 어리석음은 스스로 헤아리지 않고, 그 가운데 더욱 학문에 관계되고 수용하기를 간절한 것만을 뽑아내었으며, 편장에 구애되지 않고 오직 그 요긴함을 얻기에만 힘썼다. 이에 글씨에 뛰어난 벗과 아들, 조카들에게 주어 권을 나누어 쓰기를 마치니, 모두 14권7책으로 만들었다. 대체로 그 본서에 비교하면 줄인 것이 거의 3분의 2이니, 참람한 죄는 피할 방도가 없다.[5]

이황이 보기에 주자의 원서는 편장이 너무 많아 읽기에 불편하였다. 그리고 기재된 제자들의 질문 또한 득실이 있었다. 이 두 가지 문제를 고려하여, 이황은 그 가운데 학문과 관련되면서도 실용적인 부분만을 끄집어내어 편장의 장단에 구애받지 않고 요점만을 찾아내었다. 또한 친한 친구들 가운데 글씨에 능한 이들과 자식, 조카에게 부탁하여 필사를 맡겼으니, 총 14권7책이 되었다. 주자의 원서와 비교하면, 거의 3분의 2로 줄어들었다. 이황은 비록 스스로가 "참람한 죄"가 있다고 하였으나, 그가 보기에 이는 자신의 "오직 요점을 힘써 구하는(唯務得要)" 기준에 부합하는 것이었다. 이 서문으로부터 미루어볼 때, 그가 편집, 필사한 『주자서절요』의 전제는 바로 주자 원서의 존재였으며, 그는 이 원서의 기초 위에서 비로소 무언가를 생략할 수 있었고, 조선에서의 주자학 전파를 촉진할 수 있었다. 그리고 이러한 사례는 동아시아 서적 교류사에서 결코 희귀한 일이 아니었다.

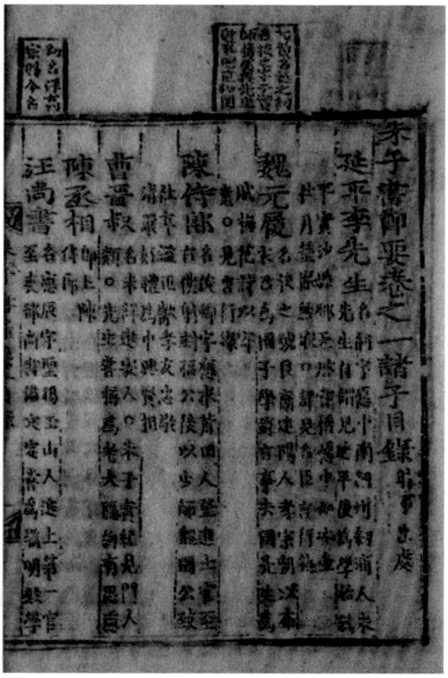

『朱子書節要』 卷一葉一,
朝鮮英祖十九年(1743) 陶山書院刻本

5) "顧其篇帙浩穰, 未易究觀, 兼所載弟子之問, 或不免有得有失. 滉之愚, 竊不自揆, 就求其尤關於學問而切於受用者, 表而出之, 不拘篇章, 惟務得要. 乃屬諸友之善書者及子姪輩分卷寫訖, 凡得十四卷, 爲七册, 蓋視其本書所減殆三之二. 僭妄之罪, 無所逃焉." [宋]朱熹撰[朝鮮]李滉節錄, 『朱子書節要』 卷首, 朝鮮英祖十九年(1743) 陶山書院刻本.

(2) 중국본의 일본본, 조선본에 대한 영향은 그 내용뿐만 아니라 동아시아 각국의 도서 형식과 구조에도 많은 영향을 끼쳤다.

① 조인(雕印) 기술: 일본, 조선, 베트남은 모두 조판인쇄, 활자 인쇄 방식으로 서적을 간행하였다. 이러한 기술들은 처음에는 중국에서 발명하여 각국으로 전입된 것이다. 활자는 병판(拼版)방식, 목활자(木活字), 금속활자(金屬活字) 방식으로 운용, 계승되었다. 채색과 판화 방면에서는 중국본과 일본본이 상당히 밀접한 상호 관련이 있다.

② 판편(版片): 현존하는 중국, 일본, 한국의 판편 크기에는 차이가 있다. 중국은 일반적으로 단면이 엽서 크기의 장방형이며, 손잡이가 없다. 일본, 한국은 대부분 판편 한 단면에 두 쪽의 내용이 들어가며 좌우 양 끝에 손잡이가 있어서 권자본(卷子本) 형태를 취한다. 그러나 확실한 것은 모든 판편은 양면에 글을 새기며, 반각(反刻) 문자 방식으로 상판(上版)하는 장방형 판편이라는 점이다.

③ 장정(裝幀): 중국, 일본, 한국은 모두 권자장(卷子裝), 경절장(經折裝), 호접장(蝴蝶裝), 포배장(包背裝), 선장(線裝) 등의 단계를 거쳐 왔기에 장정의 형태와 구조가 유사하다. 가장 마지막 단계에서 보편적이었던 선장을 예로 들면, 비록 중국은 사안(四眼), 쌍세선(雙細線)에 중간양안(中間兩眼)의 거리가 좁고, 일본은 사안(四眼), 단세선(單細線)에 사안 거리가 동일하며, 한국은 오안(五眼), 단조선(單粗線)에 오안 거리가 동일하다. 그러나 모두 단면으로 인쇄되었으며, 판심(版心)을 바깥쪽으로 절반으로 접은 뒤, 다시 구멍을 뚫어 선을 만든 뒤 제본한다.

④ 단면 인쇄(單面刷印): 종이가 얇고 먹물이 진하면서 장정 방식을 취했기 때문에, 중, 한, 일, 베트남은 모두 단면 인쇄법을 썼다. 이는 서양의 양면인쇄와 확연한 차이를 보여준다.

⑤ 내봉(內封) 등의 출판 정보: 중국본은 패기(牌記), 간기(刊記), 간어(刊語), 내봉(內封) 등 저작의 출판 정보를 기록하였다. 일본본은 이 전통을 더욱 계승하였는데, 특히 내봉은 에도시대 이후 일본본에서 더욱 상세한 기

록 형태를 보여주고 있다. 예컨대 일본 간세이(寬政) 원년(1789) 도쿄(東京) 스우잔보우(嵩山房)에서 판각한 『고문효경참소(古文孝經參疏)』의 내봉은 세 줄로 구성되어 있는데, 좌측에서 우측까지 순서대로 "겸산선생저 천리필구(兼山先生著 千裏必究)", "고문효경참소(古文孝經參疏)", "관정원년을유신각 동경 숭산방재(寬政元年己酉新刻 東京 嵩山房梓)"라고 쓰여 있으며, "숭산방(嵩山房)"과 "괴성발태장(魁星發兌章)"으로 직인이 되어 있다. 이는 동시대 중국본의 내봉 방식과 매우 유사하다.

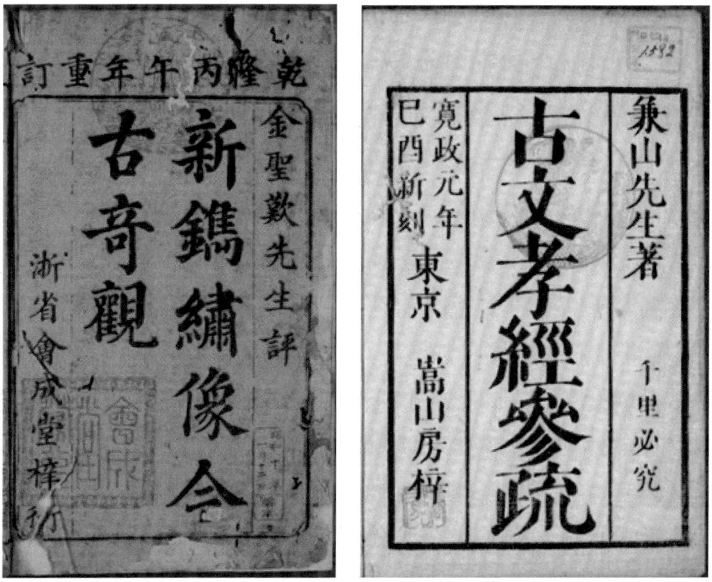

『新鐫繡像今古奇觀』 內封, 淸乾隆五十一年(1786) 浙江 會成堂刻本(좌)
『古文孝經參疏』 內封, 日本寬政元年(1789) 東京 嵩山房刻本(우)

예컨대 건륭(乾隆) 51년(1786) 절강(浙江) 회성당(會成堂)에서 판각한 『신전수상금고기관(新鐫繡像今古奇觀)』의 내봉을 살펴보면, 윗면의 한 줄은 간각(刊刻) 시간을 새겨두었고, 아랫면의 세 줄은 순서대로 작자 혹은 편집자, 서명, 간행 기구를 표기해두었다. 그리고 간행 기구의 발태장(發兌章)

과 서생이 과거에 급제하는 도상이 그려진 도장을 새겨두었다.

⑥ 판의 크기: 일본, 베트남의 판은 보편적으로 중국본과 유사하다. 조선본의 판은 매우 크고 글자체 또한 명대(明代) 내부본(內府本)의 특징을 보여준다. 이는 명대 내부 각서의 영향을 받은 것으로서, 조선본은 청대 후기까지 부분적으로 이러한 특징을 보존하고 있다.

⑦ 판식(板式): 모두 판광(板框), 판심(版心), 난선(欄線), 어미(魚尾), 흑구(黑口) 백구(白口) 등을 가지고 있다. 글자는 위에서 아래로 세로로, 줄의 순서는 왼쪽에서 오른쪽으로 각 권에 한자가 보편적으로 쓰였다. 조선본 판심은 화어미(花魚尾) 장식을 선호하는데, 이 화어미(花魚尾) 또한 그 유래가 있다. 원대(元代)의 복건(福建) 지방에서 책을 판각할 때, 본문(本文)에 화어미(花魚尾)를 새겨 내용의 전후를 나누는 양식이 보인다.

⑧ 글자체: 중국본의 판각 글자체는 다양한 시대에 일본, 조선, 베트남에 많은 영향을 끼쳤다. 예를 들어 조선본은 대부분 중국 명대의 내부본 글자체와 유사하며, 판 또한 크다. 현존하는 베트남본의 글자체는 대부분 방체자(方體字)이다. 이는 명 중기 이후 중국본에서 방체자가 유행한 것과 관련이 있다. 에도 일본에서 유행한 방체자는 만력자체(萬曆字體)와 유사한 부분들이 있다. 일설에 근거하면, 이러한 글자체가 일본에 유행하게 된 까닭은 만력 연간에 판각한 『가흥장(嘉興藏)』이 일본에 전파된 것과 관련이 있다고 한다.[6] 일본내각문고(日本內閣文庫)에서 소장하고 있는 『숭정서원번각풍정백선생구시편(崇正書院翻刻馮貞白先生求是編)』을 예로 들면, 이 책의 저본은 만력 연간 숭정서원 번각본이며, 일본 게이안(慶安) 3년(1650)에 번각되었다. 이 책의 글자체는 에도 초기 일본본의 형태를 띠고 있는데, 방체자이며, 글자체가 굵은 장방형이다. 필획은 가로로 가늘고 세로로 굵은데, 만력자체의 특징을 일부 가지고 있다.

6) 이러한 관점은 몇 년 전 화동사범대 도서관의 한진(韓進) 선생이 언급하였다.

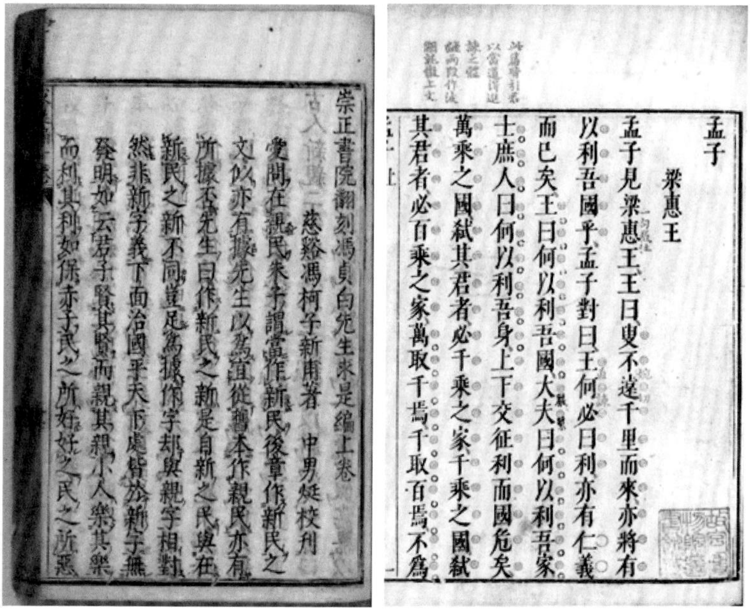

『崇正書院翻刻馮貞白先生求是編』 日本 安慶三年(1650)
翻刻崇正書院翻刻本, 日本內閣文庫藏(좌)
『孟子』, 明萬曆四十五年(1617) 閔氏朱墨套印本(우)

⑨ 복각(覆刻): 일본, 조선은 중국본의 몇몇 판본들을 복각하였는데, 중국본의 글자체, 판식과 매우 유사하다. 예컨대 일본의 고산(五山)판과 조선은 중국의 송원본(宋元本)을 복각하였는데, 그 복각의 정밀도가 어떤 경우에는 판본학자들 또한 원본을 구분하기 어려울 정도이다. 복단도서관(復旦圖書館) 소장 『산곡외집시주(山穀外集詩注)』 17권은 왕동유(王同愈)가 송본(宋本)으로 판정하였는데, 실제로는 조선 번각본이었다. 우선 글자체가 송본과 유사했고, 그리고 고려(高麗) 피지(皮紙)와 송대 피지가 서로 비슷한 부분이 있었다. 그런데 연대가 너무 오래되어 변별하기 어려웠던 것이다.

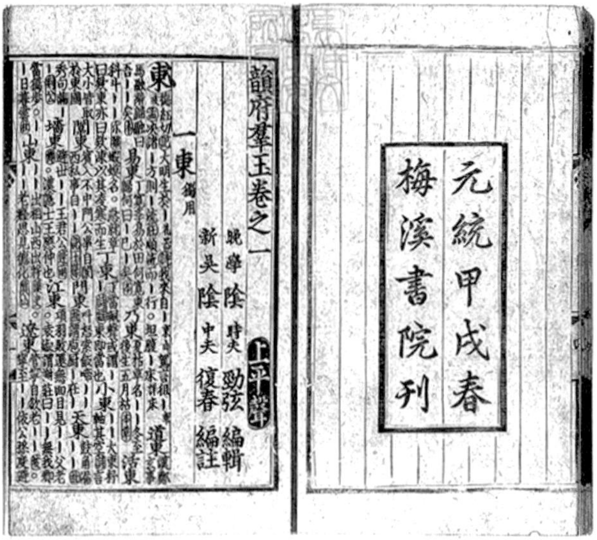

『韻府群玉』 牌記及 卷一葉一, 朝鮮翻刻元元統二年(1334) 梅溪書院本, 日本東京大學藏(상)

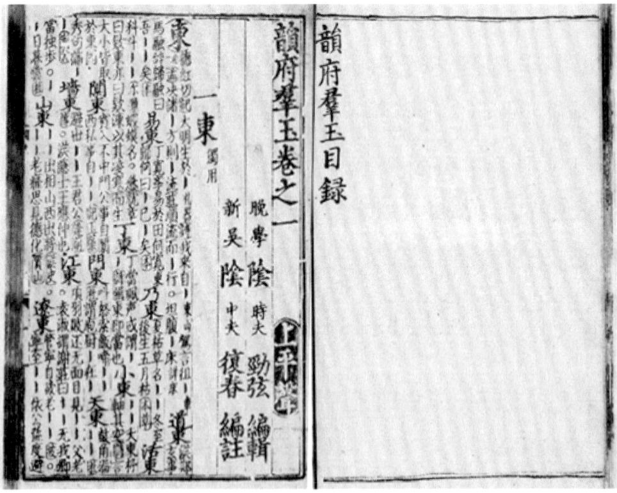

『韻府群玉』 牌記及卷一葉一, 元刻本, 日本靜嘉堂文庫藏(중)

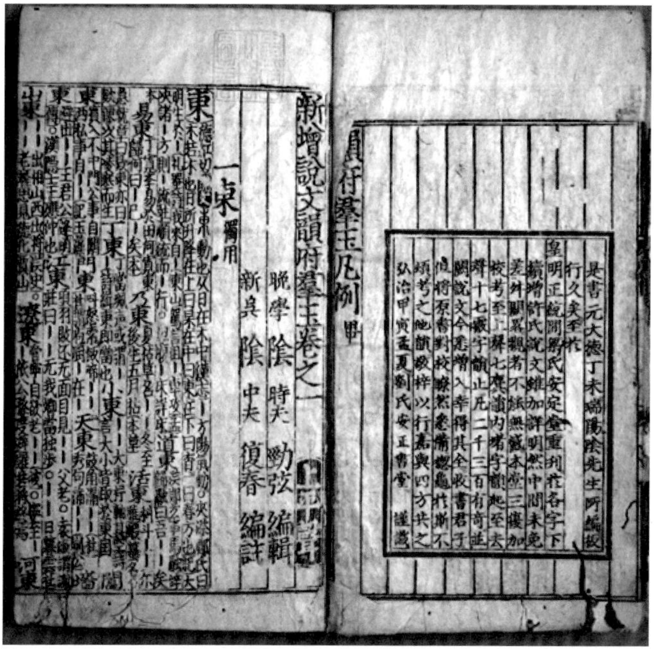

『韻府群玉』 牌記及卷一葉一, 明弘治七年(1494) 劉氏安正書堂刻本,
日本 早稻田大學藏(하)

일본, 조선의 기타 몇몇 번각은 어떤 때에는 구분하기 어렵다. 필자는 일찍이 청두서점(成都書店)에서 일본에서 번각한 명 가정(嘉靖)의 『남화진경(南華眞經)』 한 권을 발견했는데, 대략적으로 보면 비교적 전형적인 가정 연간의 소주(蘇州)의 방체자로 보인다. 또한, 종이가 얇고 가정 연간의 백면지(白棉紙)와 다소 유사했는데, 비교를 거듭한 끝에 일본 복각본임을 확인했다. 그리고 지금 도쿄대학에 소장된 『운부군옥(韻府群玉)』은 조선에서 원통(元統) 2년(1334) 매계서원(梅溪書院) 각본을 번각한 것이다. 『운부군옥』은 운서(韻書)이기 때문에, 수요가 매우 많았고 일본에서도 널리 전파되었다. 예컨대 정가당문고(靜嘉堂文庫)에서는 『신증설문운부군옥(新增說文韻府群玉)』을 소장하고 있는데, 이는 원(元) 청강서당(淸江書堂)의 각본이다. 와세다 대학에서 소장하고 있는 『신증설문운부군옥』은 명 홍치(弘治) 7년(1494) 유씨안정서당(劉氏安正書堂) 각본이다. 조선에서 중국 원통 2년 매계서원본을 번각한 것과 비교해보면, 기본적으로는 복각한 것이라 볼 수 있다. 서발(序跋), 패기(牌記), 내용, 판식(板式), 행관(行款) 등의 조각(照刻)은 물론이고 글자체 또한 조각되었는데, 전형적인 원대부터 명대 초기까지 복건 지역의 글자체이다. 기필(起筆)이 갈고리처럼 휘어져 있는데, 특히 점획과 세로획의 기필이 그러한 특징을 보인다.

⑩ 도상장(圖像章): 서적에는 두 종류의 인장이 있다. 하나는 장서장(藏書章)이고, 다른 하나는 서상(書商)의 발태장(發兌章)이다. 책을 수집하는 것에서 열람하는 것에 이르는 단계는 본 연구 범위에 속해있지 않으므로 토론하지 않을 것이다. 서적 내봉의 발태장에 그려진 도상장을 살펴보면, 이러한 형식과 구조는 중국본, 일본본 모두에서 많이 보인다. 발태장 안의 도상장은 명대 말기 중국본에서 출현하였는데, 그 가운데 한 도안은 '괴성점두, 독점오두(魁星點鬥, 獨佔鼇頭)'라고 쓰여 있다. 이러한 형식은 에도시대의 일본 각본에 계승되었으며, 최종적으로는 10여 개 정도의 변형으로 발전되었다. 비교적 전통적이라 할 수 있는 '괴성점두, 독점오두' 도상장은 분명 위는 괴수(魁)이며 아래는 자라(鼇)를 그리고 있다. 그리고 검개(鈐蓋) 방식을 사용하여 외곽에는 둥근 테가 있으며, 도상이 넓게 구성되어 있다. 괴성(魁星)이 한 발로 자라를 밟고 있는 상하 구조를 취하고 있는데 자라의 머리는 좌측을 바라보고 있다.

필자가 본 일본본 내봉의 괴성원소도상장(魁星元素圖像章)는 158개였는데, 이는 5개 종류로 나눌 수 있다. [괴성점두독점오두(魁星點鬥獨佔鼇頭)(검개(鈐蓋) 97개, 조판인(雕版印) 21개, 총 118개), 괴(魁)(검개 9개), 오(鼇)(검개 3개), '괴(魁)' 글자(검개 3개), 윗면 노인, 아랫면 자라(上老人下鼇)(검개 25개)]

괴오(魁鼇)가 모두 보이는 118개 가운데 97개는 검인(鈐印) 방식을 사용하였고, 21개는 조판인쇄 방식과 내봉 일체 방식으로 인쇄하였다. 97개의 검개 도장 가운데 93개는 외곽 테두리가 있으나 4개는 테두리가 없다. 테두리가 있는 것 93개 가운데 89개는 도형 구성이 넓었지만, 나머지 4개는 도형이 밀집되어 있다. 도형이 넓은 89개 가운데, 3개는 두 발로 자라를 밟고 있는 모양새로 상하 구조를 취하고 있고, 86개는 한 발로 자라를 밟고 있다. 한 발로 자라를 밟고 있는 86개 가운데 22개는 좌우 구조를 보여주는데, 즉 왼쪽은 자라, 오른쪽은 괴수이다. 나머지 64개는 상하 구조를 취하는데, 그 중 41개는 자라의 머리가 좌측으로 향해 있으며, 23개는 자라 머리가 우측으로 향해 있다.

총 158개 가운데 중국본의 원래 도안에 비교적 부합하는 것은 41개이다. 괴성은 중국 과거제도의 흥성과 밀접한 관계가 있다. 예컨대 예전의 수많은 교육 기구들은 제사를 지냈는데, 공자 외에 문창제군(文昌帝君)과 괴성 등에게도 제사를 올렸다. 서적 내봉에 검개된 괴성 도상장은 바로 과거제도와 관련된 것이다. 일본은 비록 과거제도가 없었지만 에도시대에도 완비된 교육 체계가 존재했고, 교육이 있으면 곧 시험이 있기 마련이며, 시험이 있으면 곧 괴성 또한 그 존재 의미가 있는 것이다.

魁星點鬪獨佔鰲頭(中國)[7]

魁星點鬪獨佔鰲頭(日本)[8]

7) 『玉堂對類』 內封, 明末存誠堂黃爾昭刻本, 美國國會圖書館藏.

8) 『唐詩選國字解』 內封, 江戸書肆嵩山房小林新兵衛寬政三年(1791)刻本, 日本早稲田大學圖書館藏.

Ⅲ. 결론

결론적으로 서원본은 중국 각본의 일종으로서, 나름의 특수성을 지니고 있을 뿐만 아니라 시간, 지역, 내용에 따라 보편적인 중국본의 여러 특성을 갖는다. 이상 사례를 통해 서원본을 중심으로 고찰해보았을 때 중국본은 일본, 조선을 중심으로 한 동아시아 한적(漢籍)에 내용뿐만 아니라 각서의 형태와 구조에도 많은 영향을 끼쳤다. 동아시아 각국 간의 문화 영향과 교류, 융합은 동아시아 한자문화권의 오랜 역사로 이어졌다. 바로 타자와의 대비 속에서 우리는 비로소 자신을 더욱 잘 반성할 수 있게 된다. 유럽 중심론이 성행하는 시대에, 동아시아 문화 또한 하나의 전체로서 또한 그 고유한 가치를 지닐 수 있을 것으로 생각된다.

〈부록〉『中國古籍總目』 著錄, 中國 現存 宋元書院本

書院名	書名	作者	版本
白鷺洲書院	漢書一百卷	漢班固 撰	宋嘉定十七年(1224)白鷺洲書院刻本
	後漢書九十卷志三十卷	劉宋範曄撰	宋白鷺洲書院刻本
環溪書院	直指醫學四種 : 新刊仁齋直指方論二十六卷小兒附遺方論五卷醫脈眞經二卷傷寒類書活人總括七卷	宋楊士瀛撰	宋景定元年至五年環溪書院(1260-1264)刻本
龍山書院	纂圖互注春秋經傳集解三十卷	晉杜預撰	宋龍山書院刻本
天香書院	監本纂圖重言重意互注論語二卷	宋□□編	宋劉氏天香書院刻本
建安書院	晦庵先生朱文公文集一百卷續集十一卷別集十卷目錄二卷	宋朱熹撰	宋鹹淳元年(1265)建寧建安書院刻宋元明遞修本
	蜀漢本末三卷	元趙居信撰	元至正十一年(1351)建寧路建安書院刻本
宗文書院	本草衍義二十卷	宋寇宗奭撰	元大德六年(1302)宗文書院刻本
	經史證類備急本草三十一卷	宋唐愼微撰	
	五代史記七十四卷	宋歐陽修撰	元宗文書院刻本/元宗文書院刻明修本
古迂/東山書院	增補六臣注文選六十卷	南朝梁蕭統輯 六臣注	元大德三年(1299)陳仁子古迂書院刻本
	古迂陳氏家藏夢溪筆談二十六卷	宋沈括撰	元大德九年(1305)陳仁子東山書院刻本
圓沙書院	周易傳義附錄二十卷	宋董楷纂集	元延祐二年(1315)圓沙書院刻本
	玉篇廣韻指南一卷	元□□輯	
	大廣益會玉篇三十卷玉篇廣韻指南一卷	南朝梁顧野王撰	
	新箋決科古今源流至論前集十卷後集十卷續集十卷	宋林駉撰	元延祐四年(1317)圓沙書院刻本
	新箋決科古今源流至論別集十卷	宋黃履翁撰	
	山堂先生羣書考索前集六十六卷後集六十五卷續集五十六卷別集二十五卷	宋章如愚輯	元延祐七年(1320)圓沙書院刻本/元刻明修本
	廣韻五卷	宋陳彭年等重修	元泰定二年(1325)圓沙書院刻本

梅溪書院	類編標註文公先生經濟文衡前集二十五卷後集二十五卷續集二十二卷	宋朱熹撰	元泰定元年(1324)梅溪書院刻本
	韻府羣玉二十卷	元陰時夫輯	元元統二年(1334)梅溪書院刻本
	皇元風雅三十卷	元蔣易輯	元建陽張氏梅溪書院刻本
西湖書院	文獻通考三百四十八卷	元馬端臨撰	元泰定元年(1324)西湖書院刻本/元泰定元年(1324)刻至元五年(1339)餘謙重修本/元刻元末明初遞修本/元刻元明遞修本
	國朝文類七十卷目錄三卷	元蘇天爵輯	元至元至正間(1335-1367)西湖書院刻本元刻明修本
武溪書院	新編古今事文類聚前集六十卷後集五十卷續集二十八卷別集三十二卷新集三十六卷外集十五卷	宋祝穆輯	元泰定三年(1326)廬陵武溪書院刻本/元刻明修本
南山書院	廣韻五卷	宋陳彭年等重修	元至正二十六年(1366)南山書院刻本
	大廣益會玉篇三十卷	南朝梁顧野王撰	
雪牕書院	爾雅三卷	晉郭璞注	元雪牕書院刻本
鄞江書院	聯新事備詩學大成三十卷	元林楨輯	元至正十四年(1354)鄞江書院刻本
			元至正十六年(1356)鄞江書院刻本
日新書院			元至正二年(1342)日新書院刻本
圭山書院	集千家註分類杜工部詩二十五卷	唐杜甫撰	元至正七年(1347)潘屏山圭山書院刻本
屏山書院	方是閒居士小藁二卷	宋劉學箕撰	元至正二十年(1360)屏山書院刻本
豫章書院	豫章羅先生文集十七卷	宋羅從彥撰	元至正二十五年(1365)豫章書院刻本

【참고문헌】

[宋]朱熹撰 (朝鮮)李滉節錄, 『朱子書節要』 卷首, 朝鮮 英祖十九年(1743) 陶山書院 刻本.

(韓)李春熙, 『李朝書院文庫目錄』, 大韓民國 國會圖書館, 1969.

吳國武, 『宋元書院本雜考』 - 以「書林淸話」著錄爲中心』, 湖南大學學報, 2011年 第6期, 第25-29頁.

鄧洪波, 『中國書院史』, 台灣大學出版中心, 2005.

本書編委會, 『中國古籍總目』, 中華書局, 上海 古籍出版社, 2009-2013.

陳正宏, 『東亞漢籍版本學初探』, 中西書局, 2014.

일본서원의 장서구축
－이토 진사이(伊藤仁齋) 가문과 고의당문고(古義堂文庫)－

야규 마코토(柳生眞)

Ⅰ. 머리말

고의당(古義堂)은 일본의 유학자이자 고학(古學) 진사이학파(仁齋學派, 또는 古義學派)의 창시자, 사상가인 이토 진사이(伊藤仁齋, 1627~1705)가 1662(寬文2)년에 교토(京都) 호리카와(堀川)[1]의 자택에 개설한 민간학교인 사숙(私塾)으로 호리카와숙(堀川塾) 또는 호리카와학교(堀川學校)라고도 일컬어졌다. 고의당은 진사이 사후에도 에도시대에서 메이지시대에 걸쳐 도가이(東涯: 2대, 진사이 장남)-도쇼(東所: 3대, 도가이 셋째 아들)-도리(東里: 4대, 도쇼 아들)-도호우(東峯, 5대, 도리 동생)-유사이(輶齋: 6대, 진사이 5대손)에 이르는 이토 가문의 후손들이 학교장인 숙주(塾主)를 세습하고 고의당의 학문을 대대로 이어갔다.

헤이안 천도(平安遷都) 이래 오랜 문화적 전통을 자랑하는 교토는 에도시대 초기에는 학문의 중심지가 되었다. 초기 사숙으로는 마츠나가 세키고(松永尺五, 1592~1657)[2]가 개교한 춘추관(春秋館, 1628년 개교) 및 강습당

1) 현재 교토시(京都市) 가미교구(上京區) 히가시호리카와도리(東堀川通) 데미즈사가루(出水下ル).

2) 松永尺五는 마츠나가 세키고 또는 샤쿠고라고도 함. 1592~1657. 주자학자 후지와라 세아카(藤原惺窩)의 수제자이다.

(講習堂, 1637년 개교)이 있었다. 강습당은 고의당과 함께 교토를 대표하는 사숙으로 메이지 시대까지 이어졌다.

또 호리카와를 사이에 둔 고의당 맞은편에는 암재숙(闇齋塾)이 있었다.[3] 이 사숙은 주자학 안사이 학파(闇齋學派)와 신도의 일파인 수이카 신도(垂加神道)의 개척자인 야마자키 안사이(山崎闇齋, 1619-1682)가 1655(明曆1)년에 개교한 사숙이다. 고의당과 암재숙은 서로 대항의식을 가지고 각각이 간행하는 출판물의 표지에도 암재숙에서 주홍색 표지를 사용하자 고의당은 남색 표지를 쓰기도 했다. 학풍 역시 대조적이었으며 엄격한 학풍으로 유명했던 암재숙에 비해 고의당에서는 학우들이 서로 화합하고 친숙한 분위기 속에서 연구회와 『논어』 『맹자』 『중용』을 중심으로 한 강의가 이루어졌다고 한다.

고의당은 교토를 대표하는 사숙 중 하나로 도쿠가와 막부로부터도 존중되었으며 1736(享保21)년과 1842(天保13)년에는 교토를 관할하는 관아인 마치부교쇼(町奉行所)로부터 오랜 교육·연구 활동의 공로에 대한 표창을 받기도 했다. 문인의 신분도 황실·귀족부터 다이묘(大名)·번사(藩士)·학자·승려·신관·상공인(町人)·농민에 이르렀다. 고의당은 민간 학원으로 있으면서 궁중에서 자문을 받아서 개원(改元)이나 천황의 시호(諡號) 등에 대해 조언하기도 하고, 귀족층에 대한 교육에도 힘썼다. 예컨대 귀족 출신의 정치가로 메이지유신(明治維新)에서도 활약하고 태평양전쟁 직전까지 생존한 '최후의 원로(元老)' 사이온지 긴모치(西園寺公望, 1849~1940)는 제6대 숙주 유사이의 문인이었다. 유사이가 궁내청(宮內廳)에서 18년간 근무하는 동안 휴강하면서도 고의당은 20세기 초까지 명맥을 유지했다.

하지만 근대적 교육제도가 정비됨에 따라 전통적인 사숙의 시대가 끝나가고 유사이의 자손도 잇따라 요절하면서 고의당의 학맥이 끊기고 1906(明治39)년에 약240년의 학문연구·교육기관으로서의 역사에 막을 내렸다.

---

3) 현재는 야마자키 안사이 저택 터(山崎闇齋邸址)에 세운 비석이 있다.

지금 고의당 옛터에서 볼 수 있는 서재(書齋)는 1890(明治23)년에 재건된 것이지만 2층의 흙벽장 양식[土藏造]의 서고(書庫)는 진사이 생존 당시 그대로 남아 있고 '이토 진사이 저택(고의당) 터 및 서고(伊藤仁齋宅[古義堂]跡ならびに書庫)'로 사적(史蹟)에 지정되고 있다.

에도시대의 교토에서는 1708(寶永5)년, 1788(天明8)년, 1864(元治1)년의 이른바 "교토에 3대 화재"를 비롯하여 크고 작은 화재가 많이 일어났으나 고의당의 장서는 기적적으로 소실을 모면하고 오늘날까지 고스란히 남아 있다. 진사이 이래 고의당이 240여 년 동안 수집하고 소장해 온 장서·서화 등 5,500점, 약 10,000책은 1941(昭和16)년부터 덴리대학 부속도서관(天理大學付屬圖書館, 이하 덴리도서관[天理圖書館])에 일괄 이양되고 동 도서관 특별문고에 하나인 '고의당문고(古義堂文庫)'에 소장되고 있다.

다음 장에서는 고의당의 창시자 이토 진사이의 생애와 사상, 그리고 현재 고의당의 서적들을 소장하고 있는 덴리도서관에 대해 살펴보고자 한다.

Ⅱ. 고의당 창립자 이토 진사이(伊藤仁齋)

1. 진사이의 약력

이토 진사이(伊藤仁齋)는 1627(寬永4)년에 교토의 목재상인의 장남으로 태어났다. 아명은 겐시치(源七)이고 이름은 고레에다(維楨) 또는 이테이(維貞)이다. 자는 겐스케(源佐 또는 源助). 통칭을 츠루야 시치에몬(鶴屋七右衛門)이라고 한다. 호는 처음에는 게이사이(敬齋)라고 했다가 뒤에 진사이(仁齋)로 고쳤다.[4] 이토가(伊藤家)는 조상인 이토 도케이(伊藤道慶)가 텐분(天文, 1532~1555)년간부터 센슈(泉州) 사카이(堺)[5]에서 살았다가 1586(天正

4) 이 글에서는 '진사이'(仁齋)로 통일한다.

14)년에 교토로 이사한 명문 상가이었다.

진사이 11세 때(1637/寬永14년) 비로소 『대학(大學)』의 치국평천하장(治國平天下章)을 읽고 "지금 세상에 과연 이런 일을 아는 자가 있을까?"라고 무척 감동하면서 성현(聖賢)의 도에 뜻을 두게 되었다. 19세(1645/正保2년) 때에는 주자 편 『이연평답문(李延平答問)』을 읽고 본격적으로 주자학에 열중하게 되었다. 『성리대전(性理大全)』 『주자어류(朱子語類)』 등을 숙독하고 '경재(敬齋)'라는 호를 쓰고 『경재기(敬齋記)』 『심학원론(心學原論)』 등의 글을 짓기도 했다.

그러나 그의 가족들이 그에 대해 생계를 위하여 의사가 되기를 권하고 유학자가 되기를 기뻐하지 않아 가족들과 심각함 갈등을 겪었으며 진사이가 만년에 "나를 깊이 사랑해주는 사람일수록 나의 원수가 되었다."고 회상할 정도였다.

진사이는 어느새 주자학의 '경(敬)'을 가지고서는 "단지 긍지(矜持)를 일로 삼고 외면을 갖추면서 내면에 성의가 없어지고, 남을 공격하는 것도 심해져서 여러 가지 폐단을" 낳는다고 느끼게 되었다. 또 28~9세 무렵에 그는 자주 발작이 일어나 숨이 막혔다고 전해지고 병 때문에 가업을 남동생에게 물려주었다. 이 병이 오늘날 말하는 무슨 병인지에 대해서는 여러 설이 있다. 하여튼 진사이는 29~37세까지 은거하고 양명학·노장·불교 등의 책에 탐닉하고 선(禪)의 백골관(白骨觀)까지 닦았다가 마침내 그는 도학(주자학)은 불교·노장 등의 사상을 뒤섞인 것이어서 공자·맹자 본래의 뜻과 어긋난다고 주장하게 되었다.

1662(寬文2)년에 교토에 큰 지진이 일어난 것을 기회로 진사이는 은거를 그만두고 집으로 돌아가 사숙(私塾)을 열어서 문인들을 모으고 가르치기 시작했다. 또 이와 동시에 동지들과 함께 중국 서적을 연구·토론하는 모임인 '동지회(同志會)'를 결성하기도 했다.

---

5) 현제 오사카부(大阪府) 사카이시(堺市).

40세를 지났을 때, 진사이는 의사의 딸인 오가타 가나(緒方嘉那)와 결혼하고 장남 도가이(東涯: 이름 長胤, 자 源藏), 장녀 구스(具壽), 차녀 세이(淸)를 두었다. 진사이가 52세 때에 선처 가나를 잃었다. 그리고 그 몇 년 후에 세자키 후사(瀨崎總)와 재혼하고 차남 바이우(梅宇: 이름 長英, 자 重藏), 3남 가이테이(介亭: 이름 長衡, 자 正藏), 3녀 도메(留), 4남 지쿠리(竹里: 이름 長準, 자 平藏), 5남 란구우(蘭嵎: 이름 長堅, 자 才藏)를 낳았다. 선후처 사이에 태어난 다섯 아들들은 모두 저명한 유학자가 되었다. 그들의 이름에 모두 '장(藏)'자가 들어가 있었으므로 세상 사람들은 "이토의 오장(五藏)"이라고 일컬었다.

가숙의 고의당은 문인 3,000여명이라 일컬어질 많은 문인들을 모으고 크게 융성했다. 집안이 원래 명문 상가였으므로 진사이는 귀족(公卿)들과도 교류가 있었고, 또 히고(肥後) 구마모토(熊本)의 다이묘 호소가와가(細川家)도 그를 초빙하려 했다. 그러나 진사이는 귀현(貴顯)들의 초빙을 모두 사양하고, 평생 동안 재야학자로 40여년을 연구와 교육에 전념하고 1705(寶永2)년 3월12일에 79세로 세상을 떠났다. 시대는 내려가 1910(明治43)년에는 이토 진사이가 정4위(正四位)에 추증되고 1915(大正4)년에는 이토 도가이가 종 4위(從四位)에 추증되었다.

저서는『동자문(童子問)』『어맹자의(語孟字義)』등 이외에『논어고의(論語古義)』『맹자고의(孟子古義)』『중용발휘(中庸發揮)』등의 주석서가 있다. 다만 진사이 생전에는 강의 및 저술의 정리와 퇴고에 전념하고 자기 저작을 간행하지 않았고 후손과 문인들의 손으로 간행되었다.

2. 진사이학의 사상사적 위상

일본사상사에서 이토 진사이의 '고의학(古義學)'은 야마가 소코(山鹿素行, 1622~1685)의 '성학(聖學)', 오규 소라이(荻生徂徠, 1666~1728)의 '고문사학(古文辭學)'과 함께 '고학파(古學派)'로 분류된다. 고학파는 도쿠가와

막부의 관학이었던 주자학을 비판하고 각각 독자적이고 직접적으로 고전을 해석해서 나름대로 독자적인 학풍을 확립한 학파들이다.

고의학의 특징으로 먼저 기일원론(氣一元論)을 들 수 있다. 진사이는 "무릇 천지간은 하나의 원기(一元氣) 뿐"[6]이라고 말한다. 또 『주역(周易)』의 "천지의 대덕(大德)을 생(生)이라고 한다."를 해석해서 "생생(生生)해서 그치지 아니한 것은 곧 천지의 도(道)이다. 그러므로 천지의 도는 삶이 있고 죽음은 없고, 모임(聚)이 있고 흩어짐(散)은 없다. 죽음은 곧 생의 마지막이요, 흩어짐은 곧 모임이 다한 것이다. 생사의 도는 생 하나뿐인 까닭이다."[7] 라고 하듯이 진사이의 기론(氣論)은 천지의 도가 생 하나뿐이라는 생명주의·생 1원론이 보인다. 생사는 바로 기의 모이고 흩어짐으로 보는 동아시아의 일반적인 기철학적 생사관과 달리 진사이는 죽음은 생의 마지막이기 때문에 생이 있어도 죽음은 없고, 기가 흩어짐은 모임이 다하는 것이기 때문에 모임이 있으나 흩어짐은 없다고 하는 특이한 해석을 했다. 바꿔 말하면 진사이는 죽음·기의 흩어짐도 낳고 또 낳는[生生] 천지의 도의 한 과정에 불과하다는 생각을 보다 강조한 것으로 볼 수 있다.

이와 같이 '생(生)'·'활(活)'을 중히 여기는 입장에서 진사이는 "학문은 모름지기 살아 있는 도리(活道理)를 봐야지 죽은 도리(死道理)를 굳게 지킬 필요는 없을 것이다. 기와(瓦磚), 도야(陶冶), 마른 풀이나 묵은 뿌리(枯草陳根)을 사물(死物)이라고 한다. 그것들이 일정해서 증감이 없기 때문이다. 사람은 곧 그렇지 않으니 사물(死物)처럼 될 수가 없다. 그러므로 군자(君子)는 잘못이 없기를 귀하기 여기지 않고 능히 고칠 줄 아는 것을 귀하게 여긴다."[8]라고 주장했다. 천지의 도가 "낳고 또 낳아서[生生] 그치지 않는" 것과 마찬가지로 인간의 몸과 마음도 원래 살아 움직여 변화하는 것이다.

6) 『語孟字義』 天道 1.
7) 『語孟字義』 天道 4.
8) 『童子問』 下.

그러므로 진사이는 "도(道)는 행하는 바를 가지고 말한다. 삶의 글자[活字]이다. 이(理)는 존재하는 것을 가지고 말한다. 죽음의 글자[死字]이다."[9] 이처럼 진사이가 보기에 '이(理)'라는 일정한 격률·규범을 가지고 마음을 속박하려고 하면 마음의 쓰임을 죽이게 된다. 그보다는 차라리 예나 지금이나 사람이면 누구나 밟지 않을 수 없는 '도(道)'를 걷는 것이 낫다고 주장한 것이다. "도(道)는 마치 길(路)과 같다. 사람의 왕래하고 통행하는 까닭이다. 그러므로 대개 천지가 통행하는 까닭에 모두 도라는 이름을 짓는다."[10] 이라고 말했다. 그 도를 벗어난 것, 즉 천지 사이에서 불선(不善)을 처지른 자는 마치 산에 나는 풀을 물속에 심고 물속의 생물을 산 위로 올린 것과 같이 하루도 그 본성을 보존할 수 없다는 것이 진사이의 주장이었다.

다음의 특징으로는 진사이가 "무릇 부자(夫子)의 성스러움은 요순보다 훨씬 뛰어나다."[11]라고 하듯이 공자를 선왕(先王)보다 높이 평가하는 점이다. 공자가 요순보다 훨씬 낫다고 주장하는 진사이는, 당연히 『논어(論語)』를 다른 경전보다 높은 위치에 두고 "나(愚)는 그래서 단호히 논어를 최상지극우주제일(最上至極宇宙第一)의 책으로 삼고 이 여덟 글자를 매권마다 제목 위에 쓴다."[12] "논어 한 책은 만세동액(萬世同額)의 규구준칙(規矩準則)이다."[13]

그 이유는 공자가 고금을 살펴서 수많은 성인들이 있었던 가운데서 특히 요(堯)·순(舜)을 조술(祖述)하고 문왕(文王)·무왕(武王)을 헌장(憲章)하며, 이해도 실천도 어려운 설은 물리지고, 이해하기 쉽고 실천하기 쉬운 영원불변한 도를 세웠기 때문이다. "옛날 공자께서 두루 고금을 살피시고, 군성(群聖)을 역선(歷選)해서, 특별히 요순(堯舜)을 조술(祖述)하고, 문무(文武)를

---

9) 『語孟字義』 理 2.
10) 『語孟字義』 天道 2.
11) 『論語古義』 述而 1.
12) 『論語古義』 綱領 1.
13) 『論語古義』 綱領 5.

헌장(憲章)해서, 남김없이 알기 어렵고 행하기 어려운, (…) 엿볼 수 없는 설을 물리치고, 알기 쉽고 행하기 쉬운 만세불역(萬世不易)의 도를 세워서 생민(生民)의 극으로 삼고, 그것을 문인들에게 전하고, 그것을 후세에 알렸다."[14] 그것은 공자가 그만큼 높은 정신적 경지에 다다르고 있었기에 가능한 것이었다고 진사이는 생각했다. 또 진사이는 맹자가 공자를 계승하여 길잡이가 된다고 말한다. "맹자의 말씀은 참으로 후세(後世)의 지남철이요 밤의 촛불[指南夜燭]이다."[15]

경학에 대해서 진사이는 한당(漢唐) 훈고학(訓詁學)의 육경(六經) 중심, 주자학의 사서(四書) 중심의 경서 체계도 부정했다. 『논어』를 으뜸으로 삼고 『맹자』를 그 의소(義疏), 최고의 주석으로 자리 매겼다. 한편 『대학(大學)』은 『시경』 『서경』 두 경서를 익히 읽었으나 공문(孔門)의 본뜻을 모르는 자가 지은 책이라고 단정했다. 또 『중용』은 공자의 말씀을 부연한 것이지만 일부 다른 저작이 혼입된 것이 있고, 또 귀신(鬼神)이나 정상요얼(禎祥妖孼)을 논한 구절도 공사의 말씀이 아니라고 지적했다.[16] 그리고 진사이는 공자의 도가 천하에 밝혀지지 않는 것은 『논어』 『맹자』 이외가 쓸모없는 책들을 높이 받들고 있기 때문이라고 주장했다. "… 그래서 한당(漢唐) 이래 사람들은 모두 육경(六經)을 존중하는 것만 알고 『논어』가 가장 존귀하고 높이 육경 위에 우뚝 솟아있는 줄을 모르고. 혹은 『대학』 『중용』을 먼저 하고 『논어』 『맹자』를 뒤로 한다. 대개 『논어』 『맹자』의 두 책이 위아래를 꿰뚫고 다시 여온(餘蘊)이 없다는 것을 알지 못하다. 부자(夫子)의 도가 결국 크게 천하에 밝혀지지 않는 것은 바로 이 때문이다.[17]

또 진사이는 무사(武士)가 지배한 에도시대에 숭문주의(崇文主義)를 강조했다. 진사이는 도쿠가와씨(德川氏)에 의해 천하가 평온을 되찾은 것을

14) 『童子問』 上.
15) 『孟子古義』 綱領 5.
16) 『中庸發揮』 敍由 참조.
17) 『論語古義』 綱領 1.

높이 평가하지만 그것은 무사 지배자체를 긍정했으나 그것은, 어디까지나 도쿠가와막부가 문예(文藝)를 부흥시킨 공로가 있었기 때문이다. 이 점은 '무국(武國)' 일본을 강조한 야마가 소코(山鹿素行)과 대조적인 점이다. "국가가 장차 다스려질 때에는 반드시 문(文)을 오른쪽으로 하고 무(武)를 왼쪽으로 한다). 그것이 장차 어지러워지자 반드시 무를 귀히 여기고 문을 천히 여긴다."[18] "문이 무를 이길 때에는 국조(國祚)가 오래되고, 무가 문을 이길 때에는 국맥(國脈)이 짧아진다."[19] 라고 하듯이 문이 우세할 때에는 나라도 번영하고, 무가 우세할 때에는 국운이 단축된다고 진사이는 생각했다.[20]

앞에서 보았듯이 고의당에서는 신분의 상하를 불문하고 널리 문인들을 받아들였다. 그 중에서 특히 진사이의 기일원론과 기존 이론에 대한 비판정신은 고의방(古醫方)이라는 의학파에도 영향을 끼쳤다. "나로부터 옛것을 일으킨다."[自我作古]를 외치고 『상한론(傷寒論)』에의 회귀와 "유의일본론(儒醫一本論)"을 주장한 가가와 슈안(香川修庵 또는 香川修德, 1683~1755)이나 유학자이자 고의방 의사인 나미카와 텐민(並川天民, 1679~1718)은 모두 이토 진사이의 문인이었다. 또 이토 도가이도 명물학(名物學) 및 본초학(本草學)에 조예가 깊었고 고의학과 의학은 매우 친한 관계에 있었다.[21]

진사이의 둘째아들 이토 바이우(伊藤梅宇)는 후쿠야마번(福山藩)[22]의 번유(藩儒)가 되면서 1719(享保4)년에 조선통신사를 응접했다. 바이우는 통신사 서기인 성몽량(成夢良)에게 아버지 진사이의 저작인 『동자문(童子問)』과 고의학파의 주요 텍스트인 『논어고의(論語古義)』 『중용발휘(中庸發揮)』 『대학정본(大學定本)』 『고학지요(古學指要)』 등을 선물한 바 있다. 이와 같

18) 『古學先生文集』 1권 「山口勝隆を送る序」.
19) 『童子問』 中.
20) 木村純二, 「日本의 經學文獻 수용에 관하여－古義堂資料·稽古館資料를 中心으로－」, 『한국문화』 73, 72~73쪽 참조.
21) 福田安典, 「古義堂と医學書」, 30~31쪽 참조.
22) 후쿠야마번(福山藩)은 현재 히로시마현(廣島縣) 남부 및 오카야마현(岡山縣)의 일부분에 소재했다.

이 고의학의 저술들은 통신사를 통해 조선에도 소개되었다. 다만 주자학이 주류를 이룬 조선 지식사회에서 고의학은 이단으로 치부될 경우가 많았으나 정약용(丁若鏞)과 같이 나름내로 그 학문을 인성하고 비판적으로 수용한 인물도 있다.

Ⅲ. 덴리도서관(天理圖書館)과 고의당문고(古義堂文庫)

1. 덴리도서관의 연혁

고의당문고가 이관된 덴리도서관은[23] 천리교(天理教)가 1925(大正14)년 8월에 개설한 도서관이다. 개설자는 덴리교 제2대 관장(管長: 교단 지도자)[24] 나카야마 쇼젠(中山正善, 1905~1967)이다. 그는 천리교 교조 나카야마 미끼(中山みき)의 손자로 종교 지도자이면서 희대(稀代)의 서적·고문서 수집가로도 알려지고 있다.

나카야마 쇼젠은 아버지이자 덴리교 초대 관장인 나카야마 신노스케(中山眞之亮, 1866~1914)의 서거에 의해 1915년에 10세로 관장에게 취임했다. 연소로 인해 야마사와 다메조(山澤爲造)가 1925년까지 섭행자(攝行者)로서 교단 업무를 대행했다. 그때 이미 쇼젠은 천리교의 해외 포교를 맡은

---

23) 현재 명칭은 덴리대학부속덴리도서관(天理大學付屬天理圖書館, 영: Tenri Central Library).

24) 관장(管長)은 일본에서 한 종교단체에서 최고위 종교지도자의 관직을 의미한다. 메이지정부는 1872(明治5)년 6월 8일에 각 종교에게 통괄자로 관장(管長)을 두도록 명령을 내렸다. 덴리교 내부에서는 원래 교장(教長)·본부장(本部長)·회장(會長) 등으로 불렀으나 1908(明治21)년에 독립된 교파신도 종단으로 정부의 공인을 받으면서 교규(教規)로 교단 대표를 관장으로 규정했다. 그러나 패전 후 1946(昭和21)년에 규정된 『천리교교규(天理教教規)』에서 교단 대표자의 칭호가 진주(眞柱, 일: 신바시라)로 변경되었다.

사람은 외국의 언어와 문화에도 통해야 한다는 생각을 가지고 있었다.

그래서 쇼젠은 1925년에 정식으로 관장에 취임함과 동시에 덴리외국어학교(天理外國語學校)[25]을 개교하면서 그 안에 해외사정참고품실(海外事情參考品室)[26]과 덴리외국어학교 부속 덴리도서관(天理外國語學校附屬天理圖書館)을 설치했다. 1926(大正15)년 11월에 2만 6,000권(그 중 서양서적이 약5,000권)의 장서로 시작된 덴리도서관의 장서는 2020(令和2)년 3월 말 시점에서 150만권에 달하고 일본 내외의 귀중한 문헌들을 소장하는 도서관으로 알려져 있다.

2. 덴리도서관 특별문고 고의당문고

덴리도서관에서는 현재 '와타야문고(綿屋文庫)' '요시다문고(吉田文庫)' '긴세이문고(近世文庫)' '고의당문고(古義堂文庫)'의 네 가지 수집 자료들을 특별문고로 지정하고 있다. 먼저 와타야문고는 1938(昭和13)년에 덴리교 신바시라 나카야마가에서 기증한 렌가(連歌)·하이까이서(俳諧書)가 중심이 된 컬렉션이다.

요시다문고는 교토의 요시다신사(吉田神社) 가문에서 누대로 전해 내려온 서적들의 일부를 이관하고 그 이름을 남긴 것으로, 요시다가(吉田家) 여러 부서(部署)의 신전류(神典類)·일기·문서 등 약7,000점, 10,000권으로, 도서관에서는 그것과 별도로 요시다가의 책을 수집하고 있다.

근세문고는 나라현(奈良縣) 오지초(王寺町)의 향토사가이자 고와(古瓦) 수집가인 야스이 요시타로(保井芳太郎, 1881~1945)가 수집한 근세 야마토(大和)의 사찰, 신사, 지배(支配) 서민 관련 문서·기록·지도 등 약 60,000점이 기초가 된 것으로 뒤에 추가된 것도 포함하면약 30여만 점에 이른다.

---

25) 현재 덴리대학(天理大學, 영 :Tenri University).

26) 현재 덴리대학부속덴리참고관(天理大學付屬天理參考館, 영: Tenri Sankokan Museum)

그리고 고의당문고는 고의당의 장서가 1941(昭和16)년부터 1945(昭和20)년에 걸쳐 덴리도서관에 일괄 이양된 것이다. 그 내용은『논어고의』『동지문』명물육첩(名物六帖)』을 비롯한 원고류·일기·문인명단·유품·수택본 책 등 이토가와 직접 관련되는 것과 한문서적을 위주로 한 일반서적 및 서화 등을 모두 합쳐서 약5,500점, 10,000권에 달한다.

3. 고의당문고의 위상

고의당문고가 지닌 가치에 대해 역사학자, 언어학자로『고지엔(廣辭苑)』의 편저자로 알려진 신무라 이즈루(新村出)는 다음과 같이 밝힌 바 있다.

> 이 호리카와문고(堀川文庫 ; =고의당문고)의 실질(實質)이 한층 특수하고 우수한 점은 연면한 명유(名儒) 일가·문류의 학문전통의 실력(實歷)이 경과함을 여실히 전개할 수 있는 자료가 충실하다는 한 점이야말로 동서로, 내외로 과시할 만한 점이라고 믿는다. 진사이 이하 몇 대 200여년, 에도에서 과연 하야시가(林家)의 문고는 어디에 있는가? (아라이) 하쿠세키(白石), (오규) 소라이(徂徠)의 장서·원고의 행방은 어디인가? 라고 대조해 보고 근세 제1류의 국학, 한학 양 분야의 명문 문고들의 변천을 회고(回顧)해 본다면 과연 그렇다고 납득하게 될 것이다.[27]

즉 고의당문고의 특징은 이토 진사이 가문과 고의학파 200여년의 학문적 역사와 전통을 실물을 통해 고스란히 간직하고 있다는 것이다. 이러한 장서는 막부의 관학이었던 하야시가나 아라이 하쿠세키(新井白石), 오규 소라이(荻生徂徠) 등 에도시대의 유명한 학자 가문에서도 찾아볼 수 없는 것이었다. 또 고의당의 문헌들을 인수받은 나카야마 쇼젠도 문고에서 느낀

---

27) 新村出,「序文」, 天理大學附屬天理圖書館,『古義堂文庫目錄 復刻版』.

바를 다음과 같이 토로하고 있다.

> 첫째는 진사이, 도가이 등의 학문에 대한 태도이다. 그 진지함이 각각 문헌들 사이에서 우러나오듯 느껴지고 가령 동학(同學)에 뜻을 두지 않더라도 학문에 뜻을 둔 자로서 식견, 태도에 선현(先賢)들의 면모를 엿볼 수 있다.
>
> 둘째는 고본(稿本)류가 흩어지지 않고 보관되었던 점이다. 몇 년 동안 교정을 거듭하고 심혈을 기울인 자취가 약동(躍動)하니 보는 자의 가슴에 와 닿는 느낌이다.
>
> 교우(交友) 명단, 입문 명단, 척독(尺牘)류에 이르러서는 꼼꼼한 유생 기질을 엿볼 수 있음과 동시에 반면에 일반인의 생활태도에 암시를 주는 것이라고 하겠다.[28)]

다시 말하면 고의당문고의 자료들을 통해 고의당 사람들의 학문적 태도와 사상 형성의 과정, 그리고 고의당의 인적 교류와 사람을 대함에 있어서 진지한 태도까지 엿볼 수 있다는 것이다.

고의당문고의 서지(書誌) 작성은 1944(昭和19)년부터 시작되었으나 1945(昭和20)년에 장서가 다시 증가함으로써 다시 문고의 모든 서적을 망라하는 목록을 만들게 되었다. 그리하여 1956(昭和31)년에 덴리도서관 편 『고의당문고목록(古義堂文庫目錄)』이 간행되었다. 그 내용은 진사이 서지략(書誌略: 저술 및 편찬, 일기·서간, 수택본, 서화 및 초고, 유품), 도가이 서지략, 도쇼 소지략, 도리 이후 역대 서지략, 방계(傍系諸家) 서지략, 이토가 자료 목록 및 이토가 구장서(舊藏書) 서화의 부(部), 일본어서적 목록, 한문서적 목록, 서화 목록, 인쇄물·문서 목록 등으로 이루어지고 있다.

그 중에서도 이토 진사이 자신이 애용한 서적으로는 강희신미(康熙辛未, 1691년) 신전(新鐫) 『감본사서(監本四書)』, 명대판(明代版) 『사서집주대

---

28) 中山正善, 「序文」, 天理大學附屬天理圖書館, 『古義堂文庫目錄 復刻版』.

전(四書集註大全)』(주회괴 교정 사서대전周會魁校正四書大全), 1624~1645년 경(寬永年間)에 일본에서 간행된 『주역경전(周易經傳)』이 있다.

특히 『주회괴 교정 사시대전』이나 『주역경전』등은 진사이가 청년 시설부터 만년에 이르기까지 먹이나 주홍으로 쓴 주석이나 필기가 남아 있어서 주자학에서 고의학으로 변천하는 사상 형성의 과정을 볼 수 있다. 진사이는 "홀로 정자(程子)의 역전(易傳)이 제유(諸儒) 위에 우뚝 뛰어난 삼대(三代) 이래의 호서(好書)인 까닭은 그것이 논어(論)·맹자(孟)의 이치에서 온 것이기 때문이다."[29] 라고 하면서 정주의 저서임에도 정이천(程伊川)의 『역전』에 대해서는 높이 평가하고 있었다.

또 고의당 제2대 숙주 도가이는 경학뿐만 아니라 일본과 이웃나라인 중국, 조선, 류큐(琉球) 등의 제도·역사·언어·문화에서도 많은 관심을 기울었다. 한반도 관련 유물들도 많고 예를 들면 조선에 대해 폭넓은 연구 성과를 모여서 1704년에 『삼한기략(三韓紀略)』을 지었다. 그의 대표작이라 할 수 있는 『명물육첩(名物六帖)』에도 1527(中宗22)년에 최세진(崔世珍)이 지은 『훈몽자회(訓蒙字會)』를 비롯하여 『동문선(東文選)』『조선사략(朝鮮史略)』『삼국사기(三國史記)』『경국대전(經國大典)』『해동제국기(海東諸國記)』『징비록(懲毖錄)』『용재총화(慵齋叢話)』『명률강해(明律講解)』『고사촬요(攷事撮要)』등의 한국 서적을 폭넓게 인용하고 있다.[30] 도가이는 한글에도 관심을 가졌으며 『조선언문자모(朝鮮諺文子母)』라는 한글 연구서를 쓰기도 했다. 이것은 출판할 수는 없었으나 아들 이토 도쇼(東所)가 다시 손을 본 교정본이 고의당문고에 남아 있다.[31]

그리고 도가이의 동생인 바이우는 실제로 외교관으로서 조선통신사를 대접했다. 그가 1711(조선: 肅宗37, 일본: 正德1)년 조선통신사와 일본의

29) 『童子問』上 ; 天理大學附屬天理圖書館, 『古義堂文庫目錄 復刻版』上卷 仁齋書誌略, 30쪽에서 재인용.

30) 宮川康子, 「伊藤東涯の朝鮮研究と『訓蒙字會』」, 171~176쪽 참조.

31) 宮川康子, 「伊藤東涯の朝鮮研究と『訓蒙字會』」, 179~188쪽 참조.

다른 유학자들과 주고받은 시를 수록한 『계림창화집(鷄林唱和集)』(1712년 간행)이나 그가 일동(日東)의 유종(儒宗)인 이토 진사이가 성리학을 논변한 책을 드리고 싶다고 서기 성몽량과 필담한 글도 포함되고 있다.

또 고의당문고 전체를 대표하는 보물로 일본의 국보로 지정된 송대판(宋代版) 『구양문충공전집(歐陽文忠公全集)』이 있다. 2011년에 규슈대학(九州大學) 히가시 히데토시(東英壽) 교수가 밝힌 연구에 의하면 이 고의당문고본 『구양문충공전집』에는 중국의 국가도서관에 소장된 명대판 『구양문충공전집』에도 수록되지 않는, 구양수(歐陽脩)가 왕안석(王安石) 등에게 보낸 편지 96통이 포함되고 있다.

그리고 고의당문고본 『구양문충공전집』에는 가나자와문고(金澤文庫)의 인장이 찍혀 있다. 가나자와문고[32]는 가마쿠라시대(鎌倉時代) 중기인 1275년경에 가마쿠라막부(鎌倉幕府) 집권(執權) 호조씨(北條氏)의 갈래인 가나자와 호조씨(金澤北條氏) 호조 사네도키(北條實時)가 자기 저택 안에 설립한 도서관으로 일본 최초의 무가문고(武家文庫)이다. 이 점에서 미루어 12세기 말에 남송(南宋) 때의 정치인·문인·각서가(刻書家)인 주필대(周必大)가 『구양문충공전집』을 편찬한 후에 간행된 증보판이 일본에 수입되면서 가나자와문고에 소장되었다가, 그것이 가마쿠라막부 멸망 후 어느 사이에 유출되고 알 수 없는 경위를 거쳐서 고의당의 수중으로 들어간 것으로 추측된다.

Ⅳ. 맺음말

고의당은 일본유학의 고의학파(古義學派)의 창시자인 유학자·사상가 이토 진사이(伊藤仁齋)가 1662(寬文2)년에 교토 호리카와(堀川)의 자택에 개

32) 현재 가나가와현립 가나자와문고(神奈川縣立金澤文庫). 가나가와현(神奈川縣) 요코하마시(横濱市) 가나자와구(金澤區) 가나자와조(金澤町) 142에 소재함.

설한 사숙(私塾: 사립학교)이다. 진사이가 세상을 떠난 후에도 그 자손들이 대대로 고의당 숙주(塾主)의 자리와 고의학의 학풍을 계승했다. 교토는 특히 에도시대(江戸時代) 초기 일본의 학문의 중심지어서 고의당 이외에도 강습관(講習館), 안사이숙(闇齋塾) 등의 사숙들이 서로 경쟁하고 있었다. 고의당은 그 중에서도 오래 계속된 편이다. 6대 숙주 유사이(輶齋)가 메이지시대(明治時代)에 궁내청(宮內廳)에서 근무하는 동안 18년 휴강한 기간을 사이에 두고 1906(明治39)년까지 약240년 동안 존속했다. 오늘날 볼 수 있는 고의당의 서재는 1890(明治23)년에 재건된 것이지만, 서고는 진사이 생전의 것이 고스란히 남아 있고 고의당 터는 '이토 진사이 택 (고의당) 터 및 서고'로서 사적으로 지정되고 있다.

고의당은 한때 문인 3000명이라 일컬어지는 성황을 과시했다. 또 궁중의 자문을 받기도 하는 한편으로 일반 서민에게도 문호가 개방되었으며 문인의 신분도 황실·귀족부터 다이묘·무사·학자·승려·신관(神官)·상공인·농민에 이르기까지 다양했다. 특히 유명한 문인으로는 메이지유신(明治維新)에도 참여하고 쇼와(昭和)시대까지 살아남은 "최후의 원로(元老)" 사이온지 긴모치(西園寺公望)가 있다.

사상사적으로 보면 진사이학(仁齋學) 또는 고의학은 주자학에 반대한 고학파(古學派)에 분류된다. 고의학의 특징으로는 먼저 정주(程朱)의 이기이원론(理氣二元論)에 반대하고 생명주의적인 기일원론(氣一元論)을 제창한 점을 들 수 있다. 진사이에 의하면 천지의 도는 "낳고 또 낳아서 그치지 않는" 것과 마찬가지로 인간의 몸과 마음도 또한 살아 움직이고 변화하는 것이다. 그래서 "도(道)는 행하는 바를 가지고 말한다. 삶의 글자[活字]이다. 이(理)는 존재하는 것을 가지고 말한다. 죽음의 글자[死字]이다." 고 하듯이 '리(理)'라는 일정한 격률·규범에 의해 마음을 속박하려고 하는 것은 마음의 쓰임을 못 쓰게 만드는 것이다. 그보다는 차라리 "도(道)는 마치 길(路)과 같다. 사람의 왕래하고 통행하는 까닭"이므로 예나 지금이나 사람이면 누구나 밟지 않을 수 없는 '도(道)'를 가는 것이 낫다고 주장했다.

또 진사이는 "무릇 부자(夫子)의 성스러움은 요순보다 훨씬 뛰어나다"고 하면서 공자를 요순 등 그전의 성인들보다 존중했다. 경학에서는 한당(漢唐) 훈고학(訓詁學)의 육경(六經) 중심, 주자학의 사서(四書) 중심의 체계를 물리쳤다. 진사이는 『논어』를 '최상지극우주제일(最上至極宇宙第一)'의 책으로 자리 매겼다. 『맹자』를 그 의소(義疏)로 평가한 반면에 『대학』에 대해서는 공씨(孔氏)의 유서(遺書)가 아니라고 단정했고, 『중용』은 유가 이외의 책 내용이 뒤섞여 있다고 보았다. 또 진사이는 무사가 지배한 에도시대에 숭문주의(崇文主義)를 강조하고, 문(文)이 우세할 때에는 번성하지만 무(武)가 우세할 때에는 국운이 짧아진다고 보았다.

고의당의 사상은 고의방(古醫方) 의학에도 영향을 주었고, 또 조선통신사를 통해 조선에도 소개되었다. 하지만 주자학이 우세한 조선사회에서는 이단으로 치부되는 경우가 많았다.

오랜 역사에 걸맞게 고의당은 수많은 장서·문서·서화 등을 모았고, 그것들은 에도시대의 이른바 '교토 3대 화재'에서도 기적적으로 소실을 모면할 수 있었다. 고의당이 240년여 동안 수집·소장해온 장서·서화 등 5,500점, 약 1만 권은 고의당의 역사에 막을 내린 뒤 1941(昭和16)년부터 1945(昭和20)년에 걸쳐 덴리도서관(天理圖書館)에 일괄 이양되었다. 덴리도서관은 천리교(天理敎) 제2대 관장 나카야마 쇼젠(中山正善)이 1925(大正14)년 8월에 개설한 도서관이다. 덴리도서관에 이관된 이토가의 고의당 관련 자료·장서는 '고의당문고(古義堂文庫)'로서 '와타야문고(綿屋文庫)' '요시다문고(吉田文庫)' '긴세이문고(近世文庫)'와 더불어 덴리도서관 특별문고에 지정되고 일반 장서와 별도로 분류·취급되고 있다.

덴리도서관 고의당문고의 내용은 『논어고의(論語古義)』『동자문(童子問)』『명물육첩(名物六帖)』을 비롯한 원고류·일기·문인명단·유품·수택본 등 이토가와 직접 관련되는 것 이외에 한문서적을 위주로 하는 일반 서적·서화 등이 포함된다. 1956(昭和31)년에는 그것을 망라한 덴리도서관 편 『고의당문고목록(古義堂文庫目錄)』도 간행되었다.

고의당문고 중에는 여러 가지 귀중한 서적들이 다수 포함되어 있다. 그 중에는 고의당과 한반도와의 관련을 보여주는 유물들도 적지 않게 포함되고 있다. 예를 들면 진사이의 아들 도가이는 한글을 체계적으로 연구·소개한 『조선언문자모(朝鮮諺文子母)』이나, 도가이의 동생인 바이우가 할아버지 진사이가 성리학을 논변한 책을 드리고 싶다고 통신사 서기인 성몽량과 필담한 글도 포함되고 있다.

일본의 국보에도 지정되고 있는 송대판(宋代版) 『구양문충공전집(歐陽文忠公全集)』이 있다. 남송(南宋)의 주필대(周必大)가 펴낸 구양수(歐陽脩)의 문집의 증보판인데 일본에도 수입되고 가마쿠라시대(鎌倉時代) 중기인 1275년경에 호조 사네도키(北條實時)가 설치한 가나자와문고(金澤文庫)에서 소장되었다가 훗날 어떠한 경위를 거쳐 고의당의 장서가 되었다는 연유가 있는 것이다.

【참고문헌】

片岡龍(가타오카 류)·金泰昌 編(2011), 『公共する人間 1 伊藤仁齋－天下公共の道を講究した文人學者－』, 東京/東京大學出版會.

源了圓(미나모토 료엔, 1995), 『德川思想小史』, 東京/中公新書.

天理(텐리)大學おやさと研究所 編(1977), 『天理教辭典』, 天理/道友社.

天理(텐리)大學附屬天理圖書館(1956[昭和31]), 『古義堂文庫目錄 復刻版』(天理圖書館叢書第二十一輯), 東京/八木書店.

加藤仁平(가토 니헤이), 「伊藤仁齋の堀川塾」, 『伊藤仁齋の學問と教育 古義堂卽ち堀川塾の教育史的研究』, 東京/第一書房, 1979.

木村純二(기무라 준지), 「日本의 經學文獻 수용에 관하여 －古義堂資料·稽古館資料를 中心으로－」, 『한국문화』 73, 2016.3.

田尻祐一郎(다지리 유이치로), 「「四端」と「孝悌」 仁齋試論」, 『日本漢文學研究』(1), 2006.3.

遠山敦(도오야마 아츠시), 「『中庸』 解釋から見られる伊藤仁齋の倫理思想に關する研究」, 『中庸について』 三重哲學會平成18年度大會發表論文, 三重大學, 2006(平成18).7.2.

宮川康子(미야가와 야스코), 「伊藤東涯の朝鮮研究と『訓蒙字會』」, 『京都産業大學日本文化研究所紀要』 第24號, 2019(平成31).3.

澤井啓一(사와이 케이이치), 「儒教共榮圏の幻影一十八世紀東アジアの＜ジャポニズム＞」, 『東北アジア研究』(別冊4), 2018.9.

福田安典(후쿠다 야스노리), 「古義堂と医學書」, 『國文目白』(57), 2018.2.

https://www.planet.pref.kanagawa.jp/city/bunko/bunkogaiyou.html

https://www.tcl.gr.jp/about-us/

https://www.tcl.gr.jp/collection/special/

제2부

조선시대 서원의 지식 네트워크 구축과 특징

이광우 ▣ 조선시대 학파의 '도통'의식과 서원의 확산

임근실 ▣ 16세기 서원지의 출현과 지식의 전개

한재훈 ▣ 조선시대 서원 학규의 시기별 경향

이경동 ▣ 조선시대 근기지역 서원의 강규와 강학

정순우 ▣ 19세기 말 서원 강회를 통한 학파의 분화과정

조선시대 학파의 '도통' 의식과 서원의 확산
-16세기 후반~17세기 전반 퇴계학파를 중심으로-

이 광 우

Ⅰ. 머리말

중국 송대(宋代)에 체계화된 성리학을 도학(道學)이라 일컫는다. 송대 학자들은 공맹(孔孟) 이후 근본 유학이 단절되고 훼손되었다는 문제의식을 가지고, 정통성 회복을 위해 노력하였다. 그 방법은 정학(正學)과 이단(異端)의 구분이었다. 송대 유행하던 정통 관념에 입각하여 유학의 계보를 설정하고, 이를 계승한 유현(儒賢)을 전면에 내세웠다. 학문적 계보에 정통성을 부여하는 '도통(道統)' 의식이 본격적으로 성립된 것이다. '도통' 의식은 주자(朱子)에 의해 체계화되었다. 그는 「중용장구서(中庸章句序)」를 통해 '요(堯)-순(舜)-우(禹)-탕(湯)-문왕(文王)-무왕(武王)-주공(周公)-공자(孔子)-맹자(孟子)'로 전승되는 계보를 '도통'으로 내세우면서, 선성(先聖)들에 의해 이어져 온 도통이 노자(老子)·불가(佛家) 등의 이단으로 인해 단절되고 어지럽혀 졌다고 했다. 그러면서 공맹 이후 단절되었던 '도통'이 송대에 이르러 이정(二程)에 의하여 다시 이어지게 되었음을 강조하였다.

주자가 '도통'을 체계화했다면, 그 문인들은 주자를 '도통'의 적전(嫡傳)으로 내세웠다. 공맹의 학문이 송대 이정(二程)에 의해 계승되었고, 그 '도통'을 주자가 계승했다는 것이다. 나아가 주자 문인들은 학문적 계승 관계를 통해 자신들이 '도통'의 전수자임을 경쟁적으로 피력하였다.[1] 이들은

1) 지준호, 「주자문인의 도통의식」, 『동양철학연구』 35, 동양철학연구회, 2003,

주자 성리학을 연구하고 그 실천으로 정치에 참여했으며, 자신들이 내세우는 '도통'에 정당성과 차별성을 부여하기 위하여 이단을 배척해 나갔다. 특히 서원(書院) 운영은 '도통'을 매개로 한 성리학 확산의 기폭제가 되었다.

이른바 '경원위학지금(慶元僞學之禁)'을 겪으면서 성리학은 한동안 정치적 탄압을 당했다. 이에 관직에서 멀어진 주자와 일련의 도학자들은 지방 서원을 중심으로 강학과 학문 전파에 힘썼다. 이들은 과거(科擧) 위주의 관학(官學) 교육을 비판하고, '의리(義理)'를 내세우며 자신들의 학문을 전파해 나갔다. 정치적 격변을 겪는 부침 속에서도 내실화가 이루어지고 저변이 확대되었던 것이다. 이후 도학의 중요성과 영향력이 더욱 부각되면서, 주자 성리학의 관학화(官學化)가 이루어졌다. 그리고 서원은 국가의 지원을 받으며 사학(私學) 기관임에도 관학에 준하는 교육기관이 될 수 있었다.[2] 이로써 서원은 성리학을 계승한 각 '학파(學派)'에 의해 '도통'을 계승하고, 학문적·정치적 입장의 공유 집단을 부식하는 공간으로 자리매김하였다.

16세기 조선에서 서원 설립이 본격적으로 이루어진 것도 송대 서원의 확산 배경과 비슷한 맥락에서 이해할 수 있다. 서원 설립의 주체였던 사림(士林) 세력은 관학의 부진으로 '도통'이 제대로 계승되지 못함을 지적하면서 그 대안처로 서원을 주목하였다. 그렇기에 우리나라 서원의 전형(典型)을 완성한 퇴계(退溪) 이황(李滉, 1501~1570)은 1549년(명종 4) 경상도관찰사(慶尙道觀察使) 심통원(沈通源)에게 백운동서원(白雲洞書院)의 사액(賜額)을 청원하기 위해 쓴 편지에서 관학의 부진을 지적하였고,[3] 소수서원(紹修書院) 사액 후 신광한(申光漢)은 응제기문(應製記文)을 통해 관학의 부

367~368쪽.

2) 이범학, 「남송 후기 이학의 보급과 관학화의 배경-이학계 인사들의 정치·사회적 행동을 중심으로-」, 『한국학논총』 17, 국민대학교 한국학연구소, 1994, 6~16쪽 ; 지준호, 앞의 논문, 2003, 374~377쪽.

3) 『退溪集』 권9, 書, 〈上沈方伯〉, "저 國學과 鄕校는 사람이 많이 모이는 성곽 안에 있어서 한편으로 學令에 구애되고, 한편으로 과거 등의 일에 유혹되어 생각이 바뀌고 정신을 빼앗기니, …".

진 속에 공맹의 도통이 계승될 수 있었던 것은 송대 서원으로부터 말미암은 것이라고 평가했던 것이다.[4] 조선에서도 서원은 관학의 대안으로 등장하였고, 정부에 의해 공적 영역에서 관리되었다. 그런데 서원은 사림의 사적 교육기관에 머물지 않았다. 사림에게 있어 서원 설립과 운영은 조선의 통치 이념인 성리학의 실천이었고, 주자에 의해 체계화된 '도통' 의식의 계승이었다. 따라서 사림 세력은 서원을 통해 자신들의 정치·사회적 집단성을 구현하였는데, 그 집단성은 '학파'의 형태로 전개되었다.

16세기 중반 이후 사림 세력은 당대를 대표하던 성리학자와 학문적 수수관계를 바탕으로 각기 '학파'를 형성하였다. 특히 16세기 후반 붕당정치가 시작됨에 따라 '학파'는 각 당색(黨色)의 정치적 성격도 함께 띠게 되었다. 정치 세력은 '학파'별로 결집하였으며, 소속된 '학파'에 '도통'을 부여함으로써, 자신들의 정치적 집단성에 대해 명분과 정당성을 확보하였다. 이에 따라 '도통' 의식을 달리하는 여러 '학파'가 동시대에 공존하며 경쟁하게 되고, 그 과정에서 사림의 부식 공간인 서원 또한 전국적으로 확산되었다. 정치 세력 간의 경쟁에서 '학파'는 이념적 명분을 제공하였는데, 서원은 그 명분에 대한 지지 여론을 확장시키는 공간이었던 것이다. 이에 따라 조선시대 서원의 설립과 확산 과정에서 '학파'의 영향력은 매우 클 수밖에 없었다.

한국사에서 조선후기 성리학의 흐름은 교조주의로 나아갔으며, 폐쇄적이고 배타적인 성격을 보이는 것으로 이해되고 있다. 그 배경으로는 17세기 이후 '학파'와 접목된 붕당 간의 극단적 당쟁, 중앙 정치 세력의 벌열화(閥閱化)에 따른 재지사족의 현실 안주와 보수적 정세 인식이 거론된다. 그

---

4) 『竹溪誌』 권1, 行錄後, 〈白雲洞紹脩書院記〉, "漢·唐·魏·晉 이후 학교를 숭상하지 않은 적이 없었으나, 모두 한갓 그 이름만 있고 직접 인도한 것이 없었기 때문에 그 다스림의 효과는 거의 세상에 알려진 바가 없었다. … [宋]太宗이 천하의 군주로서 작은 隱士의 서원에 편액과 서책을 하사하여 학문을 진작시킴으로써, 송나라가 다할 때까지 眞儒가 배출되고 도학이 크게 천명되어 그동안 단절되었던 孔孟의 도통을 계승하였다. 이를 본다면 宋朝에서 이룬 성과는 서원에서 나왔지 국학에 의한 것이 아니었다.".

러나 그 단초는 우리나라에서 성리학파가 형성되고 발전하는 16세기 후반~17세기 전반에 이미 등장한다. 16세기 중반 소위 성리학의 '거유(巨儒)'들이 출현한 이후, 그 문인들은 '학파'를 형성하고 '도통'을 둘러 싼 경쟁을 시작하였다. '학파'를 매개로 정치 세력은 성리학적 대의명분을 제공받았고, '학파'를 매개로 재지사족은 향촌사회에 군림할 수 있었던 것이다. 각 '학파'가 주창하는 '도통' 의식은 곧 권력이 되었다. 이에 '학파'의 문인들은 선사(先師)를 경쟁적으로 추숭하였고, 그것은 서원 설립 현상으로 나타났다. 이에 따라 '학파' 분기 이후 학문 또는 사적 연고에 의해 많은 서원들이 설립되기 시작하였다.

여기에서는 16세기 후반~17세기 전반 학파의 '도통' 의식이 서원 확산에 끼친 영향을 영남 지역 퇴계학파를 중심으로 살펴보고자 한다. 영남은 사림의 연수(淵藪)로서 이른 시기부터 서원이 활발하게 설립되었다. 특히 재야 남인(南人)의 거점으로 그들의 집단적 '도통' 의식이 구현된 퇴계학파(退溪學派) 계열의 서원이 다수 설립된 지역이다. 그밖에도 붕당정치에 따른 정치적 부침 속에 남명학파(南冥學派)와 율곡학파(栗谷學派) 계열의 서원도 공존하였다. 즉, 영남의 서원은 교육·교화 공간이라는 본연의 기능과 더불어 특정 학맥의 구심점 또는 당파(黨派)의 공론처라는 성격이 어느 지역보다 두드러지게 나타나,[5] '도통' 의식의 전개에 따른 서원 설립 양상을 살펴보는데 좋은 사례가 된다.

Ⅱ. 퇴계학파의 성립과 서원

서원의 설립 주체는 해당 지역의 지방관과 향인(鄕人), 제향 인물의 문인(門人)과 후손 등 다양하다. 지역 및 시기별로 설립 주도 세력은 차이가

5) 김학수, 「영남지역 서원의 정치사회적 성격」, 『국학연구』 11, 한국국학진흥원, 2007.

있지만, 공통적으로 여러 세력의 상호 협조 하에 진행되었다.[6] 초창기 서원 설립은 지역 사림의 공론과 지방관의 협조로 이루어졌다. 아직 붕당정치가 시작되지 않았고 '학파'의 분기가 이루어지지 않았던 만큼, 일향(一鄕) 사림의 합의가 있으면 순조롭게 서원은 설립될 수 있었다. 사림 세력은 공통된 현실 인식과 학문관을 바탕으로 서원을 관학의 대안처로 운영하였다. 이러한 현상은 초창기 서원의 제향 인물에서도 드러난다.

제향 인물의 성격은 서원 설립 세력의 지향점을 말해준다. 특정 지역의 사림이 특정 '학파'를 표방하는데 있어 가장 적극적인 행위 중 하나가 바로 서원 설립이다. 표방하고자 하는 '학파'의 주요 인사 중 서원 설립지와 연고가 있는 인사를 제향함으로써, 해당 '학파'가 주창하는 '도통' 의식을 입증하였다. 그러나 초창기 서원의 제향 인물에서 '학파' 계승 의식은 구체적으로 드러나지 않는다. 지역과 연고가 있는 전(前) 왕조의 명유(名儒)나 사림파 계열 인사를 제향함으로써, '존현(尊賢)' 기능을 가진 관학의 대안처임을 자부하는데 그쳤다. 제향 인물이 적당하지 않으면, 아래 퇴계의 언급처럼 형편에 따라 운영하기도 했다.

> 이어 유생 장수희(張壽禧)를 나에게 보내어 부탁하면서 말하기를 "우리 고장은 받들어 제사할 만한 선정(先正)을 아직 정하지 못하였고, 서원 규모도 아직 갖추어지지 않았으니, 우선은 서원의 이름을 서재(書齋)로 지으면 어떻겠습니까?"라고 문의하였다. 내가 거듭 사양하다가 마지못하여 "옛날 서원에서 선현을 배향할 때에는 어찌 모두 그 고장의 인물들만을 고집했겠는가! 선성(先聖)과 선사(先師)를 모시는 곳도 있고, 또한 사묘를 세우지 못한 곳도 있으니 오직 그 힘과 형편에 따라 할 뿐이다."라고 했다.[7]

영천(榮川) 이산서원(伊山書院) 설립 과정에서 제향 인물에 대해 문의

6) 정만조, 『조선시대 서원연구』, 집문당, 1997, 107~133쪽.
7) 『퇴계집』 권42, 記, 〈伊山書院記〉.

받은 퇴계는 지역 출신의 선정·선성·선사에 얽매일 필요가 없다고 했다. 다만, 유학에 직접적인 공이 있는 인사들만 제향하는 것이 올바르며, 도학자가 아닌 충절인이나 유학에 공이 없는 자를 제향하는 것에 대해서는 우려를 표방하였다.[8] 그렇기에 1560년 성주(星州) 영봉서원(迎鳳書院)에 이조년(李兆年)·이인복(李仁復)을 제향하려는 시도에 대하여 반대하는 뜻을 드러냈으며,[9] 경주(慶州) 서악서원(西岳書院)의 김유신(金庾信)·설총(薛聰)·최치원(崔致遠) 제향에 대해서는 못마땅해 하면서도 단지 학교 본연의 기능에 충실할 것만 당부하였던 것이다.[10]

이러한 경향은 서원의 전형을 확립한 퇴계 생전까지는 어느 정도 지켜졌다. 이와 관련하여 1574년(선조 7) 설립된 도산서원(陶山書院) 이전의 영남 지역 서원과 제향 인물을 살펴보면 다음 〈표 1〉과 같다.

〈표 1〉 1543~1573년 영남 지역 서원 설립 현황과 제향 인물[11]

설립연도[사액연도]	명칭	지역	제향 인물[12]
1543년(중종 38)[1550]	白雲洞書院 [紹修書院]	豊基 [順興]	**安珦[1543], 安軸·安輔[1544]**, 周世鵬
1552년(명종 7)[1566]	濫溪書院	咸陽	**鄭汝昌[1552]**, 姜翼·俞好仁·鄭蘊·鄭弘緖
1553년(명종 8)[1554]	臨皐書院	永川	**鄭夢周[1553]**, 張顯光·皇甫仁
1555년(명종 10)	白鶴書院	新寧	李滉·黃俊良
1556년(명종 11)[1576]	氷溪書院	義城	**金安國·李彦迪[1556]** 柳成龍·金誠一·張顯光
1558년(명종 13)[1560]	迎鳳書院 [川谷書院]	星州	**程頤·朱子·金宏弼[1568]** 鄭逑·張顯光·李兆年·李仁復

8) 이병훈, 「16세기 한국 서원의 출현과 정비」, 『한국서원학보』 10, 한국서원학회, 2020, 91~92쪽.

9) 이수환, 「성주 영봉서원 연구」, 『역사교육논집』 54, 역사교육학회, 2015, 198~201쪽.

10) 『퇴계집』 권4, 詩, 〈書院十詠〉.

11) 〈표 1〉은 '임근실, 「16세기 영남지역 서원 연구」, 단국대학교 대학원 박사학위논문, 2019, 16~18쪽'에 수록된 표를 참조한 것이다.

1559년(명종 14)[1574]	伊山書院	榮川	李滉
1561년(명종 16)[1623]	西岳書院	慶州	**金庾信[1561], 薛聰·崔致遠[1563]**
1564년(명종 19)	淸溪書院	草溪	**李希顔[1564]**, 全致遠·李大期
1564년(명종 19)[1660]	硏經書院	大丘	李滉·鄭逑·鄭經世·全慶昌·李叔樑
1567년(명종 22)[1669]	禮林書院[德城書院]	密陽	**金宗直[1567]**, 朴漢柱·申季誠
1568년(선조 1)[1607]	道東書院	玄風	**金宏弼[1568]**, 鄭逑
1568년(선조 1)	金谷書院	醴泉	**朴忠佐[1568]**, 朴訥·朴孫慶
1568년(선조 1)	仙巖書院	淸道	**金大有·朴河淡[1568]**
1570년(선조 3)[1575]	金烏書院	善山	**吉再·金宗直·鄭鵬·朴英[1570]**, 張顯光
1570년(선조 3)[1684]	易東書院	禮安	**禹倬[1570]**
1573년(선조 6)[1574]	玉山書院	慶州	**李彦迪[1573]**

1543년부터 1573년까지 설립된 서원의 제향 인물은 크게 중국의 명유, 신라·고려의 명현, 사림파 인사로 구분 되며, 중국 명유를 제외하고는 모두 서원 설립지와 뚜렷한 연고를 가지고 있다. 조선 조 인물은 모두 사림파 인사로 당시 서원 설립이 사림 세력의 정치적 정당성 확보 및 그들의 영향력 강화와 밀접한 관계에 있음을 단적으로 보여준다. 이러한 경향이 나타난 것은 영남 지역뿐만 아니었다. 비슷한 시기 설립된 타도(他道) 서원의 제향 인물 역시 중국의 기자(箕子)·공자(孔子)·주자, 고려 명현 서희(徐熙)·최충(崔沖)·최유선(崔惟善), 사림파 김굉필(金宏弼)·조광조(趙光祖)·김정(金淨)·김안국(金安國)·성수침(成守琛) 등과 같은 인사가 주축을 이루었다.[13] 즉, 초창기 서원은 당대 사림의 보편적 관점에 입각한 선현의 존현처였다.

그러나 16세기 중·후반 영남학파의 쌍벽을 이루던 퇴계와 남명(南冥)

---

12) 〈표 1〉의 제향 인물 중 1543~1570년 사이에 제향된 인물만 연도를 표기하였다. 해당 서원 중 伊山書院은 처음에 제향 인물이 없다가 퇴계 사후 廟宇를 짓고 퇴계를 제향하였다. 硏經書院은 퇴계의 生祠堂에서 출발하였으며, 仙巖書院은 鄕賢祠였다가 1577년 서원이 되었다.

13) 임근실, 앞의 논문, 2019, 19~24쪽.

조식(曺植, 1501~1572)이 세상을 떠나자, 그의 문인들은 즉각적으로 서원을 설립하고 스승을 제향하였다. 이들은 각각 퇴계학파와 남명학파의 학통을 계승하며, 서원 설립을 통해 자신들의 학문적 집단성에 대한 '도통' 의식을 드러내었다.

일찍이 퇴계는 출세주의와 공리주의에 매몰된 관학을 비판하였다. 대신 신진 사림을 양성하는 공간으로 서원을 주목하였으며,[14] 소수서원 사액 이후에는 적극적으로 서원 보급에 앞장섰다. 퇴계는 소수서원을 필두로 여러 서원의 설립과 운영에 직·간접적으로 관여하였는데, 〈서원십영〉은 서원에 대한 그의 깊은 관심을 상징한다.[15]

퇴계 문인들도 서원 보급 운동에 적극 참여하였다. 경주 서악서원과 밀양 예림서원(禮林書院)은 퇴계 문인 이정(李楨, 1512~1571)과 배삼익(裵三益, 1534~1588)이 각각 경주부윤(慶州府尹)과 밀양교수(密陽教授)로 있으면서 설립하였다. 훗날 이황·황준량(黃俊良, 1517~1563)을 제향하게 되는 백학서원(白鶴書院)도 퇴계 문인 황준량이 신녕현감(新寧縣監) 재임 시 설립한 것이다. 이산서원·임고서원·연경서원은 해당 고을의 퇴계 문인이 설립을 주도하였으며,[16] 역동서원은 예안의 퇴계 문인들이 스승의 지시를 받고 설립하였다.[17] 퇴계 사후 문인들의 서원 설립은 더욱 활발해졌다. 퇴계 문인들은 대략 중종 연간부터 광해군 때까지 활약하였는데, 이 기간 동안 설립된 전국 125개소 서원 중 43개소에 관여한 것으로 나타난다. 이를 다시 영남으로 한정하면 49개소 중 절반이 넘는 29개소가 퇴계 문인이 설립을 주

---

14) 이우성, 「퇴계선생과 서원창설운동－이조성리학의 토착화와 아카데미즘－」, 『퇴계학보』 19, 퇴계학연구원, 1978, 208~209쪽.

15) 『퇴계집』 권4, 시, 〈서원십영〉. 이는 竹溪書院[소수서원]·임고서원·영봉서원·남계서원·이산서원·西岳精舍[서악서원]·畫巖書院[연경서원]과 海州 文憲書院, 江陵 丘山書院[五峯書院]에 대한 讚詩이다.

16) 권시용, 「16-17세기 초반 퇴계 문인의 서원 건립 활동」, 『한국서원학보』 8, 한국서원학회, 2019, 9~13쪽.

17) 『梅軒集』 권2, 雜著, 〈易東書院記事〉; 『月川集』 권5, 잡저, 〈易東書院事實〉.

도하였다.[18] 이들은 향인의 공론을 모아 고을별로 서원을 설립해 나갔으며, 그 과정에서 관직에 진출한 동문으로부터 긴밀한 협조를 이끌어 내었다.

그런데 퇴계 사후 진행된 문인들의 서원 보급 활동에서는 이전과 비교해 두드러진 특징이 나타난다. 바로 문인들이 퇴계를 직접 제향 대상으로 삼았다는 것이다. 〈표 1〉에서 확인할 수 있듯이 직전(直傳) 문인에 의한 서원 제향은 퇴계 문인들이 사실상 처음으로 시도한 것이라 볼 수 있다. 퇴계의 3년상이 끝난 직후인 1573년(선조 6) 8월 동방오현(東方五賢)의 문묘종사(文廟從祀) 청원이 시작되었으며,[19] 문집 인출과 증시(贈謚) 등 국가적인 차원에서 퇴계를 존숭하는 논의가 진행되었다. 이에 퇴계 문인들도 1573년 11월 제향 인물이 비어있던 이산서원에 우선적으로 퇴계의 위판을 봉안하였으며, 1574년 봄 도산서원 설립, 1575년 사액, 1576년 위판 봉안이 차례로 이어졌다.[20]

당시 퇴계 문인들은 서원 제향의 명분으로 퇴계가 우리나라 성리학 '도통'의 적통임을 적극적으로 내세웠다. 일찍이 조광조를 필두로 한 기묘사림이 정몽주(鄭夢周, 1337~1392)를 우리나라 '도통' 연원으로 삼았으며, 이후 '정몽주-길재(吉再)-김종직(金宗直)-김굉필(金宏弼)·정여창(鄭汝昌)-조광조'로 이어지는 도통 계보가 성립되었다.[21] 사림 정치가 본격적으로 시작되는 1567년(선조 즉위)에 이르게 되자 퇴계는 조강(朝講)에서 김굉필·정여창·조광조·이언적(李彦迪) 4인의 학문적 업적을 논하였다.[22] 이듬해에는 이조에서 김굉필·정여창은 성현의 학문에 뜻을 두어 사문(斯文)에 공로를 남겼고, 조광조·이언적은 서로 잇달아 일어나 사도(斯道)를 강론했음을 선조에게 아뢰었다.[23] 그리고 1570년부터는 김굉필·정여창·조광조·이언적

18) 권시용, 앞의 논문, 2019, 9~13쪽.
19) 『宣祖實錄』 권7, 6년 8월 28일.
20) 『退溪年譜』 권2.
21) 『中宗實錄』 권103, 39년 5월 29일.
22) 『선조실록』 권1, 즉위년 11월 4일.

영주 이산서원(출처: 국가문화유산포털)

사현(四賢)에 대한 성균관 유생들의 문묘종사 청원이 시작되었다.[24] 즉, 기묘사림이 우리나라 '도통' 연원을 설정했다면, 퇴계는 '도통' 계보를 사림파로 귀결시키는데 결정적 역할을 했다.

이렇게 '도통' 연원과 계보가 성립하자, 문인들은 곧바로 그 계보의 계승자로 퇴계를 내세우게 된다. 이산서원에 퇴계를 봉안할 당시 문인 박승임(朴承任, 1517~1586)은 봉안문(奉安文)을 지어 퇴계학파의 '도통' 의식을 다음과 같이 규정하였다.

> 위대하도다! 성인의 도여! 그것은 원래 하늘에서 나왔다. 뭇 성인이 위업을 계승하여 앞뒤를 번갈아 전하였다. 공자가 성도(聖道)를 집대성했으나 맹자 이후에는 전해지지 않았다. 세상에 견줄 수 없는 주정(周程)[주돈이(周敦頤)·정호(程顥)·정이(程頤)]이 끊어진 줄을 오랜만에 이었다. 성도가 크게 유행함은 오로지 큰 현인(賢人)이 나오기를 기다렸기 때문이다. 탁월하시다. 주자여! 선성을 빛내고 후인(後人)을 일깨웠다. 성도가 고명(高明)하여 하늘이 열리고 해가 빛나게 되었다. 덕이 넓게 베풀어져 우리 해동(海東)에도 미치었다. 포로(圃老)[정몽주]가 유독 높은 경지에 이르렀으나 불행히 뜻을 펴려다가 중도에 그치었다. 문운(文運)이 다시 청성하는데 100년을 심고 가꾸었다. 사현(四儒)[김굉필·정여창·조광조·이언적]가 서로 이어서 순박독실(淳朴篤實)하고 한 결 같이 성도를 정진하였다. 그러나 횡액(橫厄)을 당하여 돌아가시니 탐구하고 선양하지 못하였다. 하늘이 성도를 버리지 않아 선생[이황]을 태어나게 했다.[25]

---

23) 『선조실록』 권2, 1년 6월 4일.
24) 『선조실록』 권4, 3년 4월 23일.
25) 『嘯皐集』 권3, 祭文, 〈伊山書院奉安退溪先生文〉.

박승임을 필두로 한 퇴계 문인은 송대 도학자들이 체계화한 '도통' 계보를 우리나라에서는 '정몽주-4현-퇴계'로 이어짐을 천명하였고, 이를 명분으로 퇴계에 대한 적극적인 서원 제향을 진행하였던 것이다. 이러한 현상은 수치로도 확인할 수 있다. 조선시대 동안 퇴계를 제향한 서원은 송시열(宋時烈, 1607~1689) 다음으로 많은 31개소인데, 이 중 퇴계 사후부터 광해군 때까지 제향된 것이 ⅔에 이르는 20개소이다. 이 시기 퇴계를 제향한 영남 지역 서원을 일람하면 다음 〈표 2〉와 같다.

〈표 2〉 선조-광해군 연간 퇴계 제향 서원[26)]

명칭	지역	설립연도[사액연도]	제향 인물
伊山書院	榮川	1559년(명종 14)[1574]	李滉[1573]
研經書院	大丘	1564년(명종 19)[1660]	李滉[1613]·鄭逑·鄭經世·全慶昌·李叔樑
陶山書院	禮安	1574년(선조 7)[1575]	李滉·趙穆
廬江書院 [虎溪書院]	安東	1575년(선조 8)[1676]	李滉·柳成龍·金誠一
鳳覽書院	眞寶	1602년(선조 35)[1690]	李滉
文巖書院	奉化	1604년(선조 37)[1694]	李滉·趙穆
道南書院	尙州	1606년(선조 39)[1677]	鄭夢周·金宏弼·鄭汝昌·李彦迪 李滉·盧守愼·柳成龍·鄭經世
龜溪書院	泗川	1606년(선조 39)[1676]	李滉·李楨·金德諴
鼎山書院	醴泉	1612년(광해군 4)[1677]	李滉·趙穆
南江書院	盈德	1621년(광해군 13)	李滉·許詡·朴世茂·李文楗·盧守愼 金悌甲·柳根·全有亨·李愼儀

〈표 2〉와 같이 광해군 연간까지 약 50년간 영남 지역에 설립된 퇴계 제향 서원은 모두 10개소에 이른다. 해당 지역은 퇴계와 직접적으로 연고가 있거나, 문인들이 활동하던 지역이다. 우선 퇴계의 주요 활동지였던 예안·안동·영천(榮川)에서는 문인들이 즉각적으로 퇴계를 서원에 제향하였고, 이어 다

26) 〈표 2〉는 '채광수, 「퇴계 문인의 서원 보급 활동」, 『민족문화논총』 73, 영남대학교 민족문화연구소, 2019, 602~604쪽'에 수록된 표를 참조한 것이다.

른 고을에서도 직전 및 재전(再傳) 문인에 의한 퇴계 제향이 진행되었다.

이 무렵의 퇴계 제향 비율은 당쟁으로 말미암아 급격하게 서원이 증설되던 17세기 중반 이후의 서원 남설기와 비교해도 결코 낮지 않다. 따라서 이 시기 퇴계가 집중적으로 제향되는 현상을 주목할 필요가 있다. 퇴계 문인들은 "우리 동방에서만 비견될 만한 인물이 없을 뿐만 아니라, 중국에서도 비슷한 사람조차 찾아볼 수가 없으니, 실로 주자가 돌아가신 뒤에는 오직 퇴계 선생 한 분뿐이다"[27]라고 한 조호익(曺好益, 1545~1609)의 언급처럼, 퇴계를 동방의 주자로 인식하고 있었다. 중국에서 주자를 제향한 서원이 무이(武夷)·고정(考亭)·매암(晦菴) 등 20개소에 이른 사실에 근거하여,[28] 적극적으로 서원을 설립하고 퇴계를 제향해 나갔다. 16세기 중반까지 우리나라 성리학 계보에서 '학파'라는 개념은 뚜렷이 설정되지 않았었다. 따라서 사림의 보편적 시각에서 지역과 연고가 있는 인사를 '존현(尊賢)' 대상으로 선정하였다. 마땅한 대상이 없을 경우에는 중국 명유를 제향하거나 따로 제향자를 두지 않았다. 우리나라 제향 인물 중 세 번째로 많은 인물이 주자인데, 명종-선조 연간에만 9개소가 설립된 것도 이와 같은 이유로 볼 수 있다.[29]

조선시대 서원 확산에 '학파'가 중요한 영향력을 끼친 것은 퇴계 문인들의 적극적인 서원 설립에서 비롯되었다. 퇴계 문인들은 보편적인 '존현'을 넘어서, 서원 설립과 제향을 통해 퇴계학파라는 집단성에 '도통'이라는 권위를 부여하려 했던 것이다. 물론, 퇴계가 가지는 학문적 위상과 정치·사회적 영향력은 차치하더라도, 학문적 수수관계를 바탕으로 서원 제향이 이루어졌다는 것은 이례 없는 현상이었으며, 각 학파 별로 '존현'의 대상이

27) 『芝山集』 권5, 잡저, 〈退溪先生行錄〉.

28) 설석규, 「퇴계학파의 분화와 병호시비(Ⅱ)－여강(호계)서원 치폐 전말－」, 『퇴계학과 유교문화』 45, 경북대학교 퇴계학연구소, 2009, 321쪽.

29) 정현정, 「조선중기 주자제향 서원의 사회사적 성격」, 『한국서원학보』 1, 한국서원학회, 2011, 94~98쪽.

사적 연고에 기인한 수 있는 여지를 열어두었다. 이는 결과적으로 서원 확산에는 중요한 계기가 되었으나, 각 학파별로 서원을 배타적으로 운영하며 경쟁적으로 설립하는데 단초가 될 수밖에 없었다.

Ⅲ. 퇴계학파의 분기와 서원의 확산

16세기 중·후반 각 학파를 성립시켰던 거유들이 하나 둘 세상을 떠나면서 서원의 '존현' 대상은 더욱 확장되었다. 종전까지 제향 인물은 공자·주자와 같은 중국의 명유와 지역 출신의 명현 및 사림파 인사들이 주 대상이었지만, 이때부터는 시기별·지역별로 각 학파의 계보에 있는 인사를 주로 제향하기 시작하였다. 이에 임진왜란 이후 향촌 복구와 더불어 서원 설립이 활발해졌으며, 17세기 이후부터 눈에 띄는 증가세를 보이게 된다. 그러나 서원의 증가와 더불어 폐단도 지적되기 시작하였다. 이미 임진왜란 당시 전시 정국 운영과 군비 확보에 있어 서원은 걸림돌로 치부되었다.[30] 1595년 7월에는 선조가 문폐(文弊)의 온상으로 서원을 직접 지목하며 혁파를 지시하는 전교를 내렸는데, 『선조수정실록(宣祖修正實錄)』의 해당 기사에는 다음과 같은 사론이 실려 있다.

> 서원 설립은 명종 때부터 시작되었다. 주세붕(周世鵬, 1495~1554)이 풍기군수(豊基郡守)로 있으면서 죽계(竹溪)에 백운동서원을 창설하여 선현인 안유(安裕)를 제사지냈고, 그 뒤 이황이 풍기군수가 되어 조정에 사액과 반서(頒書)를 청하였다. 당시에는 자못 사자(士子)의 강업(講業)하는 효과가 있었으며, 잇따라 설립된 것이 국내에 겨우 10여 군데에 불과했다. 당시 이황이 김종직을 제사지내려 하자 문인 중에 부당하다고 의혹을 가지는 자가 있을 정도로 그때는 존사

30) 『선조실록』 권41, 26년 8월 3일.

> (尊祀)된 자도 적었으며, 서원만 있고 제사지내지 않는 곳도 있었다. 그런데 그 뒤에 국내에서 마구 본받아 "우리 고을에도 제사지낼 만한 현인이 있다"고 굳이 청하면서 연달아 서원을 세우고 사우(祠宇)를 세웠다. 그러니 이때는 그래도 그다지 폐단이 심하지 않았는데도 상교(上敎)가 이미 이와 같았던 것이다. 지금은 서원이 없는 고을이 없고, 제사를 받는 자도 하찮은 사람이 많다. 유적(儒籍)이 역(役)을 도피하는 소굴이 되어 현송(絃誦)의 미풍이 땅을 쓴 듯이 없어졌으니, 문폐(文弊)를 운위할 것도 못 된다 하겠다.[31]

1657년(효종 8) 완성된 『선조수정실록』의 사론은 당시 서원이 남설되는 현상을 지목하면서, 그 원인이 '존현'을 내세우며 경쟁적으로 서원을 설립했기 때문이라고 하였다. '도학'에 업적을 가지고 있어 보편적으로 공감할 수 있는 인물이 아님에도 서원 제향이 이루어졌던 것이다. 이러한 경향은 영남 지역에서 그대로 나타난다. 임진왜란 이후부터 현종 대까지 모두 93개소의 원사(院祠)[서원 70, 사우 23]가 설립되었으며, 21개소에 해당되는 원사가 사액을 받았다. 그러나 21개소 중 14개소는 임진왜란 이전에 설립된 것으로 확인되는데, 이는 앞서 사론에서처럼 제향되는 인물의 보편적 위상이 떨어지고 있음을 보여준다.[32] 서원 제향 인물 선정에 학문적 수수관계 같은 사적 연고가 강하게 작용했기 때문이다.

17세기를 전후해 서원이 증가하는 현상은 학파의 분화에 따른 사림들의 경쟁의식, 서원을 이용한 각 붕당의 여론 정치, 사회·경제적 변화에 따른 서원의 향촌자치 기구화 등이 복합적으로 작용한 결과이다. 그 중에서도 '도통' 의식에 입각하여, 특정 학파의 주요 인사를 제향하고 '도통'의 계승자로 천명하는 행위는 해당 서원에 성리학적 명분을 부여하는 일반적인 모습이 되었다. 각 서원의 운영자들은 제향된 선현의 '도통' 계승자라는 명

---

31) 『宣祖修正實錄』 권29, 28년 7월 1일.

32) 이병훈, 「조선후기 영남지역 원사의 건립과 변화 검토」, 『한국서원학보』 6, 한국서원학회, 2018, 93~94쪽.

분으로 자신들의 사회적 지위를 유지하고 주도권을 확보해 나갔다.

영남에서 서원 설립을 주도한 것은 퇴계학파이다. 퇴계학파는 당시 영남에서 가장 높은 학문적 권위를 가지고 있었다. 그 권위를 자신들의 사회적 지위에 투영하기 위하여, 퇴계의 직전 문인들은 스승을 우리나라 '도통'의 적전임을 내세우며 우선적으로 퇴계를 서원에 제향하였다. 이어 재전 문인들은 자신들에게 '학파'를 이어준 직전 문인을 퇴계가 제향된 서원에 배향(配享)·종향(從享)하거나, 퇴계의 적전이라는 명분으로 별도의 서원을 경쟁적으로 설립하며 영남 지역 내 퇴계학파의 규모를 확장시켜 나갔다.

이와 관련해 『도산급문제현록(陶山及門諸賢錄)』에 등재된 영남 출신 퇴계 문인의 서원 제향 현황을 정리하면 아래의 〈표 3〉과 같다.

〈표 3〉 퇴계 문인의 서원 제향 현황[33)]

소재지	연도[사액]	서원명	제향 인물
安東	1575[1676]	廬江書院 [虎溪書院]	李滉　**柳成龍[追1620]**　**金誠一[追1620]**
	1607[1618]	臨川書院	金誠一
	1612[1693]	龍山書院 [周溪書院]	具鳳齡　權春蘭[追1622]
	1612	靑城書院	權好文
	1572[1863]	屛山書院	柳成龍[1613]　柳袗
	1649	魯林書院	南致利
	1686	鏡光書院	裵尙志　李宗準　**權宇**　**裵三益**　張興孝
	1693	道淵書院	鄭逑[星州]　許穆　蔡濟恭
	1709	泗濱書院	金璡　**金克一**　**金守一**　**金明一**　**金誠一**　**金復一**
	1741	陁陽書院	孫洪亮　金自粹　**柳仲淹**
	1778	龍溪書院	金彦璣　權大器[追]
	1791	花川書院	柳雲龍　柳元之　金允安
	미상	嶧陽書院	金瑛　**金箕報**

33) 퇴계 문인은 『陶山及門諸賢錄』을 참조했으며, 서원 현황은 '『燃藜室記述』 別集 권 4, 祀典典故, 書院' 편과 『嶠南誌』에 수록된 각 고을별 '校院' 편을 정리한 것이다.

榮川	1615	龜江書院	金淡 **朴承任[追1669]** **金玏[追1669]** 金榮祖
	1650	三峯書院	金爾音 李瀣 金蓋國 **金隆**
	1663	汚溪書院	李德弘
	1786	寒泉書院	張壽禧 吳澐 朴檜茂 朴樅茂
星州	1558[1560]	迎鳳書院 [川谷書院]	程頤 朱子 金宏弼 **鄭逑[追1623]** 張顯光
	1627[1690]	檜淵書院	鄭逑 李潤雨 ○鄉賢祠 宋師頤 李弘器 李弘量 李弘宇 李{竹/舒}[追1670]
	1713	柳溪書院	鄭崑壽 朴瀿 李淳
	1729	晴川書院	金宇顒 金聃壽 朴而章
醴泉	1612[1677]	鼎山書院	李滉 **趙穆[禮安, 追1615]**
	1634	鳳山書院	權五福 權孟孫 權檣 文瓘 **金復一[追, 安東]** **權文海[追]** 權旭
	1640	道正書院	鄭琢 鄭允穆
善山	1642	洛峯書院 [1787]	金叔滋 金就成 **朴雲** 金就文 **高應陟**
	1707	松山書院	崔應龍 崔晛 金應箕 金振宗 康惟善 盧景任
	1807	景洛書院	吳湜 黃璙 康居敏 **黃耆老** 尹弘宣
豊基	1662	郁陽書院	李滉 **黃俊良[榮川]**
	1704	愚谷書院	**柳雲龍[安東]** 黃暹 李埈 金光燁
尙州	1606[1677]	道南書院	鄭夢周 金宏弼 鄭汝昌 李彦迪 李滉 盧守愼 **柳成龍[追1631, 安東]** 鄭經世
	1635	涑水書院	孫仲暾 申祐 **金宇宏[追1730, 星州]** 趙靖 趙翊
義城	1556[1576]	氷溪書院	金安國 李彦迪 **柳成龍[追1689, 安東]** **金誠一[追1689, 安東]** 張顯光
	1671	藏待書院	金光粹 **申元祿[追1685]** 申之悌 李民宬
新寧	1555	白鶴書院	李滉 **黃俊良[追1678, 榮川]**
大丘	1564[1660]	研經書院	李滉 **鄭逑[追1622, 星州]** 鄭經世 ○別祠 **全慶昌[追1707]** **李叔樑[追1707, 禮安]**
玄風	1568[1607]	道東書院	金宏弼 **鄭逑[追1678, 星州]** ○別祠 郭承華 **裵紳[追1634]** 郭趪 元槪
禮安	1574[1575]	陶山書院	李滉 **趙穆[追1615]**
安陰	1583[1662]	龍門書院	鄭汝昌 林薰 **林芸[追1586]** 鄭蘊
山陰	1606[1677]	西溪書院	吳健
泗川	1606[1676]	龜溪書院	李滉 **李楨** 金德誠
永川	1613[1678]	道岑書院	曺好益

奉化	1616[1694]	文巖書院	李滉 **趙穆[禮安]**
昌寧	1638[1711]	冠山書院	鄭逑[星州] ○別祠 姜訢 安餘慶
軍威	1627	南溪書院	柳成龍[安東] 李好閔[追1787]
昌原	1634	檜原書院	鄭逑[星州] 許穆
龍宮	1643	三江書院	鄭夢周 李滉 **柳成龍[安東]**
漆原	1651[1678]	德淵書院	周世鵬 ○別祠 裵世績 **周博[追1678]** 裵錫祉 黃俠 周孟獻
漆谷	1651	泗陽書院	鄭逑[星州] 李潤雨 李遠慶
英陽	1655[1694]	英山書院	李滉 **金誠一[安東]**
高靈	1667	道巖書院	金沔 李起春
順興	1676	龜灣書院	琴軸 **南夢鰲** 朴善長 權虎臣
咸安	1684	道林書院	鄭逑[星州] 李偁 朴齊仁 李瀞
河東	1698	永溪書院	鄭汝昌 **金誠一[安東]**
青松	1699	松鶴書院	李滉 **金誠一[安東]** 張顯光
聞慶	1712	瀟陽書院	鄭彦信 **金樂春[安東]** 南嶫 沈大孚 李榑
彦陽	1712	磻龜書院	鄭夢周 李彦迪 **鄭逑[星州]**
知禮	1771	道洞書院	李崇元 李淑琦 李淑瑊 李後白 **李好閔[追, 軍威]**
晉州	1821	慶林書院	金誠一[安東] 趙宗道
固城	1854	道淵書院	許麒 **許千壽** 許栽

* 제향 인물 중 퇴계 문인은 '_'로 표시
** 제향 인물의 거주지와 출신지가 다르거나 추향 되었을 경우 '[ ]'로 별도 기재

『도산급문제현록』에는 모두 144명의 영남 출신 인사가 등재되어 있는데,[34] 영남 지역 서원에 제향된 인물은 <표 3>과 같이 50명에 이른다. 여기에는 오건(吳健)·김우굉(金宇宏)·김우옹(金宇顒)·오운(吳澐)·김면(金沔)·정구(鄭逑)·이칭(李偁)처럼 퇴계·남명 양 문하에 출입한 인사도 있지만,[35] 대

34) 이수건, 『영남학파의 형성과 전개』, 일조각, 1995, 403쪽 참조. 이를 다시 권역별로 구분하면 안동권 115명, 진주권 8명, 성주권 8명, 상주권 7명, 경주권 6명이다.

35) 김종석, 「『도산급문제현록』과 퇴계 학통제자의 범위」, 『퇴계학과 유교문화』 26, 경북대학교 퇴계학연구소, 1998, 170~187쪽.

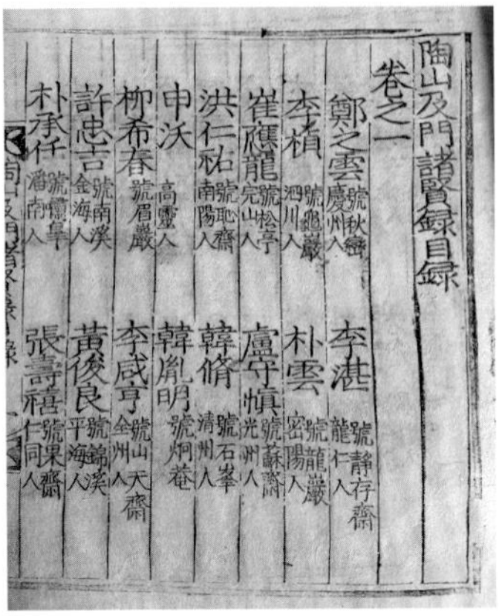
陶山及門諸賢錄目錄
卷之一
鄭之雲 號秋巒 慶州人 李湛 號靜存齋 龍仁人
李楨 號龜巖 泗川人 朴雲 號龍巖 密陽人
崔應龍 號松亭 完山人 盧守愼 號蘇齋 光州人
洪仁祐 號恥齋 南陽人 韓脩 號石峯 清州人
申沃 高靈人 韓胤明 號炯菴
柳希春 號眉巖 李咸亨 號天山齋 全州人
許忠吉 號南溪 金海人 黃俊良 號錦溪 平海人
朴承任 號嘯皐 潘南人 張壽禧 號果齋 仁同人

『도산급문제현록』

체로 퇴계의 활동 범위인 안동권이 주축을 이루고 있다. 영남에서 이들을 제향하고 있는 서원은 모두 59개소인데 절반 정도는 17세기 중반 이전에 제향한 것으로 나타난다.

이 무렵 재지사족에게 특정 '학파'의 계승 여부는 향촌사회에서의 권위와 직결되었다. 안동권을 중심으로 한 퇴계학파 구성원들은 '주자-퇴계'로 이어지는 성리학 '도통'의 계승자라는 자부심을 가지고 있었다. 이들의 향촌사회활동은 곧 주자·퇴계가 구상하던 성리학적 이상의 실현이었다. 그렇기에 지역별로 퇴계의 적전을 자부하는 움직임이 경쟁적으로 나타났고, 그 과정에서 퇴계의 재전 문인들은 직전 문인을 서원에 제향하였다.

퇴계 사후 퇴계학파는 월천(月川) 조목(趙穆, 1524~1606), 서애(西厓) 류성룡(柳成龍, 1542~1607), 학봉(鶴峯) 김성일(金誠一, 1538~1593), 한강(寒岡) 정구(鄭逑, 1543~1620)에 의해 각각 영도되었다. 이들 중 먼저 퇴계의 적전으로 추숭된 이는 예안(禮安)의 조목이다. 그는 퇴계와 동향인으로 지근거리에서 스승을 보필하였으며, 퇴계 사후에는 각종 추숭 사업을 주도하였다. 또한 조목은 『퇴계집(退溪集)』 편집을 둘러싸고 류성룡과 갈등을 겪었으며, 북인 세력에 동조하여 그를 '주화오국(主和誤國)'으로 비판하였다. 임진왜란을 겪으면서 조목은 북인 세력과 밀접한 관계를 맺었고, 퇴계학파를 주도하는 위치에 서게 되었다. 그 위상은 조목의 문인에게로 이어져, 1615년(광해군 7) 그를 도산서원에 종향하였다.[36] 당시 조목 종향을 주도

36) 조목의 정치적 향방과 도산서원 종향에 대해서는 다음 논문 참조. 이상현, 「월천 조목의 도산서원 종향논의」, 『북악사론』 8, 북악사학회, 2001 ; 박인호, 「17세기 초 퇴계학파 월천계의 동향과 구전 김중청의 활동」, 『국학연구』 33, 한국국학진

한 이는 김중청(金中淸, 1566~1629)·김택룡(金澤龍, 1547~1627)이다. 이들은 도산서원 종향을 전후하여, 퇴계를 제향하는 예천 정산서원(鼎山書院)과 봉화 문암서원(文巖書院)에도 조목을 종향하였다. 퇴계학파의 다른 재전 문인들은 곧 반발하였는데, 예안의 김령(金坽, 1577~1641)은 이 일을 다음과 같이 언급하였다.

> 이 무리들의 본래 계획은 자신의 스승을 위한 것이 아니요 자기들만 위한 것에 불과하니, 이러한 행동을 하는 것은 그것을 빙자하여 이것에서 중망을 취하고자 하는 것일 뿐이다. 하물며 이립(李苙)의 무리들이 퇴계 선생의 '도통'이 월천에게 전해졌고 월천은 중청(中淸)에게 전했다고 하는 것에 서랴! 대개 그 전에도 이미 이런 말은 있었고, 오늘날의 이 소행은 이 같음에 불과할 따름이다. 심하도다! 소인배들의 허물이여![37]

김령의 평가처럼 김중청은 '퇴계-월천-김중청'으로 이어지는 계보를 '도통'으로 설정하여, 다른 퇴계학파 계열보다 우위를 점하려고 했던 것이며, '도통'의 상징으로 도산서원 종향을 성사시켰던 것이다. 그러나 예안을 중심으로 한 퇴계학파 내 월천 계열은 인조반정 이후 북인 정권의 몰락과 함께 영향력이 크게 감소하였다. 17세기 중반 이후 당쟁이 치열하게 전개되는 가운데, 퇴계학파의 정치·사회 활동은 안동의 문인들이 주도하게 된다. 그러나 퇴계학파 내에서 도산서원의 위상은 막대하였기에 18세기 영·정조는 도산서원에 여러 차례 치제(致祭)를 지시하였으며, 정조는 사학(邪學)이 영남에서 번성하지 않는 이유가 도산서원 같은 데서 선정(先正)의 학문을 지켰기 때문이라고 평가하였다.[38] 비록 월천 계열은 학파로 전개되지는 못하였으나, 예안 사림은 도산서원을 중심으로 퇴계학파의 적통을 계승

흥원, 2017.

37) 『溪巖日錄』 2, 〈壬子 2월 13일〉.

38) 『正祖實錄』 권34, 16년 3월 2일.

했다는 인식하에 그 위상을 이어 나갈 수 있었다.

광해군 연간 월천 문인들의 '도통' 계승 활동은 또 다른 퇴계학파의 거점인 안동 사림을 자극하였다. 1575년 류성룡·김성일을 주축으로 한 안동의 문인들은 퇴계를 제향하기 위해 여강서원(廬江書院)[호계서원(虎溪書院)] 설립하였다. 여강서원 설립에는 조목·김언기(金彦璣) 등 예안의 문인들도 적극 협조하였다. 이 무렵 퇴계를 제향하는 이산서원·도산서원·여강서원 등이 잇달아 설립된 것은 퇴계학파 내 동질 의식에서 비롯된 것이다.[39] 하지만, 17세기 초 재전 문인들의 경쟁 속에 조목이 도산서원에 종향되자, 안동 사림도 '도통'의 적전임을 표방하기 시작하였다.

그런데 〈표 3〉에서처럼 17세기 초반 안동에는 퇴계 문인을 단독으로 제향하는 임천서원(臨川書院)[김성일], 용산서원(龍山書院)[구봉령(具鳳齡)], 병산서원(屛山書院)[류성룡], 청성서원(靑城書院)[권호문(權好文)]이 이미 설립되어 있었다. 4개 서원 모두 설립 명분을 퇴계와의 학문적 수수관계에서 찾은 것으로 보이는데,[40] 이 또한 퇴계 '도통'의 적전을 계승하려는 포석으로 이해된다. 비슷한 시기 도산서원·정산서원·문암서원에 조목 종향을 추진한 세력들도 분명 이를 의식하였을 것이다. 안동의 여러 퇴계 문인 중 당시 가장 큰 영향력을 가지고 있었던 것은 서애 류성룡 계열이었다. 김성일의 경우 임진왜란 중에 세상을 떠나, 서애 계열만큼 학파 형성이 이루어지지 못한 상태였다.[41] 장흥효(張興孝)·황여일(黃汝一)·최현(崔晛)·신지제(申之悌)·김용(金涌) 등의 문인이 있었으나, 하나의 학파로 부상된 것은 17세기 후반 이현일(李玄逸, 1627~1704)이 등장한 이후이다.

그런 가운데 조목이 도산서원에 종향되자, 류성룡과 김성일을 여강서원에 합향하여 '도통의 적전'을 안동 쪽으로 귀결시키려는 움직임이 전개되

---

39) 설석규, 앞의 논문, 2009, 322쪽.

40) 『愚伏集』 권16, 祭文, 〈臨川書院奉安祭文〉·〈屛山書院奉安西厓先生祭文〉; 『蒼石集』 권15, 제문, 〈龍山書院栢潭先生奉安祭文〉

41) 설석규, 앞의 논문, 2009, 331쪽.

었다.[42] 여강서원 합향을 주도한 인물은 류성룡의 문인인 상주(尙州)의 우복(愚伏) 정경세(鄭經世, 1563~1633)였다. 이는 병산서원과 임천서원에 봉안된 위패를 여강서원에 합향하는 방법으로 진행되었는데, 몇 가지 난제가 있었다. 위패를 옮길 경우 기존 서원이 훼철될 수 있다는 우려, 제향 방식, 위차(位次) 및 호칭 문제가 그것이었다. 정경세는 그 과정에서 반대 여론을 설득하고, 자신의 재량으로 논란이 될 수 있는 사안을 정리하여 1620년 합향을 성사시키게 된다. 합향은 '종향'인 조목보다 격이 높은 '배향'의 형태였다. 여기에는 두 가지 의도가 있다. 하나는 합향을 통해 안동 사림의 단일대오를 형성할 수 있다는 것이다. 나머지 하나는 제향의 형식을 '배향'으로 높임으로써 '도통' 계승에서 상징적인 우위를 점하였다.

합향 시 가장 난제였던 위차는 정경세의 중재로 연치(年齒)가 아닌 관작(官爵)을 우선시하여,[43] 이른바 '애동학서(厓東鶴西)'로 결론이 났다. 이 과정에 대해 김령이 "그들의 본래 의도는 서애를 높이 받들어 반드시 선생의 지위로 떠받들려 한 것일 것이다. … 실제로 퇴도 선생의 사당에서 배식(配食)하게 함으로써 도통을 받아 전하는 결과를 얻어 선생과 같은 반열에 들게 하려고 하는 것이다"[44]라고 평가한 것처럼, 결과적으로 정경세는 합향의 형식을 빌려 스승인 서애를 퇴계학파의 적전으로 내세우는데 소기의 목적을 달성할 수 있었다.

한편, 여강서원 합향을 전후해서 드러난 몇 가지 사안은 17세기 이후 붕당정치의 발전과 더불어 다양하게 분기되던 '학파'가 서원 설립과 제향 기준에 어떠한 영향력을 끼쳤는지 보여준다.

첫 번째로 '일읍일원(一邑一院)'이라는 암묵적 합의가 무너지고 '일읍다원(一邑多院)'이 보편화되어 갔다는 것이다. 안동에서 이를 주도한 것은 다

42) 이하 여강서원 합향 과정은 다음 논문 참조. 김학수, 앞의 논문(2007), 91~99쪽 ; 설석규, 앞의 논문, 2009.
43) 『우복집』 권13, 書, 〈答三書院廬江屛山臨川諸士友〉.
44) 『溪巖日錄』 3, 〈庚申 10월 28일〉.

름 아닌 퇴계의 재전 문인이었다. 앞서 언급한 대로 17세기 초반 안동에는 여강서원 이외에도 퇴계 문인을 제향하는 서원만 4개소였다. 이미 16세기 후반부터 정부에서는 서원의 남설 현상을 문제시 삼고 있었다. 당초 서원이 지방 관학인 향교의 대안처로 설립되었기에 한 고을에 여러 서원이 존재한다는 것 자체가 서원 본연의 목적에서 벗어나는 것이라 할 수 있다.

이와 관련해 안동에서는 1605년 홍수로 여강서원이 무너지는 일이 발생했는데, 류성룡은 아직 제향 인물이 없던 병산서원에 여강서원을 설립하자고 건의하였다. 하지만 류성룡·조목 양 문하에 출입했던 배용길(裵龍吉, 1556~1609)은 류성룡이 병산서원을 중심으로 퇴계학파의 적전을 독점하려고 하는 것이 아닌가 의구심을 가졌다. 이에 편지를 보내 불가함을 강력하게 피력하고, 여강서원을 새로 짓는 것이 아니라면, 차라리 병산서원을 철폐해서 여강서원에 합하는 것이 합당하다고 했다. 또한 『일통지(一統志)』를 근거로 중국에서는 하나의 현(縣)에도 3~4개소의 서원을 설립하고 각기 다른 사람을 봉향하지만 폐단은 없다고 하였다.[45] 해당 사안의 이면에는 서원 운영을 주도하여, 다양하게 분기되는 학파 내부에서 자신들의 계열을 유지시키고 확장하려는 의도가 반영되어 있다.

또한 '일읍일원(一邑一院)'의 원칙은 서원 제향을 원하는 여러 계열의 학파를 만족시킬 수 없었다. 여강서원에 류성룡·김성일 합향이 성사된 후 일련의 재전 문인들은 비지(賁趾) 남치리(南致利, 1543~1580)와 송소(松巢) 권우(權宇, 1552~1590) 같은 퇴계 문인을 추향하려 했다. 특히 유일재(惟一齋) 김언기(金彦璣, 1520~1588) 계열이 남치리의 추향을 적극적으로 추진하였는데, 그는 안동의 대표적인 처사형 문인이었다. 남치리는 일찍이 김언기에게 수학하다가, 퇴계의 문인이 된 인사였다. 이 또한 재전 문인 대에 퇴계학파가 분화되는 상황 속에서 처사형 삶을 지향했던 계열들이 독자적 계보를 형성하려는 의도로 추향을 추진하였던 것이다.[46] 하지만 서애·

45) 『琴易堂集』 권3, 書, 〈上西厓柳先生〉.

학봉 계열의 반대로 추향은 성사되지 못하였다. 이들은 남치리가 일향(一鄕)의 선사(善士)에 불과한데, 일국(一國)의 선사(善士)가 제향되어 있는 여강서원에 추향하는 것을 불가하다고 반대하였으며,[47] 대신 권호문이 제향된 청성서원에 합향할 것을 권장하기도 했다.[48] 그렇게 추향 추진이 무산되자, 1649년 남치리를 제향하는 노림서원(魯林書院)을 별도로 설립함으로써, '퇴계-유일재-비지'로 이어지는 학문적 계열에 '도통'의 권위를 부여하였다. 이처럼 '일읍일원(一邑一院)'의 원칙은 서원 제향을 통해 학문적 정통성을 부여하려는 여러 계열을 만족시킬 수 없었다. 그렇기에 남설로 인한 폐단이 지적되는 와중에도 각 학파별로 연결고리가 되는 인사를 제향하기 위한 서원이 경쟁적으로 설립되었던 것이다.

두 번째로 주목되는 것은 한 고을 내의 '첩향(疊享)'이다. 여강서원 합향 당시 안동의 재전 문인들은 주로 서애와 학봉 계열로 결집하였는데, 17세기 전반에는 사회·경제적으로 기반이 튼튼했던 서애 계열이 우위를 점하고 있었다. 양 계열은 여강서원 배향으로 퇴계학파의 '적전'임을 과시하려 했다. 이 과정에서 병산서원과 임천서원에 있던 류성룡·김성일의 위패가 여강서원으로 옮겨졌다.[49] 하지만 병산서원 측은 위패를 옮김으로써, 서원이 퇴락할 것을 우려하였다. 이에 1629년(인조 7) 여강서원과는 별개로 류성룡의 위패를 다시 병산서원에 봉안하였다. 당연히 '첩향' 문제가 제기되었지만, 이를 주도했던 정경세는 중국 건녕(建寧)에 주자를 제향한 서원이 2개소라는 사례를 내세우며 반박하였다.[50] 여강서원 합향이 퇴계학파 내 '도통' 계승을 목

46) 설석규, 앞의 논문, 2009, 338~346쪽.
47) 『廬江誌』 권2, 續志, 〈本府士林通文〉.
48) 『계암일록』 3, 〈甲戌 8월 21일〉.
49) 임천서원은 이후 사당이 비워지면서 임천서당으로 존속하다가, 사빈서원과 결합하였고, 19세기에 이르러 다시 개별 서원으로 중건되었다. 이재현, 「안동 임천서원의 치폐와 사액 청원」, 『한국서원학보』 6, 한국서원학회, 2018, 132~137쪽.
50) 『우복집』 권16, 제문, 〈屛山書院西厓先生位版再奉安祭文〉, "주자 모신 병산 담로 두 곳 사당이 건녕 땅에 둘이 함께 나란히 있네 한 고을에 두 개 사당 같이 있는

적으로 한다면, 병산서원은 류성룡 일족의 결속력 강화와 사회적 지위 유지와 관련되어 있다. 각 학파와 관련되어 있는 개별 가문은 학파의 적통 유지와는 별개로 일족이 주도할 수 있는 서원을 운영함으로써, 같은 학파 내에서도 이해관계가 상충하는 사안에 대해 공동으로 대응해 나갔다.

세 번째는 '학파'의 고착화에 따라 '가학(家學)'의 전통이 부각되면서, 일족 간 사적 연고에 따라 서원 설립과 제향이 경쟁적으로 이루어졌다는 것이다. 이는 앞서 본 '첩향' 현상과도 무관하지 않다. 1662년 병산서원은 류성룡의 삼남인 류진(柳袗, 1582~1635)을 종향하였다. 당시 종향 명분은 '극소가학(克紹家學)'[51]이었다. '퇴계-서애'로 이어지는 '도통'을 풍산류씨 일족에게 계승되는데 공을 세웠다는 것이다. 실상 '극소가학'은 류진에게만 해당되는 것은 아니었다. 조선후기 특정 '학파'의 학맥이 '가학'의 전통과 일치되는 가운데, '극소가학'은 서원에서 제향 인물의 후손을 추향하는 데 있어서 가장 보편적인 명분이 되었다.

한편으로 사적 연고는 제향자 일족을 대우하는데도 영향력을 미쳤다. 1635년 김령은 다음과 같은 연락을 듣게 된다.

> 선산부사(善山府使)를 지낸 김효징(金孝徵)[김응조(金應祖), 서애 문인]이 이산서원의 원장이 되었는데, 편지를 보내서 말하기를, "도산서원과 여강서원 및 이산서원은 한 몸과 같습니다. 류지평(柳持平)[류진]의 장례를 다음달 6일에 치르니 각 서원에서 전(奠)을 올리는 것이 마땅할 것입니다."라고 하였다. 이지(以志)[김광계(金光繼)]에게도 편지를 보냈다. 이 같은 일이 너무 빈번하게 일어나는 것 같으니, 이 역시 말세(末世)의 폐습(弊習)이다.[52]

당시 퇴계를 제향하는 도산·이산·여강서원은 류진의 장례를 맞이하여

건 그 징험이 아주 밝아 분명한 거네[屛山湛廬 同在建寧 一府兩祠 其徵甚明]".

51) 『木齋集』 권7, 祭文, 〈屛山書院修巖奉安文〉.

52) 『계암일록』 6, 〈乙亥 3월 27일〉.

전(奠)을 올렸다. 류진이 단지 여강서원에 배향된 류성룡의 아들이었기 때문이다. 명분은 분명 선정(先正) 후손에 대한 예우이며, '도통'을 계승해 온 '가학' 전통에 대한 존숭일 것이다.[53] '말세(末世)의 폐습(弊習)'이란 언급처럼 사학을 표방하고 있지만 공적 영역에서 관리되는 서원이 사적 연고에 의해 운영되고 있음을 보여준다. 이러한 현상은 조선후기로 갈수록 심해져 서원 남설의 원인 중 하나가 된다. 당색이 '학파'와 일치되어 가는 상황에서 특정 학통을 고수하는 것이 도학의 가치라 생각하였다. 그에 따라 학문을 발전시키기 보다는 학파의 가치를 이어가는 '가학'의 전통이 높게 평가받았으며, 그것이 서원 제향의 명분으로 활용되었다.

이상과 같이 17세기 초반 퇴계학파의 분기는 당시 서원이 증설되는 중요한 요인 중 하나였다. 퇴계학파를 계승한 각 계열은 자신들에게 '도통'을 귀결시키기 위하여, 경쟁적으로 퇴계 직전 및 재전 문인을 서원에 제향하였다. 일찍이 퇴계는 서원 향사의 기준으로 도학을 제시하였으나,[54] 이 시기 서원 제향 과정에서 제향 인물의 도학적 우열 관계를 언급하는 사례는 확인하기 쉽지 않다. 학문적 업적에 대한 보편적 공감보다는 '학파' 내에서의 위상과 영향력, 그리고 사적 연고를 중요시했다. 훗날 '병호시비(屛虎是非)'의 단초가 되는 병산서원 위차 논쟁도 도학에 대한 이론적 경쟁이 아니라, '연치'와 '관작' 중 어느 것을 우선순위에 두는가에 있었다. 조선후기

53) 퇴계학파 내 학봉계를 주도하는 김성일 일족도 泗濱書院을 설립하여 결속력을 강화하고 고을 내 지위를 확인하는 수단으로 활용하였다. 사빈서원은 金璡을 주향으로 하고, 그의 다섯 아들인 金克一·金守一·金明一·김성일·金復一 형제를 배향한 서원이다. 원래 1685년(숙종 11) 影堂에서 출발했다가 1709년 서원으로 승격하였는데, 봉안의 명분은 "일찍이 淸溪公[김진]은 사문을 일으킨 공이 있고, 또한 五賢子는 모두 퇴계 문하에서 종유하여 … 가히 六賢의 家學이 盛大함을 알 수 있다"로 역시 '퇴계-학봉'으로 이어지는 가학의 전통을 계승해 온 것에 두고 있다. 『雨溪集』 권3, 잡저, 〈呈備局文〉.

54) 『퇴계집』 권12, 書, 〈答盧仁甫〉, "서원에 있어서는 도학이 더욱더 주가 되니, 賢人을 향사함에 있어서도 도학을 위주로 하는 것이 옳습니다".

'학파'의 전개는 이론의 분화에 있는 것이 아니라, 사실상 '도통' 계승을 둘러싼 학문적 정통성 경쟁에 가까웠다. 17세기 전반 퇴계 직전 및 재전 문인에 대한 서원 제향도 이 틀 속에서 이해할 수 있다.

Ⅵ. 17세기 전반 서애학파(西厓學派)의 '도통' 의식과 서원 설립

퇴계학파 문인들은 퇴계 사후 월천·서애·학봉 계열을 중심으로 결집하였다. 이들은 각기 예안·안동·상주 등을 중심으로 학단(學團)을 형성하였고, 경쟁적으로 후속 세대를 확산시켜 나갔다. 당초 재전 문인은 월천·서애·학봉 문하를 번갈아 출입하였다. 그러나 17세기 이후 퇴계학파 '도통' 계승을 두고 서원 설립과 추향이 논란거리가 되자, 각 계열별로 분기되는 현상이 나타났다. 그런 가운데 17세기 전반 퇴계학파 내에서 정치·사회적 영향력이 가장 컸던 것은 서애 계열이었다.

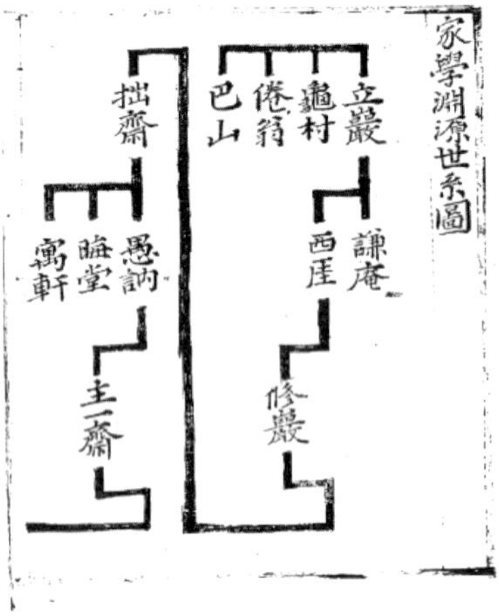

『가학연원록』(출처 : 한국국학진흥원)

서애의 학문은 크게 두 계열로 계승되었다. 하나는 류중영(柳仲郢, 1515~1573)을 시작으로 '서애-류진-류원지(柳元之)-류의하(柳宜河)·류세철(柳世哲)·류세명(柳世鳴)-류후장(柳後章)' 등으로 전개되는 '가학' 계열이다.[55] 이 계열은 서애가 퇴계

55) 『家學淵源錄』. 이 책은 1902년 柳膺睦이 정리한 서애학파 문인록으로 '한국정신문화연구원, 『고문서집성』 43－안동 갈전 순흥안씨편－, 1999, 701~731쪽'에 영인·수록되어 있다.

문하를 '수등(首登)'한 이래 퇴계학파의 '도통'을 '가학'으로 계승해 왔음을 자부하였으며,[56] 서원 활동을 통해 '가학'의 위상을 천명하였다. 서애 가문은 안동의 여강서원과 병산서원에 류성룡을 제향함으로써, 퇴계학파 내에서도 가장 강한 영향력을 행사할 수 있었다. 여강서원 배향을 통해 퇴계의 적전임을 자부하였고, 가학의 전통을 상징하는 병산서원에서 일족들이 결집하였다.[57] 그런 가운데 1666년(현종 7) 류세철은 병산서원을 거점으로 영남 유생 1,000여 명과 함께 서인 송시열의 예론(禮論)을 공박하는 복제소(服制疏)를 올렸다. 이는 17세기 중반 서애학파와 병산서원의 위상을 단적으로 보여주는 대목이다.

'가학' 계열과 더불어 서애의 학문은 '퇴계-서애-우복-류진-정종로(鄭宗魯)-류심춘(柳尋春)'으로 이어지는 이른바 '서애학파(西厓學派)'로 전개되었다. 서애학파는 퇴계의 직전 문인으로 서애, 재전 문인으로는 우복을 '적전(嫡傳)'으로 인식하였다.[58] 이들 역시 류성룡 사후 서원 제향을 통해 '도통' 계승 의식을 적극적으로 표방하였다. 이에 17세기 전반기 동안 안동의 병산서원·여강서원 이외에도 상주(尙州) 도남서원(道南書院), 군위(軍威) 남계서원(南溪書院), 용궁(龍宮) 삼강서원(三江書院)에 류성룡을 제향함으로써, 학파의 지역적 외연을 확대해 나갔다.

안동 외 지역에서 가장 먼저 설립된 서원은 남계서원이다. 군위는 류성룡 가문의 선영(先塋)이 있으며, 1586년(선조 19)에는 류성룡이 직접 남계서당(南溪書堂)을 짓고 머물렀던 곳이다.[59] 남계서원은 1627년(인조 5) 남

---

56) 『家學淵源錄』, 〈家學淵源世系圖錄跋〉.

57) 1791년(정조 15)에는 퇴계의 高弟이자 친형인 謙庵 柳雲龍을 비롯해 손자 柳元之, 문인 金允安을 제향하는 화천서원을 화회 인근에 설립하여, 가학의 전통을 강화해 나갔다.

58) 『溪堂集』 권16, 行狀, 〈王考江皐府君家狀〉. 이 행장에서 柳疇睦은 '世稱陶山再傳之嫡者'라 하여, 퇴계학파의 재전 문인 중 서애에게 수학한 정경세가 '도통'을 계승했다고 평가하였다.

59) 『西厓年譜』 권1.

계서당 옛 터에 설립되었다. 봉안문은 이준(李埈, 1560~1635)이 작성하였는데, 다음 구절이 주목된다.

> 도를 장차 일으키려 하늘이 도옹(陶翁)[퇴계]을 내셨다. 계상(溪上)에서 학문을 가르치시니 영재들이 그림자처럼 따랐다. 선생[서애]의 전수가 홀로 그 종(宗)을 얻었다. … 큰 재앙[임진왜란]이 참혹하게 일어나 천둥이 대의를 울리고 해가 외로운 충(忠)을 비추었다. 세상과 백성을 구제하였으니 순임금이 홍수를 다스린 공과 같다. 도적의 난리가 사라지고 오도(吾道)가 동쪽 땅에 퍼지니 그 은택은 장맛비와 같고 아리따움은 무지개와 같은데, 모여서 헐뜯음이 바야흐로 한창 치성하고 참소하는 공격을 번갈아 받았다. 물여우가 그림자라도 쏘려고 엿보나, 큰 기러기는 날개를 널리 펴고 높이 날아간다.[60]

이준은 봉안문에서 류성룡이 퇴계의 '도통' 계승자임과 임진왜란 때 백성을 구세한 사실을 상소하고 있다. 또한 북인 세력과 월천 계열이 류성룡을 '주화오국'으로 참소한 사실도 언급하였다. 인조반정으로 월천 계열이 퇴락해 가는 가운데, 류성룡의 정치·학문적 당위성을 정립했던 것이다. 한편, 서애 계열은 1643년(인조 21) 용궁에 삼강서원을 설립하였다. 용궁은 류성룡의 매부인 이윤수(李潤壽)가 정착한 지역으로 삼강서원 설립을 주창한 이환(李煥)은 류성룡의 생질이며 류진과 교유했던 인사이다.[61]

그런데 안동 지역보다 서애학파가 더욱 활발하게 활동한 지역은 상주이다. 류성룡은 1580년(선조 8) 상주목사(尙州牧使)로 부임하였는데, 정경세가 이때 문인이 되었다. 1617년에는 류성룡의 삼남 류진이 상주로 이거하였다. 이러한 인연으로 정경세·이준·류진 등이 머물고 있는 상주 지역은 서애학파의 중심지가 되었다.

---

60) 『蒼石續集』 권7, 제문, 〈南溪書院奉安西厓先生文〉.

61) 『목재집』 권7, 碣銘, 〈湖憂李公墓誌〉.

〈표 4〉 서애 문인의 서원 제향 현황[62)]

소재지	연도[사액]	서원명	제향 인물
尙州	1606[1677]	道南書院	鄭夢周 金宏弼 鄭汝昌 李彦迪 李滉 盧守愼 柳成龍 **鄭經世[追1635]**
	1631	玉城書院	金得培 申潛 金範 **李坱[追1710]** **李埈[追1647]**
	1688	鳳山書院	盧守愼 沈喜壽 成允諧 丁好善 **金弘微[追]** 曺友仁 黃翼再
	1685	孝谷書院	宋亮 金沖 **高仁繼[追]** 金光斗
	1714[1789]	玉洞書院	黃喜 **全湜** 黃孝獻 **黃紐[追1783]**
	1796	愚山書院	鄭經世 鄭宗魯
安東	1572[1863]	屛山書院	柳成龍 柳袗[追1662]
	1661	勿溪書院	金方慶 金九容 金楊震 **金應祖[追1670, 榮川]**
	1686	鏡光書院	裵尙志 李宗準 權宇 裵三益 **張興孝**
	1791	花川書院	柳雲龍 柳元之 金允安[追1803]
軍威	1786	良川書院	洪彦博 洪瑋 洪瓘
	1795	松湖書院	李叔璜 李軫 **李輔**
榮川	1615	龜江書院	金淡 朴承任 金玏 **金榮祖[追1669]**
	1664	義山書院	李介立 **金應祖[追1799]**
醴泉	1640	道正書院	鄭琢 鄭允穆[追1786]
聞慶	1712	瀟陽書院	鄭彦信 金樂春 **南嶸** 沈大孚 李榑
善山	1707	松山書院	崔應龍 崔晛 金應箕 金振宗 康惟善 盧景任[追]
豊基	1704	愚谷書院	柳雲龍 憲黃暹 **李埈[尙州]** 金光燁
開寧	1669[1676]	德林書院	金宗直 鄭鵬 **鄭經世**
慶山	1693	孤山書院	李滉 鄭經世[尙州]
大丘	1564[1660]	硏經書院	李滉 鄭逑[星州] **鄭經世[追1676, 尙州]** ○別祠 全慶昌 李叔樑

* 제향 인물 중 서애 문인은 '_'로 표시

** 제향 인물의 거주지와 출신지가 다르거나 추향 되었을 경우 '[ ]'로 별도 기재

〈표 4〉에서와 같이 조선후기 동안 영남에서는 모두 21개소의 서원에 서애 문인이 제향되었다. 지역적으로는 상주가 6개소로 가장 많고 안동과 군

62) 서애 문인은 '『가학연원록』, 〈厓門弟子錄〉'을 참조했으며, 서원 현황은 〈표 3〉 참고 자료와 동일.

위에 각각 4개소와 2개소가 확인된다. 그 외에도 영천(榮川)·예천·문경·선산·개령 등지에 서원이 분포하고 있는데, 이곳을 서애학파의 주요 활동지로 이해할 수 있다. 특히 경상도관찰사를 지낸 정경세의 경우 모두 5개소에 제향되어 있다. 이는 퇴계와 직접 연결되는 재전 문인 가운데 가장 많은 수치이다.

병산서원과 더불어 서애학파 계열 내에서 가장 높은 위상을 차지하는 것은 상주 도남서원이다. 도남서원은 이른바 '상산삼로(商山三老)'라 불리던 정경세·전식(全湜, 1563~1642)·이준 등 상주의 류성룡 문인과 김각(金覺, 1536~1610)·송량(宋亮, 1534~1618) 등 상주 지역 인사들이 설립을 주도하였다.[63] 특히 대외적으로는 정경세의 역할이 컸다. 도남서원에는 정몽주·김굉필·정여창·이언적·이황을 처음 제향했고, 이후 추향이 이루어져 모두 8인을 제향하게 되는데, 그 과정은 정경세를 중심으로 한 서애학파의 '도통' 계승 의식을 여실히 보여준다.

정경세는 1605년(선조 38) 고을 내 사자(士子)들에게 통문(通文)을 보내어 서원 설립의 필요성을 역설하였다. 당시까지 상주에 서원이 없는 것을 큰 '흠사(欠事)'로 생각하였기에 서원을 세워 영남 출신의 국조(國朝) 유현(儒賢) 네 분[김굉필·정여창·이언적·이황]을 제향하자고 건의했던 것이다.[64] 또한 정경세는 스승 류성룡에게 서원 명칭 등 제반 사항을 자문하였으며, 상주목사·경상도관찰사 등에게 경제적 지원을 청원하였다.[65] 그 결과 1606년 정몽주를 포함해 5인을 제향하는 도남서원이 설립되었다.

1611년(광해군 3) 정경세가 쓴 봉안제문(奉安祭文)에는 5인을 제향하는

---

63) 김형수, 「17·18세기 상주·선산권 지역사회와 서원·사우의 동향」, 『영남학』 7, 경북대학교 영남문화연구원, 2005, 138쪽.

64) 『우복집』 권14, 잡저, 〈道南建院通文〉.

65) 김형수, 앞의 논문, 2005, 132쪽 ; 김학수, 「정경세·이준의 소재관－정경세의 비판적 흡수론과 이준의 계승적 변호론을 중심으로－」, 『영남학』 71, 경북대학교 영남문화연구원, 2019, 142~143쪽.

명분에 대하여 "하늘 이미 우리 사문 도우시었고 또한 역시 우리 동방 도우시었네 이에 대현 이 세상에 나게 했으니, 바로 우리 영남 땅에 나게 하셨네[天旣右文 亦右東方 篤生大賢 于嶺之陽 有倡其始]"[66]라고 했다. 당시 문묘종사가 추진되고 있던 '동방오현' 중 4인과 우리나라 성리학의 비조(鼻祖)로 알려진 정몽주가 모두 영남 출신이기에 이 5인을 함께 제향할 필요가 있다는 의미이다. 그런데 정경세가 5인의 제향지로 상주를 내세운 데에는 지역에 대한 애착과 자존의식이 반영되어 있다. 상주는 얼마 전까지 경상감영이 있었던 행정 중심지였을 뿐만 아니라, 영남에서 낙동강이 시작되는 고을이었다. 우리나라 '도통' 계보의 중심이 영남이라면, 영남 '도통' 계보의 중심은 상주가 되어야 한다는 명분을 내세워 도남서원에 5인을 제향한 것으로 이해할 수 있다.

나아가 정경세는 5인 중에서도 퇴계의 업적을 강조하였다. 그는 1606년에 지은 도남서원 상량문에서 앞선 4인은 간단히 성리학에 기여한 바를 언급하였지만, 퇴계에 대해서는 '집성일대제자(集成一代諸子)'와 '세적천재회옹(世適千載晦翁)'[67]이라고 평가하였다. 16세기 중반을 대표했던 여러 '거유' 중에서도 우리나라 성리학을 집대성한 이가 바로 퇴계이니, 이는 주자에 빗댈 만할 업적이라고 본 것이다. 결과적으로 5인 제향은 상주를 중심으로 '주자-퇴계'로 이어지는 퇴계학파의 '도통' 계승을 위한 포석이었다.

5인 제향에 이어 1617년 노수신(盧守愼, 1515~1590) 추향[종향], 1631년 노수신 승배(陞配) 및 류성룡 배향이 이루어졌다. 그런데 노수신 추향 과정에서 사적 제향에 대한 논란이 일어났다.[68] 당시 상주목사로 재임하던 강복성(康復誠, 1550~ 1634)에 의해 노수신 추향이 발론되었는데, 그가 5인과 합향할만큼 학문적 업적이 있는가에 대해서는 의견이 갈렸다. 여기에

66) 『우복집』 권16, 제문, 〈道南書院奉安五先生祭文〉.

67) 『우복집』 권16, 上樑文, 〈道南書院廟上樑文〉.

68) 노수신 제향 과정에 대해서는 '김학수, 앞의 논문, 2019, 143~151쪽' 참조.

는 안동·예안의 사림들도 합세하여 이론을 제기하였으며, 당시 도남서원을 주도했던 정경세와 이준도 각기 다른 의견을 가지고 있었다. 결과적으로 종향을 거쳐 승배하는 것으로 귀결되었지만, 사적 제향이 이루어졌다는 비난을 피할 수 없었다. 이에 대해 김령도 다음과 같이 비판하였다.

> 상주 도남서원서 노소재(盧蘇齋)[노수신] 상공(相公)을 종향하려 한다고 하니, '말세의 사정(私情)'의 우세함이 어찌 이와 같단 말인가? 주론자는 상주목사 강복성이고, 부회한 자는 전식이다. 강복성은 노소재의 3촌 조카이고, 전식은 문하 제자이다. 관직의 위세로 '사은(私恩)'을 갚으려고 하여 때를 틈타 꾀를 내었다. 정강릉(鄭江陵)[정경세]도 바로 잡지 못하고 따라서 봉안제문을 지었다.[69]

김령은 강복성이 관직의 위세로 '사은(私恩)'에 따라 노수신 추향을 추진한 것으로 판단하였고, 이러한 행태를 '말세의 사정(私情)'으로 보았다. 17세기 초반 학파가 분기되고 지역별로 확산되는 가운데 서원 제향은 '도통'의 계승자임을 확증하는데 가장 권위 있는 수단이 되었다. 이에 사적 연고를 바탕으로 서원에 배향 및 종향하거나, 별도로 서원을 설립하는 경우가 빈번하게 발생하기 시작하였다. 서원 설립과 제향이 공론을 전제로 하기 때문에 한 번 제향이 이루어지면, 비록 사적 연고로 제향을 했다 하더라도, 제향 추진자들은 자신들의 집단성에 대한 학문적 정통성을 부여받을 수 있었기 때문이다. 그렇기에 김령과 같은 인사는 노수신 추향을 '말세의 사정'으로 비판하였던 것이다. 물론 서원 설립과 제향을 통해 '도통'에 편승하려는 시도는 도남서원에만 나타난 것은 아니었다. 이러한 양태는 전국적인 현상이었다.

한편, 노수신 추향은 결과적으로 성사되었지만, 그 과정에서 정경세와 이준 간 견해 차이가 나타나기도 했다. 이준이 적극적으로 존모한 것에 반

69) 『계암일록』 3, 〈丁巳 3월 18일〉.

해 정경세는 제문을 쓰기는 했으나,[70] 소극적인 모습을 보여주었다. 정경세가 구상하고 있던 '도통' 계보에 노수신 추향으로 차질이 생길 수 있었기 때문이다. 1620년 여강서원 합향에서 드러났듯이 그는 '퇴계-서애'로 이어지는 '도통' 계보를 구축하는데 주도적 역할을 했다. '세칭도산재전지적자(世稱陶山再傳之嫡者)'[71]라고 평가받았던 정경세는 향후 '퇴계-서애'의 '도통'까지도 자신에게로 귀결시키려 했기 때문에 노수신 추향에 소극적인 모습을 보여주었던 것으로 이해할 수 있다.[72] 비록 '말세의 사정'이라는 비판은 있었지만 서원 설립과 제향은 '도통' 의식을 매개로 향촌사회에서 권위를 확보하려는 여러 사림의 공통된 열망이었다. 정경세 입장에서도 이러한 열망을 도외시할 수 없었으며, 장기적으로 '도통'을 자신에게 귀결시키는데 있어 외연 학장 또한 필요하였기에 노수신 추향을 수용할 수밖에 없었을 것이다.

노수신 추향과 승배 논의가 진행되는 동안 정경세를 필두로 한 상주의 퇴계학파 재전 문인들은 퇴계학파의 '도통'을 확보하기 위해 류성룡의 도남서원 추향을 추진하였다. 류성룡 제향을 통해 상주를 안동·예안에 버금가는 퇴계학파의 적전지(嫡傳地)로 부상시키려 했던 것이다. 이를 위해 정경세는 스승 류성룡에게 가해진 각종 혐의를 씻어내기 위해 노력하였다. 중앙의 여러 당국자들에게 편지를 보내 북인 세력에 의해 '주화오국'으로 지목된 혐의를 변호함으로써, 제향에 대한 정치적 명분을 확보해 나갔다.[73] 그 결과 1631년(인조 9) 류성룡 배향이 성사되었고, 이른바 '서애학파'라는 학문적 집단성을 구축할 수 있었다. 배향 당시 봉안문은 이준이 지었는데, 다음과 같은 '도통' 의식을 보여주고 있다.

---

70) 『우복집』 권16, 제문, 〈蘇齋先生從享五賢廟祭文〉.
71) 『계당집』 권16, 행장, 〈王考江皐府君家狀〉.
72) 김학수, 앞의 논문, 2019, 156쪽.
73) 『愚伏別集』 권7, 부록, 〈年譜〉 ; 김형수, 앞의 논문, 2005, 137~138쪽.

> 황하(黃河)와 오악(五岳)의 신령함이 조선에 종수(鍾粹)하였도다. 생각하건대 영남이 가장 온전함을 얻어, 여러 철인(哲人)이 번갈아 일어나 사도(斯道)가 날로 드날렸다. 중간에 불행을 만나 시운(時運)이 험난해졌지만, 문순(文純)[퇴계]께서 창도(倡道)하여, 끊어진 거문고 줄을 이어 나갔다. 공[서애]께서 계상(溪上)에서 어린 시절 집지(執贄)하셨다. 스승께서 감탄하시니, 하늘에서 재주 있는 분을 내었도다. 곧고 맑음이 그 속에 있으며 영매(英邁)함은 전에 없도다. … 얼굴빛을 엄숙히 하고 조정에 서서 길이 변치 않는 마음으로 한 세상을 미륜(彌綸)하여 여러 현인의 의표(儀表)가 되었다. 경예(鯨鯢)가 독기를 뿜고 팔로(八路)에 비린내를 진동하나, 인걸이 있지 않아 누가 그 전복됨을 도와줄까? 대대로 육침(陸沈)하다 충(忠)을 다해 임금을 환도하였다. 큰 은혜 다 풀지 못했는데 참설(讒說)이 교편(交蹁)하니, 이제 그만 거두어 가슴속에 감추고서 낙동강 가 언덕으로 돌아왔네.[74]

위의 봉안문에서 이준은 우리나라의 '도통' 계보는 영남에서 번성하였으며, 사화 이후에는 '퇴계-류성룡'에게 '도통'의 적통이 계승되었음을 강조하고 있다. 아울러 임진왜란 당시 호성공신(扈聖功臣)으로서의 공적과 충도를 지키다 정적(政敵)에게 참설 당한 사실을 배향의 당위성으로 내세웠다.

류성룡 사후 서애학파를 이끈 정경세의 도남서원 추향은 예견되어 있었다. 정경세는 관료 생활 중 당색을 불문하고 폭넓은 관인적 기반을 확보하였으며, 사후에는 인조와 동궁의 치제(致祭)를 받기도 했다. 또한 상주 지역을 중심으로 이른바 문인들이 우복학단(愚伏學團)을 형성하고 있었다.[75] 이러한 학문적·정치적 기반을 바탕으로 1635년(인조 13) 삼년상을 마무리하는 시기에 맞추어, 그의 문인들은 발 빠르게 정경세를 추향하였다. 당시 도남서원 원장이었던 김연견(金延堅, 1576~1645)을 비롯해 한극술(韓克述)·홍호(洪鎬)

---

74) 『창석집』 권15, 제문, 〈五賢廟西厓先生配享祭文〉.

75) 한국국학진흥원에 소장된 『愚伏先生門人錄』에는 류진을 필두로 67명의 문인이 수록되어 있다.

가 주도하였으며, 동문인 전식은 추향을 지휘하고[76] 직접 봉안문을 지었다. 정경세 서원 제향은 류성룡 문인뿐만 아니라, 퇴계의 재전 문인 중에서도 가장 이른 시기 이루어졌다. 전식이 봉안문에서 '학전민락 통접계애(學傳閩洛 統接溪厓)'[77]라고 언급한 것처럼, 정경세 문인 집단은 '주자-퇴계-서애-우복'으로 이어지는 '도통' 계보를 도남서원 추향을 통해 완성하였다.

이상 살펴본 도남서원 설립과 추향은 '학파' 집단이 '도통' 계보를 특정 지역으로 귀결시키려는 노력을 보여준다. 일찍이 정경세는 상주를 우리나라 '도통'의 중심지로 구상했으며, 서원을 그 매개체로 인식하였다. 그는 상주가 영남의 수읍(首邑)이니, 영남 명현도 상주에 제향됨이 마땅하다는 명분을 내세워 도남서원 설립을 성사시켰다. 5현이 우리나라 '도통'을 이어왔다면, 류성룡 제향을 통해 그런 '도통'을 상주 지역으로 연결하고 퇴계학파의 '도통' 계승을 표방하였다. 마지막으로 상주 출신의 정경세를 도남서원에 추향함으로써, '도통' 계보는 상주 지역으로 귀결되었다. 즉, 상주를 도학의 연원과 통서(統緖)로 이해되는 '사수(泗洙)'와 '민락(閩洛)'에 대응시키고자 했던 것이다.

V. 17세기 전반 한강학파(寒岡學派)의 성립과 서원 확산

17세기 전반기 퇴계학파가 분화되는 가운데 영남을 관통하는 낙동강 중앙부를 중심으로 또 다른 퇴계 문인인 한강 정구가 활발하게 학문 활동을 전개하고 있었다. 정구가 퇴계에게 학문을 수수 받는 양상은 앞서 살펴본 월천·서애·학봉 등 예안·안동 일대의 문인들과는 사뭇 다르다. 성주 출신의 정구는 13세 때 남명 문인 오건(吳健, 1521~1574)에게 학문을 배웠

76) 채광수, 「우복학단의 성격과 계보학적 갈래」, 『한국계보연구』 10, 한국계보연구회, 2020, 72~73쪽.

77) 『沙西集』 권7, 祝文, 〈道南書院愚伏奉安文〉.

고, 21세 때 퇴계, 24세 때 남명을 각각 배알하면서 퇴계·남명 양 문하에서 수학하였다.[78] 정구는 퇴계의 다른 고제(高弟)들과 비교해 직접 서신을 주고받거나 배알한 횟수도 적은 편이다. 실록의 졸기(卒記)에서도 언급되어 있듯이 정구 스스로도 어느 문하에서 전적으로 수업한 적은 없다고 하였다.[79] 이러한 배경으로 인해 한강 계열은 예안·안동·상주권의 다른 재전 문인처럼 배타적 '도통' 의식이 상대적으로 약했던 것으로 보인다.[80]

1603년(선조 36) 정구는 남명 문하에서 동문수학했고 당대 남명학파의 적통으로 인식되던 정인홍(鄭仁弘, 1536~1623)과 절교하며, 남명 문인이 주축을 이루었던 북인 정권과 거리를 두었다. 그런 가운데 인조반정으로 남명학파가 퇴락하자, 종전까지 남명학파와 연결되어 있던 사림들이 정구를 통해 퇴계학파와의 연접을 시도했다.[81] 한편, 정구는 성주·칠곡·대구 등지에서 왕성한 학문 활동을 전개하였기에 낙동강 연안을 중심으로 많은 문인을 양성하였다. 또한 안동부사(安東府使)로 재임하면서 안동 권역에도 문인이 분포하게 되었다. 이 때문에 『회연급문제현록(檜淵及門諸賢錄)』에 수록된 한강 문인은 모두 342명으로 월천·서애·학봉 계열을 수적으로 압도한다. 거기다 남명학파 계열인 정인홍을 비롯해 퇴계 직전 문인과 중첩된 사승 관계를 보이는 인사도 적지 않다. 물론 문인의 상당수는 낙동강 연안에 집중되어 있지만, 앞서 살펴본 퇴계학파 계열과 비교해 영남 전역에 두루 분포하고 있음을 확인할 수 있다.[82] 퇴계가 직접 활동했던 예안·

78) 『寒岡年譜』 권1, 〈年譜〉.

79) 『光海君日記』[중초본] 권148, 12년 1월 5일, "어려서는 덕계 오건을 스승으로 모셨고, 겸하여 퇴계와 남명의 문하에 드나들었다. 일찍이 말하기를 '퇴계는 德宇가 渾厚하며 행실이 독실하고, 남명은 才氣가 호걸스럽고 高邁하여 우뚝 서서 홀로 행하는 어른이다'하였는데, 그가 마음에 정한 견해가 그러하였다."

80) 김종석, 앞의 논문, 1998, 163~165쪽.

81) 이수건, 앞의 책, 1995, 402~403쪽.

82) 김학수, 「조선중기 한강학파의 등장과 전개－문인록을 중심으로－」, 『한국학논집』 40, 계명대학교 한국학연구원, 2010, 110~127쪽.

안동 지역의 문인들은 '도통' 계승을 둘러싸고 배타적 모습을 보여 주었다. 그에 반해 정구 이전 뚜렷한 구심점이 없었던 낙동강 연안과 학문 외적인 사유로 와해 된 진주·합천권의 남명학파 계열의 사림들이 '도통'에 대한 배타적 성격이 적었던 한강 계열로 수렴되었던 것이다. 영남을 벗어나 '퇴계-한강-미수(眉叟)-성호(星湖)'로 이어지는 근기(近畿) 지역의 퇴계학파 연원이[83] 정구에게 연접한 것도 이러한 연유에서 비롯되었다.

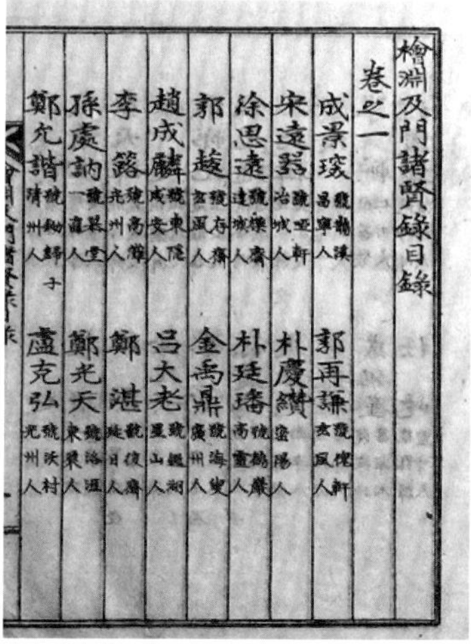
檜淵及門諸賢錄目錄
卷之一
成景琛 郭再謙
宋遠器 朴慶纘
徐思遠 朴廷璠
郭赾 金禹鼎
趙成麟 呂大老
李[illegible] 鄭湛
孫處訥 鄭光天
鄭允諧 盧克弘

『회연급문제현록』

한강학파 계열의 서원 설립과 제향 현상도 '도통' 의식과 학파의 외연 확대에 초점을 맞추어 살펴볼 수 있다. 실제 정구는 문묘종사 된 인물이 아님에도 불구하고 우리나라 서원에 네 번째로 많이 제향된 인물이다. 〈표 3〉에서 정구는 영남에만 10개소의 서원에 제향된 것으로 확인된다. 이는 퇴계의 직전 문인 중 가장 많은 수치일뿐더러, 상대적으로 고른 지역적 분포를 보여준다.

이와 관련하여 가장 먼저 정구를 제향한 서원은 대구의 연경서원이다. 앞서 살펴보았듯이 연경서원은 1563년 퇴계의 지원 아래 그의 문인 이숙량(李叔樑, 1519~1592)과 전경창(全慶昌, 1532~1585)이 설립을 주도하였으며, 설립 초기에는 별도로 존현 기능이 없었다.[84] 『회연급문제현록』에는 대구 출신의 정구 문인이 30명 내외로 확인되는데, 이는 성주 다음으로 많은 수치이다. 대구 지역 문인 중 주목할 만한 인사는 서사원(徐思遠, 1550~

83) 『樊巖集』 권51, 墓碣銘, 〈星湖李先生墓碣銘〉.
84) 홍원식, 「연경서원 제향 인물과 그 배경」, 『퇴계학논보』 16, 영남퇴계학연구원, 2015, 16~17쪽.

1615)과 손처눌(孫處訥, 1553~1634)이다.[85] 서사원은 채응린(蔡應麟, 1529~1584)·정사철(鄭師哲, 1530~1593)에게 먼저 공부했으며, 1577년(선조 10) 한강 문인이 되었다. 당시 서사원은 정구가 퇴계에게 친히 수학했다는 말을 듣고 학문의 연원이 그에게 있다고 생각했으며, 마음으로 매우 사모했다고 한다.[86] 손처눌은 일찍이 퇴계 문인인 전경창에게 수학했으며, 19세가 되던 1571년 한강 문하에 입문하였다.[87] 대구 지역에서는 임진왜란 이전에 전경창·채응린·정사철 등 퇴계의 학통을 계승한 인사들이 포진하고 있었으며, 이들이 다시 퇴계학파의 재전 문인을 형성하였던 것이다. 이들 재전 문인 층은 확고한 재지적 기반을 바탕으로 임진왜란 때 의병 활동을 전개했으며, 전란 후에는 향촌 복구 사업을 주도해 나갔다.[88] 1613년(광해군 5)에는 퇴계를 연경서원에 제향함으로써, 퇴계학파의 '도통'을 대구 지역에 부식하려는 모습을 보여주었다.

한편, 퇴계 제향을 전후하여 정구는 대구 지역과 밀접한 관계를 맺게 된다. 1612년 당시 성주 속현이었던 팔거현(八莒縣) 노곡(蘆谷)으로 이주하자,[89] 대구 지역 문인의 출입이 빈번해졌다. 이에 앞서 정구는 1605년 선사재(仙査齋) 강학과 금호강 선유(船遊), 1609년 연경서원 강학을 통해 대구 지역에 자신의 학문적 영역을 넓혀 갔으며, 1617년에는 연경서원 근처에 사양정사(泗陽精舍)를 짓고 만년의 거처로 삼았다.[90] 그런 가운데 정구는 퇴계의 연경서원 제향과 관련해 손처눌의 자문에 응하였으며,[91] 제향

85) 대구 지역 한강 문인 집단의 형성 과정에 대해서는, '김학수, 앞의 논문, 2010, 121~127쪽' 참조.
86) 『樂齋集』 연보 권1, 〈연보〉.
87) 『慕堂集』 권6, 부록, 〈연보〉 상.
88) 김형수, 「임진왜란 직후 대구향촌세력의 재편과 갈등」, 『국학연구』 44, 한국국학진흥원, 2021, 13~34쪽.
89) 『한강연보』 권1, 〈연보〉.
90) 김학수, 앞의 논문(2010), 125~127쪽 ; 홍원식, 앞의 논문(2015), 15~17쪽.
91) 『모당집』 권6, 부록, 〈연보〉 하.

시 봉안문을 직접 작성하기도 했는데, 그 대략은 다음과 같다.

> 공맹의 도 높임에는 고금이 다 한가지고 정주(程朱) 학문 숭상함은 중화나 외국이나 마찬가지, 귀의하면 그만이니 지역 무슨 문제 되랴 … [퇴계 선생이] 우뚝 출현하셔서 끊긴 학통 이었으니 … 연경 이 곳은 비록 이웃 고을이나 설립 경위 따져 보면 선생의 교화가 아닌가! 서원 설계 운영 규칙 빠짐없이 여쭸는데 외람되이 은혜 입어 가르치심 자상 하네 … 서원의 모든 제도 가르침에 의한 것이니, 그에 따라 행할 따름이다.[92)]

위의 봉안문에서 정구는 우리나라 도통이 퇴계로부터 시작됨을 강조하였다. 대구 지역과 '도통'과의 연관성은 별도로 언급하지 않았지만, 퇴계가 관여한 연경서원으로 말미암아 교화가 이루어질 수 있었음을 부각시켜 놓았다. 정구는 사후 2년 만인 1622년(광해군 14) 퇴계가 모셔진 연경서원에 배향의 형태로 제향되었는데, 당시 봉안문은 손처눌이 작성하였다.

> 일찍이 스승[퇴계]에게 나아가 그 적전을 전해 받고, 이제 같은 사당에 배향되니 돌아가신 후 합함이 있다. … 지난 기유년[1609] 동쪽으로 유람하실 때 작은 가마를 타고 우리 고을에 왕림하여 이 서원에 유숙하셨도다. 바야흐로 문순공 퇴계 선생을 위해 사당 건립을 위한 모의를 했는데, 선생이 집터를 보고 여기에다 사당을 지었다. 한 번 정당한 말씀을 하시니, 들뜬 의논이 이에 그치어 당시 고을 선비들이 다투어 뒤를 따랐다. … 말년에 이르러 또한 강론하는 거처를 옮기셨다. 귀로 듣고 눈으로 보기를 원근이 비록 고르나, 우리 고을이 선생의 거처와 접경이어서 가장 후하고 또한 친했다.[93)]

---

92) 『寒岡集』 권11, 祝文, 〈研經書院奉安退溪李先生文〉.
93) 『모당집』 권5, 축문, 〈研經書院寒岡先生奉安文〉.

봉안문에서 손처눌을 필두로 한 대구 사림은 정구가 퇴계학파의 적전임을 천명하였다. 이어 만년의 강학처가 대구 또는 그 접경지였음을 강조하며, '퇴계-한강'으로 이어지는 퇴계학파의 '노통'이 대구 지역에 뿌리내렸음을 부각하고 있다. 이는 앞서 퇴계의 재전 문인들이 성사시킨 도산서원의 조목 종향, 여강서원의 류성룡·김성일 배향과 비견되는 대목이다.

그런데 앞서 언급하였듯이 임진왜란 이전 대구 지역에는 전경창·채응린·정사철 등 퇴계의 직전 문인이 포진하고 있었으며, 서사원·손처눌 등으로 대표되는 인사들도 정구 이전에 이들로부터 학문을 배웠었다. 이를 감안할 때 퇴계를 제향하는 대구 최초의 서원에 정구가 배향되었다는 것은 주목할 만한 대목이다. 대구 출신의 직전 문인과 비교해 상대적으로 명망이 높았고, 퇴계의 고제로 평가받던 정구를 먼저 제향함으로써, 얻을 수 있는 지역적 위상이 더욱 컸기 때문인 것이다.

정구의 고향 성주에서도 삼년상이 끝나는 시점에 맞추어 서원 설립이 추진되었다. 당시 성주에서는 정구의 고제 이윤우(李潤雨, 1569~1634)가 추숭 사업을 주도했다. 이윤우는 어린 시절 종고모부인 손처눌에게 학문을 배웠으며,[94] 21세부터는 정구 문하에서 수학하였다. 그는 스승 정구의 『오선생예설(五先生禮說)』의 편찬을 도왔고, 후일에는 간행을 주도하게 된다. 정계에서는 광해군 연간 정인홍의 북인 세력과 대립각을 세웠다. 이에 1622년 정구의 상례가 끝나는 시점에 맞추어, 성주 회연(檜淵)에다 사당을 설립하였다.[95] 이 사당은 5년 뒤 회연서원(檜淵書院)으로 승격되었다.

그런데 사당 설립과 별개로 1623년 정이(程頤)·주자·김굉필이 제향된 성주 천곡서원(川谷書院)에 정구 종향이 이루어졌다. 천곡서원은 퇴계의 자문에 의해 설립된 영봉서원이었는데, 이후 정구가 퇴계에게 문의하여 개칭한 것이다.[96] 천곡서원 종향 역시 이윤우 주도로 진행되었다. 분명 회연

94) 구본욱, 「석담 이윤우의 사승과 교유에 관한 고찰」, 『퇴계학과 유교문화』 57, 경북대학교 퇴계연구소, 2015, 4~9쪽.

95) 『石潭集』 연보, 〈石潭先生文集年譜〉.

의 사당은 서원 승격을 염두하고 설립되었다. 그러나 그 계획은 5년 동안 지연되었고, 대신 천곡서원 종향이 먼저 이루어졌다. 비슷한 시기 같은 고을에서 특정 인물에 대한 사당 설립과 서원 종향이 함께 진행된 사례는 그리 많지 않다. 그 사유는 명확하게 알 수 없지만, 당시 성주의 정치적 상황을 감안할 필요가 있다.

성주는 정구의 고향이지만 임진왜란 이후에는 오히려 정인홍의 영향력이 커져 갔다. 이는 곧 정구와 정인홍 문인 세력 간의 갈등으로 이어졌다. 특히 1610년 일어난 박이립(朴而立) 고변 사건으로 두 세력 간의 대립은 심각한 상황으로 치달았다. 성주의 향약 모임에서 정구가 '부도지언(不道之言)'을 했다고 박이립이 고변하자, 정구 문인들은 그 배후로 정인홍을 지목하였고, 상소문을 올려 박이립에 대한 처벌을 주장하였다. 그럼에도 불구하고 정인홍 문인 및 북인 세력의 압박이 거세지자 정구는 자명소(自明疏)를 올리는 지경에 이르렀으며,[97] 거처 또한 고향의 회연초당(檜淵草堂)과 무흘정사(武屹亭舍)를 떠나 팔거현 노곡으로 옮겨야만 했다.[98] 박이립 고변 사건은 이듬해 정인홍이 올린 〈회퇴변척소(晦退辨斥疏)〉와 더불어 남명학파의 분열상을 선명하게 보여준다.[99] 이러한 분위기로 말미암아 고향 성주에 서원을 설립하기가 쉽지 않았을 것이다. 대신 정인홍의 영향력이 크지 않았던 대구에서 정구 제향이 먼저 성사되었다.

정구의 천곡서원 종향은 인조반정 6개월 후에 이루어졌다. 성주의 정치·사회적 분위기가 어수선한 가운데, 이윤우 등의 한강 문인은 새로 서원을 갖추기보다는 사액서원인 천곡서원에 먼저 종향하였다. 이 역시 퇴계학

96) 『한강연보』 권1, 〈연보〉, "선생이 그곳에 伊川·雲谷의 지명이 있음으로 인하여 臥龍의 고사에 따라 이선생[퇴계]에게 여쭈어 '川谷'이라고 이름을 정하였다".
97) 『한강집』 권1, 疏, 〈庚戌疏〉.
98) 『한강연보』 권1, 〈연보〉, "선생이 평소에 선영 밑에서 떠나지 않다가 선영이 정인홍이 사는 곳과 가깝다는 이유로 마침내 단안을 내려 팔거현으로 옮겼다".
99) 김형수, 「임란 전후 한강학단의 활동과 성주지역 사족사회의 동향」, 『민족문화연구』 77, 고려대학교 민족문화연구원, 2017, 275~278쪽.

파의 ‘도통’ 계승과 관련지어 이해할 필요가 있다. 비록 천곡서원은 퇴계가 제향된 서원은 아니지만, 초창기 제향 인물 선정과 이름 개칭이 퇴계의 자문에 의해 결정되었다. 즉, 천곡서원은 성주 시역 내에서 퇴계의 교화를 상징하는 장소였다. 따라서 대구 연경서원의 정구 제향과 같은 맥락에서, 성주 사림은 천곡서원 종향을 통해 ‘도통’이 ‘퇴계-한강’으로 이어지는 한강학파에 있음을 천명한 것으로 볼 수 있다. 인조반정 이후 급변한 정치적 분위기 속에 천곡서원 종향을 빠르게 성사시킴으로써, 광해군 연간 이어졌던 정인홍 세력과의 갈등에 종지부를 찍고 정치적·학문적 우위를 확인하였던 것이다. 이러한 의도는 이윤우가 정구 종향을 청원하기 위해 성주 사림을 대표하여 경상도관찰사에게 올린 정문(呈文)을 통해 좀 더 구체적으로 살펴볼 수 있다.

> 본 고을의 고(故) 증(贈) 판서(判書) 정모(鄭某)[정구]는 어린 시절부터 이미 고인(古人)의 위기지학(爲己之學)에 뜻을 두었으며, 성리서에 심취한 채 과거 공부는 사절(謝絕)하였습니다. 겨우 약관의 나이에 문순공(文純公) 이선생(李先生)[퇴계]에게 가서 종유하였습니다. … 폐조(廢朝) 초반에 임해군(臨海君)의 옥사가 일어났을 때 전은(全恩)을 청하는 차자를 거듭 올렸습니다. 드디어 시론(時論)이 크게 어그러지자 전원으로 돌아와 생을 마치려 했지만, 계축년[1613]의 변고가 일어나 적신(賊臣) 정조(鄭造)·윤인(尹訒) 등이 별궁에 두자는 의논을 부르짖으며 없는 죄를 조작해서 얽어매니, 그 화를 헤아릴 수 없었습니다. 정모는 비록 몸은 시골에 있었지만 나라에 큰 변고가 있자 물러나 편안히 있는 것은 불가하다며 병든 몸을 이끌고 길을 나서서 연달아 두 번의 차자를 올려 『춘추(春秋)』에 수록된 영부(佞夫)의 고사를 인용하여 반복해서 비유하니, … 일개 의절지사(節義之士)가 우연히 강직한 말과 곧은 의론을 발한 것이 아닙니다. … 학문의 순정(醇正)함, 조예(造詣)의 정묘함, 논의의 정당함, 거취의 명백함은 5현 이후 이 한 사람이 있을 뿐입니다. 본 고을에는 천곡서원이 있는데, 이천(伊川)[정이]·운곡(雲谷)[주자] 양 선생을 봉향하고 문경공(文敬公) 김모(金某)[김굉필]를 종사하고 있습니다. 정모는 문경공의 외손으로서 그 학문의 연원에는 명백한

단서가 있습니다. 함께 제향하는 것이 사리에 합당합니다.[100)]

위와 같이 이윤우를 필두로 한 성주 지역 한강 문인은 퇴계로부터 비롯된 스승의 학문 연원과 광해군 연간 정치적 행보에서 보여준 절의를 부각하였다. 특히 학문과 행적이 모두 동방오현에 버금감을 강조하면서, 천곡서원 종향의 당위성을 적극 피력하였다.

천곡서원 종향이 성사되면서 성주 지역 도통을 '퇴계-한강'으로 빠르게 귀결시킬 수 있었다. 그런 가운데 1627년(인조 6) 비로소 정구를 단독으로 제향하는 회연서원을 설립하였다. 정구가 '도통'의 적전임을 입증하기 위해 천곡서원 종향을 했다면, 회연서원 설립은 한강학파의 거점 마련을 위해 이루어졌다. 1622년 연경서원과 1623년 천곡서원 제향, 그리고 1627년 정구를 주향으로 하는 회연서원 설립은 한강학파의 '도통' 성립과 확산에 서원이 어떻게 활용되는지를 잘 보여준다.

그렇지만 천곡서원 종향과 회연서원 설립 역시 사적 연고에서 비롯되었다는 혐의를 피할 수 없었다. 성주 사림은 '도통' 확보와 선현 추숭을 명분으로 내세웠지만, 4년 사이 한 고을 내에 '첩향'이 이루어진 것은 흔한 일이 아니었다. 이에 대해 예안의 김령은 『계암일록』에서 다음과 같이 언급하였다.

성주 최경흥(崔慶興)·이서(李{竹 / 舒})·이천봉(李天封) 등 수십 명이 여러 읍에 통문을 내었다. 회연서원이 완성되어 장차 다음 달 4일에 정한강(鄭寒岡)의 향사를 지낸다고 하면서, 사자(士子)들 모여 참관하기를 바란다고 했다. 이런 험난한 때에 시기가 맞지 않은 것 같거니와, 하물며 이전에 이미 천곡서원에 제향했는데도 불구하고 한 읍에서 중복하여 이와 같이 하니 드문 일이라 할 것이다.[101)]

100) 『석담집』 권3, 呈文, 〈呈方伯文〉.
101) 『계암일록』 5, 〈丁卯 8월 28일〉.

정구의 천곡서원·회연서원 '첩향'은 안동에서 일어난 류성룡의 여강서원·병산서원 '첩향' 보다 2년 앞서 이루어졌기에 김령은 이례적인 일이라고 했다. 물론 제향을 추진했던 문인들도 '첩향'에 대한 지석을 의식했던 것 같다. 이에 문위(文緯, 1554~1631)는 회연서원 설립 후 지은 봉안문에서 비록 천곡서원에 제향되어 있으나, 유식(攸息)하던 곳에 서원이 없을 수 없음을 강조하며 이는 모든 문인들의 숙원이라고 했다.[102] 장현광(張顯光, 1554~1637)은 또 다른 봉안문에서 천곡서원 종향 이전에 이미 사당을 세워 놓았지만 '정리상 그만둘 수 없는 일[情所罔已]'이라며, 문위와 같은 이유로 회연서원 설립이 사리에 합당하다고 했다.[103] 이처럼 17세기 전반 퇴계학파의 분화 속에 각 학파는 서원 설립으로 자신들의 '도통'을 천명하였지만, 그 과정에서 훗날 사회적 문제가 되는 서원 '첩향'의 전례가 만들어지기도 했던 것이다.

한편, 17세기 전반에는 성주·대구 지역 이외에도 창원(昌原) 회원서원(檜原書院)과 창녕(昌寧) 관산서원(冠山書院)에 정구가 제향되었다. 1587년 함안군수(咸安郡守) 재임 중이던 정구는 지역의 사류들과 창원을 방문한 후 관해정(觀海亭) 터를 정하였다. 이를 계기로 창원·함안의 문인이 주축이 되어 1634년 관해정 옆에 회원서원을 설립하였다. 관산서원이 설립된 창녕은 1580년 정구가 창녕현감(昌寧縣監)으로 부임한 고을이다. 그는 재임 중 서재를 짓고 학문 진작에 앞장섰다. 이에 창녕의 문인들이 주도하여 1638년 관산서원을 설립하였다.[104] 앞서 언급하였듯이 영남 지역 내에서 정구의 활동 범위는 동 시기 퇴계의 직전 문인과 비교해 매우 넓은 편이었다. 그는 지방관 부임, 선유(船遊)와 욕행(浴行), 강학 등으로 여러 지역에 자신의 학문적 영향력을 확대해 나갔다. 회원서원과 관산서원도 그렇게 형

102) 『茅谿集』 권3, 제문, 〈檜淵書院奉安文〉.
103) 『旅軒集』 권11, 축문, 〈寒岡先生奉安檜淵文〉.
104) 『한강연보』 권1, 〈연보〉.

성된 지역적 연고를 매개로 설립되었다.

퇴계학파의 적통을 둘러싸고 재전 문인 간 경쟁이 일어났던 예안·안동·상주 권역과 달리 낙동강 중부 연안에는 정구를 제외하고 뚜렷한 학문적 구심점이 없었다. 거기다 인조반정 후 진주·합천권의 남명학파마저 쇠락하는 가운데 한강학파와 학문적 연접을 시도하는 사림이 늘어났다. 그러한 가운데 17세기 이후 한강 문인을 제향하는 서원이 영남 각지에 설립되었다.

〈표 5〉 한강 문인의 서원 제향 현황[105)]

소재지	연도[사액]	서원명	제향 인물
大丘	1563[1660]	硏經書院	李滉 鄭逑[星州] **鄭經世[追1676, 尙州]** ○別祠 全慶昌 李叔樑
	1639	伊江書院	**徐思遠**
	1691	南岡書院	朴漢柱 **朴壽春[密陽]**
	1692	百源書院	**徐時立**
	1694	靑湖書院	孫肇瑞 **孫處訥** 柳時藩 鄭好仁
	1708	龍湖書院	**都聖俞** **都汝俞** **都慎修**
	1764	琴巖書院	鄭師哲 **鄭光天**
	1781	西溪書院	李文和 **李輈[追1801]**
	1784	柳湖書院	蔡應麟 **郭再謙**
	1785	屛巖書院	**都應俞** 都慶俞
	1799	鳳山書院	**孫遴**
	1824	西山書院	蔡貴河 蔡應麟 **蔡先見** 蔡先修
尙州	1606[1677]	道南書院	鄭夢周 金宏弼 鄭汝昌 李彦迪 李滉 盧守愼 柳成龍 **鄭經世[追1635]**
	1631	玉城書院	金得培 申潛 金範 **李㙉[追1710]** 李埈
	1635	涑水書院	孫仲暾 申祐 金宇宏 **趙靖[追1730]** 趙翊
	1714[1789]	玉洞書院	黃喜 全湜 黃孝獻 **黃紐[追1783]**
	1745	洛巖書院	金聃壽 金廷龍 **金廷堅**
	1796	愚山書院	鄭經世 鄭宗魯

105) 한강 문인은 '『檜淵及門諸賢錄』'과 '권연웅, 「『회연급문제현록』 소고」, 『퇴계학과 유교문화』 13, 경북대학교 퇴계학연구소, 1985'를 참조했으며, 서원 현황은 〈표 3〉 참고 자료와 동일.

星州	1627[1690]	檜淵書院	鄭逑 李潤雨[追1677] ○鄕賢祠 宋師頤 李弘器 李弘量 李弘宇 李{竹/舒}
	1656	伊陽書院	**張鳳翰** 張以愈
	1725	道川書院	**裵尙龍** **裵尙虎**
	1782	鰲巖書院	**崔恒慶** **崔轔** 崔轀
	1794	德泉書院	金闢石 **金天澤** **金帹** **金概**
安東	1572[1863]	屛山書院	柳成龍 柳袗[追1662]
	1686	鏡光書院	裵尙志 李宗準 權宇 裵三益 **張興孝**
	1693	道淵書院	鄭逑 許穆[京] 蔡濟恭
	1791	花川書院	柳雲龍 柳元之 金允安[追1803]
漆谷	1651	泗陽書院	鄭逑[星州] 李潤雨[追1664] 李遠慶
	1705	梅陽書院	**宋遠器** 宋命基 宋履錫
	1748	梧陽書院	**鄭錘**
昌寧	1695	燕巖書院	李承彦 李長坤 **成安義**
	1712	勿溪書院	成松國 成三問 成聃壽 成守琛 成運 成悌元 成允諧 成渾 成思齊 成勝 成守琮 成汝完 成憘 成守慶 成濫 成濬 成汝信 **成安義[追1814]**
	1829	東山書院	盧善卿 **盧克弘** **盧世厚** 盧垓
晉州	1702	臨川書院	李俊民 姜應台 成汝信 **韓夢參** 河憕
	1720	鼎岡書院	鄭溫 姜叔卿 河潤 俞伯溫 李濟 李琰 河天澍 陳克敬 **朴敏** 朴旨瑞
善山	1707	松山書院	崔應龍 崔晛 金應箕 金振宗 康惟善 盧景任
	1796	勝巖書院	**金寧**
榮川	1786	寒泉書院	張壽禧 吳澐 朴檜茂 朴樅茂
	1615	龜江書院	金淡 朴承任 金功 **金榮祖[追1669]**
義城	1671	藏待書院	金光粹 申元祿 **申之悌** 李民宬
	1856	丹邱書院	**申適道** 申悅道
義興	1786	羅溪書院	李堰 朴敏樹 **朴從男**
	1833	道岡書院	朴敏樹 **朴從男**
陜川	1766	會山書院	朴良佐 朴而文 **李重茂** 權瀁
	1832	河南書院	**文景虎**
咸安	1780	道溪書院	李潚 李休復 **朴震英** 趙益道
	1789	廬陽書院	趙參 安宅 朴旽 **李明悳[追1802]** 李景藩 李景茂
慶山	1693	孤山書院	李浞 鄭經世[尙州]
	1786	玉川書院	**徐思選**

居昌	1661[1662]	道山書院	金宏弼　鄭汝昌　李彦迪　**鄭蘊**
	1686	龍源書院	**文緯**
漆原	1850	淸溪書院	李三老　**李時馩[丹城]**
	1864	泰陽書院	**安**侹
丹城	1787	浣溪書院	**權濤**　權克亮
	1612[1727]	道川書院	文益漸　**權濤[追1672]**
咸陽	1552[1566]	灆溪書院	鄭汝昌　姜翼　俞好仁　**鄭蘊[追1677, 安陰]** ○別祠　俞好仁　**鄭弘緖[追1820]**
安陰	1583[1662]	龍門書院	鄭汝昌　林薰　林芸　**鄭蘊[追1642]**
昌原	1634	檜原書院	鄭逑　許穆[追1708, 京]
醴泉	1640	道正書院	鄭琢　**鄭允穆[追1786]**
永川	1657	立巖書院	張顯光　鄭四震　權克立　**鄭四象[追1713]**　孫宇男
開寧	1669[1676]	德林書院	金宗直　鄭鵬　**鄭經世**
玄風	1674[1677]	禮淵書院	郭趪　郭再祐
奉化	1676	盤泉書院	金中淸
靈山	1703	德峰書院	李碩慶　**李厚慶**　**李道孜**
高靈	1707	文淵書院	朴潤　朴澤　尹奎　**朴廷璠**　崔汝契
河陽	1798	南湖書院	金是聲
仁同	1803	嘯巖書院	蔡夢硯[大丘]　張乃範[追1847]　蔡楙
宜寧	1825	嵋淵書院	許穆[京]
英陽	1830	明皐書院	鄭湛　吳克成

* 제향 인물 중 한강 문인은 '_'로 표시
** 제향 인물의 거주지와 출신지가 다르거나 추향 되었을 경우 '[ ]'로 별도 기재

〈표 5〉에서처럼 한강 문인의 서원 제향 양상은 다른 퇴계학파 계열의 재전 문인층과 사뭇 다르다. 중첩적 사승 관계에 있는 예안·안동·상주 권역의 문인들을 제외하더라도 지역적 범주가 매우 넓으며, 제향된 인물 수도 많은 편이다. 〈표 5〉에서는 제외했지만 정구와 밀접한 관계에 있었던 장현광도 6개 지역 8개 서원에 제향되었다.[106] 한강 문인의 제향도 '퇴계-한강'으로 이어지는 '도통' 계승이 주요 명분으로 활용되었다. 한강 문인

106) 장현광을 제향한 서원은 다음과 같다.

중에서는 서사원이 1639년 대구 이강서원(伊江書院)에 가장 먼저 제향되었는데, 그 명분은 '연원퇴한(淵源退寒)'과 지역에서의 강학 활동이었다.[107] '퇴계-한강'으로 이어지는 '도통'을 지역에 뿌리내렸다는 명분으로 서원 제향이 이루어졌던 것이다. '도통'의 지역적 계승이 서원 설립과 제향의 중요 명분이 되었는데, 이러한 현상은 다른 퇴계학파 계열의 문인들과 비교해 배타적 '도통' 의식이 옅었고 학파 연접에 유연함을 보였던 한강학파 문인에게서 더욱 두드러지게 나타났다.

그러나 지역적 계승을 명분으로 내세웠다는 것은 그만큼 사적 연고에 의한 서원 설립의 여지가 커졌음을 의미한다. 1639년 김령은 인동·대구에서 진행되고 서원 설립을 다음과 같이 비판하였다.

> 인동(仁同)에서 통문을 내어 "장차 다음달 14일에 여헌(旅軒)[장현광]을 오산서원(吳山書院) 길야은(吉冶隱)[길재] 사당에 함께 배향하고자 하니, 와서 관람하시기를 요청합니다"라고 하였는데, 장경우(張慶遇) 등이 통문을 내었나. 며칠 전에는 대구의 손처약(孫處約) 등도 역시 여러 고을에 통문을 내어 이르기를

소재지	연도[사액]	서원명	제향 인물
仁同	1574[1609]	吳山書院	吉再　張顯光[追1639]
	1655[1676]	不知巖書院 [東洛書院]	張顯光
永川	1553[1554]	臨皐書院	鄭夢周　**張顯光[追1642]**　皇甫仁
	1657	立巖書院	張顯光　鄭四震　權克立　**鄭四象[追1713]** 孫宇男
星州	1558[1560]	迎鳳書院 [川谷書院]	程頤　朱子　金宏弼　鄭逑　**張顯光[追1642]**
善山	1570[1575]	金烏書院	吉再　金宗直　鄭鵬　朴英　**張顯光[追1642]**
義城	1556[1576]	氷溪書院	金安國　李彦迪　柳成龍　金誠一 **張顯光[追1689]**
青松	1699	松鶴書院	李滉　金誠一　**張顯光[仁同]**

107) 『낙재집』 권2, 부록, 〈伊江書院奉安文〉; 〈春秋常享文〉.

> "낙재(樂齋) 서선생(徐先生)을 장차 10월 24일에 선사서원(仙槎書院)에 봉향하고자 합니다"라고 하였다. 이른바 낙재는 청안(淸安) 수령을 지낸 서사원이다. '말세의 사정(事情)'이 너무 심하여 묘우(廟宇)에 제향하는 것이 너무 많은데, 폐습이 이미 고질병이 되어 버렸다.[108]

앞서 김령은 상주 도남서원의 노수신 추향을 '말세의 사정'이라 비판한 적이 있었다. 노수신 추향을 주도한 강복성과 전식이 각각 노수신의 조카이자 문인이었기 때문이다. 그는 장현광의 인동 오산서원 제향과 서사원의 대구 선사서원[이강서원] 제향을 같은 이유로 비판하였다. 두 서원의 설립을 주도한 인사들이 대부분 제향자의 친족·동문·문인 등 뚜렷한 사적 연고를 가지고 있었기 때문이다. 퇴계학파 분화 이후 각 학통을 계승한 영남 사림들은 경쟁적으로 '도통'을 자신들의 연고지와 접목하였는데, 이러한 현상은 한강학파 문인들의 서원 설립에서 보다 뚜렷하게 나타났다. 결과적으로 학파의 지역적 전개와 경쟁은 17세기 이후 서원의 남설 현상을 초래하는 중요한 요인이 되었다.

Ⅵ. 맺음말

조선시대 서원은 사학 교육을 표방하고 있었지만, 공적 영역에서 관리되었다. 서원이 관학의 대안처로 인정받았기에 관의 지원 하에 설립과 운영이 이루어졌다. 서원 설립이 지역 사림의 공론과 제향 인물에 대한 추숭 의식에서 비롯된 점을 감안한다면, 서원 제향은 곧 제향 인물의 학문적 권위를 관부에서 공인했다는 것을 의미한다. 따라서 16세기 이후 우리나라 성리학파가 분화되는 과정에서 각 학파는 자파의 유현을 경쟁적으로 서원

108) 『계암일록』 3, 〈己卯 10월 21일〉.

에 제향함으로써, 학문적 권위를 공인 받으려 했다. 그렇기에 17세기 이후가 되면 학문적 성과보다는 학문적 계보, 즉 학파별 '도통' 계승이 서원 제향의 중요한 명분이 되었다. '도통'의 계승 여부는 학문적 권위를 넘어 정치·사회적 위상과 직결되는 문제였다.

이러한 전제하에 16세기 후반~17세기 전반 영남 지역 퇴계학파의 분화에 따른 서원의 설립 양상을 살펴보았다. 퇴계는 일찍이 관학의 대안처로 서원을 주목하였으며, 정부에 건의하여 공적 관리를 받게 하는데 결정적 역할을 했다. 또한 서원 운영의 기본 운영 규칙과 제향 인물의 선정 기준도 제시하였다. 16세기 중·후반 등장한 서원은 전통시대 우리나라 사학 기관 중 가장 진일보한 형태였으며, 결과적으로 성리학을 통치 이념으로 하는 중앙집권적 관료 국가 형성에도 적지 않게 기여했다.

그러나 시간이 지남에 따라 서원은 관학의 대안처라는 본연의 기능 보다 특정 인물의 제향처라는 성격이 짙어져 갔다. 퇴계 사후 영남 사림의 서원 설립은 '도통' 계승에 주안점이 맞추어졌다. 우리나라 도통 연원을 퇴계로 설정하면서, 그 문인 집단에 의해 선조-광해군 연간 퇴계를 제향하는 서원이 영남 지역에만 10여개 소가 설립되었다. 퇴계의 학문적 위상은 차치하더라도, 문인들이 직접 스승을 서원에 제향하는 것은 전에 없던 이례적인 현상이었다. 이는 각 학파별로 사적 연고로서 '존현' 대상을 선정할 수 있는 전례가 되었다.

17세기로 넘어가면서 서원은 전국적으로 확산되는데, 이러한 현상에는 학파의 분화가 중요한 요인이 되었다. 각 학파는 '도통' 의식에 입각하여, 특정 학파의 주요 인사를 제향함으로써 자신들을 '도통'의 계승자로 천명하였다. 이는 해당 서원에 성리학적 명분을 부여하는 일반적인 모습이 되었다. 퇴계 사후 퇴계학파가 분화하는 가운데, 각 학파의 재전 문인은 자신들과 연결된 직전 문인을 경쟁적으로 서원에 제향하였다.

이와 관련해 먼저 주목한 것은 월천 조목 계열이다. 조목은 퇴계를 지근거리에서 보필한 고제로 퇴계 사후 북인과 밀접한 관계를 맺었다. 이에 그의 문인이자 퇴계의 재전 문인들은 월천을 도산서원에 종향함으로써 퇴계학파의 적통이 '퇴계-월천'에게로 이어짐을 내세웠다. 그러나 이 계열은 북인 정권의 몰락과 함께 퇴락하였고, 그 위상은 안동권으로 넘어가게 된다.

안동의 재전 문인들은 월천 계열과 경쟁하며, 더욱 발 빠르게 자신들의 스승들을 서원에 제향하였는데, 그 중에서 가장 큰 영향력을 발휘했던 세력은 서애 류성룡 계열이다. 특히 상주의 우복 정경세는 예안의 월천 계열과 경쟁하며 자신의 스승인 서애를 '퇴계의 적전'으로 추숭하였다. 이에 병산서원과 임천서원에 있는 서애·학봉의 위패를 퇴계가 제향된 여강서원에 합향하였다. 제향의 형태는 배향이었다. 이를 통해 도산서원에 종향된 월천과 비교 우위를 점하고, 서애를 퇴계학파의 적전으로 내세울 수 있었던 것이다.

그런데 여강서원 합향을 전후하여 이전과는 다른 제향 현상이 나타났다. 서원 설립이 경쟁적으로 이루어지면서 제향 기준과 명분에 자의적인 해석이 많아지고, 기존의 암묵적인 원칙은 붕괴되었다. 먼저 '일읍일원'이라는 암묵적 원칙이 무너지고 '일읍다원' 현상이 나타났다. 또한 류성룡이 병산서원과 여강서원에 제향된 것처럼 고을 내 '첩향'이 이루어졌다. 그리고 학파의 고착화에 따라 가학의 전통이 부각되면서, 일족 간 사적 연고에 의한 서원 설립과 제향이 경쟁적으로 이루어지기 시작하였다.

퇴계학파를 계승한 계열 가운데 17세기 전반 사회·경제적 영향력은 서애학파가 가장 컸다. 서애 계열은 '서애-류진-류세철'로 이어지는 가학 계열과 '퇴계-서애-우복-류진'으로 이어지는 상주 지역 사림 계열이 있다. 특히 후자는 퇴계학파의 적통을 상주의 서애학파로 귀결시키고자 했는데, 이는 도남서원의 제향 추이를 통해 살펴볼 수 있었다. 도남서원 설립은 정경세·전식·이준 등 상주의 서애 문인이 주도하였다. 정경세는 도남서원 설립 시 봉안문에서 당시 문묘종사가 추진되고 있던 '동방오현' 중 4인과 우리나라 성리학의 비조(鼻祖)로 알려진 정몽주가 모두 영남 출신이기에 이 5인을 상주에 함께 제향할 필요가 있다고 했다. 상주는 얼마 전까지 경상감영이 있었던 행정 중심지였을 뿐만 아니라, 영남에서 낙동강이 시작되는 고을이었다. 우리나라 '도통' 계보의 중심이 영남이라면, 영남 '도통' 계보의 중심은 상주가 되어야 한다는 명분을 내세워 도남서원에 5인을 제향한 것이다. 이어서 서애가 도남서원에 제향되었다. 정경세 등은 류성룡 제향을 통해 상주를 안동·예안에 버금가는 퇴계학파의 적전지(嫡傳地)로 부상시키려 했다. 이를 통해 서애학파라는 학문적 집단성을 구축하였다.

마지막으로 정경세 추향이 이루어지면서 '주자-퇴계-서애-우복'으로 이어지는 '도통' 계보가 성립되었다. 이는 '학파' 집단이 '도통' 계보를 특정 지역으로 귀결시키는 모습을 보여준다. 일찍이 우복은 상주가 영남의 수읍(首邑)이기에 영남 명현도 상주에 제향됨이 마땅하다고 주장하며, 도남서원 설립을 성사시켰다. 5현이 우리나라 '도통'을 이어왔다면, 류성룡 제향을 통해 그런 '도통'을 상주 지역으로 연결함과 동시에 퇴계학파의 '도통' 계승을 표방하였다. 마지막으로 우복을 도남서원에 추향함으로써, '도통' 계보는 상주 지역으로 귀결되었다. 즉, 상주를 도학의 연원과 통서(統緖)로 이해되는 '사수(泗洙)'와 '민락(閩洛)'에 대응시키고자 했던 것으로 이해 할 수 있다.

한강 정구는 퇴계·남명 양 문하에서 수학했으나, 어느 한 곳에 경도되지 않았다. 다만 남명의 적전 정인홍과 정치적인 문제로 결별했을 뿐이다. 또한 퇴계에게 수학했지만 월천·서애·학봉에 비해 그 빈도와 친숙도는 떨어진다. 이런 한강의 활약지는 경상도 중부의 낙동강 연안이며, 『회연급문제현록』에 수록된 문인을 보면 342명으로 다른 계열을 압도한다. 정구 이전 뚜렷한 구심점이 없었던 낙동강 연안의 사림과 학문 외적인 사유로 와해된 진주·합천권의 남명학파 계열이 '도통'에 대한 배타적 성격이 옅었던 한강 계열로 수렴되었기 때문이다. 이러한 특징 또한 한강학파 계열의 서원 설립 과정에서 잘 나타난다.

정구를 먼저 제향한 곳은 대구의 연경서원이다. 정구는 비록 성주 출신이지만, 광해군 연간 성주 지역은 정구 문인과 정인홍 문인과의 반목이 심하였다. 이러한 분위기 속에 서사원·손처눌로 대표되는 대구 사림이 '퇴계-한강'으로 이어지는 '도통' 계보를 전면에 내세우며 퇴계가 제향된 연경서원에 한 발 먼저 정구를 추향하였다. 그런데 대구에는 일찍이 전경창·채응린·정사철 등으로 대표되는 퇴계의 직전 문인이 활동하였으며, 정구 문인 중에서도 이들에게 먼저 수학한 인사들이 적지 않았다. 그럼에도 불구하고 정구를 먼저 제향한 것은 정구를 제향함으로써 얻을 수 있는 위상과 '도통' 계승에 대한 명분이 더욱 컸으며, 무엇보다 정구를 통해 학파의 구심점을 확보할 수 있기 때문이다. 인조반정 이후 성주의 한강 문인은 즉각적으로 천곡서원에 정구를 종향하였다. 이는 광해군 연간 이어졌던 정인홍 세력과의 갈등에 종지부를 찍고 정치적·학문적 우위가 '퇴계-한강'에게 있음을 확인하는 조치였다. 이어 그가 강학하던 장소에 정구를 주향으로 하는 회연서원을 설립함으로써, 한강학파 전개의 구심점으로 삼았다. 그러나 성주의 천곡서원·회연서원 제향은 훗날 사회적 문제가 되는 서원 '첩향'의 단초가 되었다.

한편, 한강의 문인들은 '퇴계-한강'으로 이어지는 '도통'의 지역적 계승을 명분으로 여러 지역에 서원을 설립하고 그 문인을 제향하였다. 지역적 계승을 서원 제향의 명분으로 내세웠다는 것은 반대로 사적 연고에 의한 서원 설립의 여지가 커졌다는 것을 의미하며, 결과적으로 17세기 이후 서원 남설에 적지 않은 영향을 끼치게 된다.

【참고문헌】

『朝鮮王朝實錄』, 『燃藜室記述』, 『竹溪誌』, 『嶠南誌』, 『廬江誌』, 『退溪集』, 『退溪年譜』, 『西厓年譜』, 『梅軒集』, 『月川集』, 『嘯皐集』, 『芝山集』, 『寒岡集』, 『寒岡年譜』, 『愚伏集』, 『愚伏別集』, 『琴易堂集』, 『蒼石集』, 『蒼石續集』, 『沙西集』, 『木齋集』, 『樊巖集』, 『溪堂集』, 『雨溪集』, 『慕堂集』, 『樂齋集』, 『茅谿集』, 『旅軒集』, 『石潭集』, 『陶山及門諸賢錄』, 『檜淵及門諸賢錄』, 『家學淵源錄』, 『愚伏先生門人錄』, 『溪巖日錄』

구본욱, 「석담 이윤우의 사승과 교유에 관한 고찰」, 『퇴계학과 유교문화』 57, 경북대학교 퇴계연구소, 2015.

권시용, 「16-17세기 초반 퇴계 문인의 서원 건립 활동」, 『한국서원학보』 8, 한국서원학회, 2019.

권연웅, 「『회연급문제현록』 소고」, 『퇴계학과 유교문화』 13, 경북대학교 퇴계학연구소, 1985.

김종석, 「『도산급문제현록』과 퇴계 학통제자의 범위」, 『퇴계학과 유교문화』 26, 경북대학교 퇴계학연구소, 1998.

김학수, 「영남지역 서원의 정치사회적 성격」, 『국학연구』 11, 한국국학진흥원, 2007.

______, 「정경세·이준의 소재관-정경세의 비판적 흡수론과 이준의 계승적 변호론을 중심으로-」, 『영남학』 71, 경북대학교 영남문화연구원, 2019.

______, 「조선중기 한강학파의 등장과 전개-문인록을 중심으로-」, 『한국학논집』 40, 계명대학교 한국학연구원, 2010.

김형수, 「17·18세기 상주·선산권 지역사회와 서원·사우의 동향」, 『영남학』 7, 경북대학교 영남문화연구원, 2005.

______, 「임란 전후 한강학단의 활동과 성주지역 사족사회의 동향」, 『민족문화연구』 77, 고려대학교 민족문화연구원, 2017.

박인호, 「17세기 초 퇴계학파 월천계의 동향과 구전 김중청의 활동」, 『국학연구』 33, 한국국학진흥원, 2017.

설석규, 「퇴계학파의 분화와 병호시비(Ⅱ)-여강(호계)서원 치폐 전말-」, 『퇴계학과 유교문화』 45, 경북대학교 퇴계학연구소, 2009.

이범학, 「남송 후기 이학의 보급과 관학화의 배경-이학계 인사들의 정치·사회적 행동을 중심으로-」, 『한국학논총』 17, 국민대학교 한국학연구소, 1994.
이병훈, 「16세기 한국 서원의 출현과 정비」, 『한국서원학보』 10, 한국서원학회, 2020
______, 「조선후기 영남지역 원사의 건립과 변화 검토」, 『한국서원학보』 6, 한국서원학회, 2018
이상현, 「월천 조목의 도산서원 종향논의」, 『북악사론』 8, 북악사학회, 2001
이수건, 『영남학파의 형성과 전개』, 일조각, 1995
이수환, 「성주 영봉서원 연구」, 『역사교육논집』 54, 역사교육학회, 2015
이우성, 「퇴계선생과 서원창설운동-이조성리학의 토착화와 아카데미즘-」, 『퇴계학보』 19, 퇴계학연구원, 1978
이재현, 「안동 임천서원의 치폐와 사액 청원」, 『한국서원학보』 6, 한국서원학회, 2018
임근실, 「16세기 영남지역 서원 연구」, 단국대학교 대학원 박사학위논문, 2019
정만조, 『조선시대 서원연구』, 집문당, 1997
정현정, 「조선중기 주자제향 서원의 사회사적 성격」, 『한국서원학보』 1, 한국서원학회, 2011
지준호, 「주자문인의 도통의식」, 『동양철학연구』 35, 동양철학연구회, 2003
채광수, 「우복학단의 성격과 계모학적 갈래」, 『한국계보연구』 10, 한국계보연구회, 2020
______, 「퇴계 문인의 서원 보급 활동」, 『민족문화논총』 73, 영남대학교 민족문화연구소, 2019
한국정신문화연구원, 『고문서집성』 43-안동 갈전 순흥안씨편-, 1999
홍원식, 「연경서원 제향 인물과 그 배경」, 『퇴계학논보』 16, 영남퇴계학연구원, 2015

16세기 서원지의 출현과 지식의 전개

임 근 실

Ⅰ. 서론

16세기 조선의 지식인은 서원(書院)을 설립하고 서원지(書院志)를 편찬하였다. 조선에서 최초로 서원이 설립된 시기는 16세기였고, 지역은 영남지역이었다. 16세기는 정치 세력이 사림(士林)으로 교체되는 시기였고, 성리학이 본격적으로 조선에 뿌리내렸던 시기였다. 선진 농법을 수용하면서 축적된 부를 기반한 영남지역의 지식인들은 『주자가례(朱子家禮)』에서 표방한 부계 혈족 가문의 중소 지주로 자리매김하였다. 이와 더불어 고려에서 조선으로 왕조가 교체하던 시기에 절의(節義)를 숭상하여 낙향하였던 신진사대부의 학문을 계승한 이들이 영남지역에 있었다. 이러한 특성은 영남지역의 중소지주로 하여금 성리학적 질서를 가시적으로 구현하도록 하였고, 새로운 지식 기관으로 서원을 설립하게 한 것이다. 그리고 이 지식인들은 서원지를 편찬하여 서원 지식을 전개해나갔다.

'서원지(書院志)'란 해당 서원과 관련된 모든 자료를 수집 정리하여 몇 개의 항목으로 분류하여 놓은 기초 자료집이라고 말할 수 있다.[1] 그렇기에 서원을 연구하기 위한 필수적인 사료가 서원지이다. 더욱이 조선뿐만이나라 중국의 경우도 16세기에 편찬된 서적이 현전하는 최고(最古)의 서원지이다. 이처럼 16세기 한·중의 지식인은 서원의 정보를 체계화·지식화하여

---

1) 정만조, 「조선시대 書院志 體例에 관한 연구」, 『韓國學論叢』 29, 국민대학교 한국학연구소, 2007, 371쪽.

서원지를 편찬하였다. 하지만 선행연구에선 서원지를 대상으로 한 지식사적 연구는 부족한 현실이다.

선행연구의 성과를 살펴보면 서지학계에서는 『죽계지』의 판본 및 내용의 변화를 분석한 연구,[2] 역사학계에서 중국의 서원지 편찬과 목적, 명칭과 체례(體例)를 고찰한 연구,[3] 16세기 서원지 3종을 분석하여 초기 조선 서원의 성격을 확인한 연구,[4] 『영봉지(迎鳳志)』를 분석하여 영봉서원(迎鳳書院)의 다각적인 특징을 분석한 연구가 있다.[5] 이외에 『오산지(吳山志)』를 서원 지식의 정비 및 지식 계보의 정립이란 점에서 살핀 연구가 있다.[6] 이상의 연구 중 특히 정만조의 연구는 중국 서원지의 체제를 3종[정덕본(正德本), 천계본(天啓本), 강희본(康熙本)]의 백록동서원(白鹿洞書院)의 서원지(書院志)와 『동림서원지(東林書院志)』를 예시로 들어 체계적으로 분석한 최초의 연구로 의미가 있다. 이상의 연구는 서원지와 서원 지식의 전개라는 지식사적 관점에서는 미진한 부분이 있다. 특히 중국에서 유입된 서원제도가 어떠한 지식 매체를 통해 조선에 전파되었는지에 대한 연구도 부족한 실정이다.

이 글은 서원이 설립되고 서원지가 출현할 수 있었던 배경을 살피고,

---

2) 옥영정, 「『竹溪志』의 編纂과 版本에 관한 書誌的 硏究」, 『書誌學硏究』 31, 韓國書誌學會, 2005.

3) 정만조는 이 연구의 후속으로 次號에서 조선시대 서원지를 다루고자 하였으나 성과가 나오지 못한 것으로 보인다(정만조, 앞의 논문, 국민대학교 한국학연구소, 2007).

4) 조준호, 「書院志 分析을 통해 본 初期 書院의 성격」, 『韓國學論叢』 33, 국민대학교 한국학연구소, 2010.

5) 이수환, 「星州 迎鳳書院 연구」, 『歷史敎育論集』 54, 역사교육학회, 2015 ; 임근실, 「『迎鳳志』의 지식사적 의미」, 『民族文化論叢』 69, 영남대학교 민족문화연구소, 2018.

6) 임근실, 「柳雲龍의 『吳山志』 편찬 의도」, 『韓國書院學報』 2, 한국서원학회, 2013 ; 임근실, 「16세기 善山지역 서원 건립에 나타나는 도통의식－金烏書院과 吳山書院을 중심으로」, 『退溪學報』 137, 2015.

서원지를 통해 서원 지식이 전개되는 과정에서 나타나는 지식사적 의미를 찾고자하는 목적으로 작성되었다. 따라서 2장에선 서원의 설립 과정을 확인하고, 3장에선 서원지의 출현 및 체제를 살펴보고자 하며, 이를 위해 명(明) 서원지 10종과 조선 서원지 3종을 검토하였다. 4장에서는 지식인들이 서원과 관련한 정보를 항목으로 분류하여 서원지를 편찬하고, 그 속에서 서원 지식이 정비되어 서원지를 매체로 유통되어 전개하는 양상을 확인하고자 한다.

Ⅱ. 서원의 설립

16세기 중엽 주세붕(周世鵬, 1495~1554)이 설립한 백운동서원(白雲洞書院)은 조선 서원의 시초였다. 조선의 서원은 중국 서원과 성리학의 영향을 받았으나 기능과 성격에서 중국과 일정한 차이를 가지고 발전하였다.

중국의 서원은 선현(先賢)을 향사(享祀)하고, 성리학(性理學)을 전수하는 사립 교육기관으로 도서관의 기능을 가진 곳이었다.[7] 중국의 서원은 당(唐) 말기부터 장서(藏書) 기능을 갖춘 관설 기관으로 시작되어, 개인의 수양을 위한 서재로 활용되었다. 오대(五代)에 백록국상(白鹿國庠) 이나 여산국학(廬山國學)으로 불렸던 백록동서원(白鹿洞書院)의 전신이 강학을 하였던 서원의 효시였다. 송대(宋代) 서원의 주요 특징은 '관사합판(官私合辦)'의 형식을 가졌고,[8] 북송(北宋)대에 이르러 전국적으로 많은 수가 건립되었다. 북송 초기의 광범위하게 관학을 설립하기 어려워 사학인 서원이 이를 대체하였다.[9] 남송(南宋)대에 이르러서 주희(朱熹, 1130~1200)의 부흥

7) 丁淳睦, 「서원의 기원과 특징」, 『中國書院制度』, 文音社, 1990, 18~37쪽.
8) 정순우, 「서원의 탄생」, 『서원의 사회사』, 태학사, 2014, 21~25쪽.
9) 이근명, 「12세기 兩浙 일대의 書院과 讀書人」, 『中國史硏究』 119, 중국사학회, 2019, 33쪽.

운동으로 백록동서원과 악록서원(嶽麓書院)을 중수(重修)하면서 더욱 발달하여 문화교육기구로 자리잡게 되었다.[10] 또한 인쇄술이 발전함에 따라 서원에시도 다량의 서직을 구비하거나 출판하였다. 따라서 서원은 서석을 매개로 지역의 지식인을 결집시켰다.[11] 이후 원대(元代) 서원은 관(官)의 지원을 받아 관학의 보조기구로 위치하였는데, 산장(山長)은 학관(學官)이었으며 그 거처도 관서(官署, 公廨)인 아문(衙門)에 해당하였다.[12] 그리고 명대(明代) 서원은 학교진흥책 및 조정의 탄압으로 설립과 운영에 제재를 받기도 하였다. 하지만 왕수인(王守仁, 1472~1528)과 양명학파 지식인이 지속적으로 강회(講會)를 하여 1500여 개소 이상의 서원이 신설되었다.[13]

16세기는 조선에서도 교학 진흥책이 요구되는 시기였다. 조선이 건국된 지 한 세기가 지나면서 과거제(科擧制)의 문란 및 관료의 기강 해이, 국왕 연산군(燕山君)의 폭정(暴政) 등으로 문제가 대두되었다. 이 때문에 새로운 교학 진흥책이 필요하였고, 사림(士林)은 도학정치(道學政治)에 기초하여 '소학(小學)의 장려, 존현(尊賢), 사우지도(師友之道)의 확립'의 3가지를 제시하였다.[14] 그리고 이는 어득강(魚得江)에 의하여 중국 송대(宋代) 서원을 지방 교육 진흥책으로 소개되게 된 것이다.[15]

이러한 배경에서 주세붕은 백운동서원(白雲洞書院)을 설립하였다. 풍기군수 주세붕은 지역민의 교화를 위하여 향교(鄕校)를 이전하고, 교육기관

10) 朱漢民, 「中國書院의 歷史」, 『韓國學論叢』 29, 국민대학교 한국학연구소, 2007, 59쪽.
11) 박지훈, 「12세기 南中國 地域社會의 書院 네트워크」, 『中國學報』 49, 한국중국학회, 2004, 482쪽.
12) 鄧洪波, 「元代 湖南書院의 規模와 規制」, 『韓國書院學報』 3, 한국서원학회, 2015, 34~36쪽.
13) 박종배, 「회규를 통해서 본 명대의 서원 강회 제도」, 『교육사학연구』 21-2, 교육사학회, 2011, 81~82쪽.
14) 정만조, 『朝鮮時代 書院硏究』, 집문당, 1997, 12~28쪽.
15) 『中宗實錄』 卷98, 37年 7月 乙亥.

으로 서원을 건립한 것이다. 1542년에 안향(安珦, 1243~1306)의 사묘(祠廟)를 건립한 후 이듬해 그 곁에 서원(書院)을 창건하였다. 이로써 백운동서원은 존현(尊賢)과 강학(講學)의 기능을 동시에 지닌 최초의 조선 서원이었다.

1544년(중종 39) 주세붕은 백운동서원의 서원지인 『죽계지(竹溪志)』를 편찬하여 사립 교육기관인 서원을 설립한 정당성을 천명하였다. 주세붕은 남강(南康)에서 주희가 선현(先賢)의 사묘를 건립하고, 백록동서원을 중수(重修)하였던 사업과 백운동서원의 설립을 견주었다.[16] 또한 흉년에도 교육은 중요하다는 논리와 안향의 고향에 서원을 건립한 점, 학전(學田)과 장서(藏書)를 구비한 점 모두 주희의 고사(故事)에 근거하여 실행한 것이었다.[17] 이후 안향의 후손인 안현(安玹, 1501~1560)은 백록동서원의 영속적 운영을 위해 「사문입의(斯文立議)」을 작성하고, 재정 기반을 갖추었다. 그리고 1550년(명종 5)에 이황(李滉, 1501~1570)은 백운동서원의 사액(賜額)을 요청하여,[18] '소수(紹修)'라는 액호(額號)와 서적(書籍)을 받았다.[19]

백운동서원 설립은 크게 3가지 의미를 가졌다. 첫 번째, '존현(尊賢)'과 '강학(講學)'의 2가지 기능을 조선 서원의 기본적 성격으로 규정하였다. 주

---

16) 『竹溪志』 卷首, 「竹溪志序」, "嘉靖辛丑秋七月戊子, 余到豊城, 是年大旱, 明年壬寅大飢. 其年, 立晦軒祠堂於白雲洞, 又明年癸卯 移建學宮於郡北, 別立書院於晦軒廟前. … '然, 吾觀朱子之爲南康, 一年之間, 申修白鹿洞書院, 又立先聖先師祠, 又立五先生祠, 又立三先生祠, 又爲劉屯田, 作壯節亭. 當是時, 金虜陷中夏, 天下血肉, 加以南康地面連歲大飢, 方賣爵取穀, 以活流殍. 其危如此, 其困如此, 而其立院立祠不一而止者, 何也. 天生蒸民, 所以爲人者, 有敎也.' … '嗚呼. 晦翁豈欺我哉. 今夫竹溪, 文成公之闕里. 若欲立敎, 必自文成始. 某以無似, 當太平之世, 忝宰是邦, 於一邑, 不得不任其責. 遂竭心力, 乃敢立其廟而架其院, 置其田而藏其書, 一依白鹿洞故事, 以俟來哲於無窮.' … 甲辰冬十月甲戌, 尙山周世鵬序."

17) 김자운, 「朝鮮時代 紹修書院 講學 硏究」, 한국학중앙연구원 한국학대학원 박사학위논문, 2013, 30쪽.

18) 李滉, 『退溪先生文集』 卷9, 「上沈方伯」.

19) 『明宗實錄』 卷10, 5年 2月 丙午 ; 『明宗實錄』 卷10, 5年 3月 己卯.

희의 고사를 주세붕이 조선에서 반영하였고, 여기에 학전(學田)과 경서를 갖추면서 조선 서원은 선현을 존숭하면서 강명도학하는 기관으로 자리매김한 것이다. 두 번째, 서원 제향인물(祭享人物)의 선정 기준을 제시하였다. 주세붕은 주희(朱熹)의 기준인 '도학(道學)의 계승자', '사문(斯文)에 공이 있는 인물'을 반영하면서도 지역적 연고를 중시하였다. 따라서 풍기지역의 선현인 안향(安珦)을 제향하여, 지역과 서원의 제향인물(祭享人物)간에 관계를 설정하였다. 중국과 달리 조선 서원 설립처는 제향인물의 고향이 많았고, 이는 서원 건립에 필요한 재정지원을 하였던 제향인문의 문중에서 담당하였던 것에서도 알 수 있다. 영남지역의 사림(士林)은 15세기 증대한 농업생산력을 기반으로 지역의 중소지주로 위치했다. 그들은 16세기 이후 선조를 제향하는 서원에 재정적 지원을 하였고, 그 결과로 18세기 이후 많은 서원은 문중서원(門中書院)으로 기능하였다. 즉 주희의 성리학적 이론에 기반하여 서원의 제향인물(祭享人物)을 선정하였으나, 조선의 정치·사회·경제직 영향을 받아 번형된 것이다.

세 번째, 성리학적 이념의 보급 및 그에 따른 학파 형성의 기능이다. 고려말 길재에서 이어지는 영남 지식인의 계보는 이후 중앙정계에 사림(士林)으로 등장했다. 그들은 지역사회에 성리학적 이념을 보급하려 했으나, 연이은 사화(士禍)로 실패하였다. 이러한 상황에서 16세기 설립된 서원은 이황의 서원보급운동의 영향을 받아 지역사회에 도학(道學)을 보급하는 기관이 될 수 있었다. 따라서 영남지역의 지식인들은 서원을 매개로 후진을 양성하였다. 그들의 문인은 스승의 사후 서원에 자신들의 스승을 제향하였고, 스승의 문집(文集)을 간행하는 공간으로도 서원을 활용했다. 더욱이 그들은 서원 건립과 문집 간행을 통해 학파(學派)로 결집하면서 조선의 지식계보가 만들어지게 된다.

백운동서원의 건립과 사액은 향후 정여창(鄭汝昌, 1450~1504)을 제향한 남계서원(灆溪書院)[함양(咸陽)]과 정몽주(鄭夢周, 1337~1392)를 제향한 임고서원(臨皐書院)[영천(永川)]의 건립으로 이어졌다. 이후 영남지역을 중심으로 서원의 건립과 사액이 이루어졌고, 차츰 조선 전역에 서원이 보급되었다.

16세기 조선 전역에서 건립된 서원은 70여 개소였다.[20] 조선 전역의 서원을 도별로 살펴보면 경상도에서 36개소, 경기도에서 7개소, 충청도에서 7개소, 전라도에서 12개소, 황해도에서 7개소, 강원도에서 1개소, 평안도에서 2개소, 함경도에서 2개소 등이 건립되었다.[21] 특히 영남지역에서는 36개소의 서원이 설립되었고, 이는 해당 시기의 조선 전역에서 건립된 서원의 절반에 해당하는 숫자이다. 이는 16세기 전국적으로 서원이 건립되면서, 그 중심 지역은 경상도이었음을 나타낸다. 도별 16세기 서원 건립 및 사액 현황을 분석하면 이 중 절반이 경상도 지역의 서원임을 알 수 있다. 아래의 〈표 1〉은 16세기 조선 전역의 서원을 도별로 분석한 결과이다.

20) 16세기에 조선에서 건립된 서원은 『俎豆錄』·『增補文獻備考』의 사료와 선행연구 성과를 참고하여 정리하였다. 전국(宋楊燮, 「朝鮮時代의 書院分布에 관한 一考察」, 『春川敎育大學論文集』 28, 춘천교육대학교, 1988 ; 정만조, 『朝鮮時代 書院硏究』, 집문당, 1997 ; 이상해, 『書院』, 悅話堂, 1998 ; 윤희면, 「조선시대 서원정책과 서원의 설립 실태」, 『歷史學報』 181, 역사학회, 2004 ; 安敏燁, 「書院 勃興期 朝鮮 士林의 書院認識」, 국민대학교 석사학위논문, 2008), 강원도(宋楊燮, 「江原道 書院現況調査」, 『論文集』 26, 春川敎育大學, 1986), 전라도(韓文鍾, 「全北地方의 書院·祠宇에 대한 試考-『全北院宇錄』을 中心으로-」, 『全羅文化論叢』 3, 전북대학교 전라문화연구소, 1989 ; 윤선자, 「일제하 호남지역 서원·사우의 복설과 신설」, 『한중인문학연구』 22, 한중인문학회, 2007 ; 方承熙, 「朝鮮中期 嶺南·畿湖地域의 書院-中宗~光海君代를 중심으로-」, 숙명여자대학교 교육대학원 석사학위논문, 2002), 평안도(吳洙彰, 「17, 18세기 平安道 儒生層의 정치적 성격」, 『韓國文化』 16, 서울대학교 규장각 한국학연구원, 1995), 경상도(方承熙, 앞의 논문, 숙명여자대학교 교육대학원 석사학위논문, 2002 ; 이병훈, 「조선후기 영남지역 원사의 건립과 변화 검토」, 『韓國書院學報』 6, 한국서원학회, 2018) 참고.

21) 16세기 조선 서원의 설립 시기, 명칭, 지역, 사액여부, 祭享人物 등을 정리한 조선 전역의 서원 분포는 다음의 연구를 참고할 것(임근실, 「16세기 嶺南地域 書院 연구」, 단국대학교 대학원 박사학위논문, 2020, 15~24쪽).

〈표 1〉 16세기 도별 서원 건립 및 사액 현황

	경상	경기	충청	전라	황해	강원	평안	함경	총합
서원	36 (48.6)	7 (9.5)	7 (9.5)	12 (16.2)	7 (9.5)	1 (1.3)	2 (2.7)	2 (2.7)	74 (100)
사액	28 (48.3)	6 (10.3)	5 (8.6)	8 (13.8)	6 (10.3)	1 (1.7)	2 (3.5)	2 (3.5)	58 (100)
16C 사액	10 (55.5)	2 (11.1)	0 (0)	2 (11.1)	1 (5.6)	1 (5.6)	0 (0)	2 (11.1)	18 (100)

위의 표를 보면 16세기 조선 전역에 건립된 74개소의 서원 중 36개소가 영남지역의 서원으로 전체의 48.6%였다. 또한 74개소의 서원 중 영남지역은 28개소가 사액을 받았는데, 이는 전체의 48.3%였다. 더불어 사액서원 가운데 18개소가 16세기에 사액을 받았는데, 영남지역 서원은 10개소가 해당 시기에 사액을 받았고, 전체의 55.5%에 해당하였다.

이처럼 전국 서원의 절반이 영남지역에 위치했던 것이다. 많은 수의 서원이 영남지역에 건립되었으며, 16세기에 사액을 받는 서원도 여타 지역에 대비하여 높은 비율을 보였다. 이황과 그 문인들은 전국에 서원을 보급하였고, 이들은 영남지역 지식인의 중심적 위치였다. 또한 그들은 서원을 운영하는 서원운영론(書院運營論)과 지식 계보인 도통론(道統論)을 공유하였다. 이러한 배경으로 많은 수의 영남지역 지식인들이 서원과 관련한 정보를 담은 서적인 서원지를 편찬하였다. 더욱이 영남지역 이외의 지역에선 16세기 서원과 관련한 기록자료는 거의 남아있지 않은 실정이다. 특히 현전하는 16세기 서원지도 모두 영남지역에 분포한 서원의 것이다. 이러한 이유로 영남지역 서원과 서원지가 16세기 조선의 서원과 서원지를 대표한다고 할 수 있겠다.

Ⅲ. 서원지의 출현

그렇다면 서원지가 처음 출현하는 시기와 장소는 어디였을까? 그 시작은 13세기 중국 남송(南宋)이었다. 중국의 지식인이 서원의 역사와 운영에 관한 정보를 모아 서원지를 편찬한 시기는 13세기부터였다. 중국의 서원지는 남송(南宋)의 구양수도(歐陽守道, 1208~1272)가 편찬한 『내산서원지(萊山書院志)』가 최초로 알려졌으나 현존하지 않는다.[22] 이후 15세기에도 『백록동지(白鹿洞志)』가 간행되었던 기록이 있으나, 실전(失傳)된 상태이다. 따라서 중국의 서원지는 16세기 명대(明代) 서원지부터 그 실체를 확인할 수 있다.[23]

중국의 지식인이 서원지를 편찬한 동기와 목적은 크게 4가지로 나눌 수 있다. ① 서원의 역사, 유래와 자료를 후세에 전하고자 하는 것, ② 공자(孔子)나 선현(先賢)에서 비롯되는 도맥(道脈)의 전승을 표방하기 위해서, ③ 성인 선현의 학설을 담은 강학자료를 수록함으로써 배우는 자의 흥기를 도모하기 위한 것, ④ 서원재정과 관련되는 서원전(書院田)·산당(山塘) 등의 문서 획정을 기록으로 남기고자 함이다. 『중국역대서원지(中國歷代書院志)』의 편찬자는 중국의 서원지를 '과예(課藝)'와 '지서(志書)'로 분류하였으나, 국내의 연구에선 기능과 성격을 토대로 '서원지(書院志)', '강학록(講學錄)', '과예(課藝)'로 구분하였다. '서원지(書院志)'는 서원에 관한 제반 사항을 정리한 형태이고, '강학록(講學錄)'은 서원의 강학활동을 중점적으로 수록하였으며 '과예(課藝)'는 월과(月課) 또는 계과(季課)에 응시한 제생

---

22) 鄧洪波, 『中國書院史』, 東方出版社, 2004, 343쪽.

23) 중국에선 총 16권으로 역대 중국 서원지의 영인본을 모은 서적(趙所生·薛正興主編, 『中國歷代書院志』 1~16, 江蘇教育出版社, 1995)이 간행되었다. 이 글은 이 서적에 수록된 중국 서원지를 주요한 분석 대상으로 연구를 진행하였고, 백록동서원의 서원지를 모은 서적(白鹿洞書院古志整理委員會, 『白鹿洞書院古志五種』, 中華書局出版, 1995)도 참고하였다.

(諸生)의 답안지[과권(課卷)]를 선정해 놓은 것이다.[24] 이 3가지 형태에서 서원의 운영과 관련한 내용이 모두 수록되어 있고, 서원지의 체제를 분석할 수 있는 것은 '서원시(書院志)'이다. 이러한 형태의 서원지는 중 16세기 명대(明代) 서원지는 『홍도서원지(弘道書院志)』, 『백록동서원신지(白鹿洞書院新志)』, 『석고서원지(石鼓書院志)』, 『백록동지(白鹿洞志)』, 『백천서원지(百泉書院志)』, 『백록동서원지(白鹿洞書院志)』, 『동림서원지(東林書院志)』, 『우산서원지(虞山書院志)』, 『인문서원지(仁文書院志)』, 『공학서원지(共學書院志)』로 총 10종이다.

16세기 명(明)의 서원지 중 10종은 서원의 운영과 관련한 내용과 더불어 서원지의 체제를 확인할 수 있다.[25] 다음은 명대(明代) 서원지 10종의 편찬 연대 및 편찬자, 권수, 구성 항목이다. ① 1505년[명(明) 홍치(弘治) 18]에 홍도서원(弘道書院)의 문생(門生)인 내시희(來時熙)가 집록(輯錄)한 『홍도서원지(弘道書院志)』는 권(卷)이 구별되지 않는 형태였다.[26] 먼저, 홍도서원의 학규(學規)를 수록하였고 이어 부록(附錄)으로 서원의 건립과 관련한 기문(記文), 인물(人物), 문한(文翰) 등을 담았다.[27] 『홍도서원지』는 전체 30여 장 분량의 짧은 서적이나 학규, 연혁, 인물, 문한 등의 홍도서원과 관련한 다양한 정보를 수록하였다.

② 1524년[명(明) 가정(嘉靖) 3) 백록동서원(白鹿洞書院)의 이몽양(李夢陽)이 편찬한 『백록동서원신지(白鹿洞書院新志)』는 8권(卷)으로 구성되었

24) 정만조, 앞의 논문, 국민대학교 한국학연구소, 2007, 393~395쪽.

25) 『中國歷代書院志』와 『白鹿洞書院古志五種』에선 모두 11종의 明代 서원지를 확인할 수 있다. 그런데 백록동서원의 서원지 1종은 1622년에 간행된 서적으로 명시되어 있기에, 16세기 명의 서원지를 분석하는 이글에선 대상에서 제외하였다. 항목에 제목을 표기하고 다음에 卷數의 순서를 기록하였다.

26) 『中國歷代書院志』 第六册, 十三 弘道書院志.

27) 『中國歷代書院志』 第六册, 十三 弘道書院志, "一日 學規, 二日 類定小學規. 附錄, 一日 建弘道書院記【附詩】, 二日 出身題名, 三日 詩, 四日 銘, 五日 文, 六日 記【仰高門記 楸巷記 凝墨池記】."

다.[28] 권1은 연혁지(沿革志), 형세지(形勢志), 건조지(建造志), 석참지(石鑱志)로 서원의 연혁과 형승, 건축에 대한 내용의 항목이다. 권2는 산지(山志)와 전지당지(田地塘志)로 서원 경제기반에 대한 항목으로 조선으로 치면 학전(學田)에 해당하는 부분이다. 권3은 성씨지(姓氏志)로 서원과 관련한 역대 인물에 대한 항목이며, 권4~권7까지는 문지(文志)로 서원과 관련한 글들을 수록하였다. 권8은 서적지(書籍志)과 기명지(器皿志)로 경사자집(經史子集)의 사부(四部)로 분류한 백록동서원의 장서와 기물에 대한 항목이다.

③ 1533년[명(明) 가정(嘉靖) 12]에 형주부(衡州府) 석고서원에서 편찬한 『석고서원지(石鼓書院志)』이다. 『석고서원지』는 이후 1589년[명(明) 만력(萬曆) 17]에 이안인(李安仁)이 중수(重修)하였고, 왕대소(王大韶)가 중교(重校)하였다. 『석고서원지』는 권두에 범례(凡例)와 서원형승도(書院形勝圖)가 있고, 상부(上部)와 하부(下部)로 구성되었다.[29] 상부는 지리지(地理志)와 실우지(室宇志)이며, 하부는 인물지(人物志) 향현(鄉賢), 우현(寓賢), 명환(名宦)와 사한지(詞翰志) 시(詩), 기(記)로 구성되었다.

④ 1544년[명(明) 가정(嘉靖) 33]에 백록동서원에서 정정작(鄭廷鵠)이 편찬한 『백록동지(白鹿洞志)』는 19권(卷)으로 구성되었다.[30] 권1은 산천(山川), 권2는 서원연혁(書院沿革), 권3 명현(名賢), 권4 동사(洞祠), 권5 동규상(洞規上), 권6 동규하(洞規下), 권7 동첩상(洞牒上), 권8 동첩하(洞牒下), 권9 문한일(文翰一)[기문(記文)], 권10 문한이(文翰二)[(기문(記文)], 권11 문한삼(文翰三)[서문(序文), 서계(書啓)], 권12 문한사(文翰四)[주소(奏疏), 공이(公移)], 권13 문한오(文翰五)[명(銘), 제문(祭文), 사신사(祀神辭), 발(跋), 부(賦)], 권14 문한육(文翰六)[오언고시(五言古詩), 칠언고시(七言古詩), 오언율시(五言律詩)], 권15 문한칠(文翰七)[칠언율시(七言律詩), 오언절구(五言絕句), 칠

28) 『白鹿洞書院古志五種』 白鹿洞書院新志.
29) 『中國歷代書院志』 第四册, 一 石鼓書院志.
30) 『中國歷代書院志』 第一册, 五 白鹿洞志.

언절구(七言絕句)], 권16 경적(經籍)【기명부(器皿附)】[경부(經部), 자부(子部), 사부(史部), 집부(集部), 누판(鏤板), 기(器), 공기(供器), 십기(什器)], 권17 동학전상(洞學田上), 권18 동학전하(洞學田下), 권19 외지(外志)이다.

⑤ 1578년(明 萬曆 6)에 백천서원(百泉書院)의 섭량기(聶良杞)가 집록(輯錄)한 『백천서원지(百泉書院志)』는 3권(卷)의 구성이었다.[31] 권1은 건혁지(建革志)와 사전지(祀典志)【제전부(祭田附)】, 명현지(名賢志), 학약지(學約志)【서적부(書籍附)】이고, 권2는 문지(文志), 권3은 시지(詩志)이다. 앞서 살펴본 서원지들과 마찬가지로 가장 먼저 서원의 연혁을 수록하였고, 그 이후 향사(享祀)와 관련한 항목, 인물, 원규(院規)와 장서(藏書), 문한(文翰)으로 서원의 정보를 나눈 것이다.

⑥ 1592년[명(明) 만력(萬曆) 20)에 백록동서원에서 주위(周偉)와 대헌책(戴獻策)이 편찬한 『백록동서원지(白鹿洞書院志)』는 12권(卷)으로 구성되었다.[32] 권1 연혁지(沿革志), 권2 형승지(形勝志), 권3 인물지(人物志)[부경사자집(附經史子集)], 권4 사선지(祀典志)[부세판(附歲辦)], 권5 문지(文志)[주소(奏疏) 공이(公移)], 권6 문지(文志)[동규(洞規) 책문(策問) 강의(講義) 설(說)], 권7 문지(文志)[계(戒) 논(論) 서(書)], 권8 문지(文志)[기(記)], 권9 문지(文志)[서(序), 고문(告文), 명(銘), 사(辭), 부(賦)), 권10 문지(文志)[시(詩)], 권11 전지산당지(田地山塘志)[부청해(附淸解), 급섬(給贍)], 권12 외지(外志)이다. ④에 비하여 오히려 권수가 줄어든 것을 알 수 있다.

⑦ 만력연간(萬曆年間)(1573~1619)에 동림서원(東林書院)에서 엄곡(嚴穀) 등이 편찬한 『동림서원지(東林書院志)』는 상권(上卷)과 하권(下卷), 부록(附錄)으로 구성되었다.[33] 상권은 연혁(沿革), 건치(建置), 선현(先賢), 사전(祀典), 공이(公移)이며, 하권은 문한(文翰), 원규(院規), 재상(災祥), 전수

31) 『中國歷代書院志』 第六册, 六 百泉書院志.
32) 『中國歷代書院志』 第一册, 六 白鹿洞書院志.
33) 『中國歷代書院志』 第七册, 一 東林書院志.

(典守), 의륜(義輪), 질사(帙事), 부록으로 양동임변(兩東林辨), 동림혹문(東林或問)이 있다. 『동림서원지』는 하권의 재상(災祥), 의륜(義輪), 질사(帙事), 부록의 두 항목 역시 다른 서원지에선 찾기 어려운 항목이 등장한다.

⑧ 만력연간에 소주부(蘇州府)의 우산서원(虞山書院)[학도서원(學道書院)]에서 장내(張鼐) 등이 편찬한 『우산서원지(虞山書院志)』는 10권(卷)으로 구성되었다.[34] 권1은 지승지(地勝志), 고적지(古蹟志), 건치지(建置志), 권2는 선현지(先賢志), 권3은 사전지(祀典志), 종상지(宗像志), 권4는 원규지(院規志), 권5는 문이지(文移志), 관사지(官師志), 권6은 서적지(書籍志), 십기지(什器志), 수예지(樹藝志), 원전지(院田志), 권7은 회어지(會語志)[관사(官師), 교주(敎主)], 권8는 회어지(會語志)[대회(大會) 1~2], 권9는 예문지(藝文志) 1~2, 권10은 예문지(藝文志) 3~4이다. 『우산서원지』에선 권3은 종상지(宗像志), 권7~권8 회어지(會語志)가 다른 서원과 차별화된 항목이다.

⑨ 만력연간에 강서(江西) 길수(吉水)에 위치한 인문서원(仁文書院)[문강서원(文江書院)]에서 악원성(岳元聲)이 편찬하고 악화성(岳和聲)이 교정을 본 『인문서원지(仁文書院志)』는 11권으로 구성되었다.[35] 권1 형승(形勝), 권2 건치(建置), 권3 선유(先儒), 권4 원규(院規), 권5 관사(官師), 권6 예문(藝文), 권7 사전(祀典), 권8 서적(書籍), 권9 공이(公移), 권10 원전(院田), 권11 강의(講義)이다.

⑩ 만력연간에 공학서원(共學書院)에서 악화성(岳和聲) 등이 편찬하고 교정한 『공학서원지(共學書院志)』는 상(上)·중(中)·하권(下卷)으로 구성되었다.[36] 상권은 형승(形勝), 연혁(沿革), 규제(規制), 선유(先儒), 환적(宦績), 사전(祀典), 회규(會規), 전부(田賦), 전적(典籍)이고, 중권은 예문(藝文)이며, 하권은 공독(公牘), 선후(善後), 제명(題名), 기용(器用)이다. ⑨의 『인문서원

34) 『中國歷代書院志』 第八册, 一 虞山書院志.
35) 『中國歷代書院志』 第十册, 二 仁文書院志.
36) 『中國歷代書院志』 第十册, 三 共學書院志.

지』와 편찬자가 같은 점이 특징이라 할 수 있다.

이상 ⑦~⑩의 서원지의 편찬연대는 확정할 수 없지만 만력연간에 편찬 또는 간행되었기에 비교대상으로 선정하였다. 그리고 시기가 가장 앞서는 서원지는 ①의 『홍도서원지(弘道書院志)』이지만 그 내용이 다소 소략하여 전체적인 체제 및 구성 항목을 구분하기 어려워 ② 『백록동서원신지(白鹿洞書院新志)』의 항목을 기준으로 표를 정리하였다. 명대 서원지의 체제 및 항목을 정리하면 크게 8가지의 항목 연혁(沿革), 학전(學田), 인물(人物), 원규(院規), 문한(文翰), 장서(藏書), 기물(器物), 향사(享祀)을 대체적으로 포함하였음을 알 수 있다.

〈표 2〉 명(明) 서원지 연혁(沿革), 형승(形勝) 항목

	①	②	③	④	⑤	⑥	⑦	⑧	⑨	⑩
	弘道書院志	白鹿洞書院新志	石鼓書院志	白鹿洞志	百泉書院志	白鹿洞書院志	東林書院志	虞山書院志	仁文書院志	共學書院志
沿革形勝	建弘道書院記(附錄1)	沿革志(1-1)	地理志(上-1)	書院沿革(2)	建革志(1-1)	沿革志(1)	沿革(上-1)			沿革(上-2)
		形勢志(1-2)				形勝志(2)		地勝志(1-1)	形勝(1)	形勝(上-1)
		建造志(1-3)	室宇志(上-2)				建置(上-2)	古蹟志(1-2) 建置志(1-3)	建置(2)	
		石劚志(1-4)								

첫 번째, 서원의 연혁(沿革)과 형승(形勝), 건치(建置)를 기록한 항목은 거의 모든 서원지의 가장 앞 부분에 수록되었다. 서원의 역사를 기록한 연혁(沿革), 서원 주변의 지리적 특성을 정리한 형세(形勢) 및 형승(形勝), 서원 부속 건물의 위치와 명칭을 기록한 건조(建造)·실우(室宇)·건치(建置) 등의 항목이다. 즉 중국은 서원의 인문지리적 정보가 서원지의 가장 앞부

분에 위치하였던 것이다. 특히 연혁의 경우는 서원기까지 포함하면 8종의 서원에서 확인되어 가장 중시 했던 항목임을 알 수 있다. 또한 형승(形勝)과 건축물에 대한 항목도 각각 5종의 서원지에서 살펴볼 수 있다.

〈표 3〉 명(明) 서원지 학전(學田) 항목

	①	②	③	④	⑤	⑥	⑦	⑧	⑨	⑩
	弘道書院志	白鹿洞書院新志	石鼓書院志	白鹿洞志	百泉書院志	白鹿洞書院志	東林書院志	虞山書院志	仁文書院志	共學書院志
學田		山志(2-1)		山川(1)						
		田地塘志(2-2)		洞學田上(17) 洞學田下(18)		田地山塘志(11)		樹藝志(6-3) 院田志(6-4)	院田(10)	田賦(上-8)

두 번째로, 서원의 경제적 기반과 관련한 항목으로 학전(學田)와 관련한 내용을 기록한 항목이다. 산(山)·전지(田地)·당(塘), 학전(學田)·원전(院田), 수예(樹藝), 전부(田賦) 등의 명칭으로 기록되어 있는데, 항목의 순서는 서원지마다 상이하다. 홍도서원(弘道書院), 석고서원(石鼓書院), 백천서원(百泉書院)에서는 전조(田租)를 기록한 항목을 찾아볼 수 없다.

〈표 4〉 명(明) 서원지 학전(學田) 항목

	①	②	③	④	⑤	⑥	⑦	⑧	⑨	⑩
	弘道書院志	白鹿洞書院新志	石鼓書院志	白鹿洞志	百泉書院志	白鹿洞書院志	東林書院志	虞山書院志	仁文書院志	共學書院志
人物	出身題名(附錄2)	姓氏志(3)	人物志(上-3)	名賢(3)	名賢志(1-3)	人物志【附經史子集】(3)	先賢(上-3)	先賢志(2) 官師志(5-2)	先儒(3) 官師(5)	先儒(上-4) 宦績(上-5)

세 번째로, 해당 서원에서 배출한 학자나 관료의 인적사항을 기록한 인물(人物)항목이다. 출신제명(出身題名), 성씨(姓氏)·인물(人物), 명현(名賢)·선현(先賢)·선유(先儒), 관사(官師)·환적(宦績) 등의 명칭으로 기록되어 있다. 서원의 건립에 관여한 선현(先賢)이나 명현(名賢), 서원 출신으로 명성을 날린 인물 또는 관리를 기록한 항목이다. 이 항목을 10종의 서원지 모두에서 찾을 수 있다. 해당 서원과 관련한 역사인물을 찾을 때 필수적으로 참고해야 하는만 하는 부분으로, 각 서원지에서 출신 인물을 중요하게 여겼음을 보여주는 항목이다.

〈표 5〉 명(明) 서원지 원규(院規) 항목

	①	②	③	④	⑤	⑥	⑦	⑧	⑨	⑩
	弘道書院志	白鹿洞書院新志	石鼓書院志	白鹿洞志	百泉書院志	白鹿洞書院志	東林書院志	虞山書院志	仁文書院志	共學書院志
院規	學規(1) 類定小學規(2)	文志(4)	詞翰志(上-4)	洞規上(5) 文翰四(12)	學約志【書籍附】(1-1)	文志(5)	公移(上-5) 院規(下-2)	院規志(4) 文移志(5-1)	院規(4) 公移(9)	規制(上-3) 會規(上-7) 公牘(下-1)
	文(附錄5)	文志(5)		洞規下(6)	文志(2)	文志(6) 文志(7)			講義(11)	

네 번째로, 서원의 규정을 수록한 원규(院規) 항목이다. 학규(學規)·동규(洞規)·학약(學約)·원규(院規)·규제(規制)·회규(會規) 등 별도의 항목으로 기록한 경우와 문지(文志)·사한(詞翰), 공이(公移)·공독(公牘) 등의 항목에 포함된 경우로 구분할 수 있다. 원규(院規) 항목도 10종의 서원지 모두에서 찾을 수 있다. 해당 서원의 운영하기 위한 방침과 원생들이 강학 및 일상생활에서 준수해야 하는 규정들을 확인할 수 있는 항목이다.

〈표 6〉 명(明) 서원지 문한(文翰) 항목

	①	②	③	④	⑤	⑥	⑦	⑧	⑨	⑩
	弘道書院志	白鹿洞書院新志	石鼓書院志	白鹿洞志	百泉書院志	白鹿洞書院志	東林書院志	虞山書院志	仁文書院志	共學書院志
文翰	銘(附錄4) 記(附錄6)	文志(6)		文翰一(9) 文翰二(10) 文翰三(11)		文志(8)	文翰(下-1)	藝文志(9)	藝文(6)	藝文(中)
	詩(附錄3)	文志(7)	詩(下部)	文翰五(13) 文翰六(14) 文翰七(15)	詩志(3)	文志(9) 文志(10)		藝文志(10)		

다섯 번째로, 서원과 관련한 내용 또는 인물들의 글을 모아놓은 항목으로 모든 서원지에서 확인할 수 있다. 지(志)의 명칭을 문(文)·문한(文翰)·예문(藝文) 등의 대표적 명칭으로 기록한 후 권을 분리하는 경우와 문(文)·서(序)·명(銘)·기(記)·발(跋)·시(詩)·강의(講義) 등 문체별로 기록한 경우로 나누어진다. ④에선 시(詩)를 오언고시(五言古詩), 칠언고시(七言古詩), 오언율시(五言律詩), 칠언율시(七言律詩), 오언절구(五言絕句), 칠언절구(七言絕句) 등으로 세부적으로 분류하였다.

〈표 7〉 명(明) 서원지 장서(藏書) 항목

	①	②	③	④	⑤	⑥	⑦	⑧	⑨	⑩
	弘道書院志	白鹿洞書院新志	石鼓書院志	白鹿洞志	百泉書院志	白鹿洞書院志	東林書院志	虞山書院志	仁文書院志	共學書院志
藏書		書籍志(8-1)		經籍器皿附(16)	學約志【書籍附】(1-1)	人物志【附經史子集】(3)		書籍志(6-1)	書籍(8)	典籍(上-9)

여섯 번째로, 서원에서 수장한 서적인 장서(藏書)를 기록한 항목이다. 서적(書籍)·경적(經籍)·전적(典籍)의 명칭으로 기록된 경우와 인물(人物)이나 학약(學約)에 부기(附記)된 경우가 있다. 그리고 홍도서원과 석고서원, 동림서원에서는 서원의 장서에 대한 항목이 없으며, 인문서원지 같은 경우는 항목은 있으나 실제 장서를 기록하지 않았다. 따라서 6종의 서원지에서 서원의 장서를 확인할 수 있는데, 이는 16세기 명 서원의 장서와 그로 인한 서원 지식의 단초를 찾아볼 수 있는 부분이다.[37]

〈표 8〉 명(明) 서원지 기물(器物) 항목

	①	②	③	④	⑤	⑥	⑦	⑧	⑨	⑩
	弘道書院志	白鹿洞書院新志	石鼓書院志	白鹿洞志	百泉書院志	白鹿洞書院志	東林書院志	虞山書院志	仁文書院志	共學書院志
器物		器皿志(8-2)					典守(下-4)	什器志(6-2)		器用(下-4)

일곱 번째로, 서원에서 사용하는 기물(器物) 중 제기(祭器)와 공기(供器) 등을 수록한 항목이다. 기명(器皿)·십기(什器)·기용(器用)으로 기록된 경우와 전수(典守)에 부기된 경우로 구분된다. 10종 가운데 『백록동서원신지』, 『동림서원지』, 『우산서원지』, 『공학서원지』 등 4종에서 실체를 확인할 수 있다. 이 항목은 서원의 향사의례에서 사용하였던 제기와 기물 등의 개수를 표기한 것으로, 당시 서원에서 향사의례와 관련한 기명(器皿)을 중시하였던 상황에 대한 추정이 가능한 부분이다.

여덟 번째로, 서원에서 제향하는 인물과 그 의례를 기록한 향사(享祀) 항목이다. 동사(洞祠)·사전(祀典) 등의 항목으로 기록되었고, 제전(祭田)에 대한 내용이 부록된 경우도 있다.

37) 임근실, 「16세기 한중서원지의 지식사적 의미」, 『民族文化論叢』 79, 영남대학교 민족문화연구소, 2021, 참조.

〈표 9〉 명(明) 서원지 향사(享祀) 항목

	①	②	③	④	⑤	⑥	⑦	⑧	⑨	⑩
	弘道書院志	白鹿洞書院新志	石鼓書院志	白鹿洞志	百泉書院志	白鹿洞書院志	東林書院志	虞山書院志	仁文書院志	共學書院志
享祀				洞祠 (4)	祀典志 【祭田附】 (1-2)	祀典志 (4)	祀典 (上-4)	祀典志 (3-1) 宗像志 (3-2)	祀典 (7)	祀典 (上-6)

④~⑩까지 모두 7종의 서원지에서 확인할 수 있는데, 16세기 중기부터 별도 항목으로 나타나고 있다. 그리고 이 항목은 해당 서원의 제향인물과 그들의 정치사회적 성격 및 각 서원의 향사의례가 가지는 특징을 파악할 때 필수적으로 분석해야할 부분이다.

〈표 10〉 명(明) 서원지 기타 항목

	①	②	③	④	⑤	⑥	⑦	⑧	⑨	⑩
	弘道書院志	白鹿洞書院新志	石鼓書院志	白鹿洞志	百泉書院志	白鹿洞書院志	東林書院志	虞山書院志	仁文書院志	共學書院志
기타				洞牒上 (7) 洞牒下 (8) 外志 (19)		外志 (12)	災祥 (下-3) 義輪 (下-5) 軼事 (下-6) 兩東林辨 (附) 東林或問 (附)	會語志 (7) 會語志 (8)		善後 (下-2) 題名 (下-3)

마지막으로 특정 서원에서만 보이는 항목들은 기타로 정리하였다. 이 항목들을 본격적으로 분석하면 동첩(洞牒), 외지(外志), 재상(災祥)·의륜(義

輪)·질사(帙事), 회어(會語), 선후(善後)·제명(題名) 등으로 각 서원지와 해당 서원의 특징을 확인할 수 있을 것이다.

16세기는 조선에서도 서원시가 편찬된 시기였다. 이 시기 조선에서 편찬된 서원지는 『죽계지(竹溪志)』, 『영봉지(迎鳳志)』, 『오산지(吳山志)』 등 3종이 현전한다. 주세붕(周世鵬)은 백운동서원(白雲洞書院)의 설립과 함께, 조선 최초의 서원지인 『죽계지』를 편찬하였다. 그 후 1559년(명종 14)에 노경린(盧慶麟, 1516~1568)이 편찬한 영봉서원(迎鳳書院)[천곡서원(川谷書院)]의 『영봉지』와 1588년(선조 21)에 류운룡(柳雲龍, 1539~1601)이 작성한 오산서원(吳山書院)의 『오산지』가 있다.[38]

『죽계지(竹溪志)』는 권수(首)에 「백운동문성공묘기(白雲洞文成公廟記)」을 수록한 후 6권(卷)의 구성되었다. 행록(行錄), 존현록(尊賢錄), 학전록(學田錄), 장서록(藏書錄), 잡록(雜錄), 별록(別錄)이다. 『죽계지(竹溪志)』의 체제를 바탕으로 그 내용을 확인하면 3가지의 특징을 알 수 있다. 첫 번째는 백운동서원의 설립과 그 배경을 설명한 부분이고, 두 번째는 중국의 서원제도를 소개하기 위한 내용이며, 세 번째는 백운동서원의 실질적인 운영과 관련한 내용이다. 『영봉지(迎鳳志)』은 영봉서원기(迎鳳書院記), 서원록(書院錄), 이씨행록(李氏行錄), 학규록(學規錄), 장서록(藏書錄), 학전록(學田錄), 서원학전록(書院學田錄), 묘원정의록(廟院定議錄), 춘추대향도(春秋大享圖), 제식(祭式)의 10가지 내용으로 구성되었다. 『영봉지(迎鳳志)』의 특징을 크게 4가지로, 첫 번째 영봉서원의 정당성 부여, 두 번째 중국의 서원에 대한 이해, 세 번째 서원의 제향인물 선정에 대한 정당성 표방, 네 번째 서원의 실질적 운영과 관련한 내용이다. 『오산지(吳山志)』는 4권1책으로 행록(行錄), 향사(享祀), 학규(學規), 고증(考證)으로 구성되었다. 『오산지』에서는

38) 16세기 조선 서원지 3종의 편찬 목적과 각 항목의 특징은 선행연구에 자세하다(옥영정, 앞의 논문, 2005 ; 이수환, 앞의 논문, 2015 ; 임근실, 앞의 논문, 2018 ; 임근실, 앞의 논문, 2013). 이 글에선 선행연구를 기반으로 16세기 조선 서원지 3종을 비교하여 체제 및 항목에서 보여지는 특징을 확인하고자 한다.

제향인물을 추모하는 내용, 향사의례(享祀儀禮)와 관련한 내용, 오산서원의 운영규정, 서원의 연혁과 사적으로 나누어 구성되었다. 16세기 조선에서 편찬된 3종의 서원지를 표로 비교하면 다음과 같다.[39)]

〈표 11〉 16세기 조선 서원지 체제표

Ⓐ『竹溪志』	Ⓑ『迎鳳志』	Ⓒ『吳山志』
권首, 白雲洞文成公廟記	① 迎鳳書院記	권4, 考證 事跡(吳山書院記)
권1, 安氏行錄	③ 李氏行錄	권1, 行錄
권1, 行錄後 (春秋大享圖) (祭式)	⑨ 春秋大享圖 ⑩ 祭式	권2, 享祀 (春秋大享圖) (祭式)
권2, 尊賢錄	-	-
권3, 學田錄	⑥ 學田錄 ⑦ 書院學田錄	-
권4, 藏書錄	⑤ 藏書錄	-
권5, 雜錄	-	-
권5, 雜錄後, 院規	④ 學規錄	권3, 學規
권6, 別錄	-	-
-	② 書院錄	-
-	⑧ 廟院定議錄	-

위의 표를 보면 16세기에 조선에서 편찬된 서원지의 변화상을 확인할 수 있다. 조선 서원지 3종은 각기 서로 상이한 체제로 구성되었다. 특히 『오산지』에서 학전(學田), 장서(藏書) 등의 항목이 보이지 않음을 확인할 수 있다. 그와 대비하여 『오산지』는 향사(享祀)와 원규(院規)에 대한 항목을 별도로 분리시켜 비중을 키웠다. 서원에서 제향하는 인물에 대한 향사의례(享祀儀禮)를 다룬 향사와 원생들의 강학 및 일상생활에 대한 규범을 기록

39) 『竹溪志』, 『迎鳳志』, 『吳山志』의 目錄을 바탕으로 정리하였으나, 『迎鳳志』는 권이 명확하지 않기에 항목의 나누어 차례를 표시하였다.

한 학규를 보강한 것이다. 『죽계지』에서 향사의례에 관한 내용은 행록후(行錄後)에 춘추대향도(春秋大享圖)와 제식(祭式)에서 확인되며, 『영봉지』도 춘추대향도(春秋大享圖)와 제식(祭式)만을 별도의 항목으로 수록하였다. 이러한 상황에서 16세기 후반 편찬된 『오산지』는 권2 향사에서 춘추대향도(春秋大享圖)와 제식(祭式)만 수록하는 단계에서 진전되어 서원의 향사의례와 관련한 내용을 하나의 권(卷)으로 설정하였다. 또한 서원의 규정을 수록한 학규(學規)를 살펴보면, 『죽계지』는 여러 기록이 혼재한 잡록후(雜錄後)에 특별한 항목 구분없이 수록하였으나, 『영봉지』와 『오산지』에서는 '록(錄)'으로 항목을 구분하였다. 더욱이 『오산지』는 『죽계지』와 『영봉지』에 대비하여 월등히 많은 양의 원규를 수록하였다. 이처럼 16세기 후반의 『오산지』에선 서원의 필수적 기능인 존현과 강학에 해당되는 항목을 각각 개별적인 권(卷)으로 설정하여 분리한 것이다.

그리고 『오산지』는 학전(學田)과 장서(藏書)의 항목이 포함되지 않았다. 『죽계지』와 『영봉지』에선 학전과 장서에 대한 내용을 공통적으로 수록하였지만, 『오산지』에서는 이 부분이 제외되었다. 따라서 오산서원의 학전과 장서에 대한 현황을 확인할 수 없다.

『오산지』에서 학전과 장서에 대한 항목이 없는 이유는 서원지의 체제에 대한 진전된 논의 때문이었다. 『오산지』를 편찬한 류운룡은 스승 이황과 동문인 황준량의 의견을 수용하여 학전과 장서 항목을 수록하지 않았다. 앞서 『영봉지』를 편찬한 노경린이 이황과 황준량에게 서원지에 대한 자문을 구하였고, 이때 황준량은 학전과 장서 항목을 제외하자는 의견이었다. 황준량은 학전과 장서 등은 서원지의 뒤편에 부기하여, 유사(有司)가 수호하게 하자는 의견이었다.[40] 이황도 『죽계지』의 형식에 불만을 표하고, 『영봉지』는 본받지 말았으면 좋겠다는 의견이었다.[41] 하지만 『영봉지』에

40) 『迎鳳志』 「廟院定議錄·答四印堂書」, "… 鄙意有惑 復此稟請 錄中備載中原書院之所及藏書學田之類 似欲援據故事 以解齒頰 無奈剩耶 竹溪雜志 方爲周武陵之尤 高明之見 何必踵成 只令寫取書帙學田之數 與凡施行之條目 錄付有司 俾善傳守 …."

는 학전과 장서에 대한 항목이 수록되었다. 이 때문에 류운룡은 『오산지』를 편찬할 때 학전과 장서 항목을 수록하지 않았던 것이다.

이처럼 16세기 명과 조선의 서원지는 서로 다른 항목과 변화상을 보여주고 있다. 다음 장에서는 이러한 차이를 기저에 두고 양국의 서원지에 나타나는 서원에 대한 정보와 지식에 초점을 맞추고자 한다.

Ⅳ. 서원 지식의 전개

16세기 조선과 명의 서원지에 나타나는 서원에 대한 정보와 지식은 여러 양상을 보인다. 서원지 자체의 항목이 변화하는 모습, 서원에 대한 정보가 서원지를 통해 지식으로 가공되어 보급되는 부분, 서원의 제향인물에 대한 논의가 서원지에 수록되어 지식화되는 과정 등이다.

먼저, 서원과 관련한 지식정보가 서원지에 수록되면서 시기에 따라 항목이 변화하는 모습을 확인할 수 있다. 명대(明代) 서원지에서는 각 서원의 역사를 확인할 수 있는 항목인 연혁(沿革), 서원 출신의 인물(人物), 서원에 관한 문한(文翰), 서원의 규정을 확인할 수 있는 원규(院規), 경제적 기반이었던 학전(學田), 서원에서 수장하였던 장서(藏書), 제향인물과 그 의례에 대한 향사(享祀) 및 기물(器物) 등을 중요한 항목으로 설정하였음을 확인하였다. 특히 명(明) 백록동서원은 16세기에만 모두 3종의 서원지를 편찬하였기에, 16세기 초반부터 후반까지 서원의 변화상을 보여주었다. ②의 『백록동서원신지』와 ④의 『백록동지』 비교해보면 16세기 중반에 백록동서원에 대한 보다 많은 정보가 지식화 되어 가는 모습을 알 수 있다. ②의 권1은 서원의 연혁과 형승, 건축에 대한 내용의 항목들로 구성되었는데, ④에

41) 『迎鳳志』 「廟院定議錄·答四印堂書」, "… 迎鳳志 仲擧寄示 皆已見得 但滉常病竹溪志未免稍雜 今但取其意 而勿盡效其所爲 何如 其所抄爲學立教 亦多混紊無頭緒 如何如何 …."

선 권1 산천(山川)과 권2 서원연혁(書院沿革)로 분리되었다. ②의 권2는 산지(山志)와 전지당지(田地塘志)로 서원 경제기반인 학전(學田)에 해당하는 항목이었는데, 권17과 권18에 '동학전(洞學田) 상하(上下)'으로 보다 상세한 내용을 수록하였다. 권3은 ②에서 '성씨지(姓氏志)'라고 명명되었으나, ④에선 명현(名賢)으로 항목명이 변경되었다. 특히 ②에서는 보이지 않던 향사(享祀)에 대한 별도 항목이 ④에선 동사(洞祠)로 명명된 권으로 나타났다. 그리고 ②에선 문지(文志)의 하나로 수록되었던 원규(院規)와 관련한 규정은 ④에선 권5~6 '동규(洞規) 상하(上下)'으로 구분되었다. 또한 ②에서 권4~권7이였던 문지(文志)는 ④에서 권9~권15까지로 늘어났다. 여기에서 ②의 권4와 권5는 원규(院規)에 해당되어 실질적으론 ②의 권6~7이 ④에선 권9~권15도 3항목씩 늘어난 것이다. 그리고 ②의 권8이였던 서적(書籍)과 기명(器皿)은 ④의 권16이 되었으며, ②에서 보이지 않던 동첩(洞牒)과 외지(外志)가 ④에선 나타났다. 이처럼 향사와 원규에 대한 내용이 별도의 항목으로 등장하는 것은 조선의 서원지의 변화와도 같은 양상이라고 할 수 있다. 물론 조선에선 학전과 장서가 서원지에 수록되지 않는 변화가 있었기에, 계속적으로 서원지에서 학전과 장서가 수록되는 명(明)과는 상이한 모습도 보였다.

16세기 조선 지식인은 서원지의 체제에 대한 논의를 통해 그 항목을 선정하였다. 『죽계지』는 내용의 상당수가 중국의 서적을 인용한 점과 학전(學田) 및 장서(藏書)에 대한 항목을 서원지에 포함하느냐는 논란이었다. '죽계지(竹溪志)'라는 명칭에 맞게 주희(朱熹)의 글은 제외하고, 제향인물(祭享人物)과 운영에 대한 내용만 수록하라는 의견과 수량이 변하는 학전이나 장서를 별도로 처리하라는 요구가 존재하였다.

그렇지만 주세붕이 서원을 설립하고 서원지를 편찬하기 전에는 조선에서 이것들은 존재하지 않았다. 그렇기에 『죽계지』의 많은 부분을 중국의 제도를 인용할 수밖에 없었다. 따라서 주세붕은 주희의 저술을 참고하였을 것이다. 1541년(중종 36)에 주세붕은 『주자전서(朱子全書)』를 연구하여 주

희의 서원관을 확인하였고, 이것이 『죽계지(竹溪志)』를 편찬할 때 반영된 것이다.[42)]

『영봉지』를 편찬한 노경린도 다량의 중국 서적을 인용하여 『영봉지』를 구성하였다. 『영봉지』의 서원록(書院錄), 장서록(藏書錄), 학전록(學田錄)의 서두엔 주희의 기문(記文)을 수록하였는데, 이는 『죽계지』와 같은 구성이었다. 그리고 『영봉지』 서원록(書院錄)에서 『대명일통지(大明一統志)』에 수록된 중국의 서원목록을 채용한 것도 하나의 특징이다. 물론 『영봉지』에서 그 전에 조선에서 편찬된 『죽계지』를 인용하여, 중국 서원의 영향이 줄어드는 모습도 확인된다. 점차적으로 조선 서원에 대한 지식이 추적되어 그 내용들이 서원지에 반영된 것이다. 『오산지』에선 앞선 두 서원지에 대비하여 현격히 적은 수의 중국 서적을 활용하였고, 학전(學田)과 장서(藏書) 항목을 수록하지 않았다. 이러한 모습은 16세기 조선에서 서원이란 새로운 기관이 설립되면서 지식인들 사이의 다양한 시각이 존재했음을 보여준다. 그렇기에 16세기 조선에서 편찬된 3종의 서원지 자체는 그 시기 조선 지식인이 보유했던 서원 지식의 단초였다.

그렇다면 양국 서원지 간의 상호 인용이 있었을까? 즉, 중국의 서원지를 참고하였을지에 대한 의문이 생긴다. 결론적으로 말하면 16세기 조선 서원지는 『주자전서(朱子全書)』와 『대명일통지(大明一統志)』 등에서 보이는 중국 서원의 지식정보를 활용하고, 중국의 서원지는 인용하지 않았을 것으로 보인다. 이는 앞서 살펴본 16세기 명과 조선의 서원지 체제를 형식적으로 완연히 다르며, 조선에서 논란이 된 학전(學田)과 장서(藏書)도 명(明) 서원지에선 수록하고 있음에서 확인할 수 있다. 이러한 사실은 16세기 명(明)의 서원지가 조선에서 유통되지 않았고 조선의 서원지에 영향을 주

42) 『竹溪志』 卷5, 「雜錄」, "某六歲時, 學小學, 已知晦菴先生, 紹孔子啓後蒙, 執其卷必肅, 讀其書必謹, 十歲, 誦四書註解, 仍讀五經, 益知先生平生之苦. 及觀綱目近思錄楚辭諸書, 猶以未見全書爲恨. 辛丑歲, 始借得友人全書, 今年, 又得語類. 每盥手跪閱, 洋洋乎如侍几案親承面教也."

지 못했음을 알려주는 단적인 증거이다. 명(明)의 서원지가 조선에 유입되어 조선 지식인들이 참고했다면, 조선 서원지의 체제도 중국 서원지의 형식을 따랐을 것으로 생각된다. 따라서 16세기 명과 조선의 서원지가 서로 다른 형식과 항목으로 구성되었던 사실은 조선 지식인이 조선의 서원지를 독자적으로 편찬하였던 사실을 보여주는 실제적인 사례라고 할 수 있다.

다음으로 조선 서원지에서 나타나는 지식의 전개 양상은 서원의 제향인물에 대한 논의가 서원지에 수록되어 지식화되는 과정이다. 16세기 조선 지식인이 성리학적 지식 계보인 도통(道統)과 학파의 학통(學統)을 연결시키려한 노력은 서원지에 반영되었다. 이러한 일련의 과정은 서원의 제향인물 선정과 그 내용이 담긴 서원지에서 살펴볼 수 있다.

『죽계지』에선 유학자를 제향인물로 선정한 이유를 수록하였다. 백운동서원에서는 고려시대 유학을 일으킨 안향(安珦, 1243~1306)을 제향인물로 선정하였다. 주세붕은 안향의 사묘(祠廟)를 건립하고서 유생(儒生)들이 그를 본받기를 바라며, 서원을 설립하였고 이를 『죽계지』에 기록으로 남겼다.[43] 이후 백운동서원은 이황에 의해 사액(賜額)을 받게 되었다. 이황은 백운동서원이 사액되면 선정(先正)인 최충(崔沖)·우탁(禹倬)·정몽주(鄭夢周)·길재(吉再)·김종직(金宗直)·김굉필(金宏弼)의 자취가 남은 장소에 서원이 건립될 것이라고 하였다.[44] 이때의 선정(先正)이 서원의 제향인물로 논의되었던 최초의 인물로 볼 수 있다. 선정(先正)은 고려시대부터 조선전기까지 유학자 또는 도학자로 일컬어지는 인물들이었다. 16세기 중반 정립되어가는 도통(道統), 즉 도학(道學)의 계보에선 '정몽주(鄭夢周)-길재(吉再)-김종직(金宗直)-김굉필(金宏弼)'이 사승관계로 도학을 전수한 것으로 파악하였다.

---

43) 『竹溪志』 卷首, 「竹溪志序」.

44) 『退溪集』 卷9, 「上沈方伯【通源○己酉】」, "如是則四方欣慕, 爭相效法, 苟有先正遺塵播馥之地, 若崔沖·禹倬·鄭夢周·吉再·金宗直·金宏弼之居, 莫不立書院, 或出於朝命, 或作於私建, 以爲藏修之所, 以賁揚聖朝右文之化, 明時樂育之盛矣."

이처럼 16세기 조선 지식인은 '도학(道學)'에 지향점을 두고 서원의 제향인물을 선정하였다. 이는 1550~1560년대에 편찬되는 『영봉지』에서 확인할 수 있다. 『영봉지』에는 영봉서원(迎鳳書院)에서 제향하는 인물에 대한 논쟁이 수록되었다. 영봉서원은 충절자(忠節者)인 이조년(李兆年)·이인복(李仁復)을 제향하려 했으나,[45] 결국 영봉서원은 서원의 명칭과 제향인물이 변경되었다.

1558년(명종 13)에 성주목사 노경린은 영봉서원을 건립하여, 이조년과 이인복을 제향하려 하였으나 논쟁이 발생하여 김굉필을 함께 제향하기로 결정하였다. 『영봉지(迎鳳志)』 이씨행록(李氏行錄)에는 이조년·이인복·김굉필의 행록을 연차순으로 수록하였다. '이씨행록'이란 항목명에서 볼 때도 김굉필이 뒤 늦게 제향인물로 선정된 사실을 알 수 있다.

또한 『영봉지』에선 『대명일통지(大明一統志)』를 채록하였기에, 노경린은 중국 서원의 제향인물의 성격을 알 수 있었을 것이다.[46] 그는 중국의 서원에서 당(唐)의 진자앙(陳子昂), 원결(元結), 두보(杜甫)와 송(宋)의 손하(孫何), 손근(孫僅) 등도 제향하고 있음을 밝혔다. 그리고 노경린는 만약 이조년이 중국 땅에서 태어났었다면 사(社)에서 제사를 지냈을 인물이라고 하였다.[47] 그는 중국에선 문장(文章)에 능한 문인(文人)의 성격만을 가졌어도 서원에서 제향할 수 있으므로, 충절(忠節)의 공훈이 있는 이조년은 마땅

45) 『迎鳳志』 「廟院定議錄·上吏判尹公【春年】書」.

46) 『迎鳳志』 「廟院定議錄·與李承宣書」, "大明一統志所載祠廟, 凡千餘所, 而有一功一節者, 咸與焉. 書院 凡三百有餘所, 而雖只有文章之士, 女蘇若黃者, 皆與焉. 況下於蘇黃者, 亦有之哉. 則李公之文雅忠節, 有何多愧於古之人, 而雖其鄕貫, 亦不可祀於書院乎. 嗚呼. 甚矣. 中國之好賢, 何如彼, 其盛而吾東方勸賢之典, 何至此, 其闕畧也歟. 就吾東而求諸古, 則眇然人物可師者, 少自以愚陋之見, 妄謂星鄕之先生, 可祭者, 實得惟人而議者之指, 以非人抑何所見而然歟. 若拘坐井之觀, 只立方生之設, 則何足與, 冒衆笑定群疑, 而議所古無之盛擧乎."

47) 『迎鳳志』 「廟院定議錄·與黃仲擧書」, "中朝祠廟無慮, 千有餘所, 一行一節之士, 咸與無文之秩. 至如唐之陳子昂元結, 杜甫, 宋之蘇軾, 黃庭堅, 又如孫何孫僅, 皆以文章, 猶祀書院. 若使文烈生于中, 土可祭於社, 夫何疑哉."

히 서원에 제향할 수 있다는 의견이었다. 노경린은 『영봉지』 서원록(書院錄)에 중국 서원 90지역 312개소를 기록하였는데, 그 중 11개 지역 11개소에서 그가 언급한 詩人을 제향하었다. 이러한 상황에서 노경린은 도학자만을 서원에 제향하는 인식에 의문을 가졌을 것이다. 더욱이 『영봉지(迎鳳志)』에서는 소식의 기(記)를 주희의 기(記)보다 앞서 배치하고 있어 문장가와 도학자 중에서도 생몰년을 기준으로 선후를 나누었던 것이다.[48]

이황은 서원의 묘사(廟祠)에는 도학자만을 제향할 수 있다고 주장하였다.[49] 그리고 그는 묘사(廟祠)와 사(祠)[사우(祠宇)·사당(祠堂)]를 구분하여 묘사(廟祠)에는 도학자만 제향하고, 다른 성격의 선현(先賢)은 사(祠)에 제향해야 된다는 의견이었다. 더불어 이황은 사(祠)에서 제향인물들의 위차(位次)를 선정할 때도 도학(道學)을 우선으로 하였다.[50] 결국 1567년(선조 元)에 정구(鄭逑)는 정이(程頤)·주희(朱熹)를 서원의 주향(主享)으로 하였고, 김굉필(金宏弼)을 배향하여 서원의 명칭도 천곡(川谷)으로 변경하였다. 이

48) 이러한 상황은 明 백록동서원의 지식인들은 자신들의 지식 계보를 장서를 통해 표출했던 것과 상반되는 모습이었다. 백록동서원의 지식인들은 서적을 4부로 분류하여 기록할 때 주희의 저서를 중시하였다. 경부는 사서삼경 중에서 동일한 類의 경우 주희가 저술한 本義와 集註를 1순위로 기록하였다. 사부에서는 『통감강목』을 가장 서두에 기록하여, 주희의 성리학설이 반영된 역사서를 중시하였던 것이다. 자부는 송대 성리학자인 二程子[程頤, 程顥]로 시작하여 張載와 楊時, 주희, 呂祖謙, 陸九淵의 저술을 우선하여 기록했다. 그리고 육구연 이후에 晉 陶潛의 서적부터 시기순으로 기록하였다. 이처럼 16세기 중엽 백록동서원의 지식인은 서원의 서적을 기록하면서 주희를 중심한 백록동서원의 지식 계보를 보여주었던 것이다(임근실, 「16세기 明 白鹿洞書院 藏書의 특징과 의미」, 『서강인문논총』 58, 서강대학교 인문과학연구소, 2020, 136~137쪽).

49) 『退溪集』 卷20, 「答黃仲擧【庚申】」, "夫以中朝書院言之, 亦非一槩, 或只祠先聖先師, 或祠其地之先賢, 或無廟祠而就其所祠, 又或非盡道學之人如盧書所擧者, 然則以文烈公忠節, 雖祠於院, 似若無不可者, 但書院, 本爲明道學而設, 人非道學, 而廟祠未安, 則盧君所謀立祠院傍, 以護以享, 庶便於事, 而可久遠, 何不可之有乎. 若如來諭, 立廟故居, 復後裔以守, 恐又別生一事, 難期久遠也, 如何."

50) 『退溪集』 卷20, 「與黃仲擧」, "祠位何定, 道學爲主之說, 終覺爲當."

처럼 영봉서원의 제향인물 선정 논의는 도학자(道學者)만 제향하는 것으로 마무리되었고, 『영봉지』에선 그 과정이 수록되어 지식으로 전파되었다.

『오산지』에서는 조선의 도통(道統)과 학파의 학통(學統)을 연결하려는 양상이 수록되었다. 즉 성리학적 지식 계보라고 할 수 있는 도통(道統)에 조선 지식인의 학통(學統)을 연결하는 모습이었다.

16세기 조선의 도학(道學)은 도통론(道統論)이 중심이었다. 도학은 도통의식(道統意識)을 포함한 사상으로, 조선 초기부터 다양한 계보가 있었다.[51] 그러나 16세기 성리학 보급의 심화는 조선 지식인간에서 도통에 대한 정통계보를 논의하게 만들었다. 16세기 중엽 이황은 『송계원명이학통록(宋季元明理學通錄)』을 통해 송(宋)부터 명(明)까지의 도통을 정리하였다. 이때 조선의 도통도 '정몽주-길재-김숙자-김종직-김굉필-조광조'이란 정통계보에 대한 담론이 성립되고 있었다. 이후 조선의 지식인들은 서원을 설립하면서 본인들의 학통(學統)을 도학 계보에 연결시켰고, 그 실례는 『오산지』에서 확인할 수 있다.

이황의 사후 그의 문인들은 스승을 문묘에 종사함으로써 정통성을 확보하고, 그들의 학통과 조선의 도통을 연결하기 위해 노력하였다. 이러한 시기 길재의 묘소가 있는 인동에 현감으로 부임한 류운룡은 오산서원을 길재의 묘소 옆에 건립하였다. 그리고 『오산지』를 통해 서원을 건립한 것에 대한 정당성을 부여하였다. 『오산지(吳山志)』 「고증(考證)」에서는 『대명일통지(大明一統志)』를 인용하여 서원을 건립하는 곳은 선현의 묘소 인근이 당연하다고 기록하였다.[52] 따라서 길재의 묘소 인근의 오산서원이 정당성을 가졌다는 것이다. 이는 멀지 않은 선산부에 위치한 금오서원을 의식한 것이며, 앞서 사액을 받은 금오서원의 주향(主享)을 제향하는 새로운 오산서원을 건립한 것에 대한 명분 중 하나였다. 더욱이 류운룡은 『오산지(吳山

51) 심예인, 「여말선초 道學의 성격과 道統論」, 『朝鮮時代史學報』 85, 조선시대사학회, 2018, 7~41쪽.

52) 『吳山志』 卷4, 「考證」.

志)』을 통해 퇴계학파의 도통론을 정비하였다. 퇴계학파는 조선의 도통에서 김종직 후 김굉필과 조광조로 연결되며, 그 다음에 이언적을 위치시키고 이황으로 계승되는 도학의 계보를 정립하기 위해 노력하였다. 따라서 류운룡은 퇴계학파의 도학 계보를 『오산지』를 통해 정비하여 오산서원을 건립한 정당성을 부여함과 동시에 이 계보를 지식화한 것이었다.

이상과 같이 16세기 서원지는 서원과 관련한 정보를 항목별로 분류하여 서원 지식으로 정립될 수 있도록 하였다. 더욱이 서원지는 서원 지식이 유통될 수 있는 매개체 역할을 하였으며, 지식 계보인 도통의식도 내포하고 있었다. 나아가 16세기 한중 서원지는 서원이란 동일한 지식기관에 대한 공통점과 더불어 국가별 차이점을 보여주었다.

Ⅴ. 결론

16세기는 조선의 지식인이 서원을 설립하고 서원지를 편찬한 시기였다. 이 글에선 16세기 조선에서 서원이 설립되고 서원지가 출현함에 따라 서원의 지식이 전개되는 과정에서 나타나는 지식사적 의미를 살펴보았다.

중국의 서원은 당(唐)에서 서적을 수장하는 기관으로 시작하여 점차 지식인의 교육공간으로 위치하였다. 북송부터 관인(官人)을 양성하기 위한 기관으로서의 모습이 나타나며, 남송대(南宋代) 주희에 의하여 지식기관으로서 중흥한다. 이후 원(元)과 명(明)을 거치며 관의 영향을 보다 많이 받으며, 과거를 준비하는 기관으로서의 성격이 더욱더 강해졌다. 이와는 대비되어 조선의 서원은 16세기에 설립되면서 시작은 관학의 보조기구라는 인식이 있었으나, 점차 지식인의 교육기관임과 함께 지역사회의 정치적·사회적 기구로 기능하였다.

주세붕은 최초의 서원지인 『죽계지(竹溪志)』를 편찬하여 사학(私學)인 서원 설립의 당위성을 천명하였다. 『죽계지』는 조선 서원의 성격을 규정하고, 제향인물의 선정기준을 제시하였으며, 성리학의 보급 및 학파 형성의 기능을 담았다. 백운동서원의 사액 후 점차적으로 조선 전역에 서원이 보급되었고, 16세기 건립된 서원은 70여 개소였다. 특히 영남지역에서 36개소의 서원이 설립되었으며, 16세기 편찬하여 현전하는 서원지도 영남지역에 분포한 서원의 자료이다.

중국의 지식인이 서원지를 편찬한 시기는 13세기부터였으나 현존하는 것은 16세기 명(明)의 서원지였다. 16세기 명의 서원지 10종은 연혁(沿革)·형세(形勢), 학전(學田), 인물(人物), 원규(院規), 문한(文翰), 장서(藏書), 기명(器皿), 사전(祀典) 등의 8가지 항목을 대체로 포함하였다. 이 시기 조선에서도 서원지가 편찬되었고, 『죽계지(竹溪志)』와 『영봉지(迎鳳志)』, 『오산지(吳山志)』 등 3종이 현전한다. 이 3종은 서원 설립의 배경, 서원 제도의 소개, 제향인물 선정의 과정, 서원의 운영 등을 공통적으로 수록하였다. 또한 16세기 조선 지식인들 사이에서 서원지(書院志)의 체제에 관한 여러 논의로 학전(學田)과 장서(藏書)의 항목은 서원지에서 제외되는 방향으로 전개되었다. 서원지에서 학전과 장서의 항목이 사라진 것은 중국 서원지와 일정한 차이를 가진 부분으로 조선 서원지의 독자성을 보여준다. 물론 향사와 원규에 대한 부분이 개별적인 권으로 독립한 것은 16세기 한중 서원지의 공통점이라고 할 수 있다. 16세기 서원지를 통해 제향인물 선정과 관련한 부분은 서원 지식의 정비에서 가장 주목할 점이라고 할 수 있겠다. 특히 지식 계보인 도통의식을 서원지를 통해 표출하는 모습이 보였다. 이러한 점은 명의 백록동서원에서 서원 장서를 기록하는 순서를 통해 지식 계보를 표출하는 모습과 연결되는 지점이다.

이 글을 통해 조선 지식인이 서원과 관련한 정보를 항목별로 정리하여 서원지를 편찬하고, 서원지를 매개로 서원 지식을 전개하는 여러 양상을 제시하고자 하였다. 다만, 16세기 한·중 서원지만을 대상으로 그 체제와 항목을 중심으로 분석을 시도하여 사료적 한계점을 가질 수밖에 없었다. 이후 16세기 한·중 서원지의 여러 항목을 상세히 비교 분석하면서 이 시기 서원과 서원지가 가지는 지식사적 의미를 보다 다각적으로 고찰할 수 있을 것으로 기대한다.

〈부표〉 16세기 명(明) 서원지 체제표

	①	②	③	④	⑤	⑥	⑦	⑧	⑨	⑩
	弘道書院志	白鹿洞書院新志	石鼓書院志	白鹿洞志	百泉書院志	白鹿洞書院志	東林書院志	虞山書院志	仁文書院志	共學書院志
沿革形勝	建弘道書院記(附錄1)	沿革志(1-1)	地理志(上-1)	書院沿革(2)	建革志(1-1)	沿革志(1)	沿革(上-1)			沿革(上-2)
		形勢志(1-2)				形勝志(2)		地勝志(1-1)	形勝(1)	形勝(上-1)
		建造志(1-3)	室宇志(上-2)				建置(上-2)	古蹟志(1-2) 建置志(1-3)	建置(2)	
		石劖志(1-4)								
學田		山志(2-1)		山川(1)						
		田地塘志(2-2)		洞學田上(17) 洞學田下(18)		田地山塘志(11)		樹藝志(6-3) 院田志(6-4)	院田(10)	田賦(上-8)
人物	出身題名(附錄2)	姓氏志(3)	人物志(上-3)	名賢(3)	名賢志(1-3)	人物志【附經史子集】(3)	先賢(上-3)	先賢志(2) 官師志(5-2)	先儒(3) 官師(5)	先儒(上-4) 宦績(上-5)
院規	學規(1) 類定小學規(2)	文志(4)	詞翰志(上-4)	洞規上(5) 文翰四(12)	學約志【書籍附】(1-1)	文志(5)	公移(上-5) 院規(下-2)	院規志(4) 文移志(5-1)	院規(4) 公移(9)	規制(上-3) 會規(上-7) 公牘(下-1)
	文(附錄5)	文志(5)		洞規下(6)	文志(2)	文志(6) 文志(7)			講義(11)	

文翰	銘 (附錄4) 記 (附錄6)	文志 (6)		文翰一 (9) 文翰二 (10) 文翰三 (11)		文志 (8)	文翰 (下-1)	藝文志 (9)	藝文 (6)	藝文 (中)
	詩 (附錄3)	文志 (7)	詩 (下部)	文翰五 (13) 文翰六 (14) 文翰七 (15)	詩志 (3)	文志 (9) 文志 (10)		藝文志 (10)		
藏書		書籍志 (8-1)		經籍 器皿附 (16)	學約志 【書籍 附】 (1-1)	人物志 【附經 史子 集】 (3)		書籍志 (6-1)	書籍 (8)	典籍 (上-9)
器物		器皿志 (8-2)					典守 (下-4)	什器志 (6-2)		器用 (下-4)
享祀				洞祠 (4)	祀典志 【祭田 附】 (1-2)	祀典志 (4)	祀典 (上-4)	祀典志 (3-1) 宗像志 (3-2)	祀典 (7)	祀典 (上-6)
기타				洞牒上 (7) 洞牒下 (8) 外志 (19)		外志 (12)	災祥 (下-3) 義輪 (下-5) 帙事 (下-6) 兩東林 辨 (附) 東林 或問 (附)	會語志 (7)會語 志(8)		善後 (下-2) 題名 (下-3)

【참고문헌】

1. 원본

『朝鮮王朝實錄』
盧慶麟(1516~1568), 『迎鳳志』
柳雲龍(1539~1601), 『吳山志』
李滉(1501~1570), 『退溪集』
周世鵬(1495~1554), 『竹溪志』
白鹿洞書院古志整理委員會, 『白鹿洞書院古志五種』, 中華書局出版, 1995.
趙所生·薛正興主編, 『中國歷代書院志』 1~16, 江蘇教育出版社, 1995.

2. 연구논저

김자운, 「朝鮮時代 紹修書院 講學 研究」, 한국학중앙연구원 한국학대학원 박사학위논문, 2013.
鄧洪波, 『中國書院史』, 東方出版社, 2004.
鄧洪波, 「元代 湖南書院의 規模와 規制」, 『韓國書院學報』 3, 한국서원학회, 2015.
민병희, 「道統과 治統, 聖人과 帝王: 宋~淸中期의 道統論을 통해 본 士大夫社會에서의 君主權」, 『역사문화연구』 40, 한국외국어대학교 역사문화연구소, 2011.
박종배, 「회규를 통해서 본 명대의 서원 강회 제도」, 『교육사학연구』 21-2, 교육사학회, 2011.
박지훈, 「12세기 南中國 地域社會의 書院 네트워크」, 『中國學報』 49, 한국중국학회, 2004.
방승희, 「朝鮮中期 嶺南·畿湖地域의 書院－中宗~光海君代를 중심으로－」, 숙명여자대학교 교육대학원 석사학위논문, 2002.
송양섭, 「江原道 書院現況調查」, 『論文集』 26, 春川教育大學, 1986.
송양섭, 「朝鮮時代의 書院分布에 관한 一考察」, 『春川教育大學論文集』 28, 춘천교육대학교, 1988.
심예인, 「여말선초 道學의 성격과 道統論」, 『朝鮮時代史學報』 85, 조선시대사학회, 2018.
안민엽, 「書院 勃興期 朝鮮 士林의 書院認識」, 국민대학교 석사학위논문, 2008.
오수창, 「17, 18세기 平安道 儒生層의 정치적 성격」, 『韓國文化』 16, 서울대학교 규장각 한국학연구원, 1995.
옥영정, 「『竹溪志』의 編纂과 版本에 관한 書誌的 硏究」, 『書誌學硏究』 31, 韓國書誌學會, 2005.
윤선자, 「일제하 호남지역 서원·사우의 복설과 신설」, 『한중인문학연구』 22, 한중인문학회, 2007.
윤희면, 「조선시대 서원정책과 서원의 설립 실태」, 『歷史學報』 181, 역사학회, 2004.
이근명, 「12세기 兩浙 일대의 書院과 讀書人」, 『中國史硏究』 119, 중국사학회, 2019.
이병훈, 「조선후기 영남지역 원사의 건립과 변화 검토」, 『韓國書院學報』 6, 한국서원학회, 2018.
이상해, 『書院』, 悅話堂, 1998.
이수환, 「星州 迎鳳書院 연구」, 『歷史教育論集』 54, 역사교육학회, 2015.
임근실, 「16세기 明 白鹿洞書院 藏書의 특징과 의미」, 『서강인문논총』 58, 서강대학교 인문과학연구소, 2020.
임근실, 「16세기 善山지역 서원 건립에 나타나는 도통의식－金烏書院과 吳山書院을 중심으로」, 『退溪學報』 137, 2015.
임근실, 「16세기 嶺南地域 書院 연구」, 단국대학교 박사학위논문, 2020.
임근실, 「『迎鳳志』의 지식사적 의미」, 『民族文化論叢』 69, 영남대학교 민족문화연구소, 2018.
임근실, 「柳雲龍의 『吳山志』 편찬 의도」, 『韓國書院學報』 2, 한국서원학회, 2013.
정만조, 『朝鮮時代 書院硏究』, 집문당, 1997.
정만조, 「조선시대 書院志 體例에 관한 연구」, 『韓國學論叢』 29, 국민대학교 한국학연구소, 2007.
朱漢民, 「中國書院의 歷史」, 『韓國學論叢』 29, 국민대학교 한국학연구소, 2007.
정순목, 「서원의 기원과 특징」, 『中國書院制度』, 文昌社, 1990.
정순우, 「서원의 탄생」, 『서원의 사회사』, 태학사, 2014.
조국권, 「'중문'의 시각에서 본 양송시기 서원의 도서간행에 대한 고찰」, 『韓國書院學報』 5, 한국서원학회, 2017.
조준호, 「書院志 分析을 통해 본 初期 書院의 성격」, 『韓國學論叢』 33, 국민대학교 한국학연구소, 2010.
한문종, 「全北地方의 書院·祠宇에 대한 試考－『全北院宇錄』을 中心으로－」, 『全羅文化論叢』 3, 전북대학교 전라문화연구소, 1989.

조선시대 서원 학규의 시기별 경향
-16세기~18세기를 중심으로-

한 재 훈

Ⅰ. 여는 말

대개 모든 서원은 그 존재 이유를 '강도(講道)'와 '존현(尊賢)' 두 가지에서 찾는다.[1] '강도'란 스승과 제자 그리고 동문 학우들 간에 가르침과 배움을 통해 사상적 진리를 함께 익혀나가는 것이고, '존현'이란 선현들의 위패를 모시고 그들의 학문적 업적과 실천적 덕행을 기리며 본받는 것이다. 이때 '강도'는 서원의 강학(講學)을 통해 수행되고, '존현'은 향사(享祀)를 통해 표현된다. 서원의 학규[2]는 이와 같은 목적을 실제로 수행하기 위해 서원에서 제정한 규칙이다.

1) 『退溪全書』 卷12, 「擬與豐基郡守論書院事」: 夫書院何爲而設也? 其不爲尊賢講道而設乎?

2) 서원의 학규는 대체로 '학규'라고 통칭되지만 실제 명칭은 매우 다양하다. 즉, 學規, 學令, 院規, 齋規, 齋憲, 約束, 講規, 立約, 訓示文, 諭示文 등으로 다양하게 불린다(박종배, 「조선시대의 학령(學令) 및 학규(學規)」, 『한국교육사학』 제28권 제2호, 2006, 224쪽). 김해용은 이와 같은 명칭을 내용적으로 구분하여 "강학에 대한 규칙인 講規, 서원의 전체적인 활동을 규정한 規範, 서원의 운영을 중심으로 규정한 院規, 居齋 유생을 위한 齋規, 교육에 대한 규정인 學規와 學令, 서원 교육에 대해 자문해주는 諭示文"으로 정리하였다(김해용, 「학규(學規)를 통해 본 조선시대 서원 교육과정의 변천」, 한국교원대학교 석사학위논문, 2010, 2쪽). 세부적으로는 이렇게 구분할 수 있지만 본 논문에서는 명칭들 간의 차이를 밝히는 데 목적이 있지 않기 때문에 구분할 필요가 있는 경우를 제외하고는 편의상 '學規'로 통칭한다.

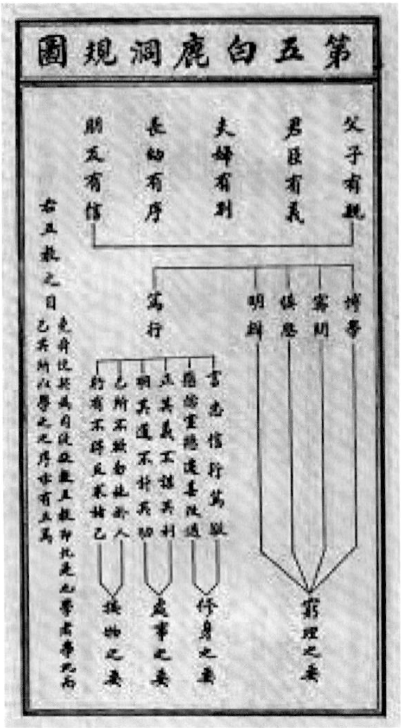

〈그림 1〉 퇴계 이황은 주자의 〈백록동규〉를 도표로 만들어서 〈성학십도〉 중 다섯 번째 그림으로 실었다.

조선시대 서원의 학규는 큰 틀에서는 주자(朱子)가 백록동서원(白鹿洞書院)에서 게시한 「백록동규(白鹿洞規)」를 모태로 하고 있지만, 세부적으로는 학규를 제정한 사람들의 학파적 지향이나 시대적 조건이 달라짐에 따라 내용에서는 미세하지만 중요한 변화의 경향이 나타난다. 예를 들면, 퇴계 시대의 서원은 근본적으로 사문의 진흥과 인재의 양성을 목적으로 하는 강학 위주의 기능을 지닌 반면, 17세기의 중기 서원은 강학 기능 대신에 제향을 위주로 기능하였다.[3] 그러자 18세기 이후 서원은 국가의 적극적인 학교정책에 부응하여 순제(巡題), 백일장(白日場) 그리고 활발하게 전개된 강회(講會) 등을 통해 다시 강학을 중심으로 교육에 힘썼다.[4] 이러한 시대적 조건이 달라짐에 따라 16~17세기는 서원교육이 거재독서(居齋讀書) 중심으로 이루어졌다면, 18~19세기는 강회 중심으로 이루어진다.[5]

본 논문은 이처럼 시대적 상황의 추이에 반응하면서 스스로 그 내용을 조정해갔던 조선시대 서원의 경향을 16세기부터 18세기까지 시기별로 대표적인 학규를 통해 확인하고자 한다. 이에 본 논문은 16세기는 「이산원규」·

---

3) 丁淳睦, 「朱晦庵과 李退溪의 書院教育論 比較」, 『인문연구』 8권 2호, 1987, 7쪽.
4) 윤희면, 『조선시대의 서원과 양반』, 집문당, 2005, 347~389 참조.
5) 박종배, 「학규를 통해서 본 조선시대의 서원 강회」, 『교육사학연구』 제19집 제2호, 2009 참조.

「은병정사학규」를, 17세기는 「도동서원원규」·「죽림서원절목」·「노강서원학규」·「문회서원원규」를, 18세기는 「구봉서원원규」·「관선재학규」·「심곡서원학규」·「삼계서원거거재절목」·「노강서원강학규목」·「석실서원학규」를 각각 검토하였다. 물론 이와 같은 검토가 학규 하나하나를 세부적으로 면밀하게 분석하지 못한다는 한계는 있지만, 시기별로 학규의 성격과 내용이 어떻게 변화하는지에 관한 경향성을 읽는 데 참고자료로서의 의미는 있을 것으로 기대한다.

Ⅱ. 16세기 학규의 경향

조선시대 서원이 비로소 태동한 16세기는 그야말로 개척기나 다름없다. 서원 자체가 생소했던 시기였기에 서원을 어떻게 운영해야 할 것인지에 관한 참고체계 역시 있었을 리 없다. 따라서 이 시기에 제정된 학규는 학파별 또는 지역별로 서원 창건을 선도했던 인물들이 서원을 통해 구현하고자 한 학문적 이상을 담아내는 특징을 보여준다. 다시 말하면 16세기 학규는 서원의 밑그림과 같은 성격이 짙다. 일반적으로 밑그림은 아직 완성된 그림은 아니다. 하지만 완성될 그림이 추구하는 방향과 전체적 윤곽을 이미 그 안에 담고 있다. 더 구체화 되어야 하고, 강조와 생략 등의 보완도 가해져야 하겠지만 방향과 윤곽은 이미 결정되어 제시된다. 그런 의미에서 16세기 학규는 조선시대 서원 학규의 밑그림에 해당한다.

기존의 연구에 따르면 16세기에 작성된 서원의 학규는 9종에 이른다.[6)]

6) 임근실은 16세기에 제출된 9개의 학규(①「白雲洞紹修書院立規」·②「川谷書院院規」·③「伊山院規」·④「臨皐書院凡規」·⑤「文獻書院學規」·⑥「隱屛精舍學規」·⑦「隱屛精舍約束」·⑧「吳山書院學規」·⑨(臨皐書院)「書院規範」)의 내용을 다양한 주제로 분류하여 검토하고 그 형식적 특징을 분석하였다(임근실, 「16세기 書院學規에 대한 검토와 그 특징」, 『한국서원학보』 6, 2018).

이 가운데 특히 주목해야 하는 것이 퇴계(退溪) 이황(李滉, 1501~1570)의 「이산원규(伊山院規)」(1559)와 율곡(栗谷) 이이(李珥, 1536~1584)의 「은병정사학규(隱屛精舍學規)」(1578)이다. 비록 그 이전에 신재(愼齋) 주세붕(周世鵬, 1495~1554)의 「백운동소수서원입규(白雲洞紹修書院立規)」(1545~1548)와 사인당(四印堂) 노경린(盧慶麟, 1516~1568)이 제정한 영봉서원(迎鳳書院)의 「학규록(學規錄)」(1559) 등이 있기는 하지만, 이 두 학규야말로 조선시대 서원 학규의 전형으로서 이후 출현하는 여러 학규들에 밑그림을 제공하며 참고체계로서 기능하였기 때문이다. 예를 들면, 17세기 영남지역에서 활동한 죽로(竹老) 신활(申活, 1576~1643)은 단산서원(丹山書院)의 「원규」를 제정하면서 「이산원규」를 그대로 옮겨 싣고, "삼가 「역동서원원규(易東書院院規)」[7]를 살펴보니 선생(퇴계)이 제정하신 것으로 지극하고 극진하여 남은 온축이 없었다. 이제 새 서원이 마땅히 취해야 할 법도가 여기에서 벗어나지 않는다"고 하였다.[8] 한편 18세기 호남지역에서 활동한 존재(存齋) 위백규(魏伯珪, 1728~1798)는 시폐(時弊)에 대안을 제시한 자신의 서술 「정현신보(政絃新譜)」 가운데 「학교」에서 "「백록동규」와 율곡의 「은병학규」를 준용하며, 모든 서원의 학규도 마찬가지다"라고 하였을 뿐 아니라,[9] 「가숙학규(家塾學規)」라는 글에서도 "학규는 「백록동규」를 준용하고, 아이들을 가르치는 절목은 『동몽수지(童蒙須知)』를 사용하며, 당장(堂長)과 장의

---

7) 「역동서원 원규」는 「이산원규」와 그 내용이 동일하다.

8) 『竹老集』 卷2, 「院規」: 謹按易東院規, 出自先生之手, 至矣盡矣, 無復餘蘊. 今此新院之所當取法者, 不外乎斯. 「연보」에 따르면 그는 1608년 경북 영덕에 우탁(禹倬)을 모신 단산서원을 창설하는 데 주도적인 역할을 하였고(『竹老集』 卷4, 「年譜」: 三十六年戊申[公年三十三歲] 春. 上書方伯, 請于邑宰[盧景任], 創立祭酒禹先生書院, 院號丹山), 1614에는 역동서원(易東書院)의 원규를 참고하여 단산서원의 원규를 게시하였다(같은 책: 四十二年甲寅[公年三十九歲]. 就「易東書院院規」, 添十二條學令, 揭于丹院).

9) 『存齋集』 卷19, 「政絃新譜·學校」: 學規用「白鹿洞規」及栗谷「隱屛學規」, 凡書院學規竝同.

(掌議)에 관한 범절은 일체 율곡의 「은병규」를 따른다"고 하였다.[10] 이러한 사례에서 확인할 수 있는 것처럼 퇴계의 「이산원규」와 율곡의 「은병정사학규」는 각각 영남지역과 기호지역의 학규 제정에 절대적인 영향을 미쳤다.

먼저 「이산원규」에서 퇴계는 표제(標題)는 제시하지 않고 11개 항의 내용을 열거하고 있다. **1항**에서 퇴계는 제생(諸生)들이 읽어야 할 책과 관련하여 "사서오경(四書五經)으로 본원을 삼고, 『소학(小學)』과 『가례(家禮)』로 문호를 삼는다"는 대원칙을 제시하는 한편, 사(史)·자(子)·집(集)과 문장·과거에 관한 공부의 불가피성을 인정하면서도 내·외, 본·말, 경·중, 완·급의 차등을 둘 것을 강조하였고, 마지막으로 사탄(邪誕)·요이(妖異)·음벽(淫僻)한 서적들은 일체 접촉을 금하도록 했다. **2항**과 **3항**에서는 제생들의 학문하는 자세와 생활상의 규칙에 관해 언급하고 있다. **4항**에서는 성균관(명륜당)의 사례를 참조하여 게벽(揭壁)할 글들로 정자(程子)의 「사물잠(四勿箴)」과 주자(朱子)의 「백록동규」·「십훈(十訓)」 그리고 진무경(陳茂卿)의 「숙흥야매잠(夙興夜寐箴)」을 지정하였다. **5항**에서는 금기사항으로 서적의 반출, 여색의 출입, 술을 빚는 행위, 형벌을 가하는 행위 등 4가지를 언급하고 있다. 6항부터 11항까지는 서원의 인적 구성에 관해 언급하고 있다. **6항**은 유사와 상유사의 선정기준과 임기에 관해, **7항**은 제생과 유사 상호관계에 관해, **8항**은 원속(院屬) 하인들을 대하는 태도에 관해, **9항**은 지역 수령에게 당부하는 내용으로 이루어져 있다. **10항**은 20세 이하 동몽은 특별한 경우가 아니면 출입을 금하였고, **11항**은 임시 수강생인 우생(寓生)은 성년과 미성년에 관계 없이, 또한 숫자의 제한 없이 일정 수준 이상의 학업을 성취하면 정식 원생으로 승진하도록 하였다.[11]

이상과 같은 내용으로 이루어진 「이산원규」의 특징은 서원 운영상의 구체적인 내용을 적시하기보다는 큰 틀에서 학문의 원칙과 방향을 제시하

10) 『存齋集』 卷18, 「家塾學規 甲戌」: 學規用「白鹿洞規」, 訓蒙節目用『童子須知』, 堂長掌議凡節一遵栗谷「隱屛規」.

11) 『退溪集』 卷41, 「伊山院規」 參조.

고 있다는 점이다. 특히 서원에서 공부해야 할 책을 세 가지 기준으로 구분하여 제시한 것이라든가, 제생들 상호 간의 경각심을 일깨우기 위한 게벽서를 제시한 것 그리고 서적의 반출과 여색의 출입 금지 등 학풍을 비로 세우기 위한 조치들은 서원이 지향해야 할 원칙과 방향을 제시한 것으로, 이후 서원에서 학규를 제정할 때 지역과 학파를 초월하여 중요한 참고체계로서 원용되었다.

퇴계의 「이산원규」에 비하면 율곡의 「은병정사학규」[12]는 조금은 더 구체적인 서원 운영 방안들을 제시하고 있다.[13] 「은병정사학규」 역시 표제는 제시하지 않고 모두 22개 항에 이르는 내용을 제시하고 있다. 이 「학규」에서는 먼저 인적 구성에 관해 언급하고 있다. **1항**에서는 입재(入齋)할 제생들의 자격 조건과 절차에 관해 언급하고, **2항**에서는 당장·장의·유사·직월 등의 선정 조건과 임기 그리고 역할에 관해 언급하고 있다. **3항**에서는 매월 삭망에 배묘(拜廟)하는 절차에 관해 언급하였다. **4항부터 9항까지**는 사제간 또는 선후배간에 지켜야 할 예의와 청소와 정리 등 군거(群居) 생활에서 유의해야 할 것들에 관해 언급하고 있다. **10항**에서는 언어를 조심할 것을 언급하면서 범충(范冲)의 좌우명에 제시된 칠계(七戒)[14]를 게벽할 것을 제시하였다. **11항**에서는 읽어야 할 책을 제시하였는데, 특별히 책명을 제

12) 이하 「은병정사학규」 관련 내용은 『栗谷全書』 卷15, 「隱屛精舍學規」 참조.

13) 은병정사는 율곡이 은거하면서 후학을 양성하기 위해 1578년 처향인 황해도 해주 석담에 건립한 곳이다. 이처럼 강학을 주된 목적으로 건립되었기 때문에 비록 朱子와 靜庵·退溪를 모신 廟宇가 있다고는 해도 은병정사는 서원과 일정한 차이가 있다고 볼 수 있다(은병정사의 구성과 관련해서는 이경동, 「조선시대 해주 소현서원의 운영과 위상」, 『韓國思想史學』 61, 2019, 246~249쪽 참조). 그럼에도 불구하고 같은 시기에 율곡이 제정한 「文憲書院學規」 역시 「은병정사학규」와 대동소이할 뿐 아니라, 율곡의 후학들이 서원의 학규를 제정하면서 「은병정사학규」를 이론 없이 참고하는 것으로 볼 때 서원의 학규로 보아도 무방할 것이다.

14) 범충의 좌우명 내용은 다음과 같다. 一不言朝廷利害邊報差除, 二不言州縣官員長短得失, 三不言衆人所作過惡, 四不言仕進官職趨時附勢, 五不言財利多少厭貧求富, 六不言淫媟戲慢評論女色, 七不言求覓人物干索酒食.

시하지는 않고 "성현의 글이나 성리(性理)에 관한 학설이 아니면 읽지 말아야 한다"는 원칙을 제시하면서, 예외적으로 사학(史學)에 관한 것은 괜찮지만 과거(科擧)를 위한 공부를 하려면 다른 곳에 가서 하라고 적시하였다. **12항~18항**은 다시 평소 공부할 때 유념해야 할 내용들, 예를 들면 "글씨를 반듯하게 쓰고, 벽이나 창문에 낙서하지 말라"(15항)거나 "해가 지면 등불을 켜고 글을 읽고, 밤이 늦은 뒤에 잠자리에 들라"(17항)는 등을 구체적으로 제시하였다. **19항**에서는 혹시 집에 돌아가더라도 이곳에서 지켰던 패턴을 그대로 유지하라는 내용을 제시하였고, **20항**에서는 직월이 제생들의 선악적(善惡籍)을 관리하는 일에 관해 언급하였다. **21항**에서는 매월 초하루에 정기적으로 재적생 모두가 강론에 참석해야 함을 명시하였고, 마지막 **22항**에서는 입학을 원하는 사람은 우선 양정재(養正齋)[15]에서 거접(居接)하도록 할 것을 언급하고 있다.

이상과 같은 내용으로 이루어진 「은병정사학규」의 특징은 서원이 실질적 학문 공간으로 기능하는 데 필요한 구체적인 내용들을 제시하고 있다. 우선 1항과 2항에서 제시한 서원의 인적 구성에 관한 내용이나 4항~9항에서 제시한 단체생활에서 유의해야 할 내용, 12항~18항에서 제시한 평소 공부할 때 유념해야 할 내용 등은 모두 서원을 운영하고 서원이 제대로 기능하는 데 요구되는 현실적인 내용으로, 원칙과 방향을 제시했던 「이산원규」와 비교하면 두드러진 차이점이다. 「은병정사학규」에서 주목해야 할 또 다른 내용들로는 월삭 강회의 필요성을 제기하였다는 점과[16] 입학 예비

---

15) 양정재에 관해 박균섭은 22항을 근거로 "사족(士族)보다 낮은 향족(鄕族)들을 예비과정에 해당하는 양정재에 수용하고 인품이 취할 만한지 관찰했다"고 보았다(박균섭, 「은병정사 연구: 학문과 학풍」, 『율곡학연구』 19, 2009, 170쪽). 하지만 「은병정사학규」 1항에도 양정재가 한 번 더 언급되고 있다. 여기에서는 평소 그가 어떤 사람인지 알 수 없을 경우 곧바로 기존의 학생 그룹에 편입시키지 말고 그를 관찰할 수 있는 가까운 마을[또는 양정재] 또는 산사와 같은 유예 시설에 머물게 하여 편입시켜도 좋을지 관찰한 다음 입학을 허가하라고 하였다. 이렇게 보면 양정재는 지원자를 관찰하기 위해 별도로 설치한 편입 유예 시설이라고 볼 수 있다.

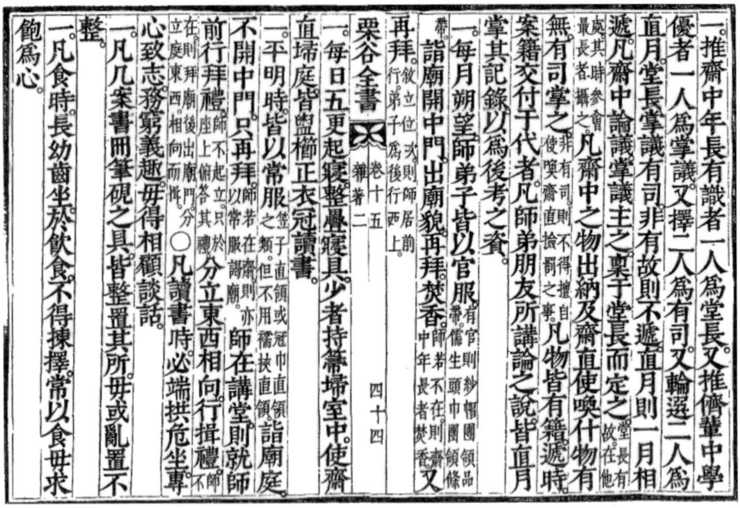
一推齋中年長有識者一人爲堂長又推儕輩中學
優者一人爲掌議又擇二人爲有司又輪選二人爲
直月堂長掌議有司非有故則不遞直月則一月相
遞凡齋中論議掌議主之稟于堂長而定之堂長有故在他
處其時參會最長者攝之凡齋中之物出納及齋直使喚什物有
無有司掌之非有司則不得擅自使喚齋直撿罰之事凡物皆有籍遞時
案籍交付于代者凡師弟朋友所講論之說皆直月
掌其記錄以爲後考之資
一每月朔望師弟子皆以官服有官則紗帽團領品帶儒生頭巾團領條
帶詣廟開中門出廟貌再拜焚香師若不在則齋中年長者焚香又
再拜敍立位次則師居前行弟子爲後行西上
栗谷全書 卷十五 雜著二 四十四
一每日五更起寢整疊寢具少者持箒埽室中使齋
直埽庭皆盥櫛正衣冠讀書
一平明時皆以常服笠子直領或冠巾直領之類但不用襦挾直領詣廟庭
不開中門只再拜師若在齋則亦以常服謁廟師在講堂則就師
前行拜禮師不起立只於座上俯答其禮分立東西相向行揖禮師不
在則拜廟後出廟門分立庭東西相向而揖○凡讀書時必端拱危坐專
心致志務窮義趣毋得相顧談話
一凡几案書冊筆硯之具皆整置其所毋或亂置不
整
一凡食時長幼齒坐於飲食不得揀擇常以食毋求
飽爲心

〈그림 2〉 『율곡전서』에 수록된 「은병정사학규」의 일부.
(https://db.itkc.or.kr/imgviewer/item?itemId=MO#imgviewer/imgnode?grpId=&itemId=MO&dataId=ITKC_MO_0201A_0160_010_0030)

생을 수용하는 양정재라는 별도의 유예 시설을 두어 학생들의 수용 체계를 이원화하였다는 점이다.[17] 「은병정사학규」에서 제시한 이러한 내용들 역시 이후 조선시대 서원의 학규에 지속적인 참고체계를 제공한다.

Ⅲ. 17세기 학규의 경향

「이산원규」와 「은병정사학규」는 서로 다른 측면에서 서원의 학규가 지

16) 이에 관해서는 박종배, 「學規에 나타난 조선시대 서원교육의 이념과 실제」, 『한국학논총』 33, 2010, 62쪽.

17) 편입 유예 시설 운영은 내용상 약간의 차이를 보이기는 하지만 한강이 제안한 양몽재에서도 발견된다. 양몽재에 관한 내용은 「도동서원원규」의 '인신진(引新進)' 조목에서 확인할 수 있다.

향해야 할 방향과 전체적 윤곽을 보여주는 밑그림에 해당한다. 하지만 여기에는 아직 다듬고 보완해야 할 한계점도 분명히 있었다. 학규로서 이 두 작품에서 보완해야 할 대표적인 사례를 하나 꼽자면 그것은 향사에 관한 내용이 제시되지 않았다는 점이다.[18] 이런 점에서 볼 때 한강(寒岡) 정구(鄭逑, 1543~1620)의 「도동서원원규(道東書院院規)」(1604)[19]는 17세기 학규 가운데 우선 주목할 만하다.[20]

---

18) 추측컨대, 「이산원규」에 향사 조항이 제시되지 않은 것은 원규를 제작할 당시에는 이산서원에 아직 사당이 세워지지 않았기 때문일 것이고(사당은 퇴계 사후인 1572년에 세워져서 퇴계를 봉안하였다), 「은병정사학규」에 향사 조항이 제시되지 않은 것은 은병정사가 엄격한 의미의 서원이 아니었기 때문일 것이다. 더 구체적으로 말하자면, 율곡이 건립하고자 했던 주자사(朱子祠)가 학규 제정 당시에 아직 건립되지 않은 것을 주된 이유로 꼽을 수 있다. 참고로 율곡이 같은 시기에 제작한 「문헌서원학규」에는 「은병정사학규」에 없는 "춘추제에 이유없이 불참한 자는 출좌(黜座)한다"는 내용이 추가되어 있다.

19) 이하 「도동서원원규」 관련 내용은 『寒岡集』 續集 卷4, 「院規[爲道東作]」 참고.

20) 「도동서원원규」를 엄격한 의미에서 17세기 학규에 포함해야 할지는 논란의 소지가 있다. 왜냐하면 「도동서원원규」는 「천곡서원원규」를 대본으로 하여 도동서원의 실정에 맞게 원용하면서 그 내용을 더욱 구체화하였다. 그런데 「천곡서원원규」가 적어도 16세기 중반~후반에는 작성되었을 것이 틀림없기 때문이다. 천곡서원은 성주목사였던 노경린에 의해 1558년 영봉서원으로 건립되었다가 1566년 한강 등에 의해 천곡서원으로 개명되었는데, 건립 초기부터 이미 원규가 제정되어 있었고, 한강이 「도동서원원규」를 제정하면서 이를 적극 활용하였다(「도동서원원규」와 「천곡서원원규」의 상관관계에 관해서는 이수환, 「도동서원의 인적 구성과 경제적 기반」, 『사학연구』 60, 2000, 130~131쪽에 상세하게 분석하고 있다). 하지만 「천곡서원원규」가 현전하지 않는 상황에서 「도동서원원규」가 그 내용을 적극 반영했다 하더라도 斟酌損益이 있었다면 당연히 「도동서원원규」가 제출된 시점으로 논의하는 것이 타당하다고 판단된다. 참고로 김지은은 「도동서원원규」를 분석하는 글에서 "「도동서원원규」는 이전에 정구가 지었던 「천곡서원원규」를 보다 구체화한 것"이라고 하였으나(김지은, 「한강 정구의 회연초당(檜淵草堂) 건립과 교육활동의 의미」, 『역사교육연구』 35, 2019, 70쪽), 「천곡서원원규」를 한강이 지었는지는 정확하지 않다. 오히려 임근실은 『영봉지』(1559)를 노경린이 지은 것에 근거하여 수록된 「학규록」 역시 노경린의 작품으로 보았다(임근실, 「16세기 書院 學規에 대한 검토와 그 특징」, 『한국서원학보』 6, 2018, 160쪽).

「도동서원원규」는 8개의 표제를 제시하고, 그 아래 세부 내용을 상세하게 기술하는 체계화된 방식을 채택하였다. 8개의 표제(하위 항목 개수)의 구성은 다음과 같다. 근향사(謹享祀) 2개항, 존원상(尊院長) 2개항, 택유사(擇有司) 1개항, 인신진(引新進) 4개항, 정좌차(定坐次) 1개항, 근강습(勤講習) 11개항, 예현사(禮賢士) 1개항, 엄금방(嚴禁防) 5개항 그리고 마지막에 수우(修宇)·점서(點書)·고름(考廩)·회계(會計) 등에 관한 내용은 노후(盧侯, 盧慶麟)의 규정을 따르면 되므로 별도로 규정하지 않는다는 부언이 있다.[21)]

앞서 살펴본 「이산원규」나 「은병정사학규」와 구별되는 이 학규의 우선 눈에 띄는 특징은 '**근향사**'를 첫 번째 표제로 제시하고 있다는 점이다. 이는 일정 정도 「백운동서원규」의 영향을 받은 것으로 보인다.[22)] '**근향사**'에서 한강은 향교의 향사와 서원의 향사 간의 질서를 논하면서, 서원 향사에 임하는 자세와 참석 의무(불참할 경우 벌칙), 그리고 매월 삭망에 분향재배하는 내용을 명시하고 있다. 서원의 인적 구성과 관련하여 **원장, 유사, 신진**으로 각각 구분하고 그 아래 구체적인 방법을 제시하고 있는 것도 특징이다.[23)] '**정좌차**' 조목은 "향중의 '좌차'는 연치를 위주로 해야 한다"고 보았던 퇴계의 생각을 서원의 학풍을 바로세우는 차원에서 한강이 학규에 반영한 것으로 이해된다.[24)] 「도동서원원규」에서 가장 많은 비중을 두고 있는

21) 『寒岡集』 續集卷4, 「院規[爲道東作]」: 如脩宇·點書·考廩·會計等條, 自有盧侯之規, 可以遵守, 今不復云(이와 같은 附言을 통해서도 「도동서원원규」가 「천곡서원원규」와 긴밀하게 연계되어 있음을 알 수 있다).

22) 『竹溪志』에 수록된 「백운동서원규」는 謹祀·禮賢·修宇·備廩·點書의 5개조로 이루어져 있다. 「도동서원원규」는 이 가운데 謹祀·禮賢는 특별히 표제로 선택하여 구체적인 내용을 기술하고, 修宇·備廩·點書에 관해서는 盧侯의 규정에 따르는 형식을 취했다(「백운동서원규」와 관련해서는 임근실, 「16세기 書院 學規에 대한 검토와 그 특징」, 『한국서원학보』 6, 2018, 162쪽을 참고했다).

23) 도동서원의 인적 구성과 관련해서는 이수환, 「도동서원의 인적 구성과 경제적 기반」(『사학연구』 60, 2000), 2장에 상세하게 다루고 있다.

24) 서원 역시 鄕禮의 일환으로 생각했던 퇴계는 鄕中의 '坐次'는 年齒를 위주로 해야 한다고 보았으나 당시 이에 관한 반발이 있었다. 이에 관해서는 이우성, 「퇴

것은 '**근강습**' 조목이다. 이와 관련하여 한강은 11개 항목에 달하는 구체적인 내용을 기술하고 있다. 여기에 나타나는 몇 가지 특징적인 점을 살펴보면 다음과 같다. 우선 한강은 퇴계가 「이산원규」에서 읽어야 할 책으로 제시한 사서오경과 사학·자·집을 채택하면서도 이를 공부할 시기를 구분하고 있다. 즉, 사서오경 공부는 겨울부터 봄까지 하고, 사학·자·집은 여름부터 가을까지 공부하도록 하였다. 그런데 퇴계가 공부의 문호라고 했던 『가례』는 아예 빠졌고, 『소학』은 몽양재(蒙養齋)[25]에 소속된 학생들 교재로 배정하였다. 『가례』가 빠진 대신 『여씨향약』을 「백록동규」와 함께 서원의 학풍을 세우는 데 참고할 내용으로 제시한 것도 특징적이다. 「백록동규」는 『예기(禮記)』의 '구용(九容)'과 함께 게벽서로 언급하고 있다. 또 다른 특징으로는 지방 수령의 재정적 지원을 강조하고 있다는 것이다. '**예현사**'에서는 원생들의 모범이 될 만한 지역의 훌륭한 인사들을 적극 초빙할 것을 원장의 소임으로 제안하고 있다. '**엄금방**'에서는 이단 서적이나 잡술에 종사하는 사람들을 들이지 말 것, 술을 빚거나 소를 잡지 말 것, 그리고 여종들이 공부하는 곳에 출입하지 못하도록 할 것 등을 제시하고 있다.

이상에서 살펴본 것처럼 한강의 「도동서원원규」는 「백록동서원규」와 「이산원규」의 영향을 받고 있지만, 서원의 운영에 관한 내용들을 체계적으로 정리해서 제시하고 있다는 점에서 진일보한 것으로 평가할 수 있다.

이보다는 약간 나중에 나온 시남(市南) 유계(兪棨, 1607~1664)의 「죽림서원절목(竹林書院節目)」(17세기 중반)[26] 역시 앞선 학규들을 새롭게 보완

계선생의 예안향약과 〈鄕坐〉 문제」, 『퇴계학보』 68권 1호, 1990 참조.

25) 한강은 '引新進' 조목에서 20세 이하의 新學小兒들 또는 20세가 넘었더라도 원생으로 선발되지 못한 사람들을 교육하는 예비 시설로 몽양재를 제시하고 있다. 이에 관한 내용은 이수환, 「星州 迎鳳書院 연구」, 『歷史敎育論集』 54, 2015, 211~212쪽 참고.

26) 시남은 1653년을 전후하여 죽림서원의 전신인 黃山書院의 원장을 역임하면서 이 「절목」을 지었을 것으로 추측된다(이경동, 「조선후기 여산(礪山) 죽림서원(竹林書院)의 운영과 위상」, 『한국서원학보』 9, 2019, 243쪽 참조).

하는 형식을 띠고 있어서 주목할 만하다.[27] 총 9개의 조목으로 이루어진 「죽림서원절목」은 몇 가지 특징적인 내용이 발견된다. 우선 '거재'라는 용어를 사용하면서 이에 관한 구체적인 내용을 제시하고 있다는 점이다. 거재생들을 위해 식사는 물론 문방제구(文房諸具) 심지어 등유(燈油)까지 일체 지원해야 한다는 점과 거재생 이외에도 서책과 먹을 양식만 가지고 오면 거접할 수 있도록 반찬을 비롯한 나머지 물품은 서원에서 제공할 것을 명시하고 있다. 다음으로는 원생들 각자가 시독(時讀)하는 책 이외에 덕성(德性)을 훈도(薰陶)하고 지기(志氣)를 감발(感發)하기 위한 내용으로 시(詩)와 예(禮)를 적극 추천하는 내용이 주목된다. 예를 들면, 『시경』의 「주남」·「소남」과 더불어 『소학』의 「명륜」을 아침에는 강론하고 저녁에는 외우도록 하였다. 특히 예를 중시하여 춘추향사를 위해 서원에 모이는 것을 '예법지장(禮法之場)'에 모인 것으로 정의하면서, 입재해서도 『소학』과 『효경』을 공부하도록 하였고, 파재하는 날에는 향사례(鄕射禮)나 향음주례(鄕飮酒禮)를 시행하도록 한 데서 확인할 수 있다. 마지막으로는 이 서원이 율곡과 우계 그리고 나중에 사계를 모신 기호 지역의 상징적 서원임에도 불구하고 퇴계가 제정한 「이산원규」의 영향이 발견된다. 예를 들면, 「숙흥야매잠」, 「경재잠」, 「사물잠」, 「백록동규」를 특정하여 유식(遊息)할 때 강독성송(講讀成誦)하도록 한 것이나, '여색은 들이지 말고 서적은 반출하지 말 것'을 '퇴계 선생이 문지방에 게시한 규범'이라며 엄격한 준수를 당부하고 있다.

1675년 명재(明齋) 윤증(尹拯, 1629~1714)은 노강서원(魯岡書院)의 학규와 재규를 제정했다.[28] 「노강서원학규」는 모두 21개 항목으로 이루어져 있으며, 원장과 장의 및 유사 등의 선정 방식이나 매월 삭망의 사우 참배 그리고 재생의 생활규범 등 전반적으로 율곡의 「은병정사학규」를 충실히 따르고 있다.[29] 모두 5개 항목으로 이루어진 「노강서원재규」는 「학규」와

27) 이하 「죽림서원절목」 관련 내용은 『市南集』 別集卷7, 「竹林書院節目[九節]」 참고.
28) 이하 「노강서원학규」 관련 내용은 『明齋遺稿』 卷30, 「魯岡書院齋規」 참고.

별도로 거재독서(居齋讀書)에 관한 내용을 다루고 있다. 이 「학규」와 「재규」에서 특히 주목되는 것은 「재규」의 두 번째 항목에 제시된 독서목록과 독서방법에 관한 것이다. 「학규」에서는 『소학』·『가례』와 『심경』·『근사록』 그리고 사서와 육경을 순환하며 반복적으로 읽어서 익숙해지도록 하고, 기타 경·사·자·집류는 보조적인 공부자료로 활용할 것으로 제시하였는데, 「재규」에서는 이를 다시 3단계로 구분하여 더욱 세부적인 규칙을 제시한다. 즉, 『소학』·『가례』·『심경』·『근사록』 및 정·주의 성리서를 읽는 것이 1단계이고, 사서삼경을 읽는 것이 2단계이고, 사·자류를 읽는 것이 3단계이다. 이때 1단계는 통독과 강론을 하고, 2단계는 익숙해지도록 배송을 하며, 3단계는 형편에 따라 통독과 배송을 결정하도록 하였다.

17세기 후반 가장 주목할 만한 학규는 1673년 남계(南溪) 박세채(朴世采, 1631~1695)에 의해 제정된 「문회서원원규(文會書院院規)」이다.[30] 남계는 같은 해에 서원에 관한 주자, 퇴계, 율곡, 우계의 설을 모아 서원의 본의와 폐단에 관하여 고증한 「서원고증(書院考證)」 3편(1, 2, 보)을 저술했을 뿐만 아니라, 「남계서당학규(南溪書堂學規)」(1689)와 「자운서원원규(紫雲書院院規)」(1693)도 지었을 만큼 서원 교육에 관심이 많았다.[31]

표제 없이 25개의 항목을 나열한 형태로 이루어진 「문회서원원규」의 가장 큰 특징은 남계 스스로 밝히고 있는 것처럼 퇴계와 율곡 이후 제출된 서원 학규의 종합편 같은 성격을 갖는다는 것이다.[32] 예를 들면, **1항**과 2

---

29) 이해준에 따르면 「노강서원학규」는 현재 노강서원 강당에 2개의 현판으로 게시되어 있고, 성책문서(成册文書)는 명재고택에 소장되어 있다(이에 관한 자세한 내용은 이해준, 「노강서원(魯岡書院) 자료의 유형과 성격」, 『한국서원학보』 1, 2011, 162~163쪽 참조). 이 글에서 언급하는 「노강서원학규」 저작 연대와 내용은 이해준의 조사자료에 근거한 것임을 밝혀 둔다.

30) 이하 「문회서원원규」 관련 내용은 『南溪集』 卷65, 「文會書院院規 癸丑」 참고.

31) 남계의 서원 교육에 관한 상세한 설명은 박종배, 「남계 박세채의 서원교육 사상과 실천」, 『교육사학연구』 제24집 제2호, 2014 참조.

32) 남계는 「문회서원학규」 마지막에 다음과 같이 언급하고 있다. “晦菴先生設教白

항에서 학자로서의 자세와 독서목록을 먼저 제시한 형식이나 **11항**에서 사·집류를 '박통(博通)'을 위해 열람하도록 한 표현 그리고 **20항**의 4가지 금기사항과 **21항**의 원속 하인에 관한 내용 등은 의심의 여지 없이 「이산원규」의 내용을 원용한 것이다. 한편 원생을 선발하는 방식이나 원생들의 일상생활에 관한 내용 그리고 거재(居齋)와 재가(在家)에서 동일한 공부 패턴을 유지하라는 내용 등은 분명히 「은병정사학규」의 영향이다.

다음으로 주목할 만한 특징은 서원이 처한 당시의 상황을 적극 반영하고 있다는 점이다. 남계가 활동했던 17세기 후반에는 사우나 향현사로 불려야 마땅할 시설도 서원으로 불리면서 서원과 혼효(混淆)되는 문제가 나타나고 있었다.[33] 이런 분위기 속에서 남계는 서원의 본질이 강학이라는 점을 「문회서원원규」에서 분명히 하고 있다. 예를 들면, **8항**에서 "이 서원은 본래 강당으로 주를 삼는다"고 명시한 것이라든가, **24항**에서 "선현들이 향학 이외에 서원을 기필코 세우고자 한 것은 향학에는 과거와 영식의 번잡함이 있어서 강학에 선념하지 못했기 때문"이라면서 서원의 강당에서 거업을 위한 공부를 할 수 없도록 한 것이 대표적이다. 이는 서원의 기능이 향사를 위주로 하는 세태에 대하여 강학의 중요성을 강조함으로써 서원의 존재 이유를 환기하는 조치로서, 서원을 건립하던 초창기에 향사의 전범을 일깨우고자 노력했던 시도와 비교된다. 그리고 이러한 인식의 전환은 결국 18세기 서원에서 적극적으로 강회를 시행하는 방향으로 이어지게 된다.

마지막으로 주목할 특징은 강학의 운영에 관한 내용을 구체화하고 있다는 점이다. 예를 들면, 「이산원규」나 「은병정사학규」 등에서 두루뭉술하게 제시한 독서목록을 훨씬 구체적으로 제시하였다. 2항에서 사서오경과 『소학』·『가례』는 원칙적으로 강습해야 한다고 못박은 다음 제경(諸經: 『周禮』·『儀禮』·『孝經』 등), 제서(諸書: 『近思錄』·『心經』·『性理大全』 등), 제사(諸

鹿, 只日「揭示」而已, 蓋以學之有規, 爲猶未盡者也. 然其後退·栗諸賢又必因名而責實, 爲伊山·文憲等「院規」, 今謹略倣而并採之, 以成此規."

33) 정만조, 『조선시대 서원 연구』, 집문당, 1997, 95쪽.

史: 『春秋』三傳·『資治通鑑綱目』 등) 그리고 성리서(『二程全書』·『朱子大全』·『朱子語類』 등)는 모두 "도학의 본원이고 성리의 연수이므로 강습하지 않으면 안 된다"고 하였다. 그런가 하면, 기존에는 매월 삭망에 사당에 가서 분향하고 배례를 올리던 것에서 끝났던 의식에 「문회서원원규」는 강당으로 옮겨 와 정읍례(庭揖禮)를 행하고 강당에 올라 「백록동교조」·『학교모범』 전체와 『소학』·사서·『근사록』·『성학집요』 가운데 선정한 글을 통독하는 절차를 첨가하였다.

이상에서 살펴본 바와 같이 17세기에 제출된 서원 학규는 대체로 앞선 시기의 학규들이 제시한 원칙과 방향을 바탕으로 하되 이를 보다 구체화하는 등 수정·보완의 과정을 밟아나갔다고 할 수 있다. 이런 점에서 16세기가 서원 학규의 밑그림을 그리는 시기였다면 17세기는 서원 학규를 다양화하고 구체화하면서 발전적 개선을 모색한 시기였다고 할 수 있다.

Ⅳ. 18세기 학규의 경향

18세기에 접어들면 서원 학규에 이전 시기와 뚜렷하게 구분되는 새로운 양상이 나타나게 된다. 그것은 이른바 강회에 대한 관심과 시행이다.[34] 17세기 후반부터 환국과 신원이 반복되는 붕당정치와 연계되면서 서원의 남설과 첩설은 본격화되었고,[35] 이로 인해 서원의 설립과 운영의 목적이 향사로 집중되는 현상이 나타났다. 이에 관한 문제의식은 앞서 살펴본 남계의 「문회서원원규」에서 서원을 설립한 본의가 강학에 있음을 확인하는

34) 박종배는 "16~17세기의 서원 교육은 거재독서를 중심으로 강회가 부분적인 역할을 한다면, 18~19세기의 서원 교육은 강회로 그 중심이 이동하는 경향이 나타난다"고 진단하고 이러한 추세적 변화의 타당성을 검토하였다(박종배, 「학규를 통해서 본 조선시대의 서원 강회」, 『교육사학연구』 제19집 제2호, 2009 참조).

35) 윤희면, 「조선시대 서원 정책과 서원의 설립 실태」, 『역사학보』 181, 2004, 69쪽.

양상으로 나타났고, 18세기에 들어서면 그것이 강회에 대한 커다란 관심과 활발한 전개로 연결된다.[36)]

18세기 초에 검재(儉齋) 김유(金楺, 1653~1719)의 「구봉서원원규(九峯書院院規)」(미상)[37)]와 극재(克齋) 신익황(申益愰, 1672~1722)의 「관선재학규(觀善齋學規)」(1709)가 제정되었다. 먼저, 「구봉서원원규」[38)]는 표제 없이 22개의 항목이 나열된 형태로 이루어져 있으며, 내용은 율곡의 「은병정사학규」와 남계의 「자운서원원규」를 거의 그대로 준용하고 있다. 다만 마지막 항에서 이곳이 남계의 구묘(丘墓)가 있는 곳임을 상기시키면서 남계의 『심학지결(心學旨訣)』을 숙독할 것을 권장하고 있는 것이 특징이라 할 정도로 18세기의 특징은 발견할 수 없다. 이에 비하면 〈학규〉와 별도로 〈강법〉을 제시하고 있는 「관선재학규」[39)]는 18세기의 특징이 약간 보인다고 할 수 있다. 〈학규〉에는 13개 항목의 내용이 나열되어 있고, 〈강법〉은 12개 항목으로 이루어져 있다. 거재하면서 독서를 할 때 유념할 내용을 담고 있는 〈학규〉는 전반적으로 「은병정사학규」의 내용을 많이 따르고 있으며, 매월 삭망에 진행한 강회에 관한 내용을 담고 있는 〈강법〉은 한강의 「강법」[40)]에 준하되 탄력적으로 수정을 가했다.[41)] 특히 한강의 「강법」과 「통독회의」

36) 조성산은 "당시 서원이 문중서원화되고 제례 중심의 사적인 기능이 강조되는 부정적인 면을 보였지만, 그와 별개로 이전과는 다른 새로운 형태의 지식과 지식인이 만들어지는 과정으로 볼 필요가 있다"고 보았다(조성산, 「18세기 후반 石室書院과 지식·지식인의 재생산」, 『역사와 담론』 66, 2013, 172쪽). 18세기에 강회가 활발하게 전개되는 현상 역시 이러한 측면에서 검토할 필요가 있다.

37) 「구봉서원원규」의 제정 연대는 확인할 수 없다. 다만 저자인 검재 김유의 주도로 1696년(숙종 22)에 세워지고, 이듬해인 1697년(숙종 23) '구봉'이라고 사액된 과정 그리고 그 사이에 검재가 청액하는 「대구봉서원유생청액소(代九峯書院儒生請額疏)」가 있는 것으로 볼 때 「원규」의 제정 시기는 17세기 말에서 18세기 초반일 것으로 추정된다.

38) 이하 「구봉서원원규」 관련 내용은 『儉齋集』 卷29, 「九峯書院院規」 참고.

39) 이하 「관선재학규」 관련 내용은 『克齋集』 卷6, 「觀善齋學規」 참고.

40) 『寒岡集』 續集卷4, 「講法」 참고.

41) 『克齋集』 卷12, 「家狀」: 嘗倣鄭文穆公學規, 設月朔會講之法於仲兄書堂, 即所謂觀

는 현존하는 서원 학규류 규정 가운데 처음으로 '강회'라는 용어를 사용한 것으로 평가받고 있다는 점에서[42] 「관선재학규」 역시 주목할 만하다.

18세기 초반에서 중반으로 넘어가는 시점에서 가장 주목할 만한 학규는 도암(陶菴) 이재(李縡, 1680~1746)의 「심곡서원학규(深谷書院學規)」(1737)이다.[43] 도암은 이밖에도 「충렬서원학규(忠烈書院學規)」와 「도기서원학규(道基書院學規)」도 남겼으나 모두 「심곡서원학규」를 따르고 있다. 「심곡서원학규」의 형식상 특징은 다른 학규들과 다르게 서원의 학생들은 서원에 모신 선현(靜菴 趙光祖)의 사상에 부합하도록 힘써야 한다는 취지의 '서설'을 먼저 기술하고 있는 점이다. 「충렬서원학규」와 「도기서원학규」의 서설에서도 그는 각각 포은(圃隱) 정몽주(鄭夢周)와 사계(沙溪) 김장생(金長生)을 언급하였다. 학규의 내용은 표제 없이 총 18개의 항목을 나열하고 있는데, 내용상 가장 큰 특징은 4항에서 서원의 설립 이유를 설명하고 있다는 것이다. 여기에서 도암은 "서원은 본래 선비들이 군거하면서 강학을 하도록 하기 위해 설립되었는데, 요즘 서원에 오는 사람들은 그저 봄가을로 향사에 참석하는 것을 중요하게 생각한다. 그리하여 서원이 단지 선현에게 향사하는 곳이 되어 유명무실해졌다"고 비판한다.[44] 그리고 7항~10항에 걸쳐 매월 초하루에 강회를 진행하는 방법에 대해 기술하고, 13항에서는 매년 여름과 겨울 마지막 달에 그동안의 성적을 총합하여 상과 벌을 내리도록 하였다. 강학과 관련한 「심곡서원학규」의 내용은 다소 소략하다는 느낌을 준다. 기실 도암이 전개

善齋也.

42) 박종배, 「학규를 통해서 본 조선시대의 서원 강회」, 『교육사학연구』 제19집 제2호, 2009, 64쪽.

43) 이하 「심곡서원원규」 관련 내용은 『陶菴集』 卷25, 「深谷書院院規」 참고.

44) 『陶菴集』 卷25, 「深谷書院院規」: "書院本爲士子羣居講學而設, 而近來游書院者, 但以春秋參祀爲重, 故書院只爲先賢享祀之所, 有其名而無其實." 당시 서원에 대한 도암의 비판은 도봉서원 원임에게 보낸 편지에서도 발견되는데, 여기에서 그는 "서원에서 글을 읽지 않으면 서원이 없느니만 못하다"고 말한다(같은 책 卷25, 「諭道峰院任」: "有書院而不讀書, 則不如無書院.").

한 강학은 한천정사(寒泉精舍)를 통해 이루어졌으며,[45] 그 구체적인 내용은 「용인향숙절목(龍仁鄉塾節目)」[46]에 상세하게 수록되어 있다.[47]

같은 측면에서 눌은(訥隱) 이광정(李光庭, 1674~1756)의 「거재절목(居齋節目)」(1746) 역시 주목할 만한 학규이다.[48] 같은 해에 「삼계서원거재권유문(三溪書院居齋勸諭文)」(이하 「거재권유문」)을 지은 것으로 보아 「거재절목」은 삼계서원을 염두에 두고 작성한 것으로 보인다. 「거재권유문」에 따르면 그는 강습(講習)에 전념할 수 없는 현실을 안타까워하면서 "글의 처음과 끝을 관통하여 내용의 의미를 깊이 궁구하기 위해서는 서로 강토(講討)하는 것만큼 좋은 방법은 없다"고 하면서, "시간의 제한을 두지 말고 오직 여러 책에 충분히 관통하고 자신에게 돌이켜 체험하려는 마음으로 임해야 비로소 얻음이 있을 것"이라고 하였다.[49] 그리고 「거재절목」에 그 세부적인 내용을 제시하고 있다. 인원이 많으면 대충 진행할 우려가 있기 때문에 거재하는 인원은 10명(관자 8인, 동자 2인)으로 정하고, 매달 2회에 걸쳐 15일 동안 배운 글을 배강하도록 하였다. 그리고 강을 마치고 나면 『근사록』·『심경』·『소학』·『가례』·『대학연의』 등을 통독하도록 하였다. 「거재권유문」에 따르면 이렇게 매달 진행하는 강은 면훈장(面訓長)이 담당하고, 4맹월(1월·4월·7월·10월) 초하루에는 면훈장이 각각 담당한 제생들을 이끌고 서원에 모여 산장 또는 도훈장(都訓長)의 주재하에 『근사록』, 경서,

45) 한천정사에서 이루어진 강학에 관해서는 최성환, 「조선후기 이재의 학문과 한천정사의 문인교육」, 『역사교육』 77, 2001, 79~86쪽 참조.

46) 『陶菴集』 卷25, 「龍仁鄕塾節目」 참조.

47) 박종배는 「용인향숙절목」의 '용인향숙'이 곧 '한천정사'일 것으로 추측한다. 이와 관련해서는 박종배, 「학규를 통해서 본 조선시대의 서원 강회」, 『교육사학연구』 제19집 제2호, 2009, 70쪽, 각주29 참조.

48) 이하 「거재절목」 관련 내용은 『訥隱集』 卷25, 「居齋節目」과 卷5, 「三溪書院居齋勸諭文[丙寅]」 참고.

49) 『訥隱集』 卷25, 「居齋節目」과 卷5, 「三溪書院居齋勸諭文[丙寅]」: 第緣士友坌集, 徒致膠擾, 未免有講習不專之歎. 如欲貫通首末, 深究旨義, 莫如各就所居之里, 私相講討, 爲專而有得. … 勿限歲月, 惟以淹貫羣書反身體驗爲心, 方始親切有得.

『대학연의』 순서로 통독을 하도록 하였다.

1766년 작성된 병계(屛溪) 윤봉구(尹鳳九, 1683~1767)의 「노강서원강학규목(老江書院講學規目)」[50]은 제목에서도 알 수 있는 것처럼 강회의 절차를 상세하게 제시하고 있다는 것이 가장 큰 특징이다. 이는 당시 강회에 대한 수요가 이런 규목의 제정을 필요로 할 만큼 많았음을 보여준다. 병계는 「노강서원강학규목」(이하 「규목」)에서 “서원은 선비들이 장수하면서 강학하는 곳인데 후세에는 이 점에 관해 까마득하게 망각하여 매양 개탄하였다”는 말로 시작한다.[51] 「규목」에 따르면, 매월 한 차례 내지 두 차례(삭·망) 강회를 진행하도록 정하고, 사림의 신망이 있는 2인을 강장으로 청하고, 필요할 경우 고을 수령 가운데 진신강장(搢紳講長)을 특별히 청할 수도 있다. 해당 고을에 20세 이상 50세 이하의 사대부 자제들을 대상으로 강안을 작성하되 이웃 고을에서도 참여를 희망하는 사람이 있으면 허락하도록 하였다. 또한 ‘강학지회(講學之會)’는 다른 사안과 다르므로 서얼 가운데서 걸출한 인재가 있다면 참여를 허락하되, 강안의 마지막에 기입하고 당일 앉는 자리도 나이에 상관없이 말석에 앉도록 하였다. 「규목」은 강회의 진행과 관련한 순서와 방법을 재임과 강장 그리고 강생의 동선까지 곁들여서 소상하게 기술하였다. 강을 진행하는 과정에서 강장과 강생 사이에 오간 강설을 기록으로 남기는 장면도 주목할 만하다. 제생 중에서 글도 잘하고 글씨도 잘 쓰는 사람을 강회색장으로 선정하여 강장과 강생 사이에 오간 내용을 기록하게 한다. 강을 하는 과정에서 강장이 강생에게 문의(文義)를 물을 수도 있고, 또는 강생이 강장에게 물을 수도 있다. 이렇게 서로 질의와 응답을 주고 받으며, 좌중에 누구도 질난(質難)한 사람이 없어야 다음 글로 넘어갈 수 있다. 강회색장은 이렇게 오간 내용을 기록하고, 기록이 끝

---

50) 이하 「노강서원강학규목」 관련 내용은 『屛溪集』 卷34, 「老江書院講學規目[丙戌]」 참고.

51) 『屛溪集』 卷34, 「老江書院講學規目[丙戌]」: 書院本爲士子藏修講學之所, 後來於此全然昧昧, 每切慨然.

나면 이를 강장과 강생에게 확인을 받는 절차를 밟는다. 이렇게 기록된 내용은 책으로 만들어져서 원장에게 보내지고 관련 내용에 대해 왕복질난한 다음 『원중고사(院中故事)』로 만들어서 서원에 비치한다. 「규목」에 따르면 강을 할 책으로는 정주성법(程朱成法)에 준하여 『소학』과 사서부터 강을 시작해서 오경에까지 이르는 순서로 진행하며, 그 사이에 『가례』·『심경』·『근사록』·『주자서절요』·『성학집요』을 넣을 수 있다. 중요한 것은 해당 책이 끝나기 전에 다른 책을 끼워넣지 말아야 하고, 정해진 부분에 대한 강이 끝나면 다음 번에 강할 범위를 정하되 절대로 욕심을 부리지 말아야 한다는 것이다. 이렇게 정해진 다음 번 강의 범위는 각각 강당에 게시한다. 그리고 확정된 범위의 글은 무슨 일이 있더라도 충분히 외우고 이해한 상태로 다음 강에 임해야 한다. 재임은 강회의 주인으로서 토론 과정에 참여하지 않을 수 없으므로 강을 하는 모든 내용에 대해 미리 충분히 준비해서 질문에 답할 수 있어야 한다.

비슷한 시기에 미호(渼湖) 김원행(金元行, 1702~1772)의 「석실서원학규(石室書院學規)」와 「강규」 그리고 「강규」에 부록된 「강의(講儀)」 역시 주목할 만하다.[52] "서원이란 본래 강학을 위해 설립되었다. 선비가 강학을 하지 않으면 선비라 말할 수 없다"[53]고 천명한 「유석실서원강생(諭石室書院講生)」에서도 확인할 수 있는 것처럼 미호는 강학을 서원의 존재 이유로 보았다. 미호의 관련 작품으로는 「학규」보다 「강규」와 「강의」에 주목할 필요가 있다. 왜냐하면 「학규」는 표제 없이 21개 항목의 내용이 나열되어 있는데 전반적으로 「은병정사학규」를 준용하고 있어서 크게 주목할 만한 내용이 없다. 이에 비해 「강규」와 「강의」는 잠시 끊어졌던 석실서원의 강풍(講風)을 다시 진작한 내용을 담고 있다는 점에서 훨씬 주목할 만하다.[54]

52) 이하 「석실서원학규」와 「강규」 관련 내용은 『渼湖集』 卷14, 「石室書院學規」; 「石室書院講規」(講儀附) 참고.

53) 『渼湖集』 卷14, 「諭石室書院講生」: 書院, 本爲講學而設, 士不講學, 不足謂之士矣.

54) 석실서원은 1656년 선원(仙源) 김상용(金尙容: 1561~1637)·청음(淸陰) 김상헌(金

총 14조목으로 이루어진 「강규」는 강회를 구성하는 제반 조건들에 대해 다음과 같이 상세하게 기술하고 있다. 1항: 강사(講事)는 원장과 강장이 주재한다. 2항: 강안(講案)은 참가자들이 상의하여 작성하되, 추가로 참가를 희망하는 사람이 있을 경우 허락한다. 3항: 소강서(所講書)는 『소학』-『대학』(『혹문』포함)-『논어』-『맹자』-『중용』-『심경』-『근사록』 순으로 하고, 나중에 제경(諸經)에 미치도록 한다. 4항: 매월 강회를 16일로 고정하되 사정이 생겨서 연기해야 할 경우에는 원임이 사전에 응강생에게 통지하도록 한다. 5항: 강할 책을 응강생 숫자에 맞춰 분배하고 숫자에 맞게 찌[栍]를 준비한 다음 뽑은 찌에 적힌 대로 나이순으로 응강한다. 6항: 30세 이상은 임강(臨講), 이하는 배강(背講)하며, 연로하여 응강하지 않는 사람도 청강을 허락하되 답문과 토론에는 의무적으로 참여한다. 7항: 혹시 사정이 생겨서 궐참하였다면 다음 달에 강을 할 때 강하지 않은 부분까지 함께 한다. 8항: 강안에 추가로 기입한 사람의 소강서도 원래의 순서에 따르되, 모든 편을 다 강할 필요는 없고 뽑은 찌에 따라 한다. 9항: 강할 분량을 정할 때 적당하게 하되 기일이 짧으면 분량을 줄이도록 하며, 강을 마치고 나면 내용의 의미를 충분히 이해할 때까지 서로 반복 토론한다. 10항: 강을 마친 다음에는 직월로 하여금 「백록동규」와 『학교모범』 등을 강회 때마다 순차적으로 읽게 하고, 여력이 있으면 당일에 강한 글이 아닐지라도 질의하도록 한다. 11항: 제생 가운데 글도 잘하고 글씨도 잘 쓰는 사람을 직월로 선정하며, 강회 때마다 원장과 강장이 불참하였더라도 제생들 간에 문답한 내용이 의리에 관계된 것이라면 직월에게 기록하게 하여 1통을 원장

尙憲: 1570~1652)을 모신 충절서원으로 출발하였으나 1695년부터 농암(農巖) 김창협(金昌協: 1651~1708)이 그의 아우 삼연(三淵) 김창흡(金昌翕: 1653~1722)과 함께 활발한 강학 활동을 전개하면서 강학서원으로 변모하였다. 그러나 석실서원의 강학은 이들 형제 사후에 소론 집권에 의한 당쟁의 소용돌이 속에서 잠시 그 명맥이 끊어졌다(농암의 석실서원 강학 활동에 관해서는 김자운, 「17세기 말-18세기 초 석실서원의 강학 실제와 특징－농암 김창협의 강학 활동을 중심으로」, 『한국서원학보』 11, 2020 참조).

과 강장에게 보내고 답변 내용을 서원에 보관한다. 12항: 강회에 참석하지 못한 사람은 그 달에 공부한 내용 중에서 의심난 부분을 기록하여 원장과 강장에게 올리고(원장이나 강장의 답이 있나면 질문자에 보낸 다음 서원에 보관한다), 강에 참여한 사람도 미리 질문할 내용을 준비해두었다가 강을 마친 다음 회중에 질문할 수 있다. 13항: 강안에 기입된 사람이 강에 나오지 않을 때는 단자를 올린다. 모두가 인정하는 부득이한 경우가 아님에도 핑계를 대고 참여하지 않으면 회중에 면계(面戒)를 하고, 두 번 참여하지 않으면 출좌시키고, 만일 강학에 의사가 없어서 전연히 강회에 나오지 않는다면 강안에서 삭제한다. 14항: 매 강마다 참석자의 성명을 써서 1부는 서원에 비치하고 1부는 원장과 강장에게 보낸다(원장과 강장이 강회에 나왔으면 그렇게 하지 않는다).

이상에서 살펴본 바와 같이 18세기 서원의 학규는 당시 서원이 처한 상황이 그 이전 시기와 근본적으로 달랐기 때문에 서원의 본질적 기능을 회복하기 위한 차원에서 강회에 집중하는 경향을 띤다. 당시 제출된 대부분의 학규가 서원의 본질을 물으면서, 강회의 내용을 보강하거나 아예 강규를 별도로 제정하여 부록하는 형식을 취하는 것이 이를 잘 보여준다.

Ⅴ. 맺는 말

조선시대 서원이 비로소 태동한 16세기는 그야말로 개척기나 다름없다. 이 시기에 제정된 학규는 학파별 또는 지역별로 서원 창건을 선도했던 인물들이 서원을 통해 구현하고자 한 학문적 이상을 담아내는 특징을 보여준다. 먼저 퇴계의 「이산원규」는 서원 운영상의 구체적인 내용을 적시하기보다는 큰 틀에서 학문의 원칙과 방향을 제시하는 것이 특징이다. 이에 비하면 율곡의 「은병정사학규」는 서원이 실질적 학문 공간으로 기능하는 데 필요한 구체적인 내용들을 제시하고 있다. 이 두 학규는 이후 서원에서 학규를 제정할 때 지역과 학파를 초월하여 중요한 참고체계로서 원용되었다.

하지만 여기에는 아직 다듬고 보완해야 할 한계점도 분명히 있었기 때문에 17세기의 학규들은 16세기 학규를 계승하면서도 이를 수정·보완하는 과정을 밟는다. 한강의 「도동서원원규」은 '향사(享祀)' 조항을 맨앞에 제시하는 등 서원의 운영에 관한 내용들을 체계적으로 정리하였고, 시남의 「죽림서원절목」은 시(詩)와 예(禮)를 특별히 강조하는 등 앞선 학규들을 새롭게 보완하였다. 특히 이 시기에 제정된 「문회서원원규」는 남계 스스로 밝히고 있는 것처럼 퇴계와 율곡 이후 제출된 서원 학규의 종합편 같은 성격을 갖는다. 이런 점들에 비추어볼 때 17세기는 서원 학규를 다양화하고 구체화하면서 발전적 개선을 모색한 시기였다고 할 수 있다.

17세기 후반부터 환국과 신원이 반복되는 붕당정치와 연계되면서 서원의 남설과 첩설이 본격화되자, 서원의 설립과 운영의 목적이 향사로 집중되는 왜곡된 현상이 나타났다. 따라서 18세기에 접어들면 '강회(講會)'에 대한 관심과 구체적 방안이 서원 학규에 반영되는 특징이 나타난다. 18세기 초반에 제정된 「구봉서원원규」(검재)와 「관선재학규」(극재), 중반에 제정된 「심곡서원학규(도암)과 「삼계서원거재절목」 그리고 후반에 제정된 「노강서원강학규목」(병계)과 「석실서원학규」(미호) 등은 한결같이 서원의 본질은 향사가 아니라 강학이라는 점을 강조하면서 강학의 목적을 수행하는데 필요한 구체적으로 방안들을 제시하고 있다.

이상에서 살펴본 바와 같이 조선시대 서원의 학규는 16세기 퇴계와 율곡에 의해 처음 제정된 이후, 17세기에 이를 보완하는 과정을 거치면서 틀을 갖춰 갔고, 18세기에는 당시 서원이 처한 특별한 상황에 반응하면서 왜곡될 수 있는 서원의 기능을 수정하는 방향에서 학규를 제정했다. 조선시대 서원의 학규는 이렇게 시대적으로 변화하고 발전해가는 경향을 보여줌과 동시에, 때로는 학파적 전통을 계승하기도 하고 경우에 따라서는 학파의 경계를 넘어 소통하면서 시대가 요구하는 내용을 반영하는 경향을 보여주었다.

【참고문헌】

『渼湖集』(金元行), 『儉齋集』(金楺), 『克齋集』(申益愰), 『竹老集』(申活)
『存齋集』(魏伯珪), 『市南集』(俞棨), 『屛溪集』(尹鳳九), 『明齋遺稿』(尹拯)
『訥隱集』(李光庭), 『栗谷全書』(李珥), 『陶菴集』(李縡), 『退溪集』(李滉)
『寒岡集』(鄭逑)

윤희면, 『조선시대의 서원과 양반』, 집문당, 2005.

정만조, 『조선시대 서원 연구』, 집문당, 1997.

김자운, 「17세기 말-18세기 초 석실서원의 강학 실제와 특징 – 농암 김창협의 강학 활동을 중심으로」, 『한국서원학보』 11, 한국서원학회, 2020.

김지은, 「한강 정구의 회연초당(檜淵草堂) 건립과 교육활동의 의미」, 『역사교육연구』 35, 한국역사교육학회, 2019.

김해용, 「학규(學規)를 통해 본 조선시대 서원 교육과정의 변천」, 한국교원대학교 석사학위논문, 2010.

박균섭, 「은병정사 연구: 학문과 학풍」, 『율곡학연구』 19, 율곡연구원, 2009.

박종배, 「조선시대의 학령(學令) 및 학규(學規)」, 『한국교육사학』 제28권 제2호, 한국교육사학회, 2006.

______, 「학규를 통해서 본 조선시대의 서원 강회」, 『교육사학연구』 제19집 제2호, 교육사학회, 2009.

______, 「學規에 나타난 조선시대 서원교육의 이념과 실제」, 『한국학논총』 33, 국민대학교 한국학연구소, 2010.

______, 「남계 박세채의 서원교육 사상과 실천」, 『교육사학연구』 제24집 제2호, 교육사학회, 2014.

윤희면, 「조선시대 서원 정책과 서원의 설립 실태」, 『역사학보』 181, 역사학회, 2004.

이경동, 「조선시대 해주 소현서원의 운영과 위상」, 『韓國思想史學』 61, 한국사상사학회, 2019.

______, 「조선후기 여산(驪山) 죽림서원(竹林書院)의 운영과 위상」, 『한국서원학보』 9, 한국서원학회, 2019, 243쪽.

이수환, 「도동서원의 인적 구성과 경제적 기반」, 『사학연구』 60, 한국사학회, 2000.

______, 「星州 迎鳳書院 연구」, 『歷史敎育論集』 54, 역사교육학회, 2015.
李佑成, 「퇴계선생의 예안향약과 〈鄕坐〉 문제」, 『퇴계학보』 68권 1호, 퇴계학연구원, 1990.
이해준, 「노강서원(魯岡書院) 자료의 유형과 성격」, 『한국서원학보』 1, 한국서원학회, 2011.
임근실, 「16세기 書院 學規에 대한 검토와 그 특징」, 『한국서원학보』 6, 한국서원학회, 2018.
조성산, 「18세기 후반 石室書院과 지식·지식인의 재생산」, 『역사와 담론』 66, 호서사학회, 2013.
丁淳睦, 「朱晦庵과 李退溪의 書院敎育論 比較」, 『인문연구』 8권 2호, 영남대학교 인문과학연구소, 1987.
최성환, 「조선후기 이재의 학문과 한천정사의 문인교육」, 『역사교육』 77, 역사교육연구회, 2001.

조선시대 근기지역 서원의 강규와 강학

이 경 동

Ⅰ. 머리말

서원은 조선시대 향촌사회의 사립 교육기관으로서 1543년 백운동서원(白雲洞書院)이 건립되고 1550년 소수서원(紹修書院)으로 사액되면서 향촌사회의 교육기관으로 정착되어 갔다. 특히 이황이 주도했던 서원보급운동은 이산서원(伊山書院)·역동서원(易東書院) 등 영남지역을 중심으로 서원이 건립되는데 결정적인 기여를 하였다.[1] 초기 서원들은 제향을 목적으로 하는 '존현(尊賢)'과 강학을 목적으로 하는 '양사(養士)'의 양대 기능을 중심으로 운영되었는데, 17세기 이후 유소(儒疏)의 소청(疏廳)과 같은 공론장으로 기능하거나 향촌 사족층의 교류 및 학술논의의 장으로 활용되면서 서원은 향촌 사회의 정치·사회적 중심지로 성장하게 되었다.[2]

근기 지역[3]에 해당하는 경기·황해도에서도 16세기 중반부터 서원이 건립되기 시작하였다. 대표적으로 문헌서원(文憲書院, 최충 주향, 1549년 건

1) 정만조, 「退溪의 書院普及運動과 서원의 成立」, 『朝鮮時代 書院硏究』, 집문당, 1997 ; 정만조, 「韓國 書院의 歷史」, 『韓國學論叢』 29, 2007.

2) 이수환, 『朝鮮後期書院硏究』, 一潮閣, 2001 ; 윤희면, 『조선시대 서원과 양반』, 집문당, 2004 ; 차장섭, 「陶山書院의 政治·社會的 役割과 位相」, 『歷史敎育論集』 54, 2015 ; 최연숙, 「19세기 도산서원의 사회 인식과 소통 방식」, 『도산서원을 통해 본 조선후기 사회사』, 새물결, 2014.

3) '近畿'는 京畿로 한정하여 이해하는 것이 일반적이다. 다만 서원의 경우에는 경기와 황해도 서원 사이의 관련성이 매우 높기 때문에 본고에서는 황해도까지 서원의 지리적 범위를 확장하여 분석하였다.

립), 숭양서원(崧陽書院, 정몽주 주향, 1573년 건립), 도봉서원(道峯書院, 조광조 주향, 1573년 건립) 등이다. 이후 근기의 많은 지역에서 서원이 건립되었는데 20세기 초 간행된 『증보문헌비고』에 의하면, 경기에는 약 39개, 황해도에는 약 20개의 서원이 존재했었던 것으로 추정된다.

근기 지역 서원에 대한 연구는 정치·문화사적 측면을 중심으로 수행되었다. 우선 붕당정치와 연관성 속에서 전개된 서원의 위차논쟁(位次論爭)을 중심으로 한 정치사적 이해가 주목된다.[4] 이를 통해 근기지역 서원들은 중앙정계의 변화와 밀접한 관련 속에서 전개되어 갔음을 확인할 수 있다. 개별 서원으로는 석실서원에 대한 연구가 집중적으로 진행되었는데, 김원행 등 낙론계 인물들이 지향했던 서원 운영의 특징을 이해할 수 있다.[5] 이외에 문봉서원(文峯書院)·숭양서원(崧陽書院)·소현서원(紹賢書院) 등 개별 서원 연혁과 현황을 분석한 연구들이 확인된다.[6]

상기의 연구에도 불구하고 근기지역 서원 강학에 대한 연구는 활발하게 진행되지 못하였다. 근기 지역 서원 강학 사례들은 조선시대 서원의 학규 자료를 총체적으로 분석한 연구들에서 단편적으로 확인된다.[7] 개별 서원

---

4) 조준호, 「宋時烈의 道峯書院 入享論爭과 그 政治的 性格」, 『朝鮮時代史學報』 23, 2002 ; 조준호, 「경기지역 서원의 정치적 성격」, 『국학연구』 11, 2007 ; 정만조, 「조선시대 파주 사족(士族)과 서원활동」, 『韓國書院學報』 1, 2011 ; 이해준, 「坡山書院의 창건·변천과 파주사족 동향」, 『우계학보』 34, 2016.

5) 조준호, 「조선후기 석실서원(石室書院)의 위상과 학풍」, 『朝鮮時代史學報』 11, 1999 ; 이경구, 「金元行의 實心 강조와 石室書院에서의 교육 활동」, 『震檀學報』 88, 1999 ; 조성산, 「18세기 후반 石室書院과 지식·지식인의 재생산」, 『역사와담론』 66, 2013 ; 조준호, 「석실서원의 건립과 안동김씨」, 『한국계보연구』 5, 2014.

6) 윤경노, 「文峯書院의 창건과 발전」, 『민족문화』 5, 1991 ; 지두환, 「숭양서원의 성쇠와 포은」, 『포은학연구』 20, 2017 ; 정순우, 「숭양서원(崧陽書院)을 통해서 본 포은 정몽주의 정치사상사적 위상」, 『포은학연구』 24, 2019 ; 이수환, 「북한지역의 서원·사우 현황과 숭양서원의 위상」, 『포은학연구』 24, 2019 ; 이왕무, 「조선 후기 개성의 문인 동향과 숭양서원의 운영」, 『포은학연구』 24, 2019 ; 이경동, 「조선시대 해주 소현서원의 운영과 위상」, 『韓國思想史學』 61, 2019a.

7) 박종배, 「학규를 통해서 본 조선시대의 서원 강회」, 『교육사학연구』 19-2, 2009 ;

으로는 김원행의 교육관을 중심으로 석실서원의 강학관련 자료를 분석한 연구들이 수행되었다.[8] 서원 연구가 활발한 영남 지역 등의 강학 연구와 비교하면 근기 지역의 강학 연구는 상대적으로 미흡한 편인데, 이는 강학과 관련된 고문헌 자료가 상대적으로 부실한 것을 주요한 원인으로 들 수 있다. 그럼에도 불구하고 근기지역 서원 강학에 대한 연구는 문집류를 비롯한 고문헌 자료를 추가적으로 발굴하는 작업을 통해 수행될 필요가 있으며, 이는 서원 연구의 지역적 편중을 극복할 수 있는 계기로 작용할 수 있다.

본고에서는 현존하는 자료를 토대로 근기 지역 서원의 강규와 강학 특징을 살펴보고자 한다. 『한국문집총간』을 포함한 문집류 등에서 근기지역 강학 관련 자료는 대략 14건이 확인된다.[9] 해당 자료를 분석하여 16세기부터

박종배, 「學規에 나타난 조선시대 서원교육의 이념과 실제」, 『한국학논총』 33, 2010 ; 박종배, 「남계 박세채의 서원교육 사상과 실천」, 『교육사학연구』 24-2, 2014 ; 임근실, 「16세기 서원(書院) 학규(學規)에 대한 검토와 그 특징」, 『韓國書院學報』 6, 2018

8) 윤경호, 「석실서원의 건립과 교육방법」, 『退溪學論叢』 22, 2013 ; 김자운, 「17세기 말-18세기 초 석실서원의 강학 실제와 특징－농암 김창협의 강학 활동을 중심으로－」, 『한국서원학보』 11, 2020.

9) 현존하는 근기지역 서원의 강규·강학관련 자료는 다음과 같다.

순번	서원	소재지	명칭	작자	작성연도
1	紹賢書院(隱屛精舍)	황해 해주	隱屛精舍學規	李珥	1578
2	文憲書院	황해 벽성	文憲書院學規	李珥	1578
3	紹賢書院(隱屛精舍)	황해 해주	同門契(約束·講信儀)	朴汝龍	1610
4	文會書院	황해 배천	文會書院院規	朴世采	1673
5	南溪書堂	경기 파주	南溪書堂學規	朴世采	1689
6	東陽書院	황해 평산	答東陽院儒問	朴世采	1691
7	紫雲書院	경기 파주	紫雲書院院規	朴世采	1693
8	深谷書院	경기 용인	深谷書院學規	李縡	1737
9	忠烈書院	경기 용인	忠烈書院學規	李縡	1737전후
10	道基書院	경기 안성	道基書院學規	李縡	1737전후
11	龍仁鄉塾	경기 용인	龍仁鄉塾節目	李縡	1737전후
12	石室書院	경기 양주	石室書院講規	金元行	18세기 중반

18세기까지 근기지역 서원의 강학 사례를 시계열적으로 파악할 것이다. 이를 통해 서원 강학의 지역적 특성을 재조명할 수 있을 것이라 기대한다.

Ⅱ. 16세기 후반 이이의 서원 강규와 강학 –거재 유생과 정기 강회의 도입

1543년 백운동서원의 건립은 조선사회에서 새로운 유형의 교육방식과 교육기관이 확산되는 계기로 작용하였다. 근기지역 또한 16세기 중반부터 서원이 건립되기 시작하였는데, 기록상으로는 1549년 해주의 문헌서원이 최초로 건립되었다. 『증보문헌비고』에 의하면 16세기 건립된 근기지역 서원은 파산서원(坡山書院, 파주), 도봉서원(道峯書院, 양주), 숭양서원(崧陽書院, 개성), 충렬서원(忠烈書院, 용인), 기천서원(沂川書院, 여주), 운계서원(雲鷄書院, 지평), 백록동서원(白鹿洞書院, 황주), 비봉서원(飛鳳書院, 연안), 정원서원(正源書院, 신천), 취봉서원(鷲峯書院, 안악) 등이며 대체로 정몽주·조광조·김안국 등 사림파와 직·간접적인 관련성을 가지는 인물들을 배향하는 특징을 보이고 있다.[10)]

서원이 제향을 중심으로 한 '존현(尊賢)' 뿐만 아니라 인재양성에 해당하는 '양사(養士)'가 주요 목적임을 고려해 본다면 근기지역 서원들에서도 유생 교육을 위한 강학이 진행되었을 것으로 추정된다. 16세기 건립된 서원들 대부분 강학관련 자료가 남아있지 않아 그 실체를 파악하는 것은 현실적으로 쉽지 않다. 다만 1579년에 이이에 의해 작성된 「도봉서원기(道峯書院

순번	서원	소재지	명칭	작자	작성연도
13	崧陽書院	경기 개성	講規後敍	蔡緯夏	18세기 중반
14	坡山書院	경기 파주	坡山書院齋規	成近默	19세기 전반

10) 『增補文獻備考』 卷211, 學校考10, 各道祠院, 京畿·黃海道.

記)」를 통해 당시 서원이 지향했던 교육관을 단편적으로 이해할 수 있다.

> 서원에 기거하는 후학이 진실로 세속의 풍습을 일체 제거하여 한결같이 거경(居敬)·궁리(窮理)·역행(力行)을 하는 것으로 심조(深造)하는 공정(功程)을 삼아 서로 관감(觀感)하고 서로 책선(責善)하여 거안자심(居安資深)의 경지로 나아간다면 선생의 은혜를 능히 보답한다 이를 것이며, 묘정(廟庭)을 첨배(瞻拜)하는데 부끄러움이 없을 것이다. 이와 같이 한다면 선생의 도가 전에는 비색하였으나 뒤에 와서 실현되는 셈이니, 어찌 사문(斯文)의 큰 다행이 아니겠는가.[11]

이이는 도봉서원 강학의 목표를 거경(居敬)·궁리(窮理)·역행(力行)으로 설정하고 세속의 풍습을 제거하고자 하였다. 이러한 입장은 백록동서원에서 주희가 지향한 서원 강학 모델[12]이나 「이산서원원규(伊山書院院規)」에서 이황이 지향했던 도학을 위주로 한 서원 교육의 방향과 일치한다.[13] 도봉서원에서도 과거를 포함한 출세지향적인 교육보다는 주향자인 조광조을 계승한 도학의 진리탐구를 목적으로 하였다.

16세기 후반 근기지역 서원 강학은 이이가 제정했던 「은병정사학규(隱屏精舍學規)」와 「은병정사약속(隱屏精舍約束)」을 통해 살펴볼 수 있다. 은

---

11) 『栗谷全書』 卷13, 記, 「道峯書院記(己卯)」.

12) 주희의 서원 강학에 대해서는 Peter.K.Bol, 김영민 옮김, 『역사속의 성리학』, 예문서원, 2010, 366~376쪽 ; 范慧娴, 「白鹿洞書院에 나타난 주희의 서원관」, 『韓國書院學報』 3, 2015, 186~190쪽 참조.

13) 과거 학습과 관련하여 이황과 이이의 서원관은 차이가 있다. 두 인물 모두 과거보다는 도학 위주의 서원 교육을 지향하지만 과거를 위한 학습을 서원 내에서 허용하는 것에 대해서는 차이가 있다. 이황은 서원 내의 도학 공부를 위주로 하되 과거를 일부 용인하는 태도를 보이지만, 이이는 서원 내에서 과거공부를 불허하는 배제론적 측면에서 도학 공부와 과거를 대립적으로 인식하였다(박종배, 「學規에 나타난 조선시대 서원교육의 이념과 실제」, 『한국학논총』 33, 2010, 45~46쪽 ; 김형찬, 「퇴계(退溪)의 서원관(書院觀)에 대한 철학적 해명」, 『退溪學報』 136, 2014, 110~114쪽).

병정사의 강학 교재는 성현지서(聖賢之書), 성리서(性理書)를 기본으로 하고 사서(史書)를 부수적으로 읽도록 하였다. 과거를 목적으로 한 공부를 할 경우에는 정사 이외의 다른 곳에서 익히도록 하였다.[14] 강학의 목적은 「노봉서원기」와 마찬가지로 거경궁리(居敬窮理)의 도학을 실천적으로 계승하는 것이었으며, 과거시험과 같은 입신양명을 위한 학습을 지양했다.

조선시대 서원 교육은 크게 서원에서 기거하며 개별학습을 진행하는 거재(居齋)와 원적(院籍)에 올린 유생들을 대상으로 군거강학(群居講學)을 진행하는 강회(講會)로 구분된다.[15] 은병정사에도 거재유생(居齋儒生)을 운영하였다. 거재유생들은 매일 5경에 기상하여 침구를 정리하는 한편, 의관을 바로잡고 나서 독서를 하였다. 또한 입재(入齋) 후에 독서를 할 경우에는 전심치지(轉心致志)하며 의취(義趣)를 궁구하고 서로 돌아보며 잡담을 하지 않도록 하였다.[16] 이러한 규정들은 정사에 기거하며 엄격한 생활원칙을 기반으로 거재유생들의 교육을 극대화하기 위한 목적이 있었다.

강회는 비정기와 정기로 구분되었으며, 이중 정기 강회는 개최 주기와 격식이 정해져 있었다.[17] 정기 강회는 매달 초하루에 진행되었으며 거재 유무와 상관없이 은병정사에 소속된 모든 유생들이 정사에 모여서 강회를 진행하였다.[18] 정기 강회는 기일에 앞서 담당 유사(有司)가 회문(回文)을 내어 알렸으며, 사유가 있으면 3~4일 연기되기도 하였다.[19] 강회는 의리(義理)의

---

14) 『栗谷全書』 卷15, 雜著, 「隱屛精舍學規(戊寅)」.

15) 박종배, 「學規에 나타난 조선시대 서원교육의 이념과 실제」, 『한국학논총』 33, 2010, 58~67쪽.

16) 『栗谷全書』 卷15, 雜著, 「隱屛精舍學規(戊寅)」.

17) 은병정사의 강회는 김진강·박여룡 등 해주 인근지역에 거주하며 이이에게 수학했던 인물들과 金長生·趙憲 등 타지역에서 은병정사에 와서 수학했던 인물들, 그리고 이이와 혈연적인 관계가 있었던 인물들로 다양하게 구성되어 있었다. 이이 문인에 대한 분석은 이경동, 『조선후기 정치·사상계의 栗谷 李珥 인식 변화 연구』, 고려대학교 박사학위논문, 2019b, 57~63쪽 참조.

18) 『栗谷全書』 卷15, 雜著, 「隱屛精舍學規(戊寅)」.

19) 『栗谷全書』 卷15, 雜著, 「隱屛精舍學規(戊寅)」.

강론과 함께 유생들을 개선(改善)한다는 학규의 내용으로 미루어보면 책선(責善)이 정기 강회의 요소로 포함되었음을 알 수 있다. 또한 강회 전에 미리 경계하는 말을 적어서 유사(有司)의 주도로 통독(通讀)하여 깨닫도록 하였다.[20] 다른 서원과 달리 강회 전 알묘(謁廟)와 같은 의례가 없는 것은 건립 당시 은병정사에 사우(祠宇)가 없었기 때문으로 이해된다.[21]

정기 강회와 별도로 이이는 은병정사에서 비정기적인 강회를 수시로 개최하였다. 문인(門人) 김진강(金振綱)과 박여룡(朴汝龍)이 작성한 이이와 제자들과의 문답 자료인 「어록(語錄)」에 의하면 비정기 강회에서는 강학교재를 자유롭게 읽고 의문나는 사항을 질의하는 형태로 진행된 것을 확인할 수 있다.[22] 또한 동서분당과 같은 당대의 정치적 문제나 이이의 출처에 대한 주제들도 함께 논의되었다.

은병정사의 강학 방식은 「은병정사학규」와 동시기에 이이에 의해 제정된 「문헌서원학규(文憲書院學規)」에도 동일하다. 「문헌서원학규」는 강학 이외에도 서원 운영 전반에 관한 내용이 수록되어 있어 원규에 가까운 성격을 가지고 있다. 「문헌서원학규」에 의하면 은병정사와 마찬가지로 문헌서원에서도 거재유생을 운영하였다. 거재유생의 생활방식에 대한 규정은 은병정사와 동일하다. 하루 일과가 기상→소쇄(掃灑)→알묘(謁廟)→상읍례(相揖禮)→입재(入齋)의 순서로 구성되며 의복과 관대(冠帶)를 정제하도록

20) 『栗谷全書』 卷15, 雜著, 「隱屛精舍約束」.

21) 이이는 은병정사 뒤편에 朱子祠를 건립하여 주희-조광조-이황을 배향하고자 하였으나, 생전에는 시행되지 못하고 사후인 1586년에 문인들에 의해 건립되었다. 이후 주자사에는 이이, 성혼, 김장생, 송시열이 추향되었다. 주자사의 건립과 추향에 대해서는 이경동, 「조선시대 해주 소현서원의 운영과 위상」, 『韓國思想史學』 61, 2019a, 251~253쪽 참조.

22) 이이 문인들의 어록은 이재가 편성한 『栗谷全書』와 박세채가 편성한 『栗谷別集』, 그리고 박여룡의 문집인 『松崖集』에 수록되어 있다. 각 자료별로 어록의 수록 내용의 편차가 존재한다. 이에 대해서는 이경동, 「조선후기 율곡 이이 문집 편찬의 추이와 의의」, 『儒學硏究』 52, 2020, 21~27쪽 참조.

하였다. 독서의 시간에도 전심치지(轉心致志)하며 의취(義趣)를 궁구하며 잡담을 금하고 있다.[23)]

문헌서원에서는 춘(春)·하(夏)·추(秋)·동(冬)의 첫달에 장의(掌議)가 제생들을 모아두고 학규를 강의하고 제생(諸生)의 득실을 검찰(檢察)하는 규정이 있었다.[24)] 검찰(檢察)의 구체적인 내용은 명시되지 않아 확인할 수는 없지만 은병정사에서 매월 초하루에 열린 정기 강학에서 책선(責善)의 절차가 있었다는 점을 토대로 유추하자면, 이와 유사한 형태로 짐작된다. 별도로 학습 내용을 평가하는 방식이 명시되어 있지 않은 점으로 미루어 보아 문헌서원의 교육은 원생의 자율성에 토대를 둔 강학 방식을 운영했던 것으로 추정된다.

은병정사와 문헌서원의 강학 방식은 모두 이이에 의해 제정된 것이었기 때문에 이이가 구상한 서원 교육이 반영되어 있다. 다만 이이가 은병정사를 건립하고 실제 체류한 기간은 길지 않았기 때문에 실질적으로 이이의 주도로 강학이 운영되기는 어려웠다. 대체로 문인들을 중심으로 강학이 운영되었으며, 이이 사후에도 문인들은 은병정사에 모여 강학활동을 지속했던 것으로 보인다.[25)]

이이 사후 은병정사의 강학 형태는 박여룡이 1610년 제정한 「동문계(同門契)」를 통해 확인할 수 있다. 박여룡은 은병정사를 소현서원으로 사액받고 『율곡집(栗谷集)』을 간행하였는데, 동문계는 소현서원을 중심으로 문인 집단의 결속을 도모하기 위한 목적에서 제정되었다.[26)] 박여룡의 문집인 『송애집(松崖集)』에는 동문계에 대한 약속(約束), 강신의(講信儀)가 수록되어 있어 이이 사후 문인들이 시행했던 강학의 실체를 파악할 수 있으며, 그 내용은 다음과 같다.

---

23) 『栗谷全書』 卷15, 雜著, 「文獻書院學規」.
24) 『栗谷全書』 卷15, 雜著, 「文獻書院學規」.
25) 『醇庵集』 卷7, 墓碣銘, 「禮賓寺直長吳公墓碣銘」.
26) 이경동, 앞의 논문, 2019a, 254~255쪽.

〈약속(約束)〉[27)]

- 계원 중에 상부유사(上副有司) 2원을 논정(論定)하되 1년이 지나면 교체한다.【70세 이상은 해당되지 않는다.】
- 매년 춘추(春秋) 계월(季月)에 유사(有司)가 국기(國忌) 및 기안(忌案)을 살펴서 회문(回文)을 낸다. 계원들은 각각 호과(壺果)를 챙겨서 정사(精舍)에 모여 먼저 알묘(謁廟)를 하고 계례(契禮)를 행한 다음 의리를 강론하고 상벌을 논한다.
- 계원(契員) 중에 나이가 70·80이상인자나 등과(登科)하여 관직을 제수받은 자에게는 유사가 회문(回文)을 보내 치하한다. 70·80이상인자를 치하할 경우에 연수(宴需)를 수합(收合)한다.【설판(設辦)을 행한다. 등과자의 치하는 각각 대과계치(臺果鷄雉) 중의 1수(首)를 가지고 행한다. 하례에는 단령(團領)을 착용한다.】
- 계원 중에 3년상이 지난자가 있으면 각자 호과(壺果)를 가지고 치위(致慰)한다. 하위(賀慰)는 공처(空處)에서 행한다.
- 매 연말에는 유사가 회문(回文)을 내어 정미(正米) 각 1두씩을 수합하여 율곡 선생의 기제(忌祭) 전물(奠物)에 대비하고자 본가(本家)에 납입한다.
- 동문 중에 일찍 세상을 떠났는데 자제(子弟)가 있는 경우에, (동문) 대신 계원에 들어오는 것을 허용한다. 수계(修契) 후 계원이 유고(有故)할 경우 자제로 대신하는 것도 이와 같다.【이름이 정사(精舍)에 없는자는 해당되지 않는다.】
- 계원 중 자제(子弟) 1인이 부형(父兄)을 모시고 올 경우 모든 모임에 와서 참관례(參觀禮)를 행한다.【호과(壺果)는 각자 자비(自備)한다.】
- 회집시(會集時)에 상사(喪事)를 겪은 사람은 기년(期年)·대공(大功)은 장사(葬事) 이후, 소공(小功)은 50일이 경과한 후 시복(緦服)은 7일이 경과한 후에 참여한다. 외조부모(外祖父母) 및 장인·장모의 상사는 1개월이 지난후에 참여한다. 하례(賀禮)는 하지 않는다.
- 회집시(會集時)에 유고(有故)하여 참석하지 못할 경우 단자(單子)를 갖추어 모두 모이는 장소에 올리고, 만약 구실을 만들어 참석하지 않거나 불참 사유를

---

27) 『松崖集』 卷2, 雜著, 「約束」.

알리지 않은 자는 약속을 어긴 것으로 경중(輕重)을 논하여 처결한다.
- 공사(公事)는 유사가 주관하되 첨위(僉位)에 알려서 정한다.
- 회문(回文)을 전달하는 등의 일은 정사의 재직(齋直)이 사환(使喚)토록 한다.
- 계원 중에 상을 당한 자가 있으면 계원들이 모두 가서 조문한다. 당사자 및 부모의 상일 경우 성복(成服)하고 영장(永葬)한다. 소상(小祥)이나 대상(大祥)은 모두 가서 조문한다. 처자(妻子)의 상은 단지 성복(成服)만 하고 영장(永葬)은 가서 조문한다. 자식이 미성년이면 해당되지 않는다.
- 계원 본인이 상을 당하면 유사가 회문(回文)을 내어 백미(白米) 각 3승씩을 수합(收合)하여 전물(奠物)을 갖추고 제문을 지어 모두 모여 치전(致奠)한다.
- 계원 중 외임에 부임하는 자가 있으면 목(木) 3필을 보내어 하위(賀慰)의 바탕으로 삼는다.
- 계원 중 대단한 과오가 있으면 계원에서 내쫓는 일 외에는 상중하(上中下)로 벌을 나누어 수시로 의논하여 정한다. 장자(長者)가 중벌이나 하벌을 받게 되면 자제로 하여금 그 견책을 대신 받게 한다.
- 상벌(上罰)은 손도(損徒), 중벌(中罰)은 면책(面責), 하벌(下罰)은 용굉(用觥)이다.

〈강신의(講信儀)〉[28)]

강신(講信)하는 날에는 일찍 식사를 마치고 유사(有司)가 먼저 회소(會所)에 도착해서 계원(契員)들이 모두 모이기를 기다린다. 알묘(謁廟) 후에 유사는 동편에 서고 계원은 서편에 서서 서로를 향해 재배(再拜)한다. 좌정(坐定)을 마치고 제자(弟子)들도 모두 들어와 남쪽에 서립(敍立)하여 북쪽을 향해 재배한 이후에 좌정하기를 허락한다. 이후 부유사(副有司)가 「약속(約束)」 읽기를 마치면 의리를 강론하고 음례(飮禮)를 행한다. 계원 및 자제 중에 선행을 한 자가 있으면 부유사(副有司)가 선행을 한 자에게 먼저 읍하고, 선행을 한 자는 가운데에 나가

28) 『松崖集』 卷2, 雜著, 「講信儀」.

> 앉아서 별도로 상배(賞盃)를 행하여 추장(推奬)하고 권면한다. 해가 저물어 음례를 마치면 좌중(座中)은 자신의 자리에 따라 일어나 서서 한번에 모두 재배를 마치고 나이 순서대로 나간다.

박여룡이 제정한 소현서원의 동문계는 이이의 「은병정사학규」와 「은병정사약속」의 연장선상에 있다. 월별 정기 강회는 시행하지 않고 춘추(春秋)에 1차례씩으로 제한되었다. 동문계 「약속」에 의하면 계회는 상유사·부유사의 2원이 주관하여 진행하고 계원과 관련한 다양한 부조방식들이 제시되어 있다. 동문계는 참여자의 규모를 기존의 동문과 자제로 한정하였다. 이는 동문계의 결속력을 강화하고 이이를 중심으로 결집된 문인집단의 범위를 규정하려 했음을 확인할 수 있다. 「은병정사학규」와 달리 강론 이전에 알묘(謁廟) 의례가 추가된 것은 은병정사 뒤편에 주자사가 건립된 것과 관련되며, 강론과 상벌을 논하는 것은 「은병정사학규」와 동일하다.

강회와 관련하여 주목할 점은 「강신의」이다. 계회는 강회와 연계되어 알묘(謁廟)→상읍례(相揖禮)→독약(讀約)→강론의리(講論義理)→음례(飮禮)의 순서로 진행되었다. 대략적인 순서는 알묘의 절차 등을 제외하고 「은병정사학규」에 제시된 바와 유사한 것으로 미루어보아 이이가 제정한 강회 전통을 계승한 것으로 이해할 수 있다. 강학에 해당하는 강론의리(講論義理)의 구체적 상황은 자료상의 한계로 인해 파악하기는 어렵지만, 대체로 「은병정사학규」와 같이 사서삼경(四書三經)과 성리서(性理書)를 중심으로 강학이 진행되었을 것으로 추정된다.

이상과 같이 16세기 중반부터 건립되기 시작한 근기지역 서원들은 제향과 함께 강학활동을 통해 존현양사에 입각한 서원의 기능을 수행하였다. 특히 이이가 제정한 은병정사와 문헌서원의 규정을 통해 거재유생과 정기강회의 사례를 확인할 수 있다. 세부적인 내용과 함께 이 시기 근기지역 서원들은 자율성에 바탕을 둔 강학을 지향하는 방향으로 운영되었으며, 이는 이후 건립되었던 근기 지역 서원들의 강학 운영에도 영향을 끼쳤다.

Ⅲ. 17세기 후반 박세채의 서원 강규와 강학 –강학 교재와 강회 절차의 규정

16세기 영남 지역을 중심으로 건립되었던 서원들은 점차 전 지역에 걸쳐 확산되었다. 특히 17세기 당쟁의 격화에 따른 자파의 이익을 대변하는 차원에서 서원은 급속도로 건립되었으며, 남설에 따른 폐단도 발생하였다. 이를 해결하기 위해 숙종대에는 서원철폐령이 단행되는 등 그에 대한 대비책도 함께 제시되었다.[29] 근기 지역 서원 또한 17세기 이후로 급격한 건립 추이를 보여주며, 강학·제향의 사례들도 구체적으로 나타나기 시작하였다.

17세기 후반 근기지역 서원의 강규와 강학과 관련해서는 박세채(朴世采)의 활동을 주목해 볼 수 있다. 박세채는 「서원고증(書院考證)」을 통해 자신이 가지고 있는 서원관을 밝힌 바 있는데, 서원의 남설 현상을 비판적으로 인식하며 과거(科擧)에 얽매이지 않고 도학(道學)을 강명하는 위기지학(爲己之學)의 장소로서 서원을 운영하고자 하였다. 박세채의 서원관은 도학 지향적 경향을 보이며 이는 그가 관여한 서원 운영에 반영되었다.[30]

박세채는 서원에 대한 원론적인 시각뿐만 아니라 원규(院規)의 제정을 통해 자신의 서원관을 서원 운영에 실현하고자 했다. 박세채가 제정한 것은 문회서원(文會書院, 황해도 배천), 동양서원(東陽書院, 경기 장단), 자운서원(紫雲書院, 경기 파주)의 원규(院規)이다. 문회서원 원규는 1673년에 제정되었으며, 동양서원 원규는 문회서원 원규를 모본으로 일부 조항을 보완하여 1691년에 제정되었다.[31] 자운서원 원규는 1693년에 제정되었다.

29) 정만조, 「17~18세기의 書院·祠宇에 관한 試論－특히 士林의 建立活動을 중심으로」, 『朝鮮時代 書院硏究』, 集文堂, 1997.

30) 박종배, 「남계 박세채의 서원교육 사상과 실천」, 『교육사학연구』 24-2, 2014, 32~35쪽.

31) 동양서원원규를 원형 그대로 확인할 수 있는 자료는 없지만, 『南溪集』에 수록된 문회서원원규의 주석에 동양서원과의 차이점이 명시되어 있고, 1691년 7월에 박세채가 동양서원 원유들에게 보낸 서간을 토대로 살펴보면 동양서원학규는 문회

자운서원 원규 제정 직전인 1689년에는 남계서당학규(南溪書堂學規)도 제정하였는데, 학규의 내용은 서원 원규와 유사하다.

박세채는 과거 공부와 같은 세속적인 학문은 지양하고, 도학을 위주로 하는 서원 교육을 운영하였다. 서원은 과거 시험을 위주로 설립된 향교와의 차별이 있다고 강조하는 한편 과거를 위한 목적에서 공부를 할 경우에 서원 외부의 별도의 공간에서 진행하고 강당에서는 과문(科文)을 짓지 못하게 하였으며,[32] 부득이한 경우 서재(西齋)나 유사방(有司房)에서만 제한적으로 과거 공부를 하도록 하였다.[33] 박세채의 도학 위주 서원 교육에 대한 지향은 16세기 이래로 이이가 강조했던 서원 교육과 유사하다.

특히 주목할 점은 강학 교재가 이전에 비해 보다 구체화되었다는 사실이다. 「문회서원원규」와 「자운서원원규」의 강학교재는 〈표 1〉과 같다.

〈표 1〉 문회서원(文會書院)과 문회서원(文會書院) 원규(院規)에 규정된 강학교재 현황

구분		서명
문회서원	기본	四書, 五經, 小學, 朱子家禮
	諸經	周禮, 儀禮, 孝經
	諸書	近思錄, 心經, 性理大全
	諸史	春秋三傳, 資治通鑑綱目
	洛閩諸先生遺文	二程全書, 朱子大全, 朱子語類
자운서원	聖賢之書	五經, 四書, 小學, 朱子家禮, 心經, 近思錄, 朱子書節要, 聖學輯要
	性理之說	性理大全, 程朱諸先生及我東先儒文集
	史學	資治通鑑綱目, 資治通鑑續綱目

두 서원 모두 사서오경(四書五經)을 중심으로 하는 경전류(經典類), 『성

서원원규를 바탕으로 일부 사항을 수정한 것이기 때문에 대략적인 내용을 추정할 수 있다(『南溪集』 正集 第52, 「答東陽院儒問(院規○辛未七月二日)」).

32) 『南溪集』 正集 卷65, 雜著, 「文會書院院規(癸丑)」.

33) 『南溪集』 正集 第52, 「答東陽院儒問(院規○辛未七月二日)」; 『南溪集』 續集 卷19, 雜著, 「紫雲書院院規(癸酉七月)」.

리대전(性理大全)』 등 성리서(性理書), 『자치통감강목(資治通鑑綱目)』 등 사서(史書)로 구분하여 서원의 강학교재를 채택하였다. 교재의 강독 순서는 명시되어 있지 않다.[34] 이와 같은 구분은 16세기 후반 이이가 강학교재로서 성리서(性理書)와 사서(史書) 등으로 구분하여 제시한 것에 비해 한층 구체적이다. 사서(史書)를 다른 저서와 동일한 위치에서 이해했던 것은 아니며, 경서나 성리서의 보조 교재로 이해하였다. 정학(正學)과 관련 없는 서적은 원중(院中)에서 통독할 수 없었으며,[35] 특히 이단(異端)과 관련한 책은 서원 내에서 금지되었다.[36]

강학 교재와 관련하여 자운서원은 기본적인 유가(儒家) 경전 이외에 성현지서(聖賢之書)로 이이의 저술인 『성학집요(聖學輯要)』를, 성리지설(性理之說)에는 동선유문집(東先儒文集)이라 하여 조선 유학자들의 문집을 포함하였다. 문회서원은 강회에 『성학집요(聖學輯要)』를 읽도록 하였다.[37] 자운서원과 문회서원은 모두 이이를 배향하는 서원으로 『성학집요』가 배향자인 이이의 저서라는 점에서 두 서원 모두 제향인물의 저술을 강학 교재로 채택하였다. 자운서원의 강학 교재에서 조선 유학자의 문집을 포함시키기도 했는데, 이는 『동유사우록(東儒師友錄)』을 작성하면서 박세채가 가졌던 동방 도학의 관점을 간접적으로 투영하려고 하는 의도로 이해된다.[38] 박세체는 강학 교재의 세분화와 더불어 배향인물 및 조선 유학자와의 연관성 속에서 서원의 강학 교재를 다채롭게 구성하였다.

강회 방식 또한 이전에 비해 구체화된 양상을 보이는데, 그 일례는 「문

---

34) 1677년 박세채가 편찬한 「經典要目」에 讀之之法에 의하면 『小學』→『近思錄』·四書→五經으로 독서 순서를 정하고 있다는 점에서 자운서원과 문회서원에서도 이를 준용한 것으로 이해하기도 한다(박종배, 「남계 박세채의 서원교육 사상과 실천」, 『교육사학연구』 24-2, 2014, 47~49쪽).

35) 『南溪集』 正集 卷65, 雜著, 「文會書院院規(癸丑)」.

36) 『南溪集』 續集 卷19, 雜著, 「紫雲書院院規(癸酉七月)」.

37) 『南溪集』 正集 卷65, 雜著, 「文會書院院規(癸丑)」.

38) 고영진, 「박세채의 학문과 유학사(儒學史) 인식」, 『韓國思想史學』 32, 2009.

회서원원규(文會書院院規)」에서 확인할 수 있으며 그 내용은 다음과 같다.

> 매월 삭망(朔望)에 제생(諸生)들은 응당 건복(巾服)을 갖추어 서사(西祠)에 와서 중문(中門)을 열고 분향(焚香)하고【반드시 연장자가 한다】재배(再拜)한다. 다음 동사(東祠)에 가서 행례(行禮)를 이전과 같이 행한다.【비록 삭망(朔望)이 아니더라도 제생들이 출입할 때에는 반드시 사당에 가서 배례(拜禮)를 행한다.】(행례를 마치고) 물러와서 정읍례(庭揖禮)를 행하고 나서야 강당에 올라 좌정하여「백록동조교(白鹿洞條敎)」,「학교모범(學校模範)」및『소학(小學)』, 사서(四書),『근사록(近思錄)』,『성학집요(聖學輯要)』등의 책 약간을 통독한다. 차례대로 읽으며 다 읽으면 다시 처음부터 읽는다. 서로 어려운 것을 물으며 권도(勸導)한다.[39]

문회서원의 강회는 매월 삭망(朔望)에 진행되며, 알묘(謁廟) → 정읍례(庭揖禮) → 승당(升堂) → 강독(講讀) → 문난(問難) 및 권도(勸導)의 순서로 구성되어 있다. 17세기 전반 박여룡이 제정한 동문계(同門契)「강신의(講信儀)」와 비교해보면,「강신의」에서는 강독 이전에「약속(約束)」을 유사(有司)가 통독한 반면, 문회서원에서는「백록동교조(白鹿洞教條)」와「학교모범(學校模範)」을 통독하는 차이가 있다. 동양서원 또한 문회서원의 학규를 준용했으며, 세 서원 이외도 경기·황해도 인근의 서원 운영에 박세채 및 그의 문인들이 직·간접적으로 참여했다는 점에 근거해 보면 이와 같은 강회 방식은 근기 지역 서원 강회방식에 영향을 주었을 것으로 추정해 볼 수 있다.

강회는 배향자에 대한 존숭을 표현하는 알묘(謁廟)를 선행한다는 점에서 존현양사(尊賢養士)라는 서원의 기본원칙이 강회를 통해 구현되고 있었다. 통독 이후에는 권도(勸導)의 방식도 있다는 점에서 강론과 책선으로 이원화된 은병정사의 강학방식의 계승이 나타난다. 이를 통해 강회가 교재의 학습 그 자체뿐만 아니라 의례 행위를 통해 배향인물과 연계되어 운영되었

39)『南溪集』正集 卷65, 雜著,「文會書院院規(癸丑)」.

음이 확인된다.

자운서원은 문회서원과 달리 삭망(朔望)에 강회가 열리지는 않고 알묘(謁廟)의 절차가 있었다. 나만, 사맹월(四孟月)에 장의(掌議)가 유생들을 모으고 학규(學規)를 강의하고 유생들의 득실(得失)을 검찰(檢察)하는 규정이 확인된다.[40] 이는 매월 개최되는 강회와 비교하면 빈도에서는 적을 수 있지만, 장의가 직접 유생들의 검찰을 담당하는 점에서 한층 엄격한 방식으로 이해할 수 있다. 「자운서원원규」에는 강학과 관련한 특별한 규정은 확인되지 않지만 유생들에게 독서(讀書), 제술(製述), 강론의리(講論義理)라는 세 가지 항목의 임무가 부여된 것으로 미루어보면 제도화된 강학은 아니더라도 세 항목을 토대로 서원 내의 강학 방식이 존재했을 것으로 추정된다.

자운서원 강학활동의 일면은 1689년에 작성된 「남계서당학규(南溪書堂學規)」를 통해 유추해 볼 수 있는데 그 내용은 아래와 같다.

- 서당(書堂)의 선비는 반드시 독지향학(篤志向學)하여 항상 와서 독서할만한 이를 골라 입학을 허용하고 당적(堂籍)에 기록한다. 또 현족(顯族)이나 미품(微品)에 구애받지 말고 다만 자처하는 도로 각자 재량하지 아니할 수 없다.
- 새벽에 일찍 일어나서 직접 침구를 정리하고 소자(少者)는 실중(室中)을 청소하고 의관을 정제하도록 한다.
- 스승이 강당에 계시면 상복(上服)을 입고 스승 앞에 나아가 배례(拜禮)를 행하고 스승은 좌상(座上)에서 손을 굽혀 답하고,【삭망(朔望)에는 재배례(再拜禮)를 행하되 스승은 서서 답한다】(제생들은) 분립하여 양편에 서있다가 동서로 서로 향하여 읍례를 행한다.
- 각자 독서할 곳에 나아가면 자리에 임하여 손은 공손히하고 무릎꿇고 앉아 숙독하여 정밀히 연구하고 잡단 생각을 하거나 장난하지 않아 잡단 생각들이 출입할수 없게 한다.

40) 『南溪集』 續集 卷19, 雜著, 「紫雲書院院規(癸酉七月)」.

- 식사 때에는 나이대로 식사하고 조용하고 정숙하게 착석하고 항상 배불리 먹는 것에 마음을 두지 않는다.
- 식사를 마치면 밖을 소요하되 반드시 질연(秩然)히 위의(威儀)가 있어야 한다. 조금 지나 다시 서실(書室)에 들어가 책자를 정돈하고 스승이 부르기를 기다려 책을 받든다.
- 책을 받는 후에 읽을 곳에 나누어 나아간다. 종일토록 독서하되 조금 의심스러운 곳이 있으면 그때마다 와서 질문하기를 두세번 반복하여 방과(放過)하지 않도록 하여 일언일구(一言一句)에 반드시 실천하는 방도를 찾도록 한다.
- 중간에 조금 여유가 있으면 혹은 의리를 강론하고 혹은 책에 읽은 구절을 베끼거나 하여 나태해지지 않도록 하되 편안하게 있도록 한다.
- 거처에는 반드시 편안한 곳은 장자(長者)에게 양보하고, 자신보다 열 살 만은 자가 출입할 때에는 소자(少者)가 일어나 서 있는다.
- 언어는 신중하게 하여 문자예법(文字禮法)이 아니면 말하지 않고 괴이한 일이나 타인의 잘못, 조정 및 주현의 득실을 이야기하지 않는다.
- 손님이 도착했는데 만일 중사(中士)들이 모두 아는 자로 혹 저자가 만나보기를 원하면 만나보고, 그렇지 않으면 서로 아는 자들만 만나본다.
- 성현의 글이나 성리서가 아니면 열람하지 않되, 사서(史書)는 보는 것을 허락한다. 이단과 과거문자는 일절 강당에 들이는 것을 허용하지 않는다.
- 「백록동규」, 「경재잠양도」, 『격몽요결』 「위학지도」는 모두 정갈히 베껴서 벽위에 걸어두어 성찰의 바탕으로 삼는다. 대개 위학(爲學)의 대체요도(大體要道)는 모두 여기에 갖추어 있다.
- 석식때 식사에 나아가는 것은 조식의 의절과 같다. 이미 해가 저물게 되면 등불을 켜고 독서한다. 밤이 깊은 후에는 각자 자리에서 (일어나) 침방에 나아가 손과 발을 가지런히 하고 잡단 생각을 하지 않는다.
- 귀가(歸家)해서도 재중(齋中)에 익힌 것을 잊지 말고 일용공부(日用工夫)에도 조금의 나태함을 허용하지 않는다. 만약 혹 배치되는 경우가 있으면 위기지학을 얻지 못할 것이다. 학업을 게을리 하거나 행의(行誼)가 저절치 않거나

처사가 패려한 자가 있으면 그 경중을 따라 책벌을 행하여 경계토록 한다.
- 다시 장부를 비치하여 1년 안에 모인 자와 읽은 범위를 기록하여 후일을 대비하여 근만함을 살피게 한다.[41]

「남계서당학규」는 박세채가 구상한 강학 방식을 구체적으로 확인할 수 있다. 성리서를 위주로 독서를 진행했으며 이단(異端)과 과업문자(科業文字)는 금지되었다. 사장(師長)에 해당하는 스승이 강당에 있을 경우는 유생들이 사장에게 읍례를 하고 좌우로 나누어 상읍례를 하도록 하였다. 이외에도 독서, 식사, 접빈의 예를 규정하고 있어 서당(書堂) 내에서 규율을 엄격하게 유지하고자 했다. 정기강회나 평가 등에 대해서는 명시되어 있지 않다. 다만 별도의 장부를 마련하여 유생들의 참석현황과 강독 범위를 기재하여 근만(勤慢)을 살피고자 하였다.

박세채가 구상한 서원의 강학은 문회서원·동양서원과 같이 월별 정기강회가 운영되는 방식과 자운서원과 같이 입재생이 독서·제술을 중심으로 자율적인 교육을 토대로 운영되는 방식으로 이원화할 수 있다. 별도의 평가 절차는 존재하지 않았지만, 강학교재와 강회 절차의 제정 및 규율의 엄격화 경향은 16세기에 비해 발전된 근기지역 서원 강학운영의 일례를 보여준다.

Ⅳ. 18세기 노론·낙론계의 서원 강규과 강학 –평가방식의 도입과 강학의례의 세분화

1. 이재(李縡)의 서원 강규와 강학 : 강송(講誦)·시강(試講)의 도입

18세기 노론계에서는 송시열의 뜻을 계승하여 성리설을 심화·발전시켜

41)『南溪集』正集 卷65, 雜著, 「南溪書堂學規(己巳十二月二十二日)」.

나갔다. 송시열과 마찬가지로 주희-이이에 대한 단일화된 도통론을 통해 조선사회에서 주희의 도통을 이어받은 유일한 인물로서 이이를 설정했으며, 이를 바탕으로 자신들의 학문적 정통성을 획득해 나갔다. 노론계 인물들의 문집에서 이이를 '동방주자(東方朱子)'·'후주자(後朱子)'로 규정하거나, '계담민락(溪潭閩洛)'이란 표현을 통해 이이-김장생을 이정(二程)-주희와 대등하게 인식하려는 경향을 확인할 수 있다. 이는 송시열에 의해 본격적으로 제시된 이후 노론계에 의해 계승되어 갔다.

노론은 이이의 성리설뿐만 아니라 다양한 저작들을 일상생활에 적용시켜 나갔다. 『주자가례(朱子家禮)』와 함께 『격몽요결(擊蒙要訣)』을 검토하여 가례에 적용하거나,[42] 이이가 제정했던 「학교모범」·「은병정사학규」·「은병정사약속」 등을 근거로 서원·학당 등을 운영했다.[43] 이들은 향약 등 향촌교화에서도 이이가 제시했던 방식을 적극적으로 활용했다. 이러한 점들은 이이를 중심으로 한 노론 정체성이 형성됨과 더불어 그들 스스로 구현하고자 했던 사회·교육 구상에 이이의 견해들이 중요한 축을 담당하고 있음을 보여준다.

노론 내부에서는 인성(人性)·물성(物性)의 동이(同異) 문제를 주제로 권상하의 문인들 사이에서 인식의 차이를 보이면서 점차 학문적인 분화현상을 보였다. 이간(李柬)과 한원진(韓元震)으로 대표되는 권상하의 문인들인 강문팔학사(江門八學士) 사이에서 비롯된 이 논쟁은 학술적인 차원을 넘어서 정치적인 분화에까지 영향을 끼쳤다. 이후 한원진을 중심으로 한 호서지역 노론들은 인물성이론을 지지하여 호론으로, 근기지역 노론들은 이간의 제자였던 이재를 중심으로 인물성동론을 지지하며 낙론으로 분화되었다.[44]

---

42) 『承政院日記』 1149冊, 英祖 33년 10월 28일(丁亥).

43) 『渼湖集』 卷10, 書, 「答趙有善」; 『陶菴集』 卷25, 雜著, 「深谷書院學規」; 『陶菴集』 卷25, 雜著, 「道基書院學規」; 『陶菴集』 卷25, 雜著, 「龍仁鄕塾節目」; 『陶菴集』 卷25, 雜著, 「靈光郡講學節目(趙重稷爲郡守時)」.

44) 이경구, 「金昌翕의 學風과 湖洛論爭」, 『韓國學報』 24-4, 1988 ; 이경구, 「호락논

노론계 내부의 분화와 함께 근기지역의 학문은 낙론을 주도로 전개되어 갔으며, 이 지역에 소재한 서원 또한 낙론을 중심으로 운영되기 시작하였다. 이러한 배경은 근기지역 서원들이 이이를 비롯한 서인-노론계 인불늘을 배향하는 경향이 강했던 것에서 원인을 들 수 있다. 이이의 강학처였던 해주의 소현서원과 묘소가 위치한 파주의 자운서원을 비롯하여 이이를 배향하는 서원들이 증가하였으며, 이이뿐만 아니라 서인-노론계 인물을 배향하는 서원들도 근기지역을 중심으로 확대되었다.[45] 이와 함께 낙론계 인사들이 도봉서원, 숭양서원, 문헌서원 등 근기 지역을 대표하는 서원 운영에 직접적으로 관여하면서 근기지역의 서원은 노론-낙론계가 주도하는 양상을 확인할 수 있다.

18세기 전반 낙론계의 근기지역 서원 운영과 관련해서는 이재가 주목된다. 이간 사후 낙론계는 이재를 중심으로 학문적 동질성을 형성해 갔다. 이재는 심성론으로는 김창협·김창흡의 학문경향을 계승하는 한편 송시열의 의리지향적인 현실관을 따르면서 낙론계의 학문을 주도하는 역할을 하였다.[46] 이재는 학규·강규를 제정하거나 원장·산장으로 재직하며 근기지역 서원 운영에 직접적으로 관여하였다.[47]

쟁(湖洛論爭)을 통해 본 철학논쟁의 사회정치적 의미」, 『韓國思想史學』 26, 2006 ; 권오영, 「호락논변의 쟁점과 그 성격」, 『조선후기 유림의 사상과 활동』, 돌베개, 2003.

45) 조선시대 건립된 이이 배향 서원은 총 26개소이며, 이중에서 17개소가 경기·황해도에 분포해 있다. 전체 비율로는 65%에 해당된다. 이이 배향 이외에도 서인-노론·소론계 인물을 배향하는 서원들이 근기 지역에 집중적으로 분포되어 있다.

46) 이에 대해서는 권오영, 「18세기 洛論의 學風과 思想의 계승양상」, 『震檀學報』 108, 2009 ; 조성산, 『조선 후기 낙론계 학풍의 형성과 전개』, 지식산업사, 2007, 280~288쪽 ; 이경구, 『조선, 철학의 왕국－호락논쟁 이야기』, 푸른역사, 2018, 149~160쪽 참조.

47) 이재는 심곡서원, 충렬서원, 도봉서원의 원장·산장을 역임하였으며, 직접 서원에서 원생들을 가르치기도 하였다. 『도암연보』에 의하면 이재의 강의를 듣기 위해 많은 수의 인원이 참석한 것을 볼 수 있는데, 충렬서원에서는 80여명이 심곡서원에서는 200명이 모였다(『陶菴年譜』 庚申年 九月條 ; 『陶菴年譜』 丙申年 十月條).

서원 운영에 앞서 이재는 한천정사(寒泉精舍)의 강학 활동을 통해 문인들을 양성하였다.[48] 한천정사에서 강규(講規)를 제정하여 조강(朝講)에는 식전(食前)에 『소학(小學)』, 식후(食後)에 사서(四書), 석강(夕講)에는 『시경(詩經)』을 강독하고, 이외에 주희의 독서차제(讀書次第)에 따라 사서 및 제서(諸書)를 학습하도록 하였다. 매 강독에는 추첨을 통해 암송하고 문의를 해석하게 하였다. 이외에 열흘 동안 배운 것을 외우게 하였으며, 초하루와 보름에는 별강(別講) 제도를 두었다.[49] 한천정사의 강학 교재, 진강 순서, 평가규정 등은 이재가 관여했던 서원의 강규와 유사성을 보인다.

이재는 서원이 본래 설립된 목적이 강학에 있었으며 선현을 배향하는 것은 보조적이라는 인식이 있었다.[50] 따라서 제향을 위주로 운영되는 서원은 사우(祠宇)에 불과할 뿐이며 서원의 본래적인 목적을 달성하기 위해서는 독서와 강학이 필수적이라는 입장을 가졌다.[51] 이에 따라 이재는 서원 운영에 있어 강학과 관련한 사안에 관심을 가졌으며, 이는 그가 제정한 서원 학규에 반영되어 있다.

이재가 제정한 서원학규로는 「심곡서원학규(深谷書院學規)」[52](경기 용

이외에도 『도암집』에는 소현서원·화양서원·신항서원·우저서원·기천서원·도봉서원 등의 원유들과 수답한 서간문이 존재하는 것으로 미루어보아 노론계 서원들에 이재가 깊이 관여하고 있음을 확인할 수 있다.

48) 이재의 한천정사 강학과 문인양성에 대해서는 최성환, 「朝鮮後期 李縡의 學問과 寒泉精舍의 門人敎育」, 『歷史敎育』 77, 2001, 79~95쪽 참조.

49) 『陶菴年譜』 庚戌年條 ; 『謙齋集』 6, 雜著, 「寒泉語錄」 두 자료 모두 한천정사 강규가 수록되어 있는데, 제정 시기가 차이가 있다. 『도암연보』에는 경술년(1730)에, 「한천어록」에는 갑인년(1734)에 제정된 것으로 되어 있다. 『도암연보』보다는 「한천어록」에 수록된 강규가 구체적인데 경술년에 작성된 강규를 갑인년에 와서 보완했을 가능성도 있다.

50) 『陶菴集』 卷14, 書, 「答沈信甫」 書院之設 專爲講學 不獨崇奉前賢 ; 『陶菴集』 卷21, 書, 「答興賢院儒(戊午)」 念書院之設 不徒爲先賢春秋俎豆之饗而已 蓋將肄習于斯 藏修于斯 以之闡明儒教 丕變俗習

51) 『陶菴集』 卷21, 書, 「答黔潭院儒(癸亥)」 ; 『陶菴集』 卷21, 書, 「答考巖院儒」 ; 『陶菴集』 卷25, 雜著, 「諭道峰院任」.

인, 1737), 「충렬서원학규(忠烈書院學規)」[53](경기 용인, 1737), 「도기서원학규(道基書院學規)」[54](경기 안성, 1737 전후)가 있다. 이외에 현존하지는 않지만 1742년 이재가 도봉서원(道峯書院)의 산장이 되어 제정한 「도봉서원강규(道峯書院講規)」도 있었다.[55] 이 중 충렬서원은 심곡서원과 같은 지역에 있었고 모두 이재에 의해 제정되었기 때문에 학규는 심곡서원을 준용하였다.[56] 이와 함께 「용인향숙절목(龍仁鄉塾節目)」도 유사한 시기에 제정되었다. 용인향숙은 인근에 위치한 심곡서원·충렬서원과의 연계되어 운영되었을 뿐만 아니라 강학 방식에 있어서도 두 서원과 밀접한 관련을 가지고 있었다.

이재는 서원 강학에 과거 공부를 배제하였다. 서원 내에서는 과업문자를 짓지 못하도록 하여 도학 학습이라는 서원의 본래 목적을 지향하였다.[57] 도기서원(道基書院)의 경우에도 배향자인 김장생이 강학을 중심으로 한 인재양성을 지향했던 것을 기준으로 강학 위주로 서원을 운영하고자 하였다.[58] 이러한 점은 「은병정사학규」 이래로 근기지역 서원에서 지향하던 서원관을 계승함과 동시에 당시 서원들이 강학보다는 제향을 중시하는 시대적 경향을 극복하려는 의지로 이해할 수 있다.

강학 교재와 관련하여 이재는 주교재와 이를 보조하는 부교재로 이원화

52) 『陶菴集』 卷25, 雜著, 「深谷書院學規」.
53) 『陶菴集』 卷25, 雜著, 「忠烈書院學規」.
54) 『陶菴集』 卷25, 雜著, 「道基書院學規」.
55) 『陶菴年譜』 壬戌年 十二月條 "先生以道峯爲洛中儒士藏修之地 … 自爲山長 命則設講 而至是又作文勉諭勸督 至於三四 次定講規 …" 1754년 도봉서원을 방문한 沈潮는 강당 당호 현판 아래에 隱屛學規와 寒泉講規가 있다고 하는 것으로 보아 (『靜坐窩集』 卷12, 記, 「道峯行日記」 "堂號懸板之下 東付寒泉講規 西付隱屛學規") 이재가 제정한 강규는 제정 이후 은병정사학규와 함께 도봉서원 운영에 기준으로 작용한 것으로 추정된다.
56) 『陶菴集』 卷25, 雜著, 「忠烈書院學規」.
57) 『陶菴集』 卷25, 雜著, 「深谷書院學規」.
58) 『陶菴集』 卷25, 雜著, 「道基書院學規」.

하였다. 각 학규에 따른 강학 교재는 다음과 같다.

〈표 2〉 이재(李縡)에 의해 제정된 학규(學規)의 강학 교재 현황

구분	강학 순서	
	주교재	부교재
심곡서원학규	小學 → 四書(大學(或問)/論語/孟子/中庸) → 三經(詩經/書經/易經)	心經, 近思錄, 朱子家禮
충렬서원학규	小學 → 四書 (심곡서원학규 준용)	
도기서원학규	小學 → 四書 → 五經	心經, 近思錄, 朱子家禮
용인향숙절목	小學 → 四書 → 六經	性理書, 史書

이재는 서원 강학 교재의 단계별 강독 순서를 부여했다. 『소학(小學)』에서 출발하여 사서(四書)와 삼경(三經)[혹은 오경(五經)]의 순서로 나아가는 학습을 요구하였다. 이와 함께 『심경(心經)』, 『근사록(近思錄)』, 『주자가례(朱子家禮)』를 부수적으로 활용하도록 하였다. 강학교재에서 사서(史書)는 거의 언급되지 않는다. 강학 교재와 그 순서는 한천정사에서 이재가 지향했던 독서의 방향과 일치함과 동시에 서원의 강학 교재가 점차 세분화되었던 17세기 후반 근기지역 서원 강학과의 관련성 속에서 이해할 수 있다.

이재가 구상했던 강학 방식의 주요 특징은 강회에 평가방식의 하나인 강송(講誦)·시강(試講)을 도입하여 서원의 강학 운영을 강화하였다는 점이다. 이는 17세기까지 근기지역 서원에서는 뚜렷하게 등장하지 않은 방식으로서, 단순한 강학에만 그치지 않고 원생들의 학업성취도를 구체적으로 평가한다는 점에서 서원 강학의 실질적 효과를 거두고자 했던 것으로 여겨진다.

강회는 정기적으로 운영되었는데 심곡서원과 충렬서원은 매월 초하루에,[59] 도기서원은 매월 초하루 혹은 보름에 개최되었다.[60] 용인향숙은 서

59) 『陶菴集』 卷25, 雜著, 「深谷書院學規」; 『陶菴集』 卷25, 雜著, 「忠烈書院學規」.
60) 『陶菴集』 卷25, 雜著, 「道基書院學規」.

원과 달리 매월 5일과 20일에 개최되었는데 이는 용인향숙에 활동하는 유생들이 인근의 심곡서원과 충렬서원 강회에 의무적으로 참석하도록 하였기 때문이다.[61]

강회 절차와 관련하여 먼저 심곡서원의 사례를 살펴보면, 참석자는 거재유생(居齋儒生)이 일반적이었으며 거재유생이 아닌 경우 이전에 강회에 참석한 인원으로 제한하였다. 참석자의 명단은 『강안(講案)』에 기재하여 별도로 관리하였으며, 『강안』에 기재된 사람들은 희망할 경우 거재(居齋)하며 서원에서 공부할 수 있었다.[62]

강회는 매달 초하루 분향(焚香)을 마치고 열렸다. 강회는 장의(掌議)와 직월(直月)의 주도로 진행되었으며, 재임(齋任)과 유생(儒生)이 상읍(相揖)한 뒤에 정좌(定座)하였다. 강회는 강당에 게시되어 있는 「백록동규(白鹿洞規)」·「학교모범(學校模範)」·「은병정사학규(隱屛精舍學規)」·「은병정사약속(隱屛精舍約束)」을 유생 1인이 소리내어 읽는 것으로 시작되었다. 강독의 교재와 범위는 사전에 정해져 있었는데 대체로 매년 12월 강회에서 다음해 월별 교재와 범위를 정하였다. 강회는 교재별 1장(章)을 기준으로 장의(掌議)와 직월(直月)이 추생(抽栍)하여 뽑힌 순서대로 읽도록 하였다. 강회에 참석한 인원보다 강독할 장수(章數)가 적을 경우에는 1편(篇)을 마치고 다시 추생(抽栍)하여 1장(章)부터 순환하여 강송(講誦)하도록 하여 강회에 참석한 사람들이 빠짐없이 강독에 참여하도록 하였다. 강송은 암기하여 읽는 배강(背講)과 보고 읽는 임강(臨講)으로 구분되는데 연령에 따른 것이었다. 심곡서원은 40세를 기준으로 이하는 배강을, 이상은 임강을 하였다. 강송(講誦)은 통·약·조·불의 4단계로 평가되었는데, 평가결과는 『강안』에 기재되어 1부는 서원에 비치하고 1부는 원장에게 올려 유생의 학습상황을 점검할 수 있도록 하였다. 『강안』의 작성 주체는 직월(直月)로 추정되는데,

61) 『陶菴集』 卷25, 雜著, 「龍仁鄕塾節目」.
62) 『陶菴集』 卷25, 雜著, 「深谷書院學規」.

직월은 『강안』의 작성뿐만 아니라 강회 도중 문난(問難)한 것을 정리하여 원장에게 질의하였다.[63]

유생에 대한 평가는 『강안』의 기재에만 그치지 않고 봄·가을에 강생(講生)의 획수(劃數)를 파악하여 상벌(賞罰)을 결정하였다. 평가는 배강(背講) 대상인 40세 이하에게만 해당되었으며, 관자(冠者)와 동몽(童蒙)으로 구분하여 상벌의 차등을 두었다. 각 상벌에 대한 구체적인 내용은 아래와 같다.

〈표 3〉 심곡서원(深谷書院) 강송(講誦)에 따른 유생 상벌 규정

구분	평가	상벌
관자(冠者)	획장(劃壯)	장지(壯紙) 1묶음, 백지(白紙) 2묶음, 필묵(筆墨) 2개
	획말(劃末)	만좌(滿座)에서 대면하여 책망
동몽(童蒙)	획장(劃壯) 1	장지(壯紙) 1묶음, 백지(白紙) 2묶음, 필묵(筆墨) 2개
	획장(劃壯) 2	백지(白紙) 2묶음, 필묵(筆墨) 1개
	획장(劃壯) 3	백지(白紙) 1묶음, 필묵(筆墨) 1개
	획장(劃壯) 3	회초리 3대
	획장(劃壯) 2	회초리 5대
	획장(劃壯) 1	회초리 7대

강송(講誦)에는 평가와 상벌이 존재했기 때문에 유사(有司)가 이를 마련하기 위한 재정을 파악하고 있어야 했다. 「심곡서원학규(深谷書院學規)」에는 재정을 담당할 유사(有司)에 대한 엄선과 함께 재임기간을 장기간 두어서 재정 운영의 효율성을 기하고자 하였다. 이와 함께 유사가 서원 전곡(錢穀)을 사사로이 칭대(稱貸)하지 못하게 하고 이를 어길 경우 극벌을 준다고 명시하여 강학과 관련하여 소요되는 비용의 문제가 발생하지 않도록 하였다.[64]

심곡서원이 강회 내에 강송(講誦)을 도입하였다면, 도기서원은 강회와 함께 시강(試講)을 운영하면서 별도의 평가 제도를 운영하였다. 강회는 매

63) 『陶菴集』 卷25, 雜著, 「深谷書院學規」.
64) 『陶菴集』 卷25, 雜著, 「深谷書院學規」.

월 초하루 혹은 보름에 개최되었으며, 맹월(孟月)에는 강회와 관련하여 장의(掌議)가 유생들의 상태를 검찰(檢察)하였다. 또한 춘추에 각 1차례씩 시강(試講)을 개최하였다.[65] 심곡서원에서는 매월 진행된 강송(講誦)을 통계하여 춘추에 상벌을 내리는 방식으로 운영되었다면, 도기서원은 시강 제도를 별도로 운영하여 원생들의 학습량을 점검하고 이를 체계화하였다.

도기서원에도 심곡서원의 『강안』과 유사한 형태인 『강록(講錄)』에 원생들의 학습상태를 기재하였다. 『강록』에는 이름을 적고 그 아래에 개인별 강독의 시작[起]과 끝[止]을 표시하여 개인별 강독범위를 확인할 수 있도록 하였다.[66] 월별 강회의 운영은 직월이 담당했다. 직월은 『강록』을 작성하는 한편 유생들이 강규를 어기거나 강회에 불참한 것을 파악하고, 강회 도중에 문난(問難)할 사항을 파악하여 사장(師長)에게 질의하였는데 심곡서원 강회에서 직월의 역할과 동일하다.

심곡서원에서는 강회 내에 평가가 진행되었다면 도기서원에서는 춘추(春秋)에 1차례씩 사장(師長)의 주관으로 시강(試講)을 통해 원생들을 평가하였다. 평가방식은 심곡서원과 마찬가지로 연령에 따라 임강(臨講)과 배강(背講)으로 구분되었는데, 심곡서원이 40세를 기준으로 구분한 것과 달리 도기서원에서는 30세를 기준으로 구분하였다. 또한 시강에는 장로(長老)로 일컬어진 연장자들도 자율적으로 참여할 수 있도록 하여 시강의 참여 범위를 확대하였다.[67]

강회와 함께 평가방식을 도입한 것은 이재의 사숙(私塾)에 해당하는 용인향숙(龍仁鄉塾)에도 동일하게 확인된다. 심곡서원과 같이 강회에 강송(講誦)을 도입하여 사장(社長)이 찌를 뽑아 강원들이 시강(試講)하였는데, 배강과 임강의 기준은 30세로 도기서원의 예를 따랐다. 용인향숙에는 동몽(童

65) 『陶菴集』 卷25, 雜著, 「道基書院學規」.
66) 『陶菴集』 卷25, 雜著, 「道基書院學規」.
67) 『陶菴集』 卷25, 雜著, 「道基書院學規」.

蒙)을 송습(誦習)하는 훈회(訓誨)라는 직책이 있었는데, 강회전에 송습을 시키고 강회에서 동몽의 학습 결과에 따라 면책을 받기도 하였다. 강회 시작에 앞서 이이의 「학교모범(學校模範)」을 강독하거나 모든 시강의 초두에 『소학(小學)』을 읽는 것은 심곡서원·도기서원 강학과 차이가 있다.[68]

이재가 구상한 서원 강학의 특징은 강송(講誦) 혹은 시강(試講)과 같이 평가 제도를 도입한 것이라고 할 수 있다. 이는 기존의 강학방식이 가졌던 자율성에서 벗어나 보다 체계화된 평가 방식을 통해 강학을 위주로 하는 서원 교육의 본연에 다가가기 위한 해결책으로 이해할 수 있다. 18세기에 운영되었던 서원들이 제향을 위주로 운영된 것에 대해 이재는 비판적인 인식을 가지고 있었으며, 이를 보완하기 위해 강학에 평가 제도를 도입하여 원생의 학업을 진작시키고자 했다. 이러한 점은 기존과는 다른 서원 강학 운영의 양상이다.

2. 김원행(金元行)의 서원 강규와 강학 : 강학의(講學儀)의 세분화

심곡서원·충렬서원·도기서원이 경기 남부 지역의 서원 강학의 흐름을 보여준다면, 양주에 위치했던 석실서원은 경기 동부 지역 서원의 강학 방식을 보여준다. 18세기 석실서원의 강학 사례는 같은 시기 이재의 서원 강학과 공통점과 차이점을 비교하며 살펴볼 필요가 있다.

석실서원은 1656년에 김상용·김상헌을 배향하기 위한 목적에서 건립되어 노론-낙론계 중심서원으로 성장하였다.[69] 17세기 후반에서 18세기 초반까지 김창협을 중심으로 서원이 운영되면서 강학활동이 본격적으로 진

68) 『陶菴集』 卷25, 雜著, 「龍仁鄕塾節目」.
69) 조준호, 「경기지역 서원의 정치적 성격-石室書院을 중심으로-」, 『국학연구』 11, 2007 ; 김인규, 「김원행의 학문과 석실서원에서의 강학활동」, 『동방학』 22, 2012.

행되었다. 당시 석실서원은 근기지역 서원에 비해 상대적인 자율성을 띠고 운영되었던 것으로 평가되는데 입원자격에도 지역이나 계층에 차별을 두지 않았으며 입재여부도 자유롭게 이뤄졌다. 특히 근기지역 대부분의 서원이 과거시험을 배제하거나 구분을 지어 운영되었던데 반해 석실서원에서는 과거공부를 위한 유생들도 폭넓게 수용한 특징을 가졌다.[70]

김창협 사후 석실서원은 활동이 뚜렷하지 않다가 18세기 중반 김원행이 원장으로 재임하면서 낙론계의 학문을 전파하는 한편 전국적으로 많은 문인들을 배출하면서 근기지역의 대표 서원으로 성장하게 되었다.[71] 당시 홍대용, 박지원과 같은 북학파 계열 인물들뿐만 아니라 황윤석 등 재야 지식인들도 석실서원에서 활동하면서 서원의 외연이 확장되었다. 석실서원을 중심으로 김원행은 실심(實心)을 강조하는 등 자신만의 독특한 성리설을 기반으로 문인들을 양성하였으며, 이를 기초로 정치·학문적으로 낙론계의 다채로운 측면들이 전개될 수 있었다.[72] 김원행은 석실서원뿐만 아니

70) 김자운, 「17세기 말-18세기 초 석실서원의 강학 실제와 특징－농암 김창협의 강학 활동을 중심으로－」, 『韓國書院學報』 11, 2020, 201~203쪽. 과거에 대한 유연한 입장은 여타 서원들에서도 확인된다. 대표적으로 坡山書院의 경우 19세기 成近默이 제정한 齋規에 의하면 藏修는 성현의 학을 하는 것이지 科業을 이르는 것이 아니라고 하였으나, 居接에 있어 讀書를 위주로 하지만 부분적으로 科工을 한다고 규정하면서 일정부분 과거학습을 용인하고 있다(『果齋集』 卷5, 雜著, 「坡山書院齋規」 "院齋之所以待藏修者 卽聖賢之學 而非科業之云也 … 居接之規 必主乎讀書 間以科工"). 또한 노론·호론계 서원인 華陽書院의 경우에도 과거 공부를 서원 교육의 하나로 인식하고 있다(박종배, 「學規에 나타난 조선시대 서원 교육의 이념과 실제」, 『한국학논총』 33, 2010, 48~49쪽). 이러한 점은 도학이 서원 교육의 주된 목적이기는 했지만 과거학습을 무조건적으로 부정할 수 없었던 시대적 풍토를 보여준다.

71) 조준호, 「조선후기 석실서원(石室書院)의 위상과 학풍」, 『朝鮮時代史學報』 11, 1999 ; 조성산, 「18세기 후반 石室書院과 지식·지식인의 재생산」, 『역사와담론』 66, 2013 ; 이경구, 『조선, 철학의 왕국－호락논쟁 이야기』, 푸른역사, 2018, 175~188쪽.

72) 오항녕, 「석실서원의 미호 김원행과 그의 사상」, 『북한강 유역의 정치사상』, 한림대아시아문화연구, 1998 ; 이경구, 「김원행의 실심(實心) 강조와 석실서원에서

라 숭양서원의 산장으로 활동하면서 강규(講規)를 제정한 바 있으며,[73] 이외에도 소현서원·문헌서원·충렬서원의 원유들과는 서간을 통해 서원 운영과 관련한 의견을 교환하기도 하였다.

김원행이 구상한 석실서원의 강학 방식은 「석실서원강규」를 통해 확인할 수 있다. 「석실서원강규」는 체제상 「은병정사학규」와 유사한 내용으로 구성되어 있다. 이는 이이의 영향을 받은 율곡학파 계열 서원의 특징이라고 할 수 있는데, 김원행 또한 이를 계승한 것으로 이해된다. 석실서원은 매달 16일에 강회가 열렸다. 강학 교재는 『소학(小學)』 → 『대학(大學)』 [혹문(或問)] → 『논어(論語)』 → 『맹자(孟子)』 → 『중용(中庸)』 → 『심경(心經)』·『근사록(近思錄)』 → 제반 경전(經典)의 순서로 진행되었으며 해당 순서가 종료되면 윤회하여 진행하였다.[74] 월별 강회의 개최와 강학 교재의 성격은 이재가 제정한 심곡서원·도기서원 강학 순서와 일치하는데 이는 당시 근기지역 서원의 강학방식이 공유된 결과로 이해된다. 또한 과거공부를 불허하고 이단잡서(異端雜書)는 서원 내에서 일체 강독하지 못하도록 하여 정학(正學)의 교육기관으로서 서원의 정체성을 유지하고자 하였다.[75] 김원행

의 교육활동」, 『震檀學報』 88, 1999.

73) 1857년에 간행된 『中京誌』에 의하면 김원행이 산장으로 재임하여 이이와 이황의 학규와 여타 서원의 원규를 참고하여 강규를 제정했고 이와 함께 강회절목을 찬정했다고 한다(『中京誌』 卷5, 學校, 崧陽書院, 「講規後敍」 "山長渼湖金公元行收取退栗二生所定 他院院規 令書揭壁上 又纂定講會節目數十條 藏于院"). 국립중앙박물관에서 제공하는 유리원판목록 경기개성 숭양서원 강당천장(원판번호 96-6)에 보면 강당 내부에 다양한 현판들이 게시되어 있는 것으로 미루어보아 최소한 20세기 전반까지는 숭양서원의 학규가 잔존했을 것으로 추정된다. 그러나 최근 자료에 근거해 보면 숭양서원에는 강당에 별도로 게액된 현판이나 기문은 없는 것으로 보인다.

74) 『渼湖集』 卷14, 雜著, 「石室書院講規」. 석실서원 뿐만 아니라 월별 강회 규정과 소학에서 사서, 육경에 이어지는 강독 방식은 숭양서원에서도 동일하게 확인된다(『中京誌』 卷5, 學校, 崧陽書院, 「講規後敍」 "每月一講於院中 自小學爲始 四書六經以次循環")

75) 『渼湖集』 卷14, 雜著, 「石室書院講規」.

은 낙론계로서 이재와 동일한 학문적 입장을 보였던 점도 강학교재의 유사성과 관련이 있으며, 서원 내에서 과거학습을 불허한 것은 18세기 전반 김창협의 석실서원 운영과는 차이가 있나.

석실서원은 원장과 별도로 강장(講長)이라는 직함을 두어 강회를 관리하도록 하였다. 이는 서원의 원임(院任)인 장의(掌議)·직월(直月)과 구분되는 전문성을 부여하는 한편 강회의 체계적 관리를 지향했다. 강장은 강학 이외에는 추가적인 업무가 부여되지 않았다.[76)]

강회에서는 심곡서원과 마찬가지로 학업에 대한 평가 제도가 있었다. 30세를 기준으로 이상은 임강(臨講)을 이하는 배강(背講)을 진행했으며, 강장이 인원수에 맞게 찌를 뽑아 시강 범위를 배정하였다. 다만 주(註)의 경우에는 연령과 관계없이 임강(臨講)을 허용하였다.[77)] 강회에는 청강도 존재했는데, 청강생들은 시강을 하지는 않았으나 반드시 토론과 문답을 병행하도록 하여 강회의 내실을 기하고자 하였다.[78)]

상회를 마친 이후 주희의 「백록동규(白鹿洞規)」와 이이의 「학교모범(學校模範)」을 읽게 하였으며, 향사가 있는 달에는 묘정비문을 읽도록 하였다.[79)] 이러한 점은 주희-이이로 이어지는 도통적 관계를 강조함과 동시에 배향인물과 서원 강학과의 관련성을 높이고자 하는 입장으로 이해할 수 있다.

「석실서원학규」가 다른 학규와 비교하여 특징적인 사항은 강회 의례를 상세하게 제시하였다는 점이다. 강회의 전체적인 절차는 강회 준비→알묘례(謁廟禮)→입당(入堂)→상읍례(相揖禮)→도기(到記) 작성→응강(應講)→문답(問答)→경독(敬讀)→상읍례(相揖禮)→퇴장의 순서로 구성되어 있는데 다른 학규와 비교하여 구체적이다. 편의상 그 내용을 제시하면 아래와 같다.

---

76) 『渼湖集』 卷14, 雜著, 「石室書院講規」.
77) 『渼湖集』 卷14, 雜著, 「石室書院講規」.
78) 『渼湖集』 卷14, 雜著, 「石室書院講規」.
79) 『渼湖集』 卷14, 雜著, 「石室書院講規」.

〈표 4〉 石室書院講規－講儀

구분	내 용
강회 준비	강회(講會)하는 날에는 미리 한 사람을 집례(執禮)로 정하면【당(堂)에 올라가면 자리는 직월(直月)의 아래이다.】 강의(講儀)를 가지고 돕는다. 이른 아침에 재임(齋任)【장의(掌議)·유사(有司)·색장(色掌)·직월이 모두 해당된다.】이 재복(齋僕)을 시켜 먼저 강당에 자리를 펴고 북쪽 벽 아래에 서안(書案) 하나를 설치하고, 그 위에는 강독해야 할 책을, 서안 왼편에는 찌통(栍筒)을 두도록 한다.
알묘례(謁廟禮)	원장(院長) 이하 제생(諸生)【제생은 곧 재임과 응강할 자와 청강할 자의 통칭이다.】에 이르기까지 모두 서원에 당도하면, 원장과 강장은 우선 먼저 강당 동쪽 협실(夾室)로 들어가고 제생은 동재(東齋)와 서재(西齋)로 들어갔다가, 다 모이면 재복이 동쪽 협실 및 동재와 서재에 두루 알린다. 원장과 강장이 제생을 거느리고 사당에 배알하되, 원장이 앞줄이고 강장이 그 다음이며,【강장이 원장과 동등한 달존(達尊)일 경우에는 그 위치는 원장의 오른쪽이며, 강당에서도 그 서쪽편에 동향(同向)으로 자리하며, 오르내리거나 절하고 읍하는 것도 똑같이 원장에 준한다.】 제생은 그 다음 줄에 나이순으로 서서 재배(再拜)한 뒤에 물러난다.【제생 중에 혹 이미 서원에 머무르면서 앞서 새벽에 참알을 했던 자는 하지 않는다.】
입당(入堂)	원장과 강장이 나가 강당에 이르면 차례로 동쪽 계단으로 먼저 올라가고 제생은 서쪽 계단으로 올라간다.【만약 서원의 유생이 아니지만 청강을 위해 이른 자가 있으면, 원장은 그와 대등하게 예를 행하되 양쪽 계단에서 읍하고 사양한다. 원장이 연고가 있어 강장이 혼자 주관하면 서원의 유생이라 할지라도 실로 응강할 대열에 있지 않은 자는 그와 대등한 예로 읍하고 올라가며, 여러 재임 역시 강장을 따라 동쪽 계단을 이용한다.】
상읍례(相揖禮)	원장은 북쪽 벽 아래로 나아가 중앙에서 남향하여 서고【곧 서안(書案)의 북쪽이다.】 강장은 서쪽 벽 아래로 나아가 동향하여 서고【원장이 없으면 강장이 북벽의 자리를 차지한다.】 제생은 모두 남쪽으로 가서 북향하여 서되 서쪽을 상위(上位)로 한다. 강장이 먼저 원장과 서로 읍(揖)을 하고 나서 제생이 원장에게 재배(再拜)를 하면 원장이 답례로 읍을 한다. 그 중 응강할 자가 또 서향하여 강장에게 재배를 하면 강장이 답례로 일배(一拜)를 한다.【만일 원장과 대등한 예를 행해야 할 자가 있으면 북향하여 서로 읍을 하고, 강장과 대등한 예를 행해야 할 자라면 마찬가지로 서향하여 서로 읍을 하며, 재임 가운데 응강하지 않을 자도 강장에 대해서는 그 예가 마찬가지이다. 이는 의당 제생과 응강할 자들이 예를 행하기 전에 해야 한다. ○강장이 만약 북쪽 벽의 자리를 대신 차지하게 되면 재임 가운데 응강하지 않을 자는 동쪽 벽 아래로 나아가 서향하여 서고, 기타 청강자는 서쪽 벽 아래 나아가 동향하여 서되, 모두 북쪽을 상위로 하

구분	내 용
	고서 강장과 위의 의식대로 예를 행한다.】 제생이 또 동서로 나누어서【연장자가 서쪽에 있고 연소자는 동쪽에 있되 모두 북쪽을 상위로 한다.】 자기들끼리 서로 읍을 하고 나면, 원장과 강장이 모두 자리에 앉고, 여러 재임은 동쪽 벽 아래 앉아 서향하되 북쪽을 상위로 한다.【강장과 정면으로 마주앉지 말고 약간 남쪽으로 가까이 앉는다.】 청강하는 자는 서쪽 벽 아래에 앉아 동향하되 북쪽을 상위로 하고【여러 재임과 정면으로 마주한다.】 응강하는 자는 남쪽에서 한 줄로 앉되 서쪽을 상위로 하며, 장소가 좁으면 두 줄로 앉고, 더 좁으면 연장자는 청강하는 자의 아래쪽에 앉되 북쪽을 상위로 하고 청강자와 붙어서 연속으로 앉지 않으며, 연소자는 여러 재임의 아래쪽에 앉되 북쪽을 상위로 하고, 마찬가지로 재임과 붙어서 연속으로 앉지 않는다. 그 다음은 남쪽에 앉되 줄은 모두 두 줄로 앉는다.【만약 원장과 강장이 모두 강에 임할 수 없는 경우에는 여러 재임은 동쪽 계단으로 올라오고 그 나머지 제생은 서쪽 계단을 통해 서로 읍하면서 올라와 그 북쪽 벽은 비워두고 그 아래 서안을 놓고서 우선 연장자 한 사람이 강하는 내용을 살펴본다.】
도기(到記) 작성	재복으로 하여금 종이와 붓을 가지고 제생 앞에 나아가 도기(到記)를 받아【이것도 나이순으로 한다.】 직월 앞에 펼쳐 놓도록 한다.
응강(應講)	직월이 서안 앞에 나아가 읍하고 찌통의 왼편에 앉아 찌를 하나 뽑아 강독해야 할 자에게 보여준다. 강독해야 할 자는 서안 앞에 나아가 읍하고 앉아 강독하는 책을 읽는다.【배강과 임강은 의당 나이를 보아 강규(講規)에 의거하여 한다.】 읽기를 마치고는 일어나 읍하고 자리로 돌아간다.【매 순번마다 다 그렇게 한다.】 찌를 다 쓰면 직월이 본래 자리에 찌통을 두고 다시 서안 앞에 나아가 읍하고는 자리로 돌아간다.
문답(問答)	마침내 의심스런 뜻을 서로 문답하되 각자 소견을 다 발표하고 그친다.
경독(敬讀)	직월이 다시 서안 앞에 나아가 읍하고 앉아 「백록동규」나 「학교모범」 등의 편을 소리 높여 읽는다.【서원의 제향이 있는 달에는 또 반드시 묘정비문을 읽는다.】 끝낸 뒤 일어나 읍하고 자리로 돌아가면 비로소 파한다.
상읍례(相揖禮)	강장과 원장이 서로 읍을 하고, 제생이 원장에게 재배하면 원장이 답으로 읍을 한다. 응강한 자들이 또 서향을 하여 강장에게 재배하면, 강장은 답으로 일배(一拜)를 한다.【원장·강장과 대등한 예를 행하는 자는 처음처럼 서로 읍을 한다. 이 또한 재생과 응강한 자들이 예를 행하기 전에 해야 한다. ○강장이 홀로 주관할 경우엔 제생과 절하고 읍하는 위치와 차례 역시 모두 처음과 같다.】

구분	내 용
강회 종료	원장과 강장이 차례로 동쪽 계단으로 내려가면 제생도 서쪽 계단으로 내려가【강장이 홀로 주관한 경우에는 여러 재임도 처음 올라갈 때와 마찬가지로 동쪽 계단을 이용한다.】 각각 물러난다. 재복이 이에 자리와 서안을 철거한다. 원장과 강장이 만일 강에 임할 수 없는 경우에는 직월이 회안(會案)을 작성하여 재복을 시켜 갖다드리게 한다.【또 제생의 문목(問目)이 있으면, 이것도 첨부하여 갖다드린다.】

석실서원의 강회의례는 여타 서원에 비해 단계별 의례 절차를 상세하게 규정하고 있다. 해당 절차를 단순화하면 준비→알묘→회강→종료로 구분되지만 세부적인 내용은 몇 가지 특징을 확인할 수 있다. 첫째, 강당에 오르는 승당(升堂) 혹은 입당(入堂)과 관련하여 원장이하 원임들은 동계(東階)에 원생들은 서계(西階)를 이용하도록 하여 스승과 제자 사이의 구분을 하고 있다. 강당에 오를 때나 내릴 때의 방식도 동일하다. 둘째, 상읍례는 강당 내에서 진행하되 원장은 북벽, 강장은 서벽, 재임은 동벽, 청강자는 서벽, 그리고 원생은 남벽에 위치하도록 하고 원생은 재배(再拜), 강장은 일배(一拜)로 하는 등 각 직임별 위치와 읍례 절차를 상세하게 규정하였다. 셋째, 평가에 해당되는 응강은 직월이 담당하는데, 원생들은 직월 앞에 나아가 서안 앞의 응강 범위가 적혀진 찌를 뽑아 해당 구절을 읽고 자리로 돌아간다. 앞서 응강한 범위를 제외하는 규정이 없는 것으로 미루어보면 응강의 순서에 따른 응강 내용상의 차이는 없는 것으로 이해된다. 응강만으로 강회가 구성되지는 않으며, 응강을 마치고 문답과 경독을 포함하여 강회의 짜임새를 높였다.

석실서원 강회의례는 심곡서원 및 도기서원의 강학 사례와 비교할 수 있다. 이재가 학규를 제정한 서원들은 강장(講長)이 없기 때문에 석실서원과 차이가 있으며, 응강 외에는 별도의 규정이 없던 것에 비해 문답과 경독이 부가적으로 규정되어 있었다. 배강과 임강의 규정이나 응강의 방식은 심곡서원과 도기서원의 사례를 종합하여 제시하고 있다는 점에서 두 서원 강학 규정과의 관련성도 확인된다.

18세기 근기지역의 서원 강학은 상호간의 연관성을 보이는 한편 점차 세계화되는 경향을 보이고 있음이 확인된다. 이재와 김원행이 제정한 학규·강규는 상호간의 유사성과 차이점이 드러난다. 이러한 점은 서원 강학이 관학과 같이 일률적으로 규정된 것이 아니라 사립 교육기관으로서 가지는 다채로운 측면을 보여준다.

Ⅴ. 맺음말

이상에서 현존하는 원규(院規)·강규(講規) 자료를 토대로 단편적으로나마 근기지역 서원의 강학에 대해서 살펴보았다. 16세기부터 근기지역에 건립되기 시작한 서원들은 사림파와 관련된 인물을 배향하는 목적을 가지고 있었으며 강학도 함께 수행되었다. 16세기 중반 근기지역 서원의 강학은 이이가 제정한 「은병정사학규」 및 「문헌서원학규」 등을 통해 거재 유생의 존재와 정기 강학의 사례들을 확인할 수 있다. 다만 엄격한 강학 규정을 두기보다는 자율적인 학습과 강독을 병행하였다는 특징을 가진다.

16세기에 자율성을 토대로 운영되었던 근기지역의 서원 강학은 17세기 강학 교재가 세분화되고, 18세기에 이르러 강송(講誦)·시강(試講)이 채택되고 강의(講儀)가 상세하게 규정되면서 서원의 교육이 보다 체계화되기 시작하였다. 자운서원·동양서원·문회서원의 학규는 강학 교재가 세분화되며 강회의 절차를 체계적으로 제시하였음을 보여준다. 심곡서원·석실서원은 강회에 강송을 접목시켜 운영되었다면, 도기서원은 강회와 별도로 시강을 운영하여 유생들의 학습성취도를 평가하도록 하였다. 석실서원은 강회와 관련한 의례를 구체적으로 명시하여 강회가 경서 강독과 평가로만 이루어진 것이 아니라 제향을 포함한 서원 운영의 전과정이 유기적으로 결합된 산물임을 입증하였다. 근기지역 서원에서 마련된 강학관련 규정과 사례들은 제향을 중심으로 분석되던 서원 연구 경향의 또 다른 시각을 제공해주고 있다.

본고에서는 문집류에 수록된 자료를 중심으로 분석을 수행한 관계로 자료 확보가 가능한 서원만을 분석하여 근기지역 서원의 강학과 관련한 폭넓은 접근에는 미치지 못하였다. 조선시대 전체에 걸쳐 경기·황해도에는 약 60여개의 서원이 건립된 것으로 추정되는데, 읍지류, 고문서 등에 수록된 관련 자료의 추가발굴이 이루어진다면 근기지역을 하나로 연계시킬 수 있는 강학의 특징을 보다 명확히 규명할 수 있을 것으로 전망된다.

【참고문헌】

『承政院日記』(국사편찬위원회 DB), 『中京誌』(1857년 간행본, 서울대학교 규장각한국학연구소 소장), 『果齋集』(成近默), 『南溪集』(朴世采), 『陶菴集』(李縡), 『渼湖集』(金元行), 『栗谷全書』(李珥, 이상 한국문집총간 수록), 『謙齋集』(朴聖源, 국사편찬위원회 한국사료총서), 『陶菴年譜』(李縡, 보경문화사 영인본)

고영진, 「박세채의 학문과 유학사(儒學史) 인식」, 『韓國思想史學』 32, 2009.
권오영, 「호락논변의 쟁점과 그 성격」, 『조선후기 유림의 사상과 활동』, 돌베개, 2003.
권오영, 「18세기 洛論의 學風과 思想의 계승양상」, 『震檀學報』 108, 2009.
김인규, 「김원행의 학문과 석실서원에서의 강학활동」, 『동방학』 22, 2012.
김자운, 「17세기 말-18세기 초 석실서원의 강학 실제와 특징—농암 김창협의 강학 활동을 중심으로—」, 『한국서원학보』 11, 2020.
김형찬, 「퇴계(退溪)의 서원관(書院觀)에 대한 철학적 해명」, 『退溪學報』 136, 2014.
박종배, 「학규를 통해서 본 조선시대의 서원 강회」, 『교육사학연구』 19-2, 2009.
박종배, 「學規에 나타난 조선시대 서원교육의 이념과 실제」, 『한국학논총』 33, 2010.
박종배, 「남계 박세채의 서원교육 사상과 실천」, 『교육사학연구』 24-2, 2014.
오항녕, 「석실서원의 미호 김원행과 그의 사상」, 『북한강 유역의 정치사상』, 한림대 아시아문화연구, 1998.
윤경노, 「文峯書院의 창건과 발전」, 『민족문화』 5, 1991.
윤경호, 「석실서원의 건립과 교육방법」, 『退溪學論叢』 22, 2013.
이경구, 「金昌翕의 學風과 湖洛論爭」, 『韓國學報』 24-4, 1998.
이경구, 「金元行의 實心 강조와 石室書院에서의 교육 활동」, 『震檀學報』 88, 1999.
이경구, 「호락논쟁(湖洛論爭)을 통해 본 철학논쟁의 사회정치적 의미」, 『韓國思想史學』 26, 2006.
이경구, 『조선, 철학의 왕국—호락논쟁 이야기』, 푸른역사, 2018.
이경동, 「조선시대 해주 소현서원의 운영과 위상」, 『韓國思想史學』 61, 2019.
이경동, 『조선후기 정치·사상계의 栗谷 李珥 인식 변화 연구』, 고려대학교 박사학위논문, 2019.
이경동, 「조선후기 율곡 이이 문집 편찬의 추이와 의의」, 『儒學研究』 52, 2020.

이수환, 「북한 지역의 서원·사우 현황과 숭양서원의 위상」, 『포은학연구』 24, 2019.
이왕무, 「조선 후기 개성의 문인 동향과 숭양서원의 운영」, 『포은학연구』 24, 2019.
이해준, 「坡山書院의 창건·변천과 파주사족 동향」, 『우계학보』 34, 2016.
정만조, 『朝鮮時代 書院硏究』, 집문당, 1997.
정만조, 「조선시대 파주 사족(士族)과 서원활동」, 『韓國書院學報』 1, 2011.
정만조, 「韓國 書院의 歷史」, 『韓國學論叢』 29, 2019.
정만조 외, 『조선시대 경기북부지역 集姓村과 士族』, 국민대학교 출판부, 2004.
정순우, 「숭양서원(崧陽書院)을 통해서 본 포은 정몽주의 정치사상사적 위상」, 『포은학연구』 24, 2019.
조성산, 『조선 후기 낙론계 학풍의 형성과 전개』, 지식산업사, 2007.
조성산, 「18세기 후반 石室書院과 지식·지식인의 재생산」, 『역사와담론』 66, 2013.
조준호, 「조선후기 석실서원(石室書院)의 위상과 학풍」, 『朝鮮時代史學報』 11, 1999.
조준호, 「宋時烈의 道峯書院 入享論爭과 그 政治的 性格」, 『朝鮮時代史學報』 23, 2002.
조준호, 「경기지역 서원의 정치적 성격－石室書院을 중심으로－」, 『국학연구』 11, 2007.
조준호, 「석실서원의 건립과 안동김씨」, 『한국계보연구』 5, 2014.
지두환, 「숭양서원의 성쇠와 포은」, 『포은학연구』 20, 2017.
차장섭, 「陶山書院의 政治·社會的 役割과 位相」, 『歷史敎育論集』 54, 2015.
최연숙, 「19세기 도산서원의 사회 인식과 소통 방식」, 『도산서원을 통해 본 조선후기 사회사』, 새물결, 2014.
范慧娴, 「白鹿洞書院에 나타난 주희의 서원관」, 『韓國書院學報』 3, 2015.
Peter.K.Bol, 김영민 옮김, 『역사속의 성리학』, 예문서원, 2010.

19세기말 서원강회와 학파의 분화과정
-주리론 중심으로-

정 순 우

Ⅰ. 서언

강회(講會)는 전통시대의 학자들이 상호간의 학설을 주고받는 가장 중요한 기회이다. 강회는 한 서원에서 행하는 소규모 강회에서부터, 주요한 학파나 한 지역의 유림집단이 함께 주관하는 대규모 강회에 이르기까지 다양한 형식을 지니고 있다. 본고에서는 19세기 말, 강회를 통해 각 학파들이 주리론에 대한 독자적인 해석체계를 어떻게 제시하고, 또 절충하고 있었는지를 살펴보고자 한다. 이 시기 성주의 한주(寒洲) 이진상(李震相)이 제출한 '심즉리'의 강력한 주리론은 당대의 학인들로부터 격렬한 찬반논쟁을 불러 일으켰다. 이 논쟁에는 퇴계학파, 한주학파, 노사학파, 화서학파 등 주리론 계열의 여러 학파들과 경상우도의 남명학파 인물들도 강회를 통해 그들의 입장을 개진하였다. 19세기 말 조선의 지성계는 급변하는 국내외의 유동적 정세 속에서 강회를 통해 주리론을 유학의 새로운 보편적 가치로 재정립하고자 노력하였던 것이다.

본고에서는 강회를 지나치게 미시적이고 분절적으로 해석하는 태도를 지양하고, 적어도 19세기의 강회는 여러 강회가 상호 연동적이고 유기적인 연쇄망을 구축하고 있었음을 논증해 보고자 한다. 즉 이 시기의 강회는 개별 서원의 교육활동으로만 국한된 것이 아니라, 위기의 한말상황에 대한 사상적 응전이라는 공통의 화두를 갖고 있었다. 처음 살펴 볼 산천재 강회는 새로운 주리론을 주창하는 한주 이진상이 어떻게 남명학파와 노사학파의 중심부로 진입하는지를 알려 준다. 그 동안 퇴계학파의 강력한 자장안에 있던 경상우도의 학문적 지형도가 재편되는 첫 단서를 보여 준다. 한편 한주 이진상과 사미헌(四未軒) 장복추(張福樞)가 주관한 선석사(禪石寺)의 강회는 영남 주리론의 분화과정이 담겨있다. 도산서원의 학인들이 주관한 오천강회는 퇴계의 주리철학이 한주학설에 대응하는 양식을 알려주고, 화서학파의 장담강회는 주리철학이 척양(斥洋)의 논리로 전환하는 과정을 드러낸다. 이렇게 19세기 말 각각의 지역에서 진행되었던 강회는 서로 다른 이념적 지평을 유지하면서도, 또 상호 연결되어 작동되는 '의미의 연쇄망'을 구축하고 있었다는 것이 본고의 입장이다.

Ⅱ. 산천재(山天齋) 강회와 제 학파의 만남

1877년 이진상은 남명 조식을 추모하면서 강우지역 사림들과 함께 두 차례 지리산을 산행하였다. 이 시기 영남 학계는 퇴계의 주리론, 특히 그의 이발론(理發論)에 대한 해석을 두고 매우 미묘한 차이를 보이고 있었다. 그 파장의 중심 인물이 바로 한주 이진상이었다. 이진상의 아들인 한계(韓溪) 이승희(李承熙, 1847~1916)가 쓴 「한주선생행록」에는 "계문(溪門)의 정맥을 말씀하실 때는 반드시 한강(寒岡) 정(鄭) 선생을 말하였고", "후생과 리학(理學)을 말할 때에는 대산(大山) 이 선생의 설을 많이 인용하였다"라고 기록되어 있어 그가 스스로 한강 정구와 대산 이상정을 잇는 퇴계학의 적통임을 자임했던 사실을 알 수 있다. 한주는 이렇게 퇴계학의 정맥을 자부하는 한편, 행장에서는 "부군은 젊을 때부터 남인·북인·노론·소론, 사가의 저술들을 통독하여 학설들을 폭넓게 보고 공정하게 취사하셨다"[1]라고 하여 한주의 학문적 독자성을 강조하고 있다.

---

1) 李承熙(이상하 옮김), 「寒洲先生行錄」, 『한주 이진상 연구』, 역락, 2006, 253~254쪽.

이 시기 한주(寒洲)가 주창하기 시작한 심즉리(心卽理)설과 이발일로설(理發一路說)은 당대의 학자들로부터 엄청난 비판과 갈등을 불러 일으켰다. 그의 학설이 퇴계의 심통성정설(心統性情說)을 근저로부터 흔들어 놓을 수 있다는 불만에서 연유한 것이다. 특히 한주의 학설이 양명학의 심즉리 설과 무엇이 다른 것인가 하는 점이 의구심을 증폭시키고 있었다. 안동권을 중심으로 한 퇴계학파는 한주의 주장이 퇴계의 철학적 명제인 심합이기설(心合理氣說)과 이기호발설(理氣互發說)로부터 벗어난 것이기에 긴장하지 않을 수 없었다.

한주의 지리산 산행 길에는 경상우도의 학계를 주도하던 많은 학자들이 참여하였다. 박치복(朴致馥), 김인섭(金麟燮), 허유(許愈), 곽종석(郭鍾錫), 김진호(金鎭祜), 조성가(趙性家), 하용제(河龍濟) 등 30여인의 석유들이 참여하였다. 당시 경상우도에서는 한주의 심즉리설을 동조하는 학자들이 차츰 세를 형성하고 있었다. 그 대표적인 중심인물이 면우(俛宇) 곽종석(郭鍾錫)이다. 그는 1870년 한주의 문하에 출입한 이후 심즉리설의 굳건한 계승자를 자임하였다. 주지하는바와 같이, 퇴계학파 내부에서는 전통적으로 기의 역할과 지위를 승인하는 입장에 있었다. 그리고 마음은 이와 기의 합(心合理氣)이라는 토대위에서 공부론을 전개하고 있다. 그러나 곽종석은 한주의 학설에 기초해 기의 역할과 권능을 축소하고자 하였다. 그는 "그 근본은 리이고, 기는 단지 노복과 호위병인 것처럼 마련된 것이다"라고 하여 절대적인 이 우위론을 견지하고 있었다. 퇴계의 학설이 '리기호발설(理氣互發說)'에 터하고 있다면, 한주의 주장은 '리발일로설(理發一路說)'에 기초하고 있기 때문이다. 곽종석이 수용한 한주의 성리설은, 이기론에서는 리의 역할과 지위를 강조한 리주기자(理主氣資)이고, 심성론에서는 심이 일신의 주재이며 심에 지각이 있다는 점에서 심을 리로 보아야 한다는 것이다. 곽종석이 주장하는 '심과 성은 진실로 한물이다'라는 명제는 사실상 양명학적 심학으로 치우칠 수 있는 가능성을 안고 있는 것으로, 안동의 퇴계학파들이 가장 우려한 대목이다.

강회가 있던 날, 우도의 대표적인 학자들은 한주의 방문을 환영하여 남사리의 사장(沙場)에서 한주를 빈(賓)으로, 만성(晩醒) 박치복(朴致馥)을 주인으로 한 향음례를 개최하였다. 이어서 강좌를 개설하여 한주가 태극도설을 강론하였다. 그리고 산천재로 이동하여 수십인이 참여한 가운데 조성가와 더불어 기호와 영남의 사칠론의 이동(異同)에 대해 토론을 전개하였다.[2) 그의 이러한 강론은 경상우도에 상당한 찬반 논쟁을 불러 일으켰다. 우선 한주의 태극도설을 들은 박치복은 다음 해에 태극동정변(太極動靜辨)을 지어 그의 견해를 반박한다. 만성 박치복은 정재 유치명과 성재 허전, 두 문하에서 수학한 퇴계학파의 한 사람이다. 만성은 태극이 홀로 동정할 수 없고 반드시 음양이 함께 있어야 하니, 음양을 떠나서 태극의 동정을 말해서는 안 된다고 했다. 따라서 기(氣)를 떠나서 리(理)를 말하면 리(理)가 공허하고 추상적인 것이 될 것이라는 퇴계학의 종지를 극력 주장하였다. 만성은 심설에서도 리와 기의 불가분의 관계를 강조 하였으며, 특히 기의 역할을 매우 강조하였다. 이것은 역시 리만으로 심을 징의한 한주의 심즉리(心卽理)를 논박하기 위한 것이다.[3) 이 시기에 이르기까지 강우지역에는 아직도 퇴계학의 강한 영향력이 있었음을 알 수 있다.

그럼에도 불구하고 조성가와의 토론은 그에게 노사학맥과의 만남을 구체화하는 계기가 되었다. 조성가는 주리론을 주장하던 노사 기정진(奇正鎭)의 고제(高弟)이다. 율곡을 정점으로 하는 기호계열의 학자들은 리의 주재를 어떻게 수용할 것인가는 미묘한 차이를 드러낸다. 율곡은 기본적으로 기에 대한 리의 주재를 인정하고 있지만, 리무위(理無爲)의 입장을 견지하며 리를 기 운동의 추뉴(樞紐) 내지 근저로만 본다. 그러나 화서(華西) 이항로(李恒老)와 노사 기정진은 리의 주재를 근거나 추뉴라는 소극적 입장을 넘어서 명령과 같은 적극적인 측면으로 이해하며 강한 주리론적 입장을 표

2) 『晩醒先生文集』 권10, 〈南遊記行〉.
3) 이상하, 「晩醒 朴致馥의 학문 淵源과 心卽理說 비판」, 『남명학연구』 23, 2007.

명하고 있다. 이 점에서 한주학파와 노사학파는 상호 학문적 접점을 갖고 있었다. 산천재의 강회는 그러한 사실을 확인시켜 준 한 계기가 되었다.

특히 이 강회에 참여하였던 후산(后山) 허유(許愈)는 스승인 한주의 학설을 경상우도에 뿌리내리고, 그의 사상을 남명학파와 노사학파 내부에 전달하는데 특별한 역할을 담당하였다. 그는 남명의 〈신명사도〉에 대한 해석 과정에서 노사 기정진의 적전인 노백헌(老柏軒) 정재규(鄭載圭)와 심교하게 된다. 후산은 남명을 통하여 강우 사림들의 사론을 결집하고자 하였다. 성양(聖養) 이정모(李正模)에게 보낸 글을 보면, 한주, 박만성, 곽면우 등을 산천재로 초치하였으나 여러 가지 사정으로 불발하였던 사정이 실려 있다.[4] 또한 원하(元可) 하재성(河在聖)에게 보낸 편지에서 "산천재에서 현송(絃誦)의 소리가 끊어진 지가 이미 오래되었다. 군이 만약 동지들을 불러 모아 그곳에서 독서를 한다면 노선생의 유풍을 땅에 떨어뜨리지 않을 것이니, 비록 절름발이라고 하더라도 낳아서 장차 풍교(風敎)의 바람 아래에서 몸을 솟구쳐 일어날 것이다"[5]라고 하여 산천재를 유교 부흥의 중심지로 잡고 있음을 알 수 있다. 또한 산천재의 강회를 통해 한주학파와 노사학파, 그리고 남명학파의 사상적 결합을 꾀하고 있었다.

그럼 왜 한주학파는 주리론을 강화하는 전략을 세웠을까? 후산이 볼 때 율곡학파의 공부론은 지나치게 기국(氣局)의 세계, 즉 분수(分殊)의 세계에 매몰되어 이 세계의 본질을 제대로 이해하지 못하는 한계를 노정한다고 보았다. 이러한 한계를 극복할 가장 확실한 대안은 곧 심이 리라는 사실을 투철하게 아는 것이라고 생각하였다. 그들은 우선 그 이론적인 근거를 퇴계에서부터 찾고 있다. 한주는 말하기를, "퇴계 이 선생은 심을 논하여 통성정(統性情) 합이기(合理氣)라고 하였다. 그러나 중도(中圖)에서는 이(理)

---

4) 〈與李聖養〉. 3:52, "天齋會事 洲上遠不可請 醒丈姑未許可 鳴遠以座下不來亦爲觀望 書中引老先生海寺脫簑語辭"

5) 〈答河元可〉, 3:119, "山天齋無絃誦久矣 君若唱同志讀於此 使老先生遺風 不墮於地 雖躄躠如愈者 亦將聳動於風下矣"

만 가리켜 심이라 하고, 하도(下圖)에서는 기를 겸하여 가리켜 심이라 하였다. 여기서 말하는 합이기(合理氣)는 곧 옥과 돌이 함께 있는 것을 말하고, 이(理)만 가리켜 말한 것은 그 소용이 옥에 있음을 드러낸 것이고, 기(氣)를 겸하여 가리킨 것은 그것을 감싸고 있는 것이 실로 돌이라는 사실을 드러낸 것이다."라고 하여 심의 본체는 궁극적으로 이(理)임을 강조하고 있다.[6)]

이들이 심즉리설을 주장하는 근거는 이의 주재성(主宰性)에 있다. 심이 비록 이기의 결합으로 구성되어 있으나, 기는 언제나 이의 명령을 따르고 추종하는 종속적인 성질을 지니고 있을 뿐이라는 것이다. 또한 이들이 이렇게 이일(理一)을 주장하는 것은 분수(分殊)를 기의 영역으로 놓고, 이(理)도 종국적으로는 기의 작용에 국한되고 종속된다는 주장에 대한 반발에서 비롯된 것이다.[7)] 후산을 포함한 한주학파는 한말의 위기상황에서 퇴계와 남명의 사상적인 융합을 통하여, 새로운 시대정신을 이끌어 내고자 하였다. 후산은 그 대표적인 인물이다. 그는 남명사상과 퇴계사상을 그의 고유한 심즉리설을 통하여 통합해 보고자 하였다. 그의 〈신명사도혹문〉도 그 중의 하나이다. 그는 남명의 신명사도를 주리론적 형식 속에서 해석함으로써 세계에 대한 심의 주재(主宰)적 권능을 확인하고자 하였다. 아울러 그는 퇴계의 이발(理發)설을 더욱 밀고 나가 분수(分殊) 속에서 작동하는 기의 의미를 축소시키고자 하였다. 이러한 그의 논의는 이미 상당 부분 양명학적 요소를 잉태하고 있었던 것으로 보이며 이것이 퇴계학파가 한주학파를 공격하는 강력한 이유가 되었다. 한주학파는 19세기 말의 혼란상을 극복하기 위해서는 주리철학이 좀 더 강력한 주재력을 가질 필요성이 있다고 파악한 것이다. 산천재 강회는 영남의 학문적 지형도가 새롭게 재편되는 것을 알려 주는 신호탄이었다.

---

6) 『寒洲全書』 667쪽, "心爲太極之語 揭之於啓蒙之首 而以一動一靜未發已發之理當之 又曰 心固是主宰底 而所謂主宰者 卽此理也 又曰 元亨利貞 天地生物之心 而人得之爲心 未發而四德具 已發而四端著 又論良心以認之爲氣有存亡而欲其致養於氣爲非"

7) 졸저(공저), 『후산 허유의 학문과 사상』, 술이, 2007, 233~257쪽.

Ⅲ. 선석사(禪石寺) 강회와 주리론의 분화

1878년, 성주 서진산(捿鎭山) 자락에 있는 선석사(禪石寺)에서는 주목할 만한 강회가 있었다. 이 강회에는 60대의 한주 이진상(1818~1886)부터 30대의 면우 곽종석(1846~1919) 등이 참석하였다. 이 강회는 비록 서원에서 주관하는 강회는 아니었으나 당대의 대표적인 유림들이 망라되었다는 점에서 사실상 서원 문화의 자장안에서 이루어졌다. 이 강회가 조선 유학사에서 차지하는 비중은 결코 적지 않다. 강회는 여러 점에서 특징 있는 모습을 보여준다. 기존 연구에서는 이 강회를 한주학맥의 학술활동으로 자리매김하고 있다.[8] 그러나 이 강회의 성격은 몇 가지 점에서 좀 더 고려할 필요가 있다. 모임에 참가한 인물 중에서는 한주의 학설을 옹호하는 인물들이 있는 반면에, 그의 학설에 반대하고 기존 퇴계학의 학설을 충실히 승계하는 인물들이 다수 있었다. 이 강회는 특정 학파에 의해 사전에 치밀하게 기획되었거나 주도된 것은 아니었다. 만구 이종기가 유선석록(遊禪石錄)에서 술회하고 있듯이 이 모임은 단성에서 면우 곽종석과 물천 김진호라는 걸출한 두 인물이 유산(遊山)을 위해 이 지역을 방문한 것이 계기가 되었다.[9]

그리고 이 강회는 성주, 칠곡 지역 명문가들이 오랫동안 유지해 온 계회(契會)와 깊은 관련성이 있다. 성주 ,칠곡 지역의 유력 가문들은 문한과 학연을 바탕으로 강한 지역적 유대감을 형성하고 있었다. 방산 허유의 조부인 허임(許恁), 사미헌 장복추의 종조부인 장도(張翿), 완정(浣亭) 이언영(李彦英)의 후손인 이존영(李存永), 야계 송희규의 후손인 송천흠(宋天欽), 그리고 이진상의 부형인 한고(寒皐) 이원호(李源祜) 등 이 지역의 가장 유력한 학자들은 '향산구로(香山九老)'의 옛 고사를 본떠 '구계(九契)'를 조직

8) 권오영, 「강우학자들의 학문활동」, 『남명학연구』 11집.
9) 『晩求先生文集』 卷八, 〈遊禪石錄〉, "是會也. 初非約期招邀. 只以二友之來. 或聞風而從. 或扳聯而至. 而有文行志尙者. 少長咸集矣"

하였다.[10] 이후 그들의 후손 대에 이르기 까지 선석사를 중심으로 '담경부시(談經賦詩)'의 활동을 이어갔다. 선석사 강회에 참여한 인물들도 이 계회의 후손들이 다수를 차지하고 있있다. 산청에서 온 김진호(金鎭祜)·곽종석(郭鍾錫) 이외에, 이종기(李種杞)·송내흠(宋來欽)·이만응(李萬膺)·송홍규(宋鴻逵)·허훈(許薰)과 그의 아들 허용(許墉), 이만수(李萬洙)와 그의 아들 이덕후(李德厚), 송진익(宋晉翼)과 그의 아우 송종익(宋宗翼), 이승희(李承熙)와 종제(從弟) 이건희(李鍵熙) 등이 참여하여 십 여일 동안 머물며 학문을 강토 하였다.

그럼 우리는 이 강회가 지닌 지성사적 의미를 어디서 찾을 수 있을까? 강회에 참석한 만구(晚求) 이종기(李種杞, 1837~1902)의 경우에는 도산서원 원장을 역임할 정도로 퇴계학의 적통을 이은 인물이다. 그는 가학을 통해 대산 이상정과 정재 유치명의 학문적 계보를 잇고 있었다. 유치명은 1846년 고산서원(高山書院)에서 유생 수 백명을 대상으로 강회를 개최하면서 대산 이상정을 퇴계 도학의 적통으로 자리할 것을 주장할 정도로 안동 유림의 종장으로 자리한 이물이다. 그러나 한주는 그의 면전에서 심즉리의 입장을 개진한 바 있다. 유치명은 이진상과의 토론을 통해 '심즉리'설을 주장하는 이진상과는 달리 퇴계의 '심합이기(心合理氣)'설을 극력 변호한 바 있다.

선석사 강회에 참석한 이진상은 주리적인 측면을 보다 부각시켜 리와 기의 차별성을 강조하려는 입장이라면, 이종기는 유치명처럼 리와 기의 조화와 공존의 측면을 보다 강조하려는 입장이었다. 심성론과 관련해서도 한주학파는 심즉리설을 주창함으로써 이황의 심합이기설(心合理氣說)을 고수한 이종기와 대립하였다.[11] 이진상이 퇴계철학을 이기불상잡(理氣不相雜)을 강조하는 수간(垂看)의 입장에서 바라보고, 이주설(理主說)을 극단으

10) 『舫山先生文集』 권3, 〈遊禪石山房〉.
11) 임종진, 「晩求 李種杞의 성리학적 입장에 대한 검토」, 『영남학』 43, 2008.

로 밀고나가 당위론적 세계관을 구축하고자 하였다면, 이종기는 상대적으로 이기불상리(理氣不相離)라는 횡간(橫看)의 입장에서 기의 존재론적 위상을 좀 더 강화하고자 한 것이라 볼 수 있다. 이런 세계관의 차이에도 불구하고, 이진상은 이종기를 강회에 초대하고 이종기는 열흘 동안의 강회 내내 객관적인 입장에서 강회의 진행과정을 기록하였다.

한편 산청에서 이 강회에 참석한 물천 김진호와 면우 곽종석은 평생의 지우였으나 그 사상적 결은 상당한 차이를 보이고 있었다. 앞에서 이미 말한 바처럼 면우 곽종석은 한주의 학설위에 그의 터전을 마련하였다. 반면 김진호는 평생 퇴계학문을 근간으로 하고, 그 위에 남명의 정신을 수용하려 한 인물이다. 그는 한주처럼 율곡의 이통기국설을 인정하였으나, 한주의 수간설(垂看說)을 받아들이지 않고, 퇴계 이후 전통적으로 사용되어 온 이기불상리의 혼륜간(渾淪看)을 수용한다. 그는 한주처럼 이발일도(理發一途)를 주장하게 되면 사단과 칠정을 구분함에 소주(所主)가 흐려져서 이발과 기발로 나눈 근본 의미가 흐려진다고 보았다.[12] 이기론에 대한 퇴계학의 보편적인 학설을 충실히 계승하고 있는 것을 볼 수 있다. 이진상과 사돈 사이이자 막역한 학문적 동지인 또 다른 참가자 방산(舫山) 허훈(許薰, 1836~1907)조차도 「心說」을 지어서 이진상의 성리학적 입장을 비판하였던 것이다.

또한 이 모임에서 한주와 함께 강장을 맡았던 사미헌(四未軒) 장복추(張福樞, 1815~1900)도 그만의 독자적인 세계관을 구축하고 있고, 강회를 통해 그의 학설을 강설하기를 즐긴 인물이다.[13] 사미헌은 한주와 오랜 세의를 지니고 있었고 그의 학설을 존중하였지만, 한주가 주장하는 심즉리설

12) 이상하, 「물천 김진호의 학문성향과 성리설」, 『남명학』 21, 2006, 135~137쪽.
13) 그는 64세 때 이진상과 함께 선석사에서 강의한 후, 70세 때에는 모원당에서, 71세 때에는 夏山의 洛濱齋와 月川에서, 72세 때 晴川書堂에서, 79세 때 東洛書堂에서, 80세 때 墨坊의 松壇에서, 85세 때 求勗齋에서 강회를 열었다. 강회의 내용은 〈慕遠堂講義〉·〈墨坊講義〉·〈月川講義〉 등이 있다.

(心卽理說)에 대해서는 선학(禪學)의 혐의가 있다고 하여 끝내 동의하지 않았다. 사미헌의 학설은 퇴계학과도 일정 정도 거리를 두고 있었다. 사미헌은 『숙흥야매잠집설』의 서문에서 이 책은 송유들의 제설을 섭취하고, 그 위에 퇴계와 대산, 그리고 한강 정구의 「심경발휘」, 그리고 그의 선조인 여헌 장현광의 학설을 종합하고 있음을 밝히고 있다. 그는 이 책을 통해 당시 퇴계 적전들로부터 배척받았던 여헌의 학설을 공부론의 관점 속에서 다시 복권시키고, 그것을 대산 이상정의 학설과 종합하고자 하는 의지를 보인다. 그는 이 책에서 「숙흥야매잠」 해석을 둘러싸고 퇴계와 첨예한 대립을 보였던 소재 노수신의 학설에 대해서도 적극적으로 수용하고 채택한다.

사미헌의 『숙흥야매잠집설』은 조선조말 영남에서의 경론(敬論)이 어떤 성격을 지니고 있었는가를 집약적으로 드러낸다. 그의 공부론에서는 형이상학적 주제에 관한 논의가 대폭 약화되었다. 예로 그의 공부론에서는 '상달처(上達處)'에 관한 고심이나 '천명(天命)'에 관한 관심이, 퇴계와 비교하여, 현격하게 줄어들었다. 또한 그의 공부론에서는 '야기장'에 대한 해석에서 나타나는 바와 같이, 강우 지역의 독특한 기론(氣論)이 일정 부분 스며있는 것으로 이해된다. 또한 그의 경 공부가 지향하는 마지막 희원(希願)도 한말의 파멸적 상황을 구원할 '구시증세(救時拯世)'에 있었던 것으로 보인다는 점에서, '구세(救世)'에 언제나 적극적이었던 남명학의 한 특성을 파지하고 있었던 것으로 보인다.[14)]

이렇게 참가자들이 비록 사상적 결은 달리 하였지만, 강회의 분위기는 매우 좋았던 것으로 보인다. 곽종석은 당시 강회의 분위기가 "인향(仁鄕)의 풍속의 아름다움과 사우들의 유종(游從)이 성한' 모습이었다고 찬탄하였다. 본격적인 강회는 23일, 이진상의 아들인 한계 이승희(李承熙, 1847-1916)가 한주에게 회집을 고하는 것에서 시작되었다. 첫 날에는 낮에는 『소학』을 강하고 밤에는 불도(佛道)의 극성함에 대한 대처 방안을 두고 치열한 토

14) 졸고, 「사미헌 장복추의 『숙흥야매잠집설』 연구」, 『영남학』 14, 2008.

론이 전개되었다. 이승희와 곽종석이 이단을 일소에 제거하는 방안을 논하자, 이종기는 이 세계의 구성이 '대대소장(對待消長). 불용독립(不容獨立)'의 상호 보완적인 관계라는 사실을 구괘와 복괘의 괘사를 예로 들어 설명하면서 점진적인 변화를 주장하고 있다. 이에 반해 이승희 등은 불교 등 이단에 대한 좀 더 원칙적이고 과단성 있는 대응이 필요하다는 입장을 개진하였다. 이러한 이들의 토론의 밑바탕에는 기실 '이기불상잡'과 '이기불상리'를 둘러싼 양측의 이론적 다툼이 자리하고 있음을 알 수 있다. 이후 29일에도 이 두 사람은 중용의 예지(叡智)설에 대해 이종기는 기질의 측면에서 보고, 곽종석은 '성리'의 측면에서 보아 심즉리설에 대한 양측의 이견을 조정하였다. 24일에는 이진상의 저작인 「중용의의 中庸疑義」에 대하여 토론이 있었고, 연이어 3일간 중용에 대한 토론이 전개되었다. 아쉽게도 중용 부분에 대한 자세한 강록(講錄)이 남아 있지 않아 그 전말을 알 수 없지만, 한주의 심즉리설에 대한 중점적인 토론이 진행되었을 것으로 짐작된다. 특히 장석(丈席)에 함께 좌정한 한주와 사미헌의 중용 해석은 경상우도의 학문적 풍향도가 어떻게 갈라지고 있었는지를 상징적으로 알려 주는 것이라 하겠다.

Ⅵ. 오천강회(浯川講會), 도산 주리론의 대응

오천 강회는 1892년 용산(龍山) 이만인(李晩寅, 1834~1897)[15]이 주도하여 예천에 있는 오천의 향사당에서 시행되었다. 유사(遺事)에는 『대학』을 강론하였다는 기록이 나타난다.[16] 족인이자 제자인 봉강(鳳岡) 이만여(李晩輿, 1861~1904)의 기록을 보면 영남 일원에서 대규모의 인원이 참가하였던 것을 알 수 있다. 〈강록 講錄〉을 남겼다는 기록은 보이나 현재 실전된

15) 이황의 11세손. 1881년에는 영남만인소의 소본(疏本)을 기초하였다.
16) 『용산문집』 권11, 遺事, "壬辰 講會傳 于酒泉之浯川榭"

상태다. 다만 그의 문집과 이만여의 『봉강집』에서는 당시의 실상을 알려주는 자료들이 산견된다. 동전(東田) 이중균(李中均)이 쓴 이만여의 묘갈명은 당시 강회의 분위기를 전하고 있다.

> 이 때에 한주(寒洲) 이진상(李震相)이 책을 써서 심즉리(心卽理)설을 주장하였는데 공이 그 가장 핵심 되는 근원처를 부숴버리니, 그 책의 옳지 않은 바를 드러내었다. 또한 일찍이『寒江續稿』의 9조 변답(辨答)에 관해 논했는데 대학 정심(正心)장은 전적으로 '성찰'에 주안점을 두었다는 점을 도산서원의 본지에 근거하여 밝혔다.[17)]

이 기록에서 우리는 오천강회가 한주 이진상의 심즉리설에 대한 도산서원 측의 공론을 모으기 위한 자리였음을 알 수 있다. 이 자리에는 강좌의 인물뿐만 아니라 강우의 학자들도 참여하였다는 것으로 보아 성주와 합천, 산청 등의 퇴계학파 인물들이 다수 참여한 것으로 짐작된다. 이 시기 도산서원은 한강 정구와 여헌 장현광 같은 이른바 강안학파의 새로운 학문적 분기(分岐) 양상에도 상당한 위기감을 가졌다. 인용문에 실린 『한강속집』의 9조는 여헌이 존양성찰에 관한 퇴계의 해석에 의문을 표한 부분이다. 이만인은 존양성찰설에 대한 여헌과 한강의 견해에 대해 반박하면서, 양인의 해석이 자칫 존양과 성찰 공부를 함께 중시하는 퇴계의 학설을 흔들 수 있음을 경계하였다.[18)]

강장(講長)인 이만인은 퇴계 학단 내에서 중망을 받던 인물이다. 그는

17) 『鳳岡先生文集』 권3, 〈墓碣銘〉, "壬辰陪龍山公 赴浯川講會 江左右多士 卽席問難 而公在其傍 隨所問辨 答條理明暢 人皆屬目 時寒洲李公震相 著書有心卽理之說 公劈破源頭 爲一書以言其非是 又嘗論寒岡續稿九條辨答 而於大學正心章 根據陶山本旨 專主省察"

18) 자세한 논의는 졸고, 「퇴계의 강학활동과 도산강회」, 『도산서원과 지식의 탄생』, 글항아리, 2012.

도산서원의 갑인강회를 주도하였던 할아버지 이효순(李孝淳)으로부터 가학을 전수 받아 퇴계학의 종지를 이었다. 1850년 도산서원의 고강(考講)에서는 『서경(書經)』을 강해 고계 이휘령(李彙寧) 등으로부터 깊은 학문적 신임을 얻었다. 위의 시에서 "난쟁이 등 위에 천근의 무게를 지우네"라고 술회할 정도로 사림의 신망을 받고 있었다. 그는 강장으로 이 시기 이미 흔들리던 퇴계학의 위상을 고양할 책임이 있었다. 그는 강회를 통해 학파의 존립에 영향을 줄 수 있는 외부의 도전에 학문적으로 대응하고자 하였음이 분명하다. 그가 1881년에 이만손(李晚孫) 등과 함께 영남만인소의 소본(疏本)을 기초하였던 사실에서 이러한 위기의식을 읽을 수 있다.

이만인의 오천강회는 서학에 대한 대응이라는 의미 이외에도, 한주 이진상의 심즉리(心卽理) 설에 대한 퇴계학파의 응전이라는 성격이 더욱 농후하였다. 그는 이 강회에서 대학을 교재로 삼아 새로운 학설을 반박할 수 있는 내부 논리를 가다듬고자 하였다. 당시 한주 이진상의 심즉리설은 퇴계학의 본격적인 분화를 알리는 신호탄의 역할을 하였다. 한주학파의 심즉리설은 심통성정론을 견지하는 퇴계학파로서는 매우 받아들이기 어려운 주장이었다. 이만인(李晚寅)은 바로 한주의 이러한 부분을 집중적으로 공격하였다. 그는 한주가 성(性)만이 아니라 칠정도 리발이라는 '이발일도설(理發一途論)'을 주장하는 것에 대해 이것은 율곡 이이의 '기발일도설(氣發一途論)'을 부정하려다가 스스로 오류를 범한 것이라고 공박하였다. 이에 대해 이승희는 이진상이 말한 리발일도론이 퇴계 이황과 대산(大山) 이상정(李象靖)에 연원이 있음을 밝힘으로써 비판의 표적을 벗어난다. 곧 일찍이 퇴계는 성과 정이 하나의 리라고 말하였고, 그것을 대산 이상정은 성은 미발의 리이고 정은 이발의 리로 이어 받았는데, 이진상은 대산의 설을 그대로 따랐을 따름이라고 말하였다. 이승희의 이러한 말은 사실 퇴계의 도통은 한주에게로 전해졌다는 것과 마찬가지의 주장이다. 이에 이만인은 이승희에게, 면우 곽종석과 객의 일화를 들어, 이 설은 양명학으로 오인될 위험성이 많으며, 양명학은 불교의 선학으로부터 유래된 것임을 강조한다.[19)]

이만인의 유사(遺事)에 따르면, 원래 오천 강회에 대하여 기록한 강록(講錄)이 있었다고 한다. 그러나 불행하게도 이 강록의 원본은 지금 남아 있지 않다. 다만 이 때 가장 중요한 역할을 담당하였던 이만인과 이만여의 문집에는 당시 강론한 『대학』에 관한 문답이 실려 있어 강회의 흐름을 짐작해 볼 수 있다. 이만인은 이 문답에서 율곡설과 퇴계학설의 차이점을 분명하게 하고, 이를 통하여 한주 학설의 맹점을 드러내었다. 〈심성명덕 心性明德〉조에서는 이들 각 개념이 퇴계와 율곡의 사상에서 어떤 차이를 보이고 있는지 논의하고, 〈이여기합 理與氣合〉조에서는 율곡의 학설이 '이기불상리(理氣不相離)'만 알고 '이기불상잡(理氣不相雜)'을 알지 못해 나정암의 선학(禪學)의 폐단으로 흘러들었다고 공격한다. 〈성발위정심발위의 性發爲情心發爲意〉조에서는 율곡의 학설이 심과 성을 혼합함으로 인해 양자가 따로 발한다는 명백한 사실을 오도하고 있다고 비판한다. 이러한 사실들을 종합해 볼 때 오천강회에서는 한주 이진상의 '심즉리(心卽理)'설 뿐만 아니라, 율곡의 '심즉기(心卽氣)설'이 강회의 주요 쟁점이었음을 알 수 있다.[20] 오천강회는 퇴계학파가 격변하는 한말의 사상사에서 주리론이 새로운 활로를 모색하고자 기획한 모임이었다.

Ⅴ. 화서학파의 장담강회(長潭講會), 주리론적 척사론(斥邪論)

화서(華西) 이항로(李恒老, 1792~1868)의 이기론은 '리(理)의 주재'만으로 일관된 체계를 꾀하는 것이다. 이항로는 '리의 주재'를 강조하기 위해 리를 '능동적 존재'로 규정한다. 그런 점에서 이항로의 주리론은 놀라울 정

19) 『용산문집』 권4, 〈答李繼道〉, "此非陽明說與 應之曰 陽明所謂心卽理者 由禪會而出者"

20) 『용산문집』 권5, 〈答族弟希曾 萬輿〉.

도로 퇴계학과 대강을 같이 하는 것이다. 심을 '리기의 묘합'으로 규정하는 것도, 리기의 불상리(不相離)를 전제로 리발과 기발을 분개(分開)하는 것도 그렇다.[21]

이들 화서학파도 강회를 통해 그들의 주리사상을 전파하고자 노력하였다. 김평묵의 「연보」에 따르면, 그 역시 자신의 문인들과 활발하게 회강하였다. 김평묵은 이미 30대 후반부터 문인들을 대상으로 정기적 강회를 시작한 것으로 알려 졌고, 김평묵의 강회기록이 남아있는 『석담일기(石潭日記)』가 남아있다. [22] 화서 문인 중에서도 19세기 말 강호 활동을 가장 적극적으로 한 인물은 성재(省齋) 유중교(柳重教, 1832~1893)이다.

이미 익히 알려진 바와 같이 성재 유중교(1832~1893)는 이항로를 종장으로 하는 화서학파의 적전을 이은 인물이다. 그는 중암(重庵) 김평묵(金平默)과 함께 한말 척사(斥邪) 의리사상의 중심을 이룬 인물이다. 그들의 의리론은 성리학의 수용에서도 기호학파 전통의 '심주기설(心主氣說)'이 아니라 '심주리설'을 주장하는 퇴계적 사유로 발전한다.[23] 학통은 율곡의 적전을 이은 것으로 자임하였으나, 그 실제적 내용은 퇴계에 더욱 근사한 모습을 드러낸다. 이는 그들의 사유체계로 볼 때 논리적으로 지극히 당연하다. 화서는 '이기결시이물(理氣決是二物)'의 이원론적인 세계관을 통해 퇴계사상을 그의 철학의 근거로 삼고 있다. 이들 화서학파의 인물들은 세계사적인 지각변동의 와중에서도 한치의 흔들림 없이 기존의 유학적 세계의 한 축을 고집할 수 있었던 것도 그들의 리우위론적 세계관과 밀접한 관련성이 있다. 그들 사상의 특징은 흔들리는 기적(氣的) 세계의 혼동 속에서도 리의 독존을 확신하는 존리적(尊理的) 태도에 있다. 화서학파는 기본적으로 이 세계를 이원론적인 구도 속에 갈라 둔다. 그들은 이 세계를 사(邪)와

21) 이상익, 「화서 이항로의 주리론과 퇴계학」, 『퇴계학보』 117, 2쪽.
22) 김대식, 「화서 문인공동체 강회의 실제」 『교육사학연구』 21, 2011.
23) 금장태, 『한국근대의 유교사상』,서울대 출판부, 1990, 36쪽.

정(正), 화(華)와 이(夷), 의(義)와 이(利) 사이의 대립적인 관계로 이해한다. 그들은 선악에 대한 명확한 논리적 구별이 바로 신념화되어 현실 속에서 실천성을 지닐 것을 요구하였다. 리(理)와 선(善)의 세계는 공허한 추상의 영역에서 홀로 부유하는 것이 아니라 구체적 삶과 역사 속에서 그 기능을 다할 것을 기대하였다. 유중교가 주도한 장담강회(長潭講會)의 역사적 의의는 이러한 맥락에서 찾아야 할 것이다.[24)]

1886년 그의 나이 55세일 때 유중교는 춘성(春城)에서부터 제천 장담(長潭)으로 이거하였다.[25)] 그리고 이거 후 3년째인 기축년 11월부터 매월 상순·중순·하순에 장담서사(長潭書社)에서 강회를 개최하고 이를 《장담강록長潭講錄》이라는 문건으로 기록하였다. 이 강록에 대해서는 의병활동의 성격을 알 수 있다는 점에서 이미 상당한 관심을 불러 모았다.[26)] 장담강회와 강록은 크게 4기로 구분된다. 즉 1기는 1889년 11월부터 1893년 1월까지 성재에 의해 주도되었고, 2기는 1893년 6월부터 1895년 5월까지로서 성재 사후의 과도기이고, 3기는 1895년 윤 5월부터 동년 10월까지로 유인석에 의해 주도되어 의병항쟁으로 연결되었고, 4기는 1902년부터 1905년 사이에 성재(省齋)와 의암(毅菴)의 문도에 의해 간헐적으로 이루어졌다. 성재에 의해 주도된 제 1기의 경우에도 이미 후일 의병운동에 적극적으로 참여하는 다수의 인물들이 강회의 구성원임을 알 수 있다. 예로 후일 제천 전투에서 순국한 하사(下沙) 안승우(安承禹), 낭천 전투에서 순국한 경암(敬庵) 서상렬(徐相烈), 충주성 전투에서 순국한 입암(立巖) 주용규(朱容圭), 강계에서 순국한 이범직(李範稷), 수안보 전투에서 순국한 괴은(槐隱) 이춘영

24) 이하 장담강회에 관한 논의는 졸고, 「舊韓末 儒學敎育에 나타나는 改革과 守舊의 論理」, 『종교교육학연구』 7, 1998 근거하였다.

25) 이 해는 그가 김평묵에게 그 유명한 '調補華西先生心說'을 보내 화서의 사상을 明德과 心의 이기론으로 분석하여 화서학파 내부에 상당한 충격을 안겨 준 해이다.

26) 金祥起, 『甲午·乙未義兵研究』(한국학 대학원 박사학위논문, 1990) 및 "제천 을미의병의 전개와 성격"(『제천을미의병100돌 기념학술논문집』, 세명대 인문사회과학연구소, 1996) 참조.

(李春永) 등 후일 제천 의병이 핵심들은 모두 이 시기부터 강회에 참가하였던 인물들이다. 따라서 후일 유인석에 의해 주도되었던 을미의병운동은 이미 성재에 의해 주도된 초기 강회로부터 척사(斥邪)에 대한 그 사상적 영향을 받고 있었던 것으로 보인다.

이들이 시행했던 강회의 형식과 절차는 조선조의 여느 강회와 커다란 차이점을 보여 주지 않고 있다. 유중교의 〈서사순강의 書社旬講儀〉에는 강회의 운영절차와 의례에 관한 상세한 규정이 마련되어 있다. 강회는 통상적으로 매월 10일 20일 30일 마다 소강회가 있고, 춘추로 한 번씩 대강회를 열어서 학문을 연마하고 학습의 정도를 평가하고 학파의 단결을 공고히 하였다. 그리고 춘추로 향음례와 향사례를 개최하여 풍속의 교화와 단합을 도모한다. 또한 강회는 엄격한 의례에 따라 진행되며 강회의 주요한 업무는 기능적으로 분담된다. 우선 강회에는 그것을 주재하는 강장이 있고, 또 강회를 참관하는 초청인사(賓) 및 그 대표격인 빈장(賓長)이 있다. 그리고 사례(司禮)가 있어서 강회진행과 의전절차를 담당하고, 사강(司講)은 강회의 내용을 기록하는 역할을 하며, 사정(司正)은 강회가 질서 있고 성실하게 진행되도록 예의(禮儀)를 감찰한다. 독홀(讀笏)은 홀을 잡고 읽어서 차례를 알린다. 그 외에도 시설과 물품 준비를 담당하는 사설(司設), 음식준비를 맡는 사궤(司饋), 상을 주는 것을 책임지는 사상(司賞) 등으로 기능을 분화하여 각자 자기 역할을 충실히 수행함으로써 강회가 원만히 진행되도록 돕는다. 강회의 순서는 필요한 시설과 물품준비(陳設), 자리에 나아가 앉기 (就位), 차례로 외우고 강학하기(序誦), 마주보고 강론하기(面講), 회식 (饋食), 시상과 벌 (行賞), 암송(讀戒), 마치기(罷講)의 여덟 단계로 진행되었다.[27)]

이러한 강의(講儀)는 조선시대 서원을 중심으로 행해지던 강회의 일반적 패턴과 형식의 측면에서는 그 모습을 크게 달리 하지 않는다. 그러나 그 실제적인 분위기는 매우 엄숙하고 정제된 종교적 색채를 띠고 진행되었

27) 『省齋集』 권36, 26~29쪽.

던 것으로 보인다. 예로 이정규(李正奎)의 『종의록 從義錄』에 의하면 을미년에 서사에서 향음례가 시행될 때, 관원이 새롭게 제정된 문패와 명령장을 갖고 오자 이를 찢고 불태웠다[28]는 기록이 보일 정도로 그 분위기는 매우 고조되어 있었던 것으로 보인다. 강회에 대한 초기의 기록을 보면 참석인원은 처음 10명에서 출발하여 차츰 증가하여 대체로 20명 내외로 구성되었다. 기축년 최초의 강회에서는 강장인 성재를 중심으로 직분에 대한 별다른 구별이 없이 진행되었다. 그러나 2년 뒤인 신묘년(1891) 부터는 사강(司講)· 독홀(讀笏)· 사례(司禮)· 고과(考課) 등의 직역으로 구분하여 체계적인 관리를 하고 있음을 볼 수 있다. 특이한 사실은 학생들도 제생(諸生), 동몽(童蒙) 교생(校生) 등으로 신분적 차별을 두어 분류하고 있음을 볼 수 있다. 이러한 신분적 구분은 후일 제천의병에서도 평민출신 김백선 대장의 처형으로 나타나던 계층 간 불화의 한 요인이 되었던 것으로 보인다. 요컨대 그들은 강회를 통하여 이념적 공동체를 형성하기 위한 꾸준한 노력을 기울이고 있었음에도 불구하고, 내부적으로는 신분의 봉건적 차별을 완전히 청산하지 못하고 있었던 것이다.

강회에서 사용된 텍스트도 소학과 사서, 주역, 그리고 근사록을 포함한 성리서가 주로 사용되었다. 유인석이 소학에 대해 "천하와 국가를 다스릴 근본이니 이 책이 천지에 있게 된 것을 어찌 다행이라 하지 않을 수 있을까. 천지 사이에 이 책이 있음을 한마디로 말하면 근본이 섰다 할 것이다. 책을 읽는 자는 이 책을 근본으로 한 후에 성현의 경지에 함께 들어갈 수 있을 것이다."[29]라고 소학에 엄청난 신뢰를 보내고 있는 것에서 그들이 지향하는 세계의 일단을 이해 할 수 있다. 수구(守舊)를 통해 척사의 세계를 지향하고자 하는 것이다. 그러나 그 수구는 단순한 복고적 취향의 수구가 아니라, 천하와 국가의 위기상황을 극복하고자 하는 존의(尊義)의 수구였

---

28) 李正奎, 『從義錄』, 16~17쪽.

29) 유인석, 『毅菴集』 권51 〈宇宙問答〉, 46~47쪽.

음을 유념할 필요가 있다.

또한 초기 강론에서는 잘 드러나지 않으나 을미의병을 전후한 시기에는 역사속에서의 의병활동과 척양에 기록이 다수 산견된다. 예로「요동백 제문 遼東伯祭文」·「출사표 出師表 」·「문천상 의대명文天祥衣帶銘」 등은 다른 시기의 강록에는 나타나지 않고 3기 을미년 강록에만 나타나는 것으로서 의병항쟁과 관련되어 주목되는 내용이다.[30] 그러나 의병활동을 정당화하는 춘추의 대의를 논한 이러한 기록이 산견된다고 하여 장담강회의 성격을 획일적인 의미로 규정하는 것은 무리가 있다. 예로 초기강회인 경인년(1890) 하순을 비롯하여 전후 최소한 6차 이상 강론된 〈주자행궁편전주차 朱子行宮便殿奏箚〉는 시강(侍講)의 자리에 임명된 주희가 영종에게 올린 글인데, 그의 독서론, 수양론, 정치론 등이 개진된 것으로 전형적인 성리학적 보편철학의 한 모습을 드러내 주는 내용이다.

한편 장담강회에서 교재로서 빈번하게 이용되었던『양지록 養知錄』을 살펴보면, 화서학파의 내수외양론이 지닌 일반적 특징을 드러내 준다. 그들은 도덕과 규범을 만사의 근본으로 인식하고 도덕성이 무너지면 만사를 그르치게 된다고 본다. 이항로는 정덕, 이용, 후생 가운데 정덕이 우선적인 과제라고 하였으며 유인석은 진정한 실력은 도덕으로부터 나오는 것이며 도덕을 전제로 한 실력만이 '가장 완전한 실력(萬全之實力)'이라고 말한다.[31] 또한『양지록』의 교재구성의 토대는 존화양이론(尊華攘夷論)에서 발견할 수 있다. 존화양이론은 유가의 춘추 대일통사상으로부터 근원한다. 춘추 대일통사상은 역사의 해석 중심이 화하문화(華夏文化)에 있다. 이러한 대일통사상에 근거하여 양지록의 하권은 모두 중국 역사에 대한 소개로 일관되고 있다. 오대와 진한의 역사, 위진 남북조와 당송원명의 명현선철에 관한 고사가 하권 내용의 중심을 이룬다.『양지록』에 있어서는 한국역

30) 자세한 논의는 장승구,「을미의병항쟁의 사상적 배경」,『제천의병과 전통문화』, 1998, 111~142쪽.

31)『毅菴集』卷3, 頁 61.

사의 개체성과 특수성은 중국문화의 보편성속에 깃들게 된다. 화서학파의 선비들은 춘추의리의 정신에서 척사의 문화적 정당성을 확보하고자 한다.

또한 『양지록』에서는 중화문화의 직통이 기호학파에 있음을 명확히 한다. 그는 『양지록』에서 "朱子는 後孔子요 栗谷은 後朱子니 欲孔子라 하면 當自栗谷始라하더라"라고 하여 중화문화는 율곡으로 도맥이 전하고, 그 율곡의 업은 다시 우암에게로 전승되었음을 주장한다.[32] 이러한 이해의 바탕에는 그들 장담서사의 인물들이 사실상 중화 문화의 적통을 계승하고 있다는 문화적 자존의식이 깊게 드리워져 있었던 것으로 보인다. 따라서 그들은 유교문화의 도통을 계승한 마지막 선비들로서 척사위정의 도덕적 책임을 지니고 있는 사람들로 자임하였다. 이러한 기술원칙은 『장담강사』를 중심으로 한 공동체 구상에서 비롯된 것일 수도 있고, 멀리는 척외의 의병활동을 염두에 둔 상호 보험적 성격의 제안으로도 이해할 수 있을 것이다.[33] 강회를 통해 전승된 화서학파의 주리론은 척사의 논리로 발전하기는 하였으나 조선중화주의의 한계를 돌파하지는 못한 상태였다.

Ⅵ. 결어

본고에서는 19말 조선의 강회가 사상의 분화과정에 어떤 역할을 담당하였는지를 주리철학의 흐름을 중심으로 살펴보았다. 한주 이진상이 점화한 심즉리설은 그의 사상적 모태 역할을 하였던 퇴계학파로부터 맹렬한 비판에 직면하였다. 이러한 미묘한 시점에 열린 산천재 강회는 한주 이진상의 주리론이 과연 남명학파와 노사학파의 중심부로 무난하게 진입할 수 있는지를 알려 주는 흥미로운 사례이다. 이 모임은 표면적으로는 화기가 감돌았으나, 사상적으로는 일대 격돌이 있었음을 알 수 있다. 이 모임에 주인

32) 『養知錄』 上, "朱子之道 至栗谷而復明하고 栗谷之業이 至先生而益廣이라"
33) 졸고, 상동.

으로 참가한 박만성의 경우 한주가 강설한 태극도설과 심설에 대해 이듬해 본격적인 비판설을 제기하였다. 반면 조성가와의 토론은 한주가 노사학맥과의 만남을 구체화할 수 있는 계기를 제공하였다. 특히 이 강회에 참여하였던 후산 허유는 스승인 한주의 학설을 경상우도에 뿌리내리고, 그의 사상을 남명학파와 노사학파 내부에 전달하는데 특별한 역할을 담당하였다.

이어서 열린 선석사 강회는 그 동안 퇴계학파의 강력한 영향권 내에 있던 경상우도의 학문적 지형도가 재편되는 첫 단서를 보여 준다. 도산서원의 원장을 역임하였던 만구 이종기가 퇴계학의 전통적인 학설을 대변하였다면, 사미헌 장복추는 퇴계학과는 사상적 결을 달리하고 있던 여헌학파의 주리론을 표방하였고, 이진상의 심즉리설은 주리론의 또 다른 분화과정을 제시해 주고 있었던 것이다. 선석사의 강회는 영남 주리론의 분화과정이 고스란히 담겨있었다. 한편 도산서원의 학인들이 주관한 오천강회는 퇴계의 주리철학이 한주학설에 대응하는 양식을 알려주며, 당색을 뛰어 넘어 퇴계학파의 주리론과 사상적 결을 공유하는 화서학파의 장담강회는 주리철학이 척양(斥洋)의 논리로 전환하는 과정을 드러낸다. 이렇게 19세기 말 각각의 지역에서 진행되었던 강회는 서로 다른 이념적 지평을 유지하면서도, 상호간 서로 영향을 주고받으며 새로운 시대정신을 모색하기 위한 토론과 공감의 장이었음을 알 수 있다.

【참고문헌】

「寒洲先生行錄」, 『晩醒先生文集』, 『寒洲全書』,『舫山先生文集』, 『四未軒集』, 『龍山文集』, 『鳳岡先生文集』, 『省齋集』, 『從義錄』, 『毅菴集』

금장태, 『한국근대의 유교사상』,서울대 출판부, 1990.
권오영, 「강우학자들의 학문활동」, 『남명학연구』 11집.
김대식, 「화서 문인공동체 강회의 실제」 『교육사학연구』 21집, 2011.
김상기, 「제천 을미의병의 전개와 성격」,『제천을미의병100돌 기념학술논문집』, 세명대 인문사회과학연구소, 1996.
이상익, 「화서 이항로의 주리론과 퇴계학」, 『퇴계학보』 117호.
이상하, 「물천 김진호의 학문성향과 성리설」, 『남명학』 21집, 2006.
이상하, 「晩醒 朴致馥의 학문 淵源과 心卽理說 비판」, 『남명학연구』 23권, 2007년.
임종진, 「晩求 李種杞의 성리학적 입장에 대한 검토」 『영남학』 43집, 2008.
장승구, 「을미의병항쟁의 사상적 배경」, 『제천의병과 전통문화』, 1998.
정순우, 「퇴계의 강학활동과 도산강회」, 『도산서원과 지식의 탄생』, 글항아리, 2012.
정순우(공저), 『후산 허유의 학문과 사상』, 술이, 2007.

제3부

한국 서원의 지식 네트워크 활동 사례

정석태 ▣ 신산서원의 강학 전통
이선아 ▣ 16세기 호남사림 정염(丁焰)의 학맥과 지금서사(知今書舍) 강학
김지운 ▣ 조선시대 호계서원 강학 연구
채광수 ▣ 서원의 지식 네트워크 활동의 실제
최광만 ▣ 대전 도산서원(道山書院)의 강학 관련 자료와 시사점

신산서원의 강학전통

정 석 태

Ⅰ. 머리말

남명(南冥) 조식(曺植, 1501~1572)을 주향으로 하는 서원은, 영남 강우지역에 포진해 있던 그의 제자들이 주동이 되어 1576년(선조9)에는 덕천서원(德川書院)[덕산서원(德山書院)]과 용암서원(龍巖書院)[회산서원(晦山書院)·향천서원(香川書院)]이 창건되었고, 1588년(선조21)에는 신산서원(新山書院)이 창건되었다. 조식의 만년 강학지인 산청[진주]과 삼가[합천]에는 각각 덕천서원과 용암서원이 창건되고, 중장년 강학지인 김해에는 신산서원이 창건된 것이다. 이 세 서원은 임진왜란으로 모두 소실되었지만 전란이 끝난 뒤에 곧바로 중건되었고, 1609년(광해군1) 북인정권이 성립하면서 그 해에 모두 현재의 이름으로 사액이 되어 영남 강우지역 남명학파(南冥學派) 주요 거점서원, 북인계열 주요 거점서원이 되었다.

그러나 1623년(인조1) 인조반정으로 북인정권이 몰락하고 내암(來菴) 정인홍(鄭仁弘, 1536~1623)이 사사되면서 쇠락의 길을 걷게 되고 또 변화를 강하게 요구받게 되었다. 덕천서원은 정인홍의 흔적을 지우기 위해 1650년(효종1) 겸재(謙齋) 하홍도(河弘度, 1593~1666)와 태계(台溪) 하진(河溍, 1597~1658)이 주도해서 청금록(靑衿錄)[유생록(儒生錄)]을 정리하고,[1)]1651년(효종2) 하자운(河自渾, 1631~?) 등이 주도해서 『남명집(南冥集)』에

1) 河溍, 『台溪集附錄』 卷1, 「年譜 庚寅(1650年)」, “八月, 與河謙齋[河弘度]入德川書院, 修正儒籍.”

서 정인홍 관련내용을 삭제한 사건을 계기로 남인계열서원이 되었지만,[2] 이 때문에 서원이 위치한 산청과 진주 일원의 사족들이 남인과 서인[노론]으로 분열하게 되었나. 용암서원은 정확한 연대는 알 수 없지만 삼가와 합천 일원의 사족들이 노론화하면서 노론계열서원이 되었다.[3] 신산서원은 김해 일원 사족들이 한강(寒岡) 정구(鄭逑, 1543~1620)와 여헌(旅軒) 장현광(張顯光, 1554~1637)의 일정한 영향 하에 남인화하면서 1660년대 이후 남인계열서원으로 바뀌어간 것으로 추정된다.

이처럼 덕천서원, 용암서원, 신산서원은 창건 이후 1623년(인조1) 인조반정 이전까지 50년도 채 안 되는 기간 동안, 그것도 중간에 7년간의 전란 기간을 제외하면, 40년 정도 조식을 주향으로 한 남명학파 주요 거점서원, 북인계열 주요 거점서원으로서 본래의 모습을 유지했던 셈이다. 그 이후로는 정인홍의 사사와 그를 중심으로 결집한 영남 강우지역 남명학파의 몰락과 함께 쇠락의 길을 걸으면서 북인계열서원이 남인계열서원과 노론계열서원으로 바뀌게 된 것이다. 당연히 그 과정에 조식을 주향으로 한 영남 강우지역 남명학파 주요 거점서원, 북인계열 주요 거점서원으로서의 초기의 모습을 살펴볼 자료들은 상당수 유실되거나 훼손될 수밖에 없었을 것이다. 더욱이 조선 말기에 이 세 서원이 모두 훼철되면서 그나마 남아 있던 자료조차도 많이 사라진 것으로 보인다.

현재 덕천서원, 용암서원, 신산서원 관련 자료는 필사본 『덕천서원지(德川書院誌)』[경상국립대학교문천각 소장], 『덕천서원청금록(德川書院靑衿錄)』[덕천서원(德川書院), 1939], 『고문서집성 25 – 덕천서원편 – 』[한국학중앙연

2) 박소희, 「17세기 덕천서원 원생의 구성과 변화양상 – 『덕천원생록』을 중심으로 – 」, 『민족문화논총』 76, 영남대학교 민족문화연구소, 2020, 331쪽 및 333쪽 참조.

3) 龍巖書院은 三嘉와 陜川 일원 士族들이 노론화하면서 노론계열의 서원이 되었고, 1812년(순조12)에는 당시 三嘉縣監 吳澈常(1765~1838)이 尤菴 宋時烈(1607~1689)의 「南冥曺先生神道碑(并序)」(『宋子大全』 卷154) 중 世系와 子孫錄을 없애고 龍巖書院廟庭碑로 이름을 바꾸어 그 경내에 立石하였다. 이 龍巖書院廟庭碑는 현재 복원한 龍巖書院 경내로 이건하였다.

구원, 1995], 『신산서원참모록(新山書院參慕錄)』과 『신산서원지알록(新山書院祗謁錄)』[상동, 『고문서집성 34－김해향교편－』]등이 전한다. 2017년에는 기존의 덕천서원, 용암서원, 신산서원 관련자료를 수합해서 번역한 『덕천서원지』, 『용암서원지』, 『신산서원지』가 간행되었다.[4] 이 세 책은 무엇보다 조식을 주향으로 한 덕천서원, 용암서원, 신산서원에 대한 체제를 갖춘 최초의 서원지라는 점에서 큰 의미를 가진다. 그러나 이 세 서원지로도 여전히 영남 강우지역 남명학파의 주요 거점서원, 북인계열 주요 거점서원으로서 초기의 교육목표와 교육내용 등을 파악할 수 있는 자료는 찾아보기 힘들다.

필자는 최근 신산서원 관련 자료를 소개한 글[5]에서 매죽헌(梅竹軒) 이명호(李明怘, 1565~1624)의 「신산서원입규(新山書院立規)」[『매죽헌집(梅竹軒集)』 권1], 그리고 죽암(竹菴) 허경윤(許景胤, 1573~1646)의 「명당재총설(名堂齋總說)」과 「신산서원당재명호소지(新山書院堂齋名號小識)[부관복원규

4) 김경수, 글로벌콘텐츠, 2017. 이것 외에 新山書院과 龍巖書院의 초기 모습을 엿볼 수 있는 글로는 이상필, 「남명 조식 유적 소고(Ⅰ)」, 『대동한문학』 29, 대동한문학회, 2008과 구진성, 「용암서원 운영주체들의 활동과 그 지향에 대한 일고찰－17세기 초반의 덕천서원·신산서원과 비교하여－」, 『남명학연구』 39, 경상국립대학교 경남문화연구원, 2013 등을 더 들어볼 수 있다.

5) 정석태, 「신산서원 관련자료-자료해제와 원문표점-」, 『동양한문학연구』 55, 동양한문학회, 2020. 이 글에서 필자는 「新山同話錄[萬曆三十八年九月二十五日南冥先生奉安時]」과 「新山同話錄[萬曆四十四年十月二十日松溪申先生奉安時]」(『參奉安公實記』, 附編 『奉事安公實記』) 2건, 「新山書院立規」(李明怘, 『梅竹軒集』 卷1) 1건, 「名堂齋總說」과 「新山書院堂齋名號小識(附冠服院規)」(許景胤, 『竹菴逸集』 卷1) 2건, 김해향교소장 『新山書院參慕錄』과 『新山書院祗謁錄』(한국학중앙연구원, 『古文書集成34－金海鄕校篇－』, 1997) 2건 총 7건의 신산서원 관련자료를 해제하고 표점해서 소개하였다. 그 뒤 부산대학교도서관소장 小訥文庫에서 『新山書院尋院錄』을 찾게 되면서, 『奉事安公實記』의 「新山同話錄」 2건은 1610년(광해군2) 曺植을 봉안할 때의 「萬曆三十八年(庚戌, 1610, 光海君2)九月二十五日新山書院奉安齊會錄」과 1616년(광해군8) 申季誠을 봉안할 때의 「萬曆四十四年(丙辰, 1616, 光海君8)十月二十日松溪先生奉安齊會錄」[30인]으로 『新山書院尋院錄』에 수록된 것을 그대로 옮긴 것임을 확인할 수 있었다.

(附冠服院規)」(『죽암일집(竹菴逸集)』 권1) 등을 든 적이 있다. 이 가운데 전자는 신산서원이 덕천서원·용암서원과 함께 영남 강우지역 남명학파 주요 거점서원, 북인계열 주요 거점서원으로 존재할 때의 학규(學規)로 그 초기 교육 목표와 교육 내용 등을 상당히 구체적으로 살펴볼 수 있는 자료이다. 그리고 후자 중 특히 「신산서원당재명호소지(부관복원규)」 뒤에 첨부된 '관복원규(冠服院規)'는 신산서원의 '향례관복(享禮冠服)'과 '서원학규(書院學規)'에 대한 것으로, 그중 서원학규는 신산서원이 북인계열서원에서 남인계열서원으로 바뀐 뒤의 모습을 잘 보여주는 자료이다. 이 글에서는 먼저 이 두 자료에다 유관한 다른 자료들을 보태어 신산서원의 초기 강학정신과 그 변모 및 계승 양상에 대해 살펴볼 것이다.

Ⅱ. 신산서원의 설립과 변화과정[6]

신산서원은 조식과 송계(松溪) 신계성(申季誠, 1499~1562), 그리고 정인홍으로 이어지는 계열의 학문적, 혈연적 기반을 토대로 하고 조식의 중장년 강학지 김해의 산해정을 모체로 하여 산림처사로서 실천궁행하는 조식의 도학정신을 구현할 터전으로 창건되었다. 1588년(선조21) 부사 양사준(楊士俊, 1521~?)과 안희(安憙, 1551~1613) 등 김해사림이 탄동(炭洞) 산해정(山海亭)[현 경상남도 김해시 대동면 주동리] 동쪽 신어산(神魚山) 기슭에 창건하여 조식을 독향(獨享)하였다. 임진왜란으로 신산서원과 산해정이 모두 소실되자, 1609년(광해군1) 부사 김진선(金振先)과 안희(安憙)·황세열(黃世烈)·박수춘(朴壽春, 1572~1652)·허경윤(許景胤)·배홍우(裵弘祐, 1580~1627) 등 지역사림이 산해정 옛터에 중건하고, 같은 해 조식의 만년 강학지

6) 이 장은 정석태, 앞의 논문, 2020, 161~176쪽의 '자료해제, 조선조 김해지역 문풍과 신산서원'의 내용을 간추리고, 새로 찾은 『新山書院尋院錄』 등의 자료를 참고해서 수정 보완하였다.

〈사진 1〉 신산서원 전경

산청과 삼가[합천] 두 곳에 설립한 덕천서원 및 용암서원과 함께 사액을 받아서, 명실상부하게 영남 강우지역 남명학파 주요 거점서원, 북인계열 주요 거점서원이 되었다. 1616년(광해군8)에는 신계성을 병향(並享)하였다.

특히 초기에 정인홍의 제자들을 중심으로 설립과 중건이 추진되고, 또 사액이 이루어지면서 조식이 사문(師門)의 종지(宗旨)를 정인홍에게 전수했다고 일컬어지는 「격치성정가(格致誠正歌)」[「대학팔조가(大學八條歌)」]와 그 뒤에 붙인 1수의 칠언절구 시[7]를 조식의 학문지결로 높이 받들 정도로 정인홍의 영향력이 지대한 서원이었다. 그리고 1610년(광해군2) 조식의 위패를 봉안하고 1616년(광해군8) 신계성의 위패를 봉안하면서 적을 둔 원생(院生)이 70여 명에 이르고, 그 거주지역도 김해만이 아니라 합천, 함안, 창원, 의령, 진주, 산청, 거창, 성주, 고령, 현풍 등 영남 강우지역에 두루

---

7) 曺植, 『南冥集』 卷1, 「在山海亭書大學八條歌後贈鄭君仁弘(丙寅秋 先生在山海亭 仁弘往侍 留半箇月 仁弘北還 先生手書格致誠正歌 又書此一絕於其後以與之)」.

걸치는 큰 서원으로 발전하였다.[8] 이러한 분위기는 1609년(광해군1) 사액 당시 원장이던 역양(嶧陽) 문경호(文景虎, 1556~1619)를 거쳐 1620년(광해군12)경 매죽헌(梅竹軒) 이명호(李明怘, 1565~1624)가 원장을 지낼 때까지 지속되었던 것으로 보인다. 그러나 신산서원은 1623년(인조1) 인조반정으로 정인홍이 사사되고 북인정권이 몰락한 뒤 북인계열서원에서 남인계열 서원으로 점차 바뀌게 되었다.

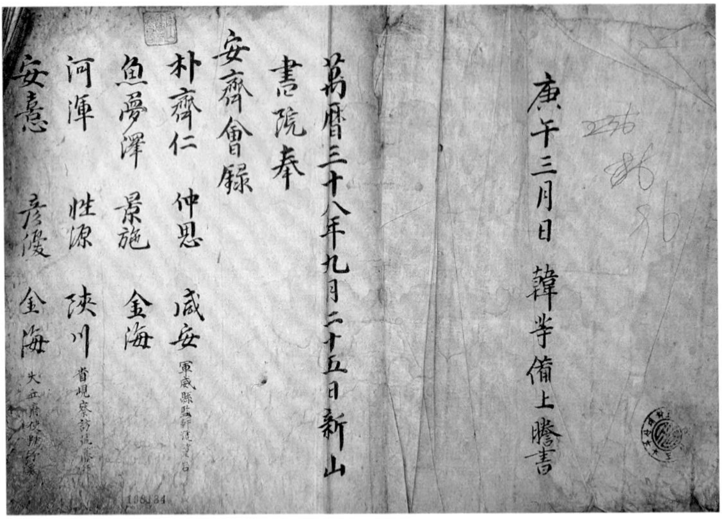

〈사진 2〉 『신산서원심원록』 중 봉안제회록

8) 1610년(광해군2) 曺植의 위패를 봉안할 때의 「萬曆三十八年(庚戌, 1610, 光海君2)九月二十五日新山書院奉安齊會錄」[64인]과 1616년(광해군8) 申季誠의 위패를 봉안할 때의 「萬曆四十四年(丙辰, 1616, 光海君8)十月二十日松溪先生奉安齊會錄」[30인]에 이름을 올린 사람은 모두 94인이고, 그중 두 齊會錄에 모두 이름을 올린 19인을 제외하면 총 71인이다. 新山書院은 1616년(광해군8) 申季誠의 위패를 봉안하면서 籍을 둔 院生의 수도 늘이고 또 영향력을 미치는 지역도 확대하였던 것이다. 『新山書院尋院錄』, 「萬曆三十八年(庚戌, 1610, 光海君2)九月二十五日新山書院奉安齊會錄」 및 「萬曆四十四年(丙辰, 1616, 光海君8)十月二十日松溪先生奉安齊會錄」 참조.

신산서원이 북인계열서원으로 이명호의 「신산서원입규(新山書院立規)」에 입각하여 운영되었다면, 서원의 원임(院任)은 '원장(院長)[1인]-장의(掌議·掌儀)[1인]-유사(有司)[2인]-직월(直月)[1인]-원감(院監)[1인]'의 체제로 구성되었을 것이다.[9] 반면 신산서원이 남인계열서원이 되었을 때는 '원장[1인]-유사[2인]'의 체제로 구성되었다.[10] 따라서 신산서원의 원임록(院任錄)이 전한다면, 그것을 통해 북인계열서원에서 남인계열서원으로 바뀐 시기를 바로 밝혀볼 수 있을 것이다. 하지만 현재 신산서원의 원임록이 전하지 않기 때문에 문집이나 연보, 『신산서원심원록(新山書院尋院錄)』[부산대학교 도서관 소장], 『신산서원참모록(新山書院參慕錄)』[한국학중앙연구원, 1997], 『고문서집성 34－김해향교편－』] 등의 자료로 확인되는 신산서원 원장을 역임한 인물들을 표로 만들어 놓고, 그들의 이력에다 다른 자료 일부를 보태어 신산서원이 북인계열서원에서 남인계열서원으로 바뀐 시기를 추정해 보기로 하겠다. 해당인물의 성명 옆에 생몰년과 호 및 출신지, 김해향교 향안(鄕案)과 유생안(儒生案)[한국학중앙연구원, 상동]의 입록(入錄) 여부, 김해와 그 인근 고을수령의 재직여부도 아울러 밝혀 두었다.

연 대	원 장	출 전
1609년(광해군1)	文景虎(1556~1619, 嶧陽, 陜川冶爐)	『嶧陽年譜』
1620년(광해군12)경	李明远(1565~1624, 梅竹軒, 咸安)	『梅竹軒集附錄·家狀』
1634년(인조12)	趙任道(1585~1664, 澗松, 咸安)	『澗松年譜』
1646년(인조24)	韓夢參(1589~1662, 釣隱, 晉州)	『韓釣隱年譜』
1660년(현종1)	李涑(1606~1665, 寒泉, 星州)	『新山書院尋院錄』, 『寒泉集·辭免新山院長書』
1662년(현종3)	辛時望(1606~1676, 濯隱, 昌寧)	『新山書院尋院錄』
1698~1703년(숙종24~29)	曺九齡(1657~1719, 酊翁, 金海), 鄕案·靑衿案	『酊翁年譜』

9) 李明远, 『梅竹軒集』 卷1, 「新山書院立規」 중 '尊院長禮'와 '齋任之規' 참조.
10) 『新山書院參慕錄』, 한국학중앙연구원, 『古文書集成34－金海鄕校篇－』, 1997 참조.

1707~1710년(숙종33~36)	金鍰(1650~1730, 龍仁), 梁山郡守	『新山書院參慕錄』
1711년(숙종37)	權以鎭(1668~1734, 有懷堂, 大田), 東萊府使	『新山書院參慕錄』
1728~1730년(영조4~6)	趙時瑩(趙時瀅, 金海), 鄕案·靑衿案	『新山書院參慕錄』
1731~1732년(영조7~8)	郭元基(金海), 鄕案·靑衿案	『新山書院參慕錄』
1785~1794(정조9~18)	柳汶龍(1753~1821, 槐泉, 山淸)	『槐泉集附錄·家狀·墓誌銘』
1818년(순조18)	李錫夏, 金海府使	『金海邑誌·山海亭重建記』
1866년(고종3)	許傳(1797~1886, 性齋, 抱川), 金海府使	『小訥集·性齋先生年譜』

이명호의 「신산서원입규」에 의거하면, 신산서원의 원장은 "장의가 원생과 상의해 지역의 원근에 상관없이 '연고덕소(年高德卲)'하고 '염완입나(廉頑立懶)'할 수 있어 사표가 되기에 충분한" 인사를 초치하는 것으로 되어 있다.[11] 1609년(광해군1) 사액 이후의 첫 원장 문경호, 뒤 이은 이명호, 조임도, 한몽삼, 이속, 신시망 등은 모두 그에 걸맞은 사람들이라고 할 수 있다.

문경호는 정인홍과 같은 합천 야로 출신이자 정인홍의 제자로, 정인홍이 자신에게 있어 문경호는 공자에게 있어 안회(顔回)와 같다고 말할 정도로[12] 정인홍에게 큰 신뢰를 받았고, 또 정인홍 문하 내에서의 위상도 높았다. 문경호의 뒤를 이은 함안 출신 이명호는 정인홍 및 정인홍의 제자들과 두터운 우의를 나누었던 황곡(篁谷) 이칭(李偁, 1535~1600)의 아들로[13] 정인홍 계열의 인물이다.[14] 1623년(인조1) 인조반정으로 정인홍이 사사되고 북인

11) 李明怘, 上同, 「新山書院立規·尊院長禮」, "掌議告諭院中諸生, 齊會院中, 相與商議, 不計地之遠近, 必擇年高德卲、廉頑立懶恰爲師表之人, 院中敦書, 乃遣亦有聲望之人所尊敬之人迎請."

12) 鄭仁弘, 『來菴集』 卷12, 「祭文察訪(景虎)文」 참조.

13) 구진성, 앞의 논문, 2013, 80쪽 참조.

14) 李明怘는 1610년(광해군2) 新山書院에 曺植의 위패를 봉안할 때의 「萬曆三十八年(庚戌, 1610, 光海君2)九月二十五日新山書院奉安齊會錄」에 咸安 출신으로 이름을 올리고 있다.

정권이 몰락한 뒤, 1634년(인조12)에 원장을 맡은 함안 출신 조임도는 장현광의 문인이지만 정인홍의 제자 노파(蘆坡) 이흘(李屹, 1557~1627)의 사위로 정인홍과의 관계를 부인하기 어렵고,[15] 1646년(인조24)에 원장을 맡은 진주 출신 한몽삼은 황암(篁巖) 박제인(朴齊仁, 1536~1618)과 정구·장현광의 문인으로 정인홍 계열의 인물로 분류된다.[16]

따라서 조임도를 거쳐 한몽삼이 원장을 맡았던 1640년대까지 신산서원은 여전히 북인계열서원으로 존재했을 것으로 추정된다. 대신 이때는 인조반정 이후 서원의 추락한 위상을 제고하고 서원의 무너진 경제적 기반을 다시 마련하기 위해 부심하던 시기이기도 하였다. 조임도는 신산서원의 추락한 위상을 제고하기 위해 조식의 제자이자 외손서 동강(東岡) 김우옹(金宇顒, 1504~1603)의 배향을 명분으로 중앙정계와의 연계를 시도했지만 성공하지 못하였다.[17] 조임도의 뒤를 이어 원장이 된 한몽상은 인조반정 이후 무너진 서원의 경제적 기반을 마련하기 위해 다음의 서찰을 경상감사에게 보내고 있다.

> 우리 남명(南冥) 조선생(曺先生)의 서원이 본부(本府)[김해부(金海府)]에 있는데 '신산(新山)'으로 사액을 받았습니다. 평시에는 물력이 풍부하고 사환(使喚)이 넉넉하여 향사(享祀)를 드리는 전례와 양사(養士)를 위해 구비된 것이 볼만하였습니다. 그러나 임진왜란을 겪으며 온갖 구비된 것이 모두 뒤집혀 없어져버린 것을 모두 들어 말하기가 어렵지만 그중에 전혀 없는 것이 노비인지라 봄가

15) 이상필은 鄭仁弘의 門人으로 門人錄에 수록되지 않은 인물로 李屹을 들었다. 이상필, 『남명학파의 형성과 전개』, 와우출판사, 2003, 135쪽 참조. 그리고 趙任道는 1607년(선조40) 23세 때 李屹의 딸에게 장가들었다. 『澗松集』 卷首, 「澗松年譜·丁未」 참조.

16) 김익재, 「조은 한몽삼 연구」, 경상국립대학교대학원 석사학위논문, 2005, 8~13쪽 및 「내암 정인홍의 현실대응과 그 문인집단의 사승의식」, 경상국립대학교대학원 박사학위논문, 2008, 170~172쪽 참조.

17) 구진성, 앞의 논문, 2013, 100~102쪽 참조.

> 을의 향사에 선비들의 공궤(供饋)조차 거의 모양을 갖출 수 없습니다. 비록 서원의 이름은 있지만 끝내 잡초만 무성하게 자라는 폐허로 변해버렸다는 탄식을 면할 수 없게 되었으니 보고 듣게 되면 참으로 한심해지시 않을 수 없습니다. … 듣자니 김해 인근 고을에는 속공노비(屬公奴婢)가 많이 있다고 합니다. 바라옵건대 상국(相國) 합하(閤下)는 조정의 학교에 대한 뜻을 체념하시고 선현의 제향을 드리는 곳을 염려하시어 몇 구의 노비를 특별히 제급(題給)하도록 해서 본원에 귀속시켜주신다면 어찌 오직 서원에만 도움이 되겠습니까. 합하도 길이 칭송을 받으실 것입니다.[18)]

이것은 1646년(인조24) 당시 원장이던 한몽삼이 경상감사 허적(許積, 1610~1680)에게 속공노비를 신산서원에 제급해줄 것을 청하는 내용의 서찰이다. 이 서찰에서 신산서원은 임진왜란을 겪은 뒤로 그 경제적 기반이 모두 사라졌다고 하고 있다. 하지만 임진왜란을 겪은 것만이 서원의 경제적 기반을 상실한 주요한 원인은 아니었을 것이다. 임진왜란으로 서원이 소실된 뒤에도 1608년(광해군즉위년)에는 김해부사[김진선(金振先)]의 지원 아래 중건되고, 그 이듬해 1609년(광해군1) 곧바로 당시 정국을 주도하던 정인홍 등에 의해 조식을 제향한 덕천서원·용암서원과 함께 남명학파 주요 거점서원, 북인계열 주요 거점서원의 하나로 사액을 받은 뒤, 그 이듬해 1610년(광해군2) 조식의 위패를 봉안할 때는 김해·합천·함안·창원·의령·진주·산청·성주·고령·현풍 등 영남 강우지역에 포진한 조식과 정인홍의 제자 등 64명이, 1616년(광해군8) 신계성의 위패를 봉안할 때는 김해·함안·합천·성주·고령·거창·진주 등 영남 강우지역에 포진한 조식과 신계성의 제자와 후손 등 30명이 대대적으로 참여해서 행사[제회(齊會)]를 가질 정도로 성세를 드높였던 서원이었다. 그러한 서원이 이 서찰에서 말하고 있는 대로, 향사 때 참여한 유생들에게 공궤할 노비가 없을 정도로 서원의 경제적 기반이 무너진 것은

---

18) 韓夢參, 『釣隱集』 卷3, 「新山書院請得奴婢狀(丙戌○山長時)」.

다름 아닌 인조반정으로 정인홍이 사사되고 영남 강우지역의 북인세력이 정치적으로 몰락한 것이 결정적인 원인이 되었던 것이다.

이처럼 정인홍 계열의 정치적, 경제적, 학문적 기반이 무너진 뒤로 신산서원은 김해지역의 한 서원으로 그 위상이 축소되었다. 한몽삼의 뒤를 이어 원장을 지낸 이속과 신시망은 모두 남인계열 인사들이다. 이속은 한강학파(寒岡學派)의 인물로 「퇴계선생문집초후발(退溪先生文集抄後發)」[『한강집(寒泉集)』 권3] 등의 글을 통해 그가 퇴계학(退溪學)에 경도된 정도를 짐작할 수 있게 해주고, 신시망은 정인홍의 흔적을 지우기 위한 밀양향안(密陽鄕案) 정리를 주도했던 박수춘[19]의 사위였기 때문에 이 두 사람이 원장을 맡았던 1660년대 이후로 신산서원은 북인계열서원에서 남인계열서원으로 점차 바뀌어갔을 것으로 추정된다.

1690년대 이후 신산서원은 김해지역 몇몇 사족가문이 중심이 되어 유지되고 운영되었다. 이때의 원임록(院任錄)이나 입원록(入院錄)[원생록(院生錄), 심원록(尋院錄) 등]이 따로 남아 있지 않아 그 구체적인 전모를 파악할 수 없지만, 현재 전하는 1684년(숙종10)부터 1774년(영조48)까지 헌관(獻官)과 제관(祭官)을 포함한 춘추향례(春秋享禮) 참석인물의 명부인 『신산서원참모록』[한국학중앙연구원, 상동]를 통해 살펴보자면, 조식의 처가 가문인 창녕조씨(昌寧曺氏)[남평문씨(南平曺氏)]가 주축이 되고 청주송씨(淸州宋氏), 김해허씨(金海許氏), 광주노씨(光州盧氏), 김해김씨(金海金氏),

19) 박병련, 「'광해군 복립모의' 사건으로 본 강안지역 남명학파」, 『남명학연구논총』 11, 남명학연구원, 2002 및 「'사라진 계보'의 복원을 통해 본 지방사림세력의 변화 : 인조반정 후 밀양지역 점필재-송계-내암 학맥의 부침을 중심으로」, 『한국계보연구』 9, 한국계보연구회, 2019 참조. 특히 뒤의 논문 228~229쪽에서는 "인조반정과 그에 대한 '역반정' 사건을 겪게 되면서 밀양의 많은 선비들은 南冥 曺植, 松溪 申季誠, 璞齋 金紐, 來菴 鄭仁弘, 桐溪 鄭蘊 등으로 이어지는 학문벨트를 버리고 寒岡 鄭逑를 매개로 退溪學派로 연원을 전환하였으며, 그 과정에 聚遠堂 曺光益의 昌寧曺氏 가문과 聱漢 孫起陽의 密城孫氏 가문이 매개역할을 한 것으로 보이고 菊潭 朴壽春이 주도한 것으로 보인다."라고 하였다.

광주안씨(廣州安氏), 의성김씨(義城金氏), 재령이씨(載寧李氏), 함안조씨(咸安趙氏), 현풍곽씨(玄風郭氏), 진주강씨(晉州姜氏) 등이 원임을 맡고, 또 향사의 헌관과 제관 등을 맡아서 유지하고 운영해왔음을 알 수 있다. 김해 출신 조구령, 조시형, 곽원기 등이 원장을 맡았던 시기이다.[20]

이 시기를 지나면서 신산서원은 김해지역 사족가문들의 정치적, 학문적 경향에 따라 갈암(葛菴) 이현일(李玄逸, 1627~1704)에서 대산(大山) 이상정(李象靖, 1711~1781)으로 이어지는 영남 퇴계학파 인물들이 주도하는 서원으로 발전하였다. 1818년(순조18) 김해부사 이석하(李錫夏)는 문치(文治) 수령으로 원장을 맡아 임진왜란 때 소실된 산해정(山海亭)을 중건하였다.[21] 1866년(고종3) 김해부사이자 근기남인계열의 학자 성재(性齋) 허전(許傳, 1797~1886)이 원장을 맡으면서 영남 퇴계학파의 학문과 근기남인계열의 학문을 결합한 서원, 나아가 근기남인계열 학문의 출발인 정구로 거슬러 올라가 남명학파의 체험적이고 실천적인 지향과 퇴계학파의 사변적이고 이론적인 학문이 조화롭게 통합된 서원으로 새롭게 발전할 기회를 맞았지만, 1871년(고종8) 조정의 서원철폐령으로 훼철되고 말았다.

Ⅲ. 신산서원의 초기 강학정신

1. 우리나라 서원학규의 두 갈래

우리나라의 서원은 신재(愼齋) 주세붕(周世鵬, 1495~1554)이 1543년(중종

20) 1707년(숙종33)부터 1711년(숙종37)까지 5년 동안 김해 인근 고을수령이자 노론 인사인 梁山郡守 金鍰과 東萊府使 權以鎭을 원장으로 초지한 것은 서원의 운영 주체가 서원의 경제적인 어려움을 官과의 연계 속에서 풀어보려는 고충에서 나온 것이라고 할 수 있다.

21) 1830년(순조30) 新山書院을 중수한 당시 金海府使 柳台佐(1763~1837)가 院長을 맡았는지 확인할 수 있는 기록은 따로 없다.

38) 백운동서원(白雲洞書院)을 창건한 이후, 퇴계(退溪) 이황(李滉, 1501~1570)이 그 뒤를 이어 백운동서원을 사액서원[소수서원(紹修書院)]으로 만들고 서원창설을 주도하여 1600년대 후반에는 전국 곳곳에 많은 서원이 건립되었다. 그것을 교육의 목표와 내용, 운영의 측면으로 좁혀서 개괄하면 두 갈래의 큰 흐름이 있었던 것으로 보인다. 하나는 교육의 목표와 내용 및 운영의 주요사항을 담은 서원지(書院誌)를 완비해가는 흐름이 있었고, 다른 하나는 고대 향학(鄕學) 제도의 구현체로서 서원의 교육목표와 교육이상을 실현해가려는 흐름이 있었다.

전자는 백운동서원[소수서원]의 『죽계지(竹溪志)』[주세붕(周世鵬) 1548년경, 「잡록후원규(雜錄後院規)」], 영봉서원(迎鳳書院)[천곡서원(川谷書院)]의 『영봉지(迎鳳志)』[노경린(盧慶麟) 1559년, 「학규록(學規錄)」], 이산서원(伊山書院)의 「이산원규(伊山院規)」[이황(李滉) 1559년], 임고서원(臨皐書院)의 『임고서원원규(臨皐書院院規)』[김염(金廉) 1562년], 오산서원(吳山書院)의 『오산지(吳山志)』[유운룡(柳雲龍) 1588년, 「학규(學規)」]로 체제와 수록내용 등이 완비되고 임고서원의 『서원규범(書院規範)』[1588년 이후]에 활용되었다.[22]

후자는 이황의 역동서원(易東書院) 설립과 그 원회(院會)에서의 '향좌법(鄕坐法)' 시행 추진[1568년], 율곡(栗谷) 이이(李珥, 1536~1584)의 은병정사(隱屛精舍) 설립과 「은병정사학규(隱屛精舍學規)」 및 「은병정사약속(隱屛精舍約束)」[『율곡전집(栗谷全書)』 권15]의 작성 및 시행[1578년], 매죽헌(梅竹軒) 이명호(李明扈, 1565~1624)의 「신산서원입규(新山書院立規)」[『매죽헌집(梅竹軒集)』 권1]의 작성과 시행[1620년경] 등을 통해 일차 실현되고, 시대를 건너 뛰어 근대전후에 이르러 여러 서당관련자료[『자암일록(紫巖日錄)』, 『자암계첩(紫巖契帖)』 등]로 확인되는 소눌(小訥) 노상직(盧相稷,

22) 이 부분은 임근실, 「16세기 서원 학규에 대한 검토와 그 특징」, 『한국서원학보』 6, 한국서원학회, 2018의 내용을 참고하여 서술하였다.

1855~1931)의 서당(書堂)[극기재(克己齋), 금산서당(錦山書堂), 자암서당(紫巖書堂), 사남서장(泗南書庄) 등] 설립과 강학활동 및 유계회(儒契會)[학계(學契)]의 결성[1890년 이후] 등을 통해 재현되었다.

특히 후자의 경우, 후일 당색(黨色)으로 분할하는 시각이나 서원과 서당[정사 포함]을 갈라보는 시각 등을 논외로 하고 오로지 고대 향학 제도의 구현체로서 서원의 교육목표와 교육이상을 구현한다는 입장에서 보자면, "이황의 역동서원과 향좌법→이이의 은병정사와 그 학규 및 약속→이명호의 신산서원과 그 학규→노상직의 서당과 유계회[학계]"로 이어지면서 그 정신이 계승 발전되어 왔다고 말할 수 있다.

그 핵심내용은 고을 단위에서 그 고을의 향현(鄕賢)을 모신 향현사(鄕賢祠)를 중심으로 고을 수선(首善)의 터전으로서 향학[서원 또는 서당]을 설립하여 향인(鄕人)에 대한 교육을 행하는 한편, 그 고을 단위로 향약(鄕約)을 시행하는 것을 목표로 한다. 그러자면 당연히 '향좌법(鄕坐法)'의 시행이 선행되어야 하였다. 그래서 이황은 자신이 발의하고 월천(月川) 조목(趙穆, 1524~1606)을 위시한 예안에 거주하는 제자들이 주동이 되어 1568년(선조 1) 역동(易東) 우탁(禹倬, 1262~1342)을 모신 향현사를 중심으로 향학인 역동서원을 설립하였을 때 그 낙성식에 '향좌법'을 시행하려고 하였지만, 조목을 위시한 예안에 거주하는 제자들의 강력한 반대에 부딪치게 되었다.[23]

이황의 '향좌법'은 향촌 내 향인[사족(士族)]들의 행사에 '나이[연치(年齒)]' 순서로 좌차(坐次)를 정하는 법이다. 여기에서 향인이란 사족, 곧 양반만을 말하는 것이므로 그 외에 중인·평민·천민은 '향좌법'의 대상이 아니다.[24] 다만 이황의 시대에는 사족이 '사족(士族)'과 '서류(庶流)'로 서서히

23) 李滉이 鄕學 易東書院에서 '鄕坐法'을 시행하려고 한 취지와 그 과정에서 제자들과 갈등한 것에 대해서는 정석태, 『퇴계선생연표월일조록』 4, 퇴계학연구원, 2006, 154~158쪽 '資料' 참조.

24) 『朱子增損呂氏鄕約』, 「禮俗相交 請召迎送」에서 "凡聚會, 皆鄕人則坐以齒.[非士類則否]"라고 한 것으로 鄕人은 士族을 말하고, '鄕坐法'은 士族인 이들 鄕人의 모

분화하여 그들이 한 마을 또는 한 고을에 함께 거주하고 있었기 때문에 고을 내에서 모임을 함께 할 때, '사족'과 '서류'가 함께 하는 자리에서의 좌차를 그들 사이의 신분적 차별 없이 일률적으로 '나이[연치(年齒)]' 순서로 정하는 '향좌법'이 문제가 되었던 것이다.

말하자면 이황의 역동서원 낙성식에서의 '향좌법' 시행은 '서류'를 향학 입학과 교육의 대상으로 인정하고, 또 그들을 고을 '사족'의 일원으로 포용하는 조처였다. 그러나 일부 제자가 이황의 이러한 조처를 "지체가 낮은 사람을 윗자리에 앉히면, 실로 닭의 머리가 되지 못하고 소의 꽁무니가 되는 치욕스러움이 있다.[門地卑微者居右 實牛後之恥]"라고 반대하여 끝내 시행할 수 없었다.[25]

이이의 1578년(선조11) 은병정사 설립과 그 학규 및 약속의 시행은 이황의 역동서원 설립과 '향좌법' 시행 추진이 실패한 전철을 잘 살피고, 지방관 등으로 향약을 시행해본 경험을 토대로 한 것이었다. 향학의 교육목표와 교육이상을 구현한다는 입장에서 은병정사를 설립하는 한편, 그곳에서 성현(聖賢)을 목표로 공부하는 사람들의 자율적인 학문공동체[학문결사체]의 규약인 학규와 약속을 정한 다음, '사족'과 '서류'를 신분적 차별 없이 입학시키고 또 교육시켜서, 다시 말하면 이황이 실패한 향학에서의 '향좌법'을 시행해서 상당한 성과를 거두었다.

다만 '향좌법'의 시행과 자율적인 학문공동체[학문결사체]의 유지가 가

임에서 '나이[年齒]' 순서로 坐次를 정하는 것임을 알 수 있다.

25) 李滉은 1556년(명종11) 12월 조정의 명령으로 禮安鄕約(『退溪集』 卷42, 「鄕立約條序(附約條)」)을 지은 적이 있고 이 글은 지금 陶山書院 典敎堂에 揭板되어 있으며 陶山書院에서는 지금도 享祀 등 서원의 주요행사에 먼저 讀約부터 한다. 그러나 이때 제자들의 반대로 易東書院이나 陶山書院 모두 '庶流'를 '士族'의 일원으로 포용해서, 다시 말하면 '士族'과 '庶流'에게 일률적으로 '鄕坐法'을 시행했던 것은 아니다. 李滉은 1556년(명종11) 12월 조정의 명령으로 지은 禮安鄕約, 곧 「鄕立約條序(附約條)」를 易東書院에서 처음 시행하려고 하다가 제자들의 반대로 실패한 것이었다.

능한 범위가 한 개인이 자신의 장수처(藏修處)에 설립한 한 정사에 제한되었기 때문에 그것을 한 고을로 확장시키는 데는 여전히 문제가 있을 수밖에 없었다. 이명호의 「신산서원입규」는 이이의 은병정사 학규와 약조가 갖는 이와 같은 제약을 한 고을로 확장시켜놓은 것이라고 할 수 있고, 또 그런 면에서 이황의 역동서원 설립과 '향좌법' 시행의 정신을 재현한 것이라고 할 수 있다.

2. 「신산서원입규」를 통해 본 신산서원 초기의 강학정신

이명호가 신산서원 원장이 된 것은 문경호가 사망한 뒤인 1620년(광해군12)경으로 보이고, 이 무렵 이명호는 「신산서원입규」를 정한 것으로 추정된다. 이때 신산서원은 1610년(광해군2) 조식의 위패를 봉안하고 1616년(광해군8) 신계성의 위패를 봉안하면서 적을 둔 원생이 70여 명에 이르고, 거주지역도 김해반이 아니라 합천, 함안, 창원, 의령, 진주, 산청, 거창, 성주, 고령, 현풍 등 영남 강우지역에 두루 걸치는 큰 서원으로 발전하였기 때문에 내외의 요구로 서원의 학규를 새롭게 정해야 할 필요가 있었던 것이다. 이명호는 이때 향학의 교육목표와 교육이상을 구현하는 한편, 산림처사로서 실천궁행하는 조식의 도학정신을 잘 실현해갈 수 있도록 서원의 학규를 정하였다.

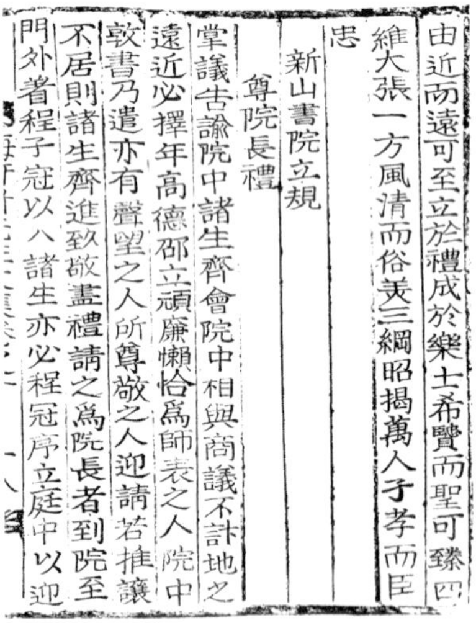
由近而遠可至立於禮成於樂士希賢而聖可臻四
維大張一方風清而俗美三綱昭揭萬人子孝而臣
忠
新山書院立規
尊院長禮
掌議告諭院中諸生齊會院中相與商議不計地之
遠近必擇年高德邵立頑廉懶恰爲師表之人院中
敦書乃遣亦有聲望之人所尊敬之人迎請若推讓
不居則諸生齊進致敬盡禮請之爲院長者到院至
門外者程子冠以入諸生亦必程冠序立庭中以迎

〈사진 3〉 이명호의 「신산서원입규」

그는 이이의 「은병정사학규」, 「은병정사약속」, 「문헌서원학규(文憲書院學規)」(『율곡전서(栗谷

全書)』 권15)의 내용을 적극 채용한 다음, 그것을 '존원장례(尊院長禮)', '원장알묘(院長謁廟)', '입원지규(入院之規)', '재임지규(齋任之規)', '알묘지규(謁廟之規)', '취회강독지규(聚會講讀之規)', '벌규(罰規)', '통론규경지사(通論規警之辭)'의 8장으로 분류하여 체계화하고 또 수정 보완해서 「신산서원 입규」를 정하였다.

그중 제1장 '존원장례'는 원장의 자격과 초빙절차에 대한 학규이며, 제2장 '원장알묘'는 원장의 알묘절차와 알묘 후 강학에 대한 학규이며, 제3장 '입원지규'는 원생의 자격과 입원절차에 대한 학규 3조목이며, 제4장 '재임지규'는 재임의 선출과 업무에 대한 학규 4조목이며, 제5장 '알묘지규'는 원장·재임·원생·외인의 알묘 절차와 의관에 대한 학규 4조목이며, 제6장 '취회강독지규'는 원생의 강학에 대한 학규 4조목이며, 제7장 '벌규'는 원생에 대한 출좌(黜坐)·출원(黜院) 등 처벌에 관한 학규 6조목이며, 제8장 '통론규경지사'는 앞의 소서(小序)에다 원생이 원중(院中)이나 향중(鄕中)에서 생활할 때 규경(規警)해야 할 제행(制行), 효제(孝悌), 의관(衣冠), 구용(九容), 독서(讀書), 거처(居處), 음식(飮食), 언어(言語), 붕우(朋友), 학업(學業), 보행(步行), 서자(書字), 문구(文具), 교과(教科), 잠규(箴規), 서책(書册)·

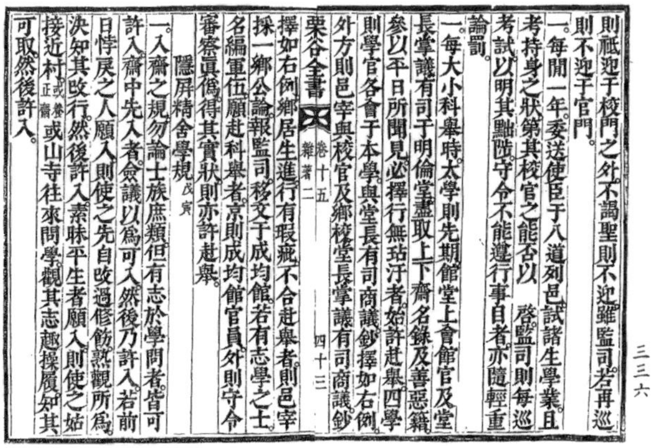
則祗迎于校門之外。不謁聖則不迎。雖監司。若再巡
則不迎于官門。
一。每閒一年。委送使臣于八道列邑。試諸生學業。且
考持身之狀。第其校官之能否。以 啓。監司則每巡
考試。以明其黜陟。守令不能遵行事目者。亦隨輕重
論罰。
一。每大小科舉時。太學則先期館堂上會館官及堂
長掌議有司于明倫堂。盡取上下齋名錄及善惡籍。
參以平日所聞見。必擇行無玷汙者。始許赴舉。四學
則學官各會于本學。與堂長有司商議。鈔擇如右例。
外方則邑宰與校官及鄉校堂長掌議有司商議。鈔
栗谷全書 卷十五 雜著二 四十三
擇如右例。鄉居生進。行有瑕疵。不合赴舉者。則邑宰
採一鄉公論。報監司。移文于成均館。若有志學之士。
名編軍伍。願赴科舉者。京則成均館官員。外則守令
審察眞僞。得其實狀。則亦許赴舉。
隱屏精舍學規 戊寅
一。入齋之規。勿論士族庶類。但有志於學問者。皆可
許入。齋中先入者。僉議以爲可入。然後乃許入。若前
日悖戾之人。願入則使之先自改過修飭。熟觀所爲。
決知其改行。然後許入。素昧平生者願入。則使之姑
接近村。或養正齋 或山寺。往來問學。觀其志趣操履。知其
可取。然後許入。
三三六

〈사진 4〉 이이의 「은병정사학규」

주색(酒色)·형벌(刑罰), 대객(待客), 귀가(歸家) 등의 18조목이다. 이이의 「은병정사학규」, 「은병정사약속」, 「문헌서원학규」와 대교(對校)한 내용을 표로 제시해보면 다음과 같다.[26)]

李明志의 「新山書院立規」	李珥의 「隱屛精舍約束」, 「隱屛精舍學規」, 「文憲書院學規」
1) '尊院長禮'	없음
2) '院長謁廟'	없음
3) '入院之規' ①번	「隱屛精舍學規」 ①번·㉒번과 동
3) '入院之規' ②번	「文憲書院學規」 ①번과 동일
3) '入院之規' ③번	「文憲書院學規」 ⑯번과 동
4) '齋任之規' ①-③번	「隱屛精舍學規」 ②번·⑳번, 「文憲書院學規」 ②-③번과 동
4) '齋任之規' ④번	없음
5) '謁廟之規' ①번	「隱屛精舍學規」 ④-⑤번, 「文憲書院學規」 ⑤번과 동
5) '謁廟之規' ②-④번	「隱屛精舍學規」 ③번, 「文憲書院學規」 ④번과 동
6) '聚會講讀之規' ①-②번	「隱屛精舍學規」 ㉑번, 「隱屛精舍約束」 ⑤번과 동, 罰規 포함
6) '聚會講讀之規' ③번	「文憲書院學規」 ⑯번과 동
6) '聚會講讀之規' ④번	없음
7) '罰規' ①번	「文憲書院學規」 ⑭번 동
7) '罰規' ②번	「隱屛精舍約束」 ⑥번 동
7) '罰規' ③번	「隱屛精舍約束」 ⑤번, 「文憲書院學規」 ⑮번, 「隱屛精舍學規」 ⑲과 동
7) '罰規' ④번	「隱屛精舍學規」 ⑭번, 「文憲書院學規」 ⑪번과 동
7) '罰規' ⑤번	「文憲書院學規」 ⑫번과 동
7) '罰規' ⑥번	「隱屛精舍約束」 ⑤번과 동
8) '通論規警之辭' 小序	「隱屛精舍約束」 ①-②번, 「隱屛精舍學規」 ⑱번과 동
8) '通論規警之辭' ①번	「隱屛精舍約束」 ③번과 동
8) '通論規警之辭' ②번	「隱屛精舍約束」 ④번과 동
8) '通論規警之辭' ③번	「隱屛精舍學規」 ⑫번, 「文憲書院學規」 ⑥번과 동
8) '通論規警之辭' ④번	「隱屛精舍學規」 ⑯번과 동
8) '通論規警之辭' ⑤번	「隱屛精舍學規」 ⑤번, 「文憲書院學規」 ⑨번과 동
8) '通論規警之辭' ⑥번	「隱屛精舍學規」 ⑧번, 「文憲書院學規」 ⑦번과 동
8) '通論規警之辭' ⑦번	「隱屛精舍學規」 ⑦번, 「文憲書院學規」 ⑧번과 동

26) 「新山書院立規」 8장 각각의 조목과 「隱屛精舍學規」[16조목], 「隱屛精舍約束」[22조목], 「文憲書院學規」[6조목]에 따로 일련번호를 붙여 對校하였다.

8) '通論規警之辭' ⑧번	「隱屛精舍學規」 ⑩번, 「文憲書院學規」 ⑩번과 동
8) '通論規警之辭' ⑨번	「隱屛精舍學規」 ⑭번, 「文憲書院學規」 ⑪번과 동
8) '通論規警之辭' ⑩번	「隱屛精舍學規」 ⑬-⑰번, 「文憲書院學規」 ⑫번과 동
8) '通論規警之辭' ⑪번	「隱屛精舍學規」 ⑨번과 동
8) '通論規警之辭' ⑫번	「隱屛精舍學規」 ⑮번, 「文憲書院學規」 ⑥번과 동
8) '通論規警之辭' ⑬번	「隱屛精舍學規」 ⑥번, 「文憲書院學規」 ⑥번과 동
8) '通論規警之辭' ⑭번	「隱屛精舍學規」 ⑪번과 동
8) '通論規警之辭' ⑮번	없음
8) '通論規警之辭' ⑯번	「文憲書院學規」 ⑬번과 일부 동
8) '通論規警之辭' ⑰번	없음
8) '通論規警之辭' ⑱번	「隱屛精舍學規」 ⑲번과 동

제1장 '존원장례'와 제2장 '원장알묘'는 따로 추가하고, 그 나머지 제3~8장 중 제4장 '재임지규'의 ④번 "제생과 여러 소임을 받은 사람은 예모를 갖추어 서로 접하기에 힘쓰고 공경과 신의로써 서로 대하며 감히 서로 더불어 희롱하고 업신여기지 말아야 한다.[諸生與諸受任之人 務以禮貌相接 敬信相對 毋敢與之戲慢]"라는 한 조목, 제6장 '취회강독지규'의 ④번 "매향사 후에는 읽은 책을 강론하여 익힌 바를 무너뜨리지 않도록 한다.[每享祀後 講論所讀書 不使墜隳所業]"라는 한 조목, 제8장 '통론규경지사'의 ⑮번 "벽 위에 이천 선생의 「사물잠」, 회암 선생의 「백록동규」와 「십훈」, 진무경의 「숙흥야매잠」을 걸어두고 서로 규경한다.[壁上揭伊川先生四勿箴晦菴先生白鹿洞規十訓陳茂卿夙興夜寐箴 以相規警]"라는 한 조목, ⑰번 "접객의 예는 원장과 수령과 감사가 아니면 비록 관원이라도 반드시 주객의 예로써 대한다.[待客之禮 若非院長土主道主 雖使星必以主客之禮待之]"라는 한 조목의 두 조목 등 네 조목을 추가하였다.

제1장 '존원장례'와 제2장 '원장알묘'는 은병정사에서는 따로 정할 필요가 없던 것을 필요에 의해 새로 추가한 것이고, 다른 네 조목도 작성 당시의 필요에 의해 추가한 것이라는 사실을 고려한다면, 이명호의 「신산서원입규」는 이이의 「은병정사학규」, 「은병정사약속」, 「문헌서원학규」의 내용을 대부분 그대로 채용해서 분류하고 또 체계화하되 필요한 부분은 적절하

게 수정 보완하여 정하였음을 알 수 있다. 여기서는 그 내용을 각 장별로 핵심이 되는 것을 간추려 들어보기로 하겠다.

1) 존원장례(尊院長禮)

원장(院長)은 장의(掌議)가 원생(院生)과 상의해 지역의 원근에 상관없이 '연고덕소(年高德卲)'하고 '염완입나(廉頑立懶)'할 수 있어 사표(師表)가 되기에 충분한 사람을 택하여 원중(院中)에서 정중한 뜻으로 서찰을 쓰고 또 명망 있고 존경받는 사람을 보내 청하되 사양하면 원생이 함께 가서 존경과 예의를 다해 모신다.

2) 원장알묘(院長謁廟)

원장이 서원에 와서 알묘(謁廟)한 다음 강당(講堂)에 나아가면 원생은 일어나 원장에게 학업을 청하는데 먼저 원규(院規)와 약규(約規) 등을 통독(通讀)하고 그 다음 의리서(義理書)를 읽는다. 원장이 서원에 있으며 새벽에 일어나 강당에 좌정하면 원생은 함께 나아가 약규의 의례(儀禮)대로 예를 베푼다.

3) 입원지규(入院之規)

사족(士族)과 서류(庶流), 장유(長幼)를 막론하고 학문에 뜻을 둔 사람은 모두 입원(入院)할 수 있다. 전에 패려(悖戾)한 일을 저지른 사람이라도 그 잘못을 뉘우치면 입원할 수 있다. 입원은 원장과 원생의 첨의(僉議)로 허가한다. 문과급제자나 생원·진사라도 행실을 살핀 다음 입원을 허가하고, 평소의 행실을 알 수 없는 사람은 가까운 마을이나 양사재(養士齋) 등에 지내도록 하면서 그 지취(志趣)와 조행(操行)을 살펴 입원을 허가한다. 만약 권력의 힘이나 감사와 수령의 청탁을 통하는 사람은 입원을 불허한다. 처음 입원한 제생(諸生)은 모두 먼저 원규를 낭독하게 한다.

4) 재임지규(齋任之規)

① 장의는 1인으로 원생 중 학문이 뛰어난 사람을 추대하는데 원장의 지휘

를 받아 원중의 논의를 주관한다. ② 유사(有司)는 2인으로 원생 중 학문이 뛰어난 사람을 택하는데 원중의 물품출납(物品出納), 일응사환(一應使喚), 집물유무(什物有無) 등의 사무를 관장한다. ③ 직월(直月)은 1인으로 유사 2인이 한 달씩 교대로 맡는데 사제붕우(師弟朋友) 간의 강론을 기록하고 원생의 원중(院中)과 거가(居家)의 행실을 일일이 살펴 선악적(善惡籍)을 기록해서 매월 원장에게 보고한다. ④ 원감(院監)은 1인으로 향중(鄕中) 인사 중 근실하고 능력 있는 사람을 택하고 임기는 3년인데 원중의 장부(帳簿), 공궤(供饋), 전곡(錢穀) 등의 사무를 맡는다. ⑤ 원생과 원임은 서로 예모를 갖추어 존경과 신뢰로 대한다.

5) 알묘지규(謁廟之規)

매일 날이 밝으면 원장과 원생 모두 상복(常服)을 입고 사당 뜰에 나아가 중문(中門)을 열지 않고 재배하고 나온 뒤 원장이 강당에 좌정하면 원생은 나아가 원장에게 배례하고 동서로 나이 순서로 마주 보고 서서 상읍례(相揖禮)를 행하고는 재실(齋室)로 돌아간다. 매월 삭망(朔望)에는 원장과 원생이 모두 의관(衣冠)을 갖추고 사당에 나아가 중문을 열고 사당의 신주를 내어와 재배하고는 분향하고 또 재배하는데 원장이 부재하면 원생 중 연장자가 분향한다. 원장과 원생은 출타할 때 사당 뜰에서 재배하고 돌아와서도 그렇게 한다. 외인(外人)이 처음 알묘함에는 의관을 차리고 사당에 나아가 중문을 열고 사당 뜰에 들어가 신주의 독을 열고 재배하고는 분향하고 또 재배한다.

6) 취회강독지규(聚會講讀之規)

매달 초하루에 반드시 월삭회(月朔會)를 열어 먼저 원규를 통독한 뒤 읽은 것을 서로 강론하고 의리를 서로 토론하는데 사서육경(四書六經), 『가례(家禮)』, 『소학(小學)』, 『심경(心經)』, 『근사록(近思錄)』, 『사기(史記)』 등의 서책을 읽는다. 춘하추동 네 계절의 첫 달에 장의는 원생을 서원에 따로 모아 원규를 강의하고 원생이 읽은 바의 득실을 점검한다. 매 춘추의 향사(享祀) 뒤에도 읽은 것을 강론한다. 월삭회에는 큰일이 있지 않으면 반드시 참여해야 하고 만약 참여하지 못할 때는 필히 서장(書狀)으로 사유를 고해야 한다.

7) 벌규(罰規)

① 춘추향사에 1회 불참은 출좌(黜坐)[손도(損徒)] 1회, 2회 불참은 출좌 2회, 3회 불참은 영손(永損), 4회 이상 불참은 출원(黜院)[삭적(削籍)]한다. ② 원생이 과실이 있으면 원장·장의[필참]·유사가 원중에서 첨의(僉議)하여 출좌나 면책(面責)을 하는데 1년에 2회 출좌해도 고치지 않으면 출원한다. ③ 원생안(院生案)에 이름을 올리고 서원에 출입하지 않거나 서원 안에서의 행실과 밖에서의 행실이 상반된 사람은 먼저 잘못을 지적하여 고치도록 하고 고치지 않으면 출원한다. ④ 귀하고 잘나고 재주 있는 것을 믿고 부형을 믿고 견문이 많은 것을 믿고 제배(儕輩)들에게 교만하게 굴거나 제배를 놀리거나 모욕하면서 희학질을 하는 자는 출좌한다. ⑤ 원규를 따르지 않은 채 위의(威儀)는 방광(放曠)하고 학업은 태만하면서 예법을 비난하고 비웃는 자는 출좌하고 고치지 않으면 출원한다. ⑥ 원회(院會)에 일이 없거나 혹 일을 핑계대고 참석하지 않는 자는 출좌한다.

8) 통론규경지사(通論規警之辭)

소서(小序)에서 "원생은 일심(一心)으로 학문을 하되 서원에 있거나 집에 있거나 마땅히 더욱 노력하여 수시로 힘을 써서 하릴없이 세월을 허송하여 초심을 저버리는 것은 불가하다. 이에 경계하는 말을 기록하여 매달 초하루 모임에 통독하여 반성해서 일깨움이 있도록 한다.[유사가 큰 소리로 읽고는 좌중에서 서로 강론한다.] 도는 고원한 것이 아니지만 사람이 스스로 행하지 않는다. 그 일을 말하자면 일상생활을 하는 속에 있으며 그 때를 말하자면 곧바로 착수할 수 있다. 다시 의심하여 후일을 기다리지 말 것이며 다시 두려워하고 어려워하며 주저하지 말 것이다. 마음을 보존해서 본성을 함양하고 이치를 살펴서 성찰하는 두 공부를 병행해야 한다. 일이 없이 정좌(靜坐)하고 있음에 이 마음은 어둡거나 어지럽지 않으며 일에 응하고 사람을 접함에 단연 악을 버리고 선을 향해야 한다. 동과 정이 순환하는 가운데 이 하늘의 밝은 명령을 살펴서 표리를 한결같게 하여 조금도 간단함이 없어야 한다. 공부하기를 비록 오래하더라도 효과를 보기를 구하지 말고 오로지 날마다 더욱 힘써서 죽은 뒤에야 그만두어야 한다. 숙흥야매(夙興夜寐)하여 의관은 반드시 정제하고는 앉거나 서거나 단정하게 하고 시선은 반드시 높이 두고 심의(心意)는 반드시 바르게 한다. 새벽에 일어나서부터 밤에 잠자리에 들 때까지 하루 사이에 반드시 일삼는 바가 있어서 혹 독서하고 사색하며 혹 붕우와 강론하며 혹 일에 따라 선을 행하여 잠시라도 마음을 놓아버리는 것은 불가하다. 언어는 반드시 진실하고 적중하고 간명하고 때에 맞게 할 것이며 오직 문장과 의리에 유익한 이야기를 할 것이며 세속의 비천하고 음탕하고 원망하고 남을 해치고 경상(經常)이 아닌 괴이하고 귀신에 관한 말에 대해서는 추호라도 그 입에서 내는 것은 불가하다."라고 전제한 다음, 원생이 원중이나 향중에서 생활할 때 규경(規警)해야 할 것을 제행(制行), 효제(孝悌), 의관(衣冠), 구용(九容), 독서(讀書), 거처(居處), 음식(飮食), 언어(言語), 붕우(朋友), 학업(學業), 보행(步行), 서자(書字), 문구(文具), 교과(敎科), 잠규(箴規), 서책(書册)·주색(酒色)·형벌(刑罰), 대객(待客), 귀가(歸家)의 18조목으로 나누어 세세한 것 하나하나까지를 모두 들어놓았다. 그중 특히 제행(制行)에서는 "제행은 반드시 고결하게 하여 옛 성현을 따르는 것을 법칙으로 한다. 얻음이 있으면 의리를 생각하며 사양하고 받는 것에 절도가 있으며 이욕을 채우는 비천한 일은 일체 마음에 두지 말며 삿되고 음탕하고 시끄럽고 잡된 곳에는 일체 그 발걸음을 하지 말며 항상 밝고 넓은 곳에 우뚝 서서 내 마음을 기른다."라고 하였으며, 음식(飮食)에서는 "식사를 할 때는 장유의 나이 순서로 앉고 음식에 대해서는 가리거나 취사하지 말고 항상 먹음에 배부름을 구하지 않는 것으로 마음을 삼아야 한다."라고 하였으며, 언어(言語)에서는 "언어는 신중하게 하여 다른 사람의 허물이나 악은 말하지 말 것이며 조정의 일을 논하지 말 것이며 고을 관원의 득실을 말하지 말아야 한다."라고 하였으며, 교과(敎科)에서는 "성현의 서책과 성리의 설이 아니면 재중(齋中)에서 펴서 볼 수 없다.[역사서는 읽는 것을 허용한다.] 만약 과거공부를 하고자 하는 사람은 반드시 다른 곳에서 익혀야 한다."라고 하였다.

먼저 3)번 '입원지규'에서 "사족과 서류, 장유를 막론하고 학문에 뜻을 둔 사람은 그 지취와 조행을 살펴 모두 입원을 허가한다."라고 하고, 5)번 '알묘지규'에서 "원장이 부재하면 원생 중 연장자가 분향한다."라고 하고, 8)번 '통론규경지사·음식'에서 "식사를 할 때는 장유의 나이 순서로 앉는다."라고 하여 '사족'과 '서류'를 신분의 차별 없이 입원시키고 그들에게 '향좌법'을 시행함을 전제하였다.

다음 6)번 '취회강독지규'에서 "매달 초하루에 반드시 월삭회를 열어 먼저 원규를 통독한 뒤 읽은 것을 서로 강론하고 의리를 서로 토론하는데 사서육경, 『가례』, 『소학』, 『심경』, 『근사록』, 『사기』 등의 서책을 읽는다."라고 하고, 8)번 '통론규경지사·제행'의 "제행은 반드시 고결하게 하여 옛 성현을 따르는 것을 법칙으로 한다."라고 하고, 또 그 '교과'에서 "성현의 서책과 성리의 설이 아니면 재중에서 펴서 볼 수 없다.[역사서는 읽는 것을 허용한다.] 만약 과거공부를 하고자 하는 사람은 반드시 다른 곳에서 익혀야 한다."라고 하여, 서원이 과거공부를 하는 곳이 아니라 성현을 목표로 학문을 하는 곳임을 분명히 하였다.

그 다음 8)번 '통론규경지사'에서는 그 소서와 제행, 효제, 의관, 구용, 독서, 거처, 음식, 언어, 붕우, 학업, 보행, 서자, 문구, 교과, 잠규, 서책·주색·형벌, 대객, 귀가의 18조목으로 그러한 학문의 내용과 실현의 방안을 구체적으로 밝혔다. 나아가 4)-③번 '재임지규·직월'에서 직월에게 선악적을 관리하게 하는 한편, 7)번 '벌규'에서처럼 처벌조항을 상세하게 해서 교육의 효과를 제고하였다. 이와 함께 8)번 '통론규경지사·언어'에서 "언어는 신중하게 하여 다른 사람의 허물이나 악은 말하지 말 것이며 조정의 일을 논하지 말 것이며 고을 관원의 득실을 말하지 말아야 한다."라고 하여, 서원은 세상사를 멀리한 곳에서 오로지 학문을 익히는 곳임을 재천명하였다.

이처럼 이명호는 이이의 「은병정사학규」, 「은병정사약속」, 「문헌서원학규」의 내용을 적극 채용해서 원장의 자격과 초빙절차, 원장의 알묘와 강학, 원생의 자격과 입원절차, 원임의 선출과 업무, 원장·재임·원생·외인의 알묘 절차와 의관, 원생의 강학활동, 원생에 대한 처벌규정, 원생의 원중·향중 생활에 관해 그 세세한 내용 하나하나까지를 모두 규정한 서원학규를 작성할 수 있게 되었다. 특히 서원이 과거공부가 아닌 성현을 목표로 학문을 익히는 곳임을 분명히 함과 동시에, 그러한 목표를 이루기 위해 서원생활에서 원생 개개의 행동 하나하나를 엄격하게 규율하는, 말 그대로 쇄소대응(灑掃應對)의 하학(下學)에서부터 성현의 경지로 상달(上達)하려고 한 조식의 뜻이 잘 관철되어 있는 서원학규를 제시하고 있다.

나아가 그러한 목표의 실현을, 서원을 중심으로 하나의 공동체를 형성한 집단의 자율적인 행사를 통해 실현될 수 있도록 짜 놓고 있다. 서원이 과거공부를 위한 교육기관이나 지역여론조성 등을 통한 정치권력의 행사기관이 아닌, 오로지 성현을 목표로 학문을 익히는 자율적인 학문공동체[학문결사체]라는 서원설립의 본래 취지에 충실하고자 했던 것이다. 이것이 조식이 산림에 은거했던 본래의 뜻이기도 하였다. 그러나 그러한 학규를 제정한 당자인 정인홍과 그 제자들이 북인으로 정치권력의 중심에 섰다가 몰락하게 되면서, 그 학규의 취지를 현실에서 제대로 실현해 보지 못한 채 역사의 전면에서 사라지고 말았다.

Ⅳ. 신산서원 강학정신의 변모와 계승 양상

1. 인조반정 이후의 상황

신산서원은 인조반정 이후 그 위상이 급격히 추락하고 경제적 기반이 거의 상실되었음은 이미 언급한 바 있다. 서원의 존립의 문제를 두고 변화를 도모하던 이때 강학이 아니라 향사조차도 계속 지내기 어려웠음은 앞서 들었던 한몽삼의 서찰로도 잘 드러난다. 따라서 이명호가 「신산서원입규」를 정한 것이 그가 신산서원 원장이던 1620년대 초반이라면, 인조반정으로 북인정권이 몰락하고 정인홍이 사사되는 정국의 소용돌이 속에서 과연 조식과 정인홍의 학문적 지향을 선명하게 드러내고 있는 이와 같은 학규가 서원의 운영과 강학에 적극 활용되었을지는 의문일 수밖에 없다.

신산서원의 초기상황을 알려주는 자료로는 현재 1610년(광해군2)부터 1682년(숙종8)까지의 『신산서원심원록』만 전하고, 다른 강학 관련 일록(日錄)이나 일지(日誌), 계첩(契帖) 등은 전하지 않는다. 다만 이 『신산서원심원록』을 통해, 정치적인 몰락에 따른 서원의 성쇠와 상관없이 제향(祭享)한 조식과 신계성에 대한 존모의 마음은 변함없었던 반면,[27] 그곳을 중심으로 한 강학활동은 거의 이루어지지 않았음이 특히 눈에 띈다. 그중에는 심원(尋院)과 알묘(謁廟), 향사(享祀)와 제관(祭官) 등에 대한 것 외에도 심원한 인물들 가운데 드물게 독서 또는 강학을 하거나 거접한 사람들은 그 사실도 함께 기록해놓고 있는데, 뽑아서 들어보면 다음과 같다.

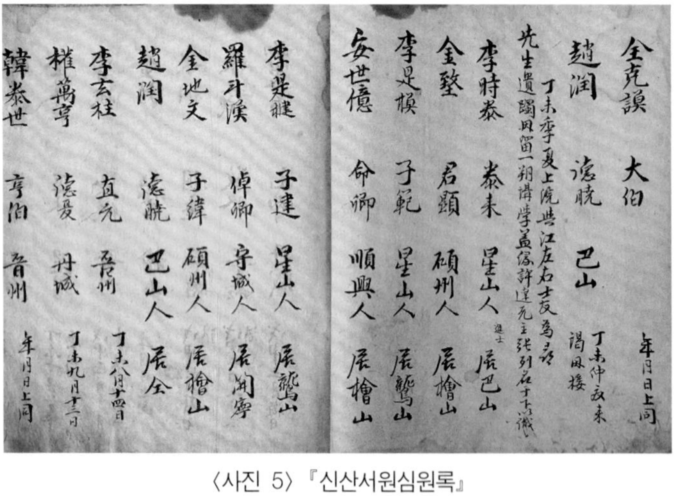

〈사진 5〉 『신산서원심원록』

27) 이러한 현상은 1828년(순조28)부터 1834년(순조34)까지의 『新山書院祗謁錄』(한국학중앙연구원, 『古文書集成34－金海鄕校篇－』, 1997)을 통해서도 확인해볼 수 있다.

1) 1657년(효종8) 4월

"신석문(辛碩文), 자는 도현(道顯), 본관은 영산(靈山), 영산 거주. 4월에 와서 알묘하고 김해에 사는 벗 허시형(許時亨, 1636~1707)[자 길원(吉元), 본 김해(金海), 허경윤(許景胤)의 차자 허빈(許瀕)의 차자], 허주(許柱, 1640~1697)[자 천경(天卿), 호 남호(南湖), 허경윤의 장자 허호(許灝)의 장손 허시흥(許時興, 1623~1664, 자 회원(會元))의 장자]와 독서하다."[28]

2) 1666년(현종7) 5월

"곽환(郭鍰), 자는 형중(衡仲), 본관은 현풍(玄風), 현풍 거주. 5월에 이원(李菀)[자는 군수(君壽), 본관은 재령(載寧), 진주(晉州) 거주] 및 이시건(李時楗)[자는 자건(子建), 본관은 성산(星山), 영산 거주]과 함께 와서 한 달 동안 지내다."

3) 1667년(현종8) 5월

"조윤(趙潤), 자는 덕효(德曉), 본관은 함안(咸安), 창원(昌原) 거주. 5월에 알묘하고 거접(居接)하다.

4) 1667년(현종8) 6월 초순

"6월 초순에 강우지역 선비 8인이 조식의 유촉지(遺躅地)를 찾아 서원에 왔다가 김해에 사는 허시창(許時昌, 1634~1690)[자 달원(達元), 호 다곡재(茶谷齋), 본 김해, 허경윤의 차자 허빈의 장자]이 주장해서 한 달 동안 지내며 강학하다. 그때 함께 했던 강우지역 선비 8인은 다음과 같다. 이시태(李時泰), 자는 태래(泰來), 본관은 성산, 함안 거주, 진사. 金墪, 자는 군현(君顯), 본관은 연안, 창원 거주. 이시모(李時模), 자는 자범(子範), 본관은 성산, 영산 거주. 안세억(安世億), 자는 명경(命卿), 본관은 순흥(順興), 창원 거주. 이시건(李時楗), 자는 자건(子

28) 許時亨, 許柱의 인적사항은 인제대학교 디지털족보도서관 소장 『金海許氏壬寅派譜(竹菴公派譜)』를 활용해서 기록하였다. 아래 許時昌의 경우도 동일하다.

建), 본관은 성산, 영산 거주. 나두한(羅斗漢), 자는 탁경(倬卿), 본관은 수성(守城), 개령(開寧) 거주. 전지문(全地文), 자는 자위(子緯), 본관은 연안, 창원 거주. 조윤(趙潤), 자는 덕효(德曉), 본관은 함안, 창원 거주."

5) 1672년(현종13) 12월

"이원(李菀), 자는 군수(君壽), 본관은 재령, 진주 거주. 12월에 벗들과 함께 와서 지내며 강학하다."

6) 1680년(숙종6) 1월 19일

"전맹경(田孟卿), 자는 호연(浩然), 본관은 담양(潭陽), 의령(宜寧) 거주. 1월 19일에 와서 알묘하고 거접(居接)하다."

7) 1680년(숙종6) 1월 30일

"조여희(成汝喜), 자는 문숙(文叔), 본관은 창녕, 창녕 거주. 1월 30일에 와서 알묘하고 거접하다."

1)번은 1657년(효종8) 4월에 영산[창녕]에 사는 신석문(辛碩文)이 서원에 와서 알묘하고 김해에 사는 벗 허시형(許時亨), 허주(許柱)와 함께 서원에서 독서했다는 내용이다. 2)번은 1666년(현종7) 5월에 현풍[달성]에 사는 곽환(郭鍰)이 진주에 사는 이원(李菀), 영산[창녕]에 사는 이시건(李時楗)과 함께 서원에서 한 달 동안 지냈다는 내용이다. 그냥 한 달 동안 지냈다고 했지만, 아무 일도 없이 지낸 것이 아니라 독서하면서 지냈을 것이다. 3)번은 1667년(현종8) 5월에 창원에 사는 조윤(趙潤)이 서원에 와서 알묘하고 거접했다는 내용이다. 4)번은 1667년(현종8) 6월 초순에 '강우지역 선비' 8인이 조식의 유촉지를 찾아 서원에 왔다가 김해에 사는 허시창(許時昌)이 주장해서 서원에서 한 달 동안 지내며 강학했다는 내용이다. 이때 찾아온 8인은 함안에 사는 진사 이시태(李時泰), 창원에 사는 金埅, 영산[창녕]에

사는 이시모(李時模), 창원에 사는 안세억(安世億), 영산[창녕]에 사는 이시건(李時楗), 개령[김천]에 사는 나두한(羅斗漢), 창원에 사는 전지문(全地文), 창원에 사는 조윤(趙潤)이다. 5)번은 1672년(현종13) 12월에 진주에 사는 이원(李菀)이 벗들과 함께 서원에 와서 지내며 강학했다는 내용이다. 6)번은 1680년(숙종6) 1월 19일에 의령에 사는 전맹경(田孟卿)이 알묘하고 거접했다는 내용이다. 7)번은 1680년(숙종6) 1월 30일에 창녕에 사는 성여희(成汝喜)가 알묘하고 거접했다는 내용이다.

이 1)~7)번의 내용을 통해 다음 두 가지 사실을 추론해볼 수 있다. 첫째, 심원과 알묘를 위해 서원을 찾아온 '강우지역 선비'들에게 독서와 강학, 그리고 거접을 유도하고 있었다면, 인조반정 이후로 신산서원에서는 서원 주도의 강학과 거접이 이루어지지 않았을 것이라는 사실을 유추해볼 수 있다. 둘째, 1)번과 4)번의 내용, 그중 4)번에서 "1667년(현종8) 6월 초순에 강우지역 선비 이시태, 金塈, 이시모, 안세억, 이시건, 나두한, 전지문, 조윤의 8인이 조식의 유촉지를 찾아 서원에 왔을 때 그들에게 주장해서, 다시 말하면 그들에게 힘껏 권유해서 한 달 동안 지내며 강학하게 한 것"을 통해 확인되는 바, 심원과 알묘를 위해 서원을 찾아온 사람들에게 독서와 강학, 그리고 거접을 힘껏 권유하고 있는 것을 볼 때, 또 그렇게 힘껏 권유하고 있는 허시창, 허시형, 허주 등이 1609년(광해군1) 임진왜란 때 소실된 신산서원의 중건을 주도한 허경윤의 손자와 증손자임을 볼 때, 이 무렵 신산서원은 1623년(인조1) 인조반정으로 북인정권이 몰락하고 정인홍이 사사되는 정국의 소용돌이 속에서 '강우지역 선비'들, 그전까지 신산서원을 출입하던 많은 영남 강우지역 남명학파 인물들, 곧 북인계열 인물들조차 외면하여 거의 공원(空院)이 된 채 오로지 중건을 주도한 허경윤의 자손들만 홀로 주인으로서 서원을 지키고 있었을 것이라는 사실을 유추해볼 수 있다. 이와 같이 서원이 공원이 된 상태, 서원이 공원이 되어 출입하는 유생이 없이 강학기능을 상실한 채 겨우 향사만을 드리던 상황을 타개하기 위해 남명학파의 주요 거점서원, 북인계열 주요 거점서원으로서의 색깔을 지우고 점차 남인계열서원으로 바꾸어갔을 것으로 보인다. 다음은 그때의 정황의 일단을 알려주는 자료이다.

> 학규가 완비된 것으로는 「백록동규」만한 것이 없기 때문에 서원 강당 벽에다 걸어두려고 하였다. 근자에 신간(新刊) 『퇴계선생문집』을 읽고서 또 「이산원규」 한 편을 얻어 비교해 살펴보니, 대개 「백록동규」는 규모의 큼을 다하였고 「이산원규」는 절목의 상세함을 다하였기에 어느 하나를 버리는 것은 불가함이 명백하므로 함께 새겨서 게판하려고 아래와 같이 열기한다. 「백록동규」[「백록동학규(白鹿洞學規)」] …「이산원규」… 서원의 '당재명호(堂齋名號)'를 경윤이 망령되이 자신의 뜻으로 대략 그 세목 정하고 다시 백록동서원과 이산서원의 이미 시행하고 있는 학규를 게시하여 제현들과 함께 늘 살펴보며 성찰하고자 하는데 마치 주자와 퇴계 두 선생이 일깨워주시는 가르침을 직접 받는 듯하니, 그 친근하고 절실함이 어찌 단지 심상한 경전의 글귀에 비교할 것이겠는가. 이 서원에 들어온 사람이 학문에 뜻이 없다면 그만이지만, 학문에 뜻을 두고 있다면 이 학규를 버리고 어디로 갈 것인가. 인하여 가만히 생각해보건대, 근래에 학궁[서원]이 점차 일어나면서 절목이 늘어나고 있지만, 번잡한 폐단이 없으면 소략하다는 탄식이 있게 되어 모두가 한쪽으로 치우친 병폐를 면하지 못하니, 어찌 전현이 정한 학규를 삼가 지켜서 서로 힘써 십분 온당하게 하는 것만 같겠는가. 이에 감히 조목을 불필요하게 더 만들지 않고 마침내 주자와 퇴계 두 선생의 학규를 취해 서원의 '당재명호' 아래에다 모두 기록해서 내 뜻을 보이니, 제현들은 살펴주시기를 바란다.[29]

29) 許景胤, 『竹菴逸集』 卷1, 「新山書院堂齋名號小識(附冠服院規)」, "學規之全備, 無如「白鹿洞規」, 故擬欲揭附院壁矣. 近讀新刊『退溪先生文集』, 又得「伊山院規」一通, 參以觀之, 蓋「洞規」盡規模之大, 「院規」盡節目之詳, 不可偏廢也審矣, 并欲刊揭, 玆列如左. 「白鹿洞學規」 … 「伊山院規」 … 書院堂齋諸名, 景胤妄以己意略定其目, 復表出白鹿、伊山已行之規, 要與諸賢常目觀省, 如親承二先生警誨, 其爲親切, 豈但與尋常經傳語比也? 入此院者, 無志於學則已, 有志於學, 則舍是規何適哉? 仍竊念近年以來, 學宮漸興, 節目滋生, 然無煩瑣支蔓之端, 則有疎疏簡率之歎, 俱

이것은 허경윤의 「신산서원당재명호소지(新山書院堂齋名號小識)[부관복원규(附冠服院規)]」 뒤에 첨부된 '의복원규(冠服院規)' 중 '원규'에서 「백록동규」와 「이산원규」의 원문은 제외하고 그 나머지를 옮겨놓은 것이다.

이 글대로라면, 허경윤은 1609년(광해군1) 임진왜란 때 소실된 신산서원을 자신의 주도로 중건하고는, 그해 4월[30]에 신산서원의 '당재명호'를 정하는 내용의 「명당재총설(名堂齋總說)」과 그 '당재명호' 하나하나에 짧은 설명을 붙인 「신산서원당재명호소지」를 지은 다음, 이어서 「신산서원당재명호소지」 뒤에 '관복원규', 곧 신산서원의 '향례관복(享禮冠服)'과 '서원원규(書院院規)'를 첨부한 것이 된다. "학규가 완비된 것으로는 「백록동규」만한 것이 없어서 그것을 학규로 삼아 서원 벽에다 걸어두려다가, 근자에 신간 『퇴계집』에서 「이산원규」를 찾아서 읽어보니, 「백록동규」는 규모의 큼을 다하였고 「이산원규」는 절목의 상세함을 다하여 함께 새겨서 서원에 게판하려고 한다. 이 두 학규를 게시하여 제현들과 함께 늘 살펴보면서 성찰한다면, 마치 주자와 퇴계 두 선생의 가르침을 직접 받는 것과 다름없으니, 친근하고 절실함이 어찌 단지 심상한 경전의 글귀에 비교할 것이겠는가. 이 서원에 들어온 사람이 학문에 뜻을 두고 있다면 이 학규를 버리고 다시 어디에서 구할 것인가. 인하여 가만히 생각해보건대, 근래에 서원이 점차 생겨나면서 학규가 늘어나고 있다. 그러나 번잡한 폐단이 없으면 소략한 탄식이 있게 되어 모두 한쪽으로 치우친 병폐를 면하지 못하고 있으니, 차라리 전현이 정한 학규를 그대로 쓰는 것만 못하다."라는 취지에서 주자의 「백록동규」와 이황의 「이산원규」를 학규로 삼아 신산서원에 게판한 것이 된다.

그러나 이 신산서원 '향례관복'과 '서원원규'는 1609년(광해군1) 4월에

未免一偏之病, 曷若謹守前賢定規, 交相勉勵之爲十分穩貼者哉? 玆不敢贅作科條, 遂取二先生學規, 備錄於堂齋名號之下, 以見區區之意, 僉賢幸諒察."

30) 許景胤, 상동, 「名堂齋總說」, "… 萬曆三十七年己酉(1609, 光海君1)仲夏, 後學盆城許景胤題."

지은 「명당재총설」 및 「신산서원당재명호소지」와 같은 때 함께 지어서 신산서원에 게판한 것이 아니다. 허경윤이 아무리 신산서원의 중건을 주도했다고 해도 당시 나이나 명망 등으로 볼 때, 그때 원장과 원임 등 서원의 조직이 잘 갖추어져 있었던 신산서원의 '향례관복'과 '서원학규'를 혼자서 임의로 정할 수는 없었을 것이다. 더구나 당시 남인과 북인이 서로 대립하고 있던 상황에서, 혼자의 주장으로 당시 남인계열서원의 학규로 널리 채택하고 있었던 이황의 「이산원규」를 서원의 학규로 채택해서 서원에 게판하는 것은 거의 불가능했을 것이다. 비록 당시 서원의 학규로 신산서원을 포함한 모든 서원이 일반적으로 채택하고 있던 주자의 「백록동규」와 함께 게판하는 것이라고 하더라도 그렇다.

이와 같이 전제하고 위의 글을 다시 읽어보면, 그중 먼저 "근자에 신간 『퇴계선생문집』을 읽고서 또 「이산원규」 한 편을 얻었다."라고 한 문장이 의심이 된다. 여기서 『퇴계선생문집』, 곧 『퇴계집』 앞에다 '신간'이라는 말을 덧붙인 것은, 『퇴계집』이 1600년(선조33) 미완의 초간 이후 그에 대한 수정과 보각(補刻)이 1609년(광해군1)에 완료되어 널리 보급되었기 때문에,[31] 그 간행시점인 '1609년(광해군1)'을 강조하기 위해 덧붙인 것으로 추정된다. 이황의 「이산원규」는 당시 많은 서원에서 이미 학규로 채택하고 있어서 『퇴계집』을 통해 읽지 않고도 그 내용을 잘 알고 있었을 것이다. 따라서 이황의 「이산원규」를 굳이 '신간'이라는 말을 붙여 『퇴계집』을 통해 읽고 알게 되었다고 할 필요는 없었을 것이다. 그럼에도 불구하고 일부

31) 『退溪集』은 1600년(선조33) 未完의 初刊 이후 그에 대한 修整과 補刻이 이루어져 현재 1600년(선조33) 初刊 庚子本類에는 庚子本初刷本, 庚子本修整本, 庚子本修整完了本 등이 존재한다. 문석윤 외, 『전국 주요 도서관 소장 목판본 『退溪集』 목록과 해제』, 한국연구재단 연구과제 결과보고서, 2007, 9~11쪽 참조. 이 결과보고서에서는 庚子本修整本과 庚子本修整完了本의 간행연대를 밝혀놓고 있지 않지만, 이 「新山書院堂齋名號小識」 뒤에 첨부된 '書院院規'에 의거하자면, 庚子本修整本과 庚子本修整完了本, 그중에서 庚子本修整完了本의 간행연대는 1609년(광해군1)으로 추정된다.

러 '신간' 『퇴계집』을 통해 읽었다고 한 것은, 「신산서원당재명호소지」 뒤에 첨부한 '향례관복'과 '서원학규'가 '신간' 『퇴계집』의 간행시기와 같은 때, 곧 1609년(광해군1) 4월 「명당재총설」 및 「신산서원당재명호소지」와 같은 때 함께 지은 것임을 돋보이게 하려는 의도에서 덧붙인 것이라고 해야 할 것이다.

다음으로 허경윤의 『죽암일집(竹菴逸集)』에서 「신산서원당재명호소지」 중 '문왈진덕문(門曰進德門)' 이하를 '결(缺)[결락]'로 해놓고,[32] 이어서 '향례관복'을 두고 그 뒤에 위의 글을 붙여 두고 있는 것도 의심이 된다. 이 사실을 염두에 두고 위의 글을 다시 읽어보면, 그중 "근래에 학궁[서원]이 점차 일어나면서 절목이 늘어나고 있지만, 번잡한 폐단이 없으면 소략하다는 탄식이 있게 되어 모두가 한쪽으로 치우친 병폐를 면하지 못한다."라고 한 부분의 "절목이 늘어나서 번잡한 폐단"이 있다고 한 것은 서원학규로는 분량이 상당한 이명호의 「신산서원입규」를 가리키는 것일 가능성이 높다.

여기에 "이에 감히 조목을 불필요하게 더 만들지 않고 마침내 주자와 퇴계 두 선생의 학규를 취해서 서원의 '당재명호' 아래에다 모두 기록한다."라고 한 부분을 더하여 보면, 신산서원에서 북인계열서원의 색깔을 지우고 남인계열서원으로 바꾸어가면서 서원에 게판된 이명호의 「신산서원입규」를 주자의 「백록동규」 및 이황의 「이산원규」로 대체한 현실을 신산서원에 소장했을 「신산서원당재명호소지」 원고 뒤에 반영해두었던 것을, 1869년(고종6)경 『죽암일집』을 간행할 때 그대로 옮겨놓은 것이 『죽암일집』 권1의 「신산서원당재명호소지[부관복원규]」일 가능성이 높다. 다시 말하면 원래는 「신산서원당재명호소지」 뒤에 이명호의 「신산서원입규」가 기록되었던 부분을 산거하고 그곳에다 주자의 「백록동규」와 이황의 「이산원규」를 옮겨놓으면서 후인이 가필(加筆)해서 첨입(添入)해두었던 것이 위

32) 許景胤, 상동, 「新山書院堂齋名號小識(附冠服院規)」, "地名酒府洞 … 門曰進德門 〈缺[缺落]〉享禮時冠服 …."

의 글 중 「백록동규」[「백록동학규」]와 「이산원규」를 제외한 나머지 부분일 가능성이 높다.[33]

2. 1690년대 이후 강학정신의 변모양상

신산서원은 1690년대 이후 북인계열서원에서 남인계열서원으로 거의 바뀐 것으로 추정된다. 이 무렵 이명호의 「신산서원입규」 대신 주자의 「백록동규」와 이황의 「이산원규」가 서원학규로서 신산서원에 게판되었을 것이다. 그리고 이때 신산서원은 인조반정 이후 정인홍이 사사되고 영남 강우지역의 북인세력이 정치적으로 몰락한 뒤 거의 공원이 된 신산서원을 주인으로서 홀로 지키고 있었던 김해허씨 허경윤과 그 후손들을 대신해 김해지역의 몇몇 사족가문이 유지하고 운영하게 되었다. 앞서 언급한 바, 조식의 처가 가문인 창녕조씨[남평조씨]가 주축이 되고 청주송씨, 김해허씨, 광

33) 필자는 「新山書院堂齋名號小識」 뒤에 첨부된 '冠服院規'는 "신산서원 享禮冠服과 書院學規에 대한 것으로, 향례 때의 관복과 서원의 학규 모두에서 신산서원이 북인계열서원에서 남인계열서원으로 바뀌어갈 때의 모습을 잘 보여주는 자료이다. 1609년(광해군1) 「新山書院堂齋名號小識」와 함께 지은 것이 아니라, 1623년(인조1) 인조반정으로 鄭仁弘이 사사되고 경상도 강우지역의 북인세력이 몰락한 뒤 신산서원이 새로운 활로를 모색하는 과정에, 대략 1600년대 중반 무렵에 북인계열서원의 향례관복과 서원학규를 남인계열서원의 그것으로 대체하기 위해 지어서 1609년에 지은 「新山書院堂齋名號小識」 뒤에 첨부한 것으로 보인다."라고 하였다. 정석태, 「신산서원 관련자료－자료해제와 원문표점－」, 2020, 159~160쪽 참조. 이것은 許景胤이 新山書院을 북인계열서원에서 남인계열서원으로 바꾸어 간 주역이라는 전제 하에, 그가 1609년(광해군1) 자신이 지은 「新山書院堂齋名號小識」 뒤에 후일 '冠服院規'를 첨부했다고 본 것이다. 타당하지 않을 듯하다. 위에서 언급한 대로, 1690년(숙종16) 이후 新山書院이 북인계열서원에서 남인계열서원으로 바뀐 다음 서원에 揭板된 李明恴의 「新山書院立規」를 朱子의 「白鹿洞規」와 李滉의 「伊山院規」로 대체한 현실을 新山書院에서 소장했을 「新山書院堂齋名號小識」 원고 뒤에 반영할 때 加筆해서 添入해둔 것을, 후일 『竹菴逸集』을 간행할 때 그대로 옮겨 실었을 가능성이 높다. 수정한다.

주노씨, 김해김씨, 광주안씨, 의성김씨, 재령이씨, 함안조씨, 현풍곽씨, 진주강씨 등이 원임을 맡고, 또 향사의 헌관과 제관 등을 맡아서 유지하고 운영하게 되었다.

이 시기를 지나면서 김해지역 사족가문들의 정치적, 학문적 경향에 따라 이현일에서 이상정으로 이어지는 영남 퇴계학파의 학문을 전수하는 서원으로 발전하였다. 그러한 변화의 중심에는 광주안씨 우졸수(愚拙叟) 안신현(安信賢, 1624~1699)의 주도로 신산서원에서 조식의 유서(遺書)를 정기적으로 강론한 창녕조씨[남평조씨] 정옹(酊翁) 조구령(曺九齡, 1657~1719)과 사우당(四友堂) 조이추(曺爾樞, 1661~1707)가 있었다.

1) 안신현(安信賢) 행장

"자는 경숙(敬叔)·성숙(誠叔), 호는 우졸수(愚拙叟), 본관은 광주(廣州)이다. 김해 출신으로서 미수(眉叟) 허목(許穆, 1595~1682)의 문인이다. 간송(澗松) 조임도(趙任道, 1585~1664), 익암(益菴) 이도보(李道輔, 1587~1661), 한천(寒泉) 이속(李涑, 1606~1665) 등과 교유하였다. 고을에서는 조구령(曺九齡), 조이추(曺爾樞)와 가장 친분이 두터워 매해 봄여름에 신산서원에 같이 모여서 남명 선생의 유서를 강론하였다."[34)]

2) 조구령(曺九齡) 연보

"자는 인수(仁叟), 호는 정옹(酊翁), 본관은 창녕(昌寧)[남평(南平)]이다. 김해 출신으로서 갈암(葛菴) 이현일(李玄逸, 1627~1704)의 문인이다. 1690년(숙종16, 34세) 봄, 신산서원에 들어가서 선비들과 강습하고 토론하였다. 이로부터 신산서원에 머물면서 강론한 것이 무릇 6, 7년이나 되었다. 1691년(숙종17, 35세) 4월, 산해정(山海亭)에다 사림들을 모아놓고 「성학십도(聖學十圖)」 제8 「심학도설(心學圖說)」[「심학도(心學圖)」]을 강론하였다. 1698년(숙종24, 42세) 2월, 신

34) 盧相稷, 『小訥集』 卷35, 「愚拙叟安公墓誌銘」 참조.

산서원 원장으로 제생들을 모아놓고 남명 선생의 유사와 언행록을 강론하였고, 또 퇴계 선생의 「성학십도」를 강론하였다. 1703년(숙종29, 47세) 정월, 제생들과 신산서원에 모여서 『성리대전(性理大全)』과 『소학』을 강론하였다. 1707년(숙종33, 51세), 신산서원 옛터 동쪽 산기슭에다 정옹정(酊翁亭)을 짓고 퇴계 선생의 시 「산거사시각사음(山居四時各四吟)」를 써서 벽에 걸었다. 1717년(숙종33, 61세) 3월, 제생들과 정옹정에서 노닐며 퇴계 선생의 시 「보자계상유산지서당(步自溪上踰山至書堂)」을 낭송하였다."[35]

3) 조이추(曺爾樞) 묘갈명

"자는 원경(元卿), 호는 사우당(四友堂), 본관은 창녕[남평]이다. 김해 출신이다. 처음에는 무과를 준비하다가 퇴계학을 표준으로 해서 「성학십도」에서부터 닦아나가 성리서에 깊이 침잠하여 학문을 크게 이루니 좇아 배우는 지역의 선비들이 많았다. 늘 '경의(敬義)'를 지신부(持身符)로 간직한 채 성인을 목표로 뜻을 세워 일신을 단속하고 그런 다음 서책을 읽어 이치를 밝혀 나갔다."[36]

1)번은 안신현의 행장에서 뽑아놓은 것이며, 2)번은 조구령의 연보에서 뽑아놓은 것이며, 3)번은 조이추의 묘갈명에서 뽑아놓은 것이다.

1)번에서 "고을에서는 조구령, 조이추와 가장 친분이 두터워 매해 봄여름에 신산서원에 같이 모여서 남명 선생의 유서를 강론하였다."라고 한 것으로, 1600년대 후반에 이르러 김해지역 선비들이 다시 신산서원에서 정기적으로 강회를 열어 강학을 해나가기 시작하였음을 알 수 있다. 그때 강회를 주관한 사람은 광주안씨 안신현이고, 같이 모인 사람은 창녕조씨[남평조씨] 조구령과 조이추이며, 그때 같이 읽었던 것은 조식의 글이었다. 이것이 조구령과 조이추에 이르러서는 조식의 글과 이황을 글을 함께 읽어나

35) 曺九齡, 『酊翁集』 卷3 附錄, 「年譜」 참조.
36) 許傳, 『性齋集續編』 卷6, 「四友堂曺公墓碣銘」 참조.

가는 것으로 바뀌고 있다. 그러한 사실은 2)번과 3)번을 통해 확인이 된다.

2)번과 3)번을 통해, 조구령과 조이추 두 사람 모두 자신들이 익숙한 체험적이고 실천적인 조식의 학문을 기반으로 하여, 조구령은 조식의 유사와 언행록을 기반으로 하고 조이추는 조식의 '경의(敬義)'를 지신부(持身符)로 삼아 사변적이고 이론적인 이황의 학문에 접근해가고 있음을 알 수 있다. 도학문자(道學文字)로 널리 알려진, 그래서 사변적이고 이론적인 논의가 주가 된 이황의 서찰이 아닌, 도상과 그에 대한 간명한 해설로 구성된 이황의 「성학십도」를 학문의 입문처로 삼아 이황의 학문, 이황의 학문을 계승한 이현일의 영남 퇴계학파의 학문을 자기화하고 있음을 알 수 있다.

특히 2)번으로 확인되는 바, 조구령이 1690년(숙종16) 이후 신산서원에 6, 7년 동안 원장 등으로 상주하며 지역의 선비들을 모아 스승 이현일을 통해 전수받은 이황의 학문을 입문처로 삼아 강학을 행한 결과, 신산서원은 조식의 학문이 우선이 되는 북인계열서원에서 조식의 학문과 이황의 학문이 일정하게 결합된 남인계열서원으로 바뀌게 된 것이다. 조구령의 이와 같은 신산서원[산해정 포함] 강학을 통해, 1690년(숙종16) 이후 오랫동안 공원 상태에서 향사만을 행하던 신산서원이 강학기능이 되살아나면서 북인계열서원에서 남인계열서원, 조식의 학문과 이황의 학문이 일정하게 결합된 남인계열서원으로 바뀌게 된 것이다.

나아가 2)번에서 "1707년(숙종33, 51세), 신산서원 옛터 동쪽 산기슭에다 정옹정(酊翁亭)을 짓고 퇴계 선생의 시 「산거사시각사음(山居四時各四吟)」을 써서 벽에 걸었다. 1717년(숙종43, 61세) 3월, 제생들과 정옹정에서 노닐며 퇴계 선생의 시 「보자계상유산지서당(步自溪上踰山至書堂)」을 낭송하였다."[37]라고 한 것을 볼 때, 만년 정옹정에서 강학한 조구령의 삶은

37) 「山居四時各四吟」(『退溪集』 卷4)은 李滉이 1565년(명종20) 65세 때 지어서 陶山書堂 玩樂齋에 걸어두었던 것으로 陶山書堂에 은거해서 학문을 닦아가는 삶을 가장 잘 보여주는 작품으로 널리 알려져 있으며, 「步自溪上踰山至書堂」(『退溪集』 卷3)은 李滉이 1561년(명종16) 61세 때 지은 것으로 陶山書堂에서 天人合一, 物

도산서당(陶山書堂)에서 강학한 만년 이황의 삶, 그 학자로서의 삶을 그대로 따라간 삶으로 제자들과 후인들에게 기억되었음을 알 수 있다. 제자들과 후인들에게 김해지역의 '소퇴계(小退溪)'로 기억되면서 신산서원을 중심으로 조식의 학문과 이황의 학문이 일정하게 결합된 영남 퇴계학파의 학문이 지역에 깊이 뿌리내리게 되었다.

그 이후 1700년대 후반에 가서 신산서원은 다시 산청 출신의 괴천(槐泉) 유문룡(柳汶龍, 1753~1821)에 의해 강학기능이 되살아나면서 김해지역에 다시 영남 퇴계학파의 학문이 크게 진작되었다.

> 자는 문견(文見), 호는 괴천(槐泉), 본관은 진주(晋州)이다. 산청 출신으로서 입재(立齋) 정종로(鄭宗魯, 1738~ 1816)의 문인이다. 1777년(정조1, 25세)에 학문에 뜻을 두고 고향 산청을 떠나 김해로 와서 서문 밖에서 지내다가 1780년(정조4, 28세)부터는 신산서원에서 지내며 학업을 익혔다. 1785년(정조9, 33세)부터 1794년(정조18, 42세)까지 10년 동안은 신산서원 원장으로 그곳에서 지내며 강학을 하였는데, 배우려는 학도들이 서원 뜰에 가득 몰려들었다. 1795년(정조19, 43세)에 고향 산청으로 돌아갔다. 1806년(순조6, 54세)에 고향의 도천서원(道川書院)을 중수해서 강학하였다. 1809년(순조9, 58세)에 아들을 입재 선생 문하에 보내 수학하게 하고, 자신은 서찰로 집지(執贄)를 하고는 『중용』 미발(未發)의 뜻과 지행상수(知行相須)의 의미에 대해 질의하였다.[38]

이것은 유문룡의 『괴천집부록(槐泉集附錄)』 중 「실록(實錄)」, 「가장(家狀)」, 「묘지명(墓誌銘)」의 내용을 간추린 것이다. 여기서 유문룡은 "1777년(정조1, 25세)에는 학문에 뜻을 두고 고향 산청을 떠나 김해로 와서 서문 밖에서 지내다가 1780년(정조4, 28세)부터는 신산서원에서 지내며 학업을 닦았다."라고 하였다. 그가 학문에 뜻을 두고 고향 산청을 떠나 김해로 온

我一體의 삶을 영위하는 모습을 잘 보여주는 작품으로 널리 알려져 있다.

38) 柳汶龍, 『槐泉集附錄』, 「實錄」·「家狀」·「墓誌銘」 참조.

것은 김해가 조식을 주향(主享)한 신산서원을 중심으로 이현일의 영남 퇴계학파의 학문이 깊이 뿌리내린 곳이라는 사실과 무관하지 않을 것이다.[39)]

그는 이때 또 다시 정기적인 강회나 거접하는 원생이 존재하지 않아 강학기능이 상실된 신산서원에 1780년(정조4, 28세)부터 상주하며 학문을 익히는 한편, "1785년(정조9, 33세)부터 1794년(정조18, 42세)까지 10년 동안" 원장으로 신산서원에 상주하며 강학을 한 결과, "배우려는 학도들이 서원 뜰에 가득 몰려들" 정도로 신산서원의 강학기풍이 크게 진작되었다. 1795년(정조19, 43세) 고향 산청으로 돌아간 뒤 1806년(순조6, 54세)에는 지역의 도천서원(道川書院)을 중수해서 강학하였고, 1809년(순조9, 58세)에는 조구령의 신산서원을 통해 익히게 된 이현일의 영남 퇴계학파의 학문을 기반으로 이상정 문하의 '호문삼종(湖門三宗)'으로 일컬어진 입재 정종로를 사사하게 되면서 '이현일→이상정'으로 이어지는 영남 퇴계학파의 학문을 계승하게 되었다.

1866년(고종3) 김해부사이자 근기남인계열의 학자 허전이 원장을 맡으면서 영남 퇴계학파의 학문과 근기남인계열의 학문을 결합한 서원, 나아가 근기남인계열의 출발인 정구로 거슬러 올라가 남명학파의 체험적이고 실천적인 지향과 퇴계학파의 사변적이고 이론적인 학문이 조화롭게 통합된 서원으로 새롭게 발전할 기회를 갖게 되었지만, 뒤이은 훼철로 신산서원을 통한 강학이 더 이상 어렵게 되고 말았다.

그러나 1871년(고종8) 서원철폐령으로 신산서원이 훼철된 뒤에도 김해지역 선비들의 가슴 깊숙한 곳에는 조식이 사문의 종지를 정인홍에게 전수했다고 일컬어지는 「격치성정가」[「대학팔조가」]와 그 뒤에 붙인 1수의 칠언절구 시는 한말까지 여전히 조식의 학문지결로 김해지역사림들에게 깊이 기억되었다.[40)] 그리고 산림처사 조식의 뜻을 잘 반영해서, 성현을 목표

39) 柳汶龍, 『槐泉集』 卷1, 「題勿峯祠[在金海活川 享安仁堂曹公九齡]」 참조.

40) 이 사실은 1871년(고종8) 서원철폐령으로 新山書院이 훼철되고 난 뒤, 1890년(고종27) 晩翠 盧壽容(1833~1902)이 김해지역유림 曺泳煥, 河慶圖, 許燦 등과 함께

로 공부하는 유생들의 자율적인 학문공동체[학문결사체]로 설립하고 또 그에 맞게 학규를 제정했던 신산서원의 정신도 김해 출신 선비들에게 깊이 기억되었다. 그것은 비록 서원의 훼철로 신산서원에서는 실현되지 못하였지만 후일 김해 출신 노상직의 자암서당에서 온전하게 실현되었다.

2. 근대전후시기 초기 강학정신의 계승양상

노상직은 한말 혼란기에 과거시험을 통한 출사의 길을 포기하고 학문연구와 후진양성에 힘을 쏟았다. 그는 허전의 적전으로 일컬어질 정도로 학자로서 대성하였을 뿐만 아니라, 출사의 길을 포기하는 대신 일찍부터 후진양성을 위한 서당교육을 행하였다. 1883년(고종20)부터 창녕 이방면 동산리 국동(菊洞)의 일족 광주노씨(光州盧氏) 문중재실 추원재(追遠齋)에서 강학하였으며, 1888년(고종25)에는 같은 국동의 일족 광주노씨 문중재실 극기재(克己齋)로 장소를 옮겨 강학하였으며, 1894년(고종31)에 동학농민운동의 소요로 밀양 산외면 금곡리로 피난한 뒤 1895년(고종32)에는 그곳에 금산서당(錦山書堂)을 열어 강학하였으며, 1896년(건양1)에는 밀양 단장면 무릉리 노곡(蘆谷)으로 거처를 옮겨 자암초려(紫巖草廬)를 짓고 강학하였으며, 1914년에는 같은 노곡에 자암서당(紫巖書堂)을 신축해서 강학하였으며, 1919년에는 밀양 단장면 사연리 말방(秣方)으로 거처를 옮겨 사남서장(泗南書庄)[방재(方齋)]을 짓고 강학하였으며, 1926년에는 다시 노곡의 자암서당으로 돌아와 강학을 하다가 서거하였다.[41]

山海亭을 重修해서 曺植을 향사할 때, 月朔講會를 행하면서 먼저 院生들로 하여금 「大學八條歌」[「格致誠正歌」]를 낭송해서 흥기하게 했던 것에서 확인할 수 있다. 盧相稷, 『小訥集』 卷44, 「晩翠盧公行狀」, "庚寅(1890) … 是歲, 與妹壻曺博士泳煥及河慶圖、許燦諸公, 議同志就新山書院舊址, 重修山海亭. 旣落, 行月朔講, 使諸生誦曺先生「大學八條歌」以興起之."

41) 정석태, 「소눌연보와 소눌문인록－『선부군편년』 초역과 『자암계첩』 원문－」, 『동양한문학연구』 54, 동양한문학회, 2019, 205~235쪽 참조. 그리고 여기서 한 가

중간에 1911년 형 노상익을 뒤따라 중국 남만주[서간도]로 일시 망명했던 것을 제외하고는, 1883년(고종20) 29세 이후부터 서거한 1931년 77세까지 계속해서 서당교육을 하였음을 알 수 있다. 이러한 그의 일생은 한마디로 거의 서당교육에 바쳐졌다고 해도 과언이 아니다. 특히 1910년 망국 이후 일제강점기 내내 교육구국의 기치를 높이 내걸고 서당교육을 계속 행하였다. 그러한 사실은 1910년 망국 이후 그가 갈헌(葛軒) 한동유(韓東愈, 1885~1961)에게 답한 한 서찰에서 "우리들은 운명이 박복하여 우리의 옛 나라를 지키지 못하였으므로 살아 있어도 살아 있는 것이 아니고 학문을 해도 학문이 될 수 없습니다. 이미 죽을 자리를 얻지 못하였으니 오히려 마땅히 우리 선왕께서 교육으로 자강을 꾀한 방책을 지켜야 할 것입니다." 라고 한 것으로 분명하게 확인이 된다.[42]

지 언급할 것은, 盧相稷은 1919년(65세) 3월 巴里長書에 문하 제자 13인과 함께 서명한 뒤 그해 9월 당시 밀양군 단장면 사연리 秣方으로 거처를 옮겨 泗南書庄을 짓고 강학하였는데, 그때 泗南書庄을 方齋라고 칭하였다. 泗南書庄을 方齋라고 한 것은 泗南書庄이 위치한 곳의 지명이 당시 밀양군 단장면 사연리 秣方(秣馬方)이었기 때문에 일단 그 지명을 취해서 그렇게 칭한 것이다. 이와 함께 그곳의 지명 秣方(秣馬方)의 '方'字에다 『周易』「坤卦·彖辭」에서 "敬以直內, 義以方外"라고 한 것 중 '義以方外'의 '方'字의 의미를 아울러 담아서 '思無邪', 곧 '敬以直內'의 敬工夫와 병행하여 '義以方外'의 의리실천을 일제강점기의 현실에서 계속해서 해나가는 것이, 巴里長書에 문하 제자 13인과 함께 서명했던 것을 이어서 일제강점기의 현실에서 의리실천을 계속해서 해나가는 것이 자신의 강학목표임을 분명하게 밝힌 것이다. 이 사실은 盧相稷이 「泗南書庄雜詠·方齋」(『小訥集』 卷3)에서 "養士那無術? 取之秣馬方. 思無邪後得, 話載魯駉詳."라고 한 것으로 확인해볼 수 있다. 이처럼 盧相稷은 국난의 철학, 위기의 철학으로서 曺植의 '敬義의 哲學'을 일제강점기의 현실에서 서당교육을 통해 실천해간 것이다. 이 문제에 대해서는 앞으로 盧相稷의 학문지향과 관련한 별도의 논문으로 다룰 계획이다.

42) 盧相稷, 『小訥集』 卷15, 「答韓一初乃文(始穆)」. "吾輩命薄, 不能保舊國日月, 生不足爲生, 學不足爲學. 旣不得死所, 則猶當奉守我先王敎育之術而已." 『小訥集』에 조선총독부 검열 등의 이유로 '舊國' 2자를 缺字로 처리한 것은 盧相稷의 아들 成齋 盧家容(1893~1940)의 『先府君編年』(개인소장[盧圭鉉])을 참고해서 보충하였다.

〈사진 6〉「자암서당십곡도(紫巖書堂十曲圖)」 중 제10곡 노곡(蘆谷)

1910년 망국 이후 노상직의 이와 같은 현실대처방식은 의암(毅菴) 류인석(柳麟錫, 1842~1915)이 1905년(광무9) 을사늑약 이후 유림의 현실대처방식으로 제시한 '처변삼사(處變三事)'의 '무장투쟁[거의소청(擧義掃淸)]', '은둔 또는 망명[거지수구(去之守舊)]', '자결[치명수지(致命遂志)]' 중 두 번째 '은둔 또는 망명'하는 현실대처방식을 택한 것이었다.[43] 은둔 또는 망명, 곧 세상을 멀리 떠나서 자신의 옛 것을 지키겠다는 '거지수구(去之守舊)'의 입장과 행동에는 ① 중국대륙, 만주, 블라디보스토크 등 국외로 망명하여 독립운동에 종사하는 경우, ② 국내에서 경전을 싸 가지고 산으로 들어가 은둔하는 경우와 바다 속 섬으로 들어가 자신을 지키는 경우가 있다.[44] 노상직이 자암서당 등에서 은거 강학한 것, 곧 서당교육을 행한 것은 바로 ②의 경전을 싸 들고 산으로 들어가 은둔한 경우에 해당된다.

노상직의 서당일지 『자암일록(紫巖日錄)』과 서당에 대한 기문 「자암서당기(紫巖書堂記)」 등을 살펴볼 때, 그는 서당의 일지를 기록하는 제자들에게 서당 밖의 세상사, 특히 고을과 조정의 정사에 대해서는 일체 기록하지 말 것을 지시하였고,[45] 자암서당으로

43) 柳麟錫, 『毅菴集』 卷55, 「年譜 乙未 11月15日」. "先生亟會士友, 議處變三事, 一曰擧義掃淸, 二曰去之守舊, 三曰致命遂志. 三事皆正當, 而人之處地不同, 可各事."
44) 최영성, 『한국유학사상사』 4, 아세아문화사, 1997, 89-92쪽 참조.

건너오는 다리를 '단진교(斷塵橋)', 자암서당으로 올라오는 입구에 있는 시내를 '세심간(洗心澗)'으로 명명해서 세상과 완전 절연된 공간 속에서 오로지 구학(舊學)에만 전념하는 순수한 학문공동체[학문결사체]를 지향하였다. 그러나 그 학문의 목표가 엄연히 교육구국에 있었기 때문에 그곳에서 길러낸 인재의 다수가 그와 함께 파리장서[한국독립청원서]에 서명하고, 또 독립운동에 헌신한 인사들도 많이 나오게 되었다.[46] 이와 같은 노상직의 서당교육정신, 곧 강학정신은 신산서원 창건 이후 김해지역에 맥맥히 계승되어 오던 신산서원의 강학정신을 근대 망국의 위기상황에 현실에서 구현한 것이었다. 「신산서원입규」를 통해 확인되는 바, 서원이 과거공부를 위한 교육기관이나 지역여론조성 등을 통한 정치권력의 행사기관이 아닌, 오로지 성현이 되는 것을 목표로 학문을 익히는 자율적인 학문공동체[학문결사

---

45) 『紫巖日錄(甲)』 卷3, 「己亥(1899)六月初十日丙戌」 참조.

46) 1919년 3월 파리장서[한국독립청원서]에 스승 盧相稷과 함께 서명한 제자는 李定厚(1871~1950, 字 綽汝, 本 碧珍, 창녕유어부곡, 건국포장), 李學奎[李鶴奎](1876~?, 字 明克, 本 月城, 성주대가도남, 건국포장), 安鍾達(1878~1928, 字 學初, 本 廣州, 밀양단장무릉노곡, 건국포장), 孫上鉉(1878~1961, 字 亨九, 改名 柄鉉, 改字 謙受, 本 密城, 밀양상동구곡/밀양부북운정, 건국포장), 姜信赫(1879~1966, 字 明仲, 號 友山, 本 晉陽, 창녕/밀양부북청운, 건국포장), 柳震玉(1879~1928, 字 元振, 號 居仁, 本 文化, 김해외동, 건국포장), 安孝珍(1879~1946, 字 聖可, 號 法岡, 本 廣州, 김해진례곤법, 건국포장), 朴尙允(1880~1938, 字 和國, 號 絅齋, 本 密陽, 밀양부북청운, 건국포장), 許坪(1882~1929, 字 處厚, 本 金海, 김해외동/밀양단장단정, 건국포장), 盧熹容(1883~1952, 字 天汝, 本 光州, 창녕대합평지/창녕이방동산국동, 건국포장), 朴正善(1884~?, 字 而貞, 本 密陽, 산청신등법물, 건국포장), 金九坤(1885~1946, 字 正五, 改名 定基, 改字 靜吾, 號 兼山, 本 金海, 청도매전용산, 건국포장), 裵鍾淳(1890~?, 字 聲八, 本 星州, 성주대가도남, 건국포장)의 13인이다. 그 외에 독립운동에 헌신한 인물로 鄭宗鎬(1875~1954, 字 漢朝, 號 磊軒, 本 淸州, 성주수륜수성갓말, 대통령표장), 曺正煥(1875~?, 字 義卿, 別稱 曺珍, 號 南崗, 本 昌寧[南平], 김해녹산[부산강서미음동], 건국훈장애족장), 黃文益(1879~1953, 字 聖器, 舊名 命周·永周, 號 菊史, 本 長水, 밀양부북대항, 건국훈장애족장), 醇齋 金在華(1887~1964, 字 晦汝, 號 醇齋, 本 淸道, 밀양청도소태) 등을 더 들어볼 수 있다. 여기서 든 인물과 인적사항에 대해서는 盧相稷의 후손 盧圭鉉이 정리해둔 자료에 의거하였다.

체]라는 서원설립의 본래 취지를, 바로 산림처사 조식이 은거 강학한 정신에 충실하고자 했던 신산서원의 강학정신을 자암서당을 통해 온전하게 실현해낸 것이었다. 먼저 1914년 10월 자암서당이 완공되고 난 뒤에 지은 노상직의 「자암서당기」를 들어놓고 논의를 계속해보기로 하겠다.

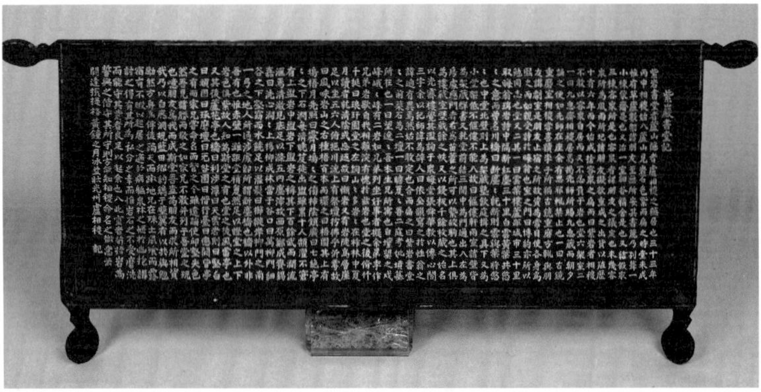

〈사진 7〉 「사암서당기」

자암서당은 노산(蘆山)의 은자 노상직이 연거하는 곳이다. 금상[고종] 33년 병신년(1896) 내가 처음 노산에 들어왔을 때는 오직 초가 두어 칸만 있었는데 바위의 색깔이 자줏빛인 것을 보고서 자암초려(紫巖草廬)라는 편액을 달았다. 제생들이 찾아오게 되자 책 상자를 둘 곳이 없어서 따로 작은 집 1동을 지었으니 이것이 몽재(蒙齋)이다. 또 방 한 칸을 마련하였으니 이것이 세곡정사(細谷精舍)이다. 또 다시 3동짜리 임시가옥을 지었으니 이것이 용중소(容衆所)이다. 용중이란 이름은 여러 서생들이 의논하여 결정한 것이다. 이윽고 용중소가 비바람에 무너지자 제생들이 중건하려고 재물을 내어 증식해서 16년이 지난 지금[1914년]에야 비로소 완공하였는데 용중소라는 이름을 버리고 자암서당이라고 한 것은 내가 감히 뭇 제생을 수용[포용]한다는 의미의 용중이라는 것으로 자처할 수 없기 때문이다. 서당은 여섯 칸이고 방은 두 개이다. 그 방 중 하나는 구사재(九思齋)로 내가 이곳에 거처하는데 선사(先師)[허전]께서 내려주신 「구사잠

(九思箴)」을 걸어놓고는 조석으로 암송하니 문득 선사께서 자리에 계신 것 같다. 다른 하나는 고경중마실(古鏡重磨室)인데 이 방은 바로 제생들이 유숙하는 곳이기 때문에 『고경중마방(古鏡重磨方)』을 가지고 늘 그 내용을 살피면서 성찰하게 하려고 그렇게 이름을 붙인 것이다. 방의 문은 박약(博約)인데 또한 동지들을 힘쓰게 하려고 한 것이다. 마루는 또 두 개가 더 있다. 그중 하나는 운엽루(雲葉樓)인데 노산이 밀양 읍성에서 삼십 리나 떨어져 있어서 주자의 시 「서암(瑞巖)」에 "세상의 티끌먼지 삼십 리나 멀리하니, 흰 구름과 누런 잎이 다 함께 유유하네.[隔斷紅塵三十里 白雲黃葉共悠悠]"라고 한 말에서 취한 것이며, 일찍이 이곳 시내다리를 단진(斷塵)이라고 명명하였으니 세상의 티끌먼지를 멀리 끊어낸다면 흰 구름과 누런 잎은 장차 유유해질 것이다. 중간 마루의 북쪽 벽은 위에다 시렁을 만들었는데 이곳에 서당에서 향음주례(鄕飮酒禮)와 연읍례(庭揖禮)를 행할 도구를 보관하였다. 아래에 또 작은 마루를 만들었는데 시렁이 낮아서 몸을 구부리지 않고는 들어갈 수 없기 때문에 구루헌(傴僂軒)이라고 하였다. 두 방의 사방 벽에는 시렁을 만들어 서책들을 보관하였다. 또 서당 앞에다 세 칸짜리 집을 지었는데 가운데는 문을 만들어 출입할 때 사용하고, 왼쪽에는 방을 만들어 문지기가 거처하게 하고, 오른쪽은 곡식을 보관하는 곳으로 찾아온 손님의 말을 매어둘 수 있다. 집 위쪽으로는 모두 다락을 만들어 방 벽의 시렁에 보관하고 남은 서책을 보관하고 또 책판 1,000장을 보관하였다. 이 모두를 합하여 '자암서당(紫巖書堂)'이라는 편액을 걸었다. … 아, 제생들이 나를 위해 이 서당을 지었으니 내 어찌 제생들을 위해 서로 도움이 될 것을 구하지 않겠는가. 이에 「백록동규」와 「남전향약(藍田鄕約)」을 새겨서 벽에다 걸어두고 서로 함께 힘써 노력함이 있기를 바란다. 그러나 지금 나 자신은 나라가 망해 남의 지배를 받는 부로(俘虜)로서 두려워 어찌할 바를 모르는 처지이고 형님은 이국땅에 망명해서 비바람 속에서 노숙하며 지내기에도 겨를이 없으신데, 거처는 병든 몸에 편안하고 임천은 그윽한 회포에 맞고 강학은 마땅한 자리를 얻은 것이 내 본분에 다행이라고 생각하니, 오직 바위가 마멸되지 않고서 능히 그 자줏빛을 지키는 것은 참으로 나를 흥기시키기에 족하다. 이 서당에 들어온 사람이 진실로 바

> 위를 가리키면서 맹세하고 함께 더불어 그 지켜야 할 바를 지킨다면 바야흐로 내가 '자암(紫巖)'이라고 명명한 미의(微意)를 능히 알 수 있을 것이다.[47]

노상직이 서당의 이름을 '자암'이라고 한 것은 남송 고종 때의 명신 장준(張浚, 1097~1164)의 호 '자암'을 취해다 쓴 것이다. 장준은 금나라에게 빼앗긴 송나라 고토의 회복을 주장하며 한평생 금나라와의 화의를 거절하였다. 노상직은 이러한 삶을 살다간 장준의 호 '자암'을 취해 서당의 이름을 붙이고는, 이 「자암서당기」 끝에서 "이 서당에 들어온 사람이 진실로 바위를 가리키면서 맹세하고 함께 더불어 그 지켜야 할 바를 지킨다면 바야흐로 내가 '자암'이라고 명명한 미의를 능히 알 수 있을 것이다."라고 하였다. 자암서당에서의 자신의 강학이 교육구국에 있음을, 강학을 통해 잃어버린 나라의 독립을 되찾는 것임을 분명히 한 것이다. 망국의 상황에서 세상과 완전 절연된 공간 속에서 오로지 구학에만 전념하는 것에 대한 주변의 여러 비판을 염두에 두고, 자신의 강학이 교육구국에 있음을, 강학을 통해 잃어버린 나라의 독립을 되찾는 것임을 1914년 자암서당이 완공되고 난 뒤에 지은 이 「자암서당기」를 통해 재천명한 것이다.

노상직은 한말 혼란기에 일찍이 과거시험을 통한 사환의 길을 포기하고 학문연구와 후진양성에 뜻을 두었을 때부터 이러한 뜻을 이미 가지고 있었다. 그래서 1888년(고종25) 창녕 이방면 동산리 국동의 극기재에서 강학할 때 이미 고대 향학의 이상을 현실에서 구현할, "이황의 역동서원과 향좌법→이이의 은병정사와 그 학규 및 약속→이명호의 신산서원과 그 학규"를 이어서 고대 향학의 이상을 현실에서 구현할 주요지침과 그 구체적인 내용을 담은, 「극기재학약(克己齋學約)」을 포함한 서당지(書堂誌) 『극기재훈몽첩(克己齋訓蒙帖)』을 엮어서 시행하고 있었다.[48] 1895년(고종32) 금산서당

---

47) 盧相稷, 『小訥集』 卷27, 「紫巖書堂記」.

48) 盧相稷, 『小訥集』 卷8, 「答李致鳳」. "所謂『訓蒙帖』, 成於戊子(1888)." 盧家容의 『先

과 1896년(건양1) 자암초려를 거쳐 1914년 이때 자암서당이 완공된 뒤에도 『소눌집(小訥集)』을 위시한 노상직의 여러 서당교육 관련 자료에 금산서당과 자암초려, 나아가 자암서당의 학규에 대한 별도의 언급이 없는 것은 그곳에서도 이 『극기재훈몽첩』을 『훈몽첩(訓蒙帖)』으로 이름을 바꾸어 서당 교육과 운영의 지침서, 곧 학규로 그대로 사용하였기 때문이다. 이때는 조선조의 신분제가 이미 철폐된 시대였으므로 '서류'도 '사족'과 동등하게 서당에 입학하고 또 그들 사이의 좌차는 신분적 차별 없이 일률적으로 '나이[연치]'를 기준으로 정한다는 '향좌법' 시행과 관련된 규정은 불필요했을 것이다. 이 사실을 전제하고 『극기재훈몽첩』의 내용을 간추려 들어보기로 하겠다.

〈「訓蒙帖序」 省略〉

卷1

① 「春帖」

② 「日用十箴」[夙興, 盥櫛, 整服, 晨省, 灑掃, 受業, 讀書, 養性, 昏定, 夜寐]

③ 「學約」(「克己齋學約」)[勸善二十條, 懲惡二十條(間用栗谷語)]

④ 「庭揖禮圖」

⑤ 「庭揖禮笏記」

⑥ 「庭揖禮爬任凡例」[約正, 長老, 班首一員, 有司二人, 直日一人, 左右讀法各一人, 中讀法一人]

⑦ 附 「讀法」[「小學題辭」, 「白鹿洞規」, 藍田呂氏鄕約, 論語九思, 禮記九容, 大學經文, 顔氏四勿, 曾子一貫]

⑧ 附 宋賢警箴十首[「夙興夜寐箴」(陳茂卿), 「西銘」(橫渠先生), 「心箴」(范蘭溪), 「四勿箴」(伊川先生), 「求放心齋銘」(晦菴先生), 「消人慾銘」(南軒先生), 「長天理銘」

府君編年』(개인소장[盧圭鉉])에도 이 사실이 기록되어 있다. 정석태, 「소눌연보와 소눌문인록-『선부군편년』 초역과 『자암계첩』 원문-」, 상동, 206쪽 참조.

(南軒先生), 「敬齋箴」(晦菴先生), 「主一齋銘」(南軒先生), 「太極(太極圖說)」(濂溪先生), 座右戒(范益謙)]

卷2

⑨ 「彝訓(敬受聖訓 勿墜倫彝)」[事親之訓, 事君之訓, 處夫婦之訓, 敬長之訓, 交人之訓, 通訓, 事長之訓]
〈아래의 「列聖繼序圖」, 「師門淵源道」, 「姓派親親圖」, 「文廟從享圖」, 「四十七院圖」, 「本縣九書院圖」, 「先院四所圖」, 「擬定東山祀享圖」, 「嶺鄕門戶圖」 省略〉

『극기재훈몽첩』은 원래 권1 앞에 그 서문 「훈몽첩서(訓蒙帖序)」가 달려 있었고, 그 서문 「훈몽첩서」의 내용을 살펴볼 때, 권2 「이훈(彝訓)」 뒤에 「열성계서도(列聖繼序圖)」, 「사문연원도(師門淵源道)」, 「성파친친도(姓派親親圖)」, 「문묘종향도(文廟從享圖)」, 「사십칠원도(四十七院圖)」, 「본현구서원도(本縣九書院圖)」, 「선원사소도(先院四所圖)」, 「의정동산사향도(擬定東山祀享圖)」, 「영남문호도(嶺鄕門戶圖)」의 9개의 도(圖)가 더 있었음을 알 수 있다.[49] 그것이 「훈몽첩서」와 「열성계서도」부터 「영향문호도」까지의 9개의 도를 생략한 채, 위에 든 권1-2 ①~⑨번의 아홉 건만 필사되어 부산대학교도서관 소장 소눌문고(小訥文庫)의 하나로 전하고 있다.[50] 이렇게 원래의 『극기재훈몽첩』에서 서당의 교육과 운영의 지침서, 곧 학규로 활용하는 데 필요한 내용을 간추려서 『훈몽첩』으로 만드는 과정에 앞의 서문 「훈몽첩서」와 뒤의 9개의 도를 생략한 사실을 밝히기 위해 그것들을 '〈 〉'로 묶어 기록하고 뒤에 '생략(省略)'이라고 해둔 것이다.

---

49) 盧相稷, 『小訥集』 卷25, 「訓蒙帖序」 참조.

50) 이 『克己齋訓蒙帖』의 序文과 권1의 學約은 현행 『小訥集』에 수록되어 있다. 특히 『小訥集』의 「訓蒙帖序」의 내용을 살펴보면, 권2 「彝訓」 뒤에는 「列聖繼序圖」부터 「嶺鄕門戶圖」까지 9개의 圖가 더 있었음을 알 수 있다. 盧相稷, 상동, 卷25, 「訓蒙帖序」 및 卷27, 「克己齋學約」 참조.

권1의 ①번 「춘첩(春帖)」은 제생(諸生)이 뜻을 세우는 요체를 『시경』「대아·억(大雅·抑)」과 「노송·비궁(魯頌·閟宮)」에서 뽑아 4언 8구로 엮어놓은 것이다. ②번 「일용십잠(日用十箴)」은 제생이 아침 일찍 일어나서 밤늦게 잠자리에 들 때까지 하루의 생활 중에 행하고 경계해야 할 것을 '숙흥(夙興)', '관즐(盥櫛)', '정복(整服)', '신성(晨省)', '쇄소(灑掃)', '수업(受業)', '독서(讀書)', '양성(養性)', '혼정(昏定)', '야매(夜寐)'의 열 가지로 나누어 각각 4언 8구의 잠(箴)으로 지어놓은 것이다. ③번 「학약(學約)」은 극기재의 선악적(善惡籍)으로 선적(善籍)[권선이십조(勸善二十條)]의 20조목을 먼저 적고는, 이어서 벌적(罰籍)[징악이십조(懲惡二十條)]의 20조목을 상벌(上罰) 3조목, 중벌(中罰) 10조목, 하벌(下罰) 7조목으로 나누어 순서대로 기록한 다음, 말미에 그 시행의 세부사항을 세주로 밝혔다. ④번 「정읍례도(庭揖禮圖)」는 정읍례의 시행내용을 하나의 그림으로 보인 것이다. ⑤번 「정읍례홀기(庭揖禮笏記)」는 정읍례의 시행절차에 대한 것이다. ⑥번 「정읍례파임범례(庭揖禮爬任凡例)」는 정읍례의 소임인 약정(約正), 장로(長老), 반수(班首) 1인, 유사(有司) 2인, 직일(直日) 1인, 좌우간법(左右讀法) 각 1인, 중독법(中讀法) 1인에 대한 규정이다. 첨부한 ⑦번 「독법(讀法)」으로는 「소학제사(小學題辭)」, 「백록동규(白鹿洞規)」, '남전여씨향약(藍田呂氏鄕約)', '논어구사(論語九思)', '예기구용(禮記九容)', '대학경문(大學經文)', '안씨사물(顔氏四勿)', '증자일관(曾子一貫)'의 8종을 들었다. 또 첨부한 ⑧번 '송현경잠십수(宋賢警箴十首)'로는 「숙흥야매잠(夙興夜寐箴)」[진무경(陳茂卿)], 「서명(西銘)」[횡거선생(橫渠先生)], 「심잠(心箴)」[범난계(范蘭溪)], 「사물잠(四勿箴)」[이천선생(伊川先生)], 「구방심재명(求放心齋銘)」[회암선생(晦菴先生)], 「소인욕명(消人慾銘)」[남헌선생(南軒先生)], 「장천리명(長天理銘)」[남헌선생], 「경재잠(敬齋箴)」[회암선생], 「주일재명(主一齋銘)」[남헌선생], 「태극(太極)[태극도설(太極圖說)]」[염계선생(濂溪先生)]의 10편을 들고, 범충(范沖, 范益謙)의 「좌우명(座右銘)」 14조목 중 7조목을 뽑아 '좌우계(座右戒)'[범익겸(范益謙)]로 덧붙여 놓았다. 그리고 권2의 ⑨번 「이훈(彝訓)」은 성현의 격언 중 오륜에 긴요한 말을 뽑아서 '사친지훈(事親之訓)', '사군지훈(事君之訓)', '처부부지훈(處夫婦之訓)', '경장지훈(敬長之訓)', '교인지훈(交人之訓)', '통훈(通訓)', '사장지훈(事長之訓)'의 7개 부류로 나누어놓은 것이다.

「훈몽첩서」에 따르면, 권1의 ①번은 서당에서 학문을 익히는 동몽의 선비에게 뜻을 세우는 요체가 고인의 서책을 읽고 고인의 도를 행하는 데 있음을 알아서 위로 하늘에 부끄럽지 않고 아래로 사람에게 부끄럽지 않게 하려고 먼저 들어놓은 것이라고 하였으며, 이어 ②~⑦번은 일상에서 삼가서 배운 것으로 몸가짐을 단속하고 의례를 익히면서 독법을 시행하도록 안배해둔 것이라고 하였으며, ⑧번은 일상에서 몸가짐을 단속하는 것에서부터 인욕을 막고 천리를 보존하여 태극의 오묘한 경지에까지 이르는 하학상달의 공부를 해나가는 요체를 담은 송(宋)나라 학자들의 잠명(箴銘) 10편을 뽑아서 늘 읽고 외우도록 뒤에 붙여둔 것이라고 하였다. 권2의 ⑨번은 다시 일상에서의 오륜의 실천을 강조하려고 성현의 격언 중 오륜에 긴요한 말을 뽑아놓은 것이므로 읽어보지 아니할 수 없는 것이라고 하였다.[51]

앞서 든 「자암서당기」에서 "자암서당 좌우의 협실을 각각 구사재와 고경중마실로 했다."라고 한 것으로 알 수 있는 것처럼, 스승 허전이 자신에게 내려준 「구사잠」과 이황이 엮고 정구가 간행한 『고경중마방』을 인욕을 막고 천리를 보존하는[알인욕존천리(遏人慾存天理)], 「훈몽첩서」에서 말하는 '소인욕장천리(消人慾長天理)'하는 지경공부(持敬工夫)[심법(心法)]의 요체로 삼아 공부해나가는 서당의 학규를 정한 것이다. 이황과 조식 양문(兩門)을 사사한 정구의 학문을 바탕으로 퇴계학파의 사변적이고 이론적인 학

51) 盧相稷, 상동, 「訓蒙帖序」. "『訓蒙帖』者, 訓塾中蒙士也. 首之以「春帖」三十二言, 其言皆用古人詩語, 欲令蒙士有以知吾儒立志之要, 在讀古書行古道, 而仰不媿于天, 俯不怍于人也; 因以謹日用而約於學, 習禮儀而讀以法; 附之以宋賢箴警十首, 始夙夜而造太極之妙, 蓋下學而上達也. 理一分殊而百體從, 勿四非禮而求放心, 消人慾長天理而敬以主一, 使之晨夕莊誦, 常目其明命也. 復取古聖人格言之屬於五常者, 名之曰「彝訓」, 入而有父兄, 出而事君長者, 不可不讀也."

풍과 남명학파의 체험적이고 실천적인 지향을 조화롭게 통합한 자신의 학문을 전수할 터전으로서의 서당의 학규를 정한 것이다. 비록 그것이 자신의 학문연원에 따라 허전과 허전을 통해 전수받은 순암(順菴) 안정복(安鼎福, 1712~1791)에서 하려(下慮) 황덕길(黃德吉, 1750~1827)로 이어지는 서당교육의 정신과 지침, 특히 황덕길의 「숙규(塾規)」[『하려집(下廬集)』 권8]와 『동현학칙(東賢學則)』 등을 토대로 한 것이라서 세부적인 조목 하나하나에서 이명호의 「신산서원입규」와 차이를 보이기는 하지만, 그렇더라도 쇄소응대의 하학에서부터 성현의 경지로 상달하는 학문을 익힌다는 측면에서는 신산서원의 초기 강학정신, 이명호가 「신산서원입규」로 담아놓은 산림처사로서 조식이 은거 강학한 정신, 신산서원 창건 이후 김해지역에 맥맥히 계승되어 오던 신산서원의 강학정신을 시대를 달리하여 한말의 혼란기를 거쳐 망국의 현실에서 되살려낸 것이라고 하지 아니할 수 없다.

노상직은 이 『극기재훈몽첩』을 『훈몽첩』으로 이름을 바꾸어 극기재를 이어 금산서당과 자암초려에서도 서당학규로 그대로 시행하였다. 서당학규로서 그대로 시행하는 한편 그는 이러한 서당학규에 따라 생활하는, 주장(主丈)인 자신을 포함한 제생(諸生)들, 곧 그 제자들의 일상생활과 서당생활을, 제자 중 1인을 직일로 삼아 날마다 빠짐없이 기록하는 서당일지를 쓰게 하고는, 그 내용을 자신이 일일이 검토하였다. 그 서당일지 『자암일록』[52]을 쓰기 시작한 1899년(광무3, 45세) 기해년 한 해의 그의 연보기록을 옮겨 보기로 하겠다.

52) 『紫巖日錄』은 1899년(광무3) 봄부터 1901년(광무5) 연말까지 중간에 반 정도가 결락된 卷1-4, 卷8-18, 卷31-34의 5책이 『紫巖日錄(甲)』, 『紫巖日錄(丙)』, 『紫巖日錄(丁)』, 『紫巖日錄』등의 表題로 부산대학교도서관 소장 小訥文庫와 개인소장[盧圭鉉]으로 전한다. 이 책을 번역한 것이 노재찬·정경주·신승훈 3인 공역의 『서당의 일상－소눌 노상직의 서당일지 『자암일록』－』(신지서원, 2013)이다. 해제에다 번역과 원문을 함께 실어두고 있어서 참고하기에 편리하다. 이 외에도 노상직의 서당일지는 『紫巖日錄』, 『紫巖日記』, 『方齋日錄』, 『方齋日記』, 『泗南日錄』 등이 부산대학교도서관 소장 小訥文庫로 더 전한다.

봄, 『자암일록』을 쓰기 시작하다.[이때 먼 곳에서 배우려는 사람들이 모여들었다. 부군이 제생들에게 "영명이란 벗 사이의 경쟁 속에 있나니, 사귀면서 영합하길 일삼이야 되겠는가. 말과 행동 기록해서 바로잡고 경계하여, 잠시라도 나쁜 마음 생기지 말게 하라.[令名蓋在友之爭 相接那曾事合迎 籍記云爲規且警 須臾勿使惡心生]"라는 시를 지어 보여주고, 또 훈시하시기를 "마땅히 장부 하나를 비치하여 매일 각자의 선악(善惡)을 기록해서 악을 없애고 선을 좇는데 도움이 되도록 해야겠고, 또 일을 처리하고 사람을 대하는 것을 아울러 기록해서 그 합당한 지의 여부를 살필 수 있게 해야겠다."라고 하였다.] / 동산(銅山)의 바위를 '나암(懶巖)'으로 명명하다.[바위는 나무그늘 속에 있는데, 제생들이 이곳에서 쉬다가 간혹 덥고 피곤해서 위의를 갖추지 못하는 일이 있었기 때문에 이렇게 이름을 붙인 것이다.] / 하재(下齋)의 문을 '경수문(警睡門)'으로 명명하다.[상재(上齋), 중재(中齋), 하재(下齋)에서 지내는 제생들 가운데 늦게 일어나는 사람이 있었기 때문에 누가 문종이에 '수와(睡窩)'라고 써서 넌지시 꼬집었다. 부군이 보시고 말씀하시기를 "삼자는 것을 좋아하는 사람은 이 문종이에 쓴 것을 보고서 경계하지 않겠는가."라고 하시고는, 조기종(曺夔鍾)에게 그 문에다 '경수문'이라고 크게 써서 붙이게 하였다.] / 5월, 용중소(容衆所)가 완공되다.[제생들을 수용할 수 없어서 자암초려(紫巖草廬) 앞에다 임시가옥을 지었다. 이필창(李弼昌)이 동쪽 문미(門楣)에다 '용중소'라고 쓰고, 조정환(曺正煥)이 남쪽 문미에다 '피서대(避暑臺)'라고 쓰고, 이병무(李炳務)가 서쪽 문미에다 '유영대(遊詠臺)'라고 쓰고, 허함(許銜)이 북쪽 문미에다 '서식료(棲息寮)'라고 썼다. 부군이 조정환에게 말씀하기를 "임시가옥을 증수(增修)한 뒤로 제군들이 편액을 고치기를 청하기에 '류항시엄(柳港詩广)'으로 했으면 한다고 답하였지만, 다시 생각해보니 '시(詩)'라는 글자는 한쪽으로 치우쳐 있다."라고 하였다. 조정환이 말하기를 "처음에는 비록 임시 가옥이었지만 지금은 누정의 체제를 갖추었고, 제생들도 이곳에서 늘 바람을 쐬면서 시를 읊조리니 '풍영루(風詠樓)'로 편액을 걸었으면 합니다."라고 하였다. 부군이 말씀하기를 "'풍영(風詠)'이라는 두 글자는 너무 지나치지 않겠는가?"라고 하였다. 조정환이 말하기를 "기우(沂雩)의 기상은 배우는 사람들이 모두 함께 흠모합니다. 오직 어리석고 하찮은 저희들의 지업(志業)이 옛 사람에게 미치지 못하는 것이 걱정입니다만, 누정의 이름으로 붙이는 것이 너무 지나치다고 생각하지는 않습니다."라고 하였다. 부군이 말씀하시기를 "'풍영'이라는 두 글자를 누정의 이름으로 한 곳이 많이 있으니, 나도 또한 너무 지나친 것이 아님을 모르지는 않는다. 그러나 요즈음 세상에서 남의 말을 하기 좋아하는 사람들 중에는 손가락질하면서 구설에 올릴 사람도 있을 것이고, 또 이 건물은 몹시 낮고 좁아 보잘것없으니 꼭 이렇게 과장해서 편액을 걸어야 할 것은 아닐 듯하다."라고 하였다. 노재덕(盧在悳)이 말하기를 "이미 너무 지나친 이름을 붙이는 게 아니라면 손가락질하는 사람이 참으로 망령된 것이니, 낮고 좁아 보잘것없는 것이야 문제될 것은 아니겠습니다."라고 하였다. 허갑(許鉀)이 말하기를 "이 건물은 본래 제생들을 수용하기 위해 지은 것이지, 제생들로 하여금 이곳에서 유상하도록 하려고 지은 것은 아닙니다. 증점(曾點)이 늦봄에 시를 읊조리며 돌아온 것은 그 기상은 비록 좋지만, 유상은 유상입니다. 지금 우리들이 공부하며 지내기 위해 지은 건물을 유상하기 공간과 동일한 곳으로 만들어 버리는 것은 너무 혐의스럽지 않겠습니까?"라고 하였다. 허함이 말하기를 "갑의 말이 옳을 듯합니다."라고 하였다. 노택용(盧宅容)이 말하기를 "그 말이 꼭 근거가 없다고 할 수는 없습니다."라고 하였다. 이병무가 말하기를 "갑의 말이 나을 듯합니다."라고 하였다. 조정환이 말하기를 "우리들이 이곳에서 바람을 쐬고 이곳에서 시를 읊조리므로 '풍영'으로 편액을 거는 것이 불가할 것은 없겠지만, 선생님이 이미 구설을 걱정하시는 데다 중론이 일치되지 않으니, 다른 좋은 이름으로 바꾸는 것이 좋겠습니다."라고 하였다. 허갑이 말하기를 "꼭 다른 이름을 찾을 것이 없이 저번에 필창이 정한 '용중소'가 합당할 듯합니다."라고 하였다. 노성명(盧性明)이 말하기를 "두 말이 모두 불가할 것이 없으므로 둘 다 남겨, 한 칸은 '용중소'라고 적고 다른 한 칸은 '풍영루'라고 적어서, 제생을 널리 수용하고 우뚝한 기상을 본받게 하는 뜻을 보이면 어떻겠습니까?"라고 하였다. 이병호(李炳濩)가 말하기를 "작은 건물에 두 개의 편액은 합당하지 않을 듯하고, '용중'이라는 두 글자는 그 뜻이 참 원만합니다."라고 하였다. 허중(許重)이 말하기를 "같은 집이므로, '풍영'이라고 하면 함께 풍영하면 되고, '용중'이라고 하면 함께 용중하면 됩니다. 용중소에 거처하는 사람이 함께 풍영할 수 없겠으며, 또 풍영하려는 사람이 함께 섞여 용중할 수 없겠습니까? 이 집이 비록 작기는 하지만, 풍영하는 사람을 수용할 수 있습니다. 그렇다면 수용하는 집에 무게를 두어야겠습니까, 아니면 수용되는 사람에게 무게를 두어야겠습니까?"라고 하였다. 손상현(孫上鉉)이 말하기를 "필창의 편액이 아주 꼭 들어맞습니다."라고 하였다. 노식용(盧寔容)이 말하기를 "여러분들이 이곳의 편액에 대해 서로 의견이 분분한데, 저는 그 뜻을 알 수 없습니다. 제 생각으로는 '용중'이라는 것이 아주 합당하니, 그것이 이 건물을 세운 본래의 뜻이 아닙니까?"라고 하였다. 모두들 좋다고 하여 '용중소'라는 편액을 걸기로 결정되었다.] / 노성명에게 강회 일자를 써서 벽에다 붙이게 하였다.[제생들이 성명을 열서하여 『동강첩(同講帖)』[『자암계첩(紫巖契帖)』]이라고 하고, 봄 3월과 가을 9월의 상갑일(上甲日)을 회강(會講) 일자로 정하였다.] / 금주(錦洲) 허채(許埰)가 찾아와서 향음주례를 행하다. / 7월[16일], 묵산(默山) 이경구(李景九), 그리고 제생들과 적벽탄(赤壁灘)에서 놀다.[적벽탄 신령에게 고유하는 글이 있다.] / "퇴(艮), 진(進), 의(毅), 견(堅), 평(平), 존(存), 정(訂), 명(明), 진(振), 면(勉), 겸(謙)"의 11글자를 택해 제생들로 하여금 명을 지어 서로의 부족한 점을 권면하게 하였다.[조정환은 「간명(艮銘)」을 지어 허함에게 주고, 허함은 「진명(進銘)」을 지어 김봉운(金琫運)에게 주고, 허갑은 「의명(毅銘)」을 지어 조기종(曺夔鍾)에게 주고, 민후식(閔琊植)은 「견명(堅銘)」을 지어 허중(許重)에게 주고, 김봉운은 「평명(平銘)」을 지어 허용(許鎔)에게 주고, 이필창은 「존명(存銘)」을 지어 노식용에게 주고, 허중은 「정명(訂銘)」을 지어 이필량(李弼良, 1880~1957)에게 주고, 노식용은 「명명(明銘)」을 지어 노정용(盧正容)에게 주고, 노택용(盧宅容)은 「진명(振銘)」을 지어 성일경(成一慶)에게 주고, 조기종은 「면명(勉銘)」을 지어 노택용에게 주고, 조정환은 「겸명(謙銘)」을 지어 허갑에게 주었다.] / 몽재(蒙齋)가 완공되다. / 세곡정사(細谷精舍)가 완공되다.[제생들을 시강공(侍講公)의 노화정(蘆花亭)과 묵산공(默山公)의 목산정(沐山亭)에 나누어 거처하게 하고도 또 모두 수용할 수 없어서 시강공이 이 집을 지었다.] / 11월, 성재(省齋) 정재기(鄭在夔)가 찾아오다.[성재공이 집으로 돌아가실 때, 부군과 제생들이 만류문(萬柳門) 밖 시내 반석에서 전송하였다. 그때 부군이 성재공에게 그곳 시내의 이름을 지어줄 것을 청하자, 성재공이 처음에는 '세이간(洗耳澗)'으로 지었다가 다시 '세심간(洗心澗)'으로 고쳐 지어주었다.][53]

노상직은 김해에서 출생하고 김해와 창녕에서 지내다가, 1883년(고종20)부터는 창녕에서 추원재와 극기재 등에서 강학하기 시작하고 1894년(고종31) 이후로는 밀양에서 지내며 금산서당, 자암초려, 자암서당, 사남서장[방재] 등에서 강학을 하였다. 1896년(건양1) 밀양 단장면 국전리 노곡으로 거처를 옮겨 자암초려를 짓고 강학한 뒤로는 김해와 창녕을 위시한 경남지역, 나아가 영남 전역에서 많은 선비들이 찾아와서 학문을 익혔다. 그 중에는 수학하기에 편하도록 거처를 아예 밀양으로 옮긴 경우도 적지 않았는데 그들은 서당이 위치한 노곡과 그 주변에 모여 거주하게 되었고, 그렇지 않고 집이 멀리 있는 사람들은 노곡의 서당 주변에 기숙하게 되면서 노곡의 서당을 중심으로 자연스럽게 서당마을이 형성되었다. 위에서 "제생들을 시강공의 노화정과 묵산공의 목산정에 나누어 거처하게 하고도 또 모두 수용할 수 없어서 시강공이 이 집을 지었다."라고 한 것으로 알 수 있는 바, 노상직의 형님 대눌(大訥) 노상익(盧相益, 1849~1941)이 1897년(광무1) 노곡에 지은 노화정(蘆花亭)과 1901년(광무5) 같은 노곡에 지은 풍뢰정(風雷亭), 그리고 노곡 건너편 무릉(武陵)의 묵산(默山) 이경구(李景九, 1856~1921)의 목산정(沐山亭) 등을 모두 기숙할 곳으로 쓰게 될 정도로 큰 서당마을을 이루게 되었다.[54] 이 연보기록은 그때 노곡과 자암초려 주변의 모

53) 정석태, 「소눌연보와 소눌문인록-『선부군편년』 초역과 『자암계첩』 원문-」, 상동, 211~215쪽 참조.

54) 紫巖書堂은 서당의 기본교재를 자체적으로 간행하는 출판기능도 갖추고 있다. 그래서 1904년(광무8) 가을에는 서당의 기본교재인 『古鏡重磨方』을 紫巖書堂에

습, 그곳에서 생활하는, 하나의 자율적인 학문공동체[학문결사체]를 이루어 그곳에서 생활하는 노상직과 그 제자들의 생활의 일면을 잘 보여주고 있다.

이처럼 서당마을을 형성하여 자율적인 학문공동체[학문결사체]로 생활하는 것이었기 때문에 그 구성원의 일상생활과 서당에서의 학습을 엄격하게 규율할 필요가 절실하였을 것이다. 이 연보기록에서 "마땅히 장부 하나를 비치하여 매일 각자의 선악을 기록해서 악을 없애고 선을 좇는데 도움이 되도록 해야겠고, 또 일을 처리하고 사람을 대하는 것을 아울러 기록해서 그 합당한 지의 여부를 살필 수 있게 해야겠다."라고 한대로, 서당학규에 따라 생활하는 주장인 자신을 포함한 그 제자들의 일상과 서당생활을, 제자 중 1인을 직일로 삼아 날마다 일상생활과 서당생활에서의 선악을 포함한 매일 학습한 내용과 진도, 그에 대한 평가 등을 빠짐없이 기록한 『자암일록』을 쓰도록 하였다. 그것은 한편으로 '몸단속'을 통해 '마음단속'으로 나아가는 경공부(敬工夫)를 해나가기 위한 방편, 쇄소응대의 하학에서부터 성현의 경지로 상달하려는 강학목표를 실현하기 위한 방편이기도 하였다. 이에 대해서는 「자암일록 해제」에 상세하게 밝혀 놓았으므로[55] 여기서는 번거로움을 피하기 위해 따로 언급하지 않기로 하고, 대신 그 내용 중 몇 가지를 들어보기로 하겠다.

(1) 기해년(1899, 광무3) 4월 초9일[병술] 맑음

필량(弼良)이 누워서 책을 보았다. ○ 식용(寔容)이 가마에 탄 누이를 데리고 퇴로(退老)에 갔다. ○ 정읍례(庭揖禮)를 행하였다. 주장(主丈)[노상직(盧相稷)]이

서 蘆谷藏板으로 중간하였고, 그때 또 다른 기본교재인 『小學節要』도 蘆谷藏板으로 간행하였다. 그리고 1923년에는 孔孟 仁學의 요체를 간추려 정리한 鄭逑의 『洙泗言仁』도 泗南書庄[紫巖書堂]의 기본교재로 쓰기 위해 泗南書庄藏板으로 간행하였다.

55) 노재찬·정경주·신승훈 3인 공역의 『서당의 일상－소눌 노상직의 서당일지 『자암일록』－』(상동) 앞머리에 실어둔 정경주의 해제[5~31쪽]를 말한다.

기제(忌祭) 산재일(散齋日)이기 때문에 참여하시지 못하여 묵한장(默漢丈)[이경구(李景九)]에게 약정(約正)이 되어주시기를 청하였지만 출타 중이어서 참여하지 못하였다. 반수(班首) 정용(正容), 유사(有司) 필창(弼昌)·정환(正煥), 중독법(中讀法) 일경(一慶), 좌독법(左讀法) 봉운(琫運), 우독법(右讀法) 용(鎔), 조사(曺司) 갑(鉀). 양유사(兩有司)의 벌목(罰目)은 거동의 잘못과 웃는 일이고, 벌은 면책(面責). ○ 응강록(應講錄). 필창은 『퇴계집(退溪集)』 중 홍응길(洪應吉)에게 답한 서찰에 "말씀하신 정암(整菴)의 소견에 대해 운운"한 대목. 주장(主丈)이 "정암(整菴)이 능히 양명(陽明)과 대립한 것은 무슨 일 때문인가?"라고 묻자, 필창은 "모르겠습니다."라고 하였다. 주장(主丈)이 말씀하시기를 "심즉리(心卽理)라고 운운하였으니 양명은 선학(禪學)을 범한 것이다."라고 하였다.[음(音)과 의(義) 모두 조(粗).] 정용은 『효경(孝經)』 선왕법복장(先王法服章). 필창이 택언택행(擇言擇行)에 대해 묻자, 정용이 상세하게 답하지 못하니, 필창이 훈고(訓詁)를 들어 말하였다.[음과 의 모두 약(略).] 정환은 「소학서제(小學書題)」. 정용이 "『시경』과 『중용』 서문 끝에 주자(朱子)는 성과 휘를 모두 썼는데 이곳에서만 호를 쓴 것은 무엇 때문인가?"라고 묻자, 정환이 "어린아이들은 가르치기 때문에 그렇게 한 것이다."라고 답하였다.[음과 의 모두 조(粗).] 택용은 『퇴계집』 중 농암(聾巖)에게 답한 서찰에 "삼가 보내주신 서찰을 받고 운운"한 대목. 정환이 "내가 벼슬하고 벼슬하지 않는 것에 대해 예(禮)가 어떠한지 논하지 않고 단지 병세의 경중을 본 것일 뿐인가?"라고 묻자, 택용이 말하기를 "선생은 만약 이때 병이 없으셨어도 또한 반드시 사퇴할 도리가 있었을 것이다."라고 하였다.[음과 의 모두 불(不).] 재덕(在悳)은 『논어』 제1권의 유자왈장(有子曰章). 택용이 "무본(務本)의 본(本)은 무엇이며, 장 아래 덕유본(德有本)의 본(本)은 무엇인가?"라고 묻자, 재덕이 "무본은 힘쓰는 곳을 말하니 효제(孝悌)이고 덕유본(德有本)의 본(本)은 전체(全體)를 가리키니 인(仁)을 말한다."라고 답하였다.[음과 의 모두 통(通).] 봉운(琫運)은 『맹자』 제6권 우산장(牛山章). 재덕이 "산에 대해서는 성(性)을 말하고 사람에 대해서는 정(情)을 말한 것은 어찌된 것인가?"라고 묻자, 봉운이 "산은 나무를 기르는 것을 성(性)으로 삼고, 사람이 선(善)을 하는 것은 바로 성(性)이 발한 것이기 때문에 정(情)을 말한 것이다."라고 답하였다.[음과 의 모두 조(粗).] 중(重)은 「서명(西銘)」. 봉운이 "신생(申生)의 공경을 어찌 여기에서 취한 것인가?"라고 묻자, 중(重)이 "다만 하늘을 섬기는 것이 아버지를 섬기는 것과 같기 때문에 장자(張子)가 취한 것이다."라고 답하였다.[음과 의 모두 약(略).] 일경(一慶)은 『맹자』 제7권 백이피주장(伯夷避紂章). 중(重)이 "백이(伯夷)는 주(周)나라가 장차 은(殷)나라를 해칠 것을 모르고 귀의(歸依)했는가?"라고 묻자, 일경이 상세하게 답하지 못하였다.[음과 의 모두 조(粗).] 용(鎔)은 『중용』 제2장. 일경이 "시중(時中)은 바로 중용(中庸)이며 기탄(忌憚)이 없는 것은 바로 중용에 반하는 것인가?"라고 묻자, 용(鎔)이 대답하지 못하였다.[음과 의 모두 불(不).] 갑(鉀)은 『시경』 제5권 상체장(常棣章). 용(鎔)이 이것으로 궁구하고 이것으로 도모한다는 '시구시도(是究是圖)'에 대해 묻자, 갑(鉀)이 훈고(訓詁)와 같이 답하였다.[음과 의 모두 약(略).] 건홍(建弘)은 『소학』 제5권 여영공장부인장(呂滎公張夫人章).[음과 의 모두 불(不).] 술용(述容)은 『맹자』 제5권 만장편(萬章篇) 수장(首章).[음과 의 모두 약(略).] 왈용(曰容)은 『통감(通鑑)』 제3권 '공손홍대책(公孫弘對策)'.[음과 의 모두 약(略).] 갑철(鉀哲)은 『통감』 제6권 이동해상송균장(以東海相宋均章).[음은 약(略), 의는 통(通).] 맹문(孟文)은 『사략(史略)』 제1권 관어화장(觀於華章).[음은 불(不), 의는 조(粗).] 상락(相洛)은 『통감』 제3권 태후짐살조왕장(太后酖殺趙王章).[음은 조(粗), 의는 약(略).] 관용(寬容)은 『통감』 제1권 '천강이룡(天降二龍)'.[음은 통(通), 의는 불(不).] ○ 석읍강(夕揖講). 정용은 「남전향약(藍田鄉約)」, 정환은 「소학제사(小學題辭)」, 택용은 「소학서제(小學書題)」, 재덕은 장사숙(張思叔)의 「좌우명(座右銘)」, 봉운은 「경재잠(敬齋箴)」, 중(重)은 「심경찬(心經贊)」, 일경은 「경재잠」, 용(鎔)은 『대학』 경문(經文), 갑(鉀)은 『소학』 제자직(弟子職), 건홍은 「남전향약」, 술용은 구용(九容). ○ 이날 직일은 허중(許重).[56]

56) 『紫巖日錄(甲)』 卷3, 「己亥(1899)四月初九日丙戌」.

(2) 경자년(1900, 광무4) 7월 16일[을묘] 맑음

기락(基洛)과 맹문(孟文)이 숙흥. ○ 운전(雲田) 윤성필(尹成弼)[자 형은(衡殷), 나이 26세, 본관 파평(坡平)]이 내알(來謁)하였다. ○ 산악(山岳)이 상현(上鉉)에게 청하여 말하기를 “내가 지금 그대의 책을 베껴 줄 것이니, 그대는 나를 위해 일과(日課) 1수(首)를 지어주면 어떻겠는가?”라고 하여 상현이 허락하였다. 주장(主丈)이 알고서 상현에게 벌을 주며 말하기를 “어찌 자신을 이롭게 하느라 다른 사람을 해치는 것이냐?”라고 하시고, 또 직일로 하여금 산악을 면책하게 하셨다. ○ 일과(日課)는 고시(古詩) 제목(題目) ‘산천재(山天齋)’. 우등(優等)은 함(銜), 중재(中齋) 우등은 해종(海宗). ○ 석강(夕講)은 「존덕성재명(尊德性齋銘)」. ○ 시첩(詩帖) 「심간비폭(心澗飛瀑)」. “미친 물결 옥을 뿜어 연애를 날리는데, 강 언덕엔 안개 짙고 비치던 해 돌아가네. 끝내는 바다로 가 파도가 될 것인데, 누가 알랴 원두에서 활수가 흘러옴을.[狂波噴玉動涓埃 兩岸烟凝日照回 終能注海波濤作 誰識源頭活水來]” 이것은 상현의 시이다. “시내에 비 막 걷히어 먼지를 적셨는데, 미친 물결 작은 폭포 울리는 소리 돌아오네. 부서진 옥 흩날리니 하늘에서 떨어진 듯, 낱낱의 가벼운 옥 바위 위에 구른다오.[澗雨初晴浥澗埃 狂流小瀑吼聲回 飛飛淬玉如天落 個個輕珠轉石來]” 이것은 우상(愚相)의 시이다. “쏟아지는 흰 물결이 티끌먼지 끊었는데, 하늘 위론 참으로 은하수 돌고 있네. 만류문 그 앞에 우레 홀연 내려치니, 그 큰 소리 밤이라 자암에 들려오네.[飛流白浪絕塵埃 天上□如銀漢回 萬柳門前雷忽動 雄聲夜入紫巖來]” 이것은 기락의 시이다. ○ 이날 직일은 이기수(李基守).[57]

(3) 경자년(1900, 광무4) 윤8월 22일[신유] 맑음

동환(東煥)이 숙흥. ○ 신용(申容)이 하직하고 물러가니, 주장(主丈)께서 그 대인(大人)에게 답장을 보내셨다. ○ 강림재(江林齋)의 하인이 돌아간다고 하여 주장께서 강림재 여러분들에게 답장을 보냈다. ○ 순용(純容)이 옴이 올라 조리

57) 『紫巖日錄』 卷16, 「庚子(1900)七月十六日乙卯」.

하려고 김해 북곡(北谷)으로 갔다. ○ 석강. 진동(震東)은 「심잠(心箴)」, 동환은 「극기명(克己銘)」, 명주(命周)는 「심경찬(心經贊)」, 재정(在廷)은 사물잠(四勿箴), 도용(燾容)은 「조식잠(調息箴)」, 상적(相迪)은 「금인명(金人銘)」, 맹문(孟文)은 「주일재잠(主一齋箴)」, 재룡(在龍)은 백거이(白居易)의 「좌우명」. ○ 시첩. "오막살이 깊은 곳은 지내기에 괜찮은데, 몸과 마음 공경히 세워 강송을 해간다오. 바라기는 평생에 공부를 독실이 해, 존성과 주일로써 옛 성현을 기약하네.[衡門深處可棲遲 敬立身心講誦時 秖願生平工業篤 存誠主一古賢期]" 이것은 재정의 시이다. "나의 용모 경계하여 느긋하길 바라나니, 시서 공부 많이 쌓아 때때로 익힌다오. 푸른 등불 한 점이 노산 서당 밝히는데, 전현의 서책 읽어 기약함이 있다오.[戒我容貌欲舒遲 詩書多積習時時 靑燈一点蘆山屋 披閱前賢有所期]" 이것은 도용의 시이다. ○ 이날 직일은 김진동(金震東).[58)]

자암서당 등 노상직의 서당이 김해가 아닌 밀양[단장]에 위치해 있었다고 해도 그것이 김해지역 신산서원의 강학정신을 계승한 것, 김해지역사림의 전통 속에 있는 것이 아닐 수 없다. 다만 서당을 일반적인 대도회가 아닌 서원처럼 학자가 세속을 멀리한 채 조용하게 학문에 전념할 수 있는 곳에 두기 위해, 그래서 스승과 제자가 하나의 자율적인 학문공동체[학문결사체]로서 서당마을을 이루어 강학해 나가기 위해 그 적지로 밀양[단장]으로 택한 것일 뿐이었다.[59)] 이곳으로 김해와 창녕을 위시한 경남지역, 나아

58) 上同, 卷18, 「庚子(1900)閏八月二十二日辛酉」.

59) 紫巖書堂 同講契帖인 『紫巖契帖』[개인소장(盧圭鉉)]을 가지고 살펴볼 때, 盧相稷 문하에 입문한 사람은 807인에 이르고, 지역적으로는 서당이 위치한 밀양에 한정되지 않고 밀양·김해·창녕을 위시한 경상남도 전역과 경상북도 전역에 걸쳐 있으며, 전라도, 충청도, 경기도, 황해도, 함경도 등에까지도 미쳐 있다. 정석태, 「소눌연보와 소눌문인록-『선부군편년』 초역과 『자암계첩』 원문-」, 239-272면 [제Ⅱ장 '소눌문인록, 『자암계첩』'] 참조. 따라서 紫巖書堂을 위시한 盧相稷의 서당은 그것이 위치한 밀양의 서당이라고만 하기는 어렵다. 도리어 紫巖書堂이 新山書院의 강학정신을 계승한 김해지역사림의 전통을 속에 있다고 할 때, 김해와

가 영남 전역에서 많은 선비들이 찾아와서 학문을 익혔고, 그들은 스승과 제자가 하나의 자율적인 학문공동체[학문결사체]로서 서당마을을 이루어 생활하였다. 이 때문에 서당에 소속된 구성원들은 유계회[학계], 곧 '자암학계(紫巖學契)' 등을 조직하고 그 계금(契金)을 조성하고 운용해서 서당을 유지해나갔다. 서당의 건물을 짓는 것에서부터 그 서당을 유지하고 보수하는 것에 이르기까지 모두를 그 서당에 소속된 구성원으로 조직된 유계회[학계]와 그곳에서 거둬들인 계금(契金)으로 꾸려나갔다.[60]

Ⅴ. 맺음말

위에서는 먼저 신산서원의 설립과 변화과정에 대해 개관하고, 이어서 신산서원 초기 강학정신을 이명호의 「신산서원입규」를 중심으로 알아본 다음, 마지막으로 신산서원 초기 강학정신의 변모와 계승 양상을 살펴보았다. 이상 논의한 내용을 차례대로 요약하는 것으로 결론을 대신하고자 한다.

밀양의 서당이라고 하는 것이 보다 사실에 가까울 것이다. 더욱이 盧相稷은 사후에 자신의 출생지인 김해 생림면[한림면] 금곡리 뒷산인 함박산에 묻혔을 뿐만 아니라 생전에도 자신들이 김해출신, 곧 김해사람임을 늘 잊지 않고 있었다. 그래서 두 사람은 1912년 남만주[서간도]에 망명해 있던 중에도 盧相稷은 김해사람으로 후일 김해읍지를 續修하기 위한 선행작업으로 김해향중에서 鄕案과 邑誌 내용을 간추려 모은 책자 『金海鄕案及邑誌節略』를 편찬해서 간행할 때 鄕中長老들의 부탁으로 그 내용을 수정 보완하고 또 그 서문 「金海鄕案及邑誌節略合刊序」(『小訥集』 卷25)를 지었다.

60) 盧相稷의 서당교육 관련 자료로는 앞서 든 『紫巖日錄』, 『紫巖日記』, 『方齋日錄』, 『方齋日記』, 『泗南日錄』 외에도 『錦山書堂同苦錄』, 『紫巖契帖』, 『重講契名錢封上册(甲寅始, 紫巖書堂)』, 『紫巖重講契錢出入簿(乙卯十一月二十一日捧上記)』 및 紫巖書堂 등의 講會時到記와 同講帖 등이 부산대학교도서관의 소장 小訥文庫와 개인소장[盧圭鉉] 등으로 다수 남아 있다.

1. 신산서원의 설립과 변화과정

신산서원은 1588년(선조21)에 '조식·신계성→성인홍'으로 이어지는 계열의 학문적, 혈연적 기반을 토대로 하고 조식의 중장년 강학지인 김해의 산해정을 모체로 하여 산림처사로서 조식의 실천궁행하는 조식의 도학정신을 구현할 터전으로 창건되어 조식을 독향하였다. 임진왜란 때 소실된 것을 1609년(광해군1)에 중건하여 그해 산청의 덕천서원 및 삼가[합천]의 용암서원과 함께 사액을 받아 명실상부하게 영남 강우지역 남명학파 주요 거점서원, 북인계열 주요 거점서원이 되었다. 1616년(광해군8)에는 신계성을 병향하면서 원생이 70여 명에 이르고 김해만이 아니라 합천, 함안, 창원, 의령, 진주, 산청, 거창, 성주, 고령, 현풍 등 영남 강우지역에 두루 영향력을 미치는, 나아가 전국적인 영향력을 미치는 큰 서원으로 발전하였다. 그러나 1623년(인조1) 인조반정으로 정인홍이 사사되고 북인정권이 몰락한 뒤 북인계열서원에서 남인계열서원으로 점차 바뀌게 되었다. 현재 확인되는 원장을 통해 추정해보자면, 이속과 신시망이 원장으로 재직하던 1660년대 이후 북인계열서원에서 남인계열서원으로 점차 바뀌어가면서 그 위상과 영향력도 크게 축소된 것으로 추정된다. 1690년대 이후로는 김해지역 한 서원으로서 김해지역 사족가문 창녕조씨[남평조씨]가 주축이 되고 청주송씨, 김해허씨, 광주노씨, 김해김씨, 광주안씨, 의성김씨, 재령이씨, 함안조씨, 현풍곽씨, 진주강씨 등이 참여해서 유지하고 운영하는 서원으로 변화하였다. 이 시기에 이르러서 남인계열서원, 그것도 이들 사족가문들의 정치적, 학문적 경향에 따라 '이현일→이상정'으로 이어지는 영남 퇴계학파의 학문을 전수하는 서원으로 발전하였다. 1866년(고종3) 김해부사이자 근기남인계열의 학자 허전이 원장을 맡으면서 새롭게 발전할 기회를 맞았지만, 1871년(고종8) 조정의 서원철폐령으로 훼철되고 말았다.

2. 신산서원의 초기 강학정신

우리나라의 서원은 그 교육의 목표와 내용, 그리고 운영의 측면으로 개괄해보자면, 그 교육의 목표와 내용 및 운영의 주요사항을 담은 서원지를 완비해가는 흐름과 고대 향학 제도의 구현체로서 그 교육목표와 교육이상을 실현해가려는 흐름의 두 가지로 나누어 볼 수 있다. 이중 후자의 핵심은 고을 단위에서 그 고을의 향현을 모신 향현사를 중심으로 고을 首善의 터전으로서 향학[서원]을 설립하여 '향좌법'의 시행을 통해 향인에게 신분적 차별 없이 교육을 행하는 것을 목표로 한다. 이와 같은 측면에서 신산서원은 이황의 역동서원과 이이의 은병정사로 이어지는 고대 향학 제도의 구현체로서 그 교육목표와 교육이상을 실현해가려는 흐름을 계승하고 있다. 특히 이명호는 1620년대 초반 신산서원의 원장으로 이이의 「은병정사학규」·「은병정사약속」 등의 내용을 적극 채용하여 고대 향학의 교육목표와 교육이상을 구현하는 한편, 산림처사로서 실천궁행하는 조식의 도학정신을 실현해갈 수 있는 신산서원의 학규 「신산서원입규」를 정하였다. 전체 내용을 '존원장례', '원장알묘', '입원지규', '재임지규', '알묘지규', '취회강독지규', '벌규', '통론규경지사'의 8장으로 구성하여 원장의 자격과 초빙절차, 원장의 알묘와 강학, 원생의 자격과 입원절차, 원임의 선출과 업무, 원장·재임·원생·외인의 알묘 절차와 의관, 원생의 강학활동, 원생에 대한 처벌규정, 원생의 원중·향중 생활에 관해 그 세세한 내용 하나하나까지를 모두 규정하였다. 그렇게 하여 서원이 과거공부가 아닌 성현을 목표로 학문을 익히는 곳임을 분명히 함과 동시에, 그러한 목표를 이루기 위해 서원생활에서 원생 개개의 행동 하나하나를 엄격하게 규율하는, 말 그대로 쇄소응대의 하학에서부터 성현의 경지로 상달하려고 한 조식의 뜻이 잘 관철되어 있는 서원학규를 제시하였다. 나아가 그러한 목표의 실현을, 서원을 중심으로 하나의 공동체를 형성한 집단의 자율적인 행사를 통해 실현될 수 있도록 짜 놓았다. 서원이 과거공부를 위한 교육기관이나 지역여론조성 등을 통한 정치권력의 행사기관이 아닌, 오로지 성현을 목표로 학문을 익히는 자율적인 학문공동체[학문결사체]라는 서원설립의 본래 취지에 충실하고자 했던 것이다. 이것이 조식이 산림에 은거했던 본래의 뜻이기도 하였다. 그러나 그러한 학규를 제정한 당자인 정인홍과 그 제자들이 북인으로 정치권력의 중심에 섰다가 몰락하게 되면서, 그 학규의 취지를 현실에서 제대로 실현해 보지 못한 채 역사의 전면에서 사라지고 말았다.

3. 신산서원 강학정신의 변모와 계승 양상

신산서원은 1623년(인조1) 인조반정으로 정인홍이 사사되고 영남 강우지역의 북인세력이 정치적으로 몰락한 뒤, 전국적인 영향력을 가진 남명학파 주요 거점서원, 북인계열 주요 거점서원에서 김해지역의 한 서원으로 그 위상이 낮아진 뒤에도 여전히 심원과 알묘의 행렬을 계속 이어지면서 정치적인 몰락에 따른 서원의 성쇠와 상관없이 제향한 조식과 신계성에 대한 존모의 마음은 변함없었던 반면 강학활동은 거의 이루어지지 않았다. 특히 1660년대 전후로는 임진왜란 이후 중건을 주도한 김해허씨 허경윤의 후손들만 오로지 주인으로서 서원을 지키는 공원의 상태가 되었다. 1690년대 전후로 광주안씨 안신현이 창녕조씨[남평조씨] 조구령과 조이추와 함께 신산서원에서 조식의 유서를 강론하고, 뒤이어 조구령과 조이추, 그중에서도 조구령이 1690년(숙종16) 이후로 6, 7년 동안 원장 등으로 서원에 상주하며 강학을 행한 결과 신산서원은 강학기능이 되살아난 서원으로 거듭나게 되었다. 조구령은 이현일의 제자로서 조식의 유사 및 언행록과 함께 이황의 「성학십도」를 함께 강론하여 신산서원은 조식의 학문과 이황의 학문이 일정하게 결합된 학풍을 가진 서원으로 변모하게 되었다. 이 무렵 이명호가 정하여 서원에 게판했던 「신산서원입규」 대신 주자의 「백록동규」와 이황의 「이산원규」를 서원에 게판했던 것으로 추정된다. 이후 서원은 다시 공원 상태가 되었다가 1780년(정조4)부터 산청 출신 유문룡이 상주하며 학문을 익히고 1785년(정조9)부터 10년 동안 원장으로 강학을 행한 결과 또 다시 조식의 학문과 이황의 학문이 일정하게 결합된 학풍을 가진 서원으로 되살아나게 되었다. 1866년(고종3) 김해부사이자 근기남인계열의 학자 허전이 원장을 맡으면서 영남 퇴계학파의 학문과 근기남인계열의 학문을 결합한 서원, 나아가 근기남인계열의 출발인 정구로 거슬러 올라가 남명학파의 체험적이고 실천적인 지향과 퇴계학파의 사변적이고 이론적인 학문이 조화롭게 통합된 서원으로 새롭게 발전할 기회를 갖게 되었지만, 뒤이은 훼철로 서원을 통한 강학이 더 이상 어렵게 되고 말았다. 그러나 1871년(고종8) 서원철폐령으로 서원이 훼철된 뒤에도 김해지역 선비들의 가슴 깊숙한 곳에는 조식이 사문의 종지를 정인홍에게 전수했다고 일컬어지는 「격치성정가」[「대학팔조가」]와 그 뒤에 붙인 1수의 칠언절구 시는 한말까지 여전히 조식의 학문지결로 김해지역 사림들에게 깊이 기억되었다. 그리고 산림처사 조식의 뜻을 잘 반영해서 성현을 목표로 공부하는 유생들의 자율적인 학문공동체[학문결사체]로 설립하고 또 그에 맞게 학규를 제정했던 신산서원의 정신도 김해 출신 선비들에게 깊이 기억되었다. 그것은 비록 서원의 훼철로 신산서원에서는 실현되지 못하였지만 후일 김해 출신 노상직의 자암서당에서 온전하게 실현되었다.

노상직은 한말 혼란기에 과거시험을 통한 출사의 길을 포기하고 학문연구와 후진양성에 힘을 쏟았다. 그는 허전의 적전으로 일컬어질 정도로 학자로서 대성하였을 뿐만 아니라 출사의 길을 포기하는 대신 일찍부터 후진양성을 위한 서당교육을 행하였다. 1883년(고종20)부터는 창녕 이방면 동산리 국동의 추원재에서 강학하였으며, 1888년(고종25)부터는 같은 국동의 극기재로 장소를 옮겨 강학하였으며, 1894년(고종31)에 동학농민운동의 소요로 밀양 산외면 금곡리로 피난한 뒤 1895년(고종32)에는 그곳에 금산서당을 열어 강학하였으며, 1896년(건양1)에는 같은 밀양 단장면 무릉리 노곡으로 거처를 옮겨 자암초려를 짓고 강학하였으며, 1914년에는 같은 노곡에 자암서당을 신축해서 강학하였으며, 1919년에는 밀양 단장면 사연리 말방으로 거처를 옮겨 사남서장[방재]을 짓고 강학하였으며, 1926년에는 다시 노곡의 자암서당으로 돌아와 강학을 하다가 서거하였다. 중간에 1911년 형 노상익을 뒤따라 중국 남만주[서간도]로 일시 망명했던 것을 제외하고는 1883년 29세 이후부터 서거한 1931년 77세까지 계속해서 서당교육을 하였다. 특히 1910년 망국 이후 일제강점기 내내 교육구국의 기치를 높이 내걸고 서당교육을 계속 행하였다. 노상직의 서당일지 『자암일록』과 서당에 대한 기문 「자암서당기」 등을 살펴볼 때, 그는 세상과 완전 절연된 공간 속에서 오로지 구학에만 전념하는 순수한 학문공동체[학문결사체]를 지향하였다. 그러나 그 학문의 목표가 엄연히 교육구국에 있었기 때문에 그곳에서 길러낸 인재의 다수가 그와 함께 파리장서[한국독립청원서]에 서명하고, 또 독립운동에 헌신한 인사들도 많이 나오게 되었다. 이와 같은 노상직의 서당교육정신, 곧 강학정신은 신산서원 창건 이후 김해지역에 맥맥히 계승되어 오던 신산서원의 강학정신을 근대 망국의 위기상황에 현실에서 구현한 것이었다. 서원이 과거공부를 위한 교육기관이나 지역여론 조성 등을 통한 정치권력의 행사기관이 아닌, 오로지 성현이 되는 것을 목표로 학문을 익히는 자율적인 학문공동체[학문결사체]라는 서원설립의 본래 취지를, 바로 산림처사 조식이 은거 강학한 정신에 충실하고자 했던 신산서원의 강학정신을 자암서당을 통해 온전하게 실현해낸 것이다. 자암서당에는 김해와 창녕을 위시한 영남 전역에서 많은 선비들이 찾아왔고, 그들은 서당과 스승을 중심으로 서당마을 이루어 학문을 익히고 생활하면서 '자암학계' 등 유계회[학계]를 조직하고 그 계금을 조성하고 운용해서 서당을 유지하였다.

【참고문헌】

1. 자료

李滉, 『退溪集』(韓國文集叢刊影印本)
曺植, 『南冥集』(上同)
李珥, 『栗谷全書』(上同)
鄭仁弘, 『來菴集』(上同)
李明忘, 『梅竹軒集』(國立中央圖書館所藏本)
許景胤, 『竹菴逸集』(慶尙國立大學校文泉閣所藏本)
韓夢參, 『釣隱集』(韓國文集叢刊影印本)
河溍, 『台溪集』(上同)
宋時烈, 『宋子大全』(上同)
曺九齡, 『酊翁集』(慶尙國立大學校文泉閣所藏本)
柳汶龍, 『槐泉集』(上同)
許傳, 『性齋集』(韓國文集叢刊影印本)
柳麟錫, 『毅菴集』(韓國文集叢刊影印本)
盧相稷, 『小訥集』(上同)
『新山書院尋院錄』(釜山大學校圖書館小訥文庫)
『紫巖日錄』(上同)
『克己齋訓蒙帖』(上同)
『紫巖契帖』(個人所藏)
『先府君編年』(上同)
韓國學中央硏究院(1997), 『古文書集成 34-金海鄕校篇-』
金海許氏竹菴公派, 『金海許氏壬寅派譜(竹菴公派譜)』(仁濟大學校디지털族譜圖書館所藏本)

2. 저서와 논문

구진성, 「용암서원 운영주체들의 활동과 그 지향에 대한 일고찰-17세기 초반의 덕천서원·신산서원과 비교하여-」, 『남명학연구』 39, 경상국립대학교 경남문화연구원, 2013.
김경수, 『신산서원지』, 글로벌콘텐츠, 2017.

김익재, 「조은 한몽삼 연구」, 경상국립대학교대학원 석사학위논문, 2005.

_____, 「내암 정인홍의 현실대응과 그 문인집단의 사승의식」, 경상국립대학교대학원 박사학위논문, 2008.

김해향교, 『金海鄕校誌(上)』, 대보사, 2007

노재찬·정경주·신승훈 역, 『서당의 일상-소눌 노상직의 서당일지 『자암일록』-』, 신지서원, 2013

문석윤 외, 『전국 주요 도서관 소장 목판본 『退溪集』 목록과 해제』, 한국연구재단 연구과제 결과보고서, 2007.

박병련, 「'광해군 복립모의' 사건으로 본 강안지역 남명학파」, 『남명학연구논총』 11, 남명학연구원, 2002.

_____, 「'사라진 계보'의 복원을 통해 본 지방사림세력의 변화 : 인조반정 후 밀양지역 점필재-송계-내암 학맥의 부침을 중심으로」, 『한국계보연구』 9, 한국계보연구회, 2019.

박소희, 「17세기 덕천서원 원생의 구성과 변화양상－『덕천원생록』을 중심으로－」, 『민족문화논총』 76, 영남대학교 민족문화연구소, 2020.

이상필, 『남명학파의 형성과 전개』, 와우출판사, 2003.

_____, 「남명 조식 유적 소고(Ⅰ)」, 『대동한문학』 29, 대동한문학회, 2008.

임근실, 「16세기 서원 학규에 대한 검토와 그 특징」, 『한국서원학보』 6, 한국서원학회, 2018.

정석태, 『퇴계선생연표월일조록』 4, 퇴계학연구원, 2006.

_____, 「소눌연보와 소눌문인록-『선부군편년』 초역과 『자암계첩』 원문-」, 『동양한문학연구』 54, 동양한문학회, 2019

_____, 「신산서원 관련자료－자료해제와 원문표점－」, 『동양한문학연구』 55, 동양한문학회, 2020.

_____, 「금계 황준량의 녹봉정사 설립과 성주목사 재직시절의 활동」, 『한국학논집』 78, 계명대학교 한국학연구소, 2020.

최영성, 『한국유학사상사』 4, 아세아문화사, 1997

16세기 호남사림 정염(丁焰)의 학맥과 지금서사(知今書舍) 강학

이 선 아

Ⅰ. 머리말

풍기군수 주세붕(周世鵬)이 중종 38년(1543)에 안향을 배향하는 백운동서원(白雲洞書院)을 건립한 이후, 사림은 성리학적 이념을 확산하는데 기여한 선현(先賢)을 기리기 위한 서원과 사우를 건립하였다. 특히 선조 연간에 기묘사화와 을사사화에 연루되어 희생된 사림의 신원(伸冤)과 복권(復權)에 대한 논의가 진행되면서 지방의 사림은 기묘·을사명현을 배향하는 서원을 건립하였으며, 서원의 강학(講學)을 통해 성리학적 이념과 가치는 향촌사회에 착근(着根)하였다.

남원[임실]에 건립된 영천서원과 현주서원은 이러한 사림의 노력과 성과를 잘 보여주는 사례라고 생각한다.[1] 영천서원에는 기묘·을사사화에 희생된 명현이 배향되어 있고, 영천서원의 학맥을 계승한 정염은 강학을 통해 사림의 명맥을 이었다. 당시 호남의 사족은 기축옥사(己丑獄事)로 분열되었고, 임진·정유왜란까지 겪었다. 이러한 안팎의 위기가 고조된 정국에서 정염은 강학을 통해 기묘·을사명현의 학행을 계승하는 후학을 양성하고자 하였으며 그의 문인은 남원과 임실 등의 대표적인 사족으로 성장하였다.

1) 영천서원과 현주서원은 건립될 당시에는 남원부 지사방에 소재하였으나, 1906년 칙령 제49호에 의해 행정구역이 개편되면서 지사방이 임실군에 편입되었고, 1914년 부군면 통폐합될 때에 임실군 지사면에 편재되어 지금은 임실군에 소재하고 있다.

특히 정염의 문인은 병자·정묘호란이 일어났을 때 의병을 일으키는 등 향촌사회의 윤리와 기강을 세우는 데 기여하였다. 이러한 정염과 그 문인의 행적과 명분을 현양하기 위해 현주서원이 건립되었다. 현주서원은 고종 5년(1868) 서원훼철령에 의해 철폐되기까지 남원과 임실, 장수 등에 세거하는 사족의 거점(據點)으로 존속했으며, 1962년에 이르러 복설되어 지금까지 선현에 대해 제향을 이어오고 있다.

본고에서는 이런 점에 착안하여 호남 을사명현의 학맥을 계승한 정염의 교유관계 및 강학활동을 살펴보고, 그를 기반으로 성장한 지방 사족의 존재 양상에 대해 살펴보고자 한다.

Ⅱ. 정염의 학맥과 교유관계

1. 을사명현과 정염의 학맥

인종이 재위 8개월 만에 사망하고 명종이 즉위하자 문정왕후의 수렴청정을 계기로 소윤(小尹)이 정치적 주도권을 장악하였다. 소윤은 권력 강화를 위해 을사사화를 일으켰는데 이때 화를 당한 사림을 '을사명현(乙巳名賢)'이라고 추숭하였다.[2] 명종 20년(1565)에 소윤이 몰락하면서 을사사화로 20여 년 유배되었던 노수신·유희춘·백인걸 등이 다시 요직에 등용되었으며, 선조가 즉위하고 나서 을사명현에 대한 신원(伸冤)과 포장(褒奬)이 제기되었다.[3] 이러한 노력으로 을사명현에 대한 복권과 추숭이 조정과 재야에서 추진되었다.[4]

2) 을사사화의 당사자였던 李中悅이 수집, 기록한 『乙巳傳聞錄』에는 99명의 을사명현이 정리되어 있다. 『대동야승』 권12, 「을사전문록」.
3) 『선조실록』 2권, 1년 2월 25일 을사조.
4) 『선조실록』 11권, 10년 6월 26일 임오조.

대표적인 을사명현인 이언적(李彦迪)과 송인수(宋麟壽)를 배향한 전주의 화산서원(華山書院)이 선조 11년(1578) 건립되었고, 선조 21년(1588)에는 권벌(權橃)을 배향한 봉화의 삼계서원(三溪書院)이 건립되었고, 선조 22년(1589)에는 유희춘을 배향한 고창의 충현사(忠賢祠), 선조 31년(1598)에는 백인걸을 배향한 파주의 용주서원(龍州書院) 등 을사명현과 관련된 지역에서 그들을 배향하는 서원과 사우(祠宇)가 건립되었다. 이러한 흐름 속에서 호남의 기묘명현과 을사명현 – 안처순, 정환, 정황 등을 배향하는 영천서원이 건립되었다.[5)]

영천서원에 나란히 배향된 정환(丁煥, 1497~1540)과 정황(丁熿, 1512~1560)은 형제로 조광조의 문하에서 교유, 수학한 '정암문인(靜庵門人)'이다.[6)] 그들의 본관은 창원이고, 풍저창부승(豊儲倉副丞) 정한우(丁旱雨)의 증손으로, 할아버지는 전생서주부 정휘(丁暉)이고, 아버지는 사산감역관(四山監役官) 정세명(丁世明)이며, 어머니는 사의(司議) 김수형(金壽亨)의 딸이다. 이들 형제는 부친 정세명이 사망한 후 세거지였던 남원으로 내려왔다.[7)]

을사명현으로 영천서원에 배향된 정황의 자는 계회(季晦), 호는 유헌(遊軒)이다. 정황은 13세에 부친 정세명을 여의고 정환의 지도 아래 성장하였다. 조광조와 종유하였던 정환을 따라 조광조의 문하에 잠시 출입하였는데 이때 '기묘사림'의 영향을 받았을 것이다. 중종 19년(1524)에 부친상을 당해 남원으로 내려와 형과 함께 여묘살이를 하였다. 중종 31년(1536) 25세

5) 영천서원에 배향된 을사명현에 대해서는 이선아, 「영천서원과 호남 을사명현의 학맥」, 『전북사학』 49, 전북사학회, 2016 참고.

6) 『晩軒先生文集』, 晩軒集後識[정석구], '靜庵一脉 遊及南土 檜老游翁 時稱河南之兩程.'

7) 창원정씨가 당시 남원에 세거하게 된 것은 7대조 丁衍邦이 고려문하시중 李凌幹의 딸과 혼인하였던 것에서 비롯되었다. 이때부터 남원에 居接하며 일가를 이루었고, 정세명에 이르러서는 世子嬪을 배출할 정도로 성장하였던 것으로 보인다. 정세명의 딸이 연산군의 세자 李顗의 세자빈으로 약정되었으나 중종반정으로 인하여 성혼하지는 못하였다. 『연산군일기』 61권, 12년 2월 1일 신해조.

에 알성 문과에 급제하여 관직생활을 시작하였다. 이후 검교, 예조 좌랑, 지평, 병조 정랑, 형조 정랑 등을 지냈다.

명종 즉위년(1545)에 문정왕후가 인종의 장사(葬事)를 서둘러 갈장(渴葬)으로 치르려고 하자 모든 관원들이 그 기세에 눌려 침묵하고 있을 때, 정황은 병조 좌랑으로 '살아 있을 때 봉양하는 일은 큰 일이라 할 수 없고, 오직 돌아간 이를 보내는 일이야말로 큰 일이라 할 수 있으며, 돌아간 이를 보내는 예는 한번 잘못하게 되면 비록 뒤에 와서 후회하더라도 미치지 못하는 것'이라고 하면서 의례대로 장사를 거행하게 하였다.[8] 세간에 '인종의 신하는 정황 뿐이다'라고 회자되었다고 한다.

명종 원년(1546)에 사인(舍人)으로 있을 때 을사사화가 일어나 윤원형 등의 외척이 권세를 잡자 그 일파인 이기(李芑)의 논계로 인하여 파직되어 남원으로 낙향하였다. 명종 2년(1547)에 양재역 벽서사건(良才驛壁書事件)에 연루되어 곤양(昆陽)을 거쳐 거제도로 이배되었다가[9] 그곳에서 세상을 떠났다. 그의 나이 49세였다. 정황은 선조 3년(1570)에 율곡 이이의 요청으로 관작이 회복되었고, 이후에도 이이의 학문을 중시한 서인 학자들에 의해 재조명되었다.

정황의 형인 정환의 자는 용회(用晦), 호는 회산(檜山)으로, 중종 11년(1516)에 사마시에 합격하고 중종 23년(1528)에 별시문과에 을과로 급제하였다. 중종 32년(1537)에는 서장관(書狀官)으로 중국에 다녀와 『조천록(朝天錄)』을 남겼다. 이후 사복시 판관과 경상도 도사 등을 역임하였다. 중종 34년(1539) 1월에 모친상을 당해 초상을 치르던 중에 중종 35년(1540) 3월에 세상을 떠났다. 이후 중종 37년(1542) 효행을 기리는 정려(旌閭)가 하사되었다.[10] 정환의 행적에 대해서는 그의 『회산집(檜山集)』에서 확인할 수 있다.[11]

---

8) 『명종실록』 1권, 즉위년 8월 3일 계사조.

9) 『명종실록』 6권, 2년 9월 18일 병인조.

10) 『중종실록』 99권, 37년 11월 10일 병진조.

11) 『檜山集』은 정황의 5대손 丁載興이 숙종 41년(1715)에 정황의 문집을 간행할 때,

'하남양정(河南兩丁)'이라고 칭송된 정환과 정황의 학문은 그의 재종제 정염(丁焰, 1524~1609)에게 계승되었다.[12] 정염의 자는 군회(君晦), 호는 만헌(晩軒)이다. 정한우의 증손으로 조부는 진사 정요(丁曜)이고, 아버지는 봉사(奉事) 정종석(丁終碩)이며, 어머니는 영광주씨(靈光周氏)로 주만귀(周萬貴)의 딸이다.

정염은 어려서부터 정환의 문하에서 수학하였는데 정환이 사망하고나서 정황에게서 배웠다. 정황이 출사하게 되자 정염은 정황을 따라 상경하여 성균관에서 머물렀는데 그때부터 이름을 알리기 시작하였다고 한다. 송인수가 전라도에 부임하여 선운사(禪雲寺)에서 총민한 연소자를 선발한 적이 있었는데, 이때 정염도 선발되었다.[13] 유희춘(柳希春)이 무장에 부임하였을 때 『소학』, 『근사록』 등을 배웠다고 한다.[14] 이와 같이 정염의 수학기(修學期)에 정황뿐만 아니라 송인수, 유희춘 등과의 일화가 거론되는 것은 정염의 학맥이 을사명현에 연원하고 있다는 것을 강조하기 위한 것이라고 생각한다.

정황이 명종 원년(1546)에 을사사화로 파직되어 낙향하였을 때 정염은 정황의 문하에서 본격적으로 수학하였다. 명종 3년(1548)에 정황이 양재역 벽서사건에 연루되어 거제도에 유배되자, 정염은 유배지에 있는 정황을 찾아가 봉양하며 경훈(經訓)을 강마(講劘)하였다.[15] 이와 같이 정황의 유배지에 왕래하며 수학하던 정염은 명종 4년(1549)에 향시(鄕試)에 장원하고 진사시에 입격하였다. 그러나 이듬해 첫 번째 상처(喪妻)하고 몇 년 사이에

정환의 詩文을 모아 附錄하였다. 그러다가 영조 41년(1765)에 정환의 문집이 간행되지 못한 것을 애석하게 여겨 정재흥의 아들 堣가 京鄕에 산재한 정환의 遺文을 수습하여 3권1책의 목판으로 간행하였다.

12) 『만헌선생문집』 권1, 서문[宋煥箕].

13) 규암 송인수에 대해서는 이해준, 「규암 송인수의 사후 평가와 추숭활동」, 『儒學研究』 16, 충남대학교 유학연구소, 2007 참고.

14) 『만헌선생문집』 권4, 附錄 行狀[門下進士丁命說記略.

15) 『만헌선생문집』 권4, 行狀.

두 번째 상처하였다. 상처의 슬픔을 추스르며 남원과 거제를 오가면서 명종 15년(1560) 정황이 사망하기까지 수학하였다.

2. 정염의 관력과 교유관계

정염은 명종 15년(1560) 별시 문과(別試文科)에 을과로 급제하였다. 명종 18년(1563)에 정염은 정자(正子)로 향실(香室)에 입번(入番)하였다가 반공(飯工)과 음식 문제로 물의를 빚어 파직되었다. 그런데 이러한 처사에 대해 사관은 태만하게 지공한 서리를 처벌하지 않고 정염 등 재실의 관원을 처벌한 것에 대해 편협하고 조급한 처사라고 비판하였다.[16] 이 무렵 정염이 『소학』을 수교(讎校)하다가 이황에게 질의하였는데, 당시 교서관 제조(校書館提調)였던 이황이 '진유(眞儒)'라고 칭찬하였다는 일화가 전해진다.[17]

정염은 명종 20년(1565)에 어머니의 상사(喪事)를 당해 내려와 여묘살이하였고, 사헌부 감찰과 형조 좌랑을 거쳐 선조 2년(1569)에 능성현령(綾城縣令)에 제수되었다. 능성현령에 부임한 정염은 민망(民望)에 따라 다스렸는데, 특히 강직하고 명백하게 사건을 심리하고 옥송(獄訟)을 판결한 관리로 평가되었다.[18] 이 무렵 정염은 조광조를 배향하는 죽수서원(竹樹書院) 건립에 적극적이었다.[19] 그는 죽수서원이 완공되었을 때, 다음과 같은 글을 지어 죽수서원의 건립에 부응하여 조광조를 기리고 유화(儒化)를 진작하고자 하였다.

> 우리 동방에 옛날에는 서원이 없었는데, 근래 주 선생이 주창하였고, 유종

---

16) 『명종실록』 29권, 18년(1563) 4월 23일 경오조.

17) 『만헌선생문집』 권4, 행장

18) 『선조실록』 5권, 4년(1571) 6월 20일 경술조.

19) 오상욱, 「정암 조광조 선생의 능주 유배와 竹樹書院의 상징성 고찰」, 『동양예학』 43, 동양예학회, 2020, 19~20쪽.

> (儒宗)을 얻어 그 규모를 장대(張大)하게 하였다. 그후 건치한 곳이 한 곳이 아니니 주장하는 사람은 모두 사림이 믿고 따르는 사람이기 때문에 학문에 뜻을 둔 선비는 점점 바라고 기대하게 되었다. 성리설이 학자의 입에서 끊어진 지 수십년 후에 주돈이, 정호와 정이, 장재, 주희[周程張朱]의 책이 세상에서 성행하게 되었으니 이것은 서원이 열린 것에서 비롯된 것이 아니겠는가. 능성현은 산수가 명수(明水)하여 문학하는 선비가 그 사이에서 나왔는데 우리 정암선생 같은 사람이 일찍이 여기에 유배되셨다. 학자가 모범으로 삼았으나 갑자기 매우 불행한 지경에 이르러 선비의 무궁한 한이 되어 그칠 수 있겠는가.[20]

이와 같이 정염은 서원을 건립하여 학문에 뜻을 둔 선비들이 '성리설'을 세상에 성행하게 하고 학자의 모범이 되는 조광조의 학행을 계승하자는 취지로 강의하였다.

정염은 능성현령으로 부임하던 선조 5년(1572)에 기대승의 부고를 듣고 제문을 지었다. 정염은 기대승의 학문에 대해 탄복하였으며, 특히 기대승의 강학과 교화에 대해 관심을 보였다. 그는 기대승을 위해 지은 제문에서,

> 아, 강학(講學)의 공이 세상에 도움이 된다는 것에 대해 저는 굳이 옛 시대에서 근거를 찾아 알아볼 것도 없이 당장 오늘에 경험하였습니다. … 공께서는 높은 재기(才器)와 큰 역량으로 처음에는 문자(文字)의 공을 바탕으로 하셨으나, 뒤에 자못 도학의 근원을 거슬러 올라가 보고 선각(先覺)을 만나 더욱 그 길을 단단히 믿으셨습니다. 고증은 극도로 해박하게 하고 논변은 지극히 자상하게

20) 『晩軒先生文集』 권2, 竹樹書院論縣學者, "吾東方舊無書院. 近自周先生倡之. 而又得儒宗. 張大其規模. 厥後建置. 又非一所. 而主張之人. 皆士林所信向者. 故志學之士. 稍有所嚮望. 而性理之說. 絕於學者之口. 數十年之後. 周程張朱之書. 盛行於世. 玆未必不由書院啓之也. 綾之爲縣. 山明而水秀. 間有文學之士出於其間. 而如吾靜菴先生者. 嘗謫于此. 庶學者有所矜式. 而卒至於甚不幸焉. 則爲士子無窮之恨. 其有旣乎".

> 하셨으며, 나아가 자신이 얻은 도의 정수를 혼자서만 간직하지 않고 기꺼이 남들에게 일러 주셨으니, 여느 사람들처럼 학문을 가지고 세상에서 명예를 구하는 도구로 삼지 않으셨다는 것은 거론할 것도 못 됩니다. … 사람들 가운데 처음에는 그렇지 않다고 여긴 자도 있었으나 차츰차츰 믿게 되어 질문할 내용이 있을 때면 반드시 공을 찾게 되었습니다. 사람들이 습속이 더럽고 잘못된 줄을 알고 옛 도가 행할 만한 것이라고 생각하게 된 데에는 공의 힘이 많이 작용하였으니, 이것이 어찌 강학의 효과가 아니겠습니까.[21]

라고 썼다. 정염은 기대승의 강학과 그 성과에 대해 치하하며 그의 때이른 죽음을 안타까워하였다.[22] 기대승이 해박한 고증과 자상한 논변으로 도의 정수를 얻어 남에게 가르쳐 주었다고 생각한 정염은 선조 6년(1573)에 부친의 병으로 사직하고 선조 9년(1576)에 아버지의 상사를 당해 고향에 머물면서 학문과 강학에 힘썼던 것으로 추정된다.[23] 그러다가 선조 13년(1580)에 다시 관직에 나아가 예조 정랑, 영광군수(靈光郡守)를 지냈다.[24] 영광군수로 재임하던 시절에 일어난 '임씨와 나씨의 소송'의 사건의 진위(眞僞)와 곡직(曲直)을 조사하여 진실을 밝혀 내어 임씨가 신원되는 일이 있었다. 선조 15년(1582)에 성균관 직강, 안성군수를 거쳐 형조 정랑, 함경도 재상경차관(災傷敬差官), 대동도 찰방(大同道察訪) 등을 역임하였다.

---

21) 『晩軒先生文集』 권3, 祭奇高峯文 ; 『(국역)고봉전서』 고봉별집 부록 제1권, 제문(祭文), 만헌 정염.

22) 최광만, 「고봉 기대승의 학습생애사 연구」, 『교육사학연구』 17권1호, 교육사학회, 2007 ; 박동욱, 「고봉 기대승의 문인과 그 의미」, 『대동한문학』 41, 대동한문학회, 2014 참고.

23) 정염의 이 시기의 구체적인 강학활동은 확인되지 않으나 다시 관직에 나가기 전까지 7년 동안 고향에 머물면서 남원과 그 인근의 사족과 교류하였고, 그 학문적 교류와 유대를 계기로 기축옥사와 임진왜란을 겪으면서 남원을 대표하는 서인 사족으로 기반을 다졌을 것으로 추정된다. 이에 대해서는 정염의 '문인'이 남긴 기록에 대한 발굴과 조사를 통해 보완되어야 할 것이다.

24) 『선조실록』 10권, 9년(1576) 8월 28일 무자조.

정염은 선조 17년(1584)에 광주목사에 임명되었는데 전라도 관찰사가 정염을 선치(善治)로 품계하여 옷감 1벌을 하사받았다. 그리고 광주 목사로 재임하던 선조 18년(1585)에 김백간(金伯幹)의 『사송유취(詞訟類聚)』의 발문을 지었다. 김백간의 본관은 광산이고, 그의 조부는 김극신(金克愼), 아버지는 김문서(金文瑞)로, 자는 이술(而述)이다. 중종 34년(1539)에 음서(蔭敍)로 벼슬에 나아갔는데 현령으로 부임하였을 때 재산을 내어 노약자나 굶주린 사람들을 도와주었다고 한다. 김백간은 지방관으로 부임하였던 시기에 소송의 심리와 판결에 필요한 법조항을 정리하여 『사송록(詞訟錄)』 1권을 편찬하였는데, 정염이 이 책의 발문을 쓴 것이다.[25)]

정염은 김백간의 아들 김태정(金泰廷)[26)]의 부탁을 받고 발문을 지었는데, 그 내용은 다음과 같다.

> "김백간은 일에 있어서 그냥 지나치는 것이 없는데, 고을을 다스리는 수령이 되어 더욱이 평반[平反 ; 변통을 해서 죄를 경감해 주는 것]에 부지런하였다. 일

25) 정염이 쓴 발문에는 『사송록』이라고 되어 있는데 김백간이 편찬한 『詞訟類聚』를 가리킨다. 김백간은 수령으로 재직할 당시 『대명률』·『경국대전』·『大典續錄』·『大典後續錄』·『大典註解』·『各年受教』 중에서 사송에 필요한 조문을 뽑아서 분류해 한 권의 책을 만들었다. 이를 다시 沈希安의 교정을 받아 출판해 사송을 처리하는 자의 지침이 될 것을 기대했으나 뜻을 이루지 못하였다. 그 뒤 그의 아들 泰廷이 전라감사로 재직할 당시인 1585년(선조 18)에 전주에서 목판본으로 간행하였다. 이 책은 당시 재판을 할 때에 적용할 조문을 번거롭게 찾아야 하는 불편을 덜어 주어 적용조문을 일목요연하게 참고할 수 있었다. 이후 여러 곳에서 자주 출판되어 수령을 비롯한 聽訟官의 지침서로 활용되었다. 또한 개인의 저서는 아니지만 현존하는 최초의 법률관계 편저이며 공적인 권위를 가지고 있었다. 후에 같은 내용에 부록을 첨가해 『決訟類聚』 또는 『聽訟指南』이라는 이름으로 출판되기도 하였다. 김명화, 「조선시대 수령의 소송지침서 『詞訟類聚』의 편찬과 활용」, 『서지학연구』 66, 한국서지학회, 2016, 337~339쪽.

26) 김태정(1541~?) 본관은 광산, 자는 亨彦이며 할아버지는 金文瑞이고, 아버지는 찰방 김백간이며, 어머니는 明原君 李顯의 딸이다. 일찍이 이황의 문인들과 교유하며 견문을 넓히고 1561년(명종 16)에 진사가 되었으며, 이어 1569년(선조 2) 알성 문과에 병과로 급제하였다. 그 뒤 여러 관직을 거쳐 전라도관찰사를 지냈다.

찍이 결송요람(決訟要覽)을 모아서 편리하게 나눠 구별하여 송사(訟事)를 청단(聽斷)하는 자의 지남(指南)이 될 뿐 아니라 사람들마다 법의 뜻을 득견(得見)하게 해서 멋대로 무고(誣告)할 수 없게 되어 거의 쟁송(爭訟)을 그치게 하는 방책이 되었다. 지금 감사 김태정(金泰廷)이 아버지의 책을 읽고 한 방향으로 시험해 보니 넉넉하였다. 임기를 마치고 돌아가게 되어 전주에서 간행하였으니 그 뜻을 계승하였다고 할 만하다. 나에게 그 전말에 대해 적어주기를 요청하여 이에 글을 썼다. 을유년(1585) 가을에 광주목사 정염이 삼가 발문을 짓는다.[27]

정염도 옥송의 판결 등에 관심을 많았는데, 김백간이 편찬한 『사송록』이 지방의 수령으로 부임한 관리에게 나침반과 같은 매우 요긴한 참고 서적이 될 것이라고 평가하였다.

정염은 광주 목사로 부임하였을 때 노진(盧禛)의 『옥계집(玉溪集)』 간행에도 도움이 주었던 것으로 추정된다.[28] 당시 그는 노진의 차남 노사회(盧士誨)의 부탁을 받고 『양휴당유고(養休堂遺稿)』에 발문을 써 주었다.[29] 발문 말미에,

공이 진실로 문자(文子)에 힘을 쓰지 않았으나 그 글이 훌륭하다. 더욱이 그 충효(忠孝)와 측달(惻怛)하는 마음을 여기서 찾아 볼 수 있으니 단지 한 집안에 소장하는 것으로 그치겠는가. 관찰사 김태정이 듣고서 좋다고 하였으니 이웃

27) 『만헌선생문집』 권2, 司訟錄跋, '金侯伯幹. 於事不放過. 其爲郡縣. 尤致謹於平反. 嘗裒集決訟要覽. 以便剖判. 不惟爲聽訟者之指南. 使人人得見法意. 不肆其誣. 則亦庶幾息爭訟之方矣. 今監司泰廷. 讀父書. 試之一路而有裕. 瓜滿將歸. 刊b003_482a板完山. 亦可謂能繼其志矣. 請余誌其顚末. 於是乎書. 萬曆乙酉仲冬. 光州牧使丁焰謹跋'.

28) 『옥계집』은 당시 전라도 관찰사로 재임하고 있던 김태정의 도움을 받아 간행되었다. 최석기, 「『玉溪集』 解題」, 『남명학연구』 12, 경상대학교 남명학연구소, 2002, 216~218쪽.

29) 『옥계집』을 간행할 당시에는 『양휴당유고』라고 표제하였다. 남명학고문헌시스템(http://nmh.gsnu.ac.kr) 해제 참고.

고을에 판목을 거둬 들여 더불어 보태었기 때문에 수월하게 성취할 수 있었다. 다행스럽다.[30]

라고 썼다. 노진의 본관은 풍천(豊川)이며 자는 자응(子膺), 호는 옥계(玉溪)·칙암(則庵)이다. 함양 출신으로 증조는 예조참판 노숙동(盧叔仝), 할아버지는 노분(盧昐)이고, 아버지는 노우명(盧友明)이며, 어머니는 권시민(權時敏)의 딸이다. 그는 안처순의 딸과 혼인하였으며 중종 32년(1537)에 생원시에 합격하여 성균관에서 수학하면서 김인후, 노수신 등 호남 출신 사림과 가까이 지냈다. 명종 원년(1546)에 증광 문과에 급제한 이후 내외의 여러 관직을 역임하였다.[31] 호남의 기묘명현 안처순의 사위인 노진은 남원을 기반으로 호남의 사림과 교유하며 문인을 배출하였으며, 사후에 남원에 그를 향사(享祀)하는 창주서원(滄洲書院)이 건립되었다. 을사명현 정황의 학맥을 이었다고 자부하는 정염도 노진을 배향하는 서원을 건립하는 데 힘을 보탰다.[32]

정염은 선조 21년(1588)년에 고부군수로 부임하였는데, 이듬해(1589)에 정여립(鄭汝立)의 역모사건을 평정하는데 기여한 공로로 선조 23년(1590) 통정대부의 가자(加資)를 받고 원종공신(原從功臣) 1등에 녹선(錄選)되었다. 『선조수정실록』에는 당시의 정황이 다음과 같이 기록되어 있다.

고부군수 정염에게 역당을 발고, 체포했다는 것으로 당상의 품계를 상가(賞加)하였다. 당시 보성 사람 김용남(金用男)·김산중(金山重) 등이 고부군수 정염

30) 『만헌선생문집』 권2, 養休堂遺稿跋, '公實非用力於文字者. 而其文固亦可觀. 況其忠孝惻怛之心. 可見於此. 則其但藏諸一家而已矣乎. 按使金公泰廷. 聞而可之. 徵梓于旁邑. 而與之助. 故功易就. 其亦幸矣'.

31) 김봉곤, 「16세기 지리산권 유학사상(I)」, 『한국사상사학』 42, 한국사상사학회, 2012, 182~184쪽.

32) 『만헌선생문집』 권2, 上方伯請建玉溪書院.

> 과 함께 의논하여, 나주 사람 임지(林地)와 중 성희(性熙)가 역적 길삼봉(吉三峰)과 더불어 송광사(松廣寺)의 삼일암(三日庵)에 머물면서 난을 일으킬 것을 함께 모의하고 임지는 현재 순천으로 돌아가 전마(戰馬)를 사들이고 있고 삼봉은 지리산으로 돌아갔다고 발고하였다. 이에 임지의 일가 사람 및 성희 등 30여 인과 사찰 주변에 사는 주민 20여 인을 나포(拿捕)하여 하옥하였다.[33]

전라도 동인에 대한 서인의 대대적인 탄압이라는 정치적 성격의 기축옥사에서 그는 동인을 저격하는데 적극 가담하였다. 그런데 정염의 행보에 대해서 다소 논란이 있었다. 김용남은 자신의 누이가 정염의 첩이었기 때문에 가까운 보성이나 순천이 아닌 3일 거리에 있는 고부까지 가서 고발하였으며, 정염은 옥사에 연좌될까 두려워하여 성희를 회유하여 정여립과 같은 무리라고 자백하게 하고 정개청(鄭介淸)을 끌어 들이게 하였다는 혐의를 받았다. 이러한 정황으로 인해 사헌부에서 '정염은 노쇠하여 일처리가 완만하여 언해의 고을에 합당하지 않으니 체차시키소서.'라고 건의하였다.[34] 체차된 정염은 남원부 사방의 옥산(玉山)에 집을 짓고 우거하였다.

정염이 옥산에 기거하고 있던 선조 25년(1592), 그의 나이 69세에 임진왜란이 일어났다. 정염은 '분연히 격문을 발송하고 먼저 군량을 준비하고 앞장서서 창의(昌義)하여 의병을 모집하는' 등 적극 참여하였으며 변사정(邊士貞)과 양사형(楊士衡) 등과 함께 남원을 지켜냈다. 변사정의 본관은 장연(長淵)이고, 자는 중간(仲幹), 호는 도탄(桃灘)이다. 그는 남원의 경주김씨 김점(金點)의 딸과 혼인하여 낙향하였는데, 노진과 이항(李恒)의 문하에서 수학하였다.[35] 노진과 이항의 사후에 지리산 도탄정사(桃灘精舍)에서 학문과 강학에 전념하였다. 그러다가 선조 16년(1583)에 학행으로 천거되

33) 『선조수정실록』 24권, 23년(1590) 4월 1일 임신조.
34) 『선조실록』 25권, 24년(1591) 2월 18일 을유조.
35) 김봉곤, 앞의 논문, 184~186쪽.

어 경기전 참봉이 되었으며 선조 22년(1589) 기축옥사 때에 정철 등과 연대하는 등 서인의 정치적 정당성을 위해 활동하였다. 임진왜란이 일어나자 정염 등과 함께 남원에서 2,000여 명의 의병을 모집하였고, 의병장으로 추대되었다.[36)]

선조 30년(1597) 정유재란이 일어나자 정염은 다시 격문을 돌렸는데, 그의 문집에는 일부만 수록되어 있고[37)] 조경남(趙慶男)의 『난중잡록』에는 전문이 실려 있다.[38)] 임진왜란과 정유재란 이후에 정염은 전쟁으로 피폐해진 향촌에서 이대유와 함께 본격적인 강학을 위한 활동에 착수하였다. 선조 35년(1602) 겨울에 주희의 남강고사(南康故事)[39)]를 본받아 활계(活溪) 이대유(李大豊)와 함께 서사(書舍)를 건립하고 '지금(知今)'이라고 이름을 짓고 학도를 모아 강학하며 깨우치고 인도하며 가르쳤다.[40)]

Ⅲ. 知今書舍 강학과 남원의 三溪講舍

1. 지금서사 강학과 현주서원 건립

정염과 함께 지금서사를 건립한 이대유(1540~1609)의 본관은 경주, 자는 경인(景引), 호는 활계(活溪)이다. 그는 신라의 알평의 후예이며, 고려의

36) 정시열, 「桃灘 邊士貞論 - 지리산 자락에서 꽃핀 劇的 人生 變奏」, 『민족문화논총』 48, 영남대학교 민족문화연구소, 2011, 274~276쪽.

37) 『만헌선생문집』 권2, 丁酉通諭檄.

38) 『亂中雜錄』 2, 趙慶男撰

39) 남강고사 : 주희가 知南康軍으로 있으면서 白鹿洞書院의 유지를 찾아 奏聞하여 복원하면서 강학을 행하고 學規를 만들어 지키도록 했던 일을 가리킨다. 이곳에 周敦頤를 모시고 程顥와 程頤를 배향하였으며, 그 곁에 별도로 陶淵明, 劉渙, 劉恕, 李擇, 陳瓘을 모시는 五賢堂을 세웠다.

40) 『만헌선생문집』 권4, 부록 묘지[문하충숙공이상길찬]

재상 이제현(李齊賢)의 10대손이다. 증조부는 무오사림 이원(李黿)이며, 조부는 군수를 지낸 이수(李洙)이고, 부친은 생원 이종윤(李宗胤)으로 문행(文行)이 있었는데 일찍 죽었다. 어머니는 창원정씨(昌原丁氏)로 정담(丁燂)의 딸이다. 정담은 정황의 종형제로 정염과는 재종형제이다. 경주이씨가 남원에 살게 된 것은 이종윤이 정담의 딸과 혼인한 데에서 비롯되었다.[41)]

이대유는 일찍이 부친을 여의고 창원정씨 외가에서 양육되었다. 어려서부터 영특하여 보지 않은 책이 없을 정도로 학문에 분발하였고, 그 배운 바를 '궁행(躬行)'하는 것을 임무로 삼았으며 의리에 입각하여 남을 우선하고 자신을 뒤로 돌리는 삶을 살았다고 한다. 이대유는 학문을 독실히 하고 실천하면서 이름이 알려졌으며 향리의 부로(父老)와 자제들이 '은군자(隱君子)', '향선생(鄕先生)'이라고 칭송하였다.[42)]

선조 3년(1570)에 생원시에 합격하였는데 성혼이 이조에 있을 때에 사옹원 참봉에 천거되었으나, 모친의 병으로 사직하였다. 그후 경기전 참봉, 사포서 별좌(司圃署別坐), 사근도 찰방(沙斤道察訪), 사도시 주부(司䆃寺主簿)에 이어 형조 좌랑에 임명되었으나 부임하지 않았다. 어버이를 위해 처음에 자신의 뜻을 굽혀 벼슬살이를 하였으나 어버이가 돌아가신 뒤에는 벼슬에 대한 뜻을 완전히 끊고 집 뒤에 초가집을 짓고 집 앞에 흐르는 작은 시내를 활계(活溪)라고 이름하고 은군자의 삶을 살았다.

정염은 이대유가 머물던 지우정(止隅亭)에 대해 다음과 같은 기문(記文)을 남겼다.

> 나의 벗 경인(景引)이 모퉁이를 등지고 거처하고 있다. 모퉁이로 나아가면 낭떠러지인데 땅을 일궈 평평하게 넓히니 2,30명이 앉을 만하였다. 벼랑 따라 초목을 다듬지 않고 우거진 것을 상관하지 않고 초가집[茅棟]을 세우더니 지우

41) 이대유의 가계에 대해서는 이종범, 「무오사림 李黿의 내면세계와 조선후기 현양사업의 추이」, 『역사학연구』 39, 호남사학회, 2010 참고.

42) 『계곡선생집』 제12권, 故刑曹佐郎活溪李公墓碣銘 竝書.

> (止隅)라고 편액하였다. … 경인이 스스로 수재(秀才)라고 여겼을 때 숲을 나가 날아올라 원대하게 되리라 기대하였다. 머물면 깊은 물가에 학이요, 나아가면 조양(朝陽)의 봉황일 텐데 끝내 맞지 않게 되었다. … 이것은 모두 의도하거나 기필한 것은 아니었지만 사세(事勢)가 이와 같았을 뿐이다. 비로소 지우(止隅)에 딱 맞다는 것을 알게 되었으니 천지(天地)가 빚어놓은 것을 바꿀 수가 없구나. 나이는 아직 이르지 않았는데 이름은 높아졌고, 도를 감추지만 명실(名實)을 이루었다. 경인을 나보다 상세하게 아는 사람이 없을 텐데 그의 평생을 보건대, 외물(外物)을 사모하지 않고 모퉁이에 오르른 것을 바랐다.[43]

향촌에 머물면서 위기(爲己)의 학문에 전념한 이대유는 선조 17년(1584)에 고당덕업계(高塘德業契)를 조직하였다. 그는 영산(永山) 고당의 읍청당(挹淸堂)에서 친우들과 수계(修契)하고 매년 3월과 9월에 날짜를 정해 영동의 고당과 무주의 비암(秘巖)에서 회합하여 교분을 쌓기로 하였다. 계원은 '몸가짐을 삼가고 글을 읽으며 수행해야 하며, 뜻을 바르게 하고 도를 밝히는 유자(儒者)가 되어야 한다.'고 다짐하고 주자의 「백록동규」와 여씨향약의 덕업상권의 조목을 익히고 행하자고 맹약하였다. 고당덕업계원은 '자로(子路)의 의롭고 용감한 기상을 더욱 우러러 따르며 권세와 이익에서 벗어나 초연하게 되자.'는 데 뜻을 같이 하였다.[44]

이와 같이 향촌에서 은근자의 삶을 지향한 이대유는 정염의 말년에 서사(書舍)을 지어 정염의 학행을 바탕으로 향촌교화의 토대를 마련하고자 하였다. 이대유의 뜻을 받아들인 정염은 다음과 같은 글을 지었다.

---

43) 『만헌선생문집』 권2, 止隅亭記, "余友李景引 其居負隅. 就隅之斷厓 拓土而平之 可坐數十人. 緣厓卉木不疏滌 儘敎岑蔚 置茅棟 扁以止隅. … 景引自爲秀才時 已有出林之翮 期以遠到 其處也 九皐之鶴. 其出則朝陽之鳳. 其終未必著題也. … 是皆未嘗意必而事勢自如此 始知止隅之著題. 如天造地設 不可易也. 年之未達 名若祟之 道之以臧 名實完之. 知景引者 無如我之詳. 觀其平生 無慕乎外 陟隅而望".

44) 『活溪先生文集』, 高塘德業契序.

> 선조 35년(1602) 겨울에 지금서사를 완성하였다. 학자 5, 6인이 계속 힘써서 공적을 나타내게 되었으니 우연이 아니다. 제곡(梯谷)에 오랫동안 서국(書局) 없어서 자제들이 태어나도 학문을 알지 못하는 자가 많았다. 이대유 군이 거가(居家)하면서 만년에 관직을 받아 출사하지 않았지만 찾아오는 친속 몇몇이 있어 묵을 곳 없이 맞이하여 한 솥밥을 먹으면서 가르친 지 이미 여러 해가 되었다. 서사를 짓자는 의논이 진실로 이로부터 비롯되었고 뜻을 세워 마침내 완성되었으니 다행이다.[45]

이대유의 뜻을 받아들인 정염은 '지금(知今)'이라고 편액하고 정학(正學)을 깊이 연구하자고 덧붙였다. '지금'이라는 편액은 『서경(書經)』 소고(召誥)에 유래한 것으로 보인다.[46] 정염은 지금서사의 건립을 기묘·을사명현의 학문과 삶이 향촌에 뿌리를 내리는 첫 걸음이라고 생각하여 '우리가 처음 어떻게 하느냐에 달려 있다.[知今我初服]'는 뜻을 내걸었던 것이다.[47]

이와 같이 정염은 이대유와 함께 지금서사를 건립하여 강학하며 옥사(獄事)와 전란(戰亂)으로 피폐해진 향촌의 재건을 위해 주력하였던 것으로 보인다. 당시 호남의 사림은 기축옥사로 분열되었고, 임진왜란으로 피폐되

---

45) 『晩軒先生文集』 권2, 知今堂序, "萬曆三十年壬寅冬. 知今書舍成. 學者五六人. 綿力僇功. 亦非偶然矣. 梯谷舊無書局. 子弟生而不知學者多焉. 李君景引. 居家晩年. 授職不仕. 有來者親屬數輩. 無館可接. 同爨而敎之者. 已有年矣. 經營之謀. 實由於此. 而有志竟成. 其亦幸矣".

46) 소공(召公)이 성왕(成王)에게 고하기를 "왕께서 처음 일을 시작하시니, 아, 마치 막 태어난 자식이 처음 태어날 때 스스로 어진 명을 품부받지 않음이 없는 것과 같습니다. 그러니 지금 하늘이 어짊을 명할지, 길흉을 명할지, 오랜 국운을 명할지는 지금 처음으로 일을 시작하는 데에 달렸습니다.[王乃初服 嗚呼 若生子 罔不在厥初生 自貽哲命 今天其命哲 命吉凶 命歷年 知今我初服]"고 한 것에서 유래한 말로 추정된다.

47) 지금서사는 그 명맥이 끊어졌다가 1900년에 창원정씨, 경주이씨, 삭녕최씨, 김해김씨, 제주양씨 등이 계를 조직하여 '지금당(知今堂)'이라는 이름으로 재건하였다. 지금당은 '왜정시대'를 거쳐 1955년에 계월국민학교로 이어졌으며, 현재 장수군의 향토문화유산 유형 제11호로 지정되어 관리되고 있다.

었다. 옥사와 전쟁으로 무너진 향촌 사회의 윤기(倫紀)를 회복하고 재건하기 위해서 무엇을 해야 할 것인가에 대한 물음에 정염은 '강학'을 강조하였던 것이다. 정염은 지금서사를 건립한 연유에 대해 다음과 같이 말하였다.

> 경사자서(經史子書)를 읽어 깊이 통달하고 마음으로 깨달아 세도(世道)의 오융(汙隆)과 인사의 득실을 가슴 속에 분명해진 연후에 글을 지어 응시할 수 있으니 과거 급제에 이로울 뿐만 아니라 진실로 멀리 이르는 데 필요할 것이다. 그렇지 않다면 표략(剽掠)하고 장철(裝綴)하여 요행(僥倖)을 바라는 자는 거자(擧子) 가운데 최하자(最下者)가 될 것이다. 여러분은 나이가 젊고 기력이 왕성하니, 하지 않으면 그만이겠지만, 한다면 반드시 성취하게 될 것이니 어버이와 스승을 저버리지 말라. 상제께서 너와 함께 계시니라.[48]

정염은 주자가 남강에 있을 때 서원을 건립하였다는 것을 언급하며 오로지 과문(科文)만 일삼는 세태를 비판하며 나이가 젊고 기력이 왕성한 후학들에게 단순히 과거에 응시하기 위한 학문이 아니라 '경사자서'를 섭렵하여 깊이 통달하고 체득하는 학문을 강조하였다. 그는 표략과 장철로 요행히 급제하는 것이 아니라 사화에 희생된 '명현'의 학문과 삶이 하나가 되는 '사림'으로서 삶을 지향하였던 것이다. 이대유도 이러한 정염과 뜻을 같이 하면서 지금서사에서 공부하는 학생에게 격려하는 시를 쓰기도 하였다.[49]

지금서사를 건립할 당시 정염의 나이는 이미 78세였다. 그는 86세로 사망하기까지 7,8년 동안 학도를 모아서 강학하며 가르쳤다.[50] 윤영선이 편

48) 『만헌선생문집』 권2, 知今堂序, '必讀經史子書. 淹貫體認. 世道汙隆. 人事得失. 了然於胸中. 然後爲文以應之. 則非但決科之利. 實乃遠到之需也. 不然剽掠裝綴. 以覬僥倖者. 擧子中最下者也. 諸生年富力强. 不爲則已. 爲則必要其成. 毋負父師. 上帝臨汝'.

49) 『활계선생문집』 五言絕句, 贈知今學者, '孤村嚴雪下 遙夜讀書人/ 文會相觀善 學求必志仁/ 鷄鳴思舜蹠 窓曙惕昏晨/ 習俗知難去 先須敬乃身'.

50) 『만헌선생문집』 권4, 墓誌. 行狀.

찬하여 1941년에 간행된 『조선유현연원도(朝鮮儒賢淵源圖)』에는 정염의 문인으로 11명이 수록되어 있다.[51)]

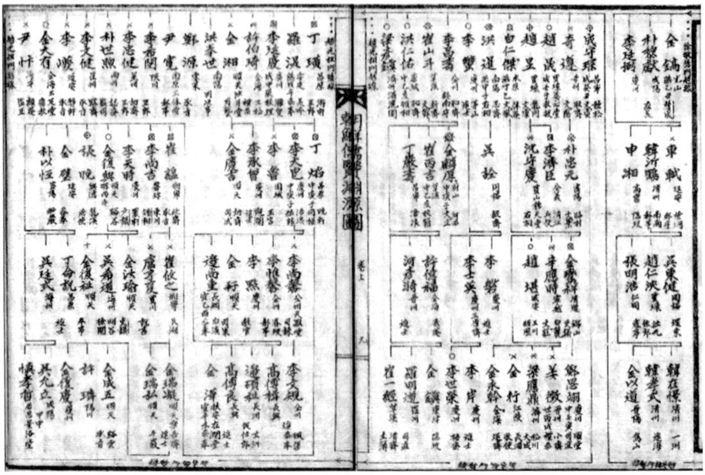

〈그림 1〉 『조선유현연원도(朝鮮儒賢淵源圖)』 정염 문인

정염의 문인은 대부분 남원의 재지사족(在地士族)으로 그의 학행을 계승하고 추숭하기 위한 사우를 건립하는 데에 참여하였다.[52)] 정염을 배향한 현주서원은 숙종 30년(1704) 남원부 북서 10리 지사방(只沙坊) 현호리(玄湖里)[현재 임실군 지사면 계산리 현계]에 건립되었다.[53)] 종사랑(從仕郎) 변석지(邊碩祗)와 최해(崔澥) 등이 정염을 향사하는 일에 대해 향중(鄕中)에 발의하였고, 이도(李燾)와 김서응(金瑞凝)이 힘을 보탰다. 한치상(韓致相) 등 300여 명의 유림이 부사(府使) 유귀징(柳龜徵)에게 상서(上書)하여 사우

51) 국립중앙도서관 소장 『朝鮮儒賢淵源圖』 참고.

52) 『연려실기술』에는 "玄谿書院 숙종 신사년(숙종 27, 1701)에 세웠다. 李凌幹 문하시중을 지냈으며 寧川府院君에 봉해졌다. 丁焰 호는 晩軒이며 광주 목사이다. 邊瑜 호는 靜默齋 추향되었다. 丁涀 호는 六拙 추향되었다."라고 수록되어 있다.

53) 『玄洲祠誌』, 晩軒丁先生腏享通文.

건립을 요청하였다.[54] 유귀징은 광한루 공사에 민력을 동원한 지 얼마되지 않아 새로 공사를 하는 것이 어렵다고 미루다가 숙종 28년(1702)에 남원부 둔덕방(屯德坊)[현재 임실군 오수면]과 영계방(靈溪坊)[현재 순창군 동계면] 등 인근의 십방(十坊)에서 민력을 동원하여 공사하라는 전령을 내렸다.[55]

숙종 30년(1704)에 공사를 마쳤는데 최시옹(崔是翁)이 고려의 명현 시중 이능간(李淩幹)을 합향해야 한다고 제의하였고, 김서응(金瑞凝)과 최경(崔逕) 등 60명이 동의하면서 같은 해 5월 고려명현 이능간과 을사명현 정염을 배향하였다. 숙종 35년(1709)에 변유(邊瑜)와 정견(丁涀)이 추향되었다.

영조 16년(1740)에 지곡(芝谷) 유조(柳組)가 서원의 전말(顚末)에 대해 감사 권혁(權爀)에게 아뢰었고, 비장(裨將) 2인을 감동관(監董官)으로 차출하고 장수현감 김송득(金宋得)과 임실현감 신야(申埜)에게 관문을 보내 묘우(廟宇)와 재사(齋舍)를 중수하도록 하였다. 그러다가 정조 11년(1787)에 순창 화산서원(花山書院)의 도회소(道會所)에서 남원향교에 통문을 발송하여 남원향교의 장의(掌議) 최혁현(崔赫賢)과 윤치호(尹致毫), 색장(色掌) 이치백(李致白)과 한관현(韓觀鉉)이 노봉서원(露峰書院)에 여러 선비를 불러 모아 계곡(谿谷) 김복흥(金復興, 1546~1604)의 배향에 대해 발론하였고, 제향도유사(躋享都有司)에 황득중(黃得中)과 장의 최백효(崔伯孝), 정익명(鄭益明), 이흥규(李興奎)을 임명하여 그해 8월 12일에 김복흥을 추향하였다.[56]

이후 현주서원은 고종 5년(1868) 훼철되었으나 고종 6년(1869)에 설단(設壇)하고 행사(行祀)하다가[57] 1962년에 '오현(五賢) – 이능간, 정염, 김

---

54) 柳龜徵는 숙종 27년 1월 도목정사에서 南原府使에 임명되었다. 『승정원일기』 21책, 숙종 27년 1월 25일.

55) 『현주사지』, 上本府書 ; 各坊赴役傳令.

56) 『현주사지』, 沿革, 靜默齋邊先生陞享通文, 六拙丁先生陞享通文〈逸〉, 谿谷金先生陞享通文.

57) 1868년에 훼철되고 1869년에 설단한 이후에 1966년까지 행사하였던 것으로 추정된다. 『현주사지』 到記案에는 1931년에서 1966년까지 祭官 명단이 수록되어 있다. 1869년에서 1930년까지는 유실되었다고 한다. 『현주사지』 권2, 24면, 도

복흥, 변유, 정견'의 후손과 유림들이 발의하여 서원을 복설하기 위해 기성회(期成會)를 조직하였다. 원장에 강범희(姜凡熙), 장의에 이복래(李福來)와 강두희(姜斗熙), 내임(內任)에 변영식(邊英植), 김남연(金南淵), 변두섭(邊斗燮), 이기성(李奇聲), 정대철(丁大喆)을 선임하여 1964년에 공사를 시작하여 1966년에 완공되었다. 이후 매년 3월 10일에 향사(享祀)하고 있다.

2. 정염의 문인과 남원의 삼계강사

현주서원의 건립과 복설에 적극적으로 참여한 황주변씨, 창원정씨, 삭녕최씨, 순천김씨 등은 임진왜란과 병자호란이 일어났을 때 의병을 일으켜 향촌사회의 윤리와 기강을 견지하는데 기여한 사족으로 자신들의 학맥이 정염으로부터 연원하였다는 것을 자부하였다. 이러한 정염의 '문인 사족'을 배향하는 노봉서원(露峰書院: 삭녕최씨)와 주암서원(舟巖書院: 흥덕장씨·전주최씨) 등이 따로 건립되었다. 뿐만 아니라 전주이씨, 삭녕최씨, 진주하씨 등이 주도하여 삼계강사(三溪講舍)를 건립하였다.

삼계강사는 현재 임실군 오수면 둔덕리 동촌에 소재하고 있다.[58] 광해군 13년(1621)에 동촌에 있는 7개 마을 즉 신기, 둔덕, 방축, 우번, 용정, 대정, 둔기, 구장, 운교 마을에서 동계(洞契)로 강사계(講舍契)를 조직하였다. 동계에서 작성한 삼계강사계안(三溪講舍契案) 133책과 고문서 92장 등이 1998년 전라북도 유형문화재로 지정되어 보존, 관리되고 있다. 인조 원년(1623)에 작성된 중수계안(重修契案)에 28명의 계원 명단이 기록되어 있는데 천묵재 이상형(李尙馨, 1585~1645)과 폄재 최온(崔蘊, 1583~1659) 등 정염의 문인이 확인된다.[59]

기안.

58) 1906년에 두입지 정리 및 행정구역이 개편되면서 남원부의 6개방 – 둔덕방, 말천방, 오지방, 석현방, 아산방, 영계방이 임실군에 편입되었는데, 이때 남원부의 둔덕방이 임실군에 편입되었다.

정염의 문인으로 삼계강사의 설립과 강학을 주도하였을 것으로 추정되는 이상형은 효령대군의 7대손으로 춘성군(春城君) 이담손(李聃孫)의 현손이다. 그의 자는 덕선(德先), 호는 천묵재(天默齋)이다. 이담손이 처가가 있는 둔덕방으로 입향하였는데 후사가 없어 그의 형 칠산군(漆山郡) 이선손(李璿孫)의 아들 이혼(李渾)을 양자로 들였다. 이혼은 3남 1녀를 두었는데 그의 딸이 이대유와 혼인하였다. 이러한 인연(姻緣)으로 이혼의 증손 이상형은 어린 시절 이대유에게 수학하였다고 한다.[60] 선조 35년(1602)에 이대유가 제안하여 건립한 지금서사에서 광해군 원년(1609)에 정염이 사망하기까지 강학하였던 것으로 추정되므로 이상형은 그의 나이 17세에 지금서사에 출입하며 이대유와 정염의 가르침을 받았을 것이다.

이후 이상형은 광해군 4년(1612)에 사마시에 입격하였고, 김장생의 문하에 출입하였다. 광해군이 재위하는 기간에 은거하여 '태인칠광(泰仁七狂)' 혹은 '남원오현(南原五賢)'이라고 불리었다고 한다. 인조반정 이후 인조 3년(1625)에 별시문과(別試文科)에 병과로 급제하여 관직에 나갔다. 인조 14년(1636) 병자호란 때에 독전어사(督戰御史)를 지냈으며 척화(斥和)를 주장하여 화의(和議)를 주장하는 최명길(崔鳴吉) 등과 대립하였다. 경사(經史)와 예학(禮學)에 뛰어났는데 특히 역학(易學)에 밝았다고 한다.

정염의 제자로 삼계강사계에 참여한 최온은 최항(崔恒)의 7대손이며, 남원에 입향한 최수웅의 5대손이며 미능재(未能齋) 최상중(崔尙重)의 아들이다. 그의 자는 휘숙(輝叔), 호는 폄재(砭齋)이다. 광해군 원년(1609)에 사마시에 입격하였으나 관직에 뜻을 접고 학문에 매진하였다고 하는데 정염이 선조 35년(1602)에 지금서사에서 강학할 때 최온이 수강(受講)하였을 것으로 생각된다.

---

59) 삼계강사에 대해서는 전경목, 「삼계강사에 소장되어 있는 동계안과 고문서를 통해서 본 조선후기 남원부 둔덕방의 몇 가지 모습들」, 『전주사학』 2, 전주대학교 역사문화연구소, 1993 참고.

60) 『天默先生遺稿』 권5, 附錄上 行狀.

인조반정 이후에 최온은 유일(遺逸)로 천거되어 제랑(齊郎)이 제수되었으나 나가지 않았다. 인조 2년(1624)년에 이괄이 반란을 일으켰을 때 중형 최연(崔衍)과 함께 격문(檄文)을 돌리고 남원에서 의병을 모아 상경하던 중에 반란이 평정되었다는 소식을 듣고 해산하였다고 한다. 순창현감에 재임하던 시기에 병자호란이 일어나자 옥과현감 이흥발(李興浡) 등과 의병을 모집하였는데 청주에 이르렀을 때 강화하였다는 소식을 듣고 의병을 해산하고 귀향하였다. 이후 진선(進善)과 장령(掌令), 동부승지(同副承旨)에 제수되었으나 출사하지 않으며 삼계강사에서 후학을 양성하는데 힘썼다.[61]

Ⅳ. 맺음말

기묘명현과 을사명현 등 사화에 연루되어 희생된 사림들의 신원과 복권이 추진되는 흐름 속에서 호남의 기묘명현과 을사명현 – 안처순, 정환, 정황 등을 추숭하는 영천서원이 건립되었다. '하남양정'이라고 칭송된 정환과 정황의 학문은 그의 재종제 정염에게 계승되었다. 정염은 정황의 문하에서 본격적으로 수학하였는데 명종 3년(1548)에 정황이 양재역 벽서사건에 연루되어 거제도에 유배되자 그의 나이 25세에 거제도에 유배되어 있는 정황을 찾아가 봉양하며 경훈(經訓)을 강마(講劘)하였다. 이와 같이 을사명현으로 추숭된 정황의 학맥을 계승한 정염은 강학을 통해 성리학적 이념과 가치를 뿌리내리는 데 기여하였다.

정염의 문하에 출입한 이대유는 정염의 말년에 서사를 지어 강학을 통해 후학을 양성하고자 하였는데 정염은 이러한 취지에 부응하였다. 정염은 지금서사의 건립을 기묘·을사명현의 학문과 삶이 향촌에 뿌리를 내리는

---

61) 인근에 전해지는 일화에 의하면, 삼계강사는 과거를 준비하는 학당으로 알려졌는데, 진주와 함양, 남원, 광양, 순천, 구례, 곡성에서 한양으로 가는 길목에 위치해 있어서 과거에 응시하는 유생이 최온을 찾아와 공부하였다고 한다.

첫 걸음이라고 생각하여 '우리가 처음 어떻게 하느냐에 달려 있다.'는 뜻을 내걸었던 것이다. 정염은 단순히 과거에 응시하기 위한 학문이 아니라 경전을 섭렵하여 깊이 통달하고 체득하는, 학문과 삶이 하나가 되는 '명현(名賢)'의 삶을 지향하였던 것이다.

정염의 학맥을 계승한 '문인 사족'은 그의 학행을 계승하고 추숭하기 위해 숙종 30년(1704)에 현주서원을 건립하였다. 현주서원의 건립에 적극적으로 참여한 황주변씨, 창원 정씨, 삭녕최씨, 순천김씨 등은 임진왜란과 병자호란이 일어났을 때 의병을 일으켜 향촌사회의 윤리와 기강을 확립하는데 기여한 사족으로 자신들의 학맥이 정염으로부터 연원하였다는 것을 자부하였다.

이러한 정염의 문인 사족을 배향하는 노봉서원과 주암서원 등이 건립되었으며 전주이씨, 삭녕최씨, 진주하씨 등의 주도로 둔덕방의 동계가 조직되었다. 그들은 동계를 기반으로 삼계강사를 건립하고 삼계강사를 운영하기 위한 삼계강사계를 조직하였는데, 그 명맥이 지금까지 유지되고 있다.

【참고문헌】

『乙巳傳聞錄』, 『명종실록』, 『중종실록』, 『선조실록』
『晩軒先生文集』, 『玄洲祠誌』
『谿谷先生集』, 『活溪先生文集』, 『丈巖先生集』, 『天默先生遺稿』

김명화, 「조선시대 수령의 소송지침서 『詞訟類聚』의 편찬과 활용」, 『서지학연구』 66, 한국서지학회, 2016.
이선아, 「영천서원과 호남 을사명현의 학맥」, 『전북사학』 49, 전북사학회, 2016.
김봉곤, 「16세기 지리산권 유학사상(I)」, 『한국사상사학』 42, 한국사상사학회, 2012.
박동욱, 「고봉 기대승의 문인과 그 의미」, 『대동한문학』 41, 대동한문학회, 2014.
오상욱, 「정암 조광조 선생의 능주 유배와 竹樹書院의 상징성 고찰」, 『동양예학』 43, 동양예학회, 2020.
정시열, 「桃灘 邊士貞論－지리산 자락에서 꽃핀 劇的 人生 變奏」, 『민족문화논총』 48, 영남대학교 민족문화연구소, 2011.
최광만, 「고봉 기대승의 학습생애사 연구」, 『교육사학연구』 17권1호, 교육사학회, 2007.
이종범, 「무오사림 李黿의 내면세계와 조선후기 현양사업의 추이」, 『역사학연구』 39, 호남사학회, 2010.
이해준, 「규암 송인수의 사후 평가와 추숭활동」, 『儒學研究』 16, 충남대학교 유학연구소, 2007.
전경목, 「삼계강사에 소장되어 있는 동계안과 고문서를 통해서 본 조선후기 남원부 둔덕방의 몇 가지 모습들」, 『전주사학』 2, 전주대학교 역사문화연구소, 1993.
최석기, 「『玉溪集』 解題」, 『남명학연구』 12, 경상대학교 남명학연구소, 2002.

〈표 1〉 정염의 학맥과 문인

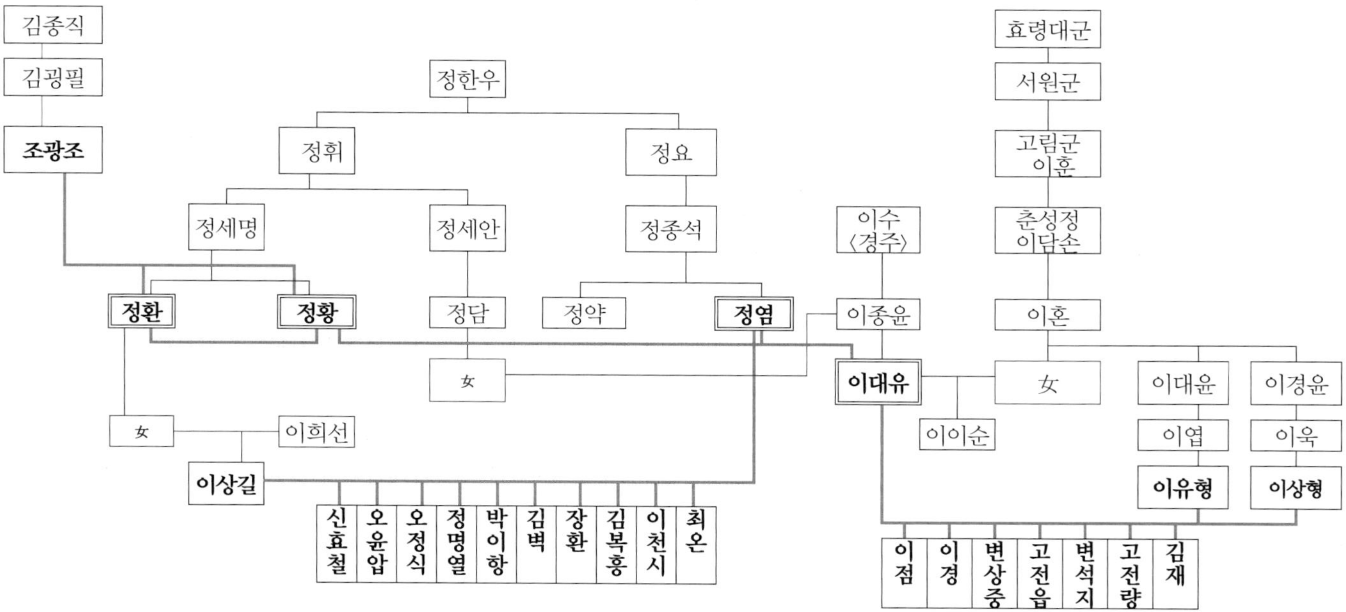
김종직
김굉필
조광조
정한우
정휘
정요
정세명
정세안
정종석
정환
정황
정담
정약
정염
女
女
이희선
이상길
신효철
오윤암
오정식
정명열
박이항
김벽
장환
김복홍
이천시
최온
이수 〈경주〉
이종윤
이대유
이이순
효령대군
서원군
고림군 이훈
춘성정 이담손
이혼
女
이대윤
이경윤
이엽
이욱
이유형
이상형
이점
이경
변상중
고전읍
변석지
고전량
김재

조선시대 호계서원 강학 연구

김 자 운

Ⅰ. 머리말

이 글은 조선시대 호계서원 강학의 흐름과 특징을 검토하고, 영남 퇴계학의 사상적 분화 과정을 '서원 강학'이라는 구체적 교육활동을 통해 밝히기 위한 하나의 시도이다. 학파의 계승과 분화는 서원의 건립과 사액, 자파 인물의 추향과 위차 분쟁을 통한 주도권 확보 등 정치 사회적 역학관계와도 밀접히 관련되어 있지만, 무엇보다 스승의 사상을 계승하는 가장 직접적이고 구체적인 매개체의 하나는 바로 '강학'이기 때문이다.

호계서원(虎溪書院)은 퇴계의 선향이자 어릴 적 독서하던 곳이라는 연고로 퇴계 사후 안동지역에 최초로 건립된 서원이다. 김성일, 유성룡, 김언기, 김극일, 구봉령, 조목, 남치리 등 문인들이 건립을 주도하고 퇴계 문인이자 당시 안동부사였던 권문해의 적극적 지원으로 1575년 여강서원(廬江書院)이라는 이름으로 건립, 이듬해 퇴계의 위패를 봉안하였다.[1] 이후 1620년 김성일과 유성룡을 배향하고,[2] 1676년 호계서원으로 사액된 뒤[3] 안동의 수원(首院)이자 예안의 도산서원, 경주의 옥산서원과 함께 영남지역의 대표적인 서원으로 성장하였다.[4]

---

1) 『廬江志』 권1, 「立院事實」.
2) 『廬江志』 권1, 「追祔事實」.
3) 『숙종실록』 권5, 2년 2월 2일 갑인.
4) 호계서원의 창건, 사액, 중건에 대한 상세한 내용은 김학수의 논문 Ⅱ장(「廬江書院과 嶺南學統－17세기 초반의 廟享論議를 중심으로－」, 『朝鮮時代의 社會와 思想』, 조선사회연구회, 1998)을 참조.

안동의 首院이라는 위상에 걸맞게 조선후기까지 호계서원에서는 강학 활동 역시 매우 활발히 이루어졌다. 그러나 그동안 호계서원 연구는 주로 정치사회사 분야에 치중되어 있었고[5] 강학에 대한 연구는 매우 부진한 형편이었다.[6] 그 이유는 호계서원 강학과 관련하여 직접적으로 확인되는 기록이 거의 없었기 때문이다. 그동안 간행된 소개된 호계서원 강학에 관련된 단행본 자료는 한국국학진흥원과 한국학중앙연구원에서 간행한 1856년의 심경강회 기록인 「호계강록」이 유일하다. 그 외 단행본 자료로 1765년 대산(大山) 이상정(李象靖)이 주도한 『대학』, 『심경』 강회 기록으로 한국국학진흥원에 소장된 「여강기문록(廬江記聞錄)」이 있다. 「여강기문록」은 당시 강회의 전말부터 문답 내용까지 상세히 수록하고 있어 그 자료적 가치가 매우 높으나 그동안 학계에 제대로 소개된 적이 없다. 목록과 해제만 제공하고 원문 서비스가 제공되지 않아 1차 자료에 대한 접근 자체가 불가능했기 때문이다. 그 외 자료는 매우 파편화된 형태로 여기저기 분산되어 있어 일일이 검토하지 않는 한 파악이 쉽지 않다.

---

5) 「廬江書院과 嶺南學統－17세기 초반의 廟享論議를 중심으로－」(김학수, 같은 책) ; 「퇴계학파의 分化와 屛虎是非(Ⅰ)－屛派·虎派의 세계관 형성과 분화」(설석규, 『한국사상의 재조명』, 한국국학진흥원, 2007) ; 「退溪學派의 分化와 屛虎是非(Ⅱ)－廬江(虎溪)書院 置廢 顚末－」(설석규, 『退溪學과 韓國文化』 45, 2009) ; 「순조(純祖)대(1800~1834) 안동지역(安東地域) 유림(儒林)의 정치적 동향」(이재현, 『퇴계학과 유교문화』 59, 2016, 경북대학교 퇴계연구소) ; 「조선후기 영남지역 여론 형성과 정치참여: 통문과 상소」(김형수, 『조선시대 고문서 자료집(Ⅰ)－통문과 상소－』, 한국국학진흥원, 2007) ; 「屛虎是非に就いて」(申奭鎬, 『靑丘學叢』 1~3, 1931) ; 「조선후기 安東 河回의 豊山柳氏 門中 연구」(김명자, 경북대학교 사학과 박사학위논문, 2009) ; 「16~18세기 안동지역 사족의 호계서원(虎溪書院) 운영」(김영나, 『조선시대사학보』 73, 조선시대사학회, 2015) 등을 참조.

6) 2020년 이전까지 호계서원 강학에 대한 연구는 권오영과 최광만의 연구가 있다(권오영, 「19세기 영남유림의 강회와 학술활동」, 『조선시대 사회의 모습』, 2003, 집문당 ; 권오영, 「19세기 영남유림의 사상적 동향」, 『민족문화논총』 제70집, 2018 ; 최광만, 「19세기 서원 강학활동 사례 연구: 『호계강록』을 중심으로」, 『교육사학연구』 22권 1호, 2012, 교육사학회).

이에 본고에서는 관련 자료를 최대한 추적하여 16세기부터 19세기까지 호계서원 강학활동의 흐름과 특징을 검토하고자 한다.[7] Ⅱ장에서는 1576년 남치리가 작성한 호계서원 원규, 안동부와 호계서원의 관계를 통해 설립 초기 호계서원의 위상과 관학적 성격 및 17세기까지 강학의 전개상을 고찰하고자 한다. Ⅲ장에서는 문집, 고문서 등에서 산견되는 조선후기 호계서원 강학 기록을 최대한 추적하여 18-19세기 강학의 흐름과 변화상을 개괄적으로 검토하고자 한다. Ⅳ장에서는 현재까지 수집한 강학 자료 중 가장 기록이 상세하며 조선후기 호계서원 강학의 역사에서 매우 중요한 의미를 지니는 1765년『대학』강회의 형식과 내용, 특징을 분석하고자 한다.

16세기에는 강학 제도가 체계적으로 정비되지 않았기 때문에 강학에 대한 상세한 기록은 발견되지 않는다. 그러나 남치리가 작성한 원규, 설립 초기부터 안동부와 매우 긴밀한 협력 관계 속에서 운영되었으며, 서원 건물이 관학을 능가하는 매우 방대한 규모로 건립된 점, 17세기까지 과거 준비를 목적으로 한 거접이 지속적으로 시행된 점 등을 통해 16-17세기 강학의 관학적 성격을 엿볼 수 있다.

현재까지 파악된 자료에 의하면 18-19세기에는 총 16차례의 강회 기록이 확인된다. 그 중 대산 이상정이 주도한 1765년의 강회는 호계서원 강학의 역사에서 매우 상징적인 위치를 차지하는 분깃점이 된 강회이다. 후일 '을유년의 고사'라 일컬어진 이 강회를 기점으로 강회 제도가 체계적으로 정비되었을 뿐 아니라, 18세기 이후 호계서원이 영남 퇴계학파 내에서도 '대산학의 계승'이라는 학문적 정체성을 확립한 계기를 제공했기 때문이

---

7) 필자는 최근 관련 인물들의 문집 기록과 고문서 등 관련 자료를 추적하여 호계서원의 강학활동을 개괄적으로 소개한 연구 및 18세기『대학』강회를 소개한 연구를 발표한 바 있다. 본고는 이 두 편의 연구를 토대로 일부 수정하고, 추가 자료를 보완하여 재구성한 것이다(김자운,「조선시대 호계서원(虎溪書院)의 위상과 강학활동」,『유학연구』55, 충남대학교 유학연구소, 2021 및 김자운·이우진,「1765년 虎溪書院『大學』강회 연구(1)」,『민족문화논총』79, 영남대학교 민족문화연구소, 2021을 참조).

다. 1620년 서애와 학봉을 합향함으로써 17세기까지 퇴계학파 내에서 '서애-학봉' 계열을 대변하던 호계서원이, 18세기 이후 대산 이상정의 학문을 계승함으로써, 영남 퇴계학이 점차 분화되는 한 과정을 18-19세기 호계서원 강학의 변천사를 통해 구체적으로 확인할 수 있다.

Ⅱ. 설립 초기 호계서원의 위상과 관학적 성격

1. 16세기 호계서원의 위상

호계서원은 1573년 백련사 터에 건립을 시작하여 1575년에 건물을 완성, 이듬해 2월에 퇴계의 위패를 봉안하였다. 완공된 건물은 대문 밖 누문(樓門)까지 포함하면 총 100칸이 넘는 규모였다.[8] 초대 원장에는 퇴계 문인 김언기(金彦璣, 1520~1588)가 추대되었다. 그는 1573년에 동주가 되어 백련사를 훼철하고 불상을 강에 던진 뒤 지방관에게 재정 지원을 요청하는 등 동문들과 함께 서원 창건을 실질적으로 주관하였으며, 건립 이후에는

복설 전 호계서원

안동부사에게 사액의 협조를 촉구하는 상서(上書)를 올리고, 도산서원 및 호계서원 유생들과 상의하여 서원의 규약을 마련하였다.[9] 그러나 이 때 김언기가 작성한 규약의 내용은 확인되지 않는다. 아마도 화재로 그의 유문과 유적들이 상당부분 타버렸다고 하는데 이 때 소실된 것으로 추정된다.

현전하는 원규는 1576년 남치리가 권우 등과 상의하여 제정한 것[10]으로 『영가지』 서원조에 전문이 수록되어 있다.[11] 퇴계의 이산원규를 저본으로 하되, 이산원규에 없는 입원 규정과 원임 구성에 대한 조항 몇 가지를 새로 추가하였다. 원임은 '도유사-하유사-재유사' 체제로 사리가 있고 행의로 추앙받는 자 1인을 도유사, 근처에 사는 품관 2인을 하유사, 입원유생 중 2인을 재유사로 삼도록 하였다. 입원유생의 선발은 최소 20인 이상의 원유가 모여야만 천거할 수 있었다. 선발 기준은 생원, 진사, 입격자의 경우 인원 제한을 두지 않고 의론을 거쳐 선발하고, 미입격자는 1년에 한 차례만 선발하되 상액(常額)이 최대 10인을 넘지 못하도록 규정하였다.

이처럼 퇴계 문인들이 작성한 원규의 입원 규정이 과거 입격자 중심으로 규정된 것은 해명이 필요하다. 이는 '과업지소(科業之所)'로 전락한 당시 서원을 비판하며 '도학처(道學處)나 강학처(講學處)'로 자리매김하고자 했던 퇴계의 서원관보다, 서원을 국가의 관리를 길러내고 과업을 준비시키기 위한 관학의 연장선에서 '존현처나 과업지소'로 여겼던 주세붕의 서원관에 가깝기 때문이다.[12] 이는 안동이라는 고을의 지역적 특수성, 안동부

8) 『江左集』 권3, 詩 「虎溪養浩樓 次朱鶴林韵」.

9) 『惟一齋先生實記』 권2, 부록, 행장 ; 권2, 부록 「遺事」 ; 권1, 書, 「上府伯權草澗[文海]」.

10) 『賁趾先生文集』, 賁趾先生年譜 ; 권2, 書, 「答權定甫[四月初七日].

11) 『永嘉誌』 권4, 「書院」, 廬江書院.

12) 퇴계의 서원관이 '講明道學을 위한 공부론'의 관점에 초점을 두었다면, 주세붕의 서원관은 '帝王學과 治用論'의 관점에 초점을 두고 있다(김자운, 「퇴계의 서원관과 조선후기 소수서원 講學의 변화」, 『퇴계학논집』 18, 2016). 그 외 퇴계와 주세붕의 서원관의 차이에 대한 연구는 정만조, 『朝鮮時代 書院研究』, 집문당, 1997, 23~47쪽을 참조.

및 안동향교와 호계서원의 관계라는 맥락 속에서 해석될 필요가 있다.

주지하다시피 안동지역은 사족의 영향력이 유난히 강한 지역이었다. 16세기 안동에서는 이족과 사족의 분화가 거의 완결난계에 이르고 있었고, 그 과정에서 사족들은 그들에게 적합한 새로운 형태의 향촌 통제기구를 설립, 운영하기 시작하였다. 그 재편 과정에서 출현한 기구가 바로 서당과 서원이었다. 안동 최초의 서원인 여강서원이 설립되기 이전 16세기부터 안동의 사족들은 이미 서당을 왕성하게 설립하며 교육의 중심처로 활용하였다. 17세기 초에 간행된 『영가지(永嘉誌)』에 수록된 안동지역 서당의 수만 해도 22개에 달한다.[13] 이들 서당은 상당수가 후일 서원으로 이행, 발전되고 있음을 감안할 때 매우 높은 수준의 강학활동이 이루어졌을 것으로 보인다. 16세기 서당 설립을 주도했던 인물들은 모두 당시 안동의 지배 사족으로서 구봉령, 권대기, 권호문, 김언기, 김수일 등 퇴계의 문도들이 다수를 차지한다. 즉, 16세기 안동 사림의 일반적 분위기는 명문자제들을 대상으로 서당과 정사를 이용하여 촌락단위로 이들을 교육하는 것이 관례였고, 교육 수준 또한 매우 높아 여타 고을과는 현격한 차이가 있었다.[14]

이와 같이, 호계서원의 입원 규정이 과거 입격자 위주로 규정된 배경은 첫째, 16세기 안동 사족의 동향, 활발한 서당 설립과 운영을 토대로 한 높은 교육수준 등 16세기 안동 지역의 특수성이라는 맥락 속에서 이해되어야 할 것으로 보인다.

두 번째로 고려할 것은 지방관 및 안동향교와 호계서원의 관계이다. 설립 초기부터 호계서원은 안동부와 매우 긴밀한 협력 관계 속에서 설립, 운영되었다는 점이다. 서원 건립이 시작된 1573년 때마침 안동부사로 부임한 사람이 바로 퇴계 문인 권문해였고, 공사가 시작된 지 3년 만에 100칸

13) 안동지역 22개 서당 목록은 「조선시대 호계서원(虎溪書院)의 위상과 강학활동」 95쪽 〈표 1〉 참조(김자운, 『유학연구』 55, 충남대학교 유학연구소, 2021).

14) 정순우, 「조선조 영남 지역 교생신분과 평민층의 교육참여」, 『한국문화사대계』, 영남대학교 출판부, 2000.

이 넘는 실로 방대한 규모의 서원이 완공될 수 있었던 것은 안동부사 권문해의 전폭적인 행, 재정적 지원이 있었기에 가능하였다. 안동의 지배 사족으로서 퇴계 문도들은 호계서원의 건립과 운영 뿐 아니라 16세기 안동향교의 운영까지 실질적으로 장악하고 있었다. 이는 16세기 안동향교의 운영 주체였던 임원 명단을 통해 확인할 수 있다. 1579년 3월에 작성된 「학규」와 1581년에 작성된 「교중완의(校中完議)」에 수록된 안동향교의 당장(堂長) 김수일(金守一)은 김성일의 중형으로 1576년 호계서원 원장을 역임하였고, 권득중(權得重)은 유성룡의 고제, 이종강(李終綱)은 진성 이씨 가문으로, 안동의 대표적인 지배사족이자 퇴계 문인들이 당시 향교 운영을 실질적으로 장악하고 있었다.[15)]

16세기 호계서원과 안동향교의 협력적 운영은 김언기에 이어 두 번째로 원장을 맡은 권호문(權好文, 1532-1587)의 활동에서도 확인할 수 있다. 그는 1576년 8월에 여강서원 동주가 되어 존도사를 배알하고 향례를 행한 뒤 1583년까지 동주를 역임하였다.[16)] 호계서원 원장으로 있던 1577년과 1579년 가을에 권호문은 안동부사 서익(徐益)의 요청으로 안동향교 유생 고강(考講)에서 시관(試官)을 담당하고,[17)] 고강을 마친 뒤에는 교생안이 채워졌다는 소식을 듣고 다음과 같은 시를 지어 안동부사의 흥학활동 및 향교 유생들을 독려하였다.[18)]

어찌 성현 시대의 학제가 무너졌다고 걱정하랴　　　　聖代誰憂學制頹

15) 안동향교의 學規(1579)와 校中完議(1581)의 원문은 안승준, 「자료소개－安東鄉校 學規類」, 『고문서연구』 6, 한국고문서학회, 1994, 부록에 수록되어 있다.

16) 호계서원의 원장 명단을 기록한 『호계임록(虎溪任錄)』에는 1576년 이후 10년간의 명단이 빠져 있는데 송암집 연보에 따르면 권호문은 1576년 8월 원장에 임명되어 1583년 무렵까지 원장을 역임한 것으로 보인다(『松巖集』 별집, 「松巖先生年譜」, 선조 9년 병자).

17) 『松巖集』 별집, 「松巖先生年譜」, 선조 10년 정축 ; 선조 12년 기묘.

18) 『松巖集』 권3, 시, 「聞試講儒生充校案」.

해액한 여러 인재들을 다시 가려 보충했네 申修解額揀群才
공자 문하에도 도포 입은 삼천 제자 가득했듯이 孔門縫掖三千子
지금의 조정에도 많고 많아 다시 성내하리라 濟濟今朝更盛哉

이 때 '교생안이 채워졌다[充校案]'는 말은 권호문이 고시(考試)한 고강에서 낙강자가 한 명도 없었다는 뜻으로 풀이된다. 즉, 당시 고강은 형식적인 것이 아니라 향교에서 수행된 그간의 교육성과를 실질적으로 평가하였고 낙강자가 한 명도 발생하지 않자 그간의 성과를 치하하기 위한 의미로 시를 지어준 것으로 보인다. 실제로 불과 10년 전인 1567년까지만 해도 안동부사 윤복(尹復)이 향교의 중건을 마치고 쓴 중수기에 따르면, "재방(齋房)이 명광(明曠)하고, 당루(堂樓)가 확 트였으나 제생이 경서를 가지고 배우러 오는 자가 전혀 없고 스승과 선비들은 자리에 의지한 채 강학하지 않는다"[19]며 당시 향교 강학활동의 부진상을 탄식한 바 있다.

기존의 학령이 있었음에도 1579년 안동향교 당장 김수일 등이 학규를 새로 마련하고 운영 세칙을 담은 완의를 새로 작성한 것은 이처럼 이전까지 배우러 오는 자가 전혀 없던 향교 교육의 부진상을 극복하고 향교 운영의 제반 사항을 쇄신하고자 했던 것으로 보인다. 이처럼 호계서원 원장으로서 권호문은 서원 뿐 아니라 안동향교의 운영과 교육에도 지대한 관심을 보이며 적극적으로 관여하고 있었다. 또한 안동부사 역시 조선후기까지 호계서원에서 강회가 열릴 때면 수시로 서원을 방문하여 함께 강론에 참여하였으며 서원 운영에 행재정적 지원을 아끼지 않았다. 1605년 대홍수로 여강서원이 완전히 유실되었을 때 안동부사이자 퇴계 문인이었던 김륵은 경상감사에게 재난상황을 보고하고 협조를 촉구하였으며, 자신의 녹봉을 기부하여 이듬해 중건을 완성하였다.[20] 1718년에는 부사 권이진(權以鎭)이

19) 『永嘉誌』, 「鄕校」, 「隆慶원년 향교중수기」.
20) 『栢巖集』 권7, 「年譜」, 만력 30년 을사.

동주 이재(李栽)가 개최한 강회에 참여하였고, 강론하고 돌아간 뒤에도 서신을 통해 토론을 주고받았으며,[21] 1730년대 초 경상감사 조현명이 권학절목을 반포, 시행할 때 호계서원은 안동향교와 함께 중추적인 역할을 담당하였다.[22]

마지막으로 안동부와의 관계 속에서 16세기 호계서원이 차지하는 위상은 설립 당시 서원의 규모로 미루어 짐작해볼 수 있다. 1575년에 완공된 서원의 건물은 묘우인 존도사(尊道祠) 6칸, 신문(神門) 3칸, 신주(神廚) 5칸, 동서협실을 포함하여 강당인 숭교당(崇敎堂) 15칸, 동서재인 구인재(求仁齋)와 명의재(明義齋) 각 4칸, 대문인 진학문(進學門) 1칸, 동몽재 15칸, 유사방 5칸, 재주(齋廚) 10칸, 보상고(寶上庫) 15칸으로 총 92칸이다.[23] 또 진학문 밖에는 양호루(養浩樓)라는 누문(樓門)이 있었다. 본래 백련사 옛터에 있던 침벽루(枕碧樓)라는 누문이었는데, 백련사를 훼철하면서 누문을 다시 짓고 맹자의 '양호(養浩)'에서 따와 양호루라 이름하였다.[24] 총 10칸으로 지어진 양호루까지 더하면 건물의 규모는 총 102칸에 달하는 실로 엄청난 규모였다.

이를 안동향교의 건물과 비교해보자. 1567년 중건 당시 안동향교는 계수관급 향교로 성균관과 동일한 규모로 지을 수 있도록 조정의 허락을 받아 대대적인 규모로 중건되어 영남을 통틀어 가장 큰 규모였다고 한다. 『영가지』에 따르면, 당시 중건된 향교의 건물은 대성전 9칸, 동서무 각 8칸, 명륜당 10칸, 동협실 2칸, 서쪽 양방(凉房) 1칸, 동서재 각 5칸, 문루 청아루(菁莪樓) 9칸, 외대문 1칸이었다. 그 외 칸수는 알 수 없지만 재주과년방(齋廚課年房), 보편고(寶便庫), 교관이 거주하는 교아(校衙)가 있었다.[25] 이

21) 『密菴集』 권24, 附錄, 「年譜」 숙종 44년 戊戌 ; 『有懷堂集』 권7, 書, 「與李院長栽」.
22) 『顧齋集』 권1, 書, 「答趙方伯」 ; 같은 책, 권7, 雜著, 「奉諭諸生文」.
23) 『永嘉誌』 권4, 「書院」, 廬江書院.
24) 『江左集』 권3, 詩, 「虎溪養浩樓 次朱鶴林韵」.
25) 『永嘉誌』, 「鄕校」.

를 합하면 총 58칸, 규모를 알 수 없는 창고와 교아, 재주과년방을 어림짐작으로 더하더라도 70~80칸을 넘지 않을 것으로 보인다. 이렇게 대대적으로 중건된 안동향교와 비교하더라도 100칸을 넘는 호계서원의 규모는 관학의 규모를 훨씬 능가하고 있다.

이처럼, 설립 당시 호계서원의 건물이 대규모로 건립된 의도를 과연 어떻게 해석할 수 있을까. 이는 퇴계 문인들에 의해 건립된 호계서원이 퇴계의 서원관과 도학론을 충실히 계승하는 한편, 당시까지 매우 부진했던 안동향교의 기능을 대신하거나 적어도 보완적으로 수행하고자 했던 것으로 이해할 수 있다. 퇴계의 이산원규를 충실히 계승하면서도 입원 규정에서만큼은 과거 입격자를 우선으로 규정한 호계서원의 원규, 안동부 및 안동향교와의 긴밀한 관계 속에서 설립, 운영되었으며 호계서원의 주도 세력이었던 퇴계 문도들은 16세기 안동향교의 운영까지 실질적으로 장악하고 있었다는 사실, 그리고 후술하겠으나 17세기까지의 강학이 科業을 목적으로 한 거접 중심으로 시행된 점, 완공된 건물의 규모가 관학의 규모를 훨씬 능가하고 있다는 점 등은 적어도 16세기의 호계서원이 당시 부진했던 향교교육을 대신하여 관학에 버금가는 위상과 역할을 수행하였음을 방증하는 것으로 볼 수 있다.

복설된 호계서원 전경

2. 16~17세기 강학의 전개

16세기에는 강학과 관련된 상세한 기록은 발견되지 않지만 시문과 연보 등에 나타난 단편적인 기록을 통해 16세기 강학의 전개상을 개략적으로 확인할 수 있다. 16세기 강학에 대한 상세한 기록이 보이지 않는 것은 당시 강학 제도가 체계적으로 정비되지 않았기 때문이다. 당시에는 강학에 대한 규정도 없었고 강학의 개설 시기나 기간도 일정한 규칙 없이 비정기적으로 이루어졌던 것으로 보인다. 호계서원의 강학 제도가 체계화되기 시작한 것은 18세기에 와서다. 1765년 대산 이상정의 『대학』, 『심경』 강회를 기점으로 강학의 절차와 운영방식이 체계화되고 해마다 봄, 가을로 강회 개설의 정기화를 처음으로 도모하였으며, 참여자의 명단 및 강회의 전말, 교재, 문답 내용 등을 상세하게 기록으로 남기는 등 강회 제도가 차츰 갖추어지기 시작하였다.

서원의 건물이 완공되고 퇴계의 위패를 봉안하기 한 해 전인 1575년 권호문은 권우와 함께 여강서원에서 강학하고 퇴계의 『송계원명이학통록(宋季元明理學通錄)』을 교정하여 이듬해 여강서원에서 간행하였다.[26] 이후에도 퇴계나 문인들의 저서 중 상당수가 호계서원에서 교정 작업을 거쳐 간행되었다. 1578년에는 퇴계의 『계몽전의(啓蒙傳疑)』가 간행되고, 1587년에는 김성일, 조목을 중심으로 여강서원에 모여 『퇴계집』을 교정하였다.[27] 문인들의 저서로는 1649년 『학봉집』, 1726년 김성일의 연보를 간행하고[28], 1782년에는 김성일의 7대손 김주국, 김주운 등이 대산 이상정과 함께 목판으로 『학봉속집』 5권 3책을[29], 1785년에는 퇴계의 『주자서절요』에 간재 이덕홍이 주석을 붙인 『주자서절요강록』을 밀암 이재가 수정, 증보한 『주

26) 『松巖集』 별집, 「松巖先生年譜」, 선조 8년 을해.
27) 『月川集』 「年譜」, 만력 15년 정해.
28) 『鶴峯集』 부록 권1, 「年譜」.
29) 『大山集』 권15, 書, 「與鳳停寺會中 辛丑」.

서강록간보(朱書講錄刊補)』를 간행하였다. 교정 작업은 일회적으로 이루어지기도 하고 며칠씩 유숙하며 하기도 하였는데, 16세기에는 강학이 정기적으로 개설되거나 제도적으로 체계화되지 못했기 때문에 교정모임과 강학은 특별히 구별되지 않은 채 연계된 방식으로 이루어진 것으로 보인다.

1581년과 1583년 봄에는 원장 권호문이 존도사를 배알한 뒤 유생들을 이끌고 강회를 열었다. 1581년에는 강회를 마치면서 공부의 방향을 제시하는 다음과 같은 시를 지어 서원 유생들에게 보여주었다.[30)]

날마다 내 몸을 세 가지로 반성한 것
공부함에 이것을 지침으로 삼았네.
시우 같은 공자의 문하에서 누가 교화를 입었는가?
춘풍 같은 정자 문하에 다시 참여하기 어렵네.
글 읽는 소리는 거문고 타는 듯하고,
지극한 교훈은 좋은 말씀뿐이랴.
늙은 내가 병촉과 같음을 누가 알랴?
어두운 밤길 헤매니 부끄러움 절로 많네

1583년에는 문루인 양호루(養浩樓)에서 강회가 열린 것으로 보인다. 양호루는 강회와 유식 공간으로 자주 활용되었는데, 이 때 권호문은 누에 오르면 절로 감발하는 효과가 있어 호연지기를 기르고 연비어약의 이치를 깨닫는 데 적합하다며 유식 공간이자 교육 공간으로서 양호루의 의미를 깨우치는 다음과 같은 시를 지어 유생들에게 보여주었다.[31)]

30) 『松巖集』 별집, 「松巖先生年譜」, 선조 14년 신사, "吾身日省在曾三 爲學工夫是指南 時雨孔門誰得化? 春風程座更難參 餘音恰似瑤琴奏 至訓何徒玉屑談 老學誰知同秉燭? 冥行擿埴自多慙".

31) 『松巖集』 별집, 「松巖先生年譜」, 선조 16년 계미 ; 『松巖集』 권3, 시, 「題廬江養浩樓改前詠 癸未」.

호계서원 양호루

한 기운이 천지 가운데에 감돌아	一氣扶輿天地中
호연한 기상 시작도 없고 끝도 없네	浩然無始又無終
흐르는 물 우뚝한 산 고금에 한결 같고	水流山峙古今樣
뛰는 물고기 나는 솔개 위아래가 같네	魚躍鳶飛上下同
누가 잘 기르라는 맹자의 가르침 따랐던가	善養誰遵鄒聖訓
확충하여 송나라 현인의 공효 본받아야지	擴充宜效宋賢功
누에 오르면 감발하는 것이 바로 강대함이니	登樓感發斯剛大
우리에게 웅장한 기운을 많이 알려주네	爲報吾儕幾箇雄

1583년 무렵 권호문이 동주로서 강회를 개최할 때, 금궁주(琴宮奏)[32]와 배용길(裵龍吉, 1556~1609)[33]도 참여했던 것으로 보인다.[34] 배용길은 사마

32) 琴宮奏는 琴鳳祥의 장자로 장사랑훈도를 지냈고 부친이 권호문에게 다섯 아들의 이름을 청하여 권호문이 이름을 지어준 바 있다(『松巖集』 권5, 「說琴宮操大調字說」).

33) 배용길은 김성일의 문인으로 유성룡, 조목, 남치리 등을 종유하고 1585년 사마시에 입격, 1602년 별시문과에 급제하였으며 1605년 대홍수로 여강서원을 이건할 때 존도사 상량문을 지었다(『琴易堂集』 권4, 잡저, 「廬江書院尊道祠移建上梁文」).

시에 입격한 이후에도 호계서원 강회에 종종 참여하였는데, 그 때마다 '동몽재에 우거하였다'[35]는 기록이 여러 차례 발견된다. 언젠가 강회를 위해 또 동몽재에 우거하면서 지은 다음 시에서 30세에 이미 진사가 된 그가 동몽재에 우거한 이유를 알 수 있다.

동몽재에 우거하다	寓童蒙齋[36]
남이 말하기를 그대 지금 이미 백발인데	人日渠今已白頭
어찌하여 아이들과 함께 공부하는가 하네	胡爲來與小兒遊
내가 말하기를 다행히 동몽계에 의탁하였으니	我言幸托童蒙契
재중에서 윗자리의 부끄러움 면하리라 하였네	應免齋中座上羞

-당시 여러 벗들과 모여 강학하였는데, 〈강회록〉이 있다.

- 時與諸友會講 有會錄

그러나 이 때 강회록은 문집에서 확인되지 않고, 대신 1593년에 지은 다음 시가 이 때 강회를 마치며 작성한 시로 추정된다.

여강서원에서 동행한 여러 벗들에게 주다	江院呈同行諸友 二首 癸巳[37]
한 필 말로 여산을 찾아드니	匹馬尋廬岳
함께한 이 모두가 명사일세	聯鑣儘勝流
여뀌꽃 붉게 핀 언덕을 막 지나자	才經紅蓼岸
또 갈매기 노니는 물가로 들어가네	又入白鷗洲
맑은 강물 십 리에 뻗쳐 흐르고	十里澄江遠

34) 『松巖集』 續集, 권4, 시, 「次琴秀才 宮奏」; 『琴易堂集』 권1, 시, 「廬院和琴大調 宮奏」.

35) 『琴易堂集』 권1, 시, 「廬院和琴大調 宮奏」, "聖功須向蒙齋做 ... 時寓童蒙齋".

36) 『琴易堂集』 권1, 시.

37) 『琴易堂集』 권1, 시.

들쑥날쑥 봉우리는 가을에 더 촘촘하네	三秋亂嶂稠
밥 짓는 연기가 저녁에 피어올라	炊煙仍夕起
얼기설기 시인의 누대를 감싸네	縷縷護詩樓
푸른 산이 비녀처럼 솟았고	碧嶂簪并抽
맑은 강물 옥처럼 흐르네	淸江玉欲流
골짝엔 송백이 들쭉날쭉	崎嶇松柏峽
물가엔 난초가 일렁일렁	蕩漾蕙蘭洲
오랜 이별에 소식이 끊겨도	久別音書斷
만나면 담소가 정답겠지	相逢笑語稠
부질없이 좋은 때를 기다리느라	區區望辰意
밤마다 높은 누에 오르겠네	夜夜倚危樓

1698년에는 과업(科業)을 목적으로 한 거접이 시행되었다. 당시 15세였던 김성탁(金聖鐸, 1684~1747)이 '거접에 참여하여 과거문자를 익혔고 전례대로 수일간 거접하였다'는 기록에 따르면,[38] 이전부터 호계서원에서 여러 차례 거접이 시행되었음을 알 수 있다.[39]

이상의 내용을 통해 16~17세기 강학의 전개상을 개략적이나마 확인할 수 있다.

38) "遊虎溪書院 從多士 肄學子文 累居前列"(『霽山集』, 「霽山先生年譜」, 숙종 24년 戊寅).

39) 이 때 거접에 참여했던 김성탁은 의성 김씨, 갈암 이현일의 문인이다. 갈암 사후 갈암의 신원을 청하는 1~2차 신원운동에 모두 참여하였다가 실패하자, 1737년에는 개별적으로 상소를 올렸다가 왕의 노여움을 사서 유배된 지 10년 만에 배소에서 사망하였다. 후일 갈암의 적전으로 평가받았다. 47세가 되었을 때 경상감사 조현명이 書贊를 보내 제자의 예를 행하고 배움을 청하였으며, 권학절목이 반포된 1731년에는 李槾, 李光庭과 함께 안동부 훈장으로 초빙될 만큼 학문이 뛰어났다(『霽山集』, 「霽山先生年譜」, 영조 6년 庚戌 ; 七年 辛亥).

양호루에서 바라본 풍경

첫째, 2대 원장을 역임한 권호문의 기록에 따르면 당시 강학의 제도가 체계화되지는 않았으나 16세기 강학은 '알묘례-강학-수창시'의 순서로 이루어졌음을 알 수 있다. 정읍례, 경독(敬讀) 등 소위 '강학 의례'가 체계적으로 수반되지는 않았으나 공부의 성과와 소회를 공유하기 위해 강학의 마지막 단계를 다함께 '시 짓기'로 갈무리하던 수창시는 16세기부터 이미 시행되고 있었다.[40)]

둘째, 16세기 강학은 퇴계와 그 문인들의 저서에 대한 교정 작업과 병행하여 비정기적으로 시행되었으며, 강학과 교정은 때로는 일회적으로, 때로는 며칠씩 서원에서 유숙하면서 이루어졌다. 이처럼 교정과 강학의 병행은 비단 16세기에만 한정된 특징이 아니라 조선후기까지 이어진 일종의

40) 이 때 '강학 의례'란 서원에서의 '강학 절차 안에' 포함되는 다양한 의례를 통칭하여 개념화한 용어로 '제향 의례'와는 구별되는 개념이다. 조선 서원의 강학 이념이 교육 실제에 구현된 구체적 사례로 교육사적으로 중요한 의미를 지닌다. 상세한 내용은 「조선 서원의 강학 의례와 교육적 의미」(김자운, 『민족문화논총』 76, 2020)을 참조.

관행이었던 것으로 보인다. 1846년 9월 정재 유치명이 문인들과 고산서당에서 열흘간 『대산선생실기(大山先生實記)』의 교정을 마친 뒤 향음주례를 행하고 다음 날 『옥산강의(玉山講義)』 강회를 개최한 것이 그 일례이다.[41]

셋째, '누에 오르면 감발하는 효과가 있어 호연지기를 기르고 연비어약의 이치를 깨우치는 데 적합하다'고 하여 강당인 숭교당 외에 유식공간이었던 양호루가 강학 공간으로 자주 활용되었다. 이는 서원 강학이 '장수(藏修)와 유식(遊息)'을 아우르는 교육활동이었음을 보여주는 대목이다.

넷째, 강회록은 현전하지 않지만 배용길의 시문에 따르면 1593년 강회가 열렸고, 18세기처럼 강회를 열 때마다 작성한 것은 아니지만 1593년에도 강회록이 작성되었음을 알 수 있다.

다섯 째, 남치리의 원규에는 동몽 강학에 대한 규정이 없으나 배용길이 16세기 강회에 참여할 때마다 '小兒와 함께 동몽재에 우거하였다'는 기록, 동몽재의 규모가 15칸이나 되었던 점, 또 17세기 김성탁이 15세의 나이로 호계서원 거접에 참여하였다는 기록에 따르면, 17세기까지 15세 이하 동몽들을 대상으로 한 강학이 시행되었으며 동몽재가 운영되었음을 알 수 있다.

마지막으로 17세기 후반 김성탁이 '전례대로 수일간 거접에 참여하여 과거문자를 익혔다'는 기록에 따르면 17세기까지 과업(科業)을 목적으로 한 거접이 지속적으로 시행되고 있었음을 알 수 있다.

Ⅲ. 18~19세기 강회의 특징과 대산학의 계승

현재까지 수집한 자료에 따르면, 18-19세기에는 아래와 같이 총 16회의 강회 기록을 확인할 수 있다. 그 중 1765년과 1856년의 강회는 그 전말을 상세히 수록한 강회록이 남아있고, 1831년의 강회는 문답 내용만 간략

41) 「고산서원강회록」, 『국역 조선시대 서원일기』, 한국국학진흥원, 2007.

히 기록한 劄略이 있으며, 나머지는 단편적인 기록만 부분적으로 확인된다. 1856년의 심경 강회는 이미 선행연구[42]에서 소개되었으므로 생략하고, 1765년의 강회는 다음 장에서 상세히 분석하고자 한다. 나머지 14차례의 강회는 여기저기 산견되는 파편적인 기록만 남아 있어 비록 강회의 전모는 파악할 수 없지만, 그 중 유의미한 정보를 제공하는 몇 가지 사례를 소개하고자 한다. 18-19세기 강회 중 현재까지 확인된 16차례 강회의 교재, 개설 시기, 당시 원장 및 강회의 스승을 정리하면 다음과 같다.

〈표 1〉 18~19세기 호계서원 강학 현황

강회	원장, 講席(참석자)	연도	출처
太極圖說 講會	(權以鎭, 宋儒傳)	1702. 夏	『有懷堂集』
太極圖說 講會	洞主 李栽	1718. 6	『有懷堂集』 / 『密菴集』
近思錄 講會	金聖鐸, 李槾	1728. 7	『霽山集』
大學·中庸 講會	洞主 李栽 講席 李槾 (金聖鐸, 李光庭)	1729. 春	『大山集』 / 『霽山集』 / 『密菴集』
西銘·太極圖說 講會	訓長 李槾	1731	『顧齋集』
講會	講席 柳正源	1751. 3	『三山集』
大學·心經 講會	洞主 金宅東 講席 李象靖·金樂行	1765. 음 2. 10-17	「廬江記聞錄」 / 『下枝遺集』 / 『大山集』 / 『隨得錄』 / 『壺谷集』
心經 講會	洞主 鄭來成 講席 柳長源	1789. 7. 16-22	『廬江講會錄』 / 『雨皐集』 / 『訂窩集』 / 『思軒集』
心經 講會	講席 金𤥽	1801. 7	『龜窩集』
講會(태극도설, 근사록, 중용, 대학혹문)	洞主 李秉遠 講席 李秉遠, 柳致明	1831. 11(20일간)	『訂窩續集』 / 『所菴集』 / 『訂窩集』

42) 상세한 내용은 「19세기 서원 강학활동 사례 연구: 「호계강록」을 중심으로」(최광만, 『교육사학연구』 22권 1호, 교육사학회, 2012) ; 『조선후기 교육사 탐구』 10장 및 12장(최광만, 충남대학교출판문화원, 2017) ; 「19세기 안동유림의 학맥과 사상」(권오영, 『영남유림의 사상과 활동』, 돌베개, 2003) 참조.

中庸講會	金岱鎭	1841. 8	『訂窩集』
講會	講席 柳致明 (金道和, 金養鎭)	1846	『拓菴集』
心經講會	講席 柳致明	1856. 11. 14-21	『玉山講義』, 「虎溪書院講錄」 『古文書集成』 49, 虎溪講錄
西銘講會	訓長 金岱鎭	1863. 秋	『訂窩集』
玉山講義 講會	金興洛	1891. 5	『西山先生文集』
廬江講會	(의성김씨 유일재 후손가)	1892. 5	『日記』

밀암 이재(李栽, 1657~1730)가 원장으로 재임하던 1729년에는 춘향일에 향사를 행한 뒤 강회를 열어 이만(李槾, 1669~1734)을 강석(講席)에 모시고, 김성탁, 이광정(李光庭, 1674~1756) 등이 참석하여 『대학』과 『중용』을 강론하였다.[43] 강회를 마치는 날 이재는 강회 참석자들과 함께 오로봉 삼소암을 유람하고 퇴계의 시에서 운자를 내어 다 같이 수창시를 지어 기록에 남겼다.[44] 이 때 강석에 앉은 이만은 갈암 이현일의 문인이자 조카로 18세기 초 이재, 이광정, 김성탁과 함께 호계서원의 강회를 주도한 인물이다. 대산 이상정(1711~1781)에게는 외재종조부가 되는 이만은 당시 19세였던 이상정에게도 강회 참석을 요청하였으나 이상정은 마을에 역병이 돌아 끝내 참석할 수 없었다. 강회가 파한 뒤 이상정은 이만에게 다음과 같은 편지를 보내 강회에 대하여 품었던 기대와 궁금증, 참석하지 못한 안타까움을 표현한다.

> 여강서원의 강회는 어떻게 결말이 났습니까? 선비들은 몇이나 모였으며, 강론한 책은 무엇이며, 몇 군데의 문의(文義)를 논란했으며, 또한 향상해 나갈 학업을 갖고서 책려할 만한 사람이 있었습니까? 동남 지역이 쇠락하고 쓸쓸한 이

43) 『密菴集』 권24, 부록, 「年譜」.
44) 『霽山集』 권1, 詩, 「廬江舟中 敬次退陶先生泛月濯纓潭韻」; 『密菴集』 권2, 詩, 「己酉春 虎溪罷齋後 同鳴于 君七上三笑庵 飮庵主百花酒 臨別口占一絕」.

> 때에 이것이 제일가는 소식이어서 처음엔 명하신 대로 달려가서 평소에 따르고 싶었던 마음을 조금 펼치려 했습니다. 그러다 다시 생각건대 강회에 참석하는 여러 회원들은 태반이 역병을 꺼리는 사람입니다. 제가 두역이 창궐하는 지역에 살고 있는 터라 위태로움을 무릅쓰고 출입한다면 어찌 후회할 일이 있지 않겠습니까. 그러므로 행장을 꾸려 출발하려다가 곧바로 멈춤으로써 한 번의 좋은 기회를 공연히 모두 다른 사람의 손에 넘겨주고 말았으니, 마음속의 서글프고 한스러움을 어찌 잠시라도 감히 잊을 수 있겠습니까.[45]

여기서 이상정은 동남 지역이 쇠락하고 쓸쓸한 때에 호계서원에서 강회가 열린다는 사실이 제일가는 소식이라며 강회에 대한 기대와 열망을 말한 뒤, 어떤 책을 강론했고, 토론의 쟁점은 무엇이었으며, 누가 참석했고, 함께할 만한 인재는 있었는지 상세히 묻고 있다. 이는 당시 19세의 나이에 불과했던 이상정의 학문에 대한 열정과 태도를 여실히 드러낸다. 또 당시 호계서원 강회가 안동지역 학자들에게 어떤 위상과 의미를 지니는지 단적으로 보여주는 대목이다. 이상정은 비록 강회에는 참석하지 못했으나 후일 이만이 유생들에게 던졌던 발문의 내용을 전해 듣고 그에 대한 답변을 작성하여 이만에게 편지를 보냈다. 강회록은 남아있지 않지만, 『대산집』에 발문의 일부가 기록되어 있다. 이상정은 이만이 제시한 발문 중 총 14개의 문목에 답변을 작성하였는데 먼저 발문의 내용을 요약하면 다음과 같다.[46]

〈『중용』에 대한 발문〉

① 계구(戒懼)는 전체적인 공부인데, 혹은 오로지 정(靜)에만 속한다고도 말하는 이유?

② 『중용』은 리(理)를 밝힌 책인데, 연어장(鳶魚章)과 귀신장(鬼神章)은 전부 기(氣)에 대해서만 설명하는 이유?

---

45) 『大山集』 권5, 書, 「答李顧齋槾[己酉]」.

46) 『大山集』 권40, 잡저, 「中庸大學疑義辨[己酉 李顧齋都訓長時 發問諸生]」.

③ “성인도 알지 못하고, 능하지 못하다.”와 그 아래 “나는 하나도 능하지 못하다.”에서 전자의 ‘능하지 못하다’는 ‘비근함’을, 후자의 ‘능하지 못하다’는 ‘심오함’을 가리킨다. 어째서인가?

④ “성(誠)의 가릴 수 없음”, “성(誠)은 스스로 이루어지는 것이다. 성실하지 않으면[不誠] 사물이 없다.”, “성(誠)은 하늘의 도이고, 성지자(誠之者)는 사람의 도이다.”의 세 문장에서 ‘성(誠)’의 의미가 각각 다른 이유?

⑤ 『중용』은 ‘비은(費隱)’을 극력 말하였는데, 오로지 비(費)만 설명하고 은(隱)을 언급하지 않은 이유?

⑥ 첫째 장에서는 정(靜)을 먼저, 동(動)을 나중에 말하고, 마지막 장에서는 동을 먼저, 정을 나중에 말한 이유?

⑦ ‘지성(至聖)’과 ‘지성(至誠)’은 두 개의 이치인가, 아닌가?

⑧ ‘삼근(三近)’의 주석에 “용지차(勇之次)”라고 하였는데, ‘차(次)’ 자를 차사(次舍)의 뜻으로 보아야 하는가, 차서(次序)의 뜻으로 보아야 하는가?

⑨ 주자는 “리(理)는 모이고 흩어짐이 없다”고 하였는데, 성자물지종시장(誠者物之終始章)의 주석 내용에는 모이고 흩어진다는 의미가 있는 것이 아닌가?

⑩ 『중용』에서 드러남과 은미함을 말한 것이 셋인데, 가리키는 뜻이 같은가, 다른가?

〈『대학』에 대한 발문〉

① 팔조목(八條目)에서 7개 조목은 모두 “욕즉선(欲則先)”이라고 하여 ‘선(先)’ 자를 썼는데, 격물(格物)에만 ‘선(先)’ 자 대신 ‘재(在)’ 자를 쓴 이유?

② 소인한거장(小人閒居章)에서 “소인이 마음속에 성실하면”이라고 하였으니, 성(誠)에도 좋지 않음이 있는 것인가?

③ 주자는 “이치에는 정조(精粗)가 없으니 쇄소응대하는 것과 뜻을 정밀히 하여 신(神)의 경지에 들어가는 것이 관통하면 하나의 이치일 뿐이다 …”라고 하였는데, 보망장(補亡章)에서 이치에 ‘표리(表裏)와 정조(精粗)’가 있다고 한 것은 어째서인가?

④ '혈구(絜矩)' 두 글자는 마땅히 '혈이방지(絜而方之)'로 해석해야 의미가 통하는가?

그 중 『중용』 두 번째 발문에 대해 이상정은 "'연어장(鳶魚章)'에서 솔개와 물고기를 인용한 것은 기(氣)를 설명하기 위한 것이 아니라 도체(道體)의 유행에 오묘함이 없는 곳이 없다는 점을 밝힌 것이며, '귀신장(鬼神章)'에서 귀신의 기(氣)를 말한 것은 리(理)는 형체가 없기 때문에 반드시 형체가 있는 것을 통해 인식해야 함을 말한 것이니, 만약 '기를 제외하고 따로 이른바 리가 있다'고 한다면, 이것은 우리가 말하는 도(道)가 아닙니다."라고 답하였다.

『중용』 다섯 번째 발문에 대해서는 "비(費)는 작용이 넓은 것이요, 은(隱)은 본체가 은미한 것입니다. 작용을 말하면 본체는 그 안에 있고 넓음에 이르면 은미함을 벗어날 수 없으니, 굳이 따로 '은' 자를 언급한 뒤에 알 수 있는 것이 아닙니다. 또 은(隱)은 리(理)의 소이연이니, 볼 수 있는 것이 아닙니다. 형용할 수 있다면 더 이상 은이 아니니, 비를 말하면서 은을 포괄하는 것이 낫지 않겠습니까?"라고 하였다.

『대학』 첫 번째 발문에 대해서는 "성의(誠意)와 정심(正心) 아래 7개 조목은 각각 등급과 차례가 있어 먼저 한 가지 일을 마친 뒤라야 다시 한 가지 일을 할 수가 있습니다. 따라서 집이 먼저 가지런해진 뒤라야 나라가 다스려질 수 있고, 뜻이 먼저 성실해진 뒤라야 마음이 바르게 될 수 있습니다. 그러나 치지와 격물은 애초에 두 가지 일이 아닙니다. 사물과 내가 하나의 이치이므로 저것을 밝히는 것은 바로 이것을 환하게 하는 것과 같습니다. 사물의 이치가 이른 뒤에 앎이 지극해지지 않음이 없으니, 이 때문에 '先' 자 대신 '在' 자를 쓴 것입니다."라고 답하였다.

그는 14개 문목에 답변을 작성한 뒤 "감히 좁은 소견으로 당돌하게 해석하였으니 온당하지 못함을 잘 알고 있습니다. 부디 가련히 여겨 지도해 주시기를 바랍니다."라며 편지를 끝맺고 있다. 이 답변에 대한 이만의 평가는 기록이 없어 알 수 없지만, 이로부터 36년 뒤 이상정이 스승으로 초빙되었던 1765년『대학』 강회에서 참석자의 70%를 차지했던 20대 유생들의 문답 내용과 비교해보면, 이 해 19세에 불과했던 이상정의 남다른 학문적 역량을 가늠해볼 수 있다.

1731년에는 이만이 훈장을 맡아 강회를 열고 안동부에서 미리 선발한 유생들을 대상으로 「서명(西銘)」과 「태극도설」을 강론하였다. 이 때의 강회는 경상감사 조현명의 흥학책 및 권학절목의 시행과 맥을 같이하여 시행된 것이었다. 조현명은 이광정에게 안동부의 도훈장을, 김성탁과 이만에게 훈장을 맡아줄 것을 부탁하였다. 이만은 감당할 그릇이 안 된다며 여러 차례 편지를 보내 거절하였으나 조현명이 거듭 청하자 결국 허락한 뒤 호계서원의 강회를 담당하였다. 그는 감사의 요청으로 「봉유제생문(奉諭諸生文)」을 지어 과거에 합격해 일신의 영달만을 꾀하는 당시 학문 풍조를 비판하고 공부의 목적과 방법을 제시한 뒤,[47] '면훈장-도훈장-감영'으로 이어지는 행정체제와 서원, 향교를 번갈아가면서 활용하고, 강학과 제술을 병행하는 권학 체제 및 강회 시 정읍례 절차를 제시한 「학규」를 만들어 감사에게 주었다. 이 때 강회에서는 강론을 마친 뒤 미리 준비한 문목을 제시하여 유생들의 학습성과를 평가하였다. 강회를 마친 뒤 그는 선발 인원이 너무 적어 한 고을의 선류(善類)들을 제대로 불러 모으지 못했다고 안타까워하며 인원을 조금 늘리고 나이를 40세 이하로 할 것을 감사에게 제안하였다.[48]

1765년에는 김택동(金宅東)이 동주를 맡아 강회를 열고, 이상정을 강석에 모셔 윤2월 10일부터 17일까지 『대학』과 『심경』을 강론하였다. 이 강회는 호계서원 강회의 전범이 되어 후일 '을유년의 고사'라 일컬어지며 호계서원 강학의 역사에서 매우 상징적인 위치를 점하게 된다. 이 강회를 기점으로 강회 제도가 체계화되었을 뿐 아니라, 이후 19세기까지 대산의 문

---

47) 『顧齋集』 권7, 雜著, 「奉諭諸生文」.
48) 『顧齋集』 권1, 書, 「答趙方伯」.

인들이 강회를 장악하면서 호계서원은 영남 퇴계학파 내에서도 이상정의 사상을 계승하는 학문적 정체성을 확립하게 되며, 대산은 호계서원을 대표하는 상징적 스승으로 자리매김하게 된다. 이 강회는 다음 장에서 상세히 분석하기로 한다.

이상정이 주도했던 1765년『대학』,『심경』강회 이후로는 20년이 넘도록 강회가 열리지 못하였다. 그 사이 호계서원의 스승이자 안동사림의 종장이었던 이상정이 사망하여 비통함에 동력을 잃어버리고 강회가 폐지되기에 이른 것이다. 강회가 재개된 것은 1789년이었다. 그 계기는 동주로 부임한 정래성(鄭來成, 1744~1835)에 의해 마련되었다. 안동 출신이었던 그는 대산 이상정, 백불암(百弗菴) 최흥원(崔興遠, 1705~1786)과 함께 영남삼로로 추앙받던 박손경(朴孫慶, 1713~1782)의 문인이자, 퇴계와 김언기의 문인 정사성(鄭士誠)의 7대손이었다. 그는 1780년 문과에 급제하여 출사한 뒤 1785년 전라도도사에 제수되었으나 어버이가 연로하다는 이유로 나아가지 않아 7일 동안 의금부에 갇혔다 풀려났다. 이후 1799년 다시 벼슬에 나아갈 때까지 20여 년 간 고향 안동에 낙향하여 공부와 강학에만 전념하였다. 호계서원 원장을 맡은 것은 바로 이 시기였다.

1789년 동주가 되자마자 그는 가장 먼저 강회의 재개를 도모하였다. 강회의 스승으로는 김종덕(金宗德), 이종수(李宗洙)와 함께 대산 이상정 문하의 '호문삼로(湖門三老)'라 불리던 동암(東巖) 유장원(柳長源, 1724-1796)을 초빙하여 강석에 모시고 7월 16일『심경』강회를 시작하여 7일 후에 파하였다. 강회에는 김도행(金道行), 유낙문(柳洛文), 이우량(李宇亮), 김창수(金昌壽), 김이운(金履運) 등 총 200여 명이 참석하였다. 마지막 날에는 강회를 기념하여 참석자들이 수창시를 돌려 짓고, 을유년(1765) 이상정의 심경 강회 고사를 따라 참석자들의 명단인 제명록(題名錄)과「여강강회록」을 작성하였다. 강회록은 이 때 스승으로 초빙된 유장원의 삼종손 유낙문이, 제명록은 이우량이 작성하였다고 하나 현재 자료의 행방을 알 수 없고, 제산 김성탁의 조카이자 문인이었던 김도행(1728~1812)이 지은 강회록의 후서

(後書)만이 그의 문집에 남아있다. 후서에는 을유년의 강회 이후 20여년이 지나도록 강회가 열리지 못한 이유와 이 때 강회를 재개하게 된 배경, 강회의 의미와 성과, 향후에도 강회를 지속하여 호계서원이 이 고을의 흥학에 기여하고 장차 원근에 명성을 떨치기를 바라는 마음을 기록하였다.[49]

20여 년 간 강회가 폐지된 배경은 을유년의 고사를 따라 원임들이 다시 강회를 재개하고자 번번히 마음을 먹었으나 차일피일 이루지 못하고 있었는데 마침내 이상정이 서거하자 비통함에 동력을 잃어버리고 강회가 아예 폐지되기에 이르렀다고 하였다. 그러다가 한 해 전 당회에서 고을의 선비들이 모여 강학이 폐기된 일을 안타까워하며 옛 규약의 회복을 도모하고 서원의 여러 사람들에게 통문을 내어 강회의 시행을 독려하였다. 그러던 중 퇴계 문인 정사성의 7대손이자 전라도 도사 정래성이 호계서원 동주를 맡으면서 강회를 재개할 수 있는 계기가 마련되었다. 그는 인적 물적 자원을 최대한 동원하고 이홍필(李弘弼), 김시인(金始寅)에게 섬학의 일을 관장하게 하여 마침내 강회의 재원을 마련하였다.

이렇게 개설된 강회의 의미에 대해 김도행은 대산 이상정이 사망한 이후로 '법문이 무너지고 스승의 가르침이 사라져 지역의 학자들이 경전을 끌어안고도 돌아갈 곳이 없다고 탄식해왔습니다. 그런데 지금 유공[유장원]이 성심으로 제생을 가르쳐서 어른이든 젊은이든, 어진이든 어리석은 이든 그 분량에 따라 각각 소득이 있게 하여 기쁘고 즐겁게 심복하여 돌아가도록 하였습니다. 이것으로 이 선생[이상정]이 끼치신 교화가 어디까지 미치는지를 볼 수 있으니, 이 어찌 사문의 크나큰 행운이 아니겠습니까'[50]라고 하였다. 여기서 김도행이 그동안 호계서원의 강회가 폐지된 배경 뿐 아니라 이 해 다시 열린 강회의 의미와 성과 역시 이상정에게서 찾고 있다는 점에 주목할 필요가 있다. 이상정의 죽음으로 법문이 무너지고 스승이

---

49) 『訂窩集』 권20, 行狀 ; 『思軒集』 권1, 시, 「虎溪講會次韻」 ; 『雨皐集』 권5, 잡저, 「書廬江講會錄後」.

50) 『雨皐集』 권5, 잡저, 「書廬江講會錄後」.

사라져 지역의 학자들이 더 이상 배울 곳이 없었는데, 비로소 유장원이 성심껏 제생을 가르쳐 교육의 성과를 얻었으니 이것이 모두 이상정의 교화 덕분이라는 것이다.

유장원은 영남에서 대대로 명망 있는 학자를 배출한 전주 유씨 수곡파 출신으로, 1758년 35세에 중형 유도원(柳道源)과 함께 이상정을 처음 배알한 뒤, 46세 때인 1769년 정식으로 제자의 예를 청하고 이상정 문하에 입문하였다.[51] 이후 대산 문인들과 교유하며 특히 經學과 禮學에 두각을 나타내 인정받았고, 김종덕, 이종수와 함께 '호문삼로(湖門三老)'로 불렸으며, 족손 정재(定齋) 유치명(柳致明)이 대산의 학통을 이어받는 데 가교 역할을 한 것으로 평가된다.

이상정의 죽음을 호계서원의 스승이 사라진 것과 동일시하며, 이 해 강회의 성과를 당시 스승이었던 유장원이 아닌 대산에게 돌리고 있는 것을 통해, 18세기 후반 이미 대산은 안동 유림의 종장이자 호계서원의 대표적 스승으로 인식되고 있었으며, 호계서원은 '대산학의 계승'이라는 학문적 정체성을 스스로 확립해가고 있음을 볼 수 있다. '대산학의 계승'이라는 호계서원의 정체성은 이후 19세기 강회를 대산 문인들이 주도하면서 더욱 강화된다.

1831년에는 이상정의 문인이자 손자인 소암(所庵) 이병원(李秉遠, 1774~1840)이 동주이자 동시에 강석을 맡아 정재 유치명과 함께 강회를 열고 태극도설, 근사록, 중용, 대학혹문을 강론한 뒤 20일 만에 파하였다.[52] 이 때 32세의 김대진(金岱鎭)이 참여하였는데, 그가 '호계서원 거재에 피선(被選)되었고, 선발되어 모인 사람들은 모두 당시의 명석(名碩)들이었다'[53]는 기

51) 『東巖集』 권14, 부록, 「行狀」[南漢朝]. 특히 예학으로 이름이 높았던 유장원의 가장 대표적 저술은 「常變通攷」이다. 60세(1783)에 완성한 저작으로 「家禮」와 관련된 古禮의 내용과 注疏家의 설을 상세히 채록하고 자신의 의견을 첨부하여 家禮學의 범위를 확대하고 문제점을 체계적으로 정리함으로써 조선후기 예학의 주요 자료로 평가되고 있다(「동암집 해제」, 김성애, 한국고전번역원).

52) 『東林集』 권11, 附錄, 「行狀」[柳廷鎬].

53) 『訂窩集』 권1, 年譜, 순조 31년 신묘, "先生三十二歲 十一月 被選居齋于廬江書院

록에 따르면, 당시 강회에는 특정 시험이나 절차를 거쳐 선발된 인원들만 참여하였음을 알 수 있다. 이 때 강회의 문답 내용은 김대진(1800~1871)의 「여원강회문답차략(廬院講會問答箚略)」에 기록되어 있다.[54] 이 차록에 따르면, 김대진 외에 유치효(柳致孝), 유성문(柳聖文), 이상성(李相聖), 유치호(柳致皜), 유치복(柳致復), 김성전(金性銓) 등이 참여하였다. 이 때 김대진은 차록의 작성 뿐 아니라 스승 이병원과 더불어 참석자들에게 여러 차례 발문을 던지는 등 토론에서 매우 핵심적인 역할을 담당하고 있었다. 그의 족인 김상수(金常壽)의 기록에 따르면, 김대진은 낮에는 강석에 나아가고 밤에는 함께 선발된 인사들과 사석에서 모여 토론을 이어갔다고 한다.[55] 20일간의 강론을 마친 뒤에는 을유년 이상정의 심경강회 고사를 따라 이상정의 시에 차운하여 다함께 수창시를 지은 뒤 강회를 파하였다.[56]

1863년 가을에는 64세 김대진이 훈장이 되어 「서명(西銘)」 강회를 열었다. 이 강회에서 서명(西銘)을 교재로 택한 것은 훈장 김대진이 당시 시대상에 부응하여 19세기 붕당의 폐해와 유림의 분열상을 극복하기 위한 해법을 서명에서 찾고자 하였기 때문이다. 위로 조정에서부터 아래로 여항에 이르기까지 붕당의 습속과 남을 시기하고 이기려는 사사로운 마음이 고질적인 폐단에 달한 당시 사회상을 비판하며 돌아가서도 이번 강회에서 공부한 이일분수(理一分殊)의 의미를 더욱 되새기고 일상의 현실에서 착실히 실천할 것을 유생들에게 당부하였다.[57]

이상의 내용을 통해 18-19세기 호계서원 강회의 특징을 정리하면 다음과 같다. 첫째, 1765년 대산 이상정이 주도한 강회의 형식과 절차는 이후 '을유년의 고사'라 일컬어지며 호계서원 강회의 전범이 되었다. 이 강회를

時所庵李先生主訓席 選集一方名碩".

54) 『訂窩續集』 권2, 雜著, 「廬院講會問答箚略」.

55) 『訂窩集』 附錄 권2, 遺事[金常壽], "先生晝則進講席間. 夜與同選諸人商確于私所".

56) 『所菴集』 권1, 詩, 「辛卯冬 設講會于虎溪 不佞以洞主忝主席 用乙酉辛卯講會韻」; 『訂窩集』 권1, 詩, 「虎溪講會 謹次大山先生乙酉韻 辛卯」

57) 『訂窩集』, 附錄 권1, 年譜, 철종 14년 계해.

기점으로 '알묘례-정읍례-상읍례-강독과 토론-강회 후 산수 유람-파재 시 수창시'의 순서로 강회의 절차와 방식이 체계화되었으며, 강회 참여자의 명단과 강회의 전말, 문답 내용을 '제명록, 차록, 강회록' 등의 기록으로 남기는 관례가 정착되었다.

둘째, 17세기까지 '서애-학봉' 계열을 대변하던 호계서원은 1765년 강회를 기점으로 이후 대산 문인들이 강회를 주도하면서 '대산학의 계승'이라는 학문적 정체성을 확립하며 영남 퇴계학파 내부에서도 한층 더 분화되어갔다. 18~19세기 호계서원 강회를 통해 '퇴계 이황-학봉 김성일-갈암 이현일-밀암 이재-대산 이상정'으로 이어지는 학맥의 형성 과정을 확인할 수 있다. 위의 〈표 1〉에 제시한 바와 같이, 18세기 초반부터 19세기까지 동주나 스승으로 강석(講席)에 앉아 실질적으로 강회를 주도한 인물들의 사승관계를 분석해보면 이를 알 수 있다. 18세기 초반 강회를 주도한 이재, 이만, 김성탁은 모두 갈암의 문인, 18세기 중반 강회를 이끈 대산 이상정은 밀암의 문인이자 손자, 갈암의 외증손이었다. 18세기 후반부터 19세기까지 강회를 주도한 인물 중 유장원과 김굉은 이상정의 문인, 이병원은 이상정의 문인이자 손자였으며, 유치명은 이상정의 외증손, 김대진은 이병원의 문인, 김흥락은 유치명 문인이었다.

셋째, 〈표 1〉에 제시한 강회의 교재와 강회 내용을 통해 18-19세기 호계서원이 지향했던 학문적 경향성을 파악할 수 있다. 강회에서 가장 많이 활용된 교재는 『심경』이었으며, 강회에서 공부한 내용을 더욱 궁구하여 체득하고 일상생활의 언어와 동작에서 실천하는 자만이 진정한 '강학인'이라 강조한 18세기 강회, 19세기 붕당의 폐해와 유림의 분열상을 극복하기 위한 해법을 「서명」에서 찾고, 일상에서 이일분수의 실천을 강조한 19세기 강회 등을 통해 이 시기 호계서원 강회의 특징과 경향성이 대산학의 특징이었던 '심학과 실천적 학풍'을 지향하고 있었음을 확인할 수 있다. 대산 이상정의 사상이 강회를 통해 계승되는 구체적인 방식은 다음 장에서 좀 더 상세히 살펴보고자 한다.

Ⅳ. 1765년 『大學』 강회의 형식과 내용[58]

1. 강회의 절차와 스승

1765년에는 김택동이 동주(洞州)를 맡고, 대산 이상정(1711~1781)을 스승으로 초빙하여 장석(丈席)에 모시고 음력 2월 10일부터 17일까지 『대학』·『심경』을 강론하였다. 이 강회의 전말은 한국국학진흥원에 소장된 「여강기문록(廬江記聞錄)」[59]에 상세히 수록되어 있다. 강회는 다음과 같은 절차로 이루어졌다.

10일부터 유생들이 모이기를 기다렸다가 20여명이 모이자 2월 12일 아침부터 매일 '존도사에 알묘례-강당 뜰에서 정읍례-경독-조식-강석 설치-통독'의 순으로 강회가 이루어졌다. 알묘례에서는 먼저 동주 김택동이 수위(首位)에 서고 대산 이하 유생들은 각자 나이 순서대로 중문 밖 정해진 자리에 서립(序立)한 뒤, 수위로부터 차례로 나아가 묘문 밖에 도열하고 재배한 뒤 퇴계, 서애, 학봉 3선생에게 봉심하였다. 이후 묘문 밖으로 나와 정읍례를 설행하기 위해 강당 계단 아래 자리를 깔았다.

정읍례에서는 먼저 동주가 대산을 인도하여 두 기둥 사이에 서고, 강생들이 동, 서 두 대열로 나누어 계단 아래 각자 정해진 자리에 도열하였다.

---

58) 이 강회의 전말은 한국국학진흥원에 소장된 「廬江記聞錄」에 상세히 수록되어 있다. 그동안 해제만 제공하고 원문 서비스가 제공되지 않아 내용을 알 수 없었는데 최근 필사본 원문이 PDF 파일로 제공되면서 자료의 전모를 확인할 수 있게 되었다. 그러나 현재 제공되는 필사본 원문은 「廬江記聞錄」 전체가 아닌 일부에 해당하는 기록이다. 『대학』 강회를 마친 2월 14일의 기록에서 내용이 끊겨 이후 3일간 이루어진 『심경』 강회의 내용은 확인이 불가능하다. 따라서 이 장에서는 불가피하게 『대학』 강회만 다룬다. 이하 내용 중 「廬江記聞錄」을 참고한 것은 필요한 경우 외에 일일이 각주를 달지 않았다.

59) 「廬江記聞錄」의 작성자와 내용에 대한 상세한 설명은 「1765년 虎溪書院 『大學』 강회 연구(1)」, Ⅱ장 2절을 참조(김자운·이우진, 『민족문화논총』 79, 영남대학교 민족문화연구소, 2021).

다음으로 동반수(東班首)는 김시집, 서반수(西班首)는 이효첨으로 정한 뒤 두 반수가 마당에서 중앙으로 나와 동서로 차례로 선다. 서쪽의 3위는 권이숙, 동쪽의 3위는 이규로 정하여 원예(院隷)가 서원 일을 익히는 것을 돕도록 하였다. 두 원예가 먼저 제 3위를 인도하여 반수에게 나아가 상읍례를 행하고 자리로 돌아온다. 재직에게 명하여 '정읍례'라고 외치면 동서 두 대열이 함께 예의를 갖추어 상읍례를 행한다. 다음으로 수위(首位)로부터 주선하여 마당 끝에 이르러 서립(序立)하면 마당의 말석을 향해 절읍(折揖)하고, 또 마당 중앙에 이르러 절읍하고, 계단 아래 이르러 절읍하여 처음 서립했던 곳에 도착할 때까지 한다.

처음 서립한 곳에 도착한 뒤에는 동서 대열로 하여금 말위로부터 제3위에 이르기까지 서로 마주보게 한 다음 반수에게 인도하여 상읍례를 행한 뒤 자리로 돌아온다. 돌아온 뒤에는 다 같이 일시에 상읍례를 행하는 것으로 정읍례의 절차가 마무리되었다.

호계서원 진학문

도산서원 정읍례

이와 같이 정읍례는 수위로부터 말석에 이르기까지 각자의 위차가 미리 정해져있으며, 동서 두 대열의 유생들을 대표하는 반수라는 소임, 유생들을 반수에게 인도하는 원예, 정읍례의 절차를 창하는 재직이 있고, 한 단계의 절차가 끝날 때마다 다 같이 상읍례를 행하는 등 까다로운 격식과 절차를 거쳐 매우 엄격한 분위기 속에서 시행되었다. 특히, 유생들끼리 행하는 상읍례 단계에서 수위에 있는 자가 가장 말석에 있는 유생들에게 차례로 돌아가면서 절하는 대목은, 가장 말석의 유생들에게 윗사람이 먼저 예의와 정성을 갖추어 상호 존중의 예를 몸소 실천하는 과정으로서의 의미가 있다.

정읍례 후에는 경독(敬讀)이 시행되었다. 경독의 교재는 백록동규, 이규가 성독을 담당하였다. 규(逵)가 강당의 동쪽 계단 위로 나아가 장석의 앞에 이르면 서쪽을 향하여 장석에게 읍한 뒤 백록동규 1통을 성독하고 나머지 유생들은 경청하였다. 다시 읍하고 자리에 돌아오면 본격적인 강독에 앞서 모든 강학 의례가 마무리되었다. 이처럼 강독에 앞서 까다로운 격식과 규모 속에 시행된 강학 의례는 서원 강학이 단지 문자적 지식의 습득이나 학문적 이해의 심화에 그치는 것이 아니라 '인격 수양을 위한 전인적 교육활동'이었음을 보여준다.

경독 후에는 아침식사를 한 뒤 동쪽 윗방에 스승의 강석(講席)을 설치하였다. 대산을 강석에 모신 뒤, 동주 김택동은 강석의 우측에, 그 외 장로들은 강석의 좌측에 차례대로 앉았다. 이와 같이, 정읍례 시 서립(序立)하는 위차 뿐 아니라, 강당에서 통독할 때에도 역시 소임과 연령에 따라 좌차가 엄격하게 정해져 있었다.

이후 대학장구 서문부터 강론을 시작하였다. 강회 방식은 먼저 유생들이 대학 경문부터 전문 10장까지 한 장씩 돌아가면서 읽고 해석하는 방식으로 진강(進講)하면, 대산이 각 장의 핵심을 제대로 파악하고 있는지 확인하기 위해 발문을 던지고 유생들의 답변을 들은 뒤 필요한 경우 부연 설명을 덧붙였다. 대산의 발문과 유생들의 답변이 끝나면, 그 외 의문 나는 점들을 유생들에게 자유롭게 질문하도록 하였다. 2월 13일 저녁에는 우곡 김낙행이 도착하여 14일에 대산과 함께 강석에 모시고 강론을 진행하였다.

강회를 모두 바친 16일은 보름달을 볼 수 있는 '기망일(旣望日)'이라 대산은 강회에 참석한 수십 명과 함께 오로봉 아래 강가에 배를 띄워 물길을 위아래로 거스르면서 경치를 감상하고 적벽부를 읊으며 주자의 시에 차운하여 다함께 수창시를 지었다. 이 때 대산이 남긴 시의 서문을 소개하면 다음과 같다.[60]

> 여강서원에서의 강회가 파하였는데 마침 16일 저녁이기에 어른과 젊은이 수십 명과 함께 오로봉 아래에 배를 띄웠다. 수면에는 안개가 아득한데 위아래로 물길을 거스르면서 서로 돌아보며 즐겼다. 어떤 이에게 「적벽부」를 외게 한 뒤에 이어서 삼가 주자의 「관서유감(觀書有感)」라는 시에 차운하였다. 대개 경물이 우연히 일치함을 취하여 감회를 부친 뜻에 흥을 의탁한 것이니, 감히 그 뜻을 엿볼 수는 없었다. 아아, 슬프다. 을유년.

60) 『大山集』 권3, 시, 「廬江講會次韻詩」.

강회와 유람을 마친 다음날인 17일에는 이 성대한 모임을 기록하지 않을 수 없다고 하여 참석자들의 성명을 연소를 따지지 않고 모두 소책자에 기록하여 「호계서원강회제명록(虎溪書院講會題名錄)」을 만들고 원중의 고사로 삼기 위해 서원에 비치해두었다. 또 당시 강회에 장로로 참석하여 대산과 토론을 벌였던 이상진(李象辰, 1710~1772)이 제명록에 붙일 서문을 작성하였다. 이 때 이상진이 쓴 서문을 요약하면 다음과 같다.

> 오직 서원을 설립한 뜻은 실로 선비들의 장수(藏修)와 유식(游息)의 장소로 삼기 위한 것입니다. 하물며 우리 고을은 일도(一道)의 문헌(文獻)의 최고이며 이 서원은 한 고을의 학교 중 으뜸이니, 우리 고을의 선비로서 이 서원에 출입하는 자는 마땅히 그 이름을 돌아보고 뜻을 생각하여[顧名思義] 선배들의 유풍을 저버려서는 안 될 것입니다. (…)
>
> 뜻하지 않게 여러 해 동안 이 서원에서 강회의 일을 행하지 못하였는데, 이번에 여러 유생을 모아 강회를 여니 모인 자들이 명사가 아님이 없고, 현사(賢師)를 얻어 가르침을 받는 것을 학생들이 모두 기뻐하니, 진실로 이 일을 계승하여 봄, 가을로 현송(絃誦)하고 해마다 강회를 여는 것을 상규로 삼아야 할 것입니다. (…)
>
> 배움은 비록 강설(講說)이 분명할 수도 있고 혹 강설(講說)이 어두울 수도 있지만 만약 문의(文義)의 말단에만 얽매이고 일용지간의 몸과 마음에 돌이켜 적용할 바를 알지 못한다면, 아무리 상세하고 치밀한 근거에 입각한 토론이라도 다만 득실을 비교하고 이동(異同)을 변론하는 것에 불과할 뿐이니 또한 무슨 이익이 있겠습니까? 이번에 대산의 강해(講解)를 들은 수재들은 마땅히 강회에서 공부한 내용을 더욱 궁구하여 체득하고 일상생활의 언어와 동작에서 실천해야만 근본이 바로 서고 조리가 분명해질 것이니 그런 연후에야 비로소 진정한 '강학인'이라고 할 수 있습니다. 이것이 어찌 김낙행, 이상정 두 현인이 수재들에게 바라는 바가 아니겠습니까?[61]

첫째, 서원의 존재 이유는 '선비들의 장수(藏修)와 유식(遊息)'인데 이 서원에서 여러 해 동안 강회를 열지 못한 안타까움을 호소하고 있다.

둘째, 대산 이상정 같은 현사(賢師)를 모시고, 고을의 수재들을 모아 마침내 강회를 열게 된 기쁨을 말하고 이 강회를 기점으로 향후에는 봄, 가을로 해마다 강회를 개최하는 것을 상규로 삼아 서원의 본래 기능과 존재 가치를 회복할 것을 주장하고 있다.

셋째, 이번 강회에 참석한 자들의 성명을 기록하여 「호계서원강회제명록」을 만든 취지를 설명하고, 제명록의 의미는 단지 '이름'에 있는 것이 아니라 '이름에 담긴 선배들의 뜻과 마음'을 되새기도록 하기 위한 것임을 밝히고 있다. 안동부는 영남 지역 최고의 문헌(文獻)이며 호계서원은 안동부의 으뜸가는 학교이니, 장차 이 서원에 출입하게 될 후배들은 이 제명록에 기록된 선배들의 이름을 보고 강학에 전념했던 뜻과 마음을 되새겨, 서원의 존재 가치와 선배들의 유풍을 계승하라는 취지로 제명록을 작성하였음을 밝히고 있다.

넷째, 진정한 '강학인(講學人)'의 의미와 방법을 역설하였다. 진정한 '강학'의 의미는 입으로만 경전을 읽고 논변하는 문자적 학습에 그치는 것이 아니고, 강회에서 공부한 내용을 궁구, 체득하여 일상의 언어와 동작에서 실천하는 자만이 진정한 '강학인'이며, 이것이 당시 강회에서 가르침을 베풀었던 두 스승 이상정과 김낙행이 바라는 것임을 강조하고 있다. 일상의 실천과 적용에까지 이르러야 '강학'의 의미가 비로소 완성된다는 이상진의 해석은 실천적 학풍을 중시했던 대산 학맥의 특징을 반영한 대목으로 주목할 만하다.

이 제명록 서문 외에 「호계서원강회제명록」은 김상열(金相說)이 작성하였다고 하는데 현재 자료의 행방이 확인되지 않는다.[62] 10일부터 17일까

61) 『下枝遺集』 권4, 序, 「虎溪書院講會題名錄序」.

62) "此會不可無錄 使金君相說題會員姓名于小册子 以備院中故事"(『下枝遺集』 권4, 序, 「虎溪書院講會題名錄序」).

지 강회에 참석한 총 인원은 90여명이었으며 참석자 중 70%가 나이 어린 유생들이었다.[63] 그 중 강회의 소임을 맡은 인물은 다음과 같다.

〈표 2〉 1765년 호계서원 『대학』 강회 시 소임

성명	소임	생몰년	나이	본관	기타
李象靖	丈席	1711~1781	55	한산	
金樂行	2월 14일 丈席	1708~1766	58	의성	
金宅東	洞主	1708~1778	58세	의성	
金相玉	강회 실무 관장	미상	미상	의성	
裵相憲	강회 실무 관장	1708~ 몰년미상	58세	곡강	
李象靖	丈席	1711~1780	55세	한산	
金樂行	丈席	1708~1766	58세	의성	
金始集	정읍례 시 東班首	미상	미상	의성	대산 동생 小山 李光靖의 매부, 李㙖의 고모부
李孝瞻	정읍례 시 西班首	1723~ 몰년미상	43세	-	
李逵	敬讀(백록동규)	미상	미상	한산	
李象辰	虎溪書院講會題名錄序 작성	1710~1772	56세	예안	
金相說	虎溪書院講會題名錄 작성	1720~1773	미상	의성	학봉 김성일의 중형 金守一의 종손

『대학』 강회에 스승으로 초빙된 이상정(1711~1781)과 대학 강회 마지막 날 장석에 오른 김낙행(1708~1766)은 둘 다 밀암 이재(李栽, 1657~1730)의 문인이다. 이 두 사람이 장석에 올랐다는 사실은 매우 상징적 의미를 지니고 있다.

대산은 14세 때부터 외조부 밀암의 문하에 나아가 수학함으로써, 학봉

63) "歲乙酉閏二月十日 設文會于廬江書院 于時參奉金公宅東爲洞主 謀諸多士 邀鼎鑑李君象靖 坐之皐比 士林來會者 揔之九十餘人 而年少橫經 居三之二"(『下枝遺集』 권4, 序, 「虎溪書院講會題名錄序」).

김성일에서 경당 장흥효를 거쳐 갈암 이현일과 밀암 이재 부자로 이어오는 퇴계학파의 정맥을 이어받게 된다. 그는 밀암 문하에서 성리학과 예학을 배움으로써 학문적 기틀을 정립하고, 20대 초반에 『주자서절요』를 통해 주자학의 기초를 확립하였다. 25세인 1735년 문과에 급제하였으나 벼슬길에 큰 뜻을 두지 않았다. 당시 정국은 노소의 권력 다툼에서 노론이 주도권을 잡은 시기였으므로 영남 남인 출신으로 자신의 정치적 입론을 세우고 정치 활동을 할 수 있는 형편이 아니었기 때문이다. 27세에 귀향하자 집안에서 대산서당을 지어 자제들을 가르치게 하였다. 사환과 귀향을 거듭하다가 43세를 전후로는 수차례 관직을 제수 받았지만 신병을 이유로 사양한 채 사실상 실제 벼슬에 나가지 않았고, 학문과 저술에만 몰두하며 대산서당, 고산정사, 호계서원 등에서 강학하다 여생을 마쳤다. 50세에 도산서당의 동주가 되어 이미 영남 유림의 종장으로 인정받았고, 57세에는 고산정사를 세웠으며, 69세에는 대산서당을 중건하여 사방에서 몰려드는 문인들과 강학하였다.[64] 호계서원에서 『대학』·『심경』 강회가 열린 1765년은 대산 나이 55세 때로, 벼슬에 대한 뜻을 아예 접고 낙향하여 저술과 강학에만 전념하던 바로 그 시기로, 아직 고산정사가 건립되기 전이었다.

대학 강회 마지막 날 대산과 함께 丈席에 오른 김낙행도 밀암 이재의 문인으로, 18세에 부친의 명으로 제자의 예를 행하고 밀암 이재의 문하가 되어 『근사록』, 『심경』 등을 배웠다. 비록 당화를 입은 부친으로 인해 세상에 현달하지는 못했지만, 학문과 덕행이 뛰어나 대산 이상정과 함께 영남 사림의 종장으로 추중 받았다.

김낙행의 아버지는 17세기부터 호계서원 거접에 참여하고 18세기 초반 이재, 이광정과 더불어 호계서원 강학을 주도했던 제산(霽山) 김성탁(金聖鐸, 1684~1747)이다. 그는 1735년 증광문과에 급제하여 벼슬길에 오르고

64) 금장태, 「대산 이상정의 사상」, 『대산 이상정 선생의 학문과 사상』(대산선생 탄신 300주년 기념논문집), 대산 이상정 선생 기념사업회, 2011.

문장가로 조정의 총애를 받았으나, 1737년 스승 이현일을 신원하는 상소를 올렸다가 왕의 노여움을 사서 제주 정의현에 유배되고, 그 뒤 광양으로 이배되어 배소에서 사망하였다. 김낙행은 부친이 적소에서 세상을 떠날 때까지 10년간 고향과 적소를 오가면서 부친과 조모를 봉양하였다. 그는 유배지의 열악한 여건 속에서도 학문에 대한 뜻이 더욱 견고하여 날마다 부친을 모시고 문답을 일삼아 경전(經傳), 자집(子集)부터 음양(陰陽), 성력(星曆), 지리(地理), 의방(醫方), 성율(聲律)까지 모두 탐구하여 두루 관통하니, 부친이 매번 사색을 잘한다고 칭찬하며 "집 아이의 견식이 이와 같건만, 나로 인하여 학문에 전념할 수 없어 애석하다."라고 하였고, 김낙행이 고향으로 돌아갈 때면 "향리의 제공들과 강론하여 그 내용을 기록하여 보내라."고 명하였다. 돌아와서는 강좌 권만, 대산 이상정 등 제현과 강론한 것을 기록하여 인편으로 부치거나 문안하러 갈 때에 직접 들고 가서 강질(講質)하였으니, 오직 학문을 향상시키는 일만이 부친의 마음을 위로해 드리는 길이라고 생각했기 때문이다. 정조는 후일 제산 김성탁을 복관시키면서 행의가 뛰어났던 그의 아들 김낙행을 등용하지 못한 것을 아쉽게 생각하였다고 한다.[65]

이상정과 김낙행은 평생 지기지우(知己之友)였다. 김낙행은 마음을 다해 서로 허여하는 사람이 얼마 되지 않았는데, 대산과 맺은 교분이 각별하여, 때때로 생각이 일어나면 문득 말을 타고 가서 도(道)를 논하고 글을 강론하였으며, 집을 옮겨 서로 내왕하고자 할 정도였다. 1765년 호계서원에서 대산과 『대학』, 『심경』 강회를 마친 뒤에도 그는 문답내용을 기록하여 적소(謫所)에 있는 부친에게 올렸다. 이를 본 김성탁은 "이처럼 좋은 벗을 얻고 이처럼 좋은 의논을 강론하였으니, 이는 근래에 듣고 보지 못했던 일이다. 나로 하여금 여러 날 위로되고 기쁘게 한다."라고 하였다.[66]

65) 『九思堂續集』 권4, 부록, 행장[柳長源] ; 박대현, 「구사당의 생애와 《구사당집》의 간행 경위」, 한국고전번역원.
66) 『九思堂續集』 권4, 부록, 행장[柳長源].

김낙행은 이 해 강회를 마친 뒤 대산에게 보낸 편지에서 당시 강회에 대해 다음과 같이 술회하고 있다.

> 근 20일 동안이나 자리를 함께하고 나란히 잠잤던 일은 세상에 태어난 이래로 여태 없었던 일이었습니다. 더구나 향기로운 德에 감화되고 오묘한 의론을 들어서 비루함을 없애고 몽매함을 일깨움에 있어서이겠습니까. 뜻하지 않게 노년에 이르러 이러한 즐거움을 얻게 되었으니, 어찌 곤궁한 운명이 마침 한때의 좋은 운기를 만난 것이 아니겠습니까....며칠 전에 秋月에서 雲若[金翼溟]이 그대의 글을 보여주었습니다. 題名과 後識는 마치 그대의 얼굴을 다시 보는 듯하였으니, 솟구치는 기쁨을 어찌 말로 다할 수 있겠습니까.[67]

그러나 이 강회가 있었던 다음 해인 1766년 김낙행은 64세의 나이로 사망하였다. 이에 대산은 제문을 지어 "『주역』에서 말한 '말없이 이루고 말하지 않아도 믿음은 덕행에 있다'는 것이 아마 이런 사람을 두고 말한 것입니다. 어리석은 내가 외람되게도 공과 함께 종유한 지 40여 년이 되었습니다. 비록 총명하고 둔한 자질은 달랐지만 취미가 어긋남이 없어서 평소 이택(麗澤)의 도움을 받았을 뿐 아니라, 장차 평생 변함없는 기약을 돈독히 하려 하였더니, 인간사를 알 수 없음이 문득 이와 같습니다. 고인(古人)이 거문고 줄을 끊고 짝을 잃었던 슬픔을, 내가 그러한 상황을 직접 체험한 뒤에야 바야흐로 실제 말인 줄 알겠습니다. 오호라, 공이 이제 지하의 사람이 되어, 이 세상에서 다시 볼 수 없게 되었으니 의문이 있으면 누구에게 묻고, 허물이 있으면 누가 고쳐 주며, 사문(斯文)이 땅에 떨어질 때 또 누가 계승하겠습니까"[68]라고 하였다.

또 장사지내는 날 대산은 문인 유장원에게 "이 어른의 덕성은 형용하기

---

67) 『九思堂集』 권4, 「與李景文」.

68) 『九思堂續集』 권4, 부록, 제문[李象靖].

어려우니 너그럽고 부드러운 사람이라 여기면 매우 강하고 굳세다 느끼고, 강하고 굳센 사람이라 여기면 매우 너그럽고 부드럽다 느낍니다. 소활(疎闊)한 듯하나 도리어 세밀하고, 조금 평이하나 도리어 미치기 어려우니, 갑이 이를 보면 이와 같고 을이 이를 보면 저와 같습니다. 비유컨대 마치 천 이랑의 물을 다 퍼내지 못하는 것과 같으니, 그것은 아마 황숙도(黃叔度)와 견줄 만하고, 학문의 힘으로 채웠기 때문일 것입니다. 그 문장과 의론은 넓고 정밀하여 모두 백세토록 전할 만합니다."라고 하였다.[69]

갈암의 외증손, 밀암의 외손이자 문인으로 가학을 계승한 이상정, 갈암의 적전으로 꼽혔던 제산 김성탁의 아들이자 밀암의 문인이었던 김낙행이 이 강회에 스승으로 초빙되었다는 사실은 이 강회가 〈퇴계 이황-학봉 김성일-경당 장흥효-갈암 이현일-밀암 이재-대산 이상정〉으로 이어지는 영남 퇴계학의 한 학맥을 계승하고 있다는 상징적 의미를 담고 있다. 주자의 주석 외에 퇴계와 경당, 갈암의 해석이 이 해 『대학』 강회의 문답과 토론에서 주요 전거로 활용되고 있다는 점은 이를 뒷받침한다. 이 부분은 다음 장에서 살펴보고자 한다.

2. 강회 참여 인물

서원에서 이루어진 다양한 교육방법 중 '강회'의 특징은 바로 연령이나 학문의 수준차를 막론하고 다양한 유생들이 한 자리에 모여 정해진 텍스트를 함께 강독하며 자유로운 문답과 토론을 통해 서로의 학문적 통찰과 안목을 배우고 소통할 수 있는 '호혜적 배움'의 장이라는 데 있다. 따라서 '강회'는 서원교육의 이념이었던 '이택관선(麗澤觀善)'의 실현을 위한 구체적인 방법이자, 서원교육에서 가장 중시된 교육과정이었다.

이 해 『대학』 강회에도 20대부터 50대에 이르는 다양한 연령의 인사들

69) 『九思堂續集』 권4, 부록, 행장[柳長源].

이 참석하였다. 이상진의 제명록 서문에 따르면, 당시 강회에 참여한 인물은 총 90여명, 그 중 2/3가 연소자였다고 한다.[70] 먼저 강회의 스승 이상정은 55세, 대학 강회 마지막 날 상석에 앉은 김낙행은 58세였고, 원장 김택동을 포함, 대산과 더불어 토론을 주도했던 장로급 인사 이상진, 김정한, 김익명 등도 모두 50대였다. 정읍례에서 서반수를 맡았던 이효첨과 문답에 활발히 참여했던 권이숙은 40대, 그 외 이완, 이우, 이우강, 김굉, 김돈, 유범휴 등은 모두 20대였다.

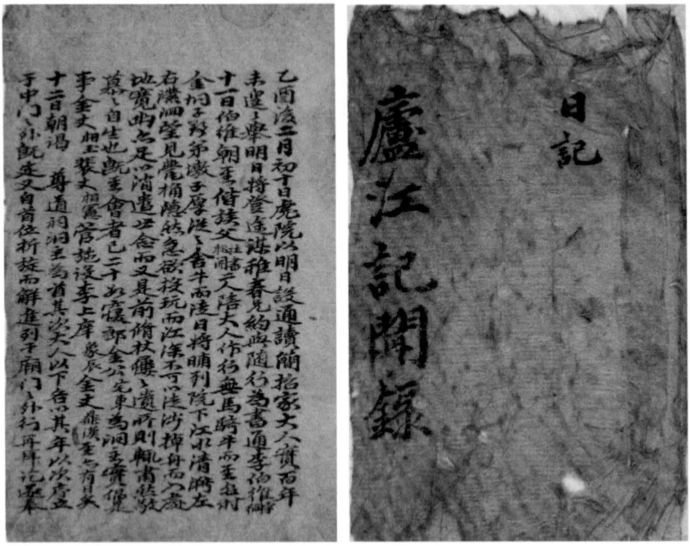

여강기문록

연령의 분포가 다양한 만큼 문답의 내용도 단순한 자구 해석부터 철학적 분석과 논쟁에 이르기까지 다양한 수준의 문답이 오고 갔다. 현재까지 강회록과 문집 기록을 토대로 확인된 인물은 장석(丈席)을 포함하여 총 19

70) "士林來會者 摠之九十餘人 而年少橫經 居三之二"(『下枝遺集』 권4, 序, 「虎溪書院講會題名錄序」).

명이다. 20대 유생들은 모두 『고산급문록』에 수록된 대산 문인이며, 40대 이상 장로급 인사들은 대부분 대산과 교분이 두터웠던 인물로 밀암 이재의 문인이거나, 갈암 문인이었던 제산 김성탁의 문인들이다. 즉, 강회 참여자들은 모두 '갈암-밀암-대산'으로 이어지는 영남 퇴계학통을 벗어나지 않는다. 특히 당시 20대였던 대산 문인들은 모두 후일 소과나 문과에 합격하여 관직에 진출하거나 학문적으로 성장하여 '호학(湖學)'이라 칭해지던 대산 학통을 계승하는 데 중추적인 역할을 한 핵심 문인들로 성장하게 된다. 강회 참여자 중 지금까지 확인된 인물들은 다음 표와 같다.

〈표 3〉 1765년 호계서원 『대학』 강회 참여자

성명	생년	나이	본관	사승관계	과거	기타
李宇綱	1745	21세	진성	대산 문인[71]	1786 생원	대산 문인 李宗洙의 아들
柳範休	1744	23세	전주	대산 문인	1780 생원	대산 문인 柳道源의 아들
金墩	1742	24세	의성	대산 문인	1771 생원	金埅의 동생
李埦	1740	26세	한산	대산 아들, 문인	1771 생원 1774 문과	「廬江記聞錄」 작성
李堣	1739	27세	한산	대산 조카, 문인		小山 李光靖의 아들
金埅	1739	27세	의성	대산 문인	1773 생원 1777 문과	金墩의 형
李逵	미상	미상	한산	-		안동 소호리 대산종가 인물로 추정
權以肅	1725	41세	안동	대산 문인	1756 생원	
李孝瞻	1723	43세	미상		유학	정읍례 시 西班首
金相說	1720	46세	의성			金守一 종손, 강회 제명록 작성
金正漢	1711	55세	의성	金聖鐸 문인		金克一의 6세손, 김낙행의 족제, 屛厓 曺善長의 사위

71) 대산 문인은 『고산급문록』 수록 여부를 기준으로 작성하였다(영남퇴계학연구원,

李象靖	1711	55세	한산	밀암 이재 문인이자 외손	1735 소과, 문과	丈席
李象辰	1710	56세	예안	權榘·權相一 문인		강회 제명록 서문 작성, 증조 李惟樟이 이현일과 교유
金宅東	1708	58세	의성		생원	1765년 원장
金樂行	1708	58세	의성	金聖鐸 아들, 밀암 이재 문인		2월 14일 대산과 함께 丈席에 모심
金翼溟	1708	58세	의성	李栽·金聖鐸 문인		金樂行의 족제
屏厓(屏崖)	미상	미상	미상			문답 내용으로 볼 때 장로급 인사로 추정.
金始集	미상	미상	의성			정읍례 시 東班首, 李埦의 고모부
李埦의 十三族父	미상	미상	한산			

당시 강회 참여자 중 21세로 가장 나이가 어렸던 이우강(李宇綱, 1745~1800)의 자는 백유(伯維), 호는 직촌(直村), 본관은 진성, 대산 문하의 '호문(湖門) 3로'라 불리던 이종수(李宗洙)의 아들이다. 18세(1762년)에 대산에게 배움을 청하고 문하가 되었으며 1786년 생원시에 합격하였다.[72)]

유범휴(柳範休, 1744~1823)의 본관은 전주, 자는 천서(天瑞), 호는 호곡(壺谷)으로 대산 문인 유도원(1721~1791)의 아들이다. 29세(1772년)에 대산 문인이 되어 '뜻이 정성스럽고 공부가 전일하다'는 평을 받았으며, 33세에 종신토록 가슴에 새겨 실천할 고금의 격언을 써달라고 청하자 대산은 '立志居敬 致知力行 剛健中正'의 16자를 써주었다.[73)] 강회록에는 기록되지 않았으나 연보에 따르면, 이 해 대학 강회에 참석, 유범휴의 차례가 되어

2011).

72) 『고산급문록(상)』, 영남퇴계학연구원, 2011.

73) 『大山集』 권45, 跋, 「書與柳天瑞十六言帖後 丙申」.

진강하자 해석이 정밀하고 분명하여 듣는 자들이 용연히 놀랐다고 한다.[74]

김돈(金墩, 1742~1799)의 본관은 의성, 자는 자후(子厚), 호는 동애(同厓), 김굉의 동생이다. 16세(1757)에 먼저 호문(湖門)에 출입하던 형 김굉을 따라 대산의 문인이 되었다. 대산에게 『대학』과 『대학혹문』을 받아와 1년간 침식을 잊고 반복 숙독한 끝에 '내가 이 책을 읽고 비로소 학문의 득력처를 깨달았다'고 하였다.[75] 이 해 대학 강회 당시 24세로, 참석자 중 나이가 가장 어린 유생 중 하나였으나 강론과 해석이 정미하고 자세하여 장로들이 모두 그를 칭찬하였다. 강회 중 대산은 김돈에게 『대학혹문』 여러 편을 송독시킨 후 '자질과 품성이 단정하고 정밀하며 지기(志意)가 견고하고 정성스럽다. 1년 동안 대학과 혹문을 정밀하게 숙독하더니 자못 크게 진전한 곳이 있다'며 크게 칭찬하였고, 김낙행과 이상진은 '김돈은 독서를 잘하여 구독(句讀)과 견해가 분명하니 이는 여러 유생들이 쉽게 미칠 수 있는 것이 아니다'고 극찬하였다.[76]

김굉(金㙆, 1739~1816)은 당시 27세로, 본관은 의성, 자는 자야(子野), 호는 구와(龜窩)로, 19세에 대산 문하에 입문하였다. 1765년 과거시험에 응시하여 낙방한 후 고향으로 돌아오다 집 앞에 이르렀을 때, 대산이 여강서원에서 강석을 주관한다는 소식을 듣고 문득 동생과 나아가 강회에 참석하였다고 한다.[77] 1773년 생원, 1777년 문과에 급제하였으며. 대산 사후 1783년

---

74) "先生二十二歲 閏二月赴虎溪書院講會 時大山先生主講席 令諸生迭讀所講書 先生聲音洪暢 識解精明 聽者爲之聳然"(『壺谷集』 권13, 附錄, 「年譜」, 영종대왕 41년 을유 조).

75) "丁丑間 始自知留意於學 時余方出入湖門 君遂奮然發肯信身心 嘗學危坐十餘日 至跟脊生核 因受大學及或門於師席 獨棲▩舍 字求句釋 至忘寢食 反復熟讀 至小註皆成誦融通 嘗曰 吾讀此書扁然後始覺有得力處"(金㙆, 『隨得錄』 一, 「亡弟子厚行記」)

76) "乙酉與余及李穉春 李致道 李伯維僉同志 從先生于廬江講會 通讀大學心經 時諸生執經者 殆六七十 君以眇然初學 講解精詳 皐比諸長上 咸加稱賞 至夜先生召君 俾誦或問數篇 先生曰此君資稟端詳 志意堅慤 一年讀得大學及或問甚精熟 頗有長進處 九思堂曰此君善讀書 句讀分明 下枝翁曰此君見解分明 在諸生未易及"(『龜窩集』 권14, 遺事, 「仲弟成均生員遺事」).

이우, 이완 등과 『대산집』을 편수, 정리하고, 1799년 단양군수 재임 시에는 『대산집』의 간행에 사용할 판목을 구입하여 보냈으며, 1815년 예조참판 재임 시에는 『대산집』을 교서관에서 인쇄하여 올리도록 하여 임금께 을람하기를 청하고 이듬해 왕명으로 인쇄하여 비각에 보관하게 하는 등[78] 대산 사후 문집 간행과 스승의 추숭 사업에 핵심적 역할을 한 문인들 중 하나이다.

권이숙(權以肅, 1725~1787)은 당시 41세로, 본관은 안동, 자는 지국(支國), 호는 현암(弦庵), 1756년 생원시에 입격하고, 1760년 겨울 대산을 찾아가 집지례를 올리고 제자가 되었으며 대산은 그의 마음가짐이 성실하고 독실하다고 칭찬했다. 대산 문하의 이종수, 김종덕과 도의지교를 맺었으며, 이 해 대학 강회에 김낙행, 이상진, 김정한 등과 함께 참여하였다.[79]

김정한(金正漢, 1711~1766)은 대산과 동년배로 당시 55세, 본관은 의성, 자는 부중(扶中), 호는 지곡(芝谷)이며 약봉 김극일(金克一)의 6세손이자 병애(屛厓) 조선장(曺善長)의 사위이다. 제산 김성탁 문하에서 배웠는데, 김성탁의 아들 김낙행과 만형의 뒤를 이어 절차탁마하여 김성탁의 고제가 되었다. 향시에 여러 차례 장원으로 합격하였으나 벼슬길에는 나아가지 않았다. 대산은 함께 강마하던 김정한과 김낙행이 같은 해 동시에 사망하자 '선한 사람 모두 다 사라져버려 우리 당이 일시에 외로워졌네'[80], '지난날에는 김퇴보[김낙행]와 부중[김정한] 등 여러 선배들이 앞뒤에서 이끌어 줌에 힘입어 보고서 선해지는 유익함이 있었으나, 불행히도 일시에 세상을 떠나서 귀로 법어를 다시 들을 수 없게 되었다'[81]라고 한탄하였다.

김익명(金翼溟, 1708~1775)의 본관은 의성, 자는 운약(雲若), 호는 범암

---

77) 『龜窩集』, 부록, 권3, 「墓碣銘 并序」 [柳致明].

78) 『龜窩集』, 부록, 권1, 「연보」.

79) "庚辰冬 執贄於大山先生 先生稱其持心誠篤 同門先進如后山李公 川沙金公 皆爲道義交 乙酉春 往參廬江講會 時大山先生主皋比 九思堂金公樂行 下枝李公象辰芝谷金公正漢 皆會有講錄"(『龜窩集』 권13, 行狀, 「弦庵權公行狀」).

80) "消磨善類盡 吾黨一時孤"(『大山集』 권3, 詩, 「挽金扶仲正漢」).

81) 『대산집』 권7, 書, 「答黃爾直 後榦 己丑」.

(凡巖), 밀암 이재와 제산 김성탁의 문인이며 김낙행의 족제이다. 스승 김성탁 사후 『동문록(同門錄)』을 편찬하였고 저서로 『범암집』이 있다. 강회록에는 기록되지 않았지만 대산 연보에 따르면 이 해 강회에 참석했다는 기록이 있다.[82)]

병애(屛厓)는 강회록의 문답 내용과 수준으로 볼 때 장로급 인사의 하나로 보이는데 누구인지 확인되지 않는다. 다만, 40년 전에 사망한 갈암 이현일의 문인 조선장(1661~1726)의 호가 '병애'이고, 그의 사위 김정한이 이 해 강회에 참여하였는데, 강회록을 작성한 이완(李埦)이 장인의 호 '병애'를 김정한의 호로 착각하여 잘못 기록한 것이 아닐까 추정된다. 2월 11일 이상진과 함께 서원에 도착하여 대학 강회 첫 날부터 참여하였는데 강회록에 그의 이름이 없을 리 없기 때문이다. 병애는 대학장구 서문부터 경문 1장, 전문 6장, 7장, 9장 등에서 유생들의 질문에 답하거나 발문을 던지는 등 대산, 김낙행, 이상진과 더불어 당시 강회에서 문답을 주도한 핵심 인물 중 한 사람이다.

3. 『대학』 강회의 형식과 내용

주희는 '오로지 한 권을 읽는다면 어떠한 책을 우선해서 보아야 하느냐'는 제자의 질문에 『대학』을 추천하였다. 옛 사람들이 학문을 하는 시작과 끝뿐만 아니라 그 순서까지 제시한 책이기 때문이라는 것이었다.[83)] 더불어 『대학』은 처음부터 끝까지 체계적인 논리와 구조를 갖추고 있어 공부하는 이가 쉽게 미루어 나아갈 수 있기에 결코 다른 책과 비교할 바가 아니라고 단언하였다.[84)] 이런 이유로 『대학』은 『중용』과 더불어 서원 강회에서 가

82) "時金九思金雲若冀溟李若天象辰金扶仲正漢皆來會"(『大山先生實紀』 권1, 「연보」, 영종대왕 41년 을유 조).

83) "問欲專看一書 以何爲先 曰先讀大學 可見古人爲學首末次第"(『朱子語類』 卷14, 「大學一」).

장 활용도가 높은 텍스트였다. 짧은 기일동안 학문적 층차가 다양한 인물들이 참여하는 강회의 특성상 『대학』은 그 분량이 길지 않으면서도 유학의 정수를 체계적으로 학습할 수 있는 최적의 교재였기 때문이다. 『대학』에 대한 이러한 주희의 인식을 대산 역시 공유하고 있었다. 그는 강회에 앞서 『대학』의 중요성을 언급하면서 참여자들이 지녀야할 태도에 대해 다음과 같이 요청하였다.

> 『대학』은 학문을 하는 큰 방법으로서 그 체제와 구조를 모두 갖추고 있습니다. 옛 사람들이 학문을 함에 있어서 지향했던 바를 알고자 하는 사람은 이 책을 우선하여 배우지 않을 수 없습니다. 마침 『대학』을 강독하기로 하였으니, 모든 장로들은 각자의 견해에 따라 서로 난해한 부분에 대해 따져 묻고, 모든 유생들은 의심나는 곳이 있으면 모두 질문하여 숨기는 것이 없도록 해야 합니다.[85]

위 언급에서 확인할 수 있듯이, 대산은 강회에서 장로들과 유생들에게 강회 참여방식을 다르게 요구하고 있다. 장로들에게는 『대학』에 대한 〈각자의 견해와 해석〉을 요청한 반면, 유생들에게는 〈의심나는 부분에 대해 질문〉할 것을 요청하고 있다. 이처럼 호혜적 배움을 위한 공동학습 과정인 강회에서도 참여자의 수준에 따라 다양한 방식의 문답을 요청했다는 점은 '공동학습 안에서 개인차를 고려한 개별학습이 동시에 병행'되었음을 보여준다. 이는 '서원 강회'의 특질이자 교육사적으로 중요한 함의를 지니는 대목이다. 대산의 이러한 요청은 이 강회를 통해 『대학』에 대한 기초적인 문답에서부터 각자의 견해가 충돌하는 수준 높은 논변을 예고하는 것이었다. 실제로 『여강기문록』에는 『대학』을 강독하면서 제기된 다양한 내용과 수

---

84) "此書前後相因互相發明 讀之可見 不比他書 他書非一時所言 非一人所記 惟此書首尾具備 易以推尋也"(『朱子語類』 卷14, 「大學一」).

85) "以大學爲爲學之大方 而禮統都具 欲知古人爲學所向者 不可不先學此書 遂定講大學 諸丈老各以其見互相發難 令諸生亦各有疑畢陳無敢隱也"(『廬江記聞錄』).

준의 문답 및 논변이 기록되어 있다. 이 문답과 논의를 『대학장구』의 장절별, 주제별로 분류하면 총 42개의 항목으로 정리할 수 있다. 이하에서는 강회의 텍스트, 대산의 독자적인 『대학』 해석이 드러난 곳이자 가장 치열한 논변이 이루어진 경(經) 1장, 전(傳) 6장, 전(傳) 10장의 논의를 통해 본 강회의 특징, 그리고 문답의 구체적인 형식과 방법에 대해 검토하고자 한다.

1) 강회의 텍스트와 문답의 특징

강회의 주된 논의는 『大學章句』 본문 및 주자주(朱子註)와 관련된 내용들이다. 하지만 때때로 『大學章句大全』에 있는 소주(小註)의 문장에 대해 논의를 펼치기도 하였다. 이를 근거로 강독에서 활용된 주석서의 범위는 『大學章句』를 넘어 『大學章句大全』까지 망라하고 있음을 유추할 수 있다. 주지하다시피, 『大學章句大全』은 주희가 편찬하고 주석을 단 『대학장구』에 다시 여러 학자들의 소주(小註)를 붙인 책으로, 명대 영낙제의 칙명을 받아 한림학사 호광 등이 편찬한 『四書大全』 가운데 하나이다.[86] 흥미로운 사실은 소주에 대한 평가는 강회 참여자에 따라 다른 견해를 보였다는 점이다. 예로, 대산은 전 9장 치국(治國)에서의 효제자(孝弟慈)에 대한 자신의 해석을 정당화하기 위해 소주를 인용하고 있다. 반면 김낙행은 전 10장 '순물무위(循物無違)'에서 '순물(循物)'의 '순'이 구체적으로 무엇인지 주자가 언급한 적이 없는데 영낙의 학사들이 주자가 단 한번 언급한 '순어물리(循於物理)'를 억지로 소주에 인용하고 있는 것이 아니냐며 비판을 가하였다. 곧 『大學章句』의 본문과 주자 주는 강회 참가자 모두에게 의심이 없는 중심

86) 이 『사서대전』은 우리나라에 세종 때 조선에 처음으로 전래되었고, 이를 판각하여 필요에 따라 수시로 인쇄하여 보급하였는데, 明의 宮廷本을 그대로 복각한 판본이 조선에서 대략 18회 이상 간행되었다. 이에 대한 자세한 설명은 송일기, 「永樂 內府刻本 〈四書大全〉의 朝鮮 傳來와 流布」, 『한국문헌정보학회지』 48, 2014, 111~112쪽을 참조.

텍스트였으며, 소주는 본문과 주자의 주석을 이해하기 위한 보조적인 것으로 참가자에 따라 그 신뢰성에 차이를 보이는 텍스트였다.

또 강회록에는 기록되지 않았으나 강회 중 '대산이 김돈에게 『대학혹문』 여러 편을 송독하도록 시켰다'[87]는 기록과 강회록에서 대산이 전 6장에 대한 해석의 근거로 『대학혹문』의 문구를 사용한 것 등에 따르면, 강회의 실제 교재로 『대학장구』 외에 주자의 『대학혹문』까지 함께 사용되었음을 알 수 있다. 이를 통해 강독의 주 교재는 『대학장구』의 서(序)·경(經)·전(傳)의 본문과 주자 주 및 주자의 『대학혹문』까지였으며, 장석과 장로들 사이에 활용된 주석서의 범위는 『대학장구대전』과 『대학혹문』을 포함하는 것으로 볼 수 있다. 강회에서 제기된 문답과 논변의 항목 수를 『대학장구』의 목차 및 주제별로 정리하면 다음과 같다.

〈표 4〉 『여강기문록』에 기록된 『대학장구』 장별, 주제별 문답 항목 수

『대학장구』 목차	문답 항목 수
〈大學章句序〉	4
經1章	8
傳1章: 釋明明德章	1
傳2章: 釋新民章	2
傳3章: 釋止於至善章	2
傳4章: 釋本末章	0
傳5章: 格物補傳章	0
傳6章: 釋誠意章	7
傳7章: 釋正心修身章	3
傳8章: 釋修身齊家章	2
傳9章: 釋齊家治國章	3
傳10章: 釋治國平天下	10
총 42개 항목	

87) "乙酉與余及李穉春 李致道 李伯維僉同志 從先生于廬江講會 通讀大學心經 (…) 至夜先生召君 俾誦或問數篇"(『龜窩集』 권14, 遺事, 「仲弟成均生員遺事」).

〈표 4〉를 보면, 흥미롭게도 전 4~5장에 해당되는 문답이나 토론이 기록되지 않았다. 그리고 문답과 토론의 항목이 '경 1장과 전 6장(釋誠意章) 및 전 10장(釋治國平天下)'에 집중되어 있다. 그 이유는 무엇일까?

경 1장은 조선의 유학자들이 믿고 있었듯이 "공자가 직접 말씀하신 것을 증자가 기술한 것"으로서,[88] 『대학』의 핵심인 삼강령과 팔조목을 제시한 부분이다. 사실 전 1장부터 전 10장까지는 경 1장에서 제시한 삼강령과 팔조목에 대한 해설이기에, 그 핵심지점은 경 1장일 수밖에 없다. 그렇기에 강회에서 『대학장구』의 첫머리인 경 1장에 대한 논의가 많을 수밖에 없었을 것이다.

그러나 『대학장구』의 마지막 장인 전 10장에 대한 논의가 유독 많았던 이유는 무엇일까? 이는 삼강령과 팔조목의 관계 및 팔조목 사이의 관계 등 『대학』의 구조에 대한 대산의 독자적인 해석과 관련되어 있다. 대산은 "천하의 명덕을 밝히는 것은 큰 규모이며, 그 중 격물·치지·성의·정심·수신·제가 등은 순서 있게 벌여나가는 관계이다"라는 말을 빌려 "평천하가 규모가 되고 그 위의 7조목은 절목이 된다"고 파악하고 있었다.[89] 평천하를 해설한 전 10장에 논의가 집중된 것은 바로 '평천하 장'에 대한 대산의 이러한 해석이 반영된 것으로 보인다.

그렇다면 왜 전 4~5장의 논의는 기록되지 않고 성의(誠意)를 해설하는 전 6장의 논의가 가장 많았던 것일까? 사실 『여강기문록』에 기록되지 않은 전 4~5장은 석본말장(釋本末章)과 격물보전장(格物補傳章)으로 격물치지 공부를 강조한 곳으로 주자학에서 대단히 중요한 부분이다. 대산 역시 "『대학』의 격물치지는 이치를 밝히는 방법을 열어 보이는 것이며, 자신에게 돌이켜 이치를 궁구하여 그 옳고 그름과 참과 거짓의 실상을 찾는 것"이라고 중시하였다.[90] 그 때문에 대산은 "독서하고 강습하여 항상 눈앞에

88) "右經一章 蓋孔子之言而曾子述之"(『大學章句』).

89) "朱子語見語類 以八條言 則平天下爲規模 而上七條爲節目 朱子曰 如明明德於天下是大規模 其中格物致知誠意正心脩身齊家等 便是次序"(『大山集』 卷4, 「答金退甫」).

있게 하는 격물치지 공부"[91]의 하나로 강회를 시행하고 장석에 자리한 것이기도 하다.

하지만 동시에 그는 당시 "가만히 앉아 오로지 격물치지의 공부만을 통해 참된 앎의 경지를 찾는 행태를 비판"하였다. "그런 식의 공부는 깊이 깨달을 수도 없고 부질없이 세월만 허비하는 일에 불과하며, 한편으로 궁리하되 즉시 그것을 행동과 일에 드러내서 온전히 체험하고 참되게 실천해야 한다"고 대산은 주장하였다.[92]

곧 그는 도문학(道問學)으로 지나치게 기울어진 당시 유자들의 풍토를 바로잡기 위해 존덕성(尊德性)을 강조하였던 것이다. 진정한 궁리는 도문학이 존덕성으로 연결될 때만 의미가 있기 때문이다. 대산은 "명명덕(明明德)을 공부할 때 명덕의 본체가 무엇인지 밝히는[明] 공부가 어떤 것인지를 연구한 뒤, 자신의 명덕으로 들어와 밝히는[明] 공부가 행해질 때 진정한 궁리공부"[93]라고 말하고 있었다. 즉 대산은 지식에서 머물지 않고 실천으로 이행하는 공부를 요청하였던 것이다. 이는 강회 마지막 날 제명록 서문에서 '〈진정한 강학〉의 의미는 입으로만 경전을 읽고 논변하는 문자적 학습에 그치는 것이 아니고, 강회에서 공부한 내용을 궁구, 체득하여 일상의 언어와 동작에서 실천하는 자만이 〈진정한 강학인〉이며, 이것이 당시 강회에서 가르침을 베풀었던 두 스승 이상정과 김낙행이 바라는 것'이라고 강조했던 이상진의 생각과 상통하는 지점이다. 무엇보다 강회의 효과가 '일상의 실천으로 연결'되어야 함을 역설한 대목은 이 강회 및 대산학의 특징

90) "大學之格物致知 中庸之擇善明善 皆所以開示明理之方 … 格致之學 反身窮理而覈其是非眞妄之實"(『大山集』 卷4 「三辭刑曹參議仍陳勉君德疏」).

91) "方敎以讀書講 貫令常在面前 此是下學格致工夫"(『大山集』 卷23, 「與李學甫」).

92) "須是一面窮理 隨卽見諸行事 密切體驗 眞實踐歷 … 來諭似專向致知一邊 坐討眞知境界 非無此理 然恐亦未易得力 徒然擔閣日月耳"(『大山集』 卷26, 「答金道彦兄弟」).

93) "古人所謂窮理者 如明明德則先究明德之體段如何 明之之工夫如何 回來就自家明德上 施其明之之工"(『大山集』 卷26, 「答徐向甫」).

인 '실천적 학풍'을 드러내는 매우 중요한 지점이다. 이는 19세기까지 대산 문인들이 주도한 호계서원 강회에서 시종일관 강조되었던 부분이다.

이러한 문제의식을 바탕으로, 대산은 도문학에 관한 해설인 전 4~5장에 대한 논의를 특별히 강조하지 않았던 것으로 판단된다. 대신, 대산은 특히 경 1장의 문답과 토론에서 존덕성 공부를 여러 차례 강조하고 있었다. 그는 물이 탁할지라도 본래 물 안에 맑은 속성을 지니고 있듯이, 명덕 본체의 밝음은 결코 어두워지지 않는다고 하였다. 더불어 대산은 『대학』의 모든 공부는 명명덕(明明德)과 신민(新民) 이외에 다른 공부가 없는데, 신민은 사실상 명명덕이라고 교육하고 있었다. 예컨대, 대산은 신민에 해당하는 '천하에 명덕을 밝히는 일[明明德於天下]'을 사실 '자기 자신의 명덕을 밝히는 일'로 규정하였다. 더불어 "명명덕은 치국을 위한 수단이 아니라, 처음부터 명덕을 세우는 일"이라고 강조하였다.[94] 이렇게 볼 때, 대산이 이해하는 『대학』의 모든 공부는 결국 명덕을 밝히는 공부 즉 '존덕성의 공부'였던 것이다.

성의를 해설하는 전 6장의 논의가 많았던 것도 이와 동일한 맥락에서 이해할 수 있다. 대산은 이렇게 말하였다.

> 知와 行의 선후를 따져보자면 格物 부분이 진실로 긴요하나, 이미 알고 난 뒤에는 모름지기 별도의 誠意 공부를 하여야만 비로소 자기 것이 될 수 있습니다. 이 誠意는 스스로 닦아나가는 일의 첫머리이자, 사람과 귀신의 경계가 됩니다. 이는 실천하는 측면에서 가장 긴요한 부분입니다.[95]

바로 지식을 실천으로 이행하기를 요청했던 대산에게 성의 공부는 너무도 중요할 수밖에 없었다. 특히 그는 "성의 공부에 있어서 긴요하게 힘을

94) 『盧江記聞錄』, 2월 12일 經1장에 대한 문답.

95) "若論知行先後 則格物固是緊要 然旣知了 須別下誠意工夫 方爲己物 此是自修之首 人鬼之關 此最行上緊要處"(『大山集』 卷21, 「答李學甫大學或問疑義」).

쏟아야 하는 곳으로 무자기(無自欺)와 신기독(愼其獨)"을 강조하였다.[96] 따라서 이 강회에서도 무자기와 신기독에 대해 여러 차례 강조하고 있었다. 전 6장에 대한 문답 총 7개 중 무자기와 신기독에 대한 문답이 4개 항목을 차지하고 있다는 사실은 이를 반증한다. 대산은 '자기(自欺)의 의미'부터 '무자기와 신독의 관계'에 이르기까지 유생들에게 다양한 발문을 던지고 있다. 한편, 무자기와 신기독은 퇴계가 매우 강조했던 공부법이기도 하다. 퇴계는 평소 '사무사·무불경·무자기·신기독(思無邪·毋不敬·毋自欺·愼其獨)'을 일상에서의 공부법으로 매우 강조하였으며, 이 12자를 문인 동강 김우옹에게 직접 써서 주었다. 이후 김우옹은 어떠한 상황이라도 퇴계가 써준 이 12자를 벽에 걸어두고 아침저녁으로 보고 반성하면서, 평생의 공부법으로 삼아 강건하고 독실하게 공부하였다.[97] 곧 이 12자는 퇴계가 강조했던 일상의 공부법으로, 퇴계의 학맥을 이은 대산 역시 이를 계승한 것으로 볼 수 있다.

요컨대, 이 강회에서 이루어진 문답의 특징은 크게 세 가지 측면으로 정리할 수 있다. 그 하나는 삼강령과 팔조목의 관계, 팔조목 사이의 관계 등『대학』의 구조에 대한 독자적인 대산의 이해이며, 두 번째는 존덕성과 일상에서의 실천을 강조했던 대산학의 사상적 특징, 마지막 세 번째는 일상에서의 공부법으로 무자기와 신기독을 강조했던 퇴계 공부론의 계승이다. 이 강회와 대산학의 사상적 특징 사이의 관계 및 퇴계학의 계승과 분화, 차별점 등은 이 강회에서 제기된 42개 항목의 문답에 대한 종합적이고 심층적인 분석을 통해 보다 정밀하게 규명될 필요가 있다. 이는 후속 연구에서 이어가고자 한다.

---

96) "如誠正則無自欺愼其獨 去四有存三不 皆是著緊用力處"(『大山集』 卷11, 「答金退甫」).

97) "至於遐荒鵬舍窮厄之際 亦必以退陶先生所書思無邪毋不敬毋自欺愼其獨十二字 揭諸壁上 以爲日夕觀省之資 尤足以見其強健篤實之工也"(『葛庵集』 卷20, 「東岡先生文集序」).

2) 문답의 형식과 방법

앞서 살펴보았듯이, 본격적인 강회에 들어가기에 앞서, 장석인 대산은 '강회 교재의 가치와 의미' 및 '강회에서 지켜야 할 태도' 등 강생들이 유념해야 할 사항들을 제시하였다. 이른바 장석이 본격적인 강회가 이루어지기 전에 '총괄적인 언설[總說]'을 펼쳤던 것이다. 본격적인 강회에 들어가면 유생들이 『대학장구』의 「서문」과 본문, 주자 주'까지 돌아가면서 한 장씩 읽고 해석하는 방식으로 진강(進講)이 이루어졌다. 진강이 끝나면 장석은 해당부분의 핵심내용에 대한 '발문'을 던지거나 '강설(講說)'을 내놓기도 하였다. 더불어 강생들도 장석에게 질문하거나 강설을 내놓았다. 이렇게 강생이 질문하거나 강설을 하면, 장석은 이에 답하거나 강평(講評)을 하였으며, 마지막 장석의 강평으로 각 장의 문답이 갈무리되면 다음 장으로 넘어가는 방식으로 문답이 진행되었다.

장석이 발문하는 경우 외의 문답은 대개 단순한 과정을 거쳤다. 예컨대, 장석이 강설하는 경우에는 더 이상 강생의 문답이나 논의가 없이 해당 장의 문답이 마무리되기도 하고, 유생이 장석에게 질문하는 경우 장석이 답변과 강평을 한꺼번에 하면서 마무리되기도 하였다. 하지만 유생들의 진강이 끝난 뒤 장석이 발문을 던지는 경우에는 좀 더 복잡한 과정을 거쳤다. 총 42개 문답 중 장석이 던진 발문은 총 24회로 그 중 대산의 발문이 21회, 대학 강회 마지막 날 장석에 앉은 김낙행이 던진 발문이 3회이다. 장석이 발문을 던지면 강회 참석자들에게 반드시 답을 내놓도록 요청하였다. 강회 참가자들은 머뭇거리기도 하고, 경솔하다고 꾸중을 들을까 걱정되어 답을 내놓지 못하기도 하였지만, 장석은 가능하면 참가자 모두에게 의견을 제시하도록 권유하였다.[98] 하지만 강생들이 전혀 답을 못하거나 제대로 된

98) "左右逡巡莫敢對 或有欲言者 而恐取率爾之譏 趦趄不能發 丈席令在座者盡言"(『廬江記聞錄』).

의견을 제시하지 못하면, 발문을 한 장석 본인이 직접 답하고 강평하였다.

참석자가 답을 하는 경우에는, 장석이 그 답에 대해 동의할 때에는 '옳다'고 강평하고, 동의하지 않거나 답변이 미진한 경우에는 반론을 제시하고 부연설명을 덧붙이는 강평을 하였다. 이렇게 강평이 이루어지면 해당부분의 문답이 마무리되었다. 장석의 마무리 강평이 끝난 후에는 이 강평에 의문을 품는 강생의 질문이 있더라도 그에 대한 답을 기록하지 않았다. 또한 장석의 강평에 대한 참가자의 반론이 있더라도 반론이 있었다는 것만 기록하고 그 내용은 기록하지 않았다. 때때로 장석과 참가자간의 치열한 논변으로 토론이 길어지는 경우에는 또 다른 참가자가 장석의 의견에 동조하는 강평으로 문답이 종료되었다. 예컨대, 대산은 전 9장의 "기의불특(其儀不忒)"에서 '의(儀)'가 본받을 만한 모범인 '의칙(儀則)'으로 해석한 반면, 이상진은 '의(儀)'를 위엄 있는 몸가짐인 '위의(威儀)'로 해석하면서 논쟁이 발생하였다. 여러 차례의 반론이 있은 뒤에 '의'가 '의칙'이라는 대산의 논의로 마무리를 지으려고 하였으나, 끝내 이상진이 동의하지 않자 다른 참가자인 병애가 '대산의 의견이 지극히 옳다'라는 강평으로 논쟁을 갈무리하고 있다.

이를 통해, 강회 참가자들은 장석이 마무리 성격의 강평을 제시하면 해당부분의 문답이 종료된 것으로 암묵적으로 동의하고 있었음을 알 수 있다. 특징적인 것은 두 장석인 대산과 김낙행의 문답에서는 대체로 발문자의 강평이 아닌 상대의 강평으로 문답을 끝내고 있다. 이는 스승으로서 두 장석의 의견에 대한 존중과 예우의 차원으로 해석할 수 있다. 예로, 전 10장의 '민불배(民不倍)'에 대한 해석이나, '인인(仁人)만이 지공무사(至公無私)하기에 진정으로 남을 사랑하고 미워할 수 있다'는 대산의 견해에 대한 김낙행의 강평은 긍정적 평가로 마무리되고 있으며, 전 10장 18절 "순물무위위신(循物無違謂信)"의 소주에서 "이실지위신(以實之謂信)"이라 하는 것이 온당한가에 대한 김낙행의 발문에 대해 대산은 조금 다른 견해를 가지고 있었지만 이에 대한 재반론을 표출하지 않고 간략한 강평만 제시한 채 문답을 마무리하고 있다. 그 외 강생들의 질문은 자구가 가리키는 대상에서부터 문장의 의미, 호칭 문제, 현토 문제, 해당 장에서 인용한 문장들이 지니는 의미 등 다양한 수준에서 제기되었다. 지금까지 살펴본 문답의 몇 가지 유형과 방법은 다음 〈표 5〉와 같이 정리할 수 있다.

〈표 5〉 문답의 유형과 방법

<table>
<tr><th>주체</th><th colspan="2">과 정</th></tr>
<tr><td rowspan="4">丈席</td><td rowspan="3">發問</td><td>○ 장석 발문 → 유생 답변 → 답변에 대한 장석의 강평 → 마무리 (장석과 강생의 논변이 길어지게 되면 장석의 의견에 다른 참가자가 동의하는 강평으로 마무리)</td></tr>
<tr><td>○ 장석 발문 → 유생 未答 → 장석이 직접 답하고 강평 → 마무리</td></tr>
<tr><td>○ 장석 발문 → 유생이 답하지 못함 → 또 다른 장석이 답하고 강평 → 마무리</td></tr>
<tr><td>講說</td><td>○ 장석 강설 → 마무리</td></tr>
<tr><td rowspan="2">儒生·長老
(講生)</td><td>質問</td><td>○ 강생 질문 → 장석 답하고 강평 → 마무리</td></tr>
<tr><td>講說</td><td>○ 강생 강설 → 장석 강평 → 마무리</td></tr>
</table>

Ⅴ. 맺음말

이상에서 조선시대 호계서원 강학의 흐름과 특징을 검토하였다. 17세기까지 퇴계학파 내에서도 '서애-학봉' 계열을 대변하던 호계서원이 18세기 후반 이래 '대산학'을 계승함으로써 영남 퇴계학이 분화되는 한 과정을 '서원 강학'이라는 구체적 교육활동을 통해 조명하고자 하였다. 먼저, 강학제도가 미비했던 16세기에는 구체적인 강학기록은 없으나 남치리가 작성한 원규, 설립 초기부터 안동부와 매우 긴밀한 협력 관계 속에서 운영되었으며, 서원 건물이 관학을 능가하는 매우 방대한 규모로 건립된 점, 17세기까지 과거 준비를 목적으로 한 거접이 지속적으로 시행된 점 등을 통해 16~17세기 강학의 관학적 성격을 확인하였다.

다음으로, 지금까지 확인된 총 16차례의 강회 기록을 토대로 18-19세기 강학을 주도한 인물, 강회의 교재 및 내용을 분석하고, 조선후기 호계서원 강학이 심학적 특징과 실천적 학풍을 지향하였음을 확인하였다. 그 중 대산 이상정이 주도한 1765년의 강회는 호계서원 강회의 전범이 되어 후일 '을유년의 고사'라 일컬어지며 호계서원 강학의 역사에서 매우 상징적인 위치를 점하게 됨을 확인하였다. 이 강회를 기점으로 이후 강회 제도가 체계화되는 과정 및 19세기까지 대산의 문인들이 강회를 장악하면서 호계서원이 영남 퇴계학파 내에서도 이상정의 사상을 계승하는 학문적 정체성을 확립하고, 대산이 호계서원을 대표하는 상징적 스승으로 자리매김하게 된 과정을 검토하였다.

마지막으로, 대산 이상정이 이끈 1765년 『대학』 강회의 형식과 내용, 문답의 특징을 분석하고, 대산의 사상이 강회를 통해 계승되는 구체적인 방식을 검토하였다. 이를 통해, 삼강령과 팔조목의 관계, 팔조목 사이의 관계 등 『대학』에 대한 대산의 독자적인 이해가 강회의 토론과 문답에 어떻게 반영되었는지, 존덕성과 일상에서의 실천을 강조했던 대산학의 사상적 특징이 『대학』 해석에 어떻게 작용하였는지, 일상에서의 공부법으로 '무자기'와 '신기독'을 강조했던 퇴계 공부론이 『대학』 강회에서 어떤 방식으로 계승되고 있었는지 등을 확인하였다.

그러나 본고에서는 이 강회에서 제시된 42개의 문답을 모두 다루지 못하고 경 1장 및 전 6장과 10장의 문답을 중심으로 분석하였다. 이 강회의 사상사적 의미를 규명하기 위해서는 강회에서 제기된 총 42개 항목의 문답에 대한 종합적이고 심층적인 분석이 요청된다. 이는 많은 지면과 시간을 요구하는 일이므로 후속 연구에서 이어가고자 한다. 또한 〈표 1〉에 제시한 강회 기록 중 1831년의 문답도 본고에서 미처 분석하지 못하였다. 그 외 강회도 문답 관련 자료를 좀 더 추적, 보완하여 호계서원의 강학이 영남 퇴계학의 사상적 분화 과정에 끼친 영향을 보다 심층적으로 규명할 필요가 있다. 본고에서 미처 수행하지 못한 산적한 과제는 후속 연구에서 이어가고자 한다.

【참고문헌】

『江左集』

『고산급문록(상)』, 영남퇴계학연구원, 2011.

『顧齋集』

『九思堂集』

『국역 조선시대 서원일기』, 한국국학진흥원, 2007.

『琴易堂集』

『大山集』

『東林集』

『東巖集』

『廬江志』

『密菴集』

『栢巖集』

『賁趾先生文集』

『思軒集』

『雪月堂集』

『所菴集』

『松巖集』

『숙종실록』

『廬江記聞錄』, 한국국학진흥원 소장.

『永嘉誌』

『雨皐集』

『月川集』

『惟一齋先生實記』

『訂窩集』

『霽山集』

『下枝遺集』

『鶴峯集』

『葛庵集』

『龜窩集』
『大山先生實紀』
『大學章句』
『隨得錄』
『朱子語類』
『壺谷集』

권오영, 「19세기 영남유림의 강회와 학술활동」, 『조선시대 사회의 모습』, 집문당, 2003.
권오영, 「19세기 영남유림의 사상적 동향」, 『민족문화논총』 70, 2018.
권오영, 『영남유림의 사상과 활동』, 돌베개, 2003.
금장태, 「대산 이상정의 사상」, 『대산 이상정 선생의 학문과 사상』, 대산선생 탄신 300주년 기념논문집, 대산 이상정 선생 기념사업회, 2011.
김명자, 「조선후기 安東 河回의 豊山柳氏 門中 연구」, 경북대학교 사학과 박사학위논문, 2009.
김성애, 「동암집 해제」, 한국고전번역원.
김영나, 「16~18세기 안동지역 사족의 호계서원(虎溪書院) 운영」, 『조선시대사학보』 73, 조선시대사학회, 2015.
김자운, 「조선 서원의 강학 의례와 교육적 의미」, 『민족문화논총』 76, 2020.
김자운, 「조선시대 호계서원(虎溪書院)의 위상과 강학활동」, 『유학연구』 55, 충남대학교 유학연구소, 2021.
김자운, 「퇴계의 서원관과 조선후기 소수서원 講學의 변화」, 『퇴계학논집』 18, 2016.
김자운, 이우진, 「1765년 虎溪書院 『大學』 강회 연구(1)」, 『민족문화논총』 79, 영남대학교 민족문화연구소, 2021.
김학수, 「廬江書院과 嶺南學統-17세기 초반의 廟享論議를 중심으로-」, 『朝鮮時代의 社會와 思想』, 조선사회연구회, 1998.
김형수, 「조선후기 영남지역 여론 형성과 정치참여: 통문과 상소」, 『조선시대 고문서 자료집(Ⅰ)-통문과 상소-』, 한국국학진흥원, 2007.
박대현, 「구사당의 생애와 《구사당집》의 간행 경위」, 한국고전번역원.
설석규, 「퇴계학파의 分化와 屛虎是非(Ⅰ)-屛派·虎派의 세계관 형성과 분화」, 『한국사상의 재조명』, 한국국학진흥원, 2007.
설석규, 「退溪學派의 分化와 屛虎是非(Ⅱ)-廬江(虎溪)書院 置廢 顚末-」, 『退溪學과

韓國文化』 45, 2009.
송일기, 「永樂 內府刻本 〈四書大全〉의 朝鮮 傳來와 流布」, 『한국문헌정보학회지』 48, 2014.
申奭鎬, 「屏虎是非に就いて」, 『青丘學叢』 1~3, 1931.
안승준, 「자료소개-安東鄕校 學規類」, 『고문서연구』 6, 한국고문서학회, 1994.
이재현, 「순조(純祖)대(1800~1834) 안동지역(安東地域) 유림(儒林)의 정치적 동향」, 『퇴계학과 유교문화』 59, 경북대학교 퇴계연구소, 2016.
정만조, 『朝鮮時代 書院研究』, 집문당, 1997.
정순우, 「조선조 영남 지역 교생신분과 평민층의 교육참여」, 『한국문화사대계』, 영남대학교 출판부, 2000.
최광만, 「19세기 서원 강학활동 사례 연구: 『호계강록』을 중심으로」, 『교육사학연구』 22권 1호, 교육사학회, 2012.
최광만, 『조선후기 교육사 탐구』, 충남대학교출판문화원, 2017.

서원의 지식 네트워크 활동의 실제
-상주 도남서원(道南書院)의 시회(詩會)를 중심으로-

채 광 수

Ⅰ. 머리말

한국의 서원은 교육과 제향이라는 기본 기능을 넘어 지식문화의 거점으로서 다양한 문화 활동과 지역의 지식 네트워크를 구축했던 장소였다.[1] 서원의 지식문화와 네트워크는 어떻게 형성되었을까? 상주 도남서원의 시회가 이를 입증하는 좋은 실례가 될 것 같다. 서원에서는 시회를 통해 지식을 교류했고, 서원과 관련된 각종 시문(詩文)을 지어 지식을 공유했기 때문이다. 이들의 시는 서원, 제향자, 자연, 선배의 시문 등 서원에 관련된 것을 주제로 삼았다. 또한 서원이 위치한 탁월한 산수 경관은 유학자들에게 유식(遊食)과 학습의 대상이었다.[2] 서원 영역 전면에 배치된 누정이 그런 기능을 수행한 건물이다. 조선시대 학자들의 여러 문집 및 서원 내 게시된 편액 등이 증거이다.

서원의 문화 활동에 대한 선행연구는 크게 세 가지 방향에서 논의가 이루어졌다. ①서원의 네트워크에 대한 시론적 정리,[3] ②서원의 출판·도서관적 기능 분석,[4] ③심원록·문집 등을 통한 문학적 고찰[5] 등의 연구가 진

1) 이해준, 「한국 서원의 지역 네트워크와 사회사적 활동」, 『한국 서원의 전통가치와 현대적 계승』, 한국학중앙연구원출판부, 2018, 170쪽.

2) 이상해, 「도동서원과 조선시대 서원건축」, 『道, 東에서 꽃피다』, 달성군, 2013, 99~102쪽.

3) 이해준, 「앞의 논문」, 『한국 서원의 전통가치와 현대적 계승』, 한국학중앙연구원출판부, 2018.

행이 되었다. 현재 학계에서는 두 번째 연구 외에는 매우 저조한 편이다. 자료와 관심 부족에 기인함은 재론의 여지가 없다.

이중 상주의 도남서원은 ①·③의 문제점을 해소시켜 주고, 그 문화사적 실체를 조망할 수 있는 특별한 서원이라 할 수 있다. 서원의 지식 네트워크 활동과 실제를 확인할 수 있는 가치 있는 시회 자료가 현전하기 때문이다.

이 글은 크게 두 장으로 구성해 보았다. 우선 Ⅱ장에서는 도남서원 주도세력의 네트워크 성격을 분석하고, Ⅲ장에서는 시첩(詩帖)과 문집 등의 기록을 토대로 선유와 강학 후 실시된 시회를 통한 지식 네트워크의 구체적 활동 양상을 검토해 보았다. 이를 통해 지식사적 관점에서 제기하는 지식의 생성과 네트워크 형성, 지식 확산의 과정을 도남서원의 시회 활동 사례를 통해 탐색하였다.[6)]

Ⅱ. 도남서원 주도 세력 네트워크의 성격

도남서원[7)]은 조선시대 영남을 대표하는 서원 중 한 곳이다. 임란 뒤 상주 전 사족의 참여와 노력으로 '우리의 도(道)가 남쪽에 있다'는 큰 뜻을 가진 원호(院號)와 그에 걸맞는 제향인[정몽주·김굉필·정여창·이언적·이황]을 모셔 1604년(선조 37) 창건되었다. 조선의 도통 정맥이 영남에 있고, 영

4) 서원의 출판·도서관적 기능은 서지학 분야에서 보다 연구가 활발하며, 역사학에서는 이병훈, 「경주 玉山書院의 장서 수집 및 관리 실태를 통해 본 도서관적 기능」, 『한국민족문화』 58, 2016 ; 임근실, 「16세기 書院의 藏書 연구」, 『한국서원학보』 4, 2017의 연구를 들 수 있다.

5) 김학수, 「德川書院 : 경의학(敬義學)을 지향한 조선의 학술문화공간」, 『남명학』 20』, 2015 ; 정우락, 「도산서원에 대한 문화론적 독해－일기와 기행록을 중심으로－」, 『영남학 27』, 2015 ; 권진호, 「한시로 쓴 심원록－한시에 그려진 도산서원과 그 위상」, 『조선후기 서원의 위상』, 새물결, 2015.

6) 임근실, 「'迎鳳志'의 지식사적 의미」, 『민족문화논총』 69, 2018, 496쪽.

7) 이하는 편의상 도원으로 약칭한다.

남에서 상주가 이를 계승했음을 천명한 의미이다. 도원(道院)의 초대 원장 조정(趙靖)의 손자 조릉(趙稜)은 '도학의 연원은 낙수(洛水)에서 찾을 일, 도원은 영남 사림의 으뜸 일세'[8]라고 하여 자부심을 드러냈다.

그리고 1616년(광해군 8) 노수신, 1631년(인조 9), 류성룡, 1635년(인조 13) 정경세의 연이은 추향은 향론이 반영된 결과로 상주를 안동과 대등한 또 하나의 영남학파의 거점으로 삼으려 한 것이었다.[9] 도원에 처음 추향되는 노수신은 상주를 상징하는 인물이다. 그러나 그는 양명학적 학문 성향 때문에 크게는 주류 성리학계에서, 작게는 안동권으로부터 배척을 받은 인물이었다. 그럼에도 도원 입향이 가능했던 것은 사상을 떠나 이준을 위시한 지역 후배 집단의 공조와 노력 덕분이다. 상주목사이면서 노수신의 고제 강복성(康復誠)이 입향 발의를, 노수신의 각종 문자를 지은 이준과 전식이 측면에서 지원을,[10] 노수신의 증손을 사위로 맞은 정경세가 종향제문을 지어 봉안에 일조를 하였다. 강복성을 제외하면 이들 모두 류성룡의 문인이며, 세칭 '상산삼로(商山三老)'라 불리는 명망가이다. 이들이 노수신을 도원에 추향하고자 한데는 스승 류성룡과 노수신 간의 양명학적 동질성과 인간적 친밀성이 일정한 토대가 되었을 것이다. 하지만 무엇보다 당대 상주 사림들이 노수신을 향현이자 서원에 추향할 존모의 대상으로 여겼으며, 한편으로는 소재 학맥이 건재했음을 방증하는 것이기도 하다.

상주의 퇴계학맥은 류성룡 ⇨ 정경세 ⇨ 류진 ⇨ 정도응·정종로 ⇨ 류

8) 조릉, 「홍판관운」 『도남서원사실 하』 ; 권태을, 「도남서원 관련 詩文의 機能考」, 『도남서원의 사적과 도학정신』, 제1회 상주 문화사적과 역사인물 학술대회 자료집, 2011, 127쪽, 재인용.

9) 이와 관련해서는 김학수, 「17세기 영남학파 연구」, 한국학중앙연구원 박사학위논문, 2008이 크게 참고가 된다. 한편 1710년 이준 추향에 대한 여론이 있었으나 성사되지 못했다. 권상일, 『(국역) 청대일기』 권1, 「1710년 11월 21일」.

10) 이준이 노수신 관련문자는 총 9편에 이른다. 김학수, 「정경세, 이준의 소재관-정경세의 비판적 흡수론과 이준의 계승적 변호론을 중심으로」 『영남학』 71 2019, 137쪽.

심춘으로 전승이 된다. 상주권은 류성룡 문인이 가장 많이 포진한 고장이면서 핵심 문인 정경세와 이준, 그리고 3남 류진이 이거한 서애학맥의 근거지이다. 16개 성관에서 배출된 상주의 서애문인 23명은 임란시에는 의병활동, 임란 후에는 사족을 대변하는 낙사계 결성과 존애원 설립, 향약 시행 등 향촌 복구사업 전반을 기획하고 주도했다. 여기에 구성원 가운데 20명에 달하는 높은 소·대과 합격자와 관직자의 비율, 또 '오현종사소'·'퇴계변무소'·'이이첨 탄핵소'를 통한 정치 활동 등 그 위상이 남다를 수밖에 없었다. 이들은 이 시기 지역 사회를 이끈 주역들이며, 그 중심에는 정경세가 자리하고 있었다. 그래서 도원 창건 당시 류성룡의 자문을 받아 서원의 위치·원호(院號) 등을 낙점했고, 1619년(광해군 11) 『서애집』 첫 교정을 상주 용암 수선서당(修善書堂)에서 진행한 것이다. 1631년(인조 9) 류성룡의 도원 추향은 지역 분위기 상 매우 자연스러운 흐름이었다. 이때 추향제문은 이준이 맡았다.

"젊어서는 친구였고, 늙어서는 스승이다"[11]라는 정경세와 동문수학한 전식의 말처럼 류성룡 사후 서애문인은 우복학단으로 흡수 및 이행되었다.[12] 그 과정에서 정경세의 학문적 입지와 위상은 보다 고양되어갔다. 류성룡 추향이 그 문인들 협의 하에 성사되었듯 정경세 추향 역시 우복문인들이 주도를 했다. 정경세 사망 2년이 지난 1635년(인조 13) 문인 김정견(金廷堅)·한극술(韓克述)·홍호(洪皓) 등이 앞장섰고, 전식이 후원자로서 지휘하였다. 이때 김정견이 도원 원장에 재직 중이라 여러모로 유리한 환경이었다. 당초 이 일이 불가하다고 입장을 피력한 조정과 이 자체를 못 마땅히 여긴 김영조(金榮祖) 등 일부의 부정적 여론에도 불구하고, 단 2개월 만에 추향이 실현된다.[13] 추향이 단시일에 성공한 요인은 도원을 중심으로 형성

---

11) 정경세, 『(국역) 우복집 별집』 권12, 「부록-又 全湜」.

12) 서애문인에서 우복문인으로 흡수된 인원은 모두 16명이다. 김학수, 앞의 논문, 2007, 178~179쪽.

13) 일례로 현풍 도동서원 중건에 크게 이바지한 제향자 김굉필의 외증손인 정구만

된 우복학단의 강한 결속력이 반영된 결과로 풀이된다. 봉안일의 집사와 예식문자 역시 문인들이 맡아 마무리했다.[14] 정경세의 도원 추향은 이황-류성룡-정경세로 이어지는 영남학통의 적전 계보를 정립한 사업인 동시에, 서애·우복학단의 남인계 서원으로서의 성격을 대내외에 분명히 한 것이다.

먼저 도원에 현전하는 「임원록」 4책에 수록된 원장 204명의 인적분석을 통하여 그 네트워크 실체와 성격을 추적해 볼 수 있다.[15] 「임원록」의 자료는 1664년~1747년[1책] 73명과 1802년~1871년[3책] 131명으로 구분되며, 성관 구성을 정리하면 <표. 1>과 같다.

〈표 1〉 도남서원 원장 성관 구성

①1664년~1747년[84년]					
성관	인원	원장명	성관	인원	원장명
창녕성[老]	7	成德徵(3)·成世璜·成爾漢·成爾鴻·成震丙	흥양이	7	李麟至(2)·李在憙(2)·李增曄(2)·李增祿
경주손	4	孫萬雄(3)·孫景錫	장수황	4	黃漢·黃翼再·黃緬·黃浚
청도김[老]	4	金時泰(2)·金必大·金宇泰	평산신	4	申弼成(4)
풍산류	4	柳千之(3)·柳經河	부림홍	3	洪相民(2)·洪汝河
상산김	3	金鍵(3)	안동권	3	權坵(2)·權相一
진양정	3	鄭胄源·鄭錫僑(2)	남양홍	2	洪道達(2)
동래정	2	鄭堯錫·鄭之鍵	순천김	2	金㙉·金壽聃
신평이	2	李葆英(2)	여산송	2	宋頻(2)
의령남[老]	2	南躔·南塾	의성김	2	金以載·金國采

하더라도 종향에 소요된 기간이 14년이나 걸렸다. 도동서원에서 정구의 위상과 서원 운영을 문인들이 장악하고 있던 상황임에도 녹록한 문제가 아니었기 때문이다.

14) 초헌 李㠎·아헌 申楫·종헌 郭龍伯 이었고, 고유문은 李㠎, 봉안문은 전식이 찬술을 했다. 김령, 『(국역) 계암일록』, 5권, 한국국진흥원, 2013, 516~517쪽 ; 김학수, 「앞의 논문」, 2011, 93쪽.

15) 도남서원 원장에 대한 연구물로는 송석현, 「17세기 후반~18세기 초반 도남서원 운영과 상주 사족의 동향」, 『조선시대사학보』 79, 2016이 있다.

전주이	2	李知聖(2)	개성고	1	高師聖
광주이	1	李世瑗	벽진이	1	李挺奎
선산김	1	金在鎰	안동김	1	金楷
연안이	1	李萬敷	영동김	1	金世維
인천채	1	蔡獻徵	진주강	1	姜棁
함안조 [老]	1	趙重台	풍양조	1	趙稜
②1802년~1871년[70년]					
성관	인원	원장명	성관	인원	원장명
진주강	22	姜世綸(4)·姜世揆(3)·姜申永(3)·姜秉欽(2)·姜胥永(2)·姜世白(2)·姜長欽(2)·姜哲欽(2)·姜肱欽·姜文永·姜世鷹	진양정	18	鄭象晉(6)·鄭允愚(6)·鄭象樞(4)·鄭民秀(2)
풍산류	17	柳尋春(7)·柳厚祚(7)·柳敎祚·柳疇睦·柳喆祚	연안이	11	李建基(5)·李敬儒(4)·李敦九(2)
장수황	10	黃磻老(6)·黃贊凞(3)·黃莘老	부림홍	6	洪殷標(5)·洪錫疇
풍양조	6	趙櫶(3)·趙得和·趙嶷·趙學洙	인천채	6	蔡光禹(4)·蔡周郁(2)
안동권	4	權世永(3)·權訪	여산송	4	宋台霖(3)·宋奎弼
선산김	3	金聲鶴(2)·金驥燦	흥양이	3	李升培(3)
경주손	2	孫鎭翼·孫會慶	봉화금	2	琴英澤(2)
비안손	2	孫興祖(2)	개성고	1	高聖謙
경주김	1	金凞永	순천박	1	朴光錫
안동김	1	金顯奎	의령남	1	南必錫
의성김	1	金揚壽	진성이	1	李彙寧
진주류	1	柳榮國	청주정	1	鄭述
풍산김	1	金重夏	기타	3	李正煥(2)·李鉉駿

※ ( )는 역임횟수, [老]는 노론, 상주목사 신분으로 원장을 역임한 4명은 제외함.

총 38개 성관에서 108명의 원장이 선임되었으며, 홍여하·이만부·권상일·류심춘·류후조·류주목 등 당대 영남을 대표하던 관료와 학자군은 도원의 위상을 극명하게 보여준다. 이러한 도원 원장 구성의 특징적인 성격을 다음 몇 가지로 정리해 볼 수 있다.

우선 전·후 시기 원장의 성관 구성, 곧 제(諸) 가문의 변화상을 언급할 수 있다. ①의 80년간은 30개 성관에서 51명의 원장이, ②의 70년간은 25

개 성관에서 59명이 나왔다. 도원은 제향자의 후손이 명확한 도산·병산·옥산서원과는 달리 특정 가문에 의해 독점되지 않는 운영 체계였다. 다만 시기별 제 가문의 원장 배출 비율은 서로 다른 양상을 보인다. 상위권을 대상으로 그 변화를 살피면 아래와 같이 정리할 수 있다.

① 시기 : **흥양이**·창녕성·경주손·**장수황**·청도김·평산신·**풍산류**·**부림홍**·상산김·**안동권**·**진양정**

② 시기 : 진주강·**진양정**·**풍산류**·연안이·**장수황**·**부림홍**·풍양조·인천채·**안동권**·여산송·선산김·흥양이

양 시기 모두 원장을 배출한 상위 가문은 부림홍·안동권·장수황·진양정·풍산류·흥양이씨 6개 성관이다. 전반적으로 정경세의 문인 후손들에서 제향자 후손들이 차지하는 비중이 높아지는 가운데 흥양이씨는 감소, 창녕성·청도김씨는 탈락, 장수황·부림홍씨는 유지, 진주강·연안이·인천채씨 등은 증가 추세를 보이고 있다. 즉 양 시기를 비교하며 제향자 가문 성관의 증가, 흥양이씨와 진주강씨의 성쇠로 요약된다.

진양정씨는 정경세의 직계 증손자 정석교를 시작으로 정주원 - [정인모(鄭仁模) - 정종로][16]- 정상진 - 정민수까지 세대를 이어 원장에 취임할 만큼 도원과 특수한 관계를 유지했다. 1871년(고종 8) 대원군 서원 훼철 반대 영남유소를 도원에서 주관할 때 정경세의 8대손 정민병(鄭民秉)이 소수(疏首)를 맡아 중심적 역할을 한 것도 이 같은 사정에 말미암은 것이다.[17]

진양정씨와 특별한 세의(世宜)가 있는 풍산류씨도 크게 다르지 않다. 진

16) 정인모와 정종로가 활동한 시기의 도남서원 원임록이 전하지 않아 단정할 수는 없지만 정종로의 경우 당대 명성과 도남서원 관련 문자 찬술 및 강학활동, 도산·덕천·옥동서원 원장에 부임한 경력을 감안하면 원장을 역임했을 가능성이 대단히 크다.

17) 이수환, 「대원군의 사원훼철과 영남유소」, 『조선후기 서원연구』, 일조각, 2001, 375쪽.

양정씨 상주 입향조 류진은 1618년(광해군 10) 안동 하회에서 이거해 이준의 딸과 정경세의 손자를 며느리와 사위로 맞이하며 지역사회에 안착을 한다. 장남 류천지를 비롯해 특히 6대~8대 종손 류심춘[7회] - 류후조[7회][18] - 류주목이 대를 이어 도원 원장에 취임했다. 이들의 명성에 대해서는 재론의 여지가 없다. 19세기 대다수의 서원들의 기능이 추락하던 추세임을 감안하면 이것이 도원의 위상 제고에 크게 일조했음은 물론이다. 18세기 중후반 영남지역 首 서원들에서 목격되는 외부 명망가를 추대하는 경(京)·도(道)원장제가 도원에 보이지 않는 이유이기도 하다. 아울러 서원 운영에 관의 지원을 기대해 현지 지방관을 원장으로 초빙한 것이 도원에서는 19세기 4명에 불과 한 점도 같은 맥락에서 이해할 수 있다. 재임 또한 사마시 입격자를 우선시하는 것으로 통규로 삼았을 정도였다.[19]

'독학군자(篤學君子)'로 칭송받은 정종로의 문인 류심춘은 아들 류후조와 함께 가장 오랜 기간 원장에 재임을 했다. 1848년(헌종 14) 여름 도원에서의 문집 간행은 그가 원장에 있으며 강학·원생들과 교감·문자 찬술 등 다양한 활동을 한 것의 소산이었다. 손자 류주목은 이 사실을 고성문(告成文)으로 남겼다.[20]

현직 관료로 있으면서 13년간 원장을 겸임한 류후조는 300여년 만에 배출 된 영남 출신 정승으로 유명하다. 그는 도원에 대해 남다른 자긍심을 가졌던 만큼 명예직에 머물지 않고, 여러모로 도움을 줬을 것이다.[21] 서원 입장에서도 류후조가 원장에 있는 자체만으로도 특별한 의미를 가진다 할 수 있다. 실제 1883년(고종 20) '정경세 문묘종사소'는 류후조의 주선으로 추진된 추숭사업이었다.[22]

---

18) 류심춘 : 도산(1823)·병산(1828), 류후조 : 도산(1868)·병산(1863·1875), 류철조 : 도산(1832)·병산(1831), 류주목 : 병산서원(1868) 원장을 역임했다.

19) 권상일, 『(국역) 청대일기』 2권, 「1724년 윤4월 14일」, 한국국학진흥원, 2015, 369쪽.

20) 류주목, 『溪堂先生文集』 권12, 「奉安文·常享文·告由文-王考江皐先生文集告成文」.

21) 류후조, 『洛坡先生文集(全)』, 「南嶽祠記」, 대보사, 1994, 445쪽.

한편 흥양이씨와 진주강씨는 자못 대조적인 모습을 보인다. 전자는 최다 원장 배출 가문에서 1명으로, 후자는 그 반대로 바뀌었다. 후손의 부침, 소·대과 급제자 수, 서원 출입처 분산,[23] 혼인 등 복합적인 요인들이 작용했을 듯하다. 이중 명확한 수치를 나타내는 문과 급제자를 기준 삼아 비교해 보면, 18세기 이후에 흥양이씨가 2명인데 비해서 진주강씨는 7명이나 된다.[24] 진주강씨는 상주에서 풍양조씨[9명]와 진양정씨[8명] 다음으로 많은 인원을 보유한 성관인 것이다. 이는 후술할 도원 원장 구성원들의 높은 과거 합격률을 고려하면 중요한 척도가 된다. 또한 양반의 사회적 지위를 가늠하는 혼인에서도 서로 일정한 格 차이를 확인할 수 있다.

둘째, 정경세와의 밀접한 관계성을 볼 수 있다. 정경세는 총 107명의 문인을 두었는데 본향인 상주권에 절반이 넘는 55명이 집중되어 있다. 그래서 그의 학통적 계보는 향촌의 중추적 기구 도원에서 구현 및 계승되어 갔다. 1676년(숙종 2) 도원 청액소에 "만력 갑오년에 문숙공 정경세가 학궁을 세워 5현의 합사(合祀)를 꾀했으니, 이른바 도원이 이것입니다"[25]라는 구절은 정경세가 도원에서 차지하는 비중을 단적으로 보여주는 대목이다. 당시 소수(疏首) 이재헌(李在憲)의 경우 조부가 정경세와 동문인 이전이며, 부친 이덕규(李德圭)는 정경세의 문인이다. 전형적인 우복문인 계열의 후학인 셈이다. 그는 1687년(숙종 13)에 도원 원장에 취임을 한다. 이재헌 외에도 이러한 유형의 인물 상당수가 도원의 운영을 담당했다. 서원 창건 당시부터 서애·우복문인 참여자가 절대다수를 점하던 전통이 이어진 것이다.[26]

---

22) 김자상, 「文莊公 愚伏 鄭經世 陸祀聖廡疏 小巧」, 『상주문화』 7. 1998, 13쪽.

23) 흥양이씨 : 1631년 玉成書院 설립[享 김득배·신잠·金範·이전·이준], 진주강씨 1817년 景德祠 설립[享 姜淮仲·姜訶].

24) 18세기 이후 대과 급제자 : 흥양이씨 - 李增祿(1708)·李瑛(1789), 진주강씨 - 姜杭(1726)·姜世鷹(1780)·姜世綸(1783)·姜世楑(1786)·姜世白(1794)·姜長煥(1837)·姜景熙(1893).

25) 『숙종실록』 5권, 숙종 2년 10월 25일.

26) 창설계안에는 1605년(선조 38)부터 1656년(효종 7)까지 422명이 기재되어 있는

〈표 1〉의 앞 시기를 대상으로 이 같은 실상을 파악해 보자. 51명 원장 중 정경세와 직간접으로 연계된 자는 28명에 달한다. 28명은 자료상 확인된 숫자일 뿐 정경세와 연관이 있었던 자는 이보다 더 많았을 개연성이 높다. 여기에 서인계 8명도 제외하는 것이 타당하다. 왜냐하면 정경세 문인 중에서 서인은 3명에 불과하기 때문이다.[27] 이 시기 도원 원장 65% 이상이 정경세와 관련 있는 인적구성이다. 그 구성원은 크게 학연과 혈연 그룹이다. 세분하면 앞에는 문인 1명과 문인 후손 23명이며, 뒤에는 정경세의 증·현손과, 류진의 장남·손자들이다.

정경세 문인의 연령대는 1557년 생 김용(金涌)부터 1616년 생 류의하(柳宜河)까지 60년의 편차가 있을 정도로 다양하다. 이중 『임원록』에 등재되어 1664년까지 생존했던 직계 문인은 15명이었는데 황면(黃緬) 1명만이 원장에 취임을 했다. 이미 원장을 지냈거나 타 지역 거주자, 서인계 문인은 배제 등의 이유와 닿아 있을 것이다.[28] 도원 원장에 재임하며 스승의 추향을 이끈 김정견처럼 아마도 1604년(선조 37) 창건 후 60년 동안은 〈표 1〉 기간보다 정경세 문인들의 참여율과 활동이 더 활발했을 것은 자명하다.

문인 후손 23명은 흥양이·장수황씨 각 4명, 청도김씨 3명, 경주손·동래정·부림홍·의성김씨 각 2명, 여산송·영동김·창녕성·평산신·풍양조씨 각 1명씩 순이다. 이해를 돕기 위해 상위권인 흥양이씨와 장수황씨 사례를 간략히 소개해 보자.

상주를 대표하는 남인계 사족가문인 흥양이씨는 정경세와 생전 이성(異姓)형제로 불린 이전(李㙉)·준과 아들 대 7명이 그 문하에서 공부한, 각별한 교계(交契)가 있는 후예들이다.[29] 이중록을 제외한 3명은 모두 중임을

데 상주 전체 사족이 참여하고 있다. 이수건, 『조선시대 영남서원자료』, 국사편찬위원회, 1999 ; 김학수, 앞의 논문, 2011, 73~76쪽.

27) 채광수, 「우복학단의 성격과 계보학적 갈래」, 『한국계보연구 10』, 2020.

28) 1660년(현종 1) 도원 강당 화재 때 1664년 이전의 임원록이 소실되어 확인이 불가하다.

29) 흥양이씨 가문의 정경세 문인 : 이전 아들 - 李一圭·德圭·身圭, 이준 아들 - 李大

했고, 이재헌과 이인지는 부자가 원장을 지냈다. 부자가 원장을 맡은 또 다른 사례에는 정영후(鄭榮後)의 손자 정요석과 증손 정지건, 홍호의 아들 홍여하와 손자 홍상민이 있다.

장수황씨는 정경세의 증조모가 출가해 척연(戚聯)이 있는 가문이다. 입향조 황보신(黃保身)의 차남 황종형(黃從兄)을 파조로 하는 참판공파에서 4명이 정경세와 사제를 맺었다.[30] 원장은 황종형의 5대손 황뉴(黃紐)·신(紳) 형제계열에서 나왔다. 특히 황뉴는 10세 때 정경세 문하에 입문한 이래 학문, 관직, 일상사까지 공유하는 막역한 사이였다. 그런 그가 먼저 사망하자 정경세는 만사를 지어 곡하고, 제문을 지어 조문했는데 '정신과 혼 모두 녹아 다 없어졌고, 몸체만이 흙덩인 양 홀로 남았네'[31]라며 안타까운 마음을 표현했다. 1786년(정조 10) 옥동서원(玉洞書院)에 위패를 모실 때 상향축문을 정경세의 5대손 정종로가 지은 것도 이 때문이다.[32] 반대로 장수황씨에서 1791년(정조 15) 『우복문인록』 수보(修補)와 『우복별집』·『연보』 간행을 주도한 배경이 여기에 있다.

한편 4차례나 원장직을 중임한 신필성은 정경세에 입문해 스스로 덕을 증진시키고 학문을 닦는 데 노력한 신상철(申尙哲)의 증손자이다. 서울에 살던 신상철이 1618년(광해 10) 상주 영순리에 이거해 영남 사람이 되는데는 정경세와 인연이 일정한 계기가 되었다.[33] 신필성은 원장에 있는 동안 후배들에게는 흥감(興感)이 되어 주었고, 전통과 모범이 있는 서원 구축에 이바지 했다.[34]

도원에서 1657년(효종 8) 『우복집』이 간행되고, 1693년(숙종 19) 정경

圭·元圭·文圭·光圭.

30) 황뉴·황신 형제, 황뉴의 아들 黃德柔, 황면 4명이다.

31) 정경세, 『(국역) 우복집』 권2, 「시-持平 黃會甫紐에 대한 만사」, 민족문화추진회, 2003.

32) 정종로는 황뉴를 비롯해 정경세 문인과 후손들에 대한 많은 문자를 작성하였다.

33) 李敏求, 『(국역) 東州集』 권8, 「戶曹正郎申公墓碣銘」, 한국고전번역원, 2018.

34) 신필성, 『盧峯遺稿－부록』 권1, 「祭文－道南士林祭文」.

세의 '문장공(文莊公)' 시호 개정을 추진한 것은 너무나 당연한 일이었다. 19세기 들어서도 정종로의 문인 9명이 원장에 취임하며 이러한 기조에 조응했다.[35)]

셋째, 남인과 노론이 병존하고 있는 모습이다. 다른 영남 남인계 서원에서는 거의 목격할 수 없는 흥미로운 현상으로 지역적 특성의 하나로 지적해 둘 만하다.[36)] 〈표 1〉에서 창녕성·청도김·의령남·함안조씨가 바로 노론계 성관이다. 영남 남인을 대표하는 서원에 왜 노론 색목의 원장이 있는 것일까? 이는 정경세의 사위가 노론의 영수 송준길이라는 점과 서인계 사족인 창녕성·평산신씨 등 친서인 세력의 존재에 바탕한다. 상주의 노론이 1702년(숙종 28) 송준길을 모신 흥암서원을 창건해 자파 서원을 확보한 뒤, 중앙의 노론 정국에 편승해 도원으로 세력을 확대한 결과였다. 이는 기본적으로 향촌 헤게모니 문제로 봐야하나 이들은 도원 출입의 명분을 정경세가 보여준 서인과의 친연성[37)] 및 세의[38)]라고 강조하였다. 또 현종연간 청액을 시도를 주도하며 사액 서원이 되는데 공로도 있었다.[39)]

창녕성씨는 우율 문인 성람(成灠)이 상주에 입향한 이래 서인계라는 정체성을 고수하며, 영남 노론세력을 선도한 가문이다. 이 가문은 지속적인 노론계 문인 배출, 우율·사계·양송종사소 등 각종 상소 기획 및 주관, 영남 내 노론계 서원 설립 주도 등 가시적인 성과를 보여주었다.[40)] 원장의 일면을 보면 성덕징은 1718년(숙종 44) '양송문묘 종사소' 疏首, 성이한은 조야에 파란을 일으킨 안동 김상헌 서원 창건 유사를 지냈으며, 성이홍은

---

35) 정석진, 『愚山史積大觀』, 「附 及門諸子錄」, 愚山先生記念事業會, 1975.

36) 18세기 초반 도산·병산서원에 노론으로 전향한 安鍊石이 원장에 취임하기도 하나 도원과 같이 장기간 여러 명은 아니었다.

37) 김학수, 앞의 논문, 2011, 233~247쪽.

38) 성이한, 「歲戊午三月上丁」, 『홍판관운』.

39) 채광수·이수환, 「昌寧成氏 聽竹公派의 상주 정착과 노론계 院宇 건립 활동」, 『조선시대사학보』 79, 2016, 399쪽.

40) 채광수·이수환, 앞의 논문, 2016.

권상하의 문인이다.

청도김씨 상주파의 김필대는 우복문인 김백일(金百鎰) 증손으로 성이홍과는 동문이다. 일찍이 5대조 김흡(金洽)이 이이에게 종유를 했고, 종조부 김삼락(金三樂)이 창녕성씨를 삼취(三娶)로 맞으면서 노론으로 밀착되었다. 청도김씨 세거지 판곡에 서산서원(西山書院)[享 김상용·상헌]을 창건하고, 청액소를 올리는 김필천(金必千)·필수(必粹)와는 재종간이다.[41] 아울러 임란 때 순절한 고조 김준신(金俊臣)의 노론계 사우인 충의단(忠義壇) 추향 역시 지역 노론의 연대물이다.

이렇게 한때 도원을 장악했으나 이들 가문의 원임직 유지에는 한계가 있었다. 1738년(영조 14) 서원 강회 뒤 시회에서 노론계 원장 성이한이,

> "어찌다 말세가 되니 논의는 갈수록 격렬하여 배움집이요, 예절을 가르칠 서원[도원]이 문득 이쪽은 들이고 저쪽은 내치는 장소가 되어, 옛 모습은 찾을 길이 없으니 어찌 통탄치 않으랴.[42]"

라는 토로 속에 그러한 모습이 묘사되어 있다. 도원은 집권 노론의 지원을 받은 이들에게 원임직을 내주는 일시적인 변동을 겪었지만 곧바로 남인계가 주도권을 회복한다.

넷째, 원장의 높은 소·대과 합격자와 관직자 비율을 꼽을 수 있다. 이는 여타의 영남지역 서원과 구별되는 도원만의 특징 중 하나이다. 생원에서 참판에 이르기까지 원장 전원이 소·대과 합격과 관직 경력자들로 이루어져 있다. 중복을 포함해 소·대과에는 생원 39명·진사 18명, 대과 56명 그리고 관직은 참봉 15명, 현감 9명, 부사·정언 각 5명, 별검·봉사 각 4명, 도정·익위·장령·주부·지평 각 3명, 도사·목사·부윤·승지·익찬·전적·정자

41) 채광수·이수환, 앞의 논문, 2016.
42) 권태을, 「洪判官韻 해제」, 『상주문화연구 6』, 1996, 241쪽.

(正字)·헌납·현령 각 2명, 교리·군수·부솔(副率)·수찬·정랑·좌랑·집의·찰방·판관 각 1명씩이다. 다만 당상관 경력자는 목사 손만웅, 승지 강세륜·조덕·이휘녕, 참판 류후조 정도로 그 숫자가 많은 편은 아니다. 그러나 대과 합격자 비율이 50.9%에 달하는 점은 18·19세기 도산서원과 병산서원의 22%[43]와 14.5%에[44] 비교하면 대단한 수치가 아닐 수 없다.[45] 임원록 기간 내 상주 출신으로 문과에 합격한 52명 중에서 30명이 도원 원장을 거친 것으로 조사가 되었다. 이는 서애·우복학단의 경세가적 특성과도 연관이 있을 것이다.

다섯째, 서원 수의 증가와 역량을 가진 인사 감소 등으로 인해 원장을 지낸 다수가 다른 서원의 원장을 중복해 역임했다. 이러한 현상은 18세기 후반부터 영남지역 서원의 보편적인 현상이기는 하나 도원 성격의 일면을 볼 수 있는 대목이기도 하다. 당대 영남을 대표한 이만부는 도남[1729]·덕천서원[1721] 원장을, 권상일은 도남[1723]·옥동[1726]·도산서원 원장[1733]을 차례로 지냈다.[46] 이뿐 아니라 상주의 같은 남인계 사액 서원인 옥동서원에는 무려 23명이 원장에 취임을 했다. 주로 도원 원장을 먼저 수행한 다음 옥동서원 원장에 취임한 사례가 많았다. 또 도원과 동질성이 큰 서애학파의 근거지인 병산서원 원장은 19세기에만 등장을 한다. 풍산류씨 우천파(愚川派) 일원과 상대적으로 고위직에 오른 부사 이건기[47]·승지 이휘령[48]·교리 김중하[49] 그리고 정종로의 증손자 정윤우 등이 그 대상이었다.

---

43) 우인수, 「조선후기 도산서원 원장의 구성과 그 특징」, 『퇴계학과 유교문화』 53, 2013.
44) 김명자, 「조선후기 屛山書院 院長 구성의 시기별 양상」, 『한국서원학보』 6, 2018.
45) 참고로 경주 옥산서원 원장의 경우 17세기 유학 신분이 34.2%, 18세기 70.5%, 19세기 67.8%나 차지했다. 이병훈, 「조선후기 경주 옥산서원의 운영과 역할」, 영남대학교 박사학위논문, 2018, 43쪽.
46) 홍상민, 강세륜도 도남·옥동·도산서원의 원장을 지냈다.
47) 이건기는 이만부의 현손으로 정종로 문인이다.
48) 이휘령은 이황의 10대손으로 도산서원[1842,1846~48]과 병산서원[1843]의 원장을 지낸 후 1853년 도원 원장에 초빙되었다.

Ⅲ. 도남서원 지식 네트워크 활동의 실제

도원을 논하면서 시회와 문회를 거론하지 않을 수 없다. 조선후기 서원의 다양한 모습과 지식 네트워크의 실제를 보여주기에 반드시 연구되어야 할 대상이라 생각한다.

낙동강은 상주의 동쪽에 있다. 상주 사람들은 낙동강을 끼고 삶의 터전을 이루었고, 낙동강의 물로 농사를 경영했으며, 선비들은 낙동강을 조망하며 시를 읊은 특별한 강이다.[50] 상락(上洛)·낙양(洛陽)·낙읍(洛邑)으로 불린 상주는 낙동강의 고장으로 불러도 전혀 손색이 없다. 지역의 문화 발전에 크게 기여한 이전은 '낙동강에는 신비로운 거북이 나온다' 했으니,[51] 곧 상주는 홍범(洪範)의 원본이 되는 신귀(神龜)의 출현지라는 의미이다. 상주 선비들의 낙동강에 대한 강한 자부심의 표현으로 볼 수 있다.

상주 땅 동남으로 흘러가는 낙동강은 북쪽 삼탄진(三灘津) ⇨ 회통진(檜洞津) ⇨ 비란진(飛鸞津) ⇨ 죽암진(竹岩津) ⇨ 낙동진(洛東津)까지 30리 수로가 펼쳐져 있다.[52] 상주에 301개에 달하는 누정이 분포한 것도 낙동강과 밀접한 관련성이 있다.[53] 특히 30리 수로에는 명승지 경천대(擎天臺), 수(首)학궁 도원, 류진의 수암종택, 영남 3대 누각인 관수루(觀水樓)가 나란히 세워져 있다. 그리고 위쪽 경천대와 아래쪽 관수루 사이에 위치한 도원은 상주 낙동강 구간 명승지의 중심지 역할을 하였다.[54]

---

49) 金榮祖의 7대손으로 1835년(헌종 1) 문과에 급제했으나 한 번도 관직에 나아가지 않아 '南州高士'로 불렸다.

50) 임재해, 「낙동강으로 읽는 상주의 문화와 인물」, 『낙동강을 품은 상주 문화』, 상주박물관, 2012.

51) 이전, 『(국역) 월간선생문집』, 「壬戌之秋七月旣望泛月東江同遊凡二十五人以赤壁賦從頭分韻得之字」, 2008.

52) 『상산지』, 「산천-낙동강」.

53) 상주문화원, 『상주의 누정록』, 2008.

54) 황위주, 「낙동강 연안의 유람과 창작 공간」, 『한문학보』 18, 2008, 1295쪽.

조선후기 상주를 대표했던 시회·시사(詩社)로는 '연악문회(淵嶽文會)', '낙강시회(洛江詩會)', '추수사(秋水社)' 등이 꼽힌다. 3개의 단체 중 도원과 지접적인 연관이 있으면서 가장 오랜 기간 존속하며 지역 사족사회에 영향을 준 것은 '낙강시회'였다. 이를 통해 서원의 지식 네트워크의 실제를 조명해 보려한다.

본격적인 논의에 앞서 '연악문회'에 대해 잠시 살필 필요가 있다. 연악문회는 조선시대 상주에서 최초로 공동 시문집을 낸 시회이자 낙강시회의 모범이 되기 때문이다. 연악은 상주의 명산 갑장산(甲長山) 북쪽 정상부 구룡연(九龍淵)에서 유래했다. 경관이 무척 빼어난 갑장산은 서원·서당·누정·종택 등이 망라되어 있는 상주문화의 연수(淵藪)인 유서가 깊은 공간이다.[55] 그 중에서 목사 신잠이 세우고, 손수 편액을 건 연악서당은 갑장산 문화권의 일등 교육기관이었다. 그러나 연악서당은 임란 당시 소실되고 만다. 이를 애석히 여긴 강응철(康應哲)이 동몽재 옛터에 작은 집을 지어 '연악서옥(淵岳書屋)'이라 편액을 걸어 유식의 장소로 삼았다.[56] 참고로 강응철은 처남 정경세와 더불어 17세기 초·중반 상주학풍을 주도한 인물이다.

1622년(광해군 14) 5월 25일 상주목사 조찬한(趙纘韓)이 사위를 대동해 서옥을 내방했고, 이 소식을 접한 여러 벗들이 자리를 함께했다. 내방의 목적은 강학이었고, 여흥으로 문회가 개최된 것이다. 정경세와 이준은 일찍 도착해 목사를 맞이했다. 앞의 두 사람과 전식에게도 편지로 기별했으나 병으로 인해 움직이지 못했다.[57] 3명은 이미 중앙정계에 있을 때부터 친분이 있는 관계였다. 이들의 이러한 만남은 처음이 아니었다. 조찬한은 상주목사 부임 전 1614년(광해군 6) 영천군수 (榮川郡守) 재직 때 박회무(朴檜茂)[58]의

55) 김학수, 「상주지역 갑장산 유교문화」, 『갑장산』, 상주박물관, 2016, 85쪽.

56) 강응철, 『南溪集』 권4, 「부록-淵嶽書院上樑文」.

57) 전식, 『사서집』 권4, 「書 -答鄭景任」·「答李叔平」.

58) 박회무[1575~1666] : 본관 반남. 호 육우당. 박승임의 손자로 정구와 정경세의 문하에서 수학했다.

정자인 육우당(六友堂)에서 이준과 상운(相韻)을 나눈 바 있다.[59] 상주에 와서도 이준의 계당(溪堂), 류성룡의 별서 봉생정(鳳笙亭), 선유동(仙遊洞)에서 시유(詩遊)를 즐겼고, 멀리 충청도 파곶(葩串)까지 유람하는 등 수시로 모여 우의를 다졌다. 시부에 정평이 있는 조찬한은 그 감회를 시로 남겼음은 당연했고,[60] 둘과의 인연을 '계서몽(鷄黍夢)'으로까지 표현을 했다.[61]

연악에서의 모임은 바로 그 연장선에서 이루어진 것으로 볼 수 있다. 연악 일대는 상주 선비들이 즐겨 찾던 유상처이며, 시회가 꾸준히 열린 곳으로 낯선 공간이 아니었다.[62] 이준은 문회록 서문에 이때를 아래와 같이 회고했다.

> (중략)
>
> 이 사람 저 사람 주고받는 이야기가 끝없이 이어지는 것은 비록 아무런 격식이 없이 어울리는 뜻에 나왔으나 그래도 서로가 권면하는 것은 서로 경계하고 바로 잡아주는 뜻이 아닌 게 없었다. 그리고 또 우리들이 끝내 추구하는 사실은 술이 깨고 나면 그때의 일에 대해서 뒷말을 하지 않기로 한 것이다. 술을 깨었다가 다시 취했다가 깨면서 옛날 사람들의 연구(聯句)의 시를 본떠서 글 짓는 재미로 삼기로 했다. 흰 눈썹에 야인 복장을 한 사람들이 산 속을 훤하게 비추니 마치 그림 속에 있는 도사의 모습 같았는데 이렇게 지낸 것이 4일간이었다.[63]

주최자 강응철이 마련한 술과 안주에 음악까지 어우러진 문회는 격식 없이 4일간 이어졌다.[64] 재미 삼아 10명이 지은 「연악연구(淵嶽聯句)」 시

59) 조찬한, 『(국역) 玄洲集(상)-2』 권6, 「次蒼石星巖韻」, 한국학호남진흥원, 2019.
60) 조찬한, 『앞의 책(상)-1』 권5, 「蒼石溪堂會愚伏鄭經世」, 2019.
61) 鷄黍夢 : 닭 잡고 기장밥 지어 대접하겠다던 약속을 말하는데 친구 사이의 우의가 깊어 만나기로 한 약속을 지킨다는 의미로 쓰인다. 조찬한, 『앞의 책(상)－1』 권5, 「蒼石溪堂會愚伏鄭經世」, 한국학호남진흥원, 2019.
62) 권태을, 「尙州 淵嶽圈 詩會研究」, 『상주문화연구』 제3집, 1993.
63) 김정찬 譯, 『淵嶽門會錄』, 「序文」, 상주박물관, 2009.

1수와 '여러 친구들이 행차하여 무리지어 다닐 때 나이도 잊고 친구들 사귐에 격식을 버린다[군행망선후(群行忘先後) 붕식기구검(朋息棄拘儉)]'[65]라는 글자로 분운(分韻)해 10수를 지었다. 마지막은 먼저 돌아간 조목사가 참석자들의 작품을 완상한 뒤 문회의 장소·인물·광경·감회 등을 시간별대로 정리하여 시상을 마무리했다. 그는 이 문회를 무릉도원에까지 비견할 정도로 값진 경험이었다고 술회했다.

어떤 성향의 인물이 문회에 참석한 것일까? 목사와 그 사위는 논외로 하면, 문회 참여자는 정경세·이전·이준·김혜(金憓)·황정간(黃廷幹)·김원진(金遠振)·강응철·김안절(金安節)·조광벽(趙光璧)·김지복(金知復)·강용후(康用侯)·허충룡(許翀龍)·김진(金縝) 총 13명이다.[66] 이들은 넓게는 남촌,[67] 좁게는 연악권 일원에 세거했다. 이중에서 강응철의 아들 강용후와 문인 허충룡·김진은 모임의 핵심 동인(同人)으로 볼 수 없다. 나머지 10명 가운데 김안절을 제외한 9명이 서애문인이라는 학문적 동질감 그리고 전원이 도원 창건에 참여한 공감대를 형성하고 있었다. 나아가 거개가 본인 내지 후손들이 정경세에게 입문하여 사승관계를 맺는 동시에 김지복처럼 도원 원장을 역임하는 등 서원 운영에도 적극 참여를 하였다.[68]

이제 본고가 주목하는 '낙강시회'에 대해서 검토해 보자. 낙강시회에 대한 문학적 연구는 상당 부분 밝혀졌고,[69] 또 이 분야에 대해서는 문외한이기에 여기서는 도원과의 관계 및 시회의 인적구성에 초점을 맞추었다. 조

64) 4일이나 서옥에 머문 이유는 폭우 때문이며, 목사는 공무로 25일 당일 먼저 자리를 떴다.

65) 이 운자는 한유의 「陪杜侍御遊湘西兩寺」 시 중에서 4구의 '群行忘先後 朋息棄拘儉'을 취한 것이다.

66) 연악서당이 1702년(숙종 28) 서원으로 승격할 때 강응철이 제향되고, 1726년(영조 2) 조광벽·강용량은 추향이 된다.

67) 상주목의 남쪽 일대인 靑南面, 靑東面, 功西面, 功東面을 말한다.

68) 채광수, 「앞의 논문」, 2020, 21쪽.

69) 권태을, 「洛江詩會 硏究」, 『상주문화연구』 제2집, 1992 ; 권태을, 「앞의 논문」, 1996.

합강선유록(合江船遊錄)[상주박물관 제공]

선시대 서원의 지식 네트워크 기능이 곧 지식 확산과 결속이 사람에 의해 이루어진 만큼 이 부분에 대한 구명은 반드시 필요하다.

도원에서 실시된 시회·문회는 크게 3가지 갈래로 전개가 되었다. 세전(世傳)된 기록에 따라 공동시집을 엮은 ①『임술범월록』의 '임술시단(壬戌詩壇)', ②『홍판관운(洪判官韻)』의 '목재시단(木齋詩壇)',[70] 그리고 개별 학자들이 남긴 ③'문회' 및 '시회'로 구분할 수 있다.

①은 1607년(선조 40)부터 1778년(정조 2)까지 171년 동안 8차례 시회를 개최해 서(序)·발(跋) 21편, 사(詞)·부(賦) 4편, 시 119수가 전한다. ②는 1663년(현종 4)부터 1798년(정조 22)까지 135년 간 홍여하의 '도남서원강당중수시(道南書院講堂重修詩)'에 대를 이어 차운한 서(序) 3편과 시 109수를 남겼다. ③은 양쪽 시집에는 수록되어 있지 않지만 이만부·권상일·정종로처럼 서원 강학 후 진행한 문회와 시회가 있었다. 이를 통칭해서 '낙강시회'라 부른다. 모두 도원을 근간으로 활동을 했고, 낙동강을 주 무대로 삼은 공통점이 있다. 자료적 비중은 본 시회를 도원의 전통으로 안착의 계기를 마련해 준 ①과 구체적 실상이 비교적 소상히 담겨있는 ③이 높다.

70) 이구의, 「낙강범월시 해제」, 『(역주) 낙강범월시』, 아세아문화사, 2007.

②는 이를 보완해주는 자료이다. 이를 고려하여 ①과 ③을 중심으로 그 활동 양상을 서술해보려 한다.

1. 선유와 시회를 통한 지식 네트워크 –'임술범월회'를 중심으로

도원은 낙동강 가에 위치하여 뱃놀이가 무척 용이하다. 더구나 낙동강 상주구간은 물결이 잔잔하고, 다른 곳과는 달리 좌우가 산으로 둘러싸여 있다. 또 산기슭과 물이 닿는 지점 곳곳에 위치한 기암절벽들 사이에는 누정들이 포진해 있다. 아래 정종로의 말이 그 사실을 잘 드러내고 있다.

> 우리 상주의 도남서원은 바로 낙동강 가에 임하여 강과 산이 넓고도 그윽하니 영남의 좋은 구역이라고 부른다. 아, 서원을 창설한 이후로 선배 유자들 가운데 무릇 여기에 의귀한 이들이 진실로 이해 이날을 만나거나 혹은 임술년이 아니더라도 이날을 만나면 반드시 서로 더불어 앞 강물에 배를 띄워 놀이를 하고, 또 적벽부로 분운하여 시를 지어 그 흥을 적어 내었다.[71)]

도원 낙성 이듬해인 1607년 9월 처음 배를 띄워 시회를 가졌다. 새로 부임한 수령 김정목의 서원 방문에 따른 환영연(歡迎宴) 일환으로 개최된 것 같다. 참석자는 상주 출신 전·현직 관료들로 구성되었다. 해당 시회는 도원에서 가진 첫 시회라는 점에서 의의가 크다. 이때 읊은 30운 60구의

---

71) 정종로, 『앞의 책』 권2, 「시－東坡赤壁之遊 膾炙千古 誦其賦者 莫不想像而艷歎之 每遇壬戌七月既望 則思欲泛舟弄月 以㧾翱勝遊 吾商道院 正臨洛水之上 江山曠幽 號爲嶺中勝區 粤自創設以後 先輩縫掖之凡依歸於此者 苟遇是年是日 或雖非是年而遇是日 則必相與泛舟前江而遊 又用赤壁賦分韻賦詩 以寫其興 蓋至去壬戌而遵古無廢 至於今日 則我正考終祥 甫過於前月 故臣民之情 感涕未已 不忍遽事遊遨而泛月故事遂廢焉 非盛德至善 有使人沒世不忘者 何以如是 聊賦一律以識」, 경북대학교출판부, 2017, 106쪽.

연구시(聯句詩)의 내용을 보면 단순한 선유가 아니었다. 임란 의병활동 당사자들이 참석한 시회 성격상 당시 울분의 심정과 우국을 추동하는 자리였다.[72] 상주의 역사와 문화를 집약한 『상산지』까지 수록되어 있는 것도 이런 까닭이다.[73] 이후 개최 된 '임술범월시회'의 활동 내역을 연대기적으로 정리한 것이 〈표 2〉다.

〈표 2〉 임술범월시회 개최 현황

개최연대	시회 제목	참석자
1607년	洛江泛舟詩會	金廷睦·趙翊·이준·전식·趙溭·김혜·황정간
1622년 7월	蒼石洛江泛月詩會	李希聖·조정·이전·이준·강응철·김혜·김지복·金廷獻·柳珍·趙又新·李大珪·韓克禮·金墍·李元珪·李文奎·李身圭·禹處恭·丘山立·孫胤業·全湜·全克恒·全克恬·趙光虎[조찬위·金廷堅
1622년10월	蒼石洛江泛月詩會	이준·丘希岌·손윤업·金譔·이원규 외 15인
1657년	湖翁洛江泛月詩會	曺挺融·조릉 외
1682년	四友堂洛江泛月詩會	조릉·趙大胤 외
1768년	靜窩洛江泛遊詩會	金致龍·李世峰·趙敏經·趙錫朋·曺錫中·申宅仁·洪天休·趙錫喆·趙益經·趙錫魯·趙錫龍·金致元·徐佑漢·趙禮和·趙之經·柳光漢·趙錫玉
1770년	芝翁洛江泛月續遊	曺景稷·金守鼎·조천경·鄭緯相·李增述·邊垕·蔡轂·琴一協·趙亨經·全始復·柳聖霖·全克渾·李師膺·金光五·金光澈·權綬·金履常·金益彬·金光溥·曺顯國·黃翊休·柳聖穆·李厚根·李承延·高衡瑞·金白彬·王虎臣·李堯佐·金光七·姜世師·李華國·류광한·郭起孝·王俊臣·金光九·金彦卨·李堯臣·柳光濂·琴英澤·金克禮·金宗運 追到 – 申漢台·조석붕·李東燮·柳必天·李秉燮·柳復天·河世 滄龜 申慶麟·盧處元·盧允文·柳聖愚·柳霨·盧起文
1778년	姜世魯洛江泛月遊	姜世魯·康思欽·鄭泰巖·金南曄 외

72) 권태을, 앞의 논문, 1992, 85쪽.

73) 『상산지』, 「文翰-題詠」.

임술범월회의 출발점과 본 시회를 도원의 전통으로 확고히 정착시킨 당사자는 애향심이 남달라 향중의 존경을 받은 이준이다. 선행 연구에 따르면, 1622년 7월 시회는 오로지 국사(國士)적 선비들이 망라했으며, 후대 시회의 전범이 되었다는 점에서 의의를 가진다고 평가 했다.[74] 따라서 본 시회의 소개만으로도 '임술범월시회'의 양상을 이해하기에는 충분할 듯하다.

시회는 1622년 7월 16일~17일 양일간 23명이 참석한 가운데 진행이 되었다. 당초 조목사도 참석할 예정이었으나 병환으로 걸음하지 못하고 후일 시만 보내왔다. 그는 이미 전년 늦봄에 선유를 체험한 바 있다.[75] 김정견 또한 조목사와 동일했다. 시회 발의자 이준은 '소동파의 적벽(赤壁)놀이는 고금에 공경하여 사모해 부러워하는 바요, 우리들이 부(賦) 짓는 재주는 없으나 정경에 촉감하여 흥취를 이룬즉 굳이 옛 사람에게 부끄러울 것이 없다'[76]라며 개최의 사유를 밝혔다. 그는 1082년[임술] 7월 송나라 소식(蘇軾)이 호북성에서 적벽부를 남긴 9갑(甲)을 맞이해 이를 재연하기 위함이라 덧붙였다.[77]

사실 이준은 상주를 문향(文鄕)의 반열에 올린 인물 중 1명이다. 그는 향풍의 진작을 위해 읍지 편찬, 향약 보급, 학교의 활성화, 향현사 설립, 기로회 제안 등 다양한 노력을 기울였다. 또 당대 문장가답게 스스로 많은 문자들을 작성했는데 그중에서 시에 주목해 보면 그 분량이 상당하다. 그의 『창석집(蒼石集)』에는 무려 530수가 전할 뿐 아니라, 완상할 만한 본인의 시를 선별해 묶은 별도의 『추금록(箒金錄)』을 남겼다. 개인적으로 경치를 보며 시 읊는 일을 좋아했기 때문이다.[78] 정치가이자 걸출한 시인으로 알려진 이수광은 백거이를 흠모한 이준의 시에 대해서 '풍부하고 상세하게

---

74) 권태을, 앞의 논문, 『상주문화연구』 2, 1992, 87쪽.
75) 조찬한은 상주에 복거를 계획했으며, 목사 재직 때 상주관련 여러 문자들을 남겼다.
76) 이준, 『(국역) 추금록』, 「추금록 서문」, 상주박물관, 2012.
77) 이준 외, 「낙강범월 序」, 『(역주) 낙강범월시』, 아세아문화사, 2007, 35~36쪽.
78) 이준, 앞의 책, 2012.

통달한 시라 칭송하며, 화려함에 치중하지 않는 것은 그 사람의 됨됨이와 같다'는 평을 남겼다.[79] 청백리로 이름난 이원익도 이준이 보내준 시를 아들에게 가보로 삼게 할 정도로 뛰어난 작품성을 자랑했다.[80]

이들은 앞서 '연악문회'의 구성원과 성향이 크게 다르지 않다. 다만 명단에 낙향해 있던 정경세가 보이지 않는 것은 다소 의외이다. 도원의 원장 조정이 가장 연장자이고, 1616년생 이전의 3남 이신규가 최연소자다.[81] 1550~60년대 생과 그 아래 세대로 양분되는데 후자는 아들 대 인물들이다. 주최자 이준의 아들 3명과 조카·사위 각 1명이며, 전식의 아들 2명도 동석을 했다. 이밖에 이준의 문인이면서 그의 차남 이원규와 매우 가까이 지낸 조우신이 있다.[82] 세대를 아우르는 시회의 시작점은 바로 도원이었다.

본격적인 선유에 앞서 참석자들은 도원에 집결해 사당 도정사(道正祠)에 배알 의식을 치렀다.[83] 강응철의 문집에 당일 시제를 '범주도남전강분운득칠자(泛舟道南前江分韻得七字)'라 명명한데서 알 수 있듯 이들은 도원 앞에서 두 척의 배에 올랐다.[84] 서원의 누각 옆 영귀문(詠歸門) 밖에서 배를 출발시켰다.[85] 이 배가 도원의 것인지 그리고 배의 규모가 어떠했는지는 확인되지 않는다.[86] 참석인원을 참작하면 약간 규모가 있는 사당나무로

79) 李敏求, 『추금록』, 「추금록 발문」, 상주박물관, 2012.

80) 이원익은 자신의 묘지명을 이준에게 부탁할 만큼 서로 교분이 두터웠다. 이원익, 『(국역) 오리선생문집』 권1, 「錦障花草帖」, ㈜충현, 1995, 55~56쪽 ; 또 향인 孫胤業은 이준을 詩仙으로 표현해 마지않았다. 손윤업, 「得夏字」, 『앞의 책』, 아세아문화사, 2007, 104쪽.

81) 李希聖, 韓克禮, 金堅, 禹處恭, 丘山立 5명은 출생연도가 파악되지 않아 제외했다.

82) 蔡獻徵이 지은 조우신 행장을 이원규의 말로 매듭지은 것도 이러한 관계를 감안했기 때문이다. 채헌징, 『(국역) 愚軒先生文集』 권4, 「행장 – 白潭趙公行狀」, 愚軒先生文集重刊委員會, 1996.

83) 趙靖, 『黔澗集』, 「연보 – 1622년(임술)」.

84) 강응철, 『南溪集』 권1, 「詩 – 泛舟道南前江分韻得七字」.

85) 권상일, 『(국역) 청대일기』 2권, 「1724년 윤4월 11일」, 한국국학진흥원, 2015, 367쪽. 시회를 그린 『합강선유록』을 보면 도남서원 바로 아래에 배를 띄우고 있다.

86) 현전하는(상주박물관 소장) 도원 『傳掌記』에는 배가 기재되어 있지 않다. 참고로

제작한 돛단배를 사용했을 것이다. 첫날[87]의 선유는 도원에서 낙동강 하류로 내려가 ⇨ 구암(龜巖) ⇨ 풍호(楓湖) ⇨ 점암(簟岩)을 경유해 도원으로 다시 귀로하는 일정으로 기획되었다.

먼저 구암은 현 중동면 신암리 토진(兎津)나루 뒤 산 퇴치암(退治巖) 밑에 있는 천연 석대(石臺)이다. 거북 모양의 큰 바위 뜻을 가진 구암은 임란 때 운향사(運餉使)로 활약한 강적(姜績)의 소유였다. 그는 이 터를 얻고서 구암이라 명명했으며, 자호로 삼았다. 선조 초기 우의정을 지낸 강사상(姜士尙)이 바로 그의 백부이며, 1619년(광해군) 도원수로 후금 정벌에 나섰던 강홍립은 족질이다.

구암을 잠시 감상한 뒤 도남팔경 중 제 4경 풍호로 이동했다.[88] 풍호가 있는 장천(長川)일대는 풍양조씨 동성촌이 형성되어 있다. 강 연안의 풍호 주인 역시 풍양조씨 가의 일원 조휘(趙徽)가 유식(遊食)한 정자였다.[89] 5·6세 때 시작(詩作)을 선보여 신동으로 이름을 떨친 조휘는 1567년(선조 즉위년) 생원시 장원으로 입격한 뒤, 이듬해 바로 문과에 급제한 인물이다. 이러한 출중한 능력과 함께 풍류를 즐길 줄 아는 선비였기에 정자를 세운 것이다. 그러나 풍호의 내력에 대해서 더 이상의 기록을 상고할 수 없는 점이 아쉽다.

점암은 류진의 8대손 류흠목이 어느 곳인지 알 수 없어 안타깝다고 말한 승경이다.[90] 다행히 『상산지』 누관조(樓觀條)에 '낙빈(洛濱)에 전한(典翰) 김홍민(金弘敏)의 소복(所卜)인데, 지금은 서원의 것이 되었다'[91]라는 점암의 설명이 수록되어있다. 짧지만 두 가지 내용을 내포하고 있다. 점암이 소재한 오암(烏巖)[현 도남동] 일대는 고려시대부터 김홍민의 상산김씨 내원령(內苑

같은 낙동강 가에 위치한 현풍의 도동서원의 경우에는 배를 소유하고 있었다.

87) 이만부, 『息山先生文集』 권17, 「記－上洛文會記」.

88) 柳欽睦, 『克菴文集』 권1, 「시－道南八景 并序-40」.

89) 조휘는 조정의 조부 禧와 재종간이다.

90) 류흠목, 앞의 책, 권1, 「시－道南八景 并序-40」.

91) 『상산지』, 「樓觀－점암」.

俞)파의 전장(田莊)이 산재해 있는 거처이기에 언급한 것이다. 그러다가 도원이 창건되자 점암을 서원에 편입시켰다. "점암 아름다운 곳에 유궁(儒宮)을 세워..."[92]라는 이전의 시구가 이를 뒷받침한다. 아마 도원이 세워진 무임포(無任浦) 근방의 바위 어디로 추정이 된다. 여기에 정박해 은어 회 안주에 술을 곁들이면서 시를 읊었다. 깊은 밤까지 계속되었다. 이준의 3남 이문규(李文圭)가 '유(遊)'자를 얻어 쓴 시에 첫날밤의 풍경을 이렇게 노래했다.

> 이윽고 달이 구름 틈으로 나오고, 하늘이 시인을 위해 멋진 놀이 제공하네. 끊임없는 범패 소리 절에서 들려오고, 점점이 고깃배 불은 물가 섬에서 반짝이네. 강이 텅 비니 때로 은어 뛰는 소리 들리고, 노 저어 나아가니 나는 백구(白鷗) 만나네. 서늘한 바람 문득 양 겨드랑에서 나누는가 싶은데, 온갖 경치 다 다가와 두 눈에 드네. 간드러진 퉁소 소리 어디서 나는가, 응당 천 길 못 속의 규룡(虯龍)도 춤을 추리. 용궁이 처량하니 오래 머무를 수 없어, 돌아오니 옥 이슬이 옷을 적시네.[93](이하 중략)

달이 뜬 밤에 들려오는 범패 소리는 아마 도원 동쪽에 있는 청룡사(靑龍寺)에서 들려왔을 것이다. 청룡사는 도원의 속사(屬寺)[94]로 서원의 중요한 경제적 기반이자 원생의 휴식처로 기능을 한 사찰이다.[95] 퉁소가 어우러져 규룡까지 춤추게 한 놀이를 만끽한 뒤 배를 타고 다시 도원으로 돌아와 숙박을 했다. 서원에서의 숙박은 빈번한 일이었고, 관련 기록도 어렵지 않게 산견이 된다. 이를테면 1832년(순조 32) 류후조 등이 낙강선유를 한 당시에도 도원에 유숙하며 시를 지은 기록이 남아있다.[96]

---

92) 이전, 「得之字」, 앞의 책, 2007, 46쪽.
93) 이문규, 「得遊字」, 앞의 책, 2007, 95쪽.
94) 도원은 청룡사 외 상주 김룡사와 대구 동화사에도 院奴가 거주하고 있었다. 김영나, 「조선후기 경상도 서원노비 연구」, 경북대학교 박사학위논문, 2019, 100쪽.
95) 『상산지』, 「사찰－청룡사」. 권상일, 『(국역) 청대일기』 2권, 「1727년 1월 26일」.
96) 상주박물관, 『낙유첩』, 「宿道南書院」, 2020, 45~62쪽.

다음날 술을 실은 배는 상류로 거슬러 올라가 낙동강의 제1경 경천대로 향했다. 읍치 동쪽 20리 낙동강 상류 지점의 경천대는 채수(蔡壽)의 현손 채득기(蔡得沂)가 병사호란 후 이곳 옥주봉(玉柱峰) 아래 초가와 무우정(舞雩亭)을 지어 여생을 보낸 우거소(寓居所)다. 원래 기이한 바위가 높이 쌓여 천작(天作)으로 대(臺)를 이룬 까닭에 '자천대(自天臺)'라 불렀다. 하지만 채득기가 살고부터 사람들이 '공은 하늘을 떠받드는 의리가 있다'고 하여 '경천대'라는 명칭을 붙였다.[97] 증손인 채휴징(蔡休徵)이 증조부의 존화양이(尊華攘夷) 정신을 기리기 위해 암벽에 '대명천지 숭정일월(大明天地 崇禎日月)'을 새겼다.

경천대는 효종과 관련된 일화가 전한다. 채득기는 심양에서 주치의로 효종을 극진히 보필해 총애를 받았다.[98] 환국 후 효종은 그에게 출사를 권유했으나 나오지 않자 대신 화원을 보내 그가 사는 경천대를 화폭에 담아오게 해 어병(御屛)을 만들어 옆에 두고 감상했다고 한다.[99] 28경의 아름다운 경관을 자랑하는 경천대를 두고, 김상헌·이식·최명길·이옥·이만부·권상일·송명흠·류주목 등 여러 문사들이 방문 또는 전언을 듣고 쓴 글들이 즐비하다.

다음날, 애초부터 함께할 예정이었으나 비 때문에 차질을 빚은 전식 부자도 경천대에서 합류를 했다. 대(臺) 왼편 옥봉에 하선해 명승지 용소(龍沼)와 구암(龜巖)을 두루 탐승했다. 용소는 용이 거처하고 있어 수재나 가물 때 빌면 응험(應驗)하다하여 붙여진 명칭으로 우담정(雩潭亭) 아래에 있다. 구암은 큰 돌이 강 속에 있는데 가운데가 불룩한 게 마치 살아있는 듯한 거북 형상의 바위이다.[100] 다만 강물이 적막하고, 차가워 오래 머무르지

---

97) 류후조, 앞의 책, 「행장－雩潭蔡公行狀」.

98) 채득기는 호란 직후 심양행을 명령 받았지만 병을 이유로 거부하여 보은현에 3년간 유배되었다. 해배 후 1638년 다시 심양에 파견이 되었다.

99) 김기탁, 「雩潭 蔡得沂의 樓亭詩歌 연구」, 『상주문화연구 1』, 1991, 163쪽.

100) 류주목, 『自天臺記』; 이만부, 『息山先生文集』 권17, 「記－上洛文會記」. 현재 경천대에서 구암은 보이지 않는다.

는 못했다. 다시 노를 저어 석양이 질 무렵 반구정(伴鷗亭)에 당도했다. 당시 반구정은 조정의 둘째 동생 조굉(趙紘)의 소유였다. 그러므로 이들은 부담 없이 반구정에 올라 시회를 열었다. 적벽부의 머리글 '壬戌之秋 七月旣望 蘇子與客 泛舟遊於赤壁下 淸徐來水'를 운자(韻子)해 글을 지었다. 퉁소와 거문고 연주로 흥취를 더한 가운데 25명이 508연구(聯句)의 공동 장편시를 창작했다. 10월에 재차 모이기로 약속한 뒤 선유는 마무리가 되었다.

시집이 완성되자 이준은 서문 끝자락에 중요한 당부를 적기했다. '간략히 일의 전말을 써서 책머리에 놓아 도원에 갈무리하여 뒷날 이 놀이를 잇는 자의 선구가 되고자 한다'라는 말이 그것이다. 도원을 출입하는 후학들에게 시회의 전통을 계승하기를 피력한 말이다. 이후 도원의 시회를 통한 연대와 결속, 다시 말해서 이들 간의 긴밀한 네트워크 구축을 견인하는 계기를 제공한 셈이다. 실제 도원의 후학들은 〈표 2〉 뿐 아니라 한말까지 이준의 당부를 충실히 수행하고 전승시켜 나갔다. 아래의 사진은 그 증거 중 하나로, 도원의 임원 교체 시에 작성하는 『전여기(傳與記)』에 「임술범월록」이 온전히 수록되어 있는 모습이다.

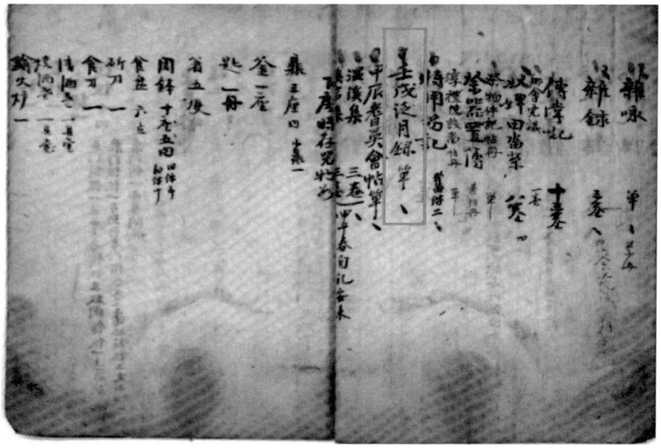

도남서원 전여기(상주박물관 소장)

이후 상주에서 결성되는 '추수사(秋水社)'와 '죽우사(竹雨社)'의 구성원 역시 도원과 밀접한 관계를 가지고 있었다.[101] '추수사'는 1784년(정조 8) '봉강북이(鳳姜北李)'라 불리며 세의가 돈독한 봉대의 진주강씨와 북곽의 연안이씨가 주축이 되어 관아의 이향정(二香亭)에서 조직된 시사이다.

강·이 가(家)는 근기 남인적 성향이 짙다는 공통점이 있으며, 시사의 핵심 회원인 이경유의 경우 기존 임술범월회에 참여한 경험이 있다. 1804년(순조 4) '추수사'를 계승한 '죽우사'는 앞의 양 가문 후예에 더해서 흥양이·장수황·진주정·풍산류씨가 참여하면서 명실상부한 지역의 대표 시사로 자리매김했다. 그 참여자들의 면면은 아래와 같다.

〈표 3〉 추수사와 죽우사 구성원

추수사	죽우사
이경유, 李挺儒, 李承延, **姜世白**, 姜世淸, 姜必岳, 姜世晋, 姜鳳欽, 姜世文, 申匡稷, **姜長欽**, [李承輝, 朴宗樞, 金岳柱[102]]	강세진, 李承延, 강필악, 강세문, **이경유**, **강세백**, 姜世綸, 姜世謩, **姜世誾**, **姜世揆**, **이건기**, 강봉흠, **강장흠**, 姜龍欽, **정종로**, 鄭象觀, **鄭象履**, **정상진**, **이승배**, 李學培, **황반로**, 黃麟老, **류심춘**, 趙承洙, **姜哲欽**, [박종추, 김악주]

〈표 3〉에서 진한 이름은 도원 원장과 재임을 지낸 인사다. 재임은 강세은(姜世誾)과 정상리(鄭象履) 두 명 뿐이고, 나머지는 원장을 역임했다. 상술한 바대로 18세기 후반 ~ 19세기 도원의 주도권을 가진 성관들이자 지역의 명문 사족들임은 의심의 여지가 없다. 죽우사의 경우에는 정종로의 문인들이 여럿 보인다.

아무튼 서원과 시사 세력이 별반 다르지 않음을 재차 확인할 수 있다. 아울러 상주 시사의 길을 연 이래 지역 시회·시사 결성과 활동의 모태라

101) '秋水社'와 '竹雨社'에 대해서는 상주박물관 김주부 박사가 제공해준 자료로 정리한 것이다. 이 지면을 빌려 감사의 말씀을 드린다.

102) 李承輝는 4세, 朴宗樞과 金岳柱는 향리이다.

할 수 있는 의의를 가진다. 위천(渭川)과 낙동강이 만나는 지점에 있는 명승지 합강정(合江亭)의 주인 김광철(金光轍)이 1770년(영조 46) 7월 뱃놀이 후 남긴 「시채송(詩債訟)」은 이 같은 물음에 대한 좋은 답이 될 것 같다.

> 지난 1770년 7월 뱃놀이도 실은 천계 임술년의 일을 잇는 것이었다. 장로는 다 상락(上洛)의 덕망 있는 노인들이요, 젊은이도 동남방의 명승(名勝) 아님이 없었다. 돛을 나란히 하고 돛대를 묶어 만경창파를 넘으며 술을 싣고 달을 띄워 몇 날의 한가한 놀이에서 각기 사운시(四韻詩) 여러 편을 읊어서 뛰어난 놀이를 기록하되, 이미 전후의 이름 첩과 기(記)·서(序)·시(詩)·부(賦) 제 작품을 모아서 한 책에 싣고 이름하여 『낙강범월록』이라 하니, 그 사이 풍류를 아는 호걸 인사가 소문을 듣고는 추가 화운(和韻)한 자가 또한 무수하다.[103]

2. 강학과 시회를 통한 지식 네트워크 –이만부·권상일·정종로를 중심으로

조선시대 서원은 '존현양사(尊賢養士)' 곧 교육과 제향이 핵심 기능이다. 조선에 서원 제도를 보급·정착시킨 퇴계가 둘 중 교육을 더 중요시 한 것은 잘 알려진 사실이다. 퇴계를 모신 도원은 지속적으로 강학이 전개된 서원으로 손꼽힌다. 서원에서 실시된 강학의 종류에는 거접(居接), 거재(居齋), 강회, 순제(旬題), 백일장 등이 있다. 안타깝게도 도원의 경우 거재, 거접, 순제를 파악할 만한 직접적 자료는 확인되지 않는다. 반면 제반 비용이 크게 소요되지 않는 명망가를 초빙해 진행되는 강회 활동은 상당히 활발했다. 서원의 강회는 학문적 성과를 확인 및 공유하는 집단적 교육의 장으로 이용되었다.[104] 율곡은 『은병정사학규(隱屏精舍學規)』를 제정하며 매월 초

103) 권태을, 『상주의 한문학』, 상주문화원, 문창사, 2001.
104) 박종배, 「學規에 나타난 조선시대 서원교육의 이념과 실제」, 『한국학논총』 33,

하루에 서원에서 강회를 정기적으로 열도록 규정해 그 중요성을 일찍부터 강조했다.[105] 도원에서도 18세기 초반 규약이긴 하나 춘추에 날짜에 연연하지 말고 1책을 다 동독한 다음 강회를 마치도록 하고 있다.[106]

더구나 상주는 정경세·이준·홍여하·이만부·권상일·정종로·류심춘·류주목 등 영남학파의 적맥을 계승한 학자들이 배출된 지역이다. 이른바 강회를 주관할 충분한 자격을 갖춘 유수의 학자 群이 형성되어 있는 환경이었다. 보다 주목해야 할 것은 강회가 전후 개최하는 시회 부분이다. 도원의 강회와 시회는 지식 확산의 발판이 되었음은 물론이고, 내부의 결속력을 높여준 좋은 매개체로 작동되었기 때문이다.

따라서 본절에서는 이만부·권상일·정종로를 중심으로 도원의 강회 뒤 문회의 구체적인 양상을 추적해 보았다. 먼저 이만부는 1697년(숙종 23) 34세 나이로 상주 노곡(魯谷)으로 이주했다. 이만부의 이주는 지역의 학문 발전에 큰 활력소로 작용을 했다.[107] 그는 이현일과의 교류, 각종 저술, 이현일의 아들 이재(李栽) 및 권상하의 문인 성만징(成晩徵)과의 논쟁, 강론, 문인 양성 등 왕성한 학문적 행보를 보여주었다.

앞서 그는 이주한 해 겨울 도원에서 열린 문회와 선유를 겸한 모임에 참석한 바 있다. 아마 지역 인사들과 상면하기 위해 마련된 자리였던 것 같다. 1박 2일간 진행된 행사의 참석자는 원장 이보영(李葆英)과 원생 12명이었다. 첫날은 서원 부근의 숲에 있는 영귀정(詠歸亭)에 모였다. 달빛 아래에 강물은 투명하고, 소나무 그림자가 나부꼈다. 다들 흥취에 젖어 말없이 머물다 야밤에서야 서원으로 돌아왔다. 다음날은 배를 타고 영귀정에서 자천대까지 유람하는 일정이었다. 그는 처음 본 자천대·귀암·석봉(石峯)·용암·용담(龍潭)에 대해서 아주 세밀히 묘사를 해두었다.[108]

2010, 59쪽.

105) 이이, 『율곡선생전서』 권16, 「잡저 2－隱屛精舍學規戊寅」.

106) 권상일, 『청대선생문집』 권10, 「잡저－도원條約」.

107) 권태을, 『식산 이만부 문학연구』, 문창사, 1990, 113쪽.

이어서 1724년(경종 4) 2월에는 강장(講長)의 자격으로 도원 강회를 주관했다. 당시 원장 권상일의 요청으로 성사된 장이었다.[109] 이 시기 이만부는 남인 학계에서 대유(大儒)로서 위상을 가지고 있었다. 그는 권상일·신정모(申正模)·오상원(吳尙遠)과 5일 동안 『근사록』을 강론하고 토론을 벌였다. 『근사록』은 이만부 공부론의 핵심 텍스트이며, 평소에도 그 요점을 뽑아 자찬(自撰)한 교재를 강학에 활용하였다.[110]

강회에 참여한 3명 모두 이만부의 문인으로 볼 수 있다. 권상일은 이만부에 대해 각별한 존경심을 가졌으며, 선생으로 예우를 다하는 모습은 그가 쓴 일기에 고스란히 담겨있다. 100리 길을 마다않고 참석한 의성 출신의 신정모는 1715년(숙종 41)에 이만부에게 입문(入門)을 청하는 편지를 보내 사제의 연을 맺은 관계였다.[111] 오상원은 이만부와 같이 경기 파주에서 상주 성북으로 이거한 근기 남인으로 성리학에 조예가 깊었다. 그런 오상원이 1733년(영조 9) 먼저 사망하자 만사와 제문을 지어 애틋한 마음을 표했다.[112]

서원 교육에 대해 비판적 입장을 견지한 이만부였지만 이 강회는 근래 흔치 않는 일로서 상당히 유익한 시간이었다고 의미를 부여했다.[113] 강회가 끝난 직후에 권상일이 보내 온 운자에 수창(酬唱)한 이만부의 시구에 그런 감정이 잘 녹아있다.

> 도원의 학문을 하는 모임에, 사립문 열고 안석과 지팡이 옮겨왔지요.
> 은미한 말씀으로 차례대로 논하니, 오도(吾道)는 다른 길과는 구별이 됩니다.
> 강처럼 넓어 연원을 증험하겠고, 산처럼 맑아 기상을 알겠습니다.

108) 이만부, 앞의 책 권17, 「記－上洛文會記」.
109) 권상일, 앞의 책 권6, 「書－與李息山」.
110) 신두환, 「息山 李萬敷의 教育思想 研究」, 『한문교육연구』 29, 2009, 426쪽.
111) 신정모, 『二恥齋集』 권2, 「書－與息山李丈-萬敷-乙未·與息山李丈-丙申」.
112) 이만부, 앞의 책, 「부록－挽詞」.
113) 이만부, 앞의 책 권9, 「書－答河聖則」.

조용히 5일 동안의 가르침이, 다음 십 년의 벼슬살이보다 나을 것입니다.[114]

한편 신정모는 이 강회의 배움 성과를 10년의 독서와 맞먹는 소중한 기회였다고 자평했고, 이후 『근사록』 관련 다른 의문점들은 편지로 문답을 이어갔다.[115] 또 이재(李栽)에게도 동일한 문제를 보내어 거듭 확인을 받으려는 노력도 포착이 된다.[116] 오상원의 경우는 본 강회가 이만부의 문인이 된 직접적인 동기가 된 것 같다.

다음 권상일은 서원 교육에 대해 높은 관심을 가졌으며, 평생 도남·근암서원 양 서원을 중심으로 활발한 서원 활동을 펼쳤다.[117] 그는 25세인 1703년(숙종 29) 처음 도원을 출입한 이래 향사 참석, 문자 찬술, 원장 역임, 강학, 자문 등으로 긴밀한 관계를 유지했다. 권상일은 문과에 합격한 뒤 중앙 관료를 거치면서 지역 내 명성도 높아졌고, 1723년(경종 3)에는 도원 원장에 취임하게 된다. 원장에 있는 동안 와역(瓦役), 편액·옥사(屋舍)·담장 수리 등 서원 건물 정비와 강론, 정몽주와 오현의 필적 각석·원규 개수·원규 재게시·장서 확보 등 내실화에도 힘을 기울였다.

권상일은 안동 여강서원(廬江書院)에서 강학을 주도한 이상정과 함께 18세기 영남 서원의 강학을 이끈 대표적인 학자로 평가된다.[118] 그는 원장 2년차에 신임목사 송인명의 방문을 맞아 도원에서 첫 강학을 선보였다. 1월 26일 서원에 도착한 송목사는 협실의 경재(敬齋)·의재(義齋) 이름을 본 뒤 '이는 긴요하고, 절실하니 강(講)을 해볼 만하다'라며 강론 주제로 정해주었다. 이에 따라 서원에 소장된 『심경』을 가져와 '곤괘'의 육이(六二)에

114) 이만부, 앞의 책 권2, 「詩－甲辰仲春 權台仲 相一 號淸臺 與申景楷 正模 來도원約吳致重 尙遠 號峩嵯 文會 老人亦重違其勤意 擺病而赴 仍留數日 諸君共讀近思錄 頗有講磨之益 老人以病冗先歸 台仲寄來一律 遂步其韻 屬三君焉甲辰」.

115) 신정모, 『二恥齋集』 권3, 「答吳致重 尙遠 甲辰」.

116) 신정모, 『이치재집』 권2, 「答與密菴李丈」.

117) 이수환, 「'청대일기'를 통해 본 권상일의 서원활동」, 『민족문화논총』 62, 2016.

118) 이수환, 앞의 논문, 2016, 31쪽.

대해 「경이직내장(敬以直內章)」을 스스로 한 번 읽고, 부주(附註)의 마지막 편까지는 권상일이 읽도록 하였다. 그 장의 의심스러운 뜻을 서로 강론하였다. 이어 과문(科文)과 『성리대전』 4~5곳, 이기설의 여러 설을 논하며 강학을 마쳤다.

다음날 목사 역시 자천대까지 선유했다. 권상일도 일주일 전 두 차례나 낙동강에서 선유를 즐기며, 공동으로 시를 창작한바 있다.[119] 낙동강에서 선유는 도원의 특징적인 성격의 하나로 볼만하다. 이후에도 권상일은 1748·49년에도 강론 및 출제 등 강회를 직접 주관했다.[120] "우리 고향에서는 청옹(淸翁)이 돌아가신 이후에 적막하여 '강학' 두 글자를 들을 수가 없었습니다."[121] 권상일의 강학 활동을 함축한 정종로의 評이다.

도원은 정종로에게 의미가 특별한 서원이다. 도원의 문루인 「정허누기(靜虛樓記)」, 강당 중수기 「일관당중수기(一貫堂重修記)」 등의 문자 찬술과 1816년(순조 16) 생을 마감하기 3개월 전 펼친 '도원 강회'가 그러한 인식의 발로였다. 특히 시회와 어우러진 강회는 특기할 만한 사실이다.

흥학에 열성적이었던 정종로는 서실, 서당, 존애원, 도존당(道存堂) 등 강학처에서 지속적으로 강회를 개설했고, 그때마다 수백 명이 운집을 했다. 1798년(정조 22) 9월에는 도원 훈장에 선임되어 상주지역 교육 전반을 관장했다.[122] 훈장 선임의 배경은 당대 '좌대산 우입재'라 불렸고, 채제공으로부터 '경학과 문장이 울연(蔚然)하여 영남 제1인자'라는 격찬을 받은 대학자로서의 위상을 지녔기 때문이다.[123] 이때 지역 현실에 맞는 강규를 제정해 일향의 서당에 통지하여 교육 환경 개선을 꾀했다. 강규의 요지는

119) 권상일, 앞의 책, 「1724년 1월 21일~27일」, 한국국학진흥원, 2015, 354~361쪽.
120) 권상일, 앞의 책, 「1748년 윤7월 29일·1749년 3월 3일」, 한국국학진흥원, 2015, 3권733쪽·4권32쪽.
121) 정종로, 『(국역) 입재집』 권3, 「書-與趙靜窩」, 경북대학교출판부, 2017, 427쪽.
122) 정석진, 앞의 책, 1975, 314쪽.
123) 우인수, 「입재 정종로의 사회적 위상과 현실대응」, 『조선후기 영남 남인 연구』, 경인문화사, 2015, 338쪽.

1차적으로 각기 서당·서숙에서 강학을 거친 뒤 강안(講案)과 문목(問目)을 도원에 통보하고, 다시 우수자들을 모아 강론과 토론하는 것을 관례로 삼도록 한 것이었다.[124)]

강회는 이만부의 증손이자 원장 이경유(李敬儒)의 초청에 응한 덕분에 설행이 된 것이다. 정종로의 문인이기도 한 이경유는 스승의 문장에 대해 "경전이 속에 가득하여 문장이 전아(典雅)하다. 그 시도 그 사람과 같았으니 발을 걷으니 맑은 하늘 나타나고, 미미하게 맑은 이슬 드리웠네" 라며 인품과 학문을 존경해 마지않았다.[125)] 그는 1816년 3월 79세의 노구를 이끌고 도원에 도착해 영남 좌·우도 11개 고을에서 수백 명이 걸음한 가운데 『중용』을 통독했다. 통독 후 개인적 물음에 일일이 응대했음은 물론 분석과 해결책까지 제시해 주는 열의를 보였다. 잠시 쉬면서 하라는 주위의 만류에도 불구하고, '조상을 받들려고 멀리서 왔으니 그 뜻을 저버릴 수 없다' 라며 하루 종일 강행을 하였다. 또 다른 문인 이승배(李升培)는 이날 강회의 분위기에 대해 '[정종로] 음성은 맑고도 우렁차서 세찬 비가 쏟아지듯 마치 강하의 물길을 틔워 바다로 들게 하는 것 같아서 듣는 이가 다 충족하여 기뻐하고 감복하였다'라고 회고했다.[126)] 강회가 끝이 나자 백일장과 선유의 시간을 가졌다. 백일장에서는 손진악(孫鎭岳)의 손자가 장원을 차지했고,[127)] 이어 도원에서 배를 띄워 물길을 거슬러 자천대에 이르렀다. 그도 여느 선배들처럼 율시 한 수를 지어 선유를 기념하였다.

> 예전에는 강가 서원에서 이 가을을 만나면, 선배들이 서로 불러 배 띄워 달을 감상했네. 동파의 문장에야 누가 비슷할 수 있겠는가, 교남의 좋은 풍광은

---

124) 정종로, 앞의 책 권6, 「잡저-爲講學事 通各書堂文」, 경북대학교출판부, 2017, 376쪽.

125) 이경유, 『林下遺稿』 中卷, 「154則」 ; 조정윤, 「李敬儒의 詩文學觀 一考-『滄海詩眼』을 중심으로-」, 『漢文古典硏究』, 2019, 130쪽, 재인용.

126) 정종로, 앞의 책 권7, 「부록-行狀[李升培]」, 2017, 쪽.

127) 노상추, 『(국역) 노상추일기 11』, 국사편찬위원회, 2020, 38쪽.

> 여기가 더욱 좋아라. 마음 아픈 호제에 상복을 겨우 벗고, 뜻 없이 푸른 물가에 자취 다시 남기네. 시험 삼아 미인가(美人歌) 한 곡조를 부르며, 서풍에 머리 돌리니 눈물 거두기 어려워라.[128]

정종로는 도원의 범월(泛月) 전통과 상주 낙강의 좋은 풍광, 그리고 정조의 자취, 즉 그 덕선(德善)을 잊지 못해서 미인가를 부르니 눈물이 난다고 읊었다. 그가 생전에 남긴 마지막 시문으로 보인다.

Ⅳ. 맺음말

이상 상주 도남서원의 시회를 중심으로 서원의 지식 네트워크 활동 실제를 조명해 보았다.

먼저 도원 주도세력의 네트워크 성격을 분석한 결과, ①원장을 배출한 상위 가문은 부림홍·안동권·장수황·진양정·풍산류·흥양이씨 6개 성관이었다. ②정경세와의 밀접한 관계성, ③남인과 노론이 병존하고 있는 모습, ④원장의 높은 소·대과 합격자와 관직자 비율, ⑤원장을 지낸 다수가 다른 서원의 원장을 중복해 역임하는 일련의 현상들을 확인하였다.

이러한 인적구성을 토대로 낙동강과 도원을 무대로 삼은 '임술시단'과 '개별 학자의 문회·시회'를 축으로 지식 네트워크의 활동 양상을 서술해 보았다.

전자는 소동파의 적벽놀이를 본받아 1607년부터 1778년까지 이어졌는데, 본고에서는 시회의 출발점인 1607년을 대상으로 도원과 관계, 구성원 면면, 선유 경유지, 공동시 창작 등 지식 네트워크의 활동을 탐색해 보았다. 이준이 작성한 공동시 서문에 '간략히 일의 전말을 써서 책머리에 놓아

---

128) 각주 70번.

도원에 갈무리해 뒷날 이 놀이를 잇는 자의 선구가 되고자 한다'라는 말처럼 이후 도원에서는 시회를 통해서 연대와 결속, 나아가 긴밀한 네트워크 구축을 견인하는 계기를 만들었다.

후자는 영남학파의 적맥을 계승한 유수의 학자들이 배출된 지역 특성상 수원(首院)인 도원은 활발한 강학이 전개된 서원으로 꼽힌다. 이중 이만부·권상일·정종로의 강학과 어우러진 시회 사례를 주목했다. 이만부는 1697년 상주 이주 직후 도원에서 열린 문회와 선유를 경험했고, 1724년 강장(講長)의 자격으로 『근사록』 강회를 주관하였다. 서원 교육에 관심이 남달랐던 권상일은 1723년 원장 신분으로 『심경』 강회를 선보였고, 선유를 즐겼다. 1816년 수백명이 참석한 정종로의 도원 강회는 특기할 만하며, 강회 후에는 생전 마지막으로 추정되는 시 1수를 남겼다.

이러한 도원의 시회 활동을 통해서 서원의 지식 생성과 네트워크 형성, 지식 확산의 과정을 밝힘으로서 서원의 다양한 모습을 보여주는데 상당한 의미가 있다고 판단이 된다.

【참고문헌】

1. 원본

『도남서원 고문서(상주박물관 소장)』, 『도남서원사실 하』, 『상산지』, 『숙종실록』, 『洪判官韻』.

2. 문집

강응철, 『南溪集』; 권상일, 『청대선생문집』; 류주목, 『溪堂先生文集』; 류후조, 『洛坡先生文集(全)』, 1994, 대보사; 柳欽睦, 『克菴文集』, 申正模, 『二恥齋集』; 申弼成, 『盧峯遺稿』; 이경유, 『林下遺稿』; 이만부, 『息山先生文集』; 李敏求, 『(국역) 東州集』, 한국고전번역원, 2018. 이이, 『율곡선생전서』; 이전, 『(국역) 월간선생문집』, 2008; 전식, 『沙西集』; 정경세, 『(국역) 우복집 별집』; 정종로, 『(국역) 입재집』, 경북대학교출판부, 2017; 趙靖, 『黔澗集』; 조찬한, 『(국역) 玄洲集』, 한국학호남진흥원, 2019; 蔡獻徵, 『(국역) 愚軒先生文集』, 愚軒先生文集重刊委員會, 1996.

3. 단행본

김령, 『(국역) 계암일록』, 한국국진흥원, 2013.

김정찬 譯, 『淵嶽門會錄』, 상주박물관, 2009.

권태을, 『상주의 한문학』, 상주문화원, 문창사, 2001.

노상추, 『(국역) 노상추 일기』, 국사편찬위원회, 2020.

상주문화원, 『상주의 누정록』, 2008.

상주박물관, 『갑장산』, 상주박물관, 2016.

__________, 『洛遊帖』, 2020.

이수건, 『조선시대 영남서원자료』, 국사편찬위원회, 1999.

이수환, 『조선후기 서원연구』, 일조각, 2001.

이준 외, 『(역주) 낙강범월시』, 아세아문화사, 2007.

이준, 『추금록』, 상주박물관, 2012.

정석진, 『愚山史積大觀』, 愚山先生記念事業會, 1975.

4. 논문

권태을, 「도남서원 관련 詩文의 機能考」, 『도남서원의 사적과 도학정신』, 제1회 상주문화사적과 역시인물 학술대회 자료집, 2011.

권진호, 「한시로 쓴 심원록－한시에 그려진 도산서원과 그 위상」, 『조선후기 서원의 위상』, 새물결, 2015.

권태을, 「洛江詩會 研究」, 『상주문화연구』 제2집, 1992.

______, 「尙州 淵嶽圈 詩會研究」, 『상주문화연구』 제3집, 1993.

______, 「洪判官韻 해제」, 『상주문화연구』 제6집, 1996.

김기탁, 「雩潭 蔡得沂의 樓亭詩歌 연구」, 『상주문화연구 1』, 1991.

김명자, 「조선후기 屏山書院 院長 구성의 시기별 양상」, 『한국서원학보』 6, 2018.

김영나, 「조선후기 경상도 서원노비 연구」, 경북대학교 박사학위논문, 2019.

김자상, 「文莊公 愚伏 鄭經世 陞祀聖廡疏 小巧」, 『상주문화』 제7호. 1998.

김학수, 「17세기 영남학파 연구」, 한국학중앙연구원 박사학위논문, 2008.

______, 「德川書院 : 경의학(敬義學)을 지향한 조선의 학술문화공간」, 『남명학 제20집』, 2015.

______, 「정경세, 이준의 소재관－정경세의 비판적 흡수론과 이준의 계승적 변호론을 중심으로」 『영남학 제71호』 2019,

박종배, 「學規에 나타난 조선시대 서원교육의 이념과 실제」, 『한국학논총』 33, 2010.

송석현, 「17세기 후반~18세기 초반 도남서원 운영과 상주 사족의 동향」, 『조선시대사학보』 제79집, 2016.

신두환, 「息山 李萬敷의 教育思想 研究」, 『한문교육연구』 29, 2009.

우인수, 「입재 정종로의 사회적 위상과 현실대응」, 『조선후기 영남 남인 연구』, 경인문화사, 2015.

우인수, 「조선후기 도산서원 원장의 구성과 그 특징」, 『퇴계학과 유교문화』 53, 2013.

이구의, 「낙강범월시 해제」, 『역주 낙강범월시』, 아세아문화사, 2007.

이병훈, 「경주 玉山書院의 장서 수집 및 관리 실태를 통해 본 도서관적 기능」, 『한국민족문화』 58, 2016.

______, 「조선후기 경주 옥산서원의 운영과 역할」, 영남대학교 박사학위논문, 2018.

이상해, 「도동서원과 조선시대 서원건축」, 『道, 東에서 꽃피다』, 달성군, 2013.

이수환, 「'청대일기'를 통해 본 권상일의 서원활동」, 『민족문화논총』 62, 2016.

이해준, 「한국 서원의 지역 네트워크와 사회사적 활동」, 『한국 서원의 전통가치와 현대적 계승』, 한국학중앙연구원출판부, 2018.
임근실, 「16세기 書院의 藏書 연구」, 『한국서원학보』 4, 2017.
______, 「'迎鳳志'의 지식사적 의미」, 『민족문화논총』 제69집, 2018.
임재해, 「낙동강으로 읽는 상주의 문화와 인물」, 『낙동강을 품은 상주 문화』, 상주박물관, 2012.
정우락, 「도산서원에 대한 문화론적 독해－일기와 기행록을 중심으로－」, 『영남학 27』, 2015.
채광수·이수환, 「昌寧成氏 聽竹公派의 상주 정착과 노론계 院宇 건립 활동」, 『조선시대사학보』 79, 2016.
______, 「우복학단의 성격과 계보학적 갈래」, 『한국계보연구 10』, 2020.
황위주, 「낙동강 연안의 유람과 창작 공간」, 『한문학보』 18, 2008.

대전 도산서원(道山書院)의 강학 관련 자료와 시사점

최 광 만

Ⅰ. 머리말

호서 지역의 경우 1980년대부터 2000년대 초까지 수차례 고문서 조사 사업이 이루진 바 있다.[1)] 그리고 2012년에는 그간의 조사를 바탕으로 한 『호서지방의 고문서』가 발간되기도 하였다. 그러나 현재까지 조사된 결과에 의하면, 향교나 서원을 막론하고 강학 관련 자료는 그다지 풍부하지 않은 것으로 보인다.

『호서지방의 고문서』에서 임선빈은 향교 자료를 ①명안류, ②조직·운영 관련 자료, ③경제 관련 자료, ④의례 관련 자료, ⑤향촌사회사 관련 자료 등 5개 항목으로 구분하고, 강학 관련 자료를 조직·운영 관련 자료에 포함시켜 소개하였다. 그러나 강학 관련 자료는 상대적으로 적고, 또한 시기적으로도 19세기 후반에 치우쳐 있다고 하였다.[2)]

또한 이해준은 서원 자료를 ①창건·이건·중수 사적 자료, ②제향인물 관련 자료, ③서원조직에 관련된 유안류 자료, ④서원 운영의 규약 및 입의·절목류 자료, ⑤서원의 경제기반에 관련된 자료, ⑥사회사적 지위를 보여주는 자료 등 6개 항목으로 구분하고, 서원 운영의 규약 및 입의·절목류

---

1) 성봉현, 「문중 소장 문서」, 『호서지방의 고문서』, 한국학중앙연구원출판부, 2012, 15~17쪽.

2) 임선빈, 「향교 소장 문서」, 『호서지방의 고문서』, 한국학중앙연구원출판부, 2012, 130쪽.

자료에서 강학 관련 자료를 소개하였다. 그런데 서원의 경우에도, 순수한 강학 자료는 적고, 주로 홀기(笏記)와 같은 의례 자료가 주를 이룬다고 하였다.[3)]

호서 지역의 이러한 상황은 김자운(2019)의 연구 결과와도 연결된다. 그 연구에 의하면, 호서 지역에서 유일하게 다룬 돈암서원의 경우 규약류, 강학의례, 강학재정에 관한 자료 이외에 실질적인 강학시행 기록이 조사되지 않았는데[4)], 이것은 호서지역 서원의 강학 활동을 심층적으로 조사할 만큼 관련 자료가 풍부하지 않다는 점을 보여준다.

그러나 강학 관련 자료가 이처럼 충분하지 않다고 해서 호서 지역 서원의 강학 활동이 활발하지 않았다는 것을 의미하지는 않는다. 조선 후기에 호서 지역은 근기 지역으로서 정치적·학문적 주도권을 행사하였고, 그만큼 이 지역 서원에 대한 지원도 적지 않았을 것으로 추정되기 때문이다. 그럼에도 불구하고 강학 관련 자료가 그다지 발견되지 않는 것은 근대사회로 전환되는 과정에서 주요 가문이 상대적으로 많이 이주하였고, 그 과정에서 많은 자료가 유실되었던 때문이 아닌가 한다. 따라서 호서 지역에 대한 연구를 보다 진전시키기 위해서는 지속적인 자료 조사가 진행되어야 하겠지만, 현재 수집된 강학 관련 자료에 대한 심층적인 분석이 병행될 필요가 있다고 판단된다.

본 연구는 이러한 상황을 염두에 두면서, 현재 대전에 소재하고 있는 도산서원(道山書院)의 강학 관련 자료를 통해 서원 강학 활동에 대한 새로운 접근 가능성을 모색해 보고자 한다. 주지하다시피 도산서원은 그 자체로만 보면 호서지역을 대표하는 서원은 아니다. 이 서원은 공주 권역에 포함되면서도, 남인계로 분류되는 서원이고 더욱이 여러 번에 걸친 노력에도

---

3) 이해준, 「서원 소장 문서」, 『호서지방의 고문서』, 한국학중앙연구원출판부, 2012, 160쪽.

4) 김자운, 「조선시대 서원(書院) 강학(講學) 관련 자료의 유형과 특징」, 『유학연구』 48, 충남대학교 유학연구소, 2019, 135~137쪽.

불구하고 사액을 받지 못하였다. 그만큼 도산서원은 호서 지역을 대표하는 서원이 아니고, 오히려 이질적인 성격을 갖는다고까지 말할 수 있다.

그렇기는 하지만, 도산서원에 전해지는 강학 관련 자료는 조선 후기 강학활동에 관한 몇 가지 흥미로운 시사점을 제공한다. 비록 남아있는 자료가 많지 않아 구체적인 강학의 실상을 드러낼 수는 없어도, 이들 자료를 통해 서원의 강학활동과 관련하여 의미 있는 관점을 제공받을 수는 있다.[5] 이러한 기대감을 가지고 본 연구는 다음의 〈표 1〉과 같은 자료에 주목하여 논의를 진행하고자 한다.

〈표 1〉 도산서원 강학 관련 자료

자료명	작성시기	구분
「이택재중대소사해식」 「일과정업」	1653년(효종4)	규약류
「원규」	1692년(숙종18) 추정	규약류
『강회입규』	1750년(영조26)	규약류 및 강학시행 기록

〈표 1〉에 나타나듯이 도산서원의 강학 관련 자료는 주로 규약류이다. 「이택재중대소사해식(麗澤齋中大小士楷式)」과 「일과정업(日課定業)」은 도산서원의 전신인 이택재의 운영 규정이고, 「원규(院規)」는 도산서원의 운영규정이다. 또한 『강회입규(講會立規)』는 「강회입규(講會立規)」·「강안(講案)」·「강회록(講會錄)」 등을 포함한 자료로서, 1750년에 시행한 춘추도강(春秋都講)의 기본 규정과 진행 절차에 관한 것들이다. 이하에서는 각 자료별로, 우선 작성 경위와 내용을 검토하고, 그것을 바탕으로 해당 자료에서 얻을 수 있는 시사점을 하나씩 논의하도록 하겠다.

---

5) 도산서원 소장 자료는 도산학술연구원(2018)이 편찬한 『도선서원지-자료편』에 정리되어 있다.

Ⅱ. 「이택재중대소사해식」과 「일과정업」

1. 주요 내용

이 두 자료는 『탄옹선생집』 권10 잡저에 수록되어 있다. 비록 이 곳에는 두 문건을 작성한 시기가 명시되어 있지 않지만, 「탄옹권선생연보(이하 「연보」라 함)」에 의하면, 권시(權諰, 1604~1672)가 50세 때인 계사년에 이택재를 신축하고, 「이택재중대소사해식(이하 「이택재해식」이라 함)」을 지었다고 한 것으로 보아[6] 1653년(효종4)이었음을 확인할 수 있다.

「이택재해식」을 작성한 전후의 상황을 보면, 권시는 1639년(인조17, 36세)경에 공주(公州) 탄방리(炭坊里)에 팔음재(八吟齋)를 지어 학문적 교류와 교육 활동을 시작하였고, 1641년(인조19, 38세)에 문경의 호암산(皓巖山)으로 이주하였다가, 10년쯤 후인 1650년(효종1, 47세)에 다시 탄방리로 돌아왔다.[7] 이 시기 동안 권시는 교육활동을 지속적으로 이어간 것으로 보인다. 「연보」에 '선생께서 신사년(1641)에 하향하셨을 때 향중 유생 가운데 배우러 온 자가 많았다. 다시 (탄방리로) 돌아온 후에도 찾아오는 원근의 선비들이 점점 많아지자, 옛 서재(팔음재)를 고쳐 서실로 삼아 유생을 거처하게 하셨다. (서재의) 이름을 이택재라 하셨고, 이때에 「대소해식」을 정하셨다'고 한 것은 이러한 당시의 상황을 요약해서 보여준다.

그의 탄방리 생활은 1656년(효종7, 53세)에 시강원진선에 임명되면서 일단락되었다. 이후 그가 조정에서 활동한 것은 3~4년 정도였지만, 관직을 사퇴한 다음에도 광주(廣州)의 소곡(素谷)에서 10년을 거주하였기 때문에

6) 「炭翁權先生年譜」, "(毅宗) 二十六年 癸巳, 先生五十歲 … 先生自辛巳下鄕 鄕中章甫來學者衆 返自嶺外 遠邇之士稍益進 因鄕塾舊齋 作書室以處諸生 名曰麗澤齋 至是始定大小楷式."

7) 최광만, 「도산서원의 교육활동」, 『도산서원지』, 도산학술연구원, 2018, 371~372쪽.

이택재 운영에 직접 관여할 수 있는 형편이 아니었다. 다시 그가 탄방리로 돌아온 것은 말년인 1669년(현종10, 66세)이었고, 이후 돌아갈 때까지의 기간은 3년 정도에 그쳤다. 따라서 그가 탄방리를 떠나 있었던 10여 년 동안은 이택재와 직접적인 관련이 없었던 셈이다.

그러나 이 기간에도 이택재의 교육활동은 지속된 것으로 보인다. 도산서원의 「원기(院記)」를 보면 1672년(현종13)에 권시가 사망한 이후에야 학도들이 사방으로 흩어졌다고 기록되어 있는데[8], 이것은 권시가 탄방리에서 생활하지 않은 기간에도 여전히 이택재가 운영되었음을 시사한다. 실제로 권시가 부재했을 당시 이택재를 책임지고 운영했을 만한 권계(權誡, 호 德峯, ? ~ 1671)라는 인물이 확인되기도 한다. 권계는 권시의 서제로서 학문이나 행실 면에서 지역 사회의 존경을 받았던 인물로 보인다. 「연보」에는 그의 죽음을 다음과 같이 특기하고 있는데, 이것은 그와 이택재와의 관련성, 특히 권시가 탄방리를 떠나 있었던 시기에 권시를 대신하여 유생들을 가르쳤을 가능성을 보여준다.

> 계(誡)의 자는 계언(戒言)이다. 태어나면서부터 자질이 아름다웠다. 독서에 능하고 의리를 알아 후진을 가르치는 데에 게을리 하지 않았다. <u>선생(권시)의 문하에 들어 온 유생들이 계언에게서 많은 깨달음을 얻었다</u>. 호를 덕봉(德峯)이라고 하였다. 동춘 송공(宋浚吉, 1606~1672)이 그를 깊이 존중하였고, 향리의 여러 유생들도 존신하지 않음이 없었다. 돌아가던 날 저녁에 흰 기운이 하늘까지 이어졌는데, 날이 저물도록 사라지지 않았다. 동춘 선생이 그의 부음을 듣고 명정(銘旌)을 써 보내기를 '덕봉권사장지구(德峯權師長之柩)'라 하였다.[9]

---

8) 「院記」, "… 不幸壬子先生易簀之後 學徒四散 屋宇盡頹."

9) 「炭翁權先生年譜」, "(毅宗) 四十四年辛亥, 先生六十八歲 五月, … 誡字戒言 生有美質 能讀書知義理 訓後進不倦 <u>遊先生之門者 多啓蒙於戒言</u> 號德峯 同春宋公甚敬重焉 鄉里(諸儒) 莫不尊信 臨卒之夕 白氣亘天 彌日不徹 同春聞其訃 書送銘旌曰 德峯權師長之柩."

권계가 이택재에서 언제부터, 어떻게 유생들을 가르쳤는지는 분명하지 않다. 그러나 「연보」의 기록은 권시가 탄방에 있을 때나 부재하였을 때를 막론하고, 그가 돌아갈 때까지 존경받는 훈장이었으며, 권시의 문하생들을 가르쳤다는 점을 알려준다.

그렇다면 이택재는 어떻게 운영되었을까? 「이택재해식」과 「일과정업」은 이와 관련된 자료인데, 대체적으로 말해 「이택재해식」은 운영 규정이고, 「일과정업」은 매일 진행되는 학업 규정이라고 할 수 있다. 그럼 우선 「이택재해식」부터 살펴보기로 하자.

1. 치소(稚小). 8세부터 11세까지이다. 태벌(笞罰)과 과정(科程)을 상황에 따라 너그럽게 하고 보양(保養)을 위주로 한다.
2. 동몽(童蒙). 12세부터 15세까지이다. 과정을 조금 더 독려한다.
3. 몽사(蒙士). 16세 이상이다. 유생의 재학지행(才學志行)을 관찰하여 진취가 있을 것 같으면 과정을 더욱 독려하고, 점차 예우로 대하며, 태벌할 때에도 상황에 따라 참작한다. 아직 재학지행이 치소나 동몽 수준에 머물면, 16세가 넘었더라도 몽사 단계로 진입할 수 없으니, 과정을 더욱 엄격하게 독려해서 재주를 이룰 수 있도록 돕는다. 만일 재학지행이 특별히 뛰어나면, 20세에 차지 않았더라도 수재(秀才)라고 칭하고, 재학지행이 태만하고 근면하지 못하여 20세에 이르러도 재주를 이룰 수 없는 자는 포함시키지 않는다.
4. 수재(秀才). 20세 이상이면 사람의 재주가 완성되기를 기대할 수 있기 때문에 수재라고 칭하는 것이다. 경학이나 사학 분야에서 진취가 있거나, 지조나 행실에서 볼만한 것이 있거나, 문재나 시재에서 성취가 있거나, 심지어 필법과 같은 한 가지 재주에서라도 성과가 있는 등 반드시 취할 만한 장점 한 가지는 있어야 한다. 이런 연후에야 그 이름을 잃어버리지 않을 수 있는 것이다. 서로 두려운 마음으로 연마하면서, 문을 배우고 행동을 단속해야 한다. 단지 세월만 보내고 태만하여 성취할 수 없는 자는 제외시킨다. 재중(齋中)의 몽사는 나이가 많든 적든 모름지기 (수재를) 예경(禮敬)으로 대해야 한다.

『대학』·『논어』·『맹자』·『중용』 가운데 1책이라도 암송하지 못하면 20세가 넘어도 수재라고 칭하지 않는다.

5. 수사(秀士). 치소와 동몽 가운데 재주가 뛰어난 자는 수동(秀童)이라 칭하고, 몽사 이상인 자 가운데 뛰어난 자는 수사라 칭한다. 이들에 대해서는 동년배도 모름지기 예경을 더한다.
6. 준사(俊士). 수사 가운데 학문과 지조와 행실이 하루도 해이하지 않고 점차적으로 성취를 이루는 자는 준사라 칭한다.
7. 조사(造士). 수사와 준사 가운데 하루도 해이하지 않고 완성에 이른 자는 조사라 칭한다. 때로는 올리고 때로는 내려 그 사람의 진퇴를 평가함으로써, 격려와 징벌의 바탕으로 삼는다.[10)]

「이택재해식」의 내용은 치소, 동몽, 몽사, 수재, 수사(수동), 준사, 조사 등 7개 항목으로 구성되어 있다. 그런데 이 항목들은 이택재에서 공부하는 유생들의 칭호를 설명한 것이라는 점에서 흥미롭다. 우선 치소(8세~11세), 동몽(12세~15세), 몽사(16세~19세), 수재(20세 이상)는 연령에 따른 칭호이다. 다만 각 단계마다 적절한 수준에 올라야 한다는 단서는 붙이고 있다. 이러한 연령별 구분은 이택재에서 공부하는 유생의 나이차가 있었을 뿐만

---

10) 『炭翁先生集』 卷之十, 雜著, "麗澤齋中大小士楷式, **稚小**. 十一歲以下八歲以上. 笞罰程課. 臨時寬假. 保養爲主. **童蒙**. 十五以下十二以上. 稍加程督. **蒙士**. 十六以上. 視其才學志行稍可進就者. 嚴加程督. 不得寬慢. 而又稍示禮優. 笞罰之際. 臨時斟酌. 其才學志行. 猶稚蒙則雖過十六. 不得入此. 嚴加程督. 俾期成才. 若有秀異者. 雖未滿二十. 謂之秀才. 若才學志行怠慢不勤. 年至二十. 不可有成者. 除隨行. **秀才**. 二十以上則人才可以望其有成. 故稱秀才. 或經學或史學. 可以進就. 或志操或行檢可觀. 或文才或詩才可就. 下至筆法之一藝有成. 必有一長可取. 然後庶幾不失其名. 相與勸其惕厲. 學文行檢. 積以歲月. 怠慢不可成則除隨行. 齋中大小蒙士. 須相待禮敬. 大學, 論, 孟中一書. 不得成誦. 則雖過二十. 不得稱秀才. **秀士**. 稚蒙秀異者. 稱秀童. 蒙士以上秀異者. 稱秀士. 右凡其儕輩中. 須加禮敬. **俊士**. 秀士中. 學問志操行檢日勤不懈. 漸就者. 謂之俊士. **造士**. 秀俊之士日勤不懈. 至於有成者. 謂之造士. 或升或降. 視其人之進退. 以爲勸懲之地."

아니라, 이들에 대해 각각 호칭을 부여해야 할 정도로 인원도 상당했음을 보여준다.[11)]

다음으로 수사(수동), 준사, 조사는 주로 몽사 이상을 대상으로 한 우등생 칭호이다. 치소와 동몽의 경우 그 우등생을 수동이라 하고 있지만, 나머지 호칭은 모두 몽사 이상을 대상으로 한다. 수사는 몽사와 수재 가운데 우등자를 말하고, 준사는 수사 가운데 우등자를 말하며, 조사는 수사와 준사 가운데 우등자를 말한다. 그러나 우등자의 선별 기준은 명확하지 않고, 다만 '학문과 행실에서 하루도 해이하지 않고 성취를 이루는 자'라고만 되어 있어 구체적인 내용은 확인하기 어렵다. 다음의 〈표 2〉는 「이택재해식」에 제시된 호칭을 정리한 것이다.

〈표 2〉 이택재의 유생 호칭

연령	연령별 호칭	우등생 호칭Ⅰ	우등생 호칭Ⅱ	우등생 호칭Ⅲ
20세 이상	수재(秀才)	수사(秀士)	준사(俊士)	조사(造士)
16세~19세	몽사(蒙士)			
12세~15세	동몽(童蒙)	수동(秀童)		
8세~11세	치소(稚小)			

이처럼 유생들을 연령별·능력별로 구분하여 별도의 교육과정을 운영하고자 했다는 것은 상당히 주목되는 사안이다. 마치 현대의 교육단계별 위계구조나 우등반 제도를 연상시키기 때문이다. 「이택재해식」과 유사한 또 다른 사례가 있는지는 모르겠지만, 이것은 최소한 17세기 중반에 유생의 연령을 고려하고, 우등생 제도를 활용하는 방안을 모색해야 할 정도로 규모 있는 지방 학교가 있었음을 보여준다.

11) 『門生錄』에는 권시의 문하생 명단 107명이 수록되어 있다. 그러나 권시의 문생은 이외에도 많았던 것으로 보인다. 실제로 「설원록」에는 도산서원 창건을 주도한 인물이 제시되어 있는데, 이 가운데에 도 몇 몇 인물은 문생이라고 특기되어 있다.

그렇다면 이택재에서는 매일 어떠한 방식으로 공부했을까? 이점에 대해서는 「일과정업」에 개략적인 내용이 제시되어 있다. 그 내용을 보자.

1. 정업(正業). 매일 경서 몇 개 판자를 읽고 암송하거나, 『통감』·『사략』 몇 개 판자를 읽고 암송하거나, 『통감』·『사략』·『소학』 수백 자 혹은 수십 자를 읽고 암송한다.
2. 겸독(兼讀). 시 수십 구를 읊고, 절구나 일양구(一兩句)를 암송한다.
3. 습자(習字). 대자(大字)는 매일 수십 자 또는 몇 자 또는 한 자를 익히고, 중자(中字)는 매일 시가(詩家) 몇 구 혹은 5~7자를 쓴다.
4. 매일 마다 공부를 더하여 혹시라도 헛되게 하지 마라.[12]

인용문에 의하면, 이택재의 공부는 정업, 겸독, 습자로 구분된다. 정업은 경학과 사학에 관한 내용으로서 가장 중심을 이루는 과정이고, 겸독은 문학에 대한 과정이며, 습자는 이와 별도로 대자와 중자를 익히는 과정을 말한다. 비록 「일과정업」에 각 과정마다 세세한 규정까지는 들어 있지 않지만, 당시의 일반적인 교육과정에 따라, 『통감』, 『사략』, 『소학』, 시와 부 그리고 습자를 일정 분량씩 공부했던 정황은 추측할 수 있다. 그리고 능력에 따라 몇 개의 판자에서 수십 자까지 학습량을 폭 넓게 규정하고 있는 데에서 학습 단계와 개인 능력에 따라 학습량을 조절했다는 점도 확인할 수 있다.[13]

---

12) 『炭翁先生集』 卷10, 雜著, "日課定業, **正業**. 日讀經書數板成誦. 或讀通史數板成誦. 或讀通史小學數百字若數十字成誦. **兼讀**. 詩數十句. 或絕句 或一兩句成誦. **習字**. 大字日習十餘字或數字或一字. 中字日書詩家數句或五七字. 日日加工. 毋或干不."

13) 「일과정업」은 주로 치소나 동몽 단계의 과정을 다루고 있다. 정업에 『소학』 이하만 제시한 것이 한 증거이다. 따라서 사서오경을 본격적으로 공부하는 몽사 이상은 이 과정에 따른다고 보기 어렵지만, 그들 또한 능력에 따라 별도의 과정을 이수하도록 했다고 추정할 수 있다.

2. 시사점

이러한 「이택재해식」과 「일과정업」이 지속적으로 적용되었는지는 불분명하다. 다만 도산서원을 창건하는 과정에서 관련 유생들이 지역 수령에게 제출한 다음과 같은 정문(呈文)을 보면, 예전 이택재의 상황을 어느 정도 짐작할 수 있다.

> 저희들이 생각해보면, 선생께서 살아 계실 때 특별히 한 서재를 세우고 이름을 이택재라 하였습니다. 글을 가지고 원근에서 배우러 오는 사람이 항상 몇 십 명의 무리가 되었습니다. 그 가운데 인재로 성장한 사람도 많으니 실로 한 지역의 소중한 터전입니다. 그러므로 전후 관가에서 특별히 보호하여 밥 짓는 승려(炊飯僧)를 보내주고, 보직(保直)을 정해주었으며, 또 본 면의 일계반(一契半)의 연역(煙役)을 공제하여 시탄(柴炭)을 제공하도록 하였으니, 무릇 인재를 육성하는 데에 정성 다하기를 꺼려하지 않은 것입니다. 선생께서 돌아가신 이후에도 저희들은 대대로 그곳을 지키면서 함께 모여 학업을 강마한 것이 지금까지 20여 년이나 되었습니다.[14)]

인용문은 1692년(숙종18) 9월 도산서원 설립을 주도하던 송도명(宋道明) 등이 지역 수령에게 지원을 요청한 글에 나오는 내용이다.[15)] 인용문에 의하면, 이택재에는 상시 수십 명의 유생이 학업을 익혔고, 권시가 돌아간 이후에도 지역 유생들은 학업을 계속했다는 점이 언급되어 있다. 이러한 진술은 최소한 권시와 권계가 살아 있었던 1672년까지는 「학식」과 「일과

14) 『道山書院誌』 1卷, 設院錄, "(壬申) 九月, 呈文, … 民等仍念 先生在時 特建一書齋 名以麗澤 以文遠近之問業者 常累十爲群 其間成材者 亦多有之 實爲一方重地 故前後官家 特加斗護 定給炊飯僧 又定保直 又除本面一契半煙役 使供柴炭 蓋長育人材 不厭其委曲也 先生易簀之後 民等世守之 聚會講業 又今二十餘載矣."

15) 『道山書院誌』 1卷, 設院錄, "(壬申) 九月, 宋道明與齋任全守性及諸益入見城主 請得川內面 一契烟軍除煙役 以供本齋柴炭."

정업」에 따라 이택재를 운영했을 가능성을 보여준다.

그런데 인용문에는 또 하나 주목해야 할 내용이 있다. 그것은 예전에 지역 수령이 이택재에 취반승, 보직, 시탄 등을 지원했다는 부분이다. 송도명 등은 이러한 전거를 들어 새로 설립하려는 도산서원에도 지원을 요청한 것인데, 그러한 지원이 이루어졌던 계기나 정황이 주목되는 것이다. 이점에서 권시가 이택재를 신설했던 당시의 상황을 좀 더 살펴 볼 필요가 있다.

권시는 문경에서도 서당을 운영하였고, 1650년에 탄방에 돌아온 뒤에도 팔음재에서 유생을 가르쳤다. 그런데 1653년에는 팔음재를 확장하여 이택재라 하고, 운영규정도 새롭게 가다듬었다. 왜 이 시기에 그렇게 할 필요가 있었을까? 이점에 대해서는 유생 수가 증가하여 그렇게 했다고 할 수 있겠지만, 당시 상황을 보면 지방 교육을 진흥하기 위한 일련의 정책적 조치와도 관련이 있어 보인다.

지방 교육 정책은 이미 선조 대부터 변화하기 시작하였다. 교수나 훈도를 향교에 파견하는 기존의 방식을 폐지하고, 지역의 훈장이나 학장이 일선의 교육을 담당하게 하면서 제독관(提督官)으로 하여금 순회 장학하는 방식을 도입한 것이다. 이 조치는 임진란과 병자란이 연이어 일어나면서 중단되었지만, 전쟁이 진정된 다음부터 교양관(教養官)을 파견하는 방식으로 재개되었다. 예를 들어, 1636년(인조14)의 「교양관응행절목(教養官應行節目)」을 통해 교양관을 파견하기 시작하였고, 1649년(인조27)에는 경상감사가 교양관 제도를 보완하는 조치를 건의하기도 하였다.[16]

그런데 이때 경상감사가 올린 장계와 그에 대한 조정의 결정은 1650년대 초의 지방 교육 진흥책과 직접 연결된다는 점에서 주목된다. 당시 경상감사는 지방의 교육 상황이 경중(京中)과 달라 별도의 지원조치가 있어야 한다는 점을 언급한 다음, 거읍(巨邑)의 훈장에게는 급료를 지급하고 성과에 따라 경교관(京教官)으로 승진시키는 방안과 문관 찰방(察訪)에게 교수

16) 『課試謄錄』 1冊, 己丑 3月 29日, 慶尙監司李曼狀啓.

제독(敎授提督)의 직함을 주는 방안 등을 요청하였다. 이에 대해 조정에서는 재정 형편상 훈장에게 급료를 지급하기 어렵고, 문관이 찰방직을 맡은 지역이 소수에 불과하다는 등의 이유로 수용하지 않았다. 그 대신 각 지역에서 훈장을 선발하여 배치하되, 감사와 수령이 해당 훈장에게 우대하는 조치를 취하게 하고, 교육의 실효를 거두기 위해 자주 고시하여 그 성과에 따라 시상하도록 하였다.

이러한 조정의 결정에 따라, 효종 초에는 관련 정책이 추진된 것으로 보이는데, 1654년 2월에 충청감사가 올린 다음과 같은 장계는 당시의 정황을 알려준다.

> 「각도교수제독의구례복설사목(各道敎授提督依舊例復設事目)」 가운데 '가르치는 유생은 연령(年齡)에 따라 별도로 거안(擧案)을 작성하고, 1달에 2번씩 제술한다'고 하였고, 또 '사장잡문에 대한 고시는 보름 전에 출제하여 속읍에 발송하고, 제술하게 한 뒤 성적을 매긴다.' '매월 이처럼 시행한 결과를 통계하여 1년의 분수가 거수(居首)인 자를 감사가 계문하여 별도로 시상한다'고 하였으므로, 「사목」의 내용을 각 관과 4목의 교수처에 자세하게 신칙하였습니다. 지금 충주목 등지의 교수(敎授)가 첩정(牒呈)으로 올린 유생 제술분수의 거수자(居首者)를 성책(成冊)하여, 유생의 나이, 부친, 거주지, 분수 등을 장계의 뒤에 붙였으니, 시상 문제는 예조에서 검토하여 조치하기 바랍니다. 【忠州幼學 李泰元 年二十五 居忠州 父進士晩夔 製述十六分, 淸州幼學 李挺然 年二十六 居淸山 父幼學樟 製述二十四分, 公山幼學 金彝鼎 年五十 居公山 父軍資監正演 製述三十三分】[17]

충청감사가 언급한 「각도교수제독의구례복설사목(이하 사목이라 함)」은 1651년(효종2, 辛巳)에 제정된 것이다. 현재 「사목」의 전체 규정을 확인할 수는 없지만, 1649년 조정의 결정 가운데 '교육의 실효를 거두기 위

17) 『課試謄錄』 2冊, 甲午 2月 12日, 忠淸監司啓本.

해 자주 고시하고 그 성과에 따라 시상한다'는 방침과 연결되는 내용이 들어 있다. 인용문에서, 연령에 따라 거안을 작성하고 1달에 2회씩 제술한다는 것, 시험은 보름 전에 출제하여 속읍에 전달하고 그 평가결과를 1년간 누적한다는 것, 그리고 거수자에게는 시상한다는 내용이 그것이다. 이점에서 충청감사의 장계는 이러한 내용의 「사목」에 따라, 그 전해에 시행한 결과를 보고한 것이라 할 수 있다.

효종 초에 제정한 이 새로운 「사목」이 모든 지역에서 시행되었는지[18], 충청도의 경우 1654년 이전이나 이후에도 시행한 적이 있는지에 관해서는 단언할 수 없다. 그러나 최소한 충청도에서는 1653년 1년 동안 일련의 시험이 지역별로 진행되었고, 그에 따라 우수 유생을 선발하고 보고하는 절차가 이루어졌다는 것은 인정할 수 있다.

이점을 감안하면, 권시가 이택재를 새로 설립했던 1653년의 상황이 예사롭지 않아 보인다. 1649년에 조정은 훈장의 선발 및 배치, 훈장에 대한 우대 조치, 빈번한 평가와 시상을 골자로 한 지방교육 진흥책을 제시하였다. 그리고 1651년에는 새로 「사목」을 제정하여 연령별 거안 작성, 매월 2회 평가와 1년간 분수 합계, 거수자 보고 및 시상 규정을 각 지역에 하달하였다. 이러한 지방교육 진흥책의 흐름을 염두에 둘 때, 1653년에 권시가 연령별·능력별 운영방식을 골자로 하는 「이택재해식」을 제정한 것이나, 지역 수령이 이택재에 여러 가지 지원을 한 조치 등은 그저 우연으로만 보이지 않는다.

이점에서 이택재의 사례는 서당이나 서원의 강학 관련 자료를 보다 폭넓은 관점에서 접근해야 할 필요성을 제시한다고 할 수 있다. 이들 자료를 해당 기관의 개별 활동으로 한정하는 것이 충분하지 않다는 말이다. 모종

18) 같은 해 5월 경기감사는 「사목」의 또 다른 규정에 의거하여, 우수 학장을 보고하고 포상을 요청하였는데, 이러한 사례를 보면 다른 지역에서도 「사목」에 따라 관련 조치를 시행했을 가능성이 높다. 이때 경기감사는 여주 학장 李相臣과 죽산 학장 許身 2명을 보고하였다(『課試謄錄』 2冊, 甲午 5月 26日, 京畿監司趙 狀啓).

의 강학 관련 자료가 현재까지 전해진다는 것은 그 활동이 당시에 특별한 의미가 있었다는 것을 시사하고, 그만큼 그 자료를 둘러싼 배경에 대해서 관심을 둘 필요가 있다. 그리고 그러한 배경 가운데 중요한 것이 지방교육 진흥책과 같은 정책적 요인이 아닌가 한다.

Ⅲ. 「원규」

1. 주요 내용

도산서원의 「원규」는 1978년에 편찬된 『도산서원지』(1권) 「설원록(設院錄)」에 수록되어 있다. 「설원록」은 도산서원 창건 및 사액 요청과 관련하여 1691년(숙종17)부터 1824년(순조24)까지의 주요 연혁이 먼저 나오고, 그 다음에 「춘추향사의」, 「원규」, 「도산서원사적비명」, 대원군의 서원 훼철 당시의 문건, 「문생록(門生錄)」, 「정해년완의」 순으로 수록되어 있다.

「춘추향사의」는 축문과 의례 절차로 구성되어 있는데, 도산서원의 사우가 완공된 후 봉안제를 시행하게 되면서 윤증(尹拯)이 작성한 것이다. 봉안제 시행일이 1693년(숙종19) 4월 24일이었으므로 그 직전의 자료라고 할 수 있다. 「道山書院事蹟碑銘」은 '崇政紀元後三甲子四月', 즉 1804년(순조4)의 기록이고, 서원 훼철 당시의 문건에는 1866년(고종3)의 문건과 이와 비슷한 시기의 또 다른 문건이 포함된다. 「문생록」은 권시의 문하생 가운데 주요 인물의 명단으로 보이는데, 작성연대는 명시되어 있지 않지만, 아마도 도산서원 창건을 논의하였던 당시가 아닐까 한다. 그리고 맨 마지막에 수록된 「정해년완의」는 우명서(禹明瑞)가 서당위답(書堂位畓) 약간을 잘라내서 권사장(권계)의 제향에 사용하자는 요청에 대해, 도산서원 유생이 합의한 내용을 담은 문서로, 그 시기는 1707년(숙종33)으로 추정된다. 우명서는 1690년(숙종16) 식년감시에 입격한 우백규(禹伯圭)의 생부였기 때문에, 이점을 감안하면 정해년은 1707년이 되는 것이다.

이처럼 「설원록」에 수록된 자료의 작성시기는 어느 정도 확인할 수 있다. 이에 비하여 「원규」는 비록 말미에 '戊午四月日'이라고 되어 있지만, 그 작성시기를 확정하기 어렵다. 무오년은 1678년, 1738년, 1798년 등에 해당되는데 그 어느 시점도 도산서원의 창건과 직접 연결되지 않기 때문이다.

그러나 이점과 관련된 논의는 다음 절에서 진행하기로 하고, 우선 여기에서는 「원규」의 내용을 검토하면서, 주요 특징을 살펴보기로 하겠다. 다음의 〈표 3〉은 도산서원 「원규」 18개 조항을 대표적인 서원규정인 「이산원규」[19] 및 「문헌서원학규」[20]와 비교한 결과이다.

〈표 3〉 「원규」의 조항별 비교

순번	주요 내용	「원규」 규정	비교
1	공부 과정	諸生讀書 以四書五經爲本原 小學家禮爲門戶. 遵國家作養之方 守聖賢親切之訓 知萬善本具於我 信古道可踐於今 皆務爲躬行心得明體適用之學. 其諸史子集 文章科擧之業 亦不可不爲之旁務博通. 然當知內外本末輕重緩急之序 常自激昂 莫令墜墮. 自餘邪誕妖異淫僻之書 竝不得入院近眼 以亂道惑志.	이산 1조 동일
2	공부 자세	諸生立志堅苦 趨向正直 業以遠大自期 行以道義爲歸者 爲善學. 其處心卑下 取舍眩惑 知識未脫於俗陋 意望專在於利欲者 爲非學. 如有性行乖常 非笑禮法 侮慢聖賢 詭經反道 醜言辱親 敗羣不率者 院中共議擯之.	이산 2조 동일
3	거재 생활	諸生常宜靜處各齋 專精讀書. 非因講究疑難 不宜浪過他齋 虛談度日 以致彼我荒思廢業.	이산 3조 동일
4	서책 주색 형벌 단속	書不得出門 色不得入門 酒不得釀 刑不得用. 書出易失 色入易汚 釀非學舍宜 刑非儒冠事. 刑謂諸生或有司 以私怒捶打外人之類 此最不可開端. 若院屬人有罪 則不可全赦. 小則有司 大則*掌議 同議論罰.	이산 6조 동일 *上有司

19) 『退溪先生文集』 卷41, 雜著, 伊山院規.
20) 『栗谷先生全書』 卷15, 雜著2, 文憲書院學規.

5	원속인완율	院屬人完恤. 有司與諸生 常須愛護下人. 院事齋事外 毋得人人私使喚 毋得私怒罰.	이산 9조 동일
6	취사자법	取士之法. 勿論長少 取其有志學業 名行無汚者【院儒】僉議許入.【會者未滿十員 則不得定議 曾參初試者 備三員許入 生員進士 則直許入勿議】若有儒生【或】挾勢求入【或欲因而干謁道主州官】者【皆】勿【許】入.	문헌 1조 부분수록
7	신입관원	新入者 必先謁廟 有司開門 入庭行再拜禮 大小官到院 亦依此禮.	
8	장의유사	擇儒生識事理有行義 衆所推服者 二人 爲掌議. 凡院中議論主之 無掌議 不可定議. *一年相遞. 又定有司二人. 書册與院中諸物 主管出納 作簿傳授. 每六朔掌議照勘 以備後考 亦一年相遞 如有連欠事 物許遞.	문헌 2조 부분수정
		擇諸生有識者爲掌議 二員. 凡院中議論 斯二人者主之. 無掌議 則不可定議. *二年相遞. 又定有司 以主書册.	
9	춘추향사	*春秋享祀 無故不參者黜座.	문헌 14조 동일 *春秋祭
10	출척	*依名院籍 或有失【身】毁行 玷辱儒風者 則僉議**出籍.	문헌 15조 동일 *寄 **削
11	삭망분향	每月朔望 諸生具*冠袍【巾 頭巾 袍 團領】詣廟開中門【焚香年最長者】焚香再拜. 雖非朔望 諸生【若】自他處初到 或自院歸家時 必於廟庭再拜. 不開中門 不焚香.	문헌 4조 동일 *【 】대치
12	기상입재	【每日晨起. 整疊寢具. 少者持箒埽室中. 使齋直埽庭. 盥櫛】正衣冠 平明時 分立東西庭序齒 相向行相揖. 禮畢 還就齋室.	문헌 5조 부분수록
13	의관작자	常時 恒整衣【服】冠【帶】拱手危坐. 如對尊長 毋得【以】褻服自便.【必著直領】*俱不得著華美近奢之服. 凡【几案書册筆硯之具. 皆整置其所. 毋或亂置不整. 】作字必楷正. 毋【得】書于窓戶壁上.	문헌 6조 부분수록 *且
14	붕우상화	朋友務相和【敬】*與相規以失 相責以善. 毋得挾貴挾賢挾才挾父兄挾多聞見 以驕于儕輩. **俱不得譏侮儕輩 以相戲謔. 違者***黜座.【卽損徒也. 解損時 必滿座面責.】	문헌 11조 동일 *추가 **且 ***出
15	거처	凡居處 必以便好之地 推讓長者 毋*得自擇其便. 年十歲以長者出入時 少者必起.	문헌 7조 동일 *或

16	독서	讀書時. 必端拱危坐. 專心致志. *務得義趣. 毋得相顧談話.	문헌 9조 *務窮
17	언어	凡言語必愼重 非*作文字禮法則**勿言. 毋談淫褻悖亂神怪之事 毋談他人過惡 毋談朝廷政事 毋說【州】縣官員得失.	문헌10조 동일 *추가 **不
18	매일 학업	自晨起*坐 至夜**乃寢. 一日之間 必有所事. 或讀【書】 或製述【或】講論義理 或請【業請】益 無非學業. 【至於暇時或游泳川上 亦皆從容齊整 長幼有序 昏必明燈 夜久就寢】 若不遵學規 威儀放曠 學業怠惰者 *出座. 不悛【則】黜院 **所謂出座 乃損徒也 凡解損時 滿座必面責. 【黜院者. 削其籍. 】	문헌 12조 *黜 **추가

별표(*등)는 「원규」와 「이산원규」·「문헌서원학규」의 관련 내용에 차이가 있는 부분
【 】는 「문헌서원학규」의 조문에서 생략된 부분

〈표 3〉을 보면 「원규」의 1조~5조는 「이산원규」와 완전히 동일하다. 단지 4조에서 상유사(上有司)를 장의(掌議)로 고친 것만 차이가 있는데, 이것은 임원 명칭이 달랐기 때문이다. 다음으로 6조~18조까지는 대체적으로 「문헌서원학규」와 일치하고, 부분적으로 수정한 정도의 차이만 있다. 굳이 다른 점을 든다면, 8조에서 장의의 임기를 2년에서 1년으로 수정한 것, 17조에서 주현관(州縣官)이라 하지 않고 현관(縣官)이라고 함으로써 도산서원의 직속 관할에 한정하여 조문을 작성한 것 정도이다.

이렇게 보면, 「원규」는 7조에서 신입자나 대소관원이 서원에 들어올 때에는 사우에서 재배례를 시행해야 한다고 한 것과 18조에서 출좌에 대해 부기한 부분을 제외하고는 기본적으로 「이산원규」와 「문헌서원학규」를 그대로 반영하였다고 할 수 있다.

이러한 특성을 갖는 도산서원의 「원규」는 궁행심득명체달용(躬行心得明體適用)의 공부, 즉 위기지학을 지향한다는 것, 이를 위해 임원을 선정하여 서원의 운영을 담당하게 하고, 학문에 뜻이 있는 자를 선발하여 재실에서 학업을 진행시키며, 춘추향사와 삭망분향의 의례를 시행한다는 것으로 요약할 수 있다.

2. 시사점

「원규」의 시사점을 논의하기 전에, 잠시 미루어 두었던 「원규」의 작성 시기에 관해 살펴보기로 하자. 앞에서 살펴보았듯이, 도산서원의 「원규」는 장의와 유사가 서원 운영을 책임진다는 조직에 관한 사항, 유생의 공부와 재실 생활에 관한 사항 그리고 춘추향사나 삭망분향과 같은 의례에 관한 사항을 기본 골격으로 한다. 이점을 염두에 두면서, 도산서원이 창설될 당시 상황을 보면 이미 이러한 「원규」를 적용했을 법한 정황을 발견할 수 있다.

도산서원에서는 1692년에 이미 재임(齋任)이 선정되어 있었고[21], 「유안」도 마련하였으며, 재임과 원생이 거처할 재임방과 동서재도 건축하였다.[22] 이것은 창건 당시부터 모종의 절차에 따라 서원의 임원을 선발하고, 신입 유생을 결정했다는 것을 의미한다. 또한 사우를 완성하여 봉안제를 거행할 때 「춘추향사의」에 따라 진행하였는데, 이점도 서원의 의례 규정이 이미 마련되었음을 보여준다. 이점에서 1692년 말에는 「원규」의 운영규정(6조~18조)이 적용되는 인적·물적·제도적 기반이 마련되었다고 보아야 한다.

이제 남은 것은 「원규」의 앞부분(1조~5조)에 담겨 있는 위기지학의 지향점을 천명하는 것인데, 그 점에 관해서는 상량식의 상량문에서 다음과 같이 확인된다.

> 생각건대 사당을 세워 선현의 덕을 높이는 것은 요컨대 실제에 힘써서 그분들과 나란한 수준에 오를 것을 생각함에 있다. … 바라건대 책 상자를 짊어지고 멀리서부터 공부하러 오는 선비들은 선현을 높이고 문명을 보존하려는 마음을 돈독하게 가져라. 곤궁할 때 스스로를 수양하여 부지런히 자기를 위하는 학문(爲己之學)을 극진하게 하고, 현달해서는 널리 베풀어서 강직하게 몸을 바치는

21) 『道山書院誌』 1卷, 「設院錄」, "(壬申) 九月 宋道明與齋任全守性 …."
22) 『道山書院誌』 1卷, 「設院錄」, "(壬申) 七月二十四日, 僉會修正儒案草 同月 建齋任房及庫舍于西齋之西."

충성에 힘쓸지어다. 그렇게 해서 대장부라는 일컬음에 부끄러움이 없게 하고 참된 군자의 일을 실추시키지 말지어다.[23)]

이 상량문의 작성자는 전 현감 박준번(朴俊蕃)이고, 헌관은 생원 박희윤(朴希尹)이다.[24)] 이들은 모두 권시의 문인이었고, 박희윤은 처음에 작성한 「유안」 명단에 수록되어 있기도 하다. 이점에서 사우의 상량식은 권시의 문인이 사우의 건립을 계기로 권득기와 권시 두 선생의 학문과 덕을 모범 삼아 위기지학에 힘쓰겠다고 천명한 선언식에 다름 아니다. 이러한 점들을 고려하면, 「원규」에 수록된 서원의 지향점과 운영방식은 어떠한 형태로든 도산서원 창건 당시부터 마련되어 있었다고 보아야 한다.

그렇다면, 도산서원의 「원규」가 「이산서원규」와 「문헌서원학규」를 결합한 방식으로 작성된 것은 어떻게 해석할 수 있을까? 우선, 이것은 도산서원이 남인계 서원과 서인계 서원의 성격을 절충한 것으로 해석할 수 있다. 이점은 도산서원이 창설될 당시, 남인계 유생이 주도하면서 소론계 유생이 함께 참여하고 있었다는 점에서 어느 정도 수긍할 수 있다.[25)]

그러나 도산서원의 「원규」를 그 자체로만 보면, 위기지학이라는 서원 본래의 이념을 중심으로 하면서 그 운영세칙을 보충한 것으로도 해석할 수 있다. 서원의 이념은 「이산원규」를 반영하되, 보다 세세한 운영세칙과 관련해서는 「문헌서원학규」를 참고하였다는 것이다.

도산서원의 「원규」에서 확인할 수 있는 이러한 이중적인 측면은 서원의 규정을 근거로 특정 서원의 성격을 논의하는 일에 보다 신중을 기할 것

---

23) 『道山書院誌』 1卷, 「設院錄」, "(壬申) 五月四日, 上樑文, … 顧惟立祠而崇德 要在務實而思齊 … 願負笈自遠之士 篤尊賢右文之心 窮而養焉 孜孜盡爲己之學 達而施也 謇謇勵匪躬之忠 無愧大丈夫之稱 不墜眞君子之業."

24) 『道山書院誌』 1卷, 「設院錄」, "(壬申) 同月(四月), 送愼惟鍵 請上樑文于尼山尹明齋 辭不製 門人 朴俊蕃製. 및 五月四日, 上梁文, 獻官 門人 朴希尹 …."

25) 송인협, 「『청아록』(菁莪錄)』으로 본 도산서원의 재지사회 위상」, 『도산서원지』, 도산학술연구원, 2018, 423~424쪽.

을 요구한다고 여겨진다. 원규에 나타난 몇 몇 표현의 차이만으로 서원의 성격을 규정하고 유형화하기 이전에, 서원의 운영규정에 관한 전체 자료를 정리할 필요가 있다. 또한 서원의 유형화가 어떠한 의미를 가지는지에 관해서도 심층적으로 논의할 필요가 있을 것이다.

Ⅳ. 「강회입규」

1. 주요 내용

도산서원의 강회 관련문건은 『강회입규』라는 제목의 책자에 수록되어 있다. 이 책자 자체의 작성 연대는 불분명하지만, 그 안에 수록된 「강회입규」[26], 「강회안」, 「강회록」은 경오년에 작성된 것이고, 「서책록」은 그 이후 어느 시점에 부가된 것으로 보인다.[27]

「강회입규」 등이 경오년의 기록이라는 점은 「강회안」 말미에 '歲舍庚午秋八月下澣日 宋光朝謙之謹書識'이라고 한 데에서 확인할 수 있다. 그렇다면 경오년은 언제일까? 이점에 관한 실마리도 「강회안」에서 찾을 수 있다. 「강회안」 후반부에 이번에 강회가 재개된 상황을 기록하고 있는데, 그 가운데 「강회안」을 작성한 송광조와 그의 친구 권종서(權宗瑞)가 이전에 서원의 간역 사업에 참가했다는 언급이 있는 것이다.

도산서원에서 시행한 중요한 간역사업이라면 1712년 권득기(權得己, 1570~1622)의 문집인 『만회집(晩悔集)』 출판과 1738년 권시의 문집인 『탄

26) 『講會立規』와 「講會立規」의 명칭은 동일하나, 문건의 성격이 다르다. 전자는 강회관련 기록 전체를 편집한 책 제목이고, 후자는 그 안에 수록된 규정을 말한다.

27) 「서책록」에서도 이후에 추가한 부분이 보인다. 무자년 7월 15일자의 기록은 앞부분과 다른 필체로 작성되어 있고, 그 내용도 작성 당시의 도서 상황에 관한 것이다.

옹집』 출판을 고려할 수 있는데, 이 출판시기와 가장 이른 경오년이라면 1750년(영조26)이 된다. 실제로 송광조는 권시의 손자인 권이진(權以鎭, 1668~1734)의 문생으로서, 『청아록』에서도 확인되는 인물인데, 기록에 의하면 병인년(1686)생으로 정사년(1737)에 입록한 것으로 되어 있다.[28] 이 점을 감안해 보아도, 경오년은 1750년이 된다.

그렇다면 1750년의 강회는 어떻게 해서 개최하게 되었을까? 이점을 살피기 위해서 「강회입규」의 서문과 「강회안」 후반부의 관련 내용을 살펴보기로 하자.

A. 서원에서 일찌기 책과 식량을 제공하여 선비를 기르자는 논의가 있었으나 재력이 미치지 못해 논의를 이루지 못했으니 진실로 개탄스러웠다. 그리고 <u>근래 삭망분향(朔望焚香) 때 ○강(講)하자는 성거가 있었으나, 사고 때문에 지속하지 못하였고, 심지어 혹한과 혹서도 있었다. 마침내 모임이 이루어져서 춘추도강(春秋都講)을 하기로 정하였으니</u>, 이에 「입규」를 써두어 영구히 준행하는 바탕으로 삼고자 한다.[29]

B. 이전에 장로(長老)께서 이러한 성거를 창설하셨으나 중간에 폐지된 지 오래되었다. 예전에 내 친구 권종서군도 이점을 개탄하면서 나에게 '우리 지방에서 간역을 담당한 일이 있지. 그 일을 마친 후에 내심 예전의 문회(文會)를 다시 시도해볼까 생각하였는데 자네도 뜻을 함께 해야 하네.'라고 한 적이 있다. … 아! 일이 시행되기 전에 그 사람은 멀리 떠났으니 예전 일을 생각하면 나도 모르게 슬픔이 차오른다. <u>이제 조정의 새로운 명령을 받들어 서원의 급선무를 시행한다.</u> 비록 선비를 기르는 방도에 준비가 완전하지는 않지만,

28) 그가 친구로 언급한 권종서도 『청아록』에서 확인할 수 있다. 그의 본명은 권해징이고 종서는 자이다. 무오년(1678)생으로 송광조보다 8살이 위다. 무인년(1698) 가을에 입록되었다.

29) 『講會立規』 「講會立規」, "院中 曾有供書粮 養士之議 而財力不逮 迄未成議 誠可慨 <u>然近有朔望 ○講之擧 而碍掣事故 不得永行 至於隆寒盛暑亦○ 遂月成會 玆以以春秋都講爲定</u> 立規書留 以爲永久遵行之地."

서원의 전통을 보존하게 되었으니 진실로 다행스럽다.[30)]

인용문A는 「강회입규」가 작성된 과성을 기술한 것이고, 인용문B는 이번 강회가 열리게 된 배경을 언급한 것이다. 그런데 인용문B를 보면, 이번 강회가 예전의 전통을 계승한다는 의미도 있지만, '조정의 새로운 명령'이 직접적인 계기가 되었음을 알 수 있다.

이때 '조정의 새로운 명령'이란 그 전 해인 1749년(영조25) 12월에 영조가 중외에 반포한 「권학문」을 말한다.[31)] 이때 영조는 '예전에는 여항의 선비들이 책 읽는 소리가 들렸는데, 요즈음 사대부 자제들은 독서에 힘쓰지 않아 우려된다.'고 하면서, 전국에 「권학문」을 전달하도록 하였다. 따라서 「권학문」이 도산서원에 전해진 시점은 1749년 말이나 1750년 초가 된다. 그런데 「권학문」에 따른 강회 개설은 즉각적으로 이루어지지 않았다. 인용문A에 강회 개설 논의가 정해지기까지 '혹한과 혹서도 있었다'고 한 것에서, 그동안 계절의 변화가 있었음을 보여주기 때문이다. 이러한 점을 종합할 때, 이번 강회는 경오년 초까지 조정의 새로운 명령이 도산서원에 전달되어 나름대로 준비를 시도하다가, 이러저러한 이유로 여름까지 시행하지 못하였고, 8월 하순이 되어서야 규정을 마련하여 시행하게 된 것이라고 할 수 있다.

강회계획은 경오년 초부터 있었지만, 실질적인 시행은 그해 가을에야 이루어졌다는 것은 「강회록」에서도 확인할 수 있다. 「강회록」은 강회시행 실적과 계획을 작성한 문건으로 다음의 〈표 4〉와 같이 되어 있다.

---

30) 『講會立規』「講會案」, "… 先是 長老 創是擧 而中廢久矣 昔者 吾友權宗瑞甫 慨然於斯 嘗與余言曰 吾方 有掌於刊役之事 事就後 窃擬追前日文會之擧 子宜共之 … 噫 事未及 而人已遠 追念往昔 不覺愴惜 今承朝家之新命 爰行學舍之先務 其於養士之道 雖未得備成 猶可爲存羊之義 誠亦幸矣."

31) 『英祖實錄』 卷70, 25年 12月 5日 己卯.

〈표 4〉「강회록」 내용

庚午	春都講	以時癘至遍熾 未得行
	秋都講	
辛未	春都講	
	秋都講	
壬申	春都講	
	秋都講	
癸酉	春都講	

〈표 4〉처럼 「강회록」은 별다른 내용이 없다. 경오년부터 계유년까지 봄과 가을에 시행하는 도강 항목만 설정되어 있고 대부분 빈칸이다. 그리로 경오년 춘도강 항목에는 '以時癘至遍熾 未得行'이라고 하여 시행하지 못한 사유만 적혀 있다.

경오년 초에 여질이 치성했다는 것은 전년부터 전국적으로 퍼진 전염병이 이해 초까지 이어졌던 것을 말한다. 실제로 『영조실록』 12월 4일조에 비변사는 그해 여름부터 여질이 발생하여 겨울까지 전국에 퍼졌고, 사망자가 50~60만 명에 이른다고 보고한 바 있다.[32] 따라서 경오년 봄의 도강은 전염병 등의 이유로 시행하지 못하였고, 이번 추도강부터 시작하게 된 것이다.

그런데 「강회록」의 이러한 작성 방식에는 한 가지 어색한 점이 있다. 실제로 「강회입규」가 마련되어 도강이 시작된 시점이 8월 하순부터라면, 「강회록」의 시작은 경오년 추도강부터 기록하는 것이 자연스러워 보인다. 그러나 「강회록」에는 이미 지난 경오년 춘도강 항목을 설정하고, 굳이 시행되지 못한 사유를 기록하고 있는 것이다. 그 이유를 확인하기는 어렵지만, 아마도 「강회록」이 서원 내부의 기록으로만 아니라, 관에 보고할 근거자료

32) 『英祖實錄』 70卷, 25年 12月 4日, "○戊寅/上引見大臣、備堂, 命遣近臣於京城及諸道, 設厲祭. 是時癘疫起自西路, 自夏至冬延及八路, 民死者殆五六十萬, 故有是命."

로서의 의미도 있었기 때문이 아닌가 한다. 관에서는 곧바로 봄부터 강회를 개설하도록 독려했을 것인데, 도산서원에서는 시행하지 못했으니 이렇게 해서라도 관의 요구에 부응하고 있다는 점을 드러내고자 했다는 것이다.

이후 도산서원의 춘추도강이 계획대로 시행되었는지는 확인되지 않는다. 「강회록」은 다만 향후 일정만 수록하고 있고, 시행과 관련된 다른 정보가 전해지지 않기 때문이다. 다만 「강회입규」와 「강회안」 문건을 살펴보면, 최소한 경오년의 추도강은 시행되었을 것으로 보인다. 이제 그 자료들을 통해 도산서원의 춘추도강이 어떠한 방식으로 진행되었는지 살펴보기로 하자.

「강회입규」는 춘추도강을 시행하기 위한 기본 규약이다. 전체가 총 10개 항목으로 구성되어 있는데 그 내용은 다음과 같다.

1. 1년에 2회 시행하고, 제술을 병행한다.
2. 3월 16일과 9월 16일을 시행일로 정하여 매년 시행한다.
3. 강사(講師)는 3명, 색장(色掌)은 2명으로 하되, 색장은 문장과 글씨에 능한 자를 택하여 정함으로써 강회 시의 제반 일을 담당하게 한다.
4. 동몽 8세~15세는 모두 『소학』으로 고강한다. 관자(冠者) 30세 이하는 각자 잘하는 문장을 제술하여 제출한다.
5. 동몽은 『소학』 1권을 고강한다. 초강(初講) 때에는 제1권을, 재강(再講) 때에는 제2권을 고강하는 식으로 하여 차례대로 고강한다. 『소학』을 다 마치면 『대학』과 다른 경서를 고강한다.
6. 강회 날 이른 아침에 모인다. 강사는 관자를 이끌고 알묘(謁廟)한 후에 강소에 돌아와 개좌(開坐)한다. 이후 관자와 동몽은 각기 나이 순서에 따라 동서로 자리 잡고 상읍례를 행한다. 관자는 동서재에 들어가 문장을 짓고, 동몽은 차례대로 고강한다.
7. 색장은 개강 후에 제반 일을 담당하고 제생을 검칙하여 시끄러운 소란이 일어나지 않도록 한다. 만일 위반자가 있으면 파강(罷講)한 다음에 강사에게

고하여 경중에 따라 논벌한다.

8. (유생을) 권장하기 위해서는 우수한 자를 포상하고 열등한 자를 질책하지 않을 수 없으니, 고강과 제술의 1등에게는 지필묵을 시상한다.
9. 회강 시에 회원들의 요기 비용과 다른 비용이 없을 수 없으니, 조(租) 6석을 제출하여 별도로 보관하여 춘추 회강의 비용으로 사용한다.
10. 제출한 조 6석은 (도강) 2회 분에 해당되는 비용으로서, 그 반은 당일 선비들을 먹이는 데에 사용하고, 나머지 반은 지필묵을 마련하는 데에 사용한다.[33)]

「강회입규」의 10개 항목은 시행일(1조, 2조), 진행자(3조), 대상(4조), 고강과목(5조), 강회당일 진행절차(6조, 7조, 8조), 재원(9조, 10조)과 관련된 내용이다. 크게 구분하면 강회 당일에 관한 사항(1조~8조)과 재원에 관한 사항으로(9조~10조)로 나누어 볼 수 있는데, 대략적인 내용은 다음과 같다.

우선 강회 당일에 관한 사항을 보면, 강회는 매년 봄과 가을, 즉 3월 16일과 9월 16일 두 차례 시행하되, 제술을 병행한다. 이때 강회의 주 대상은 동몽(8세~15세)이고, 관자(16세~30세)의 경우는 자신이 잘 하는 문장을 작성하는 문회에 참여한다. 고강은 『소학』의 첫째 권부터 시작하여, 다음 강회에서는 2권을 고강하고, 이후 순차적으로 다른 경서로 이어가도록 한다. 그리고 강회가 끝나면 고강과 제술 1등에게 지필묵을 시상한다. 다음으로 춘추강회의 재원에 대해서는 매년 조 6석을 마련하여, 1/2은 참석자

33) 『講會立規』, 「講會立規」, "一. 講會 以一年二次爲定 製述并○事 一. 都講 以春三秋九旣望爲定日 永行事 一. 講師三員 色掌二員 爲定 而色掌以能文能書之人擇定以掌講時諸事 一. 童蒙 自八歲至十五歲 皆以小學來講 冠者 三十歲以下 各以所長文製進事 一. 童蒙 以小學一卷爲講 而初講以第一卷 再講以第二卷 以是爲次秩 畢後以大學及他經事 一. 講日 早會 講師 率冠者謁廟 而退于講所 開座後 冠童 各以年次 分東西相揖定坐 冠者于東西齋著文 蒙學次次進講事 一. 色掌 開講後 奉行諸事 而檢飭諸生 俾無喧譁雜亂之弊 如有不遵者 則罷講後 告于講師 從輕重論罰事 一. 勸奬之道 不可無褒優貶劣之方 講及製述居魁者 以紙筆墨論賞事 一. 講時 會員不可無療飢之資 亦當有他用除出 別廳 租六石定式 別置以爲春秋需用事 一. 除出租六石 二會分 半而當日供士 量入爲用 以其餘數 貿備紙筆墨事."

의 요기 비용으로 충당하고, 나머지 1/2은 지필묵 마련 비용으로 사용하는 것으로 하였다.

이러한 「강회입규」에 따라, 첫 번째 고강을 시행하기 위한 임원 선발과 당일의 운영세칙을 마련하였는데, 그것이 「강회안」이다. 이날 선정된 강회의 임원은 다음의 〈표 5〉와 같고, 진행절차는 인용문과 같다.

〈표 5〉 「강회안」의 임원 명단

직명	명단
강사	송광조, 송유○, 권세평
색장	권의, 신수인
원생	문후겸[34]

강사 3명은 주벽에 자리를 편다.

색장 2명은 강사 자리 앞에 좌우로 자리 잡는다.

관자와 동몽은 동서로 나누어 상읍례를 시행한 후 자리 잡는다.

관자는 상읍례 후 동서재로 물러나 문장을 짓는다.

동몽은 상읍례 후 순서대로 강소에 자리잡고 순서대로 진강한다.

원생 1명은 입강자를 호명하는 일을 맡고, 1명은 호명된 입강자를 고하는 일을 맡는다.[35]

경오년 추도강에 관한 다른 기록이 없어[36], 구체적인 상황은 알 수 없

34) 명단에서 원생은 문후겸 1명만 발견되지만, 진행절차를 보면 또 다른 원생이 있었던 것 같다.

35) 『講會立規』, 「講會案」, "講師 宋光朝 宋儒○ 權世枰, 色掌 權檥 愼守仁, 院生 文厚謙, 講師三員 主壁開座, 色掌二員 分左右 坐講筵前, 冠者童蒙 分東西 相揖定坐, 冠者 相揖後 退于東西齋著文, 童蒙 相揖後 序坐講所 次次進講, 院生 一人 任呼○入講 一人 任受些兒唱告."

36) 『講會錄』의 「書册錄」에는 「講會立規」 이외에 「講會酬唱錄」 1권이 있었던 것으로 기록되어 있으나, 전해지지 않는다.

다. 고강에 참여한 동몽과 관자의 인원도 확인할 수 없다. 다만 경오년 추도강은 「강회입규」의 규정대로 9월 16일에 시행되었을 것이다. 그날의 상황은 다음과 같이 묘사할 수 있다.

아침 일찍 송광조, 송유○(宋儒○), 권세평(權世枰) 등 3인의 강사는 관자를 인솔하여 사당에 알묘한다. 알묘를 마친 후, 강사는 강당의 주벽에 자리 잡고, 권의(權檥), 신수인(愼守仁) 등 2인의 색장은 그 앞자리에 위치한다. 뜰에는 동몽과 관자가 동서로 나누어 상읍례를 하고, 상읍례 후에 관자는 동서재로 올라가 문장을 짓기 시작한다. 그리고 뜰에서는 원생 문후겸(文厚謙) 등이 동몽들을 순서대로 정렬시킨 뒤, 한 사람씩 호명하여 강소에 들여보내 진강하게 한다. 이때 색장은 장내를 살피면서 전체 진행과정을 챙긴다. 시간이 흘러 동몽의 고강과 관자의 제술이 끝나면, 강사들이 점수를 매기고 동몽과 관자 1인씩 지필묵을 시상하고 이날의 도강을 마친다.

2. 시사점

도산서원의 경오년 추도강을 이렇게 묘사할 수는 있어도, 구체적인 내용은 알기 어렵다. 동몽 고강은 어떠한 방식으로 했는지, 문장은 무엇을 지었는지, 그리고 성적 평가는 어떻게 했는지 등 구체적인 내용을 알 수 없는 것이다. 더욱이 다음에 춘추도강이 계속 시행되었는지도 확인할 수 없다. 이점에서 『강회입규』 등이 제공하는 정보는 상당히 제한적이라고 해야 한다. 그렇기는 하지만, 도산서원의 춘추도강 사례는 그 속에 주목할 만한 점들이 있다. 하나는 서원의 강학활동과 관(官)과의 연계성에 관한 것이고, 다른 하나는 서원에서 시행한 강학 활동의 성격에 관한 것이다.

우선 서원과 관의 연계성부터 살펴보자. 도산서원의 사례에서도 확인되듯이, 서원의 강학활동은 서원 자체의 개별 프로그램으로만 간주할 수 없는 면이 있다. 경오년의 사례가 특수한 경우라고는 해도, 이 사례는 임금의 명령이 각 지방에 전달되고, 다시 해당 지방관이 소재 서원에 통지하는 과정과 다시 해당 서원에서 관에 보고하는 과정, 즉 일련의 교육행정 과정이 있었음을 보여주는 것이다. 이러한 사례는 19세기 중반에 시행된 호계강회에서도 확인할 수 있는데, 당시에는 새로 부임한 감사 신석우가 속읍에 강회를 열도록 촉구한 것을 계기로 시행된 경우였다.[37)]

서원 강회의 이러한 사례들은 강학 관련 문서를 해석할 때, 당시의 교육행정의 움직임과 관련해서 조명할 필요가 있음을 시사한다. 임금이나 감사의 흥학 정책은 특별한 경우에 해당한다고 하더라도, 식년시나 증광시 때 시행되는 각 지방의 향시, 매년 우수한 유생을 선발하는 공도회 등과 같은 시험은 각 지방 유생들이 관심을 기울일 만한 주요 사항이었다. 현재의 연구경향은 이들 공식적인 시험에 대해서 개별 유생이 형편에 따라 대비한다는 관점으로 조명하는 듯하지만, 당시의 행정 체계를 생각해 보면, 개별 유생 이전에 지방관, 수령 그리고 향교와 서원에서 1차적으로 관심을 가져야 할 사안이었고, 또한 이와 관련된 행정 업무도 수행해야 했다. 이점을 염두에 둔다면, 현재 조사된 서원의 강학관련 자료, 특히 거재, 거접, 백일장, 순제 등과 같은 자료는 해당 시기의 시험일정과 관련지어 분석하는 작업도 요청된다고 할 수 있다.

또한 미사액서원이었던 도산서원까지 관의 통지와 그에 대한 보고가 이루어졌다는 것은 조선후기, 특히 서원훼철이 이루어졌던 1742년(영조18) 이후의 서원은 이전과 다른 관점에서 조명해야 할 필요성도 제기한다. 영조는 신유성명을 통해 서원에 대한 정비를 일단락 지은 직후, 예조좌랑 이맹휴(李孟休, 1713~1751)에게 예조의 업무와 관련된 주요 규정과 사례를 모아 책으로 편찬하도록 하였다. 이것이 1744년(영조20)에 편찬된 『춘관지(春官志)』인데, 여기에는 성균관, 향교와 함께 서원에 관한 항목이 수록되어 있다. 그리고 그 항목에서 명종 이후 영조 당시까지 왕대별로 사액된

---

37) 최광만, 「19세기 서원 강학활동 사례 연구: 『호계강록』을 중심으로」, 『교육사학연구』 22-1, 2012, 111~112쪽.

서원과 사우의 목록을 수록하고, 이어서 각 시기에 취해진 주요 정책이 기록되어 있다. 비록 미사액서원에 대한 정보는 실려 있지 않지만, 예조는 그에 관한 기록도 가지고 있었을 것이다. 서원 정책을 추진하는 과정에서 원생수, 보노수, 모입수, 위전 등의 지원 문제를 논의하였고, 그것을 미사액서원에까지 적용하려고 했기 때문이다.

이것은 최소한 18세기 중반부터는 공인된 서원(사액서원, 미사액서원)과 그렇지 않은 서원의 구분이 명확해지고, 그만큼 공인된 서원이 조선후기 학교제도의 한 축으로 부상하게 되었음을 의미한다. 이러한 점을 고려할 때, 강학 관련 자료만이 아니라 해당 서원과 지방관, 향교나 다른 서원과의 공적 문서도 조선 후기 교육제도상의 변화를 고려하면서 다각도로 검토할 필요가 있다.

다음으로 살펴 볼 문제는 서원에서 시행한 강학 활동의 성격에 관한 것이다. 도산서원의 춘추도강은 주로 동몽을 대상으로 『소학』부터 점차 다른 경서까지 순차적으로 고강하는 방식으로 계획되어 있다. 그러나 이것은 개별 동몽의 입장에서 보면, 전혀 적절하지 않은 방식이다. 몇 년 동안 이어지는 도강에서 고강대상이 바뀔 수밖에 없기 때문이다. 그러나 춘추도강을 주도한 송광조 등이 이점을 몰랐다고 여겨지지 않는다. 이미 100년 전에 작성된 「이택재해식」에서도 연령은 물론 능력까지 고려하여 별도의 호칭을 붙이고 학습 분량도 다르게 적용하였던 것을 감안하면, 춘추도강의 방식이 개별 동몽에게 효과적이라고 여겼을 것 같지는 않다는 말이다. 그렇다면 문제는 그럼에도 불구하고 이러한 방식으로 계획을 세운 이유가 무엇인가 하는 것이 된다.

하나의 가능성은 도산서원에서는 춘추도강을 개별 동몽을 위한 교육과정으로서가 아니라 도산서원 전체를 상징하는 의례적 행사로서 접근했을 수 있다. 춘추도강의 방식이 개별 동몽에게 적합하지는 않더라도, 정기적인 시행을 통해 도산서원 전체의 학업이 완성되는 상징으로서 간주했을 수 있다는 말이다. 이렇게 보면 춘추고강은 개별 유생의 일상적인 강학과 구

분되는 특별한 행사라고 보아야 하고, 굳이 이름 붙인다면 상징적 강학이라고 할 수 있을 것이다.[38]

이처럼 도산서원의 춘추도강을 일상적 강학과 구분할 수 있다면, 서원에서 진행된 다른 강학 활동도 그 성격을 고려하여 또 다른 유형으로 구분할 수 있을 것이다. 예를 들어, 앞에서도 언급했듯이, 특정 시험을 염두에 둔 강학 활동이 있을 수 있고, 자체적으로 유생을 장려하거나 학문적 공감대를 형성하기 위한 강학 활동도 있을 수 있다.

이러한 점을 염두에 둔다면, 현재 전해지는 강학 관련 자료에 대해서는 보다 새로운 접근이 요청된다. 현재는 강학 관련 자료를 주로 형식적인 차원에서 접근하는 경향이 있는데, 향후에는 각 자료를 세부적으로 검토하여 강학의 성격에 따른 구조적 유형화가 필요하다는 것이다. 이러한 작업이 규모 있게 진행된다면, 조선 후기에 서원에서 이루어진 강학 활동을 포괄적으로 이해할 수 있고 그만큼 서원의 실제적 기능이나 교육적 의미에 관해서 심층적으로 파악할 수 있을 것이다. 이점에서 도산서원의 춘추도강은 서원의 강학 관련 자료에 접근하는 새로운 시각을 제공한다는 점에서 의미를 갖는다고 할 수 있다.

Ⅴ. 맺음말

본 연구는 대전 소재 도산서원의 강학 관련 자료를 검토하면서, 그 자료를 통해 조선 후기 강학 활동에 관한 새로운 접근 가능성을 모색하는 데에 초점을 맞추고 있다. 주요 자료는 도산서원의 전신인 이택재의 「이택재해식」·「일과정업」, 도산서원의 「원규」, 그리고 춘추도강과 관련된 『강회

---

38) 결과적으로 보면, 춘추도강이 형식적 행사에 그쳤을 가능성도 있다. 다만 본고에서는 춘추도강의 계획에 주목하여, 그 의미를 최대한 드러내는 관점에서 해석하였다.

입규』 등이다. 이들 자료를 검토한 결과 확인된 사항과 시사점은 다음과 같다.

첫째 「이택재해식」과 「일과정업」은 권시가 1653년 이택재를 신축하면서 제정한 서당 운영규정이다. 「이택재해식」은 연령과 능력에 따라 유생을 구분하여 등급제로 운영하는 방식을 담고 있다. 연령에 따라 치소(8세~11세) → 동몽(12세~15세) → 몽사(16세~19세) → 수재(20세 이상)로 구분하고, 능력에 따라 수사(수동) → 준사 → 조사로 등급을 설정하였다. 그리고 「일과정업」은 매일의 학업진행 방식에 관한 사항으로 경학과 사학을 중심으로 하면서(정업), 문학(겸독)과 습자를 겸행하되 능력에 따라 학습량을 부과하였다. 이것은 이택재의 규모가 상당히 컸다는 점과 개별 유생의 능력을 감안하여 교육을 시행하였다는 점을 보여준다. 그런데 이택재가 이렇게 운영되는 데에는 1651년부터 시행된 「교수제독의구례복설사목」이 영향을 미쳤다고 판단된다. 이 「사목」은 지역 훈장 임명, 수령의 지원, 능력별 거안 작성, 매월 평가 시행 및 연말 보고, 포상 등에 관한 내용이 담겨 있었고, 각 도의 감사는 해당 지역 수령에게 이러한 사항을 통지하였다. 특히 충청감사는 1654년 2월에 「사목」과 관련된 보고를 하게 되는데, 이것은 그 전해인 1653년에 충청도 각 지역에서 「사목」에 따른 조치가 이루어졌다는 것을 의미한다. 이러한 정황을 감안할 때, 「이택재해식」이 연령별·능력별 운영방식을 시행하고 당시 지역 수령이 취반승·보직·시탄 등을 지원한 것 등은 이택재가 권시 개인에 관한 사실이기보다, 지방교육 진흥책을 추진과 관련된 사례일 가능성을 보여준다.

둘째 「원규」는 작성연대가 무오년으로 되어 있지만 구체적인 시기는 알 수 없다. 다만 도산서원 창설 당시부터 서원의 임원이 정해졌고, 원생 명단인 「유안」이 작성된 점 등을 감안하면, 주요 내용은 이미 도산서원 창설 당시에 마련되어 있었다고 추정된다. 「원규」는 18개 조항으로 구성되어 있는데, 1조~5조는 「이산원규」를 그대로 반영하면서 위기지학의 이념을 제시한 내용이고, 6조~18조는 「문헌서원학규」를 기반으로 운영세칙을 제시한 부분이다. 이점에서 「원규」는 「이산원규」와 「문헌서원학규」를 혼합하여 작성하였고, 그만큼 영남학파 계열과 기호학파 계열의 서원규정을 절충했다고 볼 수도 있다. 그러나 다른 면에서 보면, 「원규」는 「이산원규」에 들어있는 서원의 기본 이념을 중심으로, 「문헌서원학규」에 수록된 각종 운영세칙을 보완한 것으로도 해석할 수 있다. 이점에서 원규를 기준으로 서원의 학파별 유형화를 시도하는 데에는 보다 신중을 기할 필요가 있다. 특히 학파를 불문하고 서원의 이념이 위기지학이라는 점, 서원 규정이 다양한 방식으로 작성되었다는 점을 감안할 때, 우선 서원 규정을 포괄적으로 분류하는 작업이 요청되고, 또한 서원을 유형화하는 의미에 대해서도 검토가 필요해 보인다.

셋째 『강회입규』에 수록된 「강회입규」·「강회안」·「강회록」은 영조가 「권학문」을 각지에 반포한 것을 계기로 1750년에 시행한 강회 관련 자료이다. 「강회입규」는 기본 규정이고, 「강회안」은 강회의 직임자 명단과 진행 규정이며, 「강회록」은 향후 일정에 해당한다고 할 수 있다. 강회는 봄과 가을 두 차례 시행하는데, 이에 따라 춘추도강이라고 하였다. 강회의 진행은 동몽을 대상으로 하는 고강과 관자가 참여하는 문회로 구분되는데, 고강은 『소학』 1권부터 시작하되 다음에는 그것을 이어 2권을 고강하고 차차 다음 경전으로 진행하도록 하였다. 이러한 춘추도강이 이후에도 지속적으로 시행되었는지는 불분명하지만, 이들 관련 자료는 서원의 강학 활동과 관련해서 두 가지 시사점을 제공한다. 하나는 춘추도강의 시행 이면에 일련의 교육행정체계가 작용한다는 점이다. 1742년(영조18) 영조의 서원철폐 정책 이후 공인서원(사액서원, 미사액서원)과 불법서원의 구분이 명확해지는데, 이것은 최소한 18세기 중반부터는 서원의 강학이 자체 활동만이 아니라, 흥학책이나 과거시행에 따른 공적 활동도 포함될 수 있음을 시사한다. 따라서 현재 전해지는 강학 관련 자료는 이러한 조치들과 관련해서 그 성격을 재검토할 필요가 있다.

다른 하나는 춘추도강의 고강은 일상적 강학과 구분되는 상징적 강학으로 볼 수 있다는 점이다. 고강의 범위를 『소학』부터 다른 경전까지 순차적으로 시행하려는 계획은 개별 동몽의 관점에서 보면 그다지 효과적이지 않은 방식이다. 그럼에도 고강을 이와 같은 방식으로 운영하려고 했던 것은 춘추도강을 개별 동몽보다 도산서원 전체를 염두에 두고 계획했다는 점을 시사한다. 춘추도강을 진행해가는 과정을 마치 도산서원 전체의 교육 수준이 완성되어 가는 상징으로 간주했을 수 있다는 것이다. 이처럼 춘추도강이 일상적 강학과 구분될 수 있다면, 서원의 여타 강학도 그 성격에 따라 다양한 방식으로 구분할 필요가 생긴다. 이러한 서원 강학의 유형화는 강학 관련 자료를 평면적으로 해석하는 방식을 넘어 보다 구조적으로 조명할 수 있는 기반을 제공할 수 있을 것이다.

【참고문헌】

1. 자료

『英祖實錄』, 『列邑院宇事蹟』, 『課試謄錄』, 『書院謄錄』, 『春官志』, 『炭翁先生集』, 『道山書院誌』, 「炭翁權先生年譜」, 『門生錄』, 「院規」, 「院記」, 『講會立規』, 『菁莪錄』, 『退溪先生文集』, 『栗谷先生全書』

2. 논저

김자운, 「조선시대 서원(書院) 강학(講學) 관련 자료의 유형과 특징」, 『유학연구』 48집, 충남대학교 유학연구소, 2019.
도산학술연구원, 『도선서원지』, 2018.
도산학술연구원, 『도선서원지－자료편』 2018.
성봉현, 「문중 소장 문서」, 『호서지방의 고문서』, 한국학중앙연구원출판부, 2012.
송인협, 「『청아록』(菁莪錄)」으로 본 도산서원의 재지사회 위상」, 『도산서원지』, 도산학술연구원, 2018.
이해준, 「서원 소장 문서」, 『호서지방의 고문서』, 한국학중앙연구원출판부, 2012.
임선빈, 「향교 소장 문서」, 『호서지방의 고문서』, 한국학중앙연구원출판부, 2012.
전경목 외, 『호서지방의 고문서』, 한국학중앙연구원출판부, 2012.
최광만, 「19세기 서원 강학활동 사례 연구: 『호계강록』을 중심으로」, 『교육사학연구』 22-1, 2012.
최광만, 「도산서원의 교육활동」, 『도산서원지』, 도산학술연구원, 2018.

■ 저자 소개 (집필 순)

이병훈 영남대 민족문화연구소 연구교수
배현숙 계명문화대 명예교수
나 금 중국 호남대 악록서원 교수
등홍파 중국 호남대 악록서원 교수
장효신 중국 호남대 악록서원 박사과정
야규 마코토 원광대 원불교사상연구원 연구교수
이광우 영남대 민족문화연구소 연구교수
임근실 한국국학진흥원 전임연구원
한재훈 연세대 국학연구원 연구교수
이경동 공주대 백제문화연구소 연구교수
정순우 한국학중앙연구원 명예교수
정석태 부산대 점필재연구소 선임연구원
이선아 전북대 이재연구소 연구원
김자운 공주대 교육학과 교수
채광수 영남대 민족문화연구소 연구교수
최광만 충남대 교육학과 교수

동아시아 서원 아카이브와 지식 네트워크

초판 인쇄 2022년 05월 20일
초판 발행 2022년 05월 30일

편 자 영남대학교 민족문화연구소

펴낸이 신학태
펴낸곳 도서출판 온샘
등 록 제2018-000042호
주 소 서울시 용산구 한강대로62다길 30, 204호
전 화 (02) 6338-1608 팩스 (02) 6455-1601
이메일 book1608@naver.com

ISBN 979-11-92062-08-2 93910
값 59,000원